中國國家圖書館編

國家圖書館藏敦煌遺書

第一百三十冊

北敦一四五六九號——北敦一四六二二號

北京圖書館出版社

圖書在版編目(CIP)數據

國家圖書館藏敦煌遺書·第一百三十册/中國國家圖書館編;任繼愈主編.—北京:北京圖書館出版社,2010.6

ISBN 978-7-5013-3692-0

Ⅰ.國… Ⅱ.①中…②任… Ⅲ.敦煌學—文獻 Ⅳ.K870.6

中國版本圖書館 CIP 數據核字(2010)第 014128 號

書　　名 國家圖書館藏敦煌遺書·第一百三十册
著　　者 中國國家圖書館編　任繼愈主編
責任編輯 徐　蜀　孫　彦
封面設計 李　璀

出　　版 北京圖書館出版社　(100034　北京西城區文津街7號)
發　　行 010-66139745　66151313　66175620　66126153
66174391(傳真)　66126156(門市部)
E-mail btsfxb@nlc.gov.cn(郵購)
Website www.nlcpress.com → 投稿中心
經　　銷 新華書店
印　　刷 北京文津閣印務有限責任公司

開　　本 八開
印　　張 54.5
版　　次 2010年6月第1版第1次印刷
印　　數 1-250册(套)

書　　號 ISBN 978-7-5013-3692-0/K·1655
定　　價 990.00圓

編輯委員會

主　編　任繼愈

常務副主編　方廣錩

副　主　編　李際寧　張志清

編委（按姓氏筆畫排列）　王克芬　王姿怡　吳玉梅　周春華　陳　穎　黄　霞（常務）　黄　建　程佳羽　劉玉芬

出版委員會

主　任　詹福瑞

副主任　陳　力

委　員（按姓氏筆畫排列）　李　健　姜　紅　郭又陵　徐　蜀　孫　彦

攝製人員（按姓氏筆畫排列）

于向洋　王富生　王遂新　谷韶軍　張　軍　張紅兵　張　陽　曹　宏　郭春紅　楊　勇　嚴　平

原件修整人員（按姓氏筆畫排列）

朱振彬　杜偉生　李　英　胡玉清　胡秀菊　張　平　劉建明

目録

摩訶僧祇律雜跋渠之六　卷廿八
迦絺那衣法者佛住俱睒彌瞿師羅薗為諸
天世人所供養尒時俱睒彌王夫人以五百
張疊奉上世尊
佛告阿難汝持是疊與諸比丘諸比丘不受
語阿難言世尊不聽畜長衣用是疊為浣染
未竟已不如法阿難以是因緣具白世尊佛
告阿難從今已後長衣聽十日畜諸比丘長
衣滿十日持是諸衣往白世尊此衣已滿十
日佛言從今已後聽受迦絺那衣迦絺那衣
者時眾僧眾多一人五事利離未受不停截
淨染淨點淨刀淨時者從七月十六日至八
月十五日是名時眾僧者僧作迦絺那衣不
得與眾多不得與一人眾多作迦絺那衣不
得與一人五事利者離五罪何等五別眾食

BD14569 號　摩訶僧祇律卷二八　（34–1）

淨染淨點淨刀淨時者從七月十六日至八
月十五日是名時眾僧者僧作迦絺那衣不
得與眾多不得與一人眾多作迦絺那衣不
得與一人五事利者離五罪何等五別眾食
處處食食前後行不白為長衣離衣宿是名
五事利新者離疊未浣者未曾受作三衣不
停者淨施衣捨已得作迦絺那衣僧伽梨欝
多羅僧安陁會覆瘡衣雨浴衣如是等諸衣
及鉤刺未曾受用皆得作迦絺那衣截淨者
截縷淨染淨者染作淨點淨者點角作淨刀
淨者離角頭四指於一處三下刀斷三縷是
名刀淨若外人施僧迦絺那衣財不得嘿然
受受者應作是說我今受僧迦絺那衣財受
已到僧中竪疊手捉長舒高聲應作是說大
德僧聽僧得此時衣財若僧時到僧取此迦
絺那衣財白如是大德僧聽得此時衣財僧
今取此迦絺那衣財諸大德忍取此迦絺那
衣財者嘿然若不忍者便說僧已取迦絺那
衣財竟僧忍嘿然故是事如是持僧中有能
料理作迦絺那衣者若一人若二人若三人
羯磨人應作是說大德僧聽僧得此時衣財
若僧時到僧拜某甲某甲比丘及餘人作僧

BD14569 號　摩訶僧祇律卷二八　（34–2）

衣財竟僧忍嘿然故是事如是持僧中有能
料理作迦絺那衣者若一人若二人若三人
羯磨人應作是說大德僧聽僧得此時衣財
若僧時到僧拜某甲某甲比丘及餘人作僧
迦絺那衣白如是大德僧聽僧得此衣財僧
今拜某甲某甲比丘及餘人作迦絺那衣諸
大德忍某甲某甲比丘及餘人作迦絺那衣
者嘿然若不忍者便說僧已忍拜某甲某
甲比丘作迦絺那衣竟僧忍嘿然故是事如
是持羯磨人中一人為主受衣財時應作
是言受此迦絺那衣財僧當受如是三說浣
時應作是說浣是迦絺那衣僧當受如是截
時縫時染時點作淨時隨所作如上說刀淨
者離角頭四指一下刀時作是說此迦絺
那衣僧當受第二第三亦如是說作時一一
應作是說不說而作淨得名迦絺那衣得
越比尼罪若一一說而不作淨不名迦絺那
衣得越比尼罪若一一起心而作淨得名迦
絺那衣无罪若僧得時衣作已一切和合羯
磨人縱疊衣手捉長重高聲應作是說大德
僧聽僧得此時衣作竟若僧時到僧受此迦
絺那衣白如是大德僧聽僧得此時衣作竟
僧今受此迦絺那衣諸大德忍受此迦絺

磨人縱疊衣手捉長重高聲應作是說大德
僧聽僧得此時衣作竟若僧時到僧受此迦
絺那衣白如是大德僧聽僧得此時衣作竟
僧今受此迦絺那衣諸大德忍受此迦絺
那衣者嘿然若不忍者便說僧已受迦絺那
衣竟僧忍嘿然故是事如是持應襞疊此衣
著箱中衆華散上應從上坐次第作隨喜
言長老憶念僧於此住處受迦絺那衣我某
甲比丘隨喜齊冬四月隨所住處滿我當捨
如是三說若大衆一万二万和合難者衆多
人得別作迦絺那衣一切如大衆但稱衆多
為異四人以上不得別作若一人獨作者取
時應言此迦絺那衣財今受如是三說截時
縫時浣時染時點時刀淨時截時應作是言
此迦絺那衣我當受縫時浣時染時點時刀
作淨時如上說作成已應心念口言我比丘
某甲受此迦絺那衣如是三說受迦絺那衣
者有作時非受時有受時非作時有作時受
時有非作時非受時作時非受時者是中有
值作時受不值受時受得名受受時非作時
者值受時受非作時受得名受有作時受時
者值作時受時受是名作時受時非作時非
受時者不值作時受受時受應隨喜言長

者值受時受非作時受得名受有作時受時
者值作時受時受是名作時受時非作時非
受時者不值作時受受時受應隨喜言長
老憶念是住處僧受迦絺那衣我某甲比
丘隨喜齋冬四月隨彼住處滿我當捨是名
迦絺那衣法非迦絺那衣者
佛住舍衛城廣說如上尒時尊者孫陁羅難
陁持頭鵄羅生踈也作迦絺那衣佛言不聽頭鵄
羅作迦絺那衣尒時尊者阿難持𨎬劫貝作
迦絺那衣復有比丘持小段物作復有比丘
持故物作復有比丘持羖羊毛欽婆羅作復
有比丘持髮欽婆羅作復有比丘持草衣作
復有比丘持韋衣作復有比丘持樹皮衣作復
有比丘持板衣作佛言如是一切不應作一
切非衣不名迦絺那衣復有不名迦絺那衣
非時作不截縷淨不染淨不點淨不刀淨是
不名迦絺那衣捨迦絺那衣法者
佛住舍衛城廣說如上尒時有比丘數易衣
著食前著異衣食後著異衣佛知而故問汝
衣數數異是誰衣荅言世尊是我衣佛言何
故太多我受迦絺那衣佛言汝云何一切時
受迦絺那衣從今日後應捨捨者有十事何

佛住舍衛城廣說如上尒時有比丘數易衣
著食前著異衣食後著異衣佛知而故問汝
衣數數異是誰衣荅言世尊是我衣佛言何
故太多我受迦絺那衣佛言汝云何一切時
受迦絺那衣從今日後應捨捨者有十事何
等十一衣竟捨二受時捨三時竟捨四聞捨
五送捨六壞捨七失捨八出去捨九時過捨
十究竟捨衣竟捨者受迦絺那衣時作是念
我作衣竟當捨迦絺那衣作衣衣成已即名捨
是名衣竟捨受時捨者作是念受此衣時當
捨迦絺那衣受衣時即名捨是名受時捨時
竟捨者作是念尒許時我當捨迦絺那衣期
滿已即名捨是名時竟捨聞捨者作是念我
聞和上阿闍梨捨迦絺那衣時我當捨後聞
和上阿闍梨說今日僧捨迦絺那衣尒時即
名捨是名聞捨送捨者作是念我是衣與他
已當捨迦絺那衣後送衣已即名捨是名
送捨壞捨者受迦絺那衣已中間自言我今
捨迦絺那衣作是語時即名捨是名壞
捨失捨者作是念是衣中間壞敗失不現我
當捨後衣壞敗若失即名捨是名失捨出
者作是念我此中住出去時當捨迦絺那衣
若出去時即名捨是名出去捨時過捨者臘

捨迦絺那衣作是語時即名捨是名壞
捨失捨者作是念是衣中間壞敗失不現我
當捨後衣壞敗若失即名捨是名失捨出捨
者作是念我此中住出去時當捨迦絺那衣
若出去時即名捨是名出去捨時過捨者臘
月十五日不捨至十六日即名捨越比尼罪
是名時過捨究竟捨者至臘月十五日應捨
一人僧中應作是唱大德僧今日僧捨迦絺
那衣如是三說是名究竟捨是十事名捨迦
絺那衣法衣法者安居未竟安居竟是中
安居失命畏失梵行非時衣時衣俱睒弥安
居未竟者
佛住舍衛城廣說如上尒時六羣比丘聚諸
中安居未竟至檀越所作是言長壽與我安
居施衣荅言尊者今非時待安居竟收獲訖
人民歡喜念恩故生施心尒時乃可有施取
比丘言長壽汝不知世間无常或王或水火
偷刼如是我則失利汝便失福檀越言尊者
但示我无常而自不見尊者欲速得安居物
爲持餘處去爲欲羅道忿忿乃尒奇哉可怪
多欲无厭發不喜心已而去諸比丘以是因
緣具白世尊佛問六羣比丘汝實尒不荅言
實尒世尊佛言比丘汝云何安居未竟索安

爲持餘處去爲欲羅道忿忿乃尒奇哉可怪
多欲无厭發不喜心已而去諸比丘以是因
緣具白世尊佛問六羣比丘汝實尒不荅言
實尒世尊佛言比丘汝云何安居未竟索安
居施衣自今以後不聽安居未竟索安居施
衣者越比尼罪是名安居未竟安居竟者
佛住舍衛城廣說如上尒時諸比丘祇桓精
舍安居竟分安居衣時六羣比丘餘處安居
已來在坐中作如是言長老世尊制安居竟
應得安居衣我亦安居竟應得安居衣與我
安居衣分諸比丘以是因緣具白世尊佛言
餘處安居不應得此處衣分隨安居處受分
是名安居竟是中安居者
佛住舍衛城廣說如上六羣比丘至安居時
受房舍已著草屣染具及餘小小物置房中
已作是言諸長老我此中安居莫復起厭患
我知汝等常不憙我即倩人取安居衣分便
餘處安居諸比丘以是因緣具白世尊佛言
要是中安居是處受衣分畏失命者佛住舍
衛城廣說如上尒時比舍離大飢饉乞食難
得諸比丘趣舍衛城值祇桓比丘安居竟分
衣比舍離比丘在坐中祇桓比丘問言長老
世尊制要是處安居得是處衣分汝何處

得諸比丘趣舍衛城值祇桓比丘安居竟分
衣比舍離比丘在坐中祇桓比丘問言長老
世尊制要是處安居得是處衣分汝何處
安居荅言長老我畏失命故來若不來者
便飢死諸比丘以是因緣具白世尊佛言若
為失命故來應與衣分是名畏失命畏失
梵行者尒時王舍城有外道兒出家時父母
欲羅兒道餘人言沙門重安居安居中必无
東西尒時可羅其姉深信佛法語弟言父
母欲羅汝道可速避去弟即趣舍衛值祇桓
比丘安居竟分衣是比丘在坐中祇桓比丘
問言長老世尊制要是處安居是處受衣
分畏失命來者得分汝云何荅言父母欲羅
我道若不來者失梵行諸比丘以是因緣具
白世尊佛言畏失梵行來者應與衣分是名
畏失梵行非時衣者
佛住舍衛城廣說如上尒時有比丘在人間
遊行載滿車衣來佛知而故問是誰衣荅言
世尊是我衣復問此是時衣為非時衣荅言
世尊非時衣淨施未荅言未佛言是一切衣
應與衆僧是名非時衣時衣者
佛住舍衛城廣說如上尒時有比丘人間遊
行載滿車衣來佛知而故問是誰衣荅言世

世尊是我衣復問此是時衣為非時衣荅言
世尊非時衣淨施未荅言未佛言是一切衣
應與衆僧是名非時衣時衣者
佛住舍衛城廣說如上尒時有比丘人間遊
行載滿車衣來佛知而故問是誰衣荅言世
尊是我衣復問此是時衣非時衣荅言時衣
佛言是衣太多減半與僧是名時衣俱睒弥
者
佛住舍衛城廣說如上拘薩羅國拔俱睒弥
聚落至舍衛城有諸比丘先依此聚落安居
即便隨來時祇桓比丘到此聚落索安居施
俱睒弥比丘言長老我先依此聚落安居我
應先索二人諍已共詣佛所以是因緣具白
世尊佛言是中安居應先索然後餘人若二
人共索者應共分若是中安居比丘未索餘
人索者越比尼罪復次時尊者劫賓那有二
共行弟子有所嫌故捨戒不壞梵行還受具
足時祇桓比丘安居竟分衣不與分彼作是
言長老我有所嫌故捨戒不壞梵行還受具
足應與我分共往白佛佛言有所嫌故捨戒
不壞梵行還受具足應等與分佛言有五事
不應與何等五被舉羅道无常破安居去不
囑舉者三見中若一一見謗縱經惡邪見邊

是應與我分去往白佛佛言有兩如故持
不壞梵行還受具足應等與分佛言有五事
不應與何等五被舉羅道无常破安居去不
囑舉者三見中若一一見謗經惡邪見邊
見諫不捨作舉羯磨是名舉羅道者捨戒不
應與若依王力若依大臣力若依賊黨力作
是說沙門若不與我分我當作不饒益事如
是人雖不應得應與是名羅道无常者死不
應分安居衣已集雖未分命盡終時囑與某
甲死已應與是名无常破安居者比丘不前
安居不後安居不應得若依王力大臣力賊
力若不與我者當作不饒益事如是人雖
不應得應與去不囑者不囑取衣分而去者
不應與分物人應問誰取某甲分若有取者
應問去時囑取不若言不囑應語言汝莫憂
少欲少事
復次佛住舍衛城廣說如上尒時諸比丘著
上色衣為世人所嫌云何沙門釋子著上色
衣如俗人无異諸比丘以是因緣具白世尊
佛言不聽著上色衣上色者丘法染迦弥遮
染俱鞞羅染勒叉染盧陁羅染緋欝金染紅
藍染青染皂色華色一切上色不聽應用根
染葉染華染樹皮染下至巨磨汁染

佛言不聽著上色衣上色者丘法染迦弥遮
染俱鞞羅染勒叉染盧陁羅染緋欝金染紅
藍染青染皂色華色一切上色不聽應用根
染葉染華染樹皮染下至巨磨汁染
復次佛住王舍城天帝釋石窟前經行見摩
竭提稻田塍畔分明差互得所見已語諸比
丘過去諸佛如來應供正遍知衣法正如是
從今日後作衣當用是法復次尒時尊者大
迦葉作僧伽梨世尊自手捉尊者阿難為截
復有比丘揩緣有比丘剌短有比丘剌長有
比丘剌緣有比丘安紐緤復次有比丘作衣
畫作緤佛言不聽畫作緤有比丘疊作緤佛
言不聽疊作緤應割截有比丘對頭縫佛言
不聽對頭縫應作緤極廣齊四指極陝如麵
麦復有比丘一向作緤佛言不聽應兩向有
比丘作衣橫緤相當佛言不聽五條應一長
一短七條乃至十三條兩長一短十五條三
長一短復有比丘作衣縫緤與衣相著佛言
不聽後衣宣脫佛言應作馬齒有比丘衣上
下破佛言應作緣有比丘作四種色衣佛言
不聽應一種色有比丘得上色衣欲浣壞色
佛知而故問比丘欲作何等荅言世尊制不
聽著上色衣欲浣壞色佛言不須浣聽餘染

不[illegible]
下破佛言應作縁有比丘作四種色夜佛言
不聽應一種色有比丘得上色衣欲浣壞色
佛知而故問比丘欲作何等答言世尊制不
聽著上色衣欲浣壞色佛言不湏浣聽餘染
壞色衣者有七種 一欽婆羅衣二劫貝衣三
芻摩衣四俱舍耶衣五舍那衣六麻衣七軀
牟提衣是名衣法
布薩及羯磨 與欲說清淨 安居并自恣 受迦絺那衣
非迦絺那衣 捨迦絺那衣 安居竟施衣 第四跋渠竟
病比丘法者佛住舍衛城廣說如上佛語阿
難取户鑰来如来欲安行僧房答言善哉世
尊即取户鑰隨世尊後時世尊到一破房中
見有一病比丘卧糞穢中不能自起佛問比
丘氣力何似所患增損答言世尊患但有增
无損復問比丘今日得食不不得世尊昨日
得不不得世尊先昨得不不得世尊我不得
食来已逕七日佛問比丘為得已不食為不
得以不食答言不得世尊佛問比丘汝此間
有和上不无有世尊有同和上不无有世尊
有阿闍梨不无有世尊有同阿闍梨不无有
世尊无比房比丘邪答言世尊以我臭穢不
憙故徙餘處去我孤苦世尊我孤獨脩伽陁

有和上[illegible]
有阿闍梨不无有世尊有同阿闍梨不无有
世尊无比房比丘邪答言世尊以我臭穢不
憙故徙餘處去我孤苦世尊我孤獨脩伽陁
佛語比丘汝莫憂惱我當伴汝佛語比丘取
衣来我為汝浣尒時阿難白佛言置世尊是
病比丘衣我當與浣佛語阿難汝便浣衣我
當灌水阿難即浣世尊灌水浣已日曝時阿
難抱病比丘舉著露地除去糞穢出床蓐諸
不淨器水灑房内掃除已巨磨塗地浣曬床
蓐更織繩床敷著本處澡浴病比丘徐卧牀
上尒時世尊以无量功德莊嚴金色柔濡手
摩比丘頟上問言所患增損比丘言蒙世尊
手至我頟上衆苦悉除尒時世尊為比丘隨
順說法發歡喜心已重為說法得法眼淨比
丘差已世尊至衆多比丘所敷尼師檀而坐
以上事具為諸比丘說問比房比丘是誰答
言我是世尊
佛告比丘汝等同梵行人病痛不相看視誰
當看者汝等各各異姓異家信家非家捨家
出家皆同一姓沙門釋子同梵行人不相看
視誰當看者比丘譬如恒河遥扶那薩羅摩
醯流入大海皆失本名合為一味名為大海

佛告比丘汝等同梵行人病瘡不相看視誰
當看者汝等各各異姓異家信家非家捨家
出家皆同一姓沙門釋子同梵行人不相看
視誰當看者比丘譬如恒河遙扶那薩羅摩
醯流入大海皆失本名合為一味名為大海
汝等如是各捨本姓皆同一姓沙門釋子汝
等不相看視誰當相看譬如剎利婆羅門毗
舍首陁羅各各異姓共入大海皆名海商人
如是比丘汝等各各異姓異家信家非家
捨家出家皆同一姓沙門釋子不相看視誰
當看者若比丘病和上應看若无和上同和
上應看若不看者越比尼罪若有阿闍梨
阿闍梨應看若无阿闍梨同阿闍梨應看若
不看者越比尼罪若有同房同房應看若
无同房比房應看若不看者越比尼罪若
无比房者僧應差看隨病人宜須幾人應
與若不看者一切僧越比尼罪佛語比丘
汝還看本比房病比丘去去佛不遠佛化作
一病沙弥佛言汝通看是病沙弥此即福罸
汝
復次佛住舍衛城廣說如上尒時南方有二
比丘共來問訊世尊道中一比丘病一比丘
待逕二三日語病比丘言我欲並去問訊世

一病沙弥佛言汝通看是病沙弥此即福罸
汝
復次佛住舍衛城廣說如上尒時南方有二
比丘共來問訊世尊道中一比丘病一比丘
待逕二三日語病比丘言我欲並去問訊世
尊汝差已後來病比丘言長老待我差已共
去荅言長老我不見世尊久思慕如渴不容
相待汝差已後來彼比丘來詣佛所頭面礼
足却住一面佛知而故問汝何處來比丘以
上因緣具白世尊佛言比丘此是惡事若有
比丘心懷放逸懈怠不精進不能執持諸根
馳騁六欲雖近我所為不見我我不見彼若
有比丘能執諸根心不放逸專念在道雖去
我遠即為見我我亦見彼所以者何隨順如
來法身故破壞諸惡故離貪欲故脩寂靜故
汝等比丘同出家脩梵行汝不相看誰當看
者汝還看病比丘去
復次佛住舍衛城廣說如上尒時鉢羅真國
有二比丘共作伴來問訊世尊至蝉聚落一
比丘病一比丘待逕二三日語病比丘言我
欲並去問訊世尊汝差已徐來病比丘言長
老待我差已共去荅言長老我不見世尊久
思慕如渴不容相待病比丘言汝必欲去者

比丘病一比丘待逕二三日語病比丘言我
欲並去問訊世尊汝差已徐来病比丘言長
老待我差已共去荅言長老我不見世尊久
思慕如渴不容相待病比丘言汝必欲去者
可為我囑賀帝利居士比丘即往至居士所
作是言長壽我二人從某来欲往詣佛令一
人得病欲権留此長壽為我逕記所須我欲
前行問訊世尊居士言尊者且住共相
看視差已俱去荅言居士不尒我不見佛
久思慕如渴居士言尊者去世尊俱當遣還
徒自疲勞比丘故去往至佛所頭面礼足却
住一面佛知而故問汝從何来比丘以上因
縁具白世尊佛言比丘此是悪事汝等各各
異姓信家非家捨家出家同一釋種病痛
不相看視誰當看者汝還看病比丘去
須次佛住舎衛城廣說如上尒時有一比丘
從北方来欲問訊世尊聞道邊有病比丘即
作是念世尊制戒病者應看我若見者不
得前進即迴道而去往到佛所頭面礼足却
住一面佛知而故問汝從何来荅言世尊我
從北方来從何道来荅言從某道来佛言有
何因縁捨正道從迴道来比丘以上因縁具
白世尊佛言比丘此是悪事如是乃至汝還

住一面佛知而故問汝從何来荅言世尊我
從北方来從何道来荅言從某道来佛言有
何因縁捨正道從迴道来比丘以上因縁具
白世尊佛言比丘此是悪事如是乃至汝還
看病比丘去看病比丘法者若比丘共商人
行至曠野得病同伴比丘不得相捨應當將
去代擔衣鉢應親近扶接不應遠離若不能
行者應從商人假借乘䭾作如是言長壽是
出家人病不堪及伴為我載致使得脫難
若得者善若言尊者我乘重應言長壽
我當與糓草直若得者不得載牸牛車
乘草馬等當載特牛車乘駁馬若病篤无
所分別者趣乘无罪若乘不可得者應留能
看病人若一人若二人若三人汝看病人我
到聚落若當求乘来迎應留粮食使住者不
乏若各言誰能棄身命於曠野无住者不得
便尒捨去應作菴舎敷草蓐作烟火與取薪
水留時藥夜分藥七日藥盡壽藥語病者
言長老安意住我到前聚落當求乘来迎
到聚落中不得遶塔問訊和上阿闍梨應
語聚落中諸比丘言曠野中有病比丘共迎
去来若言在何處荅言某處若言彼處多
有虎狼恐當食盡万无一在雖聞此語不得

到聚落中不得遠塔問訊和上阿闍梨應
語聚落中諸比丘言曠野中有病比丘共迎
去来若言在何處答言其處若言彼處多
有虎狼恐當食盡万无一在雖聞此語不得
住要當往看若遥見烏鳥不得便還要到其
所若已死者應供養尸若活者應將至聚落
語舊比丘言長老此是某處病比丘我於曠
野供養已今来至此次長老看若不看者越
比尼罪若无比丘應語優婆塞長壽曠野中
有病比丘借我乘往迎檀越言在何處如是
乃至迎来至檀越家安別鄣處若人多應
取二三人能看病者若病人言須多人樂
住者應盡住共勸化索前食後食時藥夜
分藥七日藥盡壽藥供給使无渴乏若有客
比丘来者不得便語長老汝看病比丘應言
善来長老應代擔衣鉢為敷床坐與水洗足
及塗足油若時来者應與前食後食若非時
来者應與非時漿止息已應語言長老是病
比丘我看已久長老次復應看若无常者應
供養舍利若比丘比丘尼共商人行若比丘
尼病比丘不得捨去應語去去姉妹將
接之宜如比丘中說唯除抱攝若須接摩油
塗身者應倩女人為之若无常者彼有衣鉢

尼病比丘不得捨去應語去去姉妹將
接之宜如比丘中說唯除抱攝若須接摩油
塗身者應倩女人為之若无常者彼有衣鉢
應雇人闍維若无者應捨去有俗人嫌言
何以留是死尸去若能作地相者應擔若遠
處尒時尊者優婆離白佛言世尊若大
德比丘病者當云何看視佛告優波離大德比
丘病不得著邊陋小房中不得著避迴處應
著顯現房中共行弟子依止弟子常侍左右
掃灑房中泥塗地燒衆名香勿令見穢敷
置牀坐若比丘来問疾者應與前食後食非
時来者應與非時漿若有問事病者應答病
人力劣應侍者答若優婆塞来問訊者應
言善来長壽語令就坐而為說法汝大得功德
如世尊說看侍病比丘如看我无異若有
供養為咒願受若病人患下問病者不得久
停應速發遣若病人不能出應畜三除糞器
一授病人一持出一洗已油塗日曝如是迭
用一人應户邊住莫令人卒入一人在病人
邊住時時為隨順說法如是優波離大德比
丘病應如是看視時尊者優波離復問世尊
小德比丘病當云何看視佛告優波離小

用一人應户邊住莫令人卒入一人在病人
邊住時時為隨順說法如是優波離大德比
丘病應如是看視時尊者優波離復問世尊
小德比丘病當云何看視佛告優波離小
德比丘病者不應看顯現處晃穢動外不
得着屏猥處死時人不知應安人中若病人
有和上阿闍梨若共行弟子依止弟子應看
若无者衆僧應差看病人若一二三人看若
病人衣鉢外有醫藥直者應取還供給若
无者衆僧應與若僧无者彼有重價衣鉢應
轉貿輕者供給病人病人惜者應白衆僧言
大德僧某甲病比丘不知无常慳惜衣鉢不
肯貿易白僧已濡語說法使得開解然後貿
易若復无者應乞與若不能得者應僧食
中取好者與若復无者看病人應持二鉢
入聚落乞食持好者與優波離是名
看小德病比丘法病人成就五法難看何
等五不能服隨病藥隨病食不從看病人
語病增損不知苦痛不能忍懈怠无慧是名
五法病人難看病人成就五法易看何等
五能服隨病藥隨病食隨看病人語人問
知病增損能忍苦痛精進有慧是名五法

語病增損不知苦痛不能忍懈怠无慧是名
五法病人難看病人成就五法易看何等
五能服隨病藥隨病食隨看病人語人問
知病增損能忍苦痛精進有慧是名五法
病人易看五法成就不能看病何等五多
汙不能出大小行器唾盂等不能為病人
索隨病藥隨病食不能時時為病人隨順說
法有悕望心惜自業是名五法不能看病五
法成就能看病人少汙能出大小行器唾盂
等能為病人索隨病藥隨病食能時時為
病人隨順說法无悕望心不惜自業是名五
法能看病人病人九法成就命雖未盡而
必橫死何等九一知非饒益食貪食二不知
籌量三內食未消而食四食未消而擿吐五
已消應出而強持六食不隨病食七隨病食
而不籌量八懈怠九无慧是名九法成就而
必橫死復次成就九法終不橫死何等九一
知非饒益食便少食二善知籌量三內食消
已而食四不強吐五不強持六不食不隨病
食七食隨病食能籌量八不懈怠九有智慧
是名成就九法終不橫死佛語優波離有
三種病人何等三有病人得隨病藥隨病食
如法看病而死或有病人不得隨病藥隨

食七食隨病食能籌量八不懈怠九有智慧
是名成就九法終不橫死佛語優波離有
三種病人何等三有病人得隨病藥隨病食
如法看病而死或有病人不得隨病藥隨
病食如法看病而活有病人得隨病藥隨
病食得如法看病人病必差不得死優波離
病比丘中有不得如法看便死得如法看便
活者是故應好看務令如法安隱即為施
命是故看病得大功德諸佛讚歎是名病人
法藥法者佛拘薩羅國遊行尒時尊者舍利
弗風動諸比丘以是因緣具白世尊佛問比
丘宜須何藥荅言世尊呵梨勒佛言從今
日聽病比丘服可梨勒佛告諸比丘待我還
舍衛城時語我當為諸弟子制藥法佛還舍
衛城諸比丘白佛言世尊當為諸弟子制
藥法今正是時
佛告諸比丘從今日聽諸病比丘服藥藥法
者時根非時根如是莖皮葉華菓時根者蕪
菁根葱根豎杈根阿藍扶根芋根摩豆羅根
藕根如是等與食合者是名時根時非時
根者婆吒根秘鉢羅根尼俱律根佉提羅
根蘊揵闍根如是比不與食合者是名時

菁根葱根豎杈根阿藍扶根芋根摩豆羅根
藕根如是等與食合者是名時根時非時
根者婆吒根秘鉢羅根尼俱律根佉提羅
根蘊揵闍根如是比不與食合者是名時
非時根莖皮葉華菓亦如是漿者時漿非
時漿時漿者一切米汁饋汁乳酪漿是名
時漿非時漿者一切豆一切麨一切麥漬頭
不揉蘊油蜜石蜜是名非時漿若比丘病醫
言與食便活不與便死者應淨洗器七過濤
麨繖囊成盛已器中煮令頭不破然後與飲
一切地亦時亦非時除八種灰餘一切灰亦
時亦非時是名藥法和上阿闍梨共行弟子
依止弟子法者
佛住舍衛城廣說如上尒時有一歲比丘將
无歲弟子兩肩上各有衣囊頭上戴一左手
提鉢及草屣右手提澡瓶及盛油革囊共詣
佛所頭面作礼頭上衣囊墮世尊膝上世尊
即自却已知而故問是誰荅言世尊是我共
住弟子汝幾歲荅言一歲弟子幾歲荅言
无歲佛語比丘癡如溺人而復救溺汝始一歲
已畜无歲弟子佛告諸比丘不能自降欲降
伏他人无有是處不能自調而欲調御他人
无有是處不能自度而欲度人者无有是處

[illegible]
无歲佛語比丘𦖋如溺人而復救溺汝始一歲
已畜无歲弟子佛告諸比丘不能自降欲降
伏他人无有是處不能自調而欲調御他人
无有是處不能自度而欲度人者无有是處
自未解脫欲解脫餘人者无有是處佛語比
丘已能自降伏降伏餘人斯有是處能自
調御調御他人斯有是處已能自度兼度餘
人斯有是處已自解脫解脫餘人斯有是處
佛言從今日後不聽減十歲比丘度人出家
受具足復次佛制戒不聽未滿十歲度人出
家受具足尒時難陁優波難陁滿十歲度人
出家受具足已不教試如天牛天羊駴樹蕩
逸无制御者淨不具足威儀不具足不知承事
和上阿闍梨不知承順長老比丘不知入衆
落法不知阿練若法不知入衆法不知着衣
持鉢法諸比丘以是因緣具白世尊佛言從
今日有十法成就聽度人出家受具足何等
十一持戒二多聞阿毗曇三多聞比尼四學
戒五學定六學慧七能出罪能使人出罪八
能看病能使人看九弟子有難能送脫難能
使人送滿十歲是名十事聽度人出家受具
足下至滿十歲知二部律亦得

戒五學定六學慧七能出罪能使人出罪八
能看病能使人看九弟子有難能送脫難能
使人送滿十歲是名十事聽度人出家受具
足下至滿十歲知二部律亦得
復次佛住舍衛城廣說如上尒時有比丘命
終有二共住弟子感思憂惱共坐樹下如商
人失財佛知而故問是何等比丘諸比丘以
是因緣具白世尊佛言從今日後聽請依止
敬如和上請依止法者應偏袒右肩胡跪接
足作如是言尊憶念我某甲從尊乞求依止
尊為我作依止我依止住第二第三亦如是
說復次有一歲比丘受无歲比丘依止乃至
九歲比丘受八歲比丘依止諸比丘以是因
緣具白世尊佛言從今日後不聽咸十歲受
人依止時六群比丘滿十歲受人依止已不
教試如天牛天羊乃至不知着衣持鉢法諸
比丘以是因緣具白世尊佛言從今日後成
就十法聽受人依止何等十持戒乃至滿十
歲是名十事得受依止下至滿十歲知二部
律亦得欲請依止時不得趣請有五法成就
然後請何等五一愛念二恭敬三慚四愧五
樂住是名五法應請依止阿闍梨有四何等
四一依止師二受法師三戒師四空靜處教

然後請何等五一愛念二恭敬三慚四愧五
樂住是名五法應請依止阿闍梨有四何等
四一依止師二受法師三戒師四空靜處教
師復有四種阿闍梨何等四有阿闍梨不問
而去有阿闍梨須問而去有阿闍梨若住盡
壽應隨有阿闍梨樂住雖遣盡壽不離不
問而去者有師依止住无衣食病瘦湯
藥復不能說出家脩梵行无上沙門果
法如是師不問而去問而去者有阿闍梨依
止而住雖有衣食病瘦湯藥而不能說出家
脩梵行无上沙門果法如是師須問而去若
住者有阿闍梨依止而住雖无衣食病瘦湯
藥善說出家脩梵行无上沙門果法如是阿
闍梨共住雖遣盡壽不應去有樂住者有阿
闍梨依止而住能與衣食病瘦湯藥善說
出家脩梵行无上沙門果法如是阿闍梨雖
驅遣盡壽不應去是名四復有四種何等四
受法依止調伏貪欲瞋恚愚癡是中能為弟
子善說法除貪欲瞋恚愚癡如是阿闍梨最
上最勝喻如從乳得酪從酪得蘇從蘇得醍
醐醍醐最上最勝和上阿闍梨應教共住
弟子依止弟子教法者不淨應遮非行處

上最勝喻如從乳得酪從酪得蘇從蘇得醍
醐醍醐最上最勝和上阿闍梨應教共住
弟子依止弟子教法者不淨應遮非行處
被羯磨惡邪見自解使人解自出罪使人出
病自看使人看難起若自送若使人送王賊
不淨應遮者弟子犯小小戒別眾食處處食
女人同屋宿未受具足人過三宿截生草不
淨菓食應教言莫作是若言和上阿闍梨我
更不作者善若言和上阿闍梨但自教教他
為若如是者應語知床褥人奪床蓐知食人
斷食若前人凶惡依王力大臣力能作不饒
益者若是和上應避去若是依止阿闍梨應
擔衣鉢出界一宿還即離依止共住弟子依
止弟子作不淨和上阿闍梨不教者越比尼
罪是名不淨應遮非行處者大女家寡婦家
婬捕家沽酒家惡名比丘尼惡名沙彌在是
諸處往反者和上阿闍梨應教莫此處
來往是非可習近處若受者善乃至出界
一宿還即名離依止共住弟子依止弟子在
非行處往反若不教者越比尼罪是名非行
處被羯磨者應料理僧若作折伏羯磨不語
羯磨發喜羯磨償出羯磨於三見中若一

一宿還即名離依止共住弟子依止弟子在
非行處往及若不教者越比尼罪是名非行
處被羯磨者應料理僧若作折伏羯磨不語
羯磨發喜羯磨儐出羯磨於三見中若一
一見謗經惡邪見邊見諫不捨作舉羯
磨和上阿闍梨應為弟子悔謝諸人諸長
老此本惡見今已捨行隨順凡夫愚癡何能
无過此小兒晚學實有此過從今日當教勅
更不復作悅衆意已求僧為解羯磨共
住弟子依止弟子僧作羯磨不為解者越
比丘尼罪是名被羯磨惡邪見起自解使
人解者若弟子起惡見若謗經若惡邪見
若邊見和上阿闍梨應教莫起此見此是惡
事墮惡道入泥犁長夜受苦如是種種為
說捨者善法不捨者應語彼知識如是言
長老為彼說令捨惡見若不自解不使人
解越比尼罪是名惡見自解使人解自出罪
使人出者若弟子犯可治罪若犯僧伽婆尸
沙覆藏者應自與波利婆沙若不覆藏者
應與磨那埵乃至越比尼罪應自治若不能
者使人治若共住弟子依止弟子犯罪師不
自與出不使人與出越比尼罪是名自出罪
使人出罪病自看使人看者若弟子病應

應與磨那埵乃至越比尼罪應自治若不能
者使人治若共住弟子依止弟子犯罪師不
自與出不使人與出越比尼罪是名自出罪
使人出罪病自看使人看者若弟子病應
自看使人看不得使人看已自不經營一日
應三往看語看病人汝莫疲厭展轉相看
佛所讚嘆若共住弟子依止弟子病師不看
者越比尼罪是名病自看使人看難起若自
送若使人送者若弟子親里欲罷其道師
應教遠避成就出家功德應自送若老病若
知僧事應囑人送若不自送不使人送越比
尼罪是名難起若自送若使人送王賊者若
弟子為王收錄師不應便逐去應在外伺候
消息若王家問誰是和上阿闍梨尒時應入
若事枉橫應求知識證明若須財物追逐
應與衣鉢若无者應乞求與若弟子為賊
抄賣遠在他方者師應推求追贖若弟子王
賊所捉和上阿闍梨不救贖者越比尼罪若
和上阿闍梨共住弟子依止弟子亦應如
是諫不得麁語如教式法應濡語諫和上
阿闍梨不應作是事若言子我更不作若尒
者善若言止止汝非我和上阿闍梨我當教
汝汝更教我如送將竹節汝莫更說若是和

是諫不得麁語如教式法應濡語諫和上
阿闍梨不應作是事若言子我更不作若令
者善若言止止汝非我和上阿闍梨我當教
汝汝更教我如逆捋竹節汝莫更說若是和
上者應捨遠去若依止阿闍梨應持衣鉢出
界一宿還依止餘人若師有力勢應遠去
若不去應依止有德重人若非行處應諫若
被羯磨應斷理若起惡見當自解倩人解自
出罪倩人出病不病應供給若師有難應
送去若王賊捉應追救若共住弟子依止
弟子師犯小小戒不諫乃至王賊捉不追
應語不應與此人等相習近若父母不信三
寶者應少經理若有信心者得自恣與无之
若欲取他物時應白師師應問誰與汝若言
大童女乃至不善持戒比丘與我應語莫與
此人等相習近若言善持戒者應語取問齋
與許得不白與取半餘縱半食是名不白
與取與他迎食自迎食者若他倩迎食
時應白師與某甲比丘迎食師應問彼比
丘何故不去答言彼間食苦此間食樂應
語若求樂者莫為請若為維那若病人
請者當相望其人不善持戒者應言不可
若言當次與迎應語取彼鉢淨洗合自鉢持

BD14569 號　摩訶僧祇律卷二八　（34–31）

丘何故不去答言彼間食苦此間食樂應
語若求樂者莫為請若為維那若病人
請者當相望其人不善持戒者應言不可
若言當次與迎應語取彼鉢淨洗合自鉢持
去若言彼善持戒者應言與迎若欲倩
人迎食者應白師師應問汝何故不去答言
彼間食苦此間食樂應語汝為樂故不可若
作維那若病應問使誰迎答言某甲若彼
不善持戒應言不可若言彼次應與我迎食
應語更倩餘人若同和上阿闍梨若善持戒
者迎是名迎食與他迎受經授經者若欲授
他經時應白師師應問授誰經答言與某甲
比丘授經授何經若言沙路伽耶陁應語不
可世尊所不聽若言咒經應語可應教彼莫
以此活命若言阿含師應相彼人不善持戒
應言不可若善持戒者應語汝經利不答言
不利他邊問已當授應言不可若言利者應
語授若欲自受經時亦應白師如上說是名
自受授他與欲取欲者若與欲取欲時應
白師如上迎食中廣說服藥者欲服藥時當
先白師若已坐欲无欲藥後食者雖不白而
服无罪離境界者出僧伽藍門過卅五肘應
白而去若經行若坐禪應白令知處所欲

BD14569 號　摩訶僧祇律卷二八　（34–32）

先白師若已坐欲无飲藥後食者雖不白而
服无罪離境界者出僧伽藍門過廿五肘應
白而去若經行若坐禪應白令知處所欲
大小行時若在師前應匝頭設敬而去
不在師前不敬无罪作大施者若欲大施應
白師言我一切所有盡欲布施師應語出家
人要須三衣鉢釘尼師檀漉水囊草屣弟子
言我除是外一切盡欲布施師應相望若不
善持式不受誦習行道應言聽若善持式
能受誦習行道應語布施非是堅法汝依是
諸物以脩湯藥得坐禪誦經行道若言我
有親里自供給我衣食病瘦湯藥師應語
若尒者聽是名大施白去者若欲行時應白
和上阿闍梨不得臨行乃白應先前一
月半月豫白弟子欲至某方國土師應
問何事故去若言此間僧作事諸受
經誦苦和上阿闍梨須言少食少欲
多覺少眠彼間住樂師應語汝為是
故出家何得辞苦若言和上阿闍梨
經營事務不授我經是故欲去若能
授者應語莫去若不能者衆中有善
持式誦利者應語於彼授若須无者

BD14569號　摩訶僧祇律卷二八　（34–33）

問何事故去若言此間僧作事諸受
經誦苦和上阿闍梨須言少食少欲
多覺少眠彼間住樂師應語汝為是
故出家何得辞苦若言和上阿闍梨
經營事務不授我經是故欲去若能
授者應語莫去若不能者衆中有善
持式誦利者應語於彼授若須无者
彼間有知識多聞比丘應遥囑若行
時不白和上依止阿闍梨而去者
越比尼罪是中共住弟子依止弟子
於和上阿闍梨所應行是事是名白
和上阿闍梨而去

摩訶僧祇律卷第廿八

BD14569號　摩訶僧祇律卷二八　（34–34）

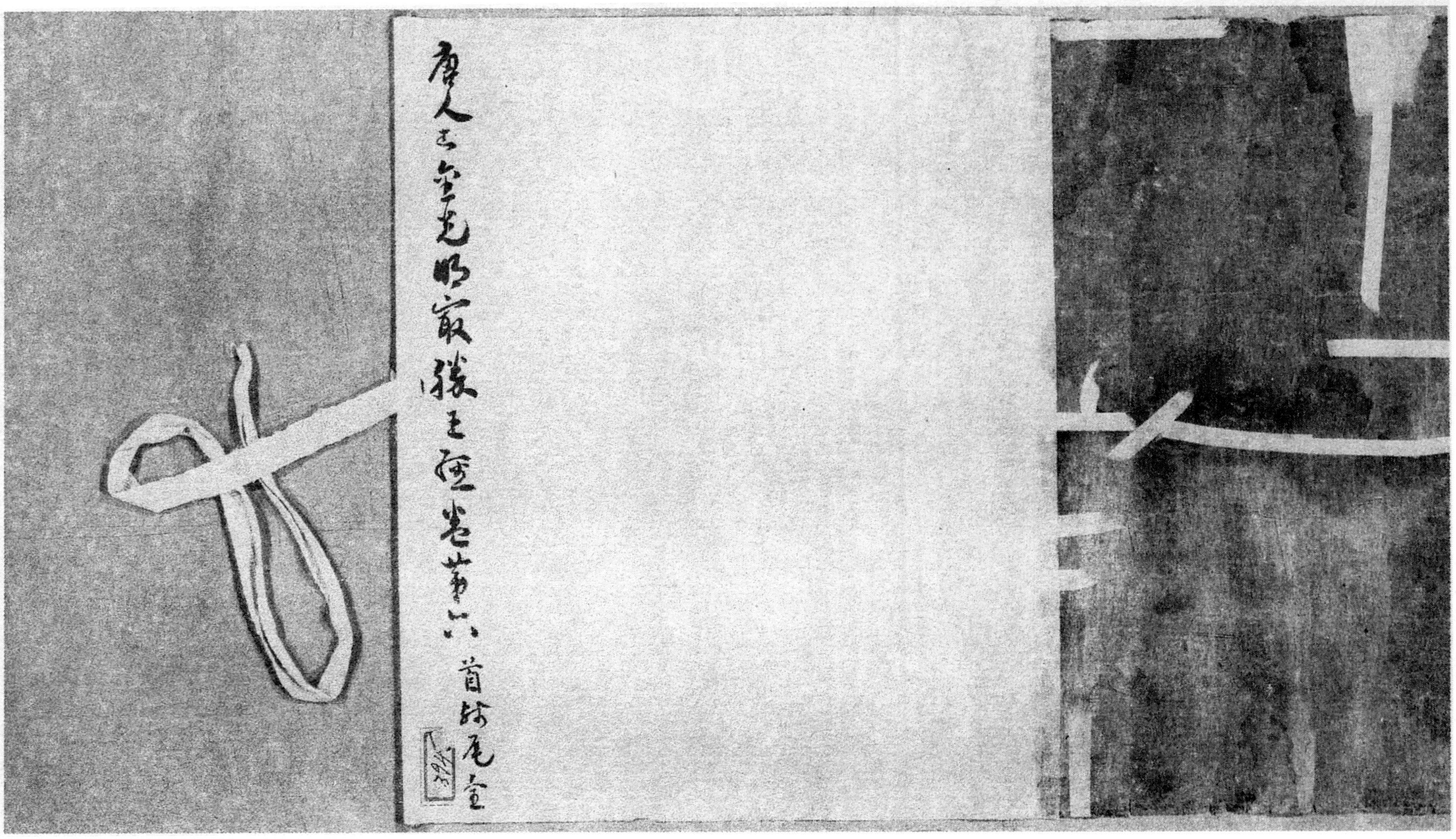
唐人書金光明最勝王經卷第六
首缺尾全

BD14570 號背　護首　　（1–1）

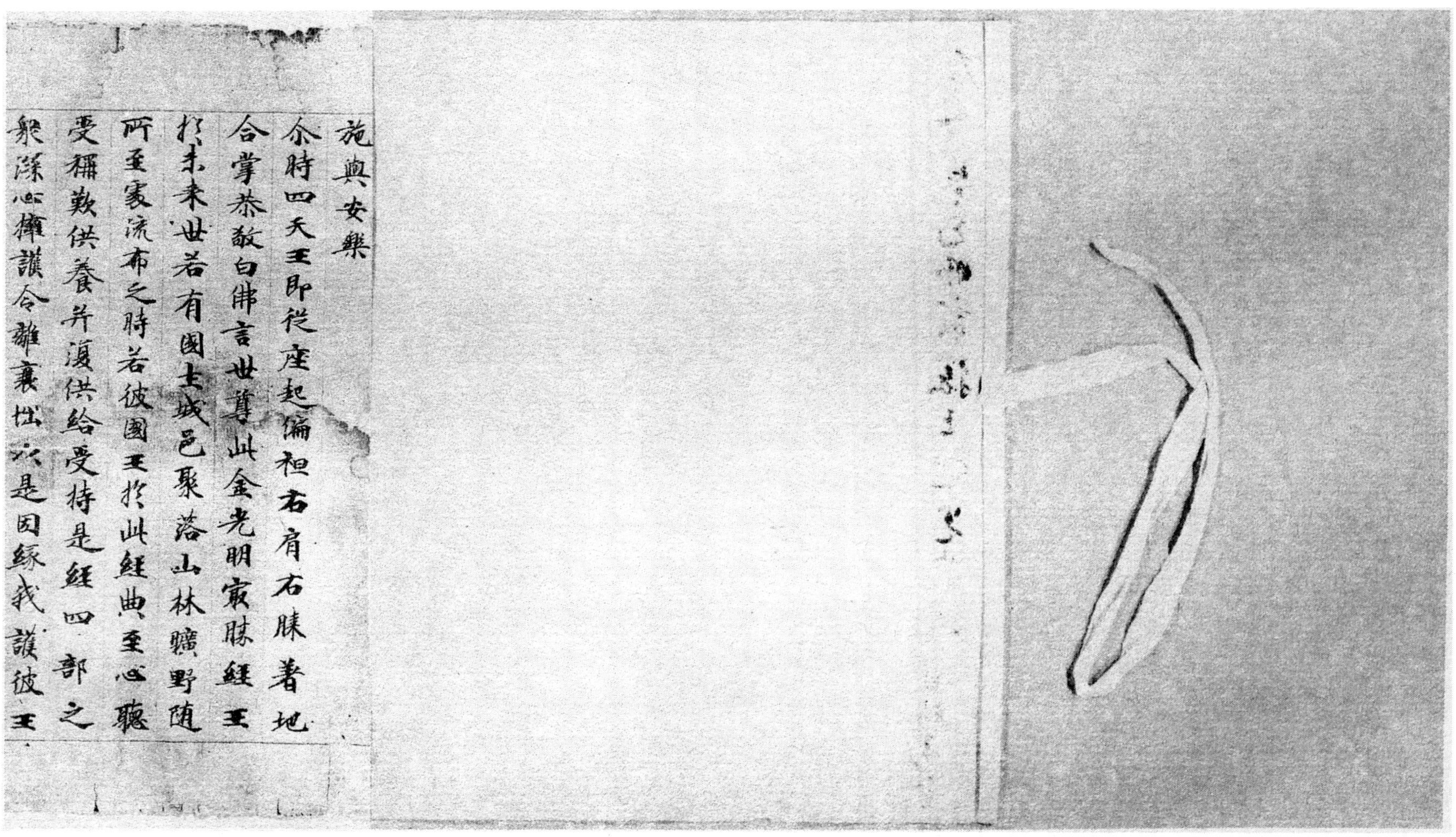
施與安樂
尒時四天王即從座起偏袒右肩右膝著地
合掌恭敬白佛言世尊此金光明最勝經王
於未來世若有國土城邑聚落山林曠野隨
所至處流布之時若彼國王於此經典至心聽
受稱歎供養并復供給受持是經四部之
衆深心擁護令離衰惱以是因緣我護彼王

BD14570 號　金光明最勝王經卷六　　（21–1）

施與安樂
尒時四天王即從座起偏袒右肩右膝著地
合掌恭敬白佛言世尊此金光明最勝經王
於未來世若有國土城邑聚落山林曠野隨
所至處流布之時若彼國王於此經典至心聽
受稱歎供養并復供給受持是經四部之
衆深心擁護令離衰惱以是因緣我護彼王
及諸人衆皆令安隱遠離憂苦增益壽命
威德具足世尊若彼國王見於四衆受持經者
恭敬守護猶如父母一切所須悉皆供給我
等四王常為守護令諸有情无不尊敬是故
我等并與無量藥叉諸神隨此經王所流
布處潜身擁護令无留難亦當護念聽是經
人諸國王等除其衰患悉令安隱他方怨賊皆
使退散若有人王聽是經時鄰國怨敵興如
是念當具四兵壞彼國土世尊以是經王威神
力故是時鄰敵更有異怨而來侵擾於其
境界多諸災變疫病流行時王見已即嚴四
兵發向彼國欲為討罰我等尒時當與眷屬
无量无邊藥叉諸神各自隱形為作護助令
彼怨敵自然降伏尚不敢來至其國界豈復
得有兵戈相罰
尒時佛告四天王善哉善哉汝等四王乃能
擁護如是經典我於過去百千俱胝那庾多
劫脩諸苦行得阿耨多羅三藐三菩提證一
切智今說是法若有人王受持是經恭敬供

BD14570號　金光明最勝王經卷六　　（21–2）

得有兵戈相罰
尒時佛告四天王善哉善哉汝等四王乃能
擁護如是經典我於過去百千俱胝那庾多
劫脩諸苦行得阿耨多羅三藐三菩提證一
切智今說是法若有人王受持是經恭敬供
養者為消衰患令其安隱亦復擁護城邑
聚落乃至怨賊悉令退散亦令一切贍部洲內
所有諸王永无衰惱鬪諍之事四王當知此贍
部洲八万四千城邑聚落八万四千諸人王
等各於其國受諸快樂皆得自在所有財
寶豐足受用不相侵奪隨彼宿因而受其報
不起惡念貪求他國咸生少欲利樂之心无
有鬪戰繫縛等苦其土人民自然受樂上下
和穆猶如水乳情相愛重歡喜遊戲慈悲謙
讓增長善根以是因緣此贍部洲安隱豐樂
人民熾盛大地沃壤寒暑調和時不乖序日
月星宿常度无虧風雨隨時離諸災橫資產
財寶皆悉豐盈心无慳鄙常行惠施具十善
業若人命終多生天上增益天大王若未來世
有諸人王聽受是經恭敬供養并受持經四
部之衆尊重稱讚復欲安樂饒益汝等及
諸眷屬无量百千諸藥叉衆是故彼王常
當聽受是妙經王由得聞此正法之水甘露上
味增益汝等身心勢力精進勇猛福德威光
悉令充滿是諸人王若能至心聽受是經則
為廣大希有供養供養於我釋迦牟尼應
正等覺若供養我則是供養過去未來現在

BD14570號　金光明最勝王經卷六　　（21–3）

當聽受是妙經王由得聞此正法之水甘露上
味增益汝等身心勢力精進勇猛福德威光
悉令充滿是諸人王若能至心聽受是經則
為廣大希有供養供養於我釋迦牟尼應
正等覺若供養我則是供養過去未來現在
百千俱胝那庾多佛若能供養三世諸佛則
得无量不可思議功德之聚以是因緣汝等
應當擁護彼王后妃眷屬令无衰惱及宮宅
神常受安樂功德難思是諸國土所有人民
亦受種種五欲之樂一切惡事皆令消殄
尒時四天王白佛言世尊於未來世若有人王
樂聽如是金光明經為欲擁護自身后妃王
子乃至內宮諸婇女等城邑宮殿皆得第
一不可思議最上歡喜寂靜安樂於現世中
王位尊高自在昌盛常得增長復欲攝受无
量无邊難思福聚於自國土令无怨敵及諸
憂惱災厄事者世尊如是人王不應放逸令
心散亂當生恭敬至誠慇重聽受如是最勝
經王欲聽之時先當莊嚴最上宮室王所愛
重顯敞之處香水灑地散眾名花安置師子
殊勝法座以諸珎寶而為校飾張施種種寶
蓋幢幡燒无價香奏諸音樂其王尒時當
淨澡浴以香塗身著新淨衣及諸瓔珞坐小卑
座不生高舉捨自在位離諸憍慢端心正念
聽是經王於法師所起大師想復於宮內后
妃王子婇女眷屬生慈愍心喜悅相視和顏
耎語於自身心大喜充遍作如是念我今獲

BD14570號　金光明最勝王經卷六　（21–4）

淨澡浴以香塗身著新淨衣及諸瓔珞坐小卑
座不生高舉捨自在位離諸憍慢端心正念
聽是經王於法師所起大師想復於宮內后
妃王子婇女眷屬生慈愍心喜悅相視和顏
耎語於自身心大喜充遍作如是念我今獲
得難思殊勝廣大利益於此經王盛興供養
既敷設已見法師至當起虔敬渴仰之心
尒時佛告四天王不應如是不迎法師時彼人
王應著純淨鮮潔之衣種種瓔珞以為嚴飾
自持白蓋及以香花備整軍儀盛陳音樂
步出城闕迎彼法師運想虔恭為吉祥事四
王以何因緣令彼人王親作如是恭敬供養
由彼人王舉足下足步步即是恭敬供養承
事尊重百千万億那庾多諸佛世尊復得超
越如是劫數生死之苦復於未來世如是數劫當
受輪王殊勝尊位隨其步步亦於現世福德
增長自在為王感應難思眾所欽重當於
无量百千億劫人天受用七寶宮殿所在生
處常得為王增益壽命言詞辯了人天信受
無所畏懼有大名稱咸共瞻仰天上人中受
勝妙樂獲大力勢有大威德身相奇妙端嚴
无比值天人師遇善知識成就具足无量福聚
四王當知彼諸人王見如是等種種无量功德
利益故應自往奉迎法師若一踰繕那乃至
百千踰繕那於說法師應生佛想還至城
已作如是念今日釋迦牟尼如來應正等覺
入我宮中受我供養為我說法我聞法已即

BD14570號　金光明最勝王經卷六　（21–5）

四王當知彼諸人王見如是等種種无量功德
利益故應自往奉迎法師若一踰繕那乃至
百千踰繕那於說法師應生佛想還至城
已作如是念今日釋迦牟尼如來應正等覺
入我宮中受我供養為我說法我聞法已即
於阿耨多羅三藐三菩提不復退轉即是值
遇百千万億那庾多諸佛世尊我於今日
即是種種廣大殊勝上妙樂具供養過去未
來現在諸佛我於今日即是永拔琰摩王界
地獄餓鬼傍生之苦便為已種无量百千万億
轉輪聖王釋梵天主善根種子當令无量百
千万億衆生出生死苦得涅槃樂積集无
量无邊不可思議福德之聚後宮眷屬及諸
人民皆蒙安隱國土清泰无諸災厄毒害惡人
他方怨敵不來侵擾遠離憂患四王當知時
彼人王應作如是尊重正法亦於受持是妙
經典苾芻苾芻尼鄔波索迦鄔波斯迦供
養恭敬尊重讚歎所獲善根先以勝福施
與汝等及諸眷屬彼之人王有大福德善業
因緣於現世中得大自在增益威光吉祥妙
相皆悉莊嚴一切怨敵能以正法而摧伏之
尒時四天王白佛言世尊若有人王能作如是
恭敬正法聽此經王并於四衆持經之人恭敬
供養尊重讚歎時彼人王欲為我等生歡
喜故當在一邊近於法座香水灑地散衆
名花安置處所設四王座我與彼王共聽正
法其王所有自利善根亦以福分施及我等

BD14570 號　金光明最勝王經卷六　（21–6）

尒時四天王白佛言世尊若有人王能作如是
恭敬正法聽此經王并於四衆持經之人恭敬
供養尊重讚歎時彼人王欲為我等生歡
喜故當在一邊近於法座香水灑地散衆
名花安置處所設四王座我與彼王共聽正
法其王所有自利善根亦以福分施及我等
世尊時彼人王請說法者昇座之時便為我
等燒衆名香供養是經世尊時彼香烟於一
念須上昇虛空即至我等諸天宮殿於虛空
中變成香蓋我等天衆聞彼妙香香有金光
照曜我等所居宮殿乃至梵宮及以帝釋大
辯才天大吉祥天堅牢地神正了知大將二
十八部諸藥叉神大自在天金剛密主寶賢
大將訶利底母五百眷屬无熱惱池龍王大
海龍王所居之處世尊如是等衆於自宮殿
見彼香烟一剎那須變成香蓋聞香芬馥覩
色光明遍至一切諸天神宮佛告四天王是
香光明非但至此宮殿變成香蓋放大光明
由彼人王手執香爐燒衆名香供養經時其
香烟氣於一念須遍至三千大千世界百億
日月百億妙高山王百億四洲於此三千大千
世界一切天龍藥叉健闥婆阿蘇羅揭路荼
緊那羅莫呼洛伽宮殿之所於虛空中充
滿而住種種香烟變成雲蓋其蓋金色普照
天宮如是三千大千世界所有種種香雲香蓋
皆是金光明最勝王經威神之力是諸人王
手持香爐供養經時種種香氣非但遍此

BD14570 號　金光明最勝王經卷六　（21–7）

緊那羅莫呼洛伽宮殿之所於虛空中充
滿而住種種香烟變成雲蓋其蓋金色普照
天宮如是三千大千世界所有種種香雲香蓋
皆是金光明最勝王經威神之力是諸人王
手持香爐供養經時種種香氣非但遍此
三千大千世界於一念頃亦遍十方无量无
邊恒河沙等百千万億諸佛國土於諸佛上虛
空之中變成香蓋金色普照亦復如是時
彼諸佛聞此妙香覩斯雲蓋及以金色於十
方界恒河沙等諸佛世尊現神變已彼諸世
尊悉共觀察異口同音讚法師曰善哉善哉
汝大丈夫能廣流布如是甚深微妙經典則
為成就无量无邊不可思議福德之聚若有
聽聞如是經者所獲功德其量甚多何況書
寫受持讀誦為他敷演如說脩行何以故善
男子若有衆生聞此金光明最勝王經者即
於阿耨多羅三藐三菩提不復退轉
尒時十方有百千俱胝那庾多无量无數恒河
沙等諸佛剎土彼諸剎土一切如來異口同
音於法座上讚彼法師言善哉善哉 善男
子汝於未來世以精勤力當脩无量百千苦行
具足資糧超諸聖衆出過三界為最勝尊當
坐菩提樹王之下殊勝莊嚴能救三千大千
世界有緣衆生善能降伏可畏形儀諸魔軍
衆覺了諸法最勝清淨甚深无上正等菩提
善男子汝當坐於金剛之座轉於无上諸佛
所讚十二妙行甚深法輪能擊无上最大法

坐菩提樹王之下殊勝莊嚴能救三千大千
世界有緣衆生善能降伏可畏形儀諸魔軍
衆覺了諸法最勝清淨甚深无上正等菩提
善男子汝當坐於金剛之座轉於无上諸佛
所讚十二妙行甚深法輪能擊无上最大法
鼓能吹无上極妙法蠡能建无上殊勝法幢
能然无上極明法炬能降无上甘露法雨能
斷无量煩惱怨結能令无量百千万億那庾
多有情度於无涯可畏大海解脫生死无際
輪迴值遇无量百千万億那庾多佛
尒時四天王復白佛言世尊是金光明最勝
王經能於未來現在成就如是无量功德是
故人王若得聞是微妙經典即是已於百千万
億无量佛所種諸善根於彼人王我當讚念
復見无量福德利故我等四王及餘眷屬无
量百千万億諸神於自宮殿見是種種香烟
雲蓋神變之時我當隱蔽不現其身為聽法
故當至是王清淨嚴飾所止宮殿講法之處
如是乃至梵宮帝釋大辯才天大吉祥天堅
牢地神正了知神大將二十八部諸藥叉神大
自在天金剛密主寶賢大將訶利底母五百
眷屬无熱惱池龍王大海龍王无量百千万
億那庾多諸天藥叉如是等衆為聽法故皆
不現身至彼人王殊勝宮殿莊嚴高座說
法之所世尊我等四王及餘眷屬藥叉諸神
皆當一心共彼人王為善知識因是无 上大
法施主以甘露味充足於我是故我等當讚

億那庾多諸天藥叉如是等衆為聽法故皆
不現身至彼人王殊勝宮殿莊嚴高座說
法之所世尊我等四王及餘眷屬藥叉諸神
皆當一心共彼人王為善知識因是无上大
法施主以甘露味充足於我是故我等當護
是王除其衰患令得安隱及其宮殿城邑
國土諸惡災變悉令消滅尒時四天王俱共
合掌白佛言世尊若有人王於其國土雖有
此經未嘗流布心生捨離不樂聽聞亦不供
養尊重讚歎見四部衆持經之人亦復不能
尊重供養遂令我等及餘眷屬无量諸天不
得聞此甚深妙法背甘露味失正法流无有
威光及以勢力增長惡趣損減人天墜生死
河乖涅槃路世尊我等四王并諸眷屬及藥
叉等見如斯事捨其國土无擁護心非但我
等捨棄是王亦有无量守護國土諸大善神
悉皆捨去既捨離已其國當有種種災禍喪
失國位一切人衆皆无善心唯有繫縛煞害
瞋諍互相讒諂枉及无辜疾疫流行彗星數
出兩日並現薄蝕無恒黑白二虹表不祥相
星流地動井內發聲暴雨惡風不依時節常
遭飢饉苗實不成多有他方怨賊侵掠國內人
民受諸苦惱土地无有可樂之處世尊我等
四王及與无量百千天神并護國土諸舊
善神遠離去時生如是等无量百千災恠惡
事世尊若有人王欲護國土常受快樂欲令

BD14570 號　金光明最勝王經卷六　（21–10）

遭飢饉苗實不成多有他方怨賊侵掠國內人
民受諸苦惱土地无有可樂之處世尊我等
四王及與无量百千天神并護國土諸舊
善神遠離去時生如是等无量百千災恠惡
事世尊若有人王欲護國土常受快樂欲令
衆生咸蒙安隱欲得摧伏一切外敵於自國
境永得昌盛欲令正教流布世間苦惱惡法
皆除滅者世尊是諸國主必當聽受是妙經
王亦應恭敬供養讀誦受持經者我等及餘
无量天衆以是聽法善根威力得服无上甘
露法味增益我等所有眷屬并餘天神皆
得勝利何以故以是人王至心聽受經典故
世尊如大梵天於諸有情常為宣說世出世
論帝釋復說種種諸論五通神仙亦說諸論
世尊梵天帝釋五通仙人雖有百千俱胝那
庾多无量諸論然佛世尊慈悲哀愍為人天
衆說金光明微妙經典比前所說勝彼百千
俱胝那庾多倍不可為喻何以故由此能令
諸贍部洲所有王等正法化世能與衆生安
樂之事為護自身及諸眷屬令无苦惱又无
他方怨賊侵害所有諸惡悉皆遠去亦令國
土災厄屏除化以正法无有諍訟是故人王
各於國土當然法炬明照无邊增益天衆并
諸眷屬世尊我等四王无量天神藥叉之衆
贍部洲內所有天神以是因緣得服无上甘露
法味獲大威德勢力光明无不具足一切
衆生皆得安隱復於未來世无量百千不可思

BD14570 號　金光明最勝王經卷六　（21–11）

王安厄屏除他以正法无有諍訟是故人王
各於國土當然法炬明照无邊增益天衆并
諸眷屬世尊我等四王无量天神藥叉之衆
贍部洲內所有天神以是因緣得服无上甘露
法味獲大威德勢力光明无不具足一切
衆生皆得安隱復於來世无量百千不可思
議那庾多劫常受快樂復得值遇无量諸佛
種諸善根然後證得阿耨多羅三藐三菩提
如是无量无邊勝利皆是如來應正等覺以大
慈悲過梵衆以大智慧愈帝釋修諸苦行
勝五通仙百千万億那庾多倍不可稱計為
諸衆生演說如是微妙經典令贍部洲一切
國主及諸人衆明了世間所有法式治國化
人勸導之事由此經王流通力故普得安樂
此等福利皆是釋迦大師於此經典廣為流
通慈悲力故世尊以是因緣諸人王等皆應
受持供養恭敬尊重讚歎此妙經王何以故
以如是等不可思議殊勝功德利益一切是
故名曰最勝經王
尒時世尊復告四天王汝等四王及餘眷屬
无量百千俱胝那庾多諸天大衆見彼人王
若能至心聽是經典供養恭敬尊重讚歎者
應當擁護除其衰患能令汝等亦受安樂
若四部衆能廣流布是經王者於人天中廣
作佛事普能利益无量衆生如是之人汝等四
王常當擁護如是四衆勿使他緣共相侵擾
令彼身心寂靜安樂於此經王廣宣流布令

BD14570 號　金光明最勝王經卷六　　（21–12）

應當擁護除其衰患能令汝等亦受安樂
若四部衆能廣流布是經王者於人天中廣
作佛事普能利益无量衆生如是之人汝等四
王常當擁護如是四衆勿使他緣共相侵擾
令彼身心寂靜安樂於此經王廣宣流布令
不斷絕利益有情盡未來際
尒時多聞天王從座而起白佛言世尊我有
如意寶珠陁羅尼法若有衆生樂受持者
功德无量我常擁護令彼衆生離苦得樂
能成福智二種資糧欲受持者先當誦此護
身之呪即說呪曰
南謨薜室囉末拏也莫訶曷囉闍也 但是也上之字皆須引聲
怛姪他　囉囉囉囉　矩怒矩怒
區怒區怒　寠怒寠怒　颯縛颯縛
羯囉羯囉　莫訶毗羯喇麼　莫訶毗羯喇麼
莫訶曷囉社　曷路叉曷路叉　都𠴨 自稱己名
薩婆薩埵難者　莎訶 長引聲 此之二字皆
世尊誦此呪者當以白線呪之七遍一遍一結
繫之肘後其事必成應取諸香所謂安息旃
檀龍腦蘇合多揭羅薰陸皆須等分和合
一處手執香爐燒香供養清淨澡浴著鮮
潔衣於一靜室可誦神呪
請我薜室囉末拏天王即說呪曰
南謨薜室囉　末拏引也　南謨擅那馱也
擅泥說囉引也　阿揭　攃　阿鉢唎弭哆
擅泥　說囉　鉢囉麼　迦　餾层迦
薩婆薩埵　呬哆振哆　麼麼 己名 擅那

BD14570 號　金光明最勝王經卷六　　（21–13）

南謨薜室囉　末弩引也　南謨擅挪馱也
擅泥說囉引也　阿揭撦　阿鉢唎弭哆
擅泥說囉　鉢囉麼迦留尼迦
薩婆薩埵　呬哆振哆　麼麼已名擅挪
末弩鉢喇拽撦　砕闍摩揭撦　莎訶
此呪誦滿一七遍已次誦本呪欲誦呪時先
當稱名敬礼三寶及薜室羅末弩大王能
施財物令諸衆生所求願滿悉能成就與其安
樂如是礼已次誦薜室羅末弩王如意末尼
寶心神呪能施衆生隨意安樂尒時多聞天
王即於佛前說如意末尼寶心呪曰
南謨曷喇怛娜　怛喇夜引也
南謨薜室囉末弩引也　莫訶囉闍引也
怛姪他　四弭四弭　蘇母蘇母
旃荼旃荼　折囉折囉　薩囉薩囉
羯囉羯囉　枳哩枳哩　矩嚕矩嚕
母嚕母嚕　主嚕主嚕　娑大也頞貪
我名某甲　昵店頞他　達達覩莎訶
南謨薜室囉末弩也莎訶擅那馱也莎訶
曼奴喇他鉢喇脯喇迦引也莎訶
受持呪時先誦千遍然後於淨室中瞿摩塗
地作小壇場隨時飲食一心供養常然妙香
令烟不絕誦前心呪晝夜繫心唯自耳聞勿
令他解時有薜室囉末弩王子名禪膩師現
童子形來至其所問言何故須喚我父即可
報言我為供養三寶事須財物願當施與時
禪膩師聞是語已即還父所白其父言今有

BD14570號　金光明最勝王經卷六　（21–14）

令烟不絕誦前心呪晝夜繫心唯自耳聞勿
令他解時有薜室囉末弩王子名禪膩師現
童子形來至其所問言何故須喚我父即可
報言我為供養三寶事須財物願當施與時
禪膩師聞是語已即還父所白其父言今有
善人發至誠心供養三寶少乏財物為斯請召
其父報曰汝可速去日日與彼一百迦利沙波
弩（此是根本梵音唯自貝齒而隨方不定或是金銀銅鐵等錢然摩揭陁現今通用一迦利沙波弩有一千六百貝齒揔數可以准知若准物直隨處不定若人持呪得成就者獲物之時自知其數有本云每日与一百陳那羅即金錢也乃至盡形日日常得西方求者多有神驗除不至心也）
其持呪者見是相已知事得成當須獨處淨
室燒香而卧可於床邊置一香篋每至天曉
觀其篋中獲所求物每得物時當日即須供
養三寶香花飲食兼施貧乏皆令罄盡不得
停留於諸有情起慈悲念勿生瞋諍諂害之
心若起瞋者即失神驗常可護心勿令瞋恚
又持此呪者於每日中憶我多聞天王及男女
眷屬稱揚讚歎恒以十善共相資助令彼
天等福力增明衆善普臻證菩提處彼諸天
衆見是事已皆大歡喜共來擁衛持呪之人
又持呪者壽命長遠經无量歲永離三塗常
无灾厄亦令獲得如意寶珠及以伏藏神通
自在所願皆成若求官榮无不稱意亦解
一切禽獸之語
世尊若持呪時欲得見我自身現者可於月
八日或十五日於白疊上畫佛形像當用木
膠雜彩莊飾其畫像人為受八戒於佛左邊

BD14570號　金光明最勝王經卷六　（21–15）

自在而觀者由若求官榮无不稱意亦解
一切禽獸之語
世尊若持呪時欲得見我自身現者可於月
八日或十五日於白疊上畫佛形像當用木
膠雜彩莊飾其畫像人為受八戒於佛左邊
作吉祥天女像於佛右邊作我多聞天像并
畫男女眷屬之類安置坐處咸令如法布列
花彩燒衆名香然燈續明晝夜无歇上妙飲
食種種珍奇發慇重心隨時供養受持神呪
不得輕心請召我時應誦此呪
南謨室唎健那也　勃陁引也
南謨薜室囉末拏也　藥叉囉闍引也
莫訶囉闍　阿地囉闍也
南麼室唎耶曩　莫訶提弊引曩
怛姪他　怛囉怛囉咄嚕咄嚕
末囉末囉　窣嚕咄窣嚕咄
漢娜漢娜　末尼羯諾迦
跋折囉薜琉璃也　目底迦揭訖嘌哆
設唎囉曩　蒲引薩婆薩埵
呬哆迦引摩　薜室囉末拏
室唎夜提鼻　跋嚩婆引也
醫呬醫呬磨毗藍婆　瞿嘌拏瞿嘌拏
袜反麻八喇婆袜喇婆　達耿呬麼麼
阿目迦那末寫自稱巳名　達哩設那迦末寫
達哩設南　麼麼末那
鉢喇遏羅大也　莎訶
世尊我若見此誦呪之人復見如是盛興供

袜反麻八喇婆袜喇婆　達耿呬麼麼
阿目迦那末寫自稱巳名　達哩設那迦末寫
達哩設南　麼麼末那
鉢喇遏羅大也　莎訶
世尊我若見此誦呪之人復見如是盛興供
養即生慈愛歡喜之心我即變身作小兒形
或作老人苾蒭之像手持如意末尼寶珠并
持金囊入道場內身現恭敬口稱佛名語持
呪者曰隨汝所求皆令如願或隱林藪或造
寶珠或欲衆人愛寵或求金銀等物欲持
諸呪皆令有驗或欲神通壽命長遠及勝妙
樂无不稱心我今且說如是之事若更求餘皆
隨所願悉得成就寶藏无盡功德无窮假
使日月墜墮于地或可大地有時移轉我
此實語終不虛然常得安隱隨心快樂世尊
若有人能受持讀誦是經王者誦此呪時不假
疲勞法速成就世尊我今為彼貧窮困厄
苦惱衆生說此神呪令獲大利皆得富樂自在
无患乃至盡形我當擁護隨逐是人為除災厄
亦復令此持金光明最勝王經流通之者及持
呪人於百步內光明照燭我之所有千藥叉
神亦常侍衛隨欲驅使无不遂心我說實語
无有虛誑唯佛證知時多聞天王說此呪
已佛言善哉大士汝能破裂一切衆生貧窮
苦網令得富樂說是神呪復令此經廣行
於世時四天王俱從座起偏袒一肩頂礼雙
足右膝著地合掌恭敬以妙伽他讚佛功德

无有虛誑唯佛證知時多聞天王說此呪
已佛言善哉大士汝能破裂一切衆生貧窮
苦網令得富樂說是神呪復令此經廣行
於世時四天王俱從座起偏袒一肩頂礼雙
足右膝著地合掌恭敬以妙伽他讚佛功德
佛面猶如淨滿月　亦如千日放光明
目淨脩廣若青蓮　齒白齊密猶珂雪
佛德无邊如大海　无限妙寶積其中
智慧德水鎮恒盈　百千勝定咸充滿
足下輪相皆嚴飾　轂輞千輻悉齊平
手足鞔網遍莊嚴　猶如鵝王相具足
佛身光曜等金山　清淨殊特无倫疋
亦如妙高功德滿　故我稽首佛山王
相好如空不可測　逾於千月放光明
皆如焰幻不思議　故我稽首心無著
尒時四天王讚歎佛已世尊亦以伽他而荅之曰
此金光明最勝經　無上十方之所說
汝等四王常擁衛　應生勇猛不退心
此妙經寶極甚深　能與一切有情樂
由彼有情安樂故　常得流通贍部洲
於此大千世界中　所有一切有情類
餓鬼傍生及地獄　如是苦趣悉皆除
住此南洲諸國王　及餘一切有情類
由經威力常歡喜　皆蒙擁護得安寧
亦使此中諸有情　除衆病苦无賊盜
賴此國土弘經故　安隱豐樂无違惱
若人聽受此經王　欲求尊貴及財利

BD14570號　金光明最勝王經卷六　（21–18）

由經威力常歡喜　皆蒙擁護得安寧
亦使此中諸有情　除衆病苦无賊盜
賴此國土弘經故　安隱豐樂无違惱
若人聽受此經王　欲求尊貴及財利
國土豐樂无違諍　隨心所願悉皆從
能令他方賊退散　於自國界常安隱
由此最勝經王力　離諸苦惱无憂怖
如寶樹王在宅內　能生一切諸樂具
最勝經王亦復然　能與人王勝功德
譬如澄潔清冷水　能除飢渴諸熱惱
最勝經王亦復然　令樂福者心滿足
如人室有妙寶篋　隨所受用悉從心
最勝經王亦復然　福德隨心无所乏
汝等天主及天衆　應當供養此經王
若能依教奉持經　智慧威神皆具足
現在十方一切佛　咸共護念此經王
見有讀誦及受持　稱歎善哉甚希有
若有人能聽此經　身心踊躍生歡喜
常有百千藥叉衆　隨所住處護斯人
於此世界諸天衆　其數无量不思議
悉共聽受此經王　歡喜護持无退轉
若人聽受此經王　威德勇猛常自在
增益一切人天衆　令離衰惱益光明
尒時四天王聞是頌已歡喜踊躍白佛言世
尊我從昔來未曾得聞如是甚深微妙之
法心生悲喜涕淚交流舉身戰動證不思議

BD14570號　金光明最勝王經卷六　（21–19）

常有百千藥叉衆 隨所住處護斯人
於此世界諸天衆 其數无量不思議
悉共聽受此經王 歡喜護持无退轉
若人聽受此經王 威德勇猛常自在
增益一切人天衆 令離衰惱益光明
尒時四天王聞是頌已歡喜踊躍白佛言世
尊我從昔來未曾得聞如是甚深微妙之
法心生悲喜涕淚交流舉身戰動證不思議
希有之事以天曼陁羅花摩訶曼陁羅花而
散佛上作是殊勝供養佛已白佛言世尊我
等四王各有五百藥叉眷屬常當處處擁
護是經及說法師以智光明而為助衛若於
經所有句義忘失之處我皆令彼憶念不忘
并與陁羅尼殊勝法門令得具足復欲令此㝡
勝經王所在之處為諸衆生廣宣流布不速
隱沒尒時世尊於大衆中說是法時无量衆
生皆得大智聰叡辯才攝受无量福德之
聚離諸憂惱發喜樂心善明衆論登出離
道不復退轉速證菩提

金光明㝡勝王經卷第六

胝陟尸 敞昌兩 敵亭歷 鼇從文 殿征郢 田見 蝕乘力 揀良均 讒士咸 窶
劬矩 麞可 摩 颯蘇合 薛 蒱閉 擒車者 弩奴加 窂孫胥 嚙去盡 咽虛致 叡以芮

BD14570 號　金光明最勝王經卷六　（21–20）

經所有句義忘失之處我皆令彼憶念不忘
并與陁羅尼殊勝法門令得具足復欲令此㝡
勝經王所在之處為諸衆生廣宣流布不速
隱沒尒時世尊於大衆中說是法時无量衆
生皆得大智聰叡辯才攝受无量福德之
聚離諸憂惱發喜樂心善明衆論登出離
道不復退轉速證菩提

金光明㝡勝王經卷第六

胝陟尸 敞昌兩 敵亭歷 鼇從文 殿征郢 田見 蝕乘力 揀良均 讒士咸 窶
劬矩 麞可 摩 颯蘇合 薛 蒱閉 擒車者 弩奴加 窂孫胥 嚙去盡 咽虛致 叡以芮

BD14570 號　金光明最勝王經卷六　（21–21）

名智者
實非實 是生非
住不動 如須弥山
如虛空 无有堅固
住一相 是名近處
若有比丘 於我滅後 入是行處 及親近處
說斯經時 无有怯弱 菩薩有時 入於靜室
以正憶念 隨義觀法 從禪定起 為諸國王
王子臣民 婆羅門等 開化演暢 說斯經典
其心安隱 无有怯弱 文殊師利 是名菩薩
安住初法 能於後世 說法華經
又文殊師利如來滅後於末法中欲說是
應住安樂行若口宣說若讀經時不樂說人
及經典過亦不輕慢諸餘法師不說他人好
惡長短於聲聞人亦不稱名說其過惡亦不
稱名讚歎其美又亦不生怨嫌之心善脩如
是安樂心故諸有聽者不逆其意有所難問
不以小乘法荅但以大乘而為解說令得一
切種智尒時世尊欲重宣此義而說偈言
菩薩常樂安隱說法 於清淨地 而施床座
以油塗身 澡浴塵穢 著新淨衣 內外俱淨
安處法座 隨問為說 若有比丘 及比丘尼
諸優婆塞 及優婆夷 國王王子 群臣士民
以微妙義 和顏為說 若有難問 隨義而荅
因緣譬喻 敷演分別 以是方便 皆使發心

BD14571 號　妙法蓮華經卷五　（8–1）

安處法座 隨問為說 若有比丘 及比丘尼
諸優婆塞 及優婆夷 國王王子 群臣士民
以微妙義 和顏為說 若有難問 隨義而荅
因緣譬喻 敷演分別 以是方便 皆使發心
漸漸增益 入於佛道 除嬾惰意 及懈怠想
離諸憂惱 慈心說法 晝夜常說 无上道教
以諸因緣 无量譬喻 開示眾生 咸令歡喜
衣服臥具 飲食醫藥 而於其中 无所悕望
但一心念 說法因緣 願成佛道 令眾亦尒
是則大利 安樂供養 我滅度後 若有比丘
能演說斯 妙法華經 心无嫉恚 諸惱障导
亦无憂愁 及罵詈者 又无怖畏 加刀杖等
亦无擯出 安住忍故 智者如是 善脩其心
能住安樂 如我上說 其人功德 千萬億劫
筭數譬喻 說不能盡
又文殊師利菩薩摩訶薩於後末世法欲滅
時受持讀誦斯經典者无懷嫉妬諂誑之心
亦勿輕罵學佛道者求其長短若比丘比丘
尼優婆塞優婆夷求聲聞者求辟支佛者求
菩薩道者无得惱之令其疑悔語其人言汝
等去道甚遠終不能得一切種智所以者何
汝是放逸之人於道懈怠故又亦不應戲論
諸法有所爭競當於一切眾生起大悲想於
諸如來起慈父想於諸菩薩起大師想於十
方諸大菩薩常應深心恭敬禮拜於一切眾
生平等說法以順法故不多不少乃至深愛

BD14571 號　妙法蓮華經卷五　（8–2）

汝是放逸之人於道懈怠故又亦不應戲論
諸法有所爭覺當於一切衆生起大悲想於
諸如來起慈父想於諸菩薩起大師想於十
方諸大菩薩常應深心恭敬禮拜於一切衆
生平等說法以順法故不多不少乃至深愛
法者亦不為多說文殊師利是菩薩摩訶薩
於後末世法欲滅時有成就是第三安樂行
者說是法時无能惱亂得好同學共讀誦是
經亦得大衆而來聽受聽已能持持已能誦
誦已能說說已能書若使人書供養經卷恭
敬尊重讚嘆尒時世尊欲重宣此義而說偈
言

若欲說是經　當捨嫉恚慢　諂誑邪偽心　常脩質直行
不輕蔑於人　亦不戲論法　不令他疑悔　云汝不得佛
是佛子說法　常柔和能忍　慈悲於一切　不生懈怠心
十方大菩薩　愍衆故行道　應生恭敬心　是則我大師
於諸佛世尊　生无上父想　破於憍慢心　說法无障㝵
第三法如是　智者應守護　一心安樂行　无量衆所敬

又文殊師利菩薩摩訶薩於後末世法欲滅
時有持是法華經者於在家出家人中生大
慈心於非菩薩人中生大悲心應作是念如
是之人則為大失如來方便隨宜說法不聞
不知不覺不問不信不解其人雖不問不信
不解是經我得阿耨多羅三藐三菩提時隨
在何地以神通力智慧力引之令得住是法
中文殊師利是菩薩摩訶薩於如來滅後有
成就此第四法者說是法時无有過失常為

BD14571號　妙法蓮華經卷五　（8–3）

不知不覺不問不信不解其人雖不問不信
不解是經我得阿耨多羅三藐三菩提時隨
在何地以神通力智慧力引之令得住是法
中文殊師利是菩薩摩訶薩於如來滅後有
成就此第四法者說是法時无有過失常為
比丘比丘尼優婆塞優婆夷國王王子大臣
人民婆羅門居士等供養恭敬尊重讚嘆虛
空諸天為聽法故亦常隨侍若在聚落城邑
空閑林中有人來欲難問者諸天晝夜常為
法故而衛護之能令聽者皆得歡喜所以者
何此經是一切過去未來現在諸佛神力所
護故文殊師利是法華經於无量國中乃至
名字不可得聞何況得見受持讀誦文殊師
利譬如強力轉輪聖王欲以威勢降伏諸國
而諸小王不順其命時轉輪王起種種兵而
往討罰王見兵衆戰有功者即大歡喜隨功
賞賜或與田宅聚落城邑或與衣服嚴身之
具或與種種珍寶金銀琉璃車𤦲馬瑙珊瑚
虎珀象馬車乘奴婢人民唯髻中明珠不以
與之所以者何獨王頂上有此一珠若以與
之王諸眷屬必大驚怪文殊師利如來亦復
如是以禪定智慧力得法國土王於三界而
諸魔王不肯順伏如來賢聖諸將與之共戰
其有功者心亦歡喜於四衆中為說諸經令
其心悅賜以禪定解脫无漏根力諸法之財
又復賜與涅槃之城言得滅度引導其心令
皆歡喜而不為說是法華經文殊師利如轉

BD14571號　妙法蓮華經卷五　（8–4）

其有功者心亦歡喜於四衆中為說諸經令
其心恱賜以禪定解脫无漏根力諸法之財
又復賜與涅槃之城言得滅度引導其心令
皆歡喜而不為說是法華經文殊師利如轉
輪王見諸兵衆有大功者心甚歡喜以此難
信之珠久在髻中不妄與人而今與之如來
亦復如是於三界中為大法王以法教化一
切衆生見賢聖軍與五陰魔煩惱魔死魔共
戰有大功勳滅三毒出三界破魔網尒時如
來亦大歡喜此法華經能令衆生至一切智
一切世間多惡難信先所未說而今說之文
殊師利此法華經是諸如來第一之說於諸
說中㝡為甚深末後賜與如彼強力之王久
護明珠今乃與之文殊師利此法華經諸佛
如來秘密之藏於諸經中㝡在其上長夜守
護不妄宣說始於今日乃與汝等而敷演之
尒時世尊欲重宣此義而說偈言
常行忍辱　哀愍一切　乃能演說　佛所讚經
後末世時　持此經者　於家出家　及非菩薩
應生慈悲　斯等不聞　不信是經　則為大失
我得佛道　以諸方便　為說此法　令住其中
譬如強力　轉輪之王　兵戰有功　賞賜諸物
象馬車乘　嚴身之具　及諸田宅　聚落城邑
或與衣服　種種珍寶　奴婢財物　歡喜賜與
如有勇健　能為難事　王解髻中　明珠賜之
如來亦尒　為諸法王　忍辱大力　智慧寶藏

或與衣服　種種珍寶　奴婢財物　歡喜賜與
如有勇健　能為難事　王解髻中　明珠賜之
如來亦尒　為諸法王　忍辱大力　智慧寶藏
以大慈悲　如法化世　見一切人　受諸苦惱
欲求解脫　與諸魔戰　為是衆生　說種種法
以大方便　說此諸經　既知衆生　得其力已
末後乃為　說是法華　如王解髻　明珠與之
此經為尊　衆經中上　我常守護　不妄開示
今正是時　為汝等說
我滅度後　求佛道者　欲得安隱　演說斯經
應當親近　如是四法　讀是經者　常无憂惱
又无病痛　顏色鮮白　不生貧窮　卑賤醜陋
衆生樂見　如慕賢聖　天諸童子　以為給使
刀仗不加　毒不能害　若人惡罵　口則閉塞
遊行无畏　如師子王　智慧光明　如日之照
若於夢中　但見妙事　見諸如來　坐師子座
諸比丘衆　圍繞說法　又見龍神　阿脩羅等
數如恒沙　恭敬合掌　自見其身　而為說法
又見諸佛　身相金色　放无量光　照於一切
以梵音聲　演說諸法　佛為四衆　說无上法
見身處中　合掌讚佛　聞法歡喜　而為供養
得陀羅尼　證不退智　佛知其心　深入佛道
即為授記　成㝡正覺　汝善男子　當於來世
得无量智　佛之大道　國土嚴淨　廣大无比
亦有四衆　合掌聽法　又見自身　在山林中
脩習善法　證諸實相　深入禪定　見十方佛

得陁羅尼　證不退智　佛知其心　深入佛道
即為授記　成最正覺　汝善男子　當於來世
得无量智　佛之大道　國土嚴淨　廣大无比
亦有四衆　合掌聽法　又見自身　在山林中
脩習善法　證諸實相　深入禪定　見十方佛
諸佛身金色　百福相莊嚴　聞法為人說　常有是好夢
又夢作國王　捨宮殿眷屬　及上妙五欲　行詣於道場
在菩提樹下　而處師子座　求道過七日　得諸佛之智
成无上道已　起而轉法輪　為四衆說法　經千万億劫
說无漏妙法　度无量衆生　後當入涅槃　如烟盡燈滅
若後惡世中　說是第一法　是人得大利　如上諸功德

妙法蓮華經從地踊出品第十五

尒時他方國土諸來菩薩摩訶薩過八恒河
沙數於大衆中起合掌作礼而白佛言世尊
若聽我等於佛滅後在此娑婆世界勤加精
進護持讀誦書寫供養是經典者當於此土
而廣說之尒時佛告諸菩薩摩訶薩衆止善
男子不須汝等護持此經所以者何我娑婆
世界自有六萬恒河沙等菩薩摩訶薩一一
菩薩各有六萬恒河沙眷屬是諸人等能於
我滅後護持讀誦廣說此經佛說是時娑婆
世界三千大千國土地皆震裂而於其中有
无量千萬億菩薩摩訶薩同時踊出是諸菩
薩身皆金色三十二相无量光明先盡在此
娑婆世界之下此界虛空中住是諸菩薩聞

BD14571號　妙法蓮華經卷五　（8–7）

我滅後護持讀誦廣說此經佛說是時娑婆
世界三千大千國土地皆震裂而於其中有
无量千萬億菩薩摩訶薩同時踊出是諸菩
薩身皆金色三十二相无量光明先盡在此
娑婆世界之下此界虛空中住是諸菩薩聞

BD14571號　妙法蓮華經卷五　（8–8）

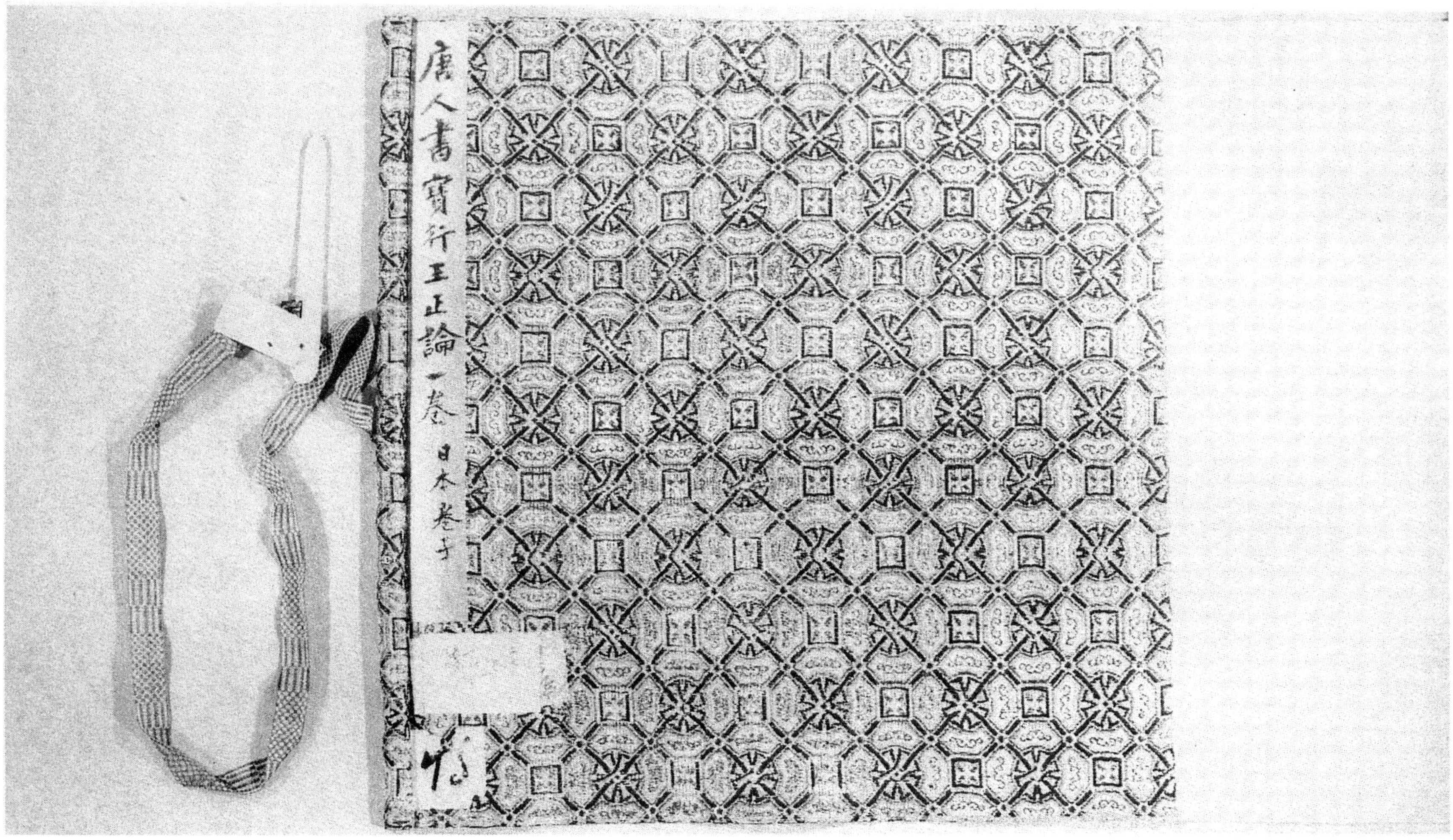

BD14572 號背　護首　　　　（1–1）

寶行王正論菩提資糧品第三

諸佛大相好　從難思福生　我今為汝説　依大乘阿含
一切緣覺福　有學无學福　及十方世福　福如世難量
此福更十倍　感佛一毛相　九万九千毛　一一福皆尒
如此眾多福　生佛一切毛　復更百倍增　方感佛一好
如是如是多　一一好得成　乃至滿八十　隨飾一大相
如是福德聚　能感八十好　合更百倍增　感佛一大相
如是多福德　能感三十相　復更百倍增　感毫如滿月
能感白毫福　復更千倍增　此福感難見　頂上欝尼沙
如此无量福　方便説有量　於一切十方　如説十倍世
諸佛色身因　尚如世无量　況佛法身因　而當有邊際
世間因雖小　若果大難量　佛因既无量　果量云何思
諸佛有色身　皆從福行起　大王佛法身　由智慧行成
故佛福慧行　是菩提正因　故願汝恒行　菩提福慧行
於成菩提福　汝莫墮沈憂　有理及阿含　能令心安信
如十方无邊　空及地水火　有苦諸眾生　彼无邊亦尒
此无邊眾生　菩薩依大悲　從苦而拔濟　願彼般涅槃

BD14572 號　寶行王正論　　　　（18–1）

故佛福慧行 是菩提正因 故願汝恒行 菩提福慧行
於成菩提福 汝莫墮沉憂 有理及阿含 能令心安信
如十方无邊 空及地水大 有苦諸衆生 彼无邊亦尒
此无邊衆生 菩薩依大悲 從苦而扶濟 願彼般涅槃
從發此堅心 行住及卧覺 或時小放逸 无量福恒流
福量如衆生 恒流无間隙 因果既相稱 故菩提不難
時節及衆生 菩提與福德 由此四无量 菩薩堅心行
菩提雖无量 因前四无量 脩福慧二行 云何難可得
福慧二種行 如此无邊際 菩薩身心苦 故疾得消除
惡道飢渴等 身苦惡業生 菩薩永離惡 行善苦不生
欲瞋怖畏等 心苦從癡生 由依无二智 菩薩離心苦
有苦時若促 難忍何況多 无苦時長遠 有樂云何難
身苦永不有 假說有心苦 悲世間二苦 故恒住生死
故菩提長時 智人心不沉 為滅惡生善 是時无間脩
貪瞋及无明 願汝識捨離 无貪等衆善 知應恭敬脩
由貪生鬼道 由瞋墮地獄 由癡入畜生 翻此感人天
捨惡及脩善 此法是樂因 若是解脫法 由智捨二執
佛像及支提 殿堂并寺廟 最勝多供具 汝應敬成立
坐寶蓮華上 好色微妙畫 一切金寶種 汝應造佛像
正法及聖衆 以命急事護 金寶網繖蓋 奉獻寶支提
金銀衆寶花 珊瑚瑠璃珠 帝釋青大青 金剛寶支提
能說正法人 以四事供養 六和敬等法 常應勤脩行
於尊恭敬聽 勤事而侍護 菩薩必應行 亡後亦供養
於天外道衆 不應覲事礼 因无知邪信 莫事惡知識

能說正法人 以四事供養 六和敬等法 常應勤脩行
於尊恭敬聽 勤事而侍護 菩薩必應行 亡後亦供養
於天外道衆 不應覲事礼 因无知邪信 莫事惡知識
佛阿含及論 書寫讀誦施 亦惠紙筆墨 汝應脩此福
於國起學堂 雇師供學士 興建永基業 汝行為長慧
能醫巧曆數 皆為立田疇 潤老小病苦 於國有濟益
起諸道伽藍 園塘湖亭屋 於中給生具 草蓐飲食薪
於小大國土 應起寺亭館 遠路之水漿 造井池施飲
病苦无依貧 下姓怖畏等 依慈悲攝受 勤心安立彼
隨時新飲食 果菜及新穀 大衆及須者 未施莫先用
屣繖瓶鈞鑷 針綖及扇等 菩提寢息具 應施寺亭館
三果及三辛 蜜糖蘇眼藥 恒應安息省 書呪及藥方
塗首身藥油 淡滕燈麨果 水器及刀斧 應給亭館中
米穀麻飲食 糖膏等相應 恒置陰涼處 及淨水滿器
於蟻鼠穴門 飲食穀糖等 願令可信人 日日分布散
如意前後食 恒施於餓鬼 狗鼠鳥蟻等 願汝恒施食
災疫飢餓時 水旱及賊難 國敗須濟度 願汝恒拯恤
施夫絕農業 願給粮種具 隨時蠲租稅 輕微受調斂
施物濟負責 出息不長輕 直防許休偃 以時接賓客
境內外劫盜 方便斷令息 隨時遣賈侶 平物價鈞調
八坐等判事 自如理觀察 事能利万姓 恒恭敬脩行
應作何自利 如汝恒敬恩 利他云何成 如此汝急思
地水風火等 草藥及野樹 如此或暫時 受他无礙策
七步須起心 為捨內外財 菩薩福德成 難量如虛空

八生等判事 自如理觀察 事能利万姓 恒恭敬脩行
應作何自利 如汝恒敎思 利他云何成 如此汝急思
地水風火等 草藥及野樹 如此或暫時 受他无礙築
七步須起心 為捨內外財 菩薩福德成 難量如虛空
童女好色嚴 惠施求得者 故獲陁羅尼 能持一切法
愛色具莊嚴 并一切生具 施八万童女 釋迦佛昔時
光明種種色 衣服莊嚴具 花香等應施 依悲惠求者
若人離此緣 於法无安行 則應施與之 過此後莫惠
毒亦許施彼 若此能利他 甘露不許施 若此損害他
若蛇齧人指 佛亦聽則除 或佛教利他 逼惱亦可行
固謹持正法 及能說法人 恭敬聽受法 或以法施他
莫愛世讚歎 恒樂出俗法 如立自體德 於他亦如此
於聞莫知足 及思脩實義 於師報恩施 應敎行莫悋
莫讚外邪論 但起諍慢故 不應讚自德 怨德亦可讚
莫顯他密事 及惡心兩舌 自於他有過 如理觀悔露
若由此過失 智者訶責他 自須離此失 有能扶濟他
他辱已莫瞋 即觀宿惡業 莫報對他惡 為後不受苦
於他應作恩 莫希彼報荅 唯自應受苦 共求衆受樂
若得天富貴 自高不應作 遭枉如餓鬼 莫起下悲行
假設失王位 或死由實言 亦恒說此語 无實利默然
如言如此行 願汝堅行善 因此好名遍 自在成勝量
應作熟簡擇 後則依理行 莫由信他作 須自了實義
若依理行善 好名遍十方 王侯續不斷 王富樂轉大
死緣百一種 壽命因不多 此因或死緣 故恒應脩善
若人恒行善 是所得安樂 於自他若等 此善樂圓足

應作熟簡擇 後則依理行 莫由信他作 須自了實義
若依理行善 好名遍十方 王侯續不斷 王富樂轉大
死緣百一種 壽命因不多 此因或死緣 故恒應脩善
若人恒行善 是所得安樂 於自他若等 此善樂圓足
依法為性人 卧覺常安樂 夢中見善事 由內无過惡
若人養父母 恭奉自家尊 恭善人用財 忍辱有大度
軟語不兩舌 實言同心樂 此九天帝因 盡壽應脩行
由昔行九法 天王感帝位 時時處法堂 至今恒說此
一日三時施 美食三百器 福不及剎那 行慈百分一
天人等愛護 日夜受善樂 免怨火毒仗 是行慈現果
無功用獲財 後生於色界 得慈十功德 若人未解脫
教一切衆生 堅發菩提心 菩薩德如山 菩提心牢固
由信離八難 因戒生善道 數脩真如空 得善无放逸
無諂得念根 恒思得慧根 恭敬得義理 護法感宿命
布施聽聞法 或不障他聞 疾得如所愛 與佛相值遇
無貪作事成 不慳財物長 離慢招上品 法忍得總持
由行五實施 及惠无怖畏 非諸魔能辱 故感大勝力
支提列燈行 幽闇秉火燭 布施續明油 故得淨天眼
供養支提時 即設鼓聲樂 蠡角等妙音 故獲淨天耳
於他失默然 不談人德闕 隨順護彼意 故得他心智
由施徒舟乘 運致羸之人 恭護瞻尊長 故獲如意通
令他憶法事 及正法句義 或淨心施法 故感宿命智
由知真實義 謂諸法无性 故得第六通 永勝是流盡
平等悲相應 由脩如實智 故自得成佛 恒解脫衆生
由種種淨願 故佛土清淨 衆寶獻支提 故放无邊光

令他憶法事　及正法句義　或淨心施法　故感宿命智
由知真實義　謂諸法无性　故得第六通　最勝是流盡
平等悲相應　由脩如實智　故自得成佛　恒解脫眾生
由種種淨願　故佛土清淨　眾寶獻菩提　故放无邊光
如此業及果　已知義相應　故應脩利他　即菩薩自利

寶行王正論正教王品第四

王若行非法　或作非道理　事王人亦讚　故好惡難知
亦有世間人　非愛善難教　何況大國王　能受善人語
我今憐念汝　及悲諸世間　故我善教汝　實益若非愛
真滑有義利　依時由慈悲　佛令教弟子　故我為汝說
若聽聞實語　應住於无瞋　可取必須受　如浴受淨水
我今說善言　現來有利益　汝知應受行　為自及於世
由昔施貧苦　故今感富財　因貪不知恩　廢施无更得
世間雅路粮　不雇无人負　由施借下品　未來荷百倍
願汝發大心　恒興建大事　若行大心事　是人得大果
小意陋劣王　心願未曾觸　好名吉祥事　三寶依應作
望王后等毛　若事非汝法　死亦起惡名　王不作最勝
廣大事能起　大人希有用　能障下人願　以命成此事
无自在棄物　使身入未來　若於法安財　前至達相待
先帝諸產業　棄本屬新王　能為前王生　法樂好名不
用財受現善　若施感來樂　非此二唐失　唯生苦无歎
將終欲行施　臣礙失自在　祚絕故捨愛　隨新王樂欲
若捨一切物　汝今安私法　亦常在死緣　譬如風中燈
先諸王所起　平等功德處　謂天神廟堂　願如本脩理
雜慾常行善　持戒受容舊　巧增財无諍　勤力恒脩善

用財受現善　若施感來樂　非此二唐失　唯生苦无歎
將終欲行施　臣礙失自在　祚絕故捨愛　隨新王樂欲
若捨一切物　汝今安私法　亦常在死緣　譬如風中燈
先諸王所起　平等功德處　謂天神廟堂　願如本脩理
雜慾常行善　持戒受容舊　巧增財无諍　勤力恒脩善
清淨无積聚　不捨於他事　安立為導首　受彼功德藏
盲病根不具　可悲句无依　於廣不得遮　平等與彼食
道德无求人　或住餘王界　供事亦相似　應作无此彼
於一切法事　應立勤力人　无貪聰智善　不侵法畏罪
了正論行善　親愛四觀淨　美語不怯弱　上姓能持戒
識恩知他苦　如理巧決斷　八人手相着　為國六八座
柔和有大度　驍勇甚愛王　堅實能用財　無放逸恒善
孰思所作事　能別十二輪　常行四方便　應立為大臣
持法戒清淨　了事有幹用　能生長護財　解義巧書算
於他心事等　畏罪親愛王　富財多眷屬　宜立為職掌
月月應問彼　一切財出入　問已法事等　善心善教誨
為法處王位　不求名欲塵　王位勝有利　異此則不如
大王即世間　多手相食噉　立法王位義　汝帝聽我說
長老於王處　上族解是非　畏惡多相順　願彼看王事
罰繫鞭杖等　若彼依理行　王恒潤大悲　於彼更施恩
為利一切人　應恒起慈心　若彼最重惡　亦應生大悲
重惡極害心　必於彼行悲　彼即是悲器　正行人非境
貧人若被繫　五日須放散　餘人亦如理　隨一莫拘留
若於一人所　起長繫縛心　隨人生不護　因此惡恒流
乃至彼未散　雖繫亦安樂　莊飾說飲食　藥扇等相應

重惡者害心　必於彼不悲　彼即是非器　正行人非壞
貧人若被駈　五日須放散　餘人亦如理　隨一莫拘留
若於一人所　起長繫駈心　隨人生不譏　因此惡恒流
乃至彼未散　雖繫亦安樂　莊飾洗飲食　藥㕑等相應
王欲他成器　依悲立善教　善惡人皆同　不由瞋及次
熟思實知已　人憎起反逆　不殺不逼彼　願王擯他土
看自家如怨　由衆人淨眼　恒念无放逸　願作如法事
賞重加供養　有恩人令得　如恩德勝負　報償亦如是
將接為饒花　賞施為大果　王樹忍影厚　民鳥遍依事
王持戒能施　有威得物心　譬如沙糖丸　香刺味相雜
若王依道理　魚法則不行　無難无非法　恒有法歡樂
不從昔世引　不可將入來　王位從法得　為位莫壞法
王位如肆家　昔傳如所價　為不更求得　此用汝應行
王位如肆家　王傳如所價　為欲更求得　此用應脩行
轉輪王得地　或具四天下　但身心二樂　餘富貴皆虛
但對治衆苦　謂身善樂受　心樂是想類　皆分別所作
對治苦為體　及分別為類　世間一切樂　虛故无真實
洲處主居止　生處及衣等　飲食卧具乘　妻象馬用一
若心隨一緣　即由彼生樂　餘境非緣故　是時虛无用
五根緣五塵　若心不分別　雖復得成塵　不由此生樂
此塵根所緣　餘則非能所　故所餘根塵　真實无有義
此塵根所緣　心取過去相　分別起淨想　於彼生樂受
一塵心所緣　心塵不同世　既離心非塵　離塵亦非心
以父母為因　汝說有子生　如此緣眼色　說有識等生
去來世根塵　不成由无義　不出二世故　現塵根无義

BD14572號　寶行王正論　（18–8）

此塵根所緣　心取過去相　分別起淨想　於彼生樂受
一塵心所緣　心塵不同世　既離心非塵　離塵亦非心
以父母為因　汝說有子生　如此緣眼色　說有識等生
去來世根塵　不成由无義　不出二世故　現塵根无義
如眼見火輪　由根到亂故　於現在塵中　根緣塵亦尒
五根及境界　是四大塵類　一一大虛故　塵根亦不有
若大各離成　離薪火應然　若離无別體　塵亦同此判
四大二義虛　故不成和同　既實无和同　故色塵不成
識受想及行　一一體不成　不合乖緣生　非有故无合
如分別善樂　緣苦對治成　如此所計苦　因樂壞故成
於樂和合愛　緣无相則滅　於苦遠離貪　由此觀不生
若依世言說　心為能見者　不然離所見　能見不成故
觀行觀世間　如幻實不有　无取无分別　般涅槃如大
菩薩見如此　於菩提不退　由大悲引故　後相續至佛
諸菩薩修道　佛說於大乘　無智憎嫉人　自害撥不受
不識功德失　於德起失想　或憎嫉勝利　故人謗大乘
若知罪損他　功德能利益　故說誹謗人　不識憎嫉善
由不觀自利　一味利益他　大乘衆德器　故謗人灰粉
信人由僻執　不信由嫉憎　信人謗尚燒　何況瞋妬者
合毒為治毒　如醫方所說　苦滅惡亦尒　此言何相違
諸法心先行　以心為上首　以苦滅他惡　善心人何過
苦來若能利　應取何況樂　或於自及他　此是本昔法
由能棄小樂　後若見大樂　智人捨小樂　觀於後大樂
若不忍此言　醫師施苦藥　犯罪不可恕　故汝義不然
或見事不宜　智者由義行　或制或開許　此義處處有

BD14572號　寶行王正論　（18–9）

由能棄小乘 後若見大乘 智人捨小乘 觀於後大乘
若不忍此言 醫師施苦藥 犯罪不可恕 故汝義不然
或見事不宜 智者由義行 或制或開許 此義處處有
諸菩薩威儀 悲爲先智成 大乘說如此 何因可誹謗
无知故沉沒 上乘廣深義 故誹謗大乘 成自他怨家
施戒忍精進 定智悲爲體 佛說大乘尒 有何耶說漏
由施戒利他 忍進爲自利 定慧脫自他 略攝大乘義
略說佛正教 謂解脫自他 此六度爲藏 何人能撥此
福慧爲種類 佛說菩提道 立此名大乘 癡盲不能忍
知空難思量 福慧行成故 諸佛德難思 於大乘願忍
大德舍利弗 佛戒非其境 故佛德難思 云何不可忍
於大乘无生 乘小說空滅 无生滅一體 自義莫違反
真空及佛德 若如法簡擇 大小兩乘教 於智人何諍
佛不了義說 非下人易解 一三乘說中 護自體莫傷
若捨无非福 若憎惡无善 若欲愛自身 大乘不應謗
菩薩願及行 迴向等彼无 若依小乘脩 云何成菩薩
菩薩道四依 於小乘不說 何法佛所脩 而說能勝彼
約依諦助道 佛與彼若同 脩因既不異 云何果殊越
菩提行摠別 小乘中不說 於大乘具辯 故智應信受
如毗伽羅論 先教學字母 佛立教如此 約受化根性
有處或說法 令彼離衆惡 或爲成福德 或具依前二
或爲遣此二 甚深怖劣人 或深悲爲上 爲他成菩提
是故聰明人 應捨憎大乘 當起勝信受 爲得无等覺
由信受大乘 及行大乘教 故成无上道 中間種種樂

或爲遣此二 甚深怖劣人 或深悲爲上 爲他成菩提
是故聰明人 應捨憎大乘 當起勝信受 爲得无等覺
由信受大乘 及行大乘教 故成无上道 中間種種樂
施戒及忍辱 多爲在家說 此法悲爲上 願汝脩成性
由世不平等 王位若乖法 爲好名及法 事及出家勝

寶行王正論出家正行品第五

初學出家人 敬心脩禁戒 於木叉毗尼 多學破立義
次起正勤心 捨離麤類或 數有五十七 諦聽我當說
忿謂心相違 恨是結他失 覆惡罪名秘 及著惡顯善
張他名欺誑 諂謂曲心續 嫉於他德憂 悋心怖畏捨
無羞及无慚 於自他无耻 不下不敬他 動亂瞋方便
醉謂不計他 放逸不脩善 慢類有七種 我今當略說
若人起分別 從下下等等 從下及等勝 說此惑爲慢
下人計自身 不如於等人 說此名下慢 由自下等類
下人高自身 與勝人平等 此或名高慢 由自高等勝
下人計自己 勝於勝類人 說此名過慢 如癰上起疱
於五種取陰 自性空无人 由癡故計我 說此名我慢
實未得聖道 計自身已得 由脩偏道故 說名增上慢
若人由作惡 而計自身勝 兼復撥他德 說此名耶慢
我今无復用 或能下自體 此亦名下慢 但緣自體起
爲求利養讚 故守攝六根 能隱貪欲意 此或名貢高
爲得利供養 於他起愛語 此或緣世法 說此名諂言
爲欲得彼物 若讚美此財 說名爲現相 能示自心故
爲欲得所求 現前非撥他 說名爲訶責 能伏彼令順

為求利養讚 故守攝六根 能隱貪欲意 此或名貢高
為得利供養 於他起愛語 此或緣世法 說此名謝言
為欲得彼物 若讚美此財 說名為現相 能示自心故
為欲得所求 現前非撥他 說名為訶責 能伏彼令順
由施欲求利 或讚彼先德 說名利求利 此五耶命攝
若人緣他失 心數種種誦 說名為悟隘 此或習恨心
驚怖不能安 由无知及病 於下處自具 毀呰及懈者
欲瞋癡汙想 說名種種相 不如現觀察 說名非思惟
於正事懈怠 說名不恭故 於師无尊心 說名不尊重
上心欲所起 於外名堅著 上心堅欲生 家重名遍著
自財生長欲 无足心名貪 愛著於他物 是名不等欲
於非境女人 求得非法欲 自无德顯德 說名為惡欲
離知足恒求 說此名大欲 願他知我德 說名為識欲
不能安苦受 說名為不忍 於師尊正事 耶行名不貴
如法善言教 輕慢名難語 於親人愛者 思惟名親覺
由欲於方處 思得名土覺 不慮死怖畏 說名不死覺
由真實功德 願他尊重我 此思緣他識 說名順覺覺
由愛及憎心 思自益損他 緣自及餘人 說名害他覺
憂憤染汙心 无依名不安 身沉說名極 遲緩名懈怠
由隨上心或 曲發身名頻 身亂不節食 說名為食醉
身心極疲羸 說名為下劣 貪愛於五塵 說名為欲欲
於他損害意 從九因緣生 三時疑災橫 說名為瞋恚
由身心重故 事无能名弱 心晦說名睡 身心掉名動
由惡事生悔 憂後燋然名 於三寶四諦 猶豫[illegible]名疑
若出家菩薩 須離此處類 若能免此惡 對治德易生

BD14572號　寶行王正論　（18-12）

身心極疲羸 說名為下劣 貪愛於五塵 說名為欲欲
於他損害意 從九因緣生 三時疑災橫 說名為瞋恚
由身心重故 事无能名弱 心晦說名睡 身心掉名動
由惡事生悔 憂後燋然名 於三寶四諦 猶豫[illegible]名疑
若出家菩薩 須離此處類 若能免此惡 對治德易生
此中諸功德 菩薩應脩治 謂施戒及忍 勤定慧悲等
捨自物名施 起利他名戒 觧脫瞋名忍 攝善名精進
心寂靜名定 通真義名智 於一切眾生 一味利名悲
施生富貳樂 忍愛勤焰熾 定靜智觧脫 悲生一切利
此七法若成 俱得至究竟 難思智境界 令到世尊位
如於小乘中 說諸聲聞地 於大乘亦尒 說菩薩十地
初地名歡喜 於中喜希有 由三結滅盡 及生在佛家
因此地果報 現前脩施度 於百佛世界 不動得自在
於剡浮等洲 為大轉輪王 於世間恒轉 寶輪及法輪
第二名无垢 身口意等業 十種皆清淨 自性得自在
因此地果報 現前脩戒度 於千佛世界 不動得自在
仙人天帝釋 能除天愛欲 天魔及外道 皆所不能動
第三名明焰 寂慧光明生 由定及神通 欲瞋或滅故
因此地果報 現前脩忍度 於万佛世界 不動得自在
脩夜魔天帝 滅身見習氣 一切耶師執 能破能正教
第四名燒然 智火光焰生 因此地果報 精進度現前
多脩習道品 為滅惑生道 兜率陁天主 除外道見貳
由得生自在 於十方佛土 往還无障礙 餘義如前地
第五名難勝 魔二乘不及 聖諦後細義 證見所生故
因此地果報 定度得現前 為化樂天主 迴二乘向大

BD14572號　寶行王正論　（18-13）

多脩習道品 爲滅惡生道 兜率陁天主 除外道見慕
由得生自在 於十方佛土 往還无障礙 餘義如前地
第五名難勝 魔二乘不及 聖諦微細義 證見所生故
因此地果報 定度得現前 爲化樂天主 迴二乘向大
第六名現前 正向佛法故 由數習定慧 證得滅圓滿
因此地果報 般若度現前 他化自在天 能教真俗諦
第七名遠行 遠行數相續 於中念念得 无生及无滅
因此地果報 方便智現前 得爲大梵王 能通第一義
證方便勝智 六度生无間 於三乘世俗 爲處第一師
童子地不動 由不出真觀 无分別難思 非身口意境
因此地果報 願度常現前 勝遍光梵主 淨土等自在
二乘等不及 於真俗一義 俱脩動靜故 行二利无間
第九名善慧 法王太子位 此中智處勝 由通達四辯
因此地果報 力度常現前 爲遍淨梵王 四荅難无等
第十名法雲 能雨正法雨 佛光水灌身 受佛灌頂位
因此地果報 智度常現前 爲淨居梵王 大自在天王
智慧境難思 諸佛秘密藏 得具足自在 後生補處位
如此菩薩地 十種我已說 佛地與彼異 具勝德難量
此地但略說 十力等相應 隨此一一力 難量如虛空
此此等可言 諸佛无量德 如十方虛空 及地水火風
諸佛无量德 於餘人難信 若不見此因 難量如此果
爲此因及果 現前佛支提 日夜各三遍 願誦三十偈
諸佛法及僧 一切諸菩薩 我頂礼歸依 餘可尊亦敬
我離一切惡 攝持一切善 衆生諸善行 隨喜及順行
頭面礼諸佛 合掌勸請住 願爲轉法輪 窮生死後際

BD14572 號　寶行王正論　(18–14)

爲此因及果 現前佛支提 日夜各三遍 願誦三十偈
諸佛法及僧 一切諸菩薩 我頂礼歸依 餘可尊亦敬
我離一切惡 攝持一切善 衆生諸善行 隨喜及順行
頭面礼諸佛 合掌勸請住 願爲轉法輪 窮生死後際
從此行我德 已作及未作 因此願衆生 皆發菩提心
度一切障難 圓滿无垢根 具淨命相應 願彼自在事
一切具无邊 與寶手相應 窮後際无盡 願衆生如此
願一切女人 皆成勝丈夫 恒於一切時 明足得圓滿
勝形貌威德 好色他愛見 无病力辯具 長壽願彼然
解脫諸苦畏 一向歸三寶 於方便善巧 佛法爲大財
慈悲喜淨捨 恒居四梵住 施戒忍精進 定智所莊嚴
圓滿福慧行 相好光明照 願彼難思量 行十地无礙
與此德相應 餘德所莊嚴 解脫一切過 願我愛衆生
圓滿一切善 及衆生所樂 能除他衆苦 願我恒如此
若他有怖畏 一切時及處 由唯憶我名 得脫一切苦
敬信我及瞋 若見及憶持 乃至聞我名 願彼定菩提
願我得五通 恒隨一切生 願我恒能生 衆生善及樂
若他欲作惡 於一切世界 願遍斷彼惡 如理令脩善
如地水火風 野藥及林樹 如他欲受用 願我自忍受
願我他所愛 如念自壽命 願我念衆生 万倍勝自愛
願彼所作惡 於我果報熟 是我所行善 於彼果報熟
女人未解脫 於有隨生道 願我爲彼住 不先取菩提
能如此脩行 福德若有體 於恒沙世界 其功不可量
佛世尊自說 如此因難量 衆生界无量 利益願亦尒
此法我略說 能生自他利 願汝愛此法 如愛念自身

BD14572 號　寶行王正論　(18–15)

能如此脩行　福德若有體　於恒沙世界　其功不可量
佛世尊自說　如此因難量　衆生界无量　利益願亦尒
此法我略說　能生自他利　願汝愛此法　如愛念自身
若人愛此法　是實愛自身　是所愛應情　此情由法成
故事法如身　事行如事法　如行事慧然　如慧事智者
淨順有智慧　伏他說正理　由自惡疑他　此人損自事
是諸善知識　汝應知略相　知足慈悲戒　智慧能滅惡
善友應教汝　汝知敬順行　由內外勝德　汝必至勝處
實語說愛言　樂性不可動　正事增諂曲　願汝自易教
已捨无有悔　有焰熾心舒　无懈緩掉動　不貢高和同
願清涼如月　有熾盛如日　甚深如大海　堅住如山王
一切果所離　衆德所莊嚴　衆生所受用　願汝一切智
我不但為王　說如此善法　如理為餘人　由欲利一切
大王此正論　汝日日諦聽　為令自及他　得无上菩提
勝戒敬尊長　忍辱无嫉妬　不悕財知足　救濟墮難事
能行善惡人　攝持及制伏　和護佛正法　求菩提應行

實行王正論一卷

皇后藤原氏光明子奉為
尊考贈正一位太政太臣府君尊妣贈
従一位橘氏太夫人敬寫一切經論及
律莊嚴既了伏願憑斯勝因奉資
冥助永庇菩提之樹長遊般若之津

BD14572 號　實行王正論　（18–16）

皇后藤原氏光明子奉為
尊考贈正一位太政太臣府君尊妣贈
従一位橘氏太夫人敬寫一切經論及
律莊嚴既了伏願憑斯勝因奉資
冥助永庇菩提之樹長遊般若之津
又願上奉　聖朝恒延福壽下及
寮采共盡忠節又光明子自發誓
言弘濟沉淪勤除煩障妙窮諸法
早契菩提乃至傳燈無窮流布天下
聞名持卷獲福消災一切迷方會
歸覺路
天平十二年五月一日記

BD14572 號　實行王正論　（18–17）

早契菩提乃至傳燈無窮流布天下
聞名持卷獲福消灾一切迷方會
歸覺路
天平十二年五月一日記

光緒九年十月八日翁同龢觀

BD14572號　寶行王正論　　(18–18)

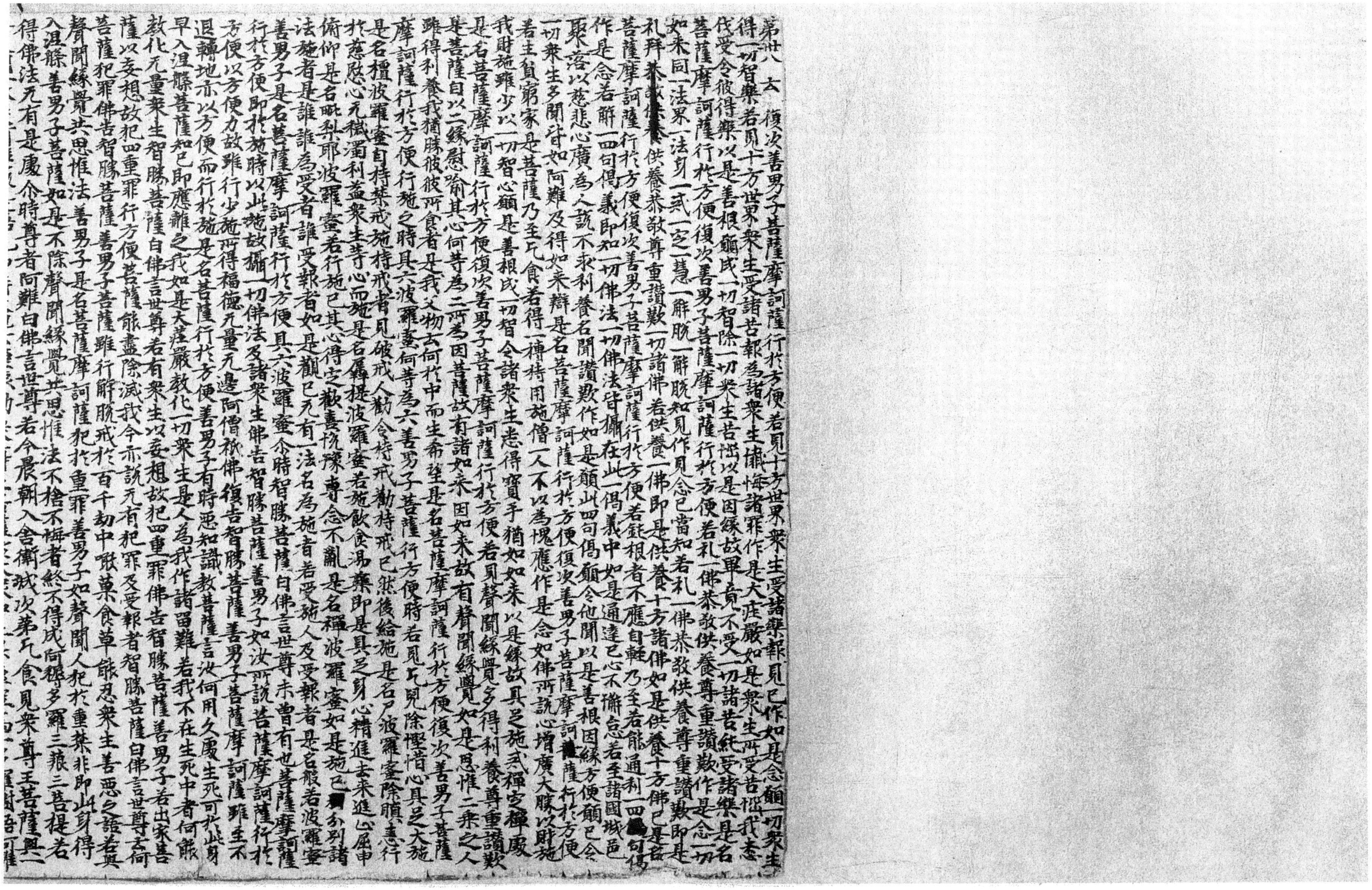

BD14573號　大寶積經鈔（擬）　　（8–1）

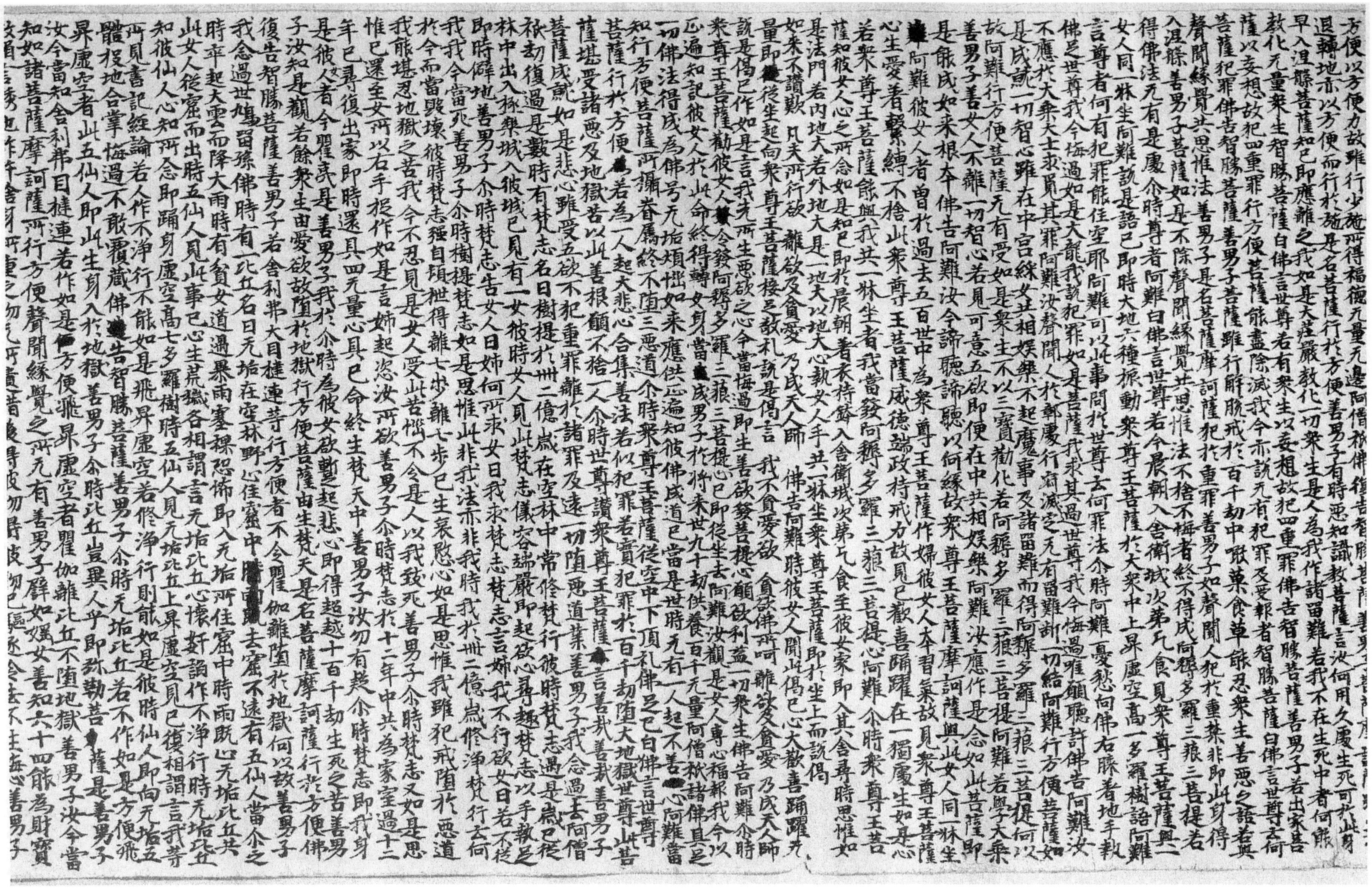
方便以方便力故雖行少施所得福德无量无邊阿僧祇佛復告智勝菩薩善男子菩薩摩…
退轉地亦以方便而行於施是名菩薩行於方便善男子有時惡知識教菩薩言汝何用久處生死可於此身
早入涅槃菩薩知已即應離之我如是大莊嚴教化一切衆生是人為我作諸留難若我不在生死中者何能
教化无量衆生智勝菩薩白佛言世尊若有衆生以妄想故犯四重罪佛告智勝善男子若出家菩
薩以妄想故犯四重罪行方便菩薩能盡除滅我今亦說无有犯罪及受報者智勝菩薩白佛言世尊云何
菩薩犯罪佛告智勝菩薩善男子菩薩雖行解脫戒於百千劫中噉菓食草能忍衆生善惡之語若與
聲聞緣覺共思惟法善男子是名菩薩摩訶薩犯於重罪善男子如聲聞人犯於重禁非即此身得
入涅槃善男子菩薩如是不除聲聞緣覺共思惟法不捨不悔者終不得成阿耨多羅三藐三菩提若
得佛法无有是處尒時尊者阿難白佛言世尊若今晨朝入舍衛城次第乞食見衆尊王菩薩與一
女人同一牀坐阿難說是語已即時大地六種振動衆尊王菩薩於大衆中上昇虛空高一多羅樹語阿難
言尊者何有犯罪能住空耶阿難可以此事問於世尊云何罪法尒時阿難憂愁向佛右膝著地手執
佛足世尊我今悔過如是大龍我說犯罪如是菩薩我求其過世尊我今悔過唯願聽許佛告阿難汝
不應於大乘大士求覓其罪阿難汝聲聞人於鄣處行寂滅定无有留難斷一切結阿難行方便菩薩如
是成就一切智心雖在中宮綵女共相娛樂不起魔事及諸留難而得阿耨多羅三藐三菩提何以
故阿難行方便菩薩无有受如是衆生不以三寶勸化若向耨多羅三藐三菩提阿難若學大乘
善男子善女人不離一切智心若見可意五欲即便在中共相娛樂阿難汝應作是念如此菩薩即
是能成如來根本佛告阿難汝今諦聽諦聽以何緣故衆尊王菩薩摩訶薩與此女人同一牀坐
[redacted]向難彼女人者曾於過去五百世中為衆尊王菩薩作婦彼女人本習氣故見衆尊王菩薩
心生愛著繫縛不捨此衆尊王菩薩威德端政持戒力故見已歡喜踊躍在一獨處生如是心
若衆尊王菩薩能與我共一牀坐者我當發向耨多羅三藐三菩提心阿難尒時衆尊王菩
薩知彼女人心之所念如是知已即於晨朝著衣持鉢入舍衛城次第乞食至彼女家即入其舍尋時思惟如
是法門若內地大若外地大是一地大以地大心執女人手共一牀坐衆尊王菩薩即於坐上而說偈
如來不讚歎　凡夫所行欲　離欲及貪愛　乃成天人師　佛告阿難時彼女人聞此偈已心大歡喜踊躍无
量即[redacted]從坐起向衆尊王菩薩接足敬礼說是偈言　我不貪愛欲　貪欲佛所呵　離欲及貪愛　乃成天人師
說是偈已作如是言我无所生惡欲之心今當悔過即生善欲發菩提心願欲利益一切衆生佛告阿難尒時
衆尊王菩薩勸彼女人[redacted]令發向耨多羅三藐三菩提心已即從坐去阿難汝觀是女人專心福報我今以
正遍知記彼女人於此命終得轉女身當[redacted]成男子於將來世九十劫供養百千无量阿僧祇諸佛具足
一切佛法得成為佛号无垢煩惱如來應供正遍知彼佛成道已當是世時无有一人起不善[redacted]心阿難當
知行方便菩薩所攝眷屬終不墮三惡道尒時衆尊王菩薩從空中下頂礼佛足已白佛言世尊
菩薩行於方便[redacted]若為一人起大悲心合集善法若似犯罪若實犯罪於百千劫墮大地獄世尊此菩
薩堪受諸惡及地獄苦以此善根願不捨一人尒時世尊讚衆尊王菩薩[redacted]言善哉善哉善男子
菩薩成就如是悲心雖受五欲不犯重罪離於諸罪及遠一切墮惡道業善男子我念過去阿僧
祇劫復過是數時有梵志名日樹提於卌二億歲在空林中常修梵行彼時梵志過是歲已從
林中出入極樂城入彼城已見有一女彼時女人見此梵志儀容端嚴即起欲心尋趣梵志以手執足
即時僻地善男子尒時梵志告女人日姉何所求女日我求梵志梵志言姉我不行欲女日若不從
我我今當死善男子尒時樹提梵志如是思惟此非我法亦非我時我於卌二億歲修淨梵行云何
於今而當毀壞彼時梵志強自頓挫得離七步離七步已生哀愍心如是思惟我雖犯戒墮於惡道
我能堪忍地獄之苦我今不忍見是女人受此苦惱不令是人以我致死善男子尒時梵志又如是思
惟已還至女所以右手捉作如是言姉起恣汝所欲善男子尒時梵志於十二年中共為家室過十二
年已尋復出家即時還具四无量心具已命終生梵天中善男子汝勿有疑尒時梵志即我身
是彼女者今瞿夷是善男子我於尒時為彼女欲暫起悲心即得超越十百千劫生死之苦善男
子汝知是觀若餘衆生由愛欲故墮於地獄行方便菩薩由生梵天是名菩薩摩訶薩行於方便佛
復告智勝菩薩善男子若舍利弗大目揵連等行方便者不令瞿伽離墮於地獄何以故善男子
我念過世鳩留孫佛時有一比丘名曰无垢在空林野心住窟中[redacted]見去窟不遠有五仙人當尒之
時卒起大雲而降大雨時有貧女道遇暴雨褰裸恐怖即入无垢所住窟中時雨既止无垢比丘共
此女人從窟而出時五仙人見此事已心生荒穢各相謂言无垢比丘心懷姧諂作不淨行時无垢比丘
知彼仙人心知所念即踊身虛空高七多羅樹時五仙人見无垢比丘上昇虛空見已復相謂言我等
所見書記經論若人作不淨行不能如是飛昇虛空若修淨行則能如是彼時仙人即向无垢五
體投地合掌悔過不敢覆藏佛[redacted]告智勝菩薩善男子尒時无垢比丘若不作如是方便飛
昇虛空者此五仙人即此生身入於地獄善男子尒時比丘豈異人乎即彌勒菩[redacted]薩是善男子
汝今當知舍利弗目揵連若作如是[redacted]方便飛昇虛空者瞿伽離比丘不墮地獄善男子汝今當
知如諸菩薩摩訶薩所行方便聲聞緣覺之所无有善男子辟如嬭女善知六十四能為財寶
[illegible]

BD14573號　大寶積經鈔（擬）

此女人從窟而出時五仙人見此事已心生荒𢣋各相謂言无垢比丘心懷姧詐行不淨行時无垢比丘
知彼仙人心知所念即踊身虛空高七多羅樹時五仙人見无垢比丘上昇虛空見已復相謂言我等
所見書記經論若人作不淨行不能如是飛昇虛空若脩淨行則能如是彼時仙人即向无垢五
體投地合掌悔過不敢覆藏佛告智勝菩薩善男子尒時无垢比丘若不作如是方便飛
昇虛空者此五仙人即此生身入於地獄善男子尒時比丘豈異人乎即弥勒菩薩是善男子
汝今當知舍利弗目揵連若作如是方便飛昇虛空者瞿伽離比丘不墮地獄善男子汝今當
知如諸菩薩摩訶薩所行方便聲聞緣覺之所无有善男子辟如媱女善知六十四能為財寶
故媚言誘他詐詐捨身所重之物无所遺惜後得彼物爵彼物已驅逐令去不生悔心善男子
行方便菩薩能知隨宜行於方便如是教化一切眾生隨其所欲而為現身於所須物心无悋惜乃
至捨身為眾生故愛樂善根不求果報知諸眾生作善根已心不退轉即於尒時心生捨離所現
五欲永无戀著善男子辟如黑蜂在畜生中於一切華雖逐香味而於其中无依心想无所愛著
於華葉莖香不待而去善男子菩薩摩訶薩行於方便亦復如是為化眾生處於五欲見法无
常不以常想而起於愛又不自害亦不害他善男子如小種子雖生於牙然其本色无所虧損不生
異物善男子如是空无相无作无我智慧種子菩薩雖有煩惱於五欲娛樂不生三惡道牙不
損善根之色亦不退轉　大寶積經大乘方便會第卅八　卷一百八　廿　善男子我先於說亦現眾生十業因緣
或是菩薩或是如來於此十中亦現方便唯有智者能知是義善男子不應生念謂菩薩當有微細之罪
若菩薩成就如是微細不善之法坐於道場成阿耨多羅三藐三菩提者无有是處何以故善男子如來
成就一切善法斷一切不善法无有生死業報習氣若有遺餘不斷滅者无有是處何況有鄣礙業鄣善
男子若有眾生謂无業報不信業鄣為是眾生亦現業報因緣如來實无業鄣我是法王尚受業報
況餘眾生而不受耶為彼眾生作如是示現是故如來自現業緣善男子如來无有一切業障辟如書師
善學書論教諸幼童隨諸幼童讚諸書章非是書師於諸書章有障礙也書師作如是念彼諸幼童
當隨我學善男子彼書師非為不達故作如是唱善男子如來亦復如是於一切法善學已如是說如是示
為餘眾生令行業清淨故善男子辟如大藥師善能療治一切諸病自无有病見諸病人而於其前自
服苦藥諸病人見是藥師服苦藥已然後效服各得除病善男子如來亦復如是自除一切煩惱病已於一切
法无有障礙能示現一切法以是不善業故得如是報現如是緣欲令眾生除一切身口意業障行於淨行善男
子辟如長者子若居士子父母愛念與其乳母時此乳母无有病痛為嬰兒故自服苦藥欲令乳得清淨善
男子如來亦復如是是一切世界之父為教化不知業報眾生故如來无病而為眾生示現作病以是業故得
如是報以此業故得如是報眾生聞已心生驚畏除諸惡業不作惡緣佛復告智勝菩薩善男子乃往過去
世過然燈佛時有五百賈人為求珎寶入於大海善男子時賈人中有一惡人多懷姧爲常行惡業初无悔心善
知兵法恒為寇賊棄他財物以為產業狀如賈人共諸賈人同載一船時彼惡人如是思惟此諸賈人大得珎
寶我今當煞此諸賈人取其珎寶還閻浮提如是思惟已欲煞諸人善男子尒時有人名曰大悲於彼眾中作
大導師時彼導師於夜夢中見海鬼神來作是言汝此眾中有一惡人如是相貌恒為寇賊劫他財物彼
人今生如是惡心我當煞此五百人已取其財物還閻浮提若此惡人得遂本心煞五百人者作大惡逆業
何以故此五百人皆是向阿耨多羅三藐三菩提不退轉菩薩若此惡人煞諸菩薩以此業緣障礙罪故一
一菩薩從初發心乃至成阿耨多羅三藐三菩提尒時惡人於其中間常在地獄汝為導師可作方便令彼
惡人不墮地獄殺五百菩薩亦復可得全其身命善男子尒時大悲導師如是思惟作何方便令彼惡人
不墮地獄五百菩薩全其身命作如是思惟已乃不向一人說是事也尒時待風餘有七日當還閻浮提七
日過已如是思惟更无方便唯有除此一惡人者尒乃可令此五百人得全身命復作是念若我向餘人說
此五百人當生惡心已煞此惡人彼諸人等當墮惡道善男子大悲導師如是思惟我今當自煞之我
以煞此人故雖百千劫墮惡道中受地獄苦我能忍之不令惡人害五百菩薩作此惡緣受地獄苦善男子
尒時大悲導師生慈愍心作是方便吾讓五百人故害此惡人是時導師即以鑽鉾刺煞惡人令諸賈人安隱
得還至閻浮提善男子汝勿有疑尒時導師則我身是也五百賈人此賢劫中五百菩薩是也當於此劫
中成阿耨多羅三藐三菩提善男子我於尒時行方便大悲故即得超越百千劫生死之難時彼惡人命終之後
生善道天上善男子汝今當知勿謂菩薩有如是障礙業報而得超越百千劫生死之難即時是菩薩方便力也
善男子如來為一切眾生故而作是方便亦現佉達羅刺善男子尒時佉達羅刺刺如來足善男子佛神力故令
刺入足何以故如來金剛之身无能壞者善男子昔舍衛城中有廿人皆是最後邊身彼二十人更有怨家二十人各
各思惟我當為作親友而至其舍奪其命根不向人說善男子彼時二十最後身者及二十怨家人以佛神力故共至佛所
羅刺即從地出長一肘當出之時目連白佛言世尊我今當取此刺擲著他方世界佛告目連非汝所能此佉達羅刺今
在此地汝不能拔尒時目連以大神力前拔此刺于時三千大千世界皆大震動一切世界隨刺而舉不能動刺乃至一毛
善男子尒時如來以神通力上四天王彼佉達羅刺亦隨佛去尒時如來復至三十三天夜魔天兜術天化樂天他化自在天刺
亦隨去乃至梵天亦復如是尒時如來從梵天還至閻浮提舍衛城中本所坐處刺亦逐還至刺地中竪向如來尒時如來
即以右手捉佉達羅刺右手安地右腳蹋之尒時三千大千世界皆大震動時尊者阿難即從坐起偏袒右肩為佛作禮合
掌向佛而作是言世尊往昔作何等業得如是報

善男子如来為一切衆生故而作是方便亦現佉違羅刺善男子尒時佉違羅刺刺如来足善男子佛神力故令
刺入足何以故如来金剛之身无能壞者善男子昔舍衛城中有廿人皆是最後邊身彼二十人更有怨家二十人各
各思惟我當為作親交而至其舍奪其命根不向人説善男子彼時二十最後身者及二十怨家人以佛神力故共至佛所
善男子如来尒時為調伏是四十人故於大衆中告大目揵連言令此地中出佉違羅刺欲刺吾右足未至足之間此佉違
羅刺即從地出長一肘當出之時目連白佛言世尊我今當取此刺擲著他方世界佛告目連非汝所能此佉違羅刺令
在此地汝不能拔尒時目連以大神力前拔此刺于時三千大千世界皆大震動一切世界随刺而舉不能動刺乃至一毛
善男子尒時如来以神通力上四天王彼佉違羅刺亦随佛去尒時如来復至三十三天夜魔天兜術天化樂天他化自在天刺
亦随去乃至梵天亦復如是尒時如来從梵天還至閻浮提舍衛城中本所坐處刺亦逐還至刺地中■竪向如来尒時如来
即以右手捉佉違羅刺右手安地右脚蹋之尒時三千大千世界皆大震動時尊者阿難即從坐起偏袒右肩為佛作礼合
掌向佛而作是言世尊往昔作何等業得如是報佛告阿難我過去世入大海中持鑽刺人斷其命根阿難以此業縁得如
是報■善男子我説是業縁已彼時二十怨賊欲害二十人者作是思惟如来法王尚得如是惡業之報况我等輩不受此
報是二十人即從坐起■頭面礼佛作如是言我等今日向佛悔過不敢覆藏世尊我先惡心欲害彼人今重悔過不敢
覆藏尒時世尊為彼人故説作業縁及盡業縁時廿人聞是法已即得正解及四万人亦得正解是故如来是佉違羅刺
刺足是名如来方便　以何縁故如来先无諸病而從耆域藥王索憂鉢羅華齅之■令下善男子尒時如来御解脱
式来久時有五百比丘是最後身常在餘諸林中脩道彼諸比丘得如是病陳故之藥所不能治彼諸比丘慎佛式不求
餘藥不服餘藥善男子尒時如来如是思惟作何方便聴服餘藥若我聴者彼諸比丘■當求餘藥何以故若如来不聴
者後諸人輩當犯聖法是以如来行方便故從■耆域藥師求憂鉢羅華齅之令下尒時淨居天即至彼比丘衆
中作如是言大德可求餘藥莫守病比丘荅言我等不敢違世尊教我等不得自在我等寧死不違佛教我等不求
匃長好藥如是説已淨居天子語諸比丘言大德如来法王求餘好藥捨陳故藥諸大德可求餘藥諸比丘聞語已
除去疑心更求餘藥更服餘藥然後除病除病已不過七日證阿羅漢果善男子若如来不求餘藥彼諸比丘亦不求
餘藥若不求餘藥能除諸病及斷諸結證於阿羅漢果者无有是處是名如来方便以何縁故如来入城乞食空鉢而
出善男子如来无有業障尒時如来矜愍諸念當来比丘式有比丘入於城邑聚落乞食自无福德乞食不得彼比丘
當作是念如■世尊功德成就入城乞食空鉢而出何况■我等善根微薄我等不應以乞食不得而生憂惱熱是故
如来亦現入城乞食空鉢而出善男子汝若謂惡魔波旬能覆蔽城中長者婆羅門心故乃至不與一摶食者善男
子莫作■斯覩何以故惡魔波旬不能斷絶如来食也　尒時佛神力故令惡魔波旬覆蔽彼城中人非是惡
魔力之所能我於尒時都无業障為化彼衆生故亦現空鉢而出尒時我及比丘僧不得食已一切魔天及諸餘天
作如■是念佛及衆僧不得食已頗有憂耶即於其夜見佛及僧乃至无有一■念憂惱心亦不高亦復不下如
前後亦如是善男子尒時有七千天子傾向如来生信敬心我於是時即為説法於一切法得法眼淨善男子
彼時婆羅門長者其後不久又聞世尊有大威德生渇仰心即至佛所頭面作礼向佛悔過彼時如来即為其
説四聖諦法一説法時有二万人於一切法中得法眼淨是故如来入城乞食■空鉢而出是名如来方便　以何
縁故旃遮婆羅門女以木杅繋腹誹謗如来而作是言由沙門瞿曇令我任身應當與我衣被飲食善男
子如来於此事中都无業障若有業障我能擲此旃遮婆羅門女置恒河沙世界之外如来以方便故
現此業障為化不知解衆生故何以故當来之世有諸比丘於我法中出家學道尒時或為他人所謗以是縁故心生
慙愧或不樂佛法捨戒還俗彼諸比丘若被謗已當念如来成就一切善法具大威德尚被誹謗而况我等不被誹
謗思念是已則除慚愧已當得脩習淨妙梵行善男子旃遮婆羅門女常為惡業所覆故性多不信令
此女身於佛法中不得調伏常為惡業之所覆蔽乃至夢中亦生誹謗覺已心善此女人中命終當墮地獄善
男子我能以餘方便除此女人諸不善業令度生死能為作救善男子或時如来不救餘人何以故如来於一切
衆生无有偏心是名如来方便　以何縁故諸婆羅門煞婆羅門女孫陁利埋祇洹園塹中善男子如来
是時知有是事捨而不説如来成就一切智心无有障礙能以神力可令此刀不入女身我於尒時知孫陁利女
命根将盡必為他煞以此方便令諸外道不善彰露随不如處如此諸事唯佛知之安住是事令多衆生生
清淨心増益善根尒時如来七日不入舍衛大城不入城已尒時調伏六十億天過七日已諸天世人集會共来至
於我所尒時如来為四衆説法聞説法已有八万四千人於諸法中得法眼淨是名如来方便　以何縁故如来
及僧在於婆羅門毗蘭若聚落三月之中食馬麦耶善男子我於昔時知此婆羅門必捨初始請佛僧
心不給飲食而故往受請何以故為彼五百馬故此五■百馬於先世中已學菩薩乘已曽供養過去諸佛近
惡知識作惡業縁故墮畜生中五■百馬中有一大馬名曰日藏是大菩薩是日藏菩薩於過去世在人道中
已曽勸是五百小馬發菩提心為欲度此五百馬故現生馬中由大馬威德故令五百馬自識宿■命本所
失心而令還得善男子我愍彼五百菩薩随馬中者欲令得脱離於畜生是故如来知故受請善男子
是時五百馬減所食麦半持施僧大馬半分奉施如来尒時大馬為五百馬以馬音聲而為説法亦教
悔過今當礼佛及比丘僧説此■事已復作是言汝等當以所食半分供養於僧尒時五百馬悔
過已於佛及僧生淨信心過三月已其後不久是五百馬命終生於兜術天上彼五百天子即從天来■
至於佛所供養如来尒時如来即為説法聞説法已必定得成阿耨多羅三藐三菩提彼時五百馬子
善調伏其心於將来世得■得辟支佛彼日藏大馬於當来世供養无量諸佛得成助菩提法然後作
佛号曰善調如来應供正遍知善男子无有世中上妙美味而如来不得善男子如来雖食草木

是時五百馬減所食麦半持施僧大馬半分奉施如来尒時大馬為五百馬以馬音聲而為說法亦教
悔過今當礼佛及比丘僧說此事事已復作是言汝等當以所食半分供養於僧尒時五百馬悔
過已於佛及僧生淨信心過三月已其後不久是五百馬命終生於兜術天上彼五百天子即從天来
至於佛所供養如来尒時如来即為說法聞說法已必定得成阿耨多羅三藐三菩提彼時五百馬子
善調伏其心於將来世得辟支佛彼曰藏大馬於當来世供養无量諸佛得成助菩提法然後作
佛号曰善調如来應供正遍知善男子无有世中上妙美味而如来不得善男子如来雖食草木
土塊瓦礫三千大千世界中无如是味似如来所食草木土塊瓦礫味者何以故善男子如来大人得
味中上味相若如来以最麁食著口中已其所得味勝天妙食善男子以是故知如来所食最是勝妙善
男子尒時阿難心生憂惱轉輪聖王種出家學道如下賤人食此馬麦我於尒時見阿難心見阿難心
已即與阿難一粒麦語阿難言汝嘗此麦味為何如阿難嘗已生希有心白佛言世尊我生王家長大
王家未曾得如来之味阿難食此麦已七日七夜更不飲食无飢渴想善男子是故當知是如来方
便非是業障善男子沙門婆羅門持戒如我受他請已而知請主荒迷不能供給或不肯任以是
緣故如来已所許屢現必就請及欲示現業報緣故善男子當知如来常法雖受他請不得供給
不令請主墮於惡道善男子若彼五百比丘共如来夏安居食馬麦者有四百比丘多見淨故生貪
欲心彼諸比丘若食細食增益欲心若食麁食心則不為食欲所覆彼諸比丘過三月已離婬欲心
證阿羅漢果善男子為調伏五百比丘度五百菩薩故如来以方便力受三月食馬麦非是業報是名
如来方便　以何緣故如来十五日說戒時告長老迦葉我今背痛汝今說七覺之法善男子尒時
有八千天子以聲聞法而自調伏在彼衆中和合共坐善男子彼諸天子於過去世是大迦葉所教化者
於佛法僧而不放逸彼諸天子數聞迦葉比丘說七覺法善男子此諸天子除迦葉比丘若百千諸
佛為其說法不能令解尒時迦葉為諸天子廣說七覺法諸天子從迦葉比丘聞七覺法已得法眼淨
善男子若有衆生病苦纏身不能得至於說法之處聽法恭敬彼諸人等當作是念佛是法王尚聽
七覺法而得除病何況我等不往聽法不恭敬法善男子為調伏諸天除人苦患故又示現敬重於法
故如来作如是言迦葉我今背痛汝當說七覺法何以故尊重法故如来无有疲重四大之身何
況有病是名如来方便　以何緣故釋種破時如来自言我頭痛耶善男子或有衆生作如是言
世尊不能利益親族亦不矜愍不欲安隱而出家已種族意斷不欲救護是諸衆生以不知故作如
是言善男子如来於諸昔本已到其邊如来知是衆生心所念故坐舍耶樹下自言頭痛善男
子吾於尒時告阿難說我頭痛時有斷見三千天子復有无量好煞生者皆共集會為彼斷
見天子及好煞者亦現業障故作是言吾以眼見他煞生心隨喜故今得頭痛說是法已七千
天子皆得調伏是名如来方便　以何緣故頗羅墮婆羅門以五百種罵詈佛如来聞已能忍善
男子能以神力擲此婆羅門置餘世界亦能以神力令婆羅門乃至不能出於一言罵詈之聲善
男子時彼衆中多有人天見如来能忍惡罵不說不荅生於捨心善心利益心堪忍心前如後後
如前尒時有四千人發阿耨多羅三藐三菩提心如来見如来義又頗羅墮婆羅門以五百種惡罵
已見佛世尊生於捨心善男子是婆羅門見如是已生信敬心歸依佛法僧種解脫根是名
如来方便　善男子提婆達多與菩薩世世共生一處此輩亦是菩薩方便何以故我因提婆達
多故具滿六波羅蜜亦多利益无量衆生云何知尒善男子尒時衆生快樂不知行施不知受者菩
薩尒時欲教行布施是時提婆達多起嫉妬心至菩薩所求國城妻子及頭目手足尒時菩
薩歡喜施與時有无量衆生見菩薩施心生歡喜信解布施作如是言如菩薩施我亦如是行於
布施願成菩提善男子提婆達多或見菩薩持戒清淨知已欲破菩薩所持之戒尒時菩薩不毀淨
戒時有无量衆生見菩薩持戒亦效持戒菩薩持戒或為他人輕毀惡罵不生惡心　尒時具
足羼提波羅蜜有无量衆生見菩薩以忍調心亦效菩薩行於忍辱善男子當知提婆達多大利益菩薩
善男子如今提婆達多放大醉象欲害如来亦於耆闍崛山推下大石俱是如来方便示現非業報何以
故由此方便利益无量衆生善男子如来說十業因緣皆是如来方便示現非是業報何以故衆生不知業
因所得果報為衆生故如来示現如是業報此業作已得如是報彼業作已得如是報作如是業得如是
報衆生聞已作如是業離如是業離不善業脩習善業善男子今說方便已示現方便已此諸方便堅持秘
藏不應為下劣之人薄善根者說何以故此經非聲聞辟支佛之所行處況下劣凡夫能信解耶何以故此
人不能學諸方便所以者何此方便經非其所用故非餘凡器所能受持唯有菩薩於此方便法能說法學善
男子譬如夜闇然火明燈得見室中一切所有善男子菩薩聞如是諸方便已徧見一切菩薩所行之道於此
法中我所應學於一切如来行及菩薩行已到彼岸善行菩薩道者不以為難善男子我今當說欲得菩提
道諸善法者所謂善男子善女人聞過百千由旬有說此方便經處當往彼聽何以故若菩薩聞此方便經
已得光明行一切法中除疑悔心尒時四衆及諸人天成實器者說此經時悉聞悉知非實器者雖在此
會此不聞不知於此經中耳尚不聞況能口說非實器故是以如来說是法時不聞不知不蒙佛神力故說
此經已七万二千人發阿耨多羅三藐三菩提心尒時尊者阿難白佛言世尊當何名此經云何奉持佛告阿

辦衆生聞已作如是業離如是業離不善業修習善業善男子令說方便已示現方便已此說方便顯示秘
藏不應為下劣之人薄善根者說何以故此經非聲聞辟支佛之所行處況下劣凡夫能信解耶何以故此
人不能學諸方便所以者何此方便經非其所用故非餘凡器所能受持唯有菩薩於此方便法能說法學善
男子辟如夜闇然火明燈得見室中一切所有善男子菩薩聞如是諸方便已便見一切菩薩所行之道於此
法中我所應學於一切如來行及菩薩行已到彼岸善行菩薩道者不以為難善男子我今當說欲得菩提
道諸善法者所謂善男子善女人聞過百千由旬有說此方便經處當往彼聽何以故若菩薩聞此方便經
已得光明行一切法中除疑悔心尒時四衆及諸人天成寶器者說此經時悉聞悉知非寶器者雖在此
會亦不聞不知於此經中耳尚不聞況能口說非寶器故是以如來說是法時不聞不知不蒙佛神力故說
此經已七万二千人發阿耨多羅三藐三菩提心尒時尊者阿難白佛言世尊當何名此經云何奉持佛告阿
難是經名為方便波羅蜜亦名轉方便品亦名說方便調伏如是奉持佛說是已智勝菩薩心生歡喜
及學聲聞辟支佛乘學菩薩乘比丘比丘尼優婆塞優婆夷并諸天龍鬼神乾闥婆阿脩羅迦樓羅緊那羅
摩睺羅伽人非人等聞說是已讚言善哉善哉今說大乘方便經竟　卷第一百十一　大寶積經弥勒
菩薩問八法會第卌一　如是我聞一時婆伽婆住王舍城耆闍崛山中與大比丘衆千二百五十人俱并諸菩薩
摩訶薩十千人等　尒時弥勒菩薩摩訶薩即從坐起偏袒右肩右膝著地合掌向佛白佛言世尊我
今欲以少法問於如來應正遍知不審世尊聽許以不尒時世尊告弥勒菩薩摩訶薩言弥勒隨汝心念問
於如來應正遍知我當為汝分別解說令汝心喜尒時弥勒菩薩摩訶薩白佛言世尊如是願樂欲聞世尊
諸菩薩摩訶薩畢竟成就幾法不退阿耨多羅三藐三菩提於勝進法中不退轉行菩薩行時降伏一
切諸魔怨敵如實知一切法自體相於諸世間心不疲倦以心不疲倦故不依他智速疾成就阿耨多羅三
藐三菩提　尒時世尊告弥勒菩薩摩訶薩言善哉善哉弥勒汝今乃能問於如來如是深義佛復告弥
勒菩薩摩訶薩言汝今應當一心諦聽吾當為汝分別解說如是深義即時弥勒菩薩摩訶薩白佛言世尊
如是願樂欲聞佛復告弥勒菩薩摩訶薩言弥勒若諸菩薩摩訶薩畢竟成就八法不退阿耨多羅三藐
三菩提於勝進法中不退不轉行菩薩行時降伏一切諸魔怨敵如實知一切法自體相於諸世間心不疲倦以
心不疲倦故不依他智速疾成就阿耨多羅三藐三菩提何等為八弥勒所謂諸菩薩摩訶薩成就深心
成就行心成就捨心成就善知迴向方便心成就大慈心成就大悲心成就善知方便成就般若波羅蜜弥勒云
何諸菩薩摩訶薩成就深心弥勒若諸菩薩摩訶薩聞讚歎佛及毀呰佛其心畢竟於阿耨多羅
三藐三菩提堅固不動聞讚歎法及毀呰法其心畢竟於阿耨多羅三藐三菩提堅固不動
聞讚歎僧及毀呰僧其心畢竟於阿耨多羅三藐三菩提堅固不動弥勒如是諸菩薩摩訶薩
畢竟成就深心弥勒云何諸菩薩摩訶薩成就行心弥勒若諸菩薩摩訶薩遠離煞生遠離偷盜遠離邪
婬遠離妄語遠離兩舌遠離惡口遠離綺語弥勒如是諸菩薩摩訶薩畢竟成就行心弥勒云何諸菩薩
摩訶薩成就捨心弥勒若諸菩薩摩訶薩是能捨主是施主施沙門及婆羅門貧窮乞匃下賤人等
衣食卧具隨病湯藥所須之物弥勒如是諸菩薩摩訶薩畢竟成就捨心弥勒云何諸菩薩摩訶薩成就
善知迴向方便心弥勒若諸菩薩摩訶薩所修善根謂身口意業皆悉迴向阿耨多羅三藐三菩提弥勒如是
諸菩薩摩訶薩畢竟成就善知迴向方便心弥勒云何諸菩薩摩訶薩成就大慈心弥勒若諸菩薩摩
訶薩畢竟成就大慈身業畢竟成就大慈口業畢竟成就大慈意業弥勒如是諸菩薩摩訶薩
畢竟成就大慈心弥勒云何諸菩薩摩訶薩成就大悲心弥勒若諸菩薩摩訶薩畢竟成就不可譏呵
身業畢竟成就不可譏呵口業畢竟成就不可譏呵意業弥勒如是諸菩薩摩訶薩畢竟成就大
悲心弥勒云何諸菩薩摩訶薩成就善知方便弥勒若諸菩薩摩訶薩善知世諦善知第一義諦善知二諦
弥勒如是諸菩薩摩訶薩畢竟成就善知方便　弥勒云何諸菩薩摩訶薩成就般若波羅蜜弥勒若
諸菩薩摩訶薩如是觀知依此法有此法於此法生此法所謂无明緣行行緣識識緣名色名色
緣六入六入緣觸觸緣受受緣愛愛緣取取緣有有緣生生緣老死憂悲苦惱如是唯有大苦聚
集弥勒此法无故此法无此法滅故此法滅所謂无明滅則行滅行滅則識滅識滅則名色滅名色
滅則六入滅六入滅則觸滅觸滅則受滅受滅則愛滅愛滅則取滅取滅則有滅有滅則生滅生滅則
老死憂悲苦惱滅如是唯有大苦聚集滅弥勒如是諸菩薩摩訶薩畢竟成就般若波羅蜜弥勒是
名諸菩薩摩訶薩畢竟成就八法不退阿耨多羅三藐三菩提於勝進法中不退不轉行菩薩行時
降伏一切諸魔怨敵如實知一切法自體相於諸世間心不疲倦以心不疲倦故不依他智速得成就阿耨多
羅三藐三菩提　佛說此經已弥勒菩薩摩訶薩及餘諸菩薩摩訶薩比丘比丘尼優婆塞優婆夷
天龍夜叉乾闥婆阿脩羅迦樓羅緊那羅摩睺羅伽人非人等一切大衆聞佛所說皆大歡喜信受
奉行　大寶積經弥勒菩薩所問會第卌二　如是我聞一時佛在波羅奈國施鹿林中與大比丘
衆五百人俱一切皆為衆所知識其名曰阿若憍陳如摩訶迦葉優樓頻螺迦葉伽耶迦葉
那提迦葉舍利弗大目揵連阿難羅睺羅等而為上首復有菩薩摩訶薩一万人俱其名曰善
意菩薩增上意菩薩堅固意菩薩師子意菩薩觀世音菩薩大勢至菩薩辯積菩薩美

BD14573號　大寶積經鈔（擬）　（8–6）

降伏一切諸魔怨敵如實知一切法自體相於諸世間心不疲惓以心不疲惓故不依他智速得成就阿耨多
羅三藐三菩提　佛説此經已弥勒菩薩摩訶薩及餘諸菩薩摩訶薩比丘比丘尼優婆塞優婆夷
天龍夜叉乾闥婆阿脩羅迦樓羅緊那羅摩睺羅伽人非人等一切大衆聞佛所説皆大歡喜信受
奉行
　大寶積經弥勒菩薩所問會第卌二　如是我聞一時佛在波羅奈國施鹿林中與大比丘
衆五百人俱一切皆為衆所知識其名曰阿若憍陳如摩訶迦葉優樓頻螺迦葉伽耶迦葉
那提迦葉舍利弗大目揵連阿難羅睺羅等而為上首復有菩薩摩訶薩一万人俱其名曰善
意菩薩增上意菩薩堅固意菩薩師子意菩薩觀世音菩薩大勢至菩薩辯積菩薩美
音菩薩勝幢菩薩信慧菩薩水天菩薩帝勝菩薩帝天菩薩无攀緣菩薩具辯才菩薩神
通妙華菩薩弥勒菩薩文殊師利法王子等而為上首　尒時世尊无量百千大衆圍繞供
養恭敬而為説法是時弥勒菩薩摩訶薩在衆會中即從座起偏袒右肩右膝著地合掌頂礼
而白佛言世尊我有少疑今欲諮問唯願如來見垂聽許　佛告弥勒菩薩言若有所疑今
恣汝問當為解説令得歡喜尒時弥勒菩薩聞佛許已歡喜踊躍而白佛言世尊菩薩成就幾
法離諸惡道及惡知識而能速證阿耨多羅三藐三菩提耶佛告弥勒菩薩言善哉善哉弥勒汝今
為欲哀愍一切利益安樂天人世間能問如來如是深義汝應諦聽善思念之吾當為汝分別
解説弥勒菩薩即白佛言唯然世尊願樂欲聞佛告弥勒言菩薩成就一法離諸惡道及惡知
識速能證得阿耨多羅三藐三菩提云何為一所謂發勝意樂菩提之心是名為一弥勒復有二法離
諸惡道及惡知識速能證得阿耨多羅三藐三菩提云何為二一者於奢摩他常勤修習二者於
毗鉢舍那而得善巧是名為二弥勒復有三法離諸惡道及惡知識速能證得阿耨多羅三藐三
菩提云何為三一者成就大悲二者修習空法三者於一切法不生分別是名為三弥勒復有四法離
諸惡道及惡知識速能證得阿耨多羅三藐三菩提云何為四一者安住淨戒二者離諸疑網三者
樂阿蘭若四者起正見心是名為四弥勒復有五法離諸惡道及惡知識速能證得阿耨多羅三
藐三菩提云何為五一者住於空法二者不求他過三者常自觀察四者愛樂正法五者攝護於他
是名為五弥勒復有六法離諸惡道及惡知識速能證得阿耨多羅三藐三菩提云何為六一者无
有貪欲二者不生瞋恚三者不起愚癡四者常離麁言五者住於空性六者心如虛空是名為六
弥勒復有七法離諸惡道及惡知識速能證得阿耨多羅三藐三菩提云何為七一者住於正念
二者成就擇法三者發起精進四者常生歡喜五者身得輕安六者住諸禪定七者具足行捨
是名為七弥勒復有八法離諸惡道及惡知識速能證得阿耨多羅三藐三菩提云何為八一者
正見二者正思惟三者正語四者正業五者正命六者正勤七者正念八者正定是名為八弥勒
復有九法離諸惡道及惡知識速能證得阿耨多羅三藐三菩提云何為九一者遠離諸欲
惡不善法安住初禪尋伺喜樂心一境性二者遠離尋伺安住二禪内淨喜樂心一境性三者
遠離於喜安住三禪捨念慧樂心一境性四者遠離憂苦及以喜樂安住四禪捨念清淨无苦无
樂心一境性五者超過色想无異攀緣安住无邊虛空處定六者超過无邊虛空處定已而能
安住无邊識定七者超過无邊識處定已而能安住无所有定八者超過无所有處定已安住
非想非非想定九者超過非想非非想處定已而能安住滅受想定是名為九弥勒復有十法
離諸惡道及惡知識速能證得阿耨多羅三藐三菩提云何為十一者善能成就金剛三昧二者
成就處非處相應三昧三者成就方便行三昧四者成就遍照明三昧五者成就普光明三昧六者
成就普遍照明三昧七者成就寶月三昧八者成就月燈三昧九者成就出離三昧十者成就勝幢
攝印三昧是名為十弥勒菩薩成就如是法已離諸惡道及惡知識速能證得阿耨多羅三藐
三菩提　尒時弥勒菩薩得聞是法心大歡喜偏袒右肩右膝著地合掌恭敬即於佛前以偈讚曰
佛於過去劫　捨所愛妻子　頭目及骨髓　到於施彼岸　佛常護禁戒　如猫牛愛尾　最勝无倫疋
到於戒彼岸　佛以忍辱力　捨離於違諍　不求人過患　到於忍辱岸　佛以精進力　得无上寂靜
究竟常安樂　到於勤彼岸　佛以禪定力　能滅諸罪垢　為天人導師　到於定彼岸　佛以智慧力
善了知諸法　自性无所有　到於慧彼岸　佛於菩提樹　降伏諸魔軍　具足最勝智　成就无上道
導師无畏力　於波羅奈國　轉清淨法輪　摧破諸外道　无上大智慧　出過於世間　能放淨光明
善説諸法要　如來清淨色　智慧及功德　超過諸世間　能到於彼岸

BD14573號　大寶積經鈔（擬）　（8–7）

安住无邊識定七者超過无邊識處定已而能安住无所有定八者超過无所有處定已安住
非想非非想定九者超過非想非非想處定已而能安住滅受想定是名為九弥勒復有十法
離諸惡道及惡知識速能證得阿耨多羅三藐三菩提云何為十一者善能成就金剛三昧二者
成就處非處相應三昧三者成就方便行三昧四者成就遍照明三昧五者成就普光明三昧六者
成就普照明三昧七者成就寶月三昧八者成就月燈三昧九者成就出離三昧十者成就勝幢
臂印三昧是名為十弥勒菩薩成就如是法已離諸惡道及惡知識速能證得阿耨多羅三藐
三菩提尒時弥勒菩薩得聞是法心大歡喜偏袒右肩右膝著地合掌恭敬即於佛前以偈讚曰
佛於過去劫　捨所愛妻子　頭目及骨髓　到於施彼岸　佛常護禁戒　如猫牛愛尾　寂勝无倫匹
到於戒彼岸　佛以忍辱力　捨離於違諍　不求人過患　到於忍辱岸　佛以精進力　得无上寂靜
究竟常安樂　到於勤彼岸　佛以禪定力　能滅諸罪垢　為天人尊師　到於定彼岸　佛以智慧力
善了知諸法　自性无所有　到於慧彼岸　佛於菩提樹　降伏諸魔軍　具足寂勝智　成就无上道
導師无畏力　於波羅柰國　轉清淨法輪　摧破諸外道　无上大智慧　出過於世間　能放淨光明
善說諸法要　如来清淨色　智慧及功德　超過諸世間　能到於彼岸

惡觀一卷 內說云

六部經說寂多顛倒者於內有五種不能救得衆生一明一切佛
不救 二明一切法不救 三明一切僧不救 四明一切衆生不救
五明一切解行不救 第一明一切佛不能救者一切空見有見
顛倒衆生得值無量無邊諸佛於諸佛菩薩所行六
波羅蜜由學佛法不肯根故墮無窮無盡阿鼻地獄
故名一切佛不能救 第二明一切法不能救者於內有二
種一如涅槃經說善星比丘已能誦持得十二部經不免
謗佛提身入阿鼻地獄 故名一切法不能救
二如 大集經說 大乘小乘各誦得八万法聚由
一念心嫌他真學十三頭比丘即滅尒許善根墮
阿鼻地獄 故名一切法不能救 第三明一切僧不
能救者如佛藏經說已能得度六百四万億人師
及弟子俱不免入阿鼻地獄 故名一切僧不能救
第四明一切衆生不能救者 如十輪經說已能得

種一如涅槃經說善星比丘已能誦持得十二部經不免
謗佛抱身入阿鼻地獄故名一切法不能救
二如大集經說大乘小乘各誦得八万法聚由
一念心嫌他真學十二頭比丘即滅尒許善根墮
阿鼻地獄故名一切法不能救　　第三明一切僧不
能救者如佛藏經說已能得度六百四万億人師
及弟子俱不免入阿鼻地獄故名一切僧不能救
第四明一切衆生不能救者如十輪經說已能得
度四天下人皆悉迴心向於涅槃由非是佛弟子
佛判屬无慚无愧僧故名一切衆生不能救
第五明一切解行不能救者亦如十輪經說大布施大
持戒大忍辱大精進大禪定大不自是非他大懺悔
大度衆生非一轉輪聖切變之所能及佛判我彼師
破非我弟子亦同上无慙愧僧攝故名一切解行不
能救

大乘入楞伽經集一切法品第二之三
尒時大慧菩薩摩訶薩復白佛言世尊為
我說言說分別相心法門我及諸菩薩摩
訶薩善知此故通達能說所說二義疾得阿
耨多羅三藐三菩提令一切衆生於二義中而
清淨佛言大慧有四種言說分別相所謂
相言說夢言說計著過惡言說无始妄想言
說大慧相言說者所謂執著自分別色相生
夢言說者謂夢先所經境界覺已憶念依
不實境生計著過惡言說者謂憶念怨讎
先所作業生无始妄想言說者以无始戲論妄執
習氣生是為四大慧復言世尊願更為說言
語分別所行之相何處何因云何而起佛言
大慧依頭胸喉鼻脣齶齒舌和合而起大慧

BD14574號　大乘入楞伽經卷三　（26–1）

先所作業生无始妄想言說者以无始戲論妄執
習氣生是為四大慧復言世尊願更為說言
語分別所行之相何處何因云何而起佛言
大慧依頭胸喉鼻脣齶齒舌和合而起大慧
復言世尊言語分別為異不異佛言大慧非
異非不異何以故分別為因起言語故若異
者分別不應為因若不異者語言不應顯義
是故非異亦非不異大慧復言世尊為言語
是第一義為所說是第一義佛告大慧非言
語是亦非所說何以故第一義者是聖樂處
因言而入非即是言第一義者是聖智內自
證境非言語分別智境言語分別不能顯示
大慧言語者起滅動搖展轉因緣生若展轉
緣生於第一義不能顯示第一義者无自他
相言語有相不能顯示第一義者但唯自心種
種外相悉皆无有言語分別不能顯示是故
大慧應當遠離言語分別尒時世尊重說
頌言
諸法无自性　亦復无言說　不見空空義　愚夫故流轉
一切法无性　離語言分別　諸有如夢化　非生死涅槃
如王及長者　為令諸子喜　先示相似物　後賜真實者
我今亦復然　先說相似法　後乃為其演　自證實際法
尒時大慧菩薩摩訶薩復白佛言世尊願為
我說離一異俱不俱有无非有无常无常等
[illegible]外道所不行自證聖智所行境界遠離

BD14574號　大乘入楞伽經卷三　（26–2）

如王及長者　為令諸子喜　先示相似物　後賜真實者
我今亦復然　先説相似法　後乃為其演　自證實際法
尒時大慧菩薩摩訶薩復白佛言世尊願為
我説離一異俱不俱有无非有无常无常等
一切外道所不能行自證聖智所行境界遠離
妄計自相共相入於真實第一義境漸淨
諸地入如來位以无功用本願力故如如意
寶普現一切无邊境界一切諸法皆是自心
所見差別令我及餘諸菩薩等於如是等
法離妄計自性自共相見速證阿耨多羅三
藐三菩提普令衆生具足圓滿一切功德佛言
大慧善哉善哉汝哀愍世間請我此義多
所利益多所安樂大慧凡夫无智不知心量
妄習為因執著外物分別一異俱不俱有无
非有无常无常等一切自性大慧譬如群獸
為渴所逼於熱時𦦨而生水想迷惑馳趣
不知非水愚癡凡夫亦復如是无始戲論分
別所熏三毒燒心樂色境界見生住滅取內外
法墮一異等執著之中大慧如乾闥婆城非城
非非城无智之人无始時來執著成種妄習
熏故而作城想外道亦尒以无始來妄習熏
故不能了達自心所現著一異等種種言説
大慧譬如有人夢見男女象馬車步城邑園
林種種嚴飾覺已憶念彼不實事大慧汝
意云何如是之人是黠慧不荅言不也大慧外

BD14574 號　大乘入楞伽經卷三　（26–3）

故不能了達自心所現著一異等種種言説
大慧譬如有人夢見男女象馬車步城邑園
林種種嚴飾覺已憶念彼不實事大慧汝
意云何如是之人是黠慧不荅言不也大慧外
道亦尒惡見所噬不了唯心執著一異有无
等見大慧譬如畫像无高无下愚夫妄見
作高下想未來外道亦復如是惡見熏習妄
心增長執一異等自壞壞他於離有无无
生之論亦説為无此謗因果拔善根本應知
此人分別有无起自他見當墮地獄欲求勝
法宜速遠離大慧譬如瞖目見有毛輪互
相謂言此事希有而此毛輪非有非无見不
見故外道亦尒惡見分別執著一異俱不俱等誹
謗正法自陷陷他大慧譬如火輪實非是輪
愚夫取著非諸智者外道亦尒惡見樂欲執
著一異俱不俱等一切法生大慧譬如水泡似
頗梨珠愚夫執實奔馳而取然彼水泡非珠
非非珠取不取故外道亦尒惡見分別習氣
所熏説非有為生壞於緣有復次大慧立
三種量已於聖智內證離二自性法起有性分
別大慧諸脩行者轉心意識離能所取住如
來地自證聖法於有及无不起於想大慧諸
脩行者若於境界起有无執則著我人衆生
壽者大慧一切諸法自相共相是化佛説非
法佛説大慧化佛説法但順愚夫所起之見

BD14574 號　大乘入楞伽經卷三　（26–4）

来地自證聖法於有及无不起於想大慧諸
脩行者若於境界起有无執則著我人衆生
壽者大慧一切諸法自相共相是化佛說非
法佛說大慧化佛說法但順愚夫所起之見
不爲顯示自證聖智三昧樂境大慧譬如水
中有樹影現彼非影非非影非樹形非非樹
形外道亦尒諸見所熏不了自心於一異等而
生分別大慧譬如明鏡无有分別隨順衆緣現
諸色像彼非像非非像而見像非像愚夫
分別而作像想外道亦尒於自心所現種種
形像而執一異俱不俱相大慧譬如谷響依
於風水人等音聲和合而起彼非有非无以
聞聲非聲故外道亦尒自心分別熏習力故
起於一異俱不俱見大慧譬如大地无草木
處日光照觸燄水波動彼非有非无以倒想
非想故愚癡凡夫亦復如是无始戲論惡習
所熏於聖智自證法性門中見生住滅 一
異有无俱不俱性大慧譬如木人及以起屍
以毗舍闍機關力故動搖運轉云爲不絕无智
之人取以爲實愚癡凡夫亦復如是隨逐外
道起諸惡見著一異等虛妄言說是故大慧
當於聖智所證法中離生住滅一異有无俱
不俱等一切分別尒特世尊重說頌言
諸識蘊有五 猶如水樹影 所見如幻夢 不應妄分別

BD14574號　大乘入楞伽經卷三　（26–5）

道起諸惡見著一異等虛妄言說是故大慧
當於聖智所證法中離生住滅一異有无俱
不俱等一切分別尒特世尊重說頌言
諸識蘊有五 猶如水樹影 所見如幻夢 不應妄分別
三有如陽燄 幻夢及毛輪 若能如是觀 究竟得解脫
譬如熱時燄 動轉迷亂心 渴獸取爲水 而實无水事
如是識種子 動轉見境界 如翳者所見 愚夫生執著
无始生死中 執著所纏覆 退捨令出離 如因楔出楔
如幻機所作 浮雲夢電光 觀世恒如是 永斷三相續
此中无所有 如空中陽燄 如是知諸法 則爲无所知
諸蘊如毛輪 於中妄分別 唯假施設名 求相不可得
如畫垂髮幻 夢見闥婆城 火輪熱時燄 實无而見有
如是常无常 一異俱不俱 無始繫縛故 愚夫妄分別
明鏡水淨眼 摩尼妙寶珠 於中現色像 而實無所有
心識亦如是 普現衆色相 如夢空中燄 亦如石女兒
復次大慧諸佛說法離於四句謂離一異俱
不俱及有无等建立誹謗大慧諸佛說法
以諦緣起滅道解脫而爲其首非與勝性自在
宿作自然時微塵等而共相應大慧諸佛說
法爲淨惑智二種障故次第令住一百八句
無相法中而善分別諸乘地相猶 商 主 善
導衆人
復次大慧有四種禪何等爲四謂愚夫所行
禪觀察義禪攀緣真如禪諸如來清淨禪
大慧云何愚夫所行禪謂聲聞緣覺諸脩行者

BD14574號　大乘入楞伽經卷三　（26–6）

導衆人
復次大慧有四種禪何等為四謂愚夫所行
禪觀察義想禪攀緣真如禪諸如来清淨禪
大慧云何愚夫所行禪謂聲聞緣覺諸脩行者
知人无我見自他身骨鎖相連皆是无常苦不
淨相如是觀察堅著不捨漸次增勝至无想
滅定是名愚夫所行禪云何觀察義想禪謂
知自共相人无我已亦離外道自他俱作於法无
我諸地相義隨順觀察是名觀察義相禪云
何攀緣真如禪謂若分別无我有二是虛妄念
若如實知彼念不起是名緣真如禪云何諸如
来禪謂入佛地住自證聖智三種樂為諸衆
生作不思議事是名諸如来禪尒時世尊重
說頌言
愚夫所行禪　觀察義相禪　攀緣真如禪　如来清淨禪
脩行者在定　觀見日月形　波頭摩深險　虛空火及畫
如是種種相　隨於外道法　亦墮於聲聞　辟支佛境界
捨離此一切　住於无所緣　是則能隨入　如如真實相
十方諸國土　所有无量佛　悉引光明手　而摩是人頂
尒時大慧菩薩摩訶薩復白佛言世尊諸佛
如来所說涅槃說何等法名為涅槃佛告大
慧一切識自性習氣及藏識意意識見習轉
已我及諸佛說名涅槃即是諸法性空境界
復次大慧涅槃者自證聖智所行境界遠離

尒時大慧菩薩摩訶薩復白佛言世尊諸佛
如来所說涅槃說何等法名為涅槃佛告大
慧一切識自性習氣及藏識意意識見習轉
已我及諸佛說名涅槃即是諸法性空境界
復次大慧涅槃者自謂聖智所行境界遠離
斷常及以有无云何非常謂離自相共相諸
分別故云何非斷謂去来現在一切聖者自
證智所行故復次大慧大般涅槃不壞不死
若死者應更受生若壞者應是有為是故
涅槃不壞不死諸脩行者之所歸趣復次大慧
無捨無得故非斷非常故不一不異故說名涅
槃復次大慧聲聞緣覺知自共相捨離憒閙
不生顛倒不起分別彼於其中生涅槃想復
次大慧有二種自性相何者為二謂執著言
說自性相執著諸法自性相執著言說自性
相者以无始戲論執著言說習氣故起執著
諸法自性相者以不覺自心所現故起復次
大慧諸佛有二種加持持諸菩薩令頂礼
佛足請問衆義云何為二謂令入三昧及身現
其前手灌其頂大慧初地菩薩摩訶薩蒙
諸佛持力故入菩薩大乘光明定入已十方諸
佛普現其前身語加持如金剛藏及餘成
就如是功德相菩薩摩訶薩者是大慧此菩
薩摩訶薩蒙佛持力入三昧已於百千劫集諸
善根漸入諸地善能通達治所治相至法雲
地處大蓮花微妙宮殿坐於寶座同類菩薩

佛普現其前身語加持如金剛藏及餘
訖如是功德相菩薩摩訶薩者是大慧此菩
薩摩訶薩蒙佛持力入三昧已於百千劫集諸
善根漸入諸地善能通達治所治相至法雲
地處大蓮花微妙宮殿坐於寶座同類菩薩
所共圍繞首戴寶冠身如黃金薝蔔花色
如盛滿月放大光明十方諸佛舒蓮花手於
其座上而灌其頂如轉輪王太子受灌頂已
而得自在此諸菩薩亦復如是名為二諸菩
薩摩訶薩為二種持之所持故即能親見
一切諸佛異則不能復次大慧諸菩薩摩訶
薩入於三昧現通說法如是一切皆由諸佛
二種持力大慧若諸菩薩離佛加持能說法
則諸凡夫亦應能說大慧山林草樹城郭宮
殿及諸樂器如來至處以佛持力尚演法音
況有心者聾盲瘖瘂離苦解脫大慧如來持
力有如是等廣大作用大慧菩薩復白佛言
何故如來以其持力令諸菩薩入於三昧及
殊勝地中手灌其頂佛言大慧為欲令其
遠離魔業諸煩惱故為令不墮聲聞地故為令
速入如來地故令所得法倍增長故是故諸佛
以加持力持諸菩薩大慧若不如是彼諸菩
薩便墮外道及以聲聞魔意之中則不能
得无上菩提是故如來以加持力攝諸菩薩
尒時世尊重說頌言
世尊清淨願　有大加持力　初地十地中　三昧及灌頂

BD14574號　大乘入楞伽經卷三　（26–9）

以加持力攝諸菩薩
薩便墮外道及以聲聞魔意之中則不能
得无上菩提是故如來以加持力攝諸菩薩
尒時世尊重說頌言
世尊清淨願　有大加持力　初地十地中　三昧及灌頂
尒時大慧菩薩摩訶薩復白佛言世尊佛說
緣起是由作起非自體起外道亦說勝性自
在時我微塵生於諸法今佛世尊但以異名
說作緣起非義有別世尊外道亦說以作者
故從无生有世尊亦說以因緣故一切諸法本
无而生生已歸滅如佛所說无明緣行乃至
老死此說无因非說有因世尊說言此有故
彼有若一時建立非次第相待者其義不成
是故外道說勝非如來也何以故外道說因
不從緣生而有所生世尊所說果待於因因
復待因如是展轉成无窮過又此有故彼有
者則无有因佛言大慧我了諸法唯心所
現无能取所取說此有故彼有非是无因及因
緣過失大慧若不了諸法唯心所現計有能
取及以所取執著外境若有若无彼有是過非
我所說大慧菩薩復白佛言世尊有言說
故必有諸法若无諸法言依何起佛言大
慧雖无諸法亦有言說豈不現見龜毛兔角
石女兒等世人於中皆起言說大慧彼非有非
非有而有言說耳大慧如汝所說有言說故
有諸法者此論則壞大慧非一切佛土皆有

BD14574號　大乘入楞伽經卷三　（26–10）

慧雖无諸法亦有言說豈不現見龜毛兎角
石女兒等世人於中皆起言說大慧彼非有非
非有而有言說耳大慧如汝所說有言說故
有諸法者此論則壞大慧非一切佛土皆有
言說言說者假安立耳大慧或有佛土瞪視
顯法或現異相或復揚眉或動目精或示微
笑頻申謦欬憶念動搖以如是等而顯於
法大慧如不瞬世界妙香世界及普賢如來
佛土之中但瞪視不瞬令諸菩薩獲无生
法忍及諸勝三昧大慧非由言說而有諸法
此世界中蠅蟻等蟲雖无言說成自事故
尒時世尊重說頌言
如虛空兎角　及與石女兒　無而有言說　妄計法如是
因緣和合中　愚夫妄謂生　不能如實解　流轉於三有
尒時大慧菩薩摩訶薩復白佛言世尊所
說常聲依何處說佛言大慧依妄法說以諸
妄法聖人亦現然不顛倒大慧譬如陽燄火輪
垂髮乾闥婆城夢幻鏡像世無智者生顛倒
解有智不然然非不現大慧妄法現時无量
差別然非无常何以故離有无故云何離有
无一切愚夫種種解故如恒河水有見不見
餓鬼不見不可言有餘所見故不可言无聖
於妄法離顛倒見大慧妄法是常相不異故
非諸妄法有差別相以分別故而有別異是
故妄法其體是常大慧云何而得妄法真實

BD14574號　大乘入楞伽經卷三　（26–11）

无一切愚夫種種解故如恒河水有見不見
餓鬼不見不可言有餘所見故不可言无聖
於妄法離顛倒見大慧妄法是常相不異故
非諸妄法有差別相以分別故而有別異是
故妄法其體是常大慧云何而得妄法真實
謂諸聖者於妄法中不起顛倒非顛倒覺若
於妄法有少分想則非聖智有少想者當知
則是愚夫戲論非聖言說大慧若分別妄法
是倒非倒彼則成就二種種性謂聖種性凡
夫種性大慧聖種性者彼彼三種謂聲聞緣
覺佛乘別故大慧云何愚夫分別妄法生聲
聞乘種性所謂計著自相共相大慧何謂復
有愚夫分別妄法成緣覺乘種性謂即執著
自共相時離於憒閙大慧何謂智人分別妄法
而得成就佛乘種性所謂了達一切唯是自
心分別所見无有外法大慧有諸愚夫分別
妄法種種事物決定如是決定不異此則成
就生死乘性大慧彼妄法中種種事物非
即是物亦非非物大慧即彼妄法諸聖智者
心意意識諸惡習氣自性法轉依故即說此
妄名爲真如是故真如離於心識我今明了
顯示此句離分別者悉離一切諸分別故大慧
菩薩白言世尊所說妄法爲有爲无佛言
如幻无執著相故若執著相體是有者應不
可轉則諸緣起應如外道說作者生大慧又

BD14574號　大乘入楞伽經卷三　（26–12）

菩薩白言世尊所說妄法爲有爲无佛言
如幻无執著相故若執著相體是有者應不
可轉則諸緣起應如外道說作者生大慧又
言若諸妄法同於幻者此則當與餘妄作因
佛言大慧非諸幻事爲妄惑因以幻不生諸
過惡故以諸幻事无分別故大慧夫幻事者
從他明呪而得生起非自分別過習力起是
故幻事不生過惡大慧此妄惑法唯是愚夫
心所執著非諸聖者尒時世尊重說頌言
聖不見妄法　中間亦非實　以妄即真故　中間亦真實
若離於妄法　而有相生者　此還即是妄　如瞖未清淨
復次大慧見諸法非幻无有相似故說一切法
如幻大慧言世尊爲依執著種種幻相言一
切法猶如幻耶爲異依此執著顛倒相耶若
依執著種種幻相言一切法猶如幻者世尊非
一切法悉皆如幻何以故見種種色相不无因
故世尊都无有因令種種色相顯現如幻
是故世尊不可說言依於執著種種幻相言
一切法與幻相似佛言大慧不依執著種
種幻相言一切法如幻大慧以一切法不實
速滅如電故說如幻大慧辟如電光見已即
滅世間凡愚悉皆現見一切諸法依自分別
自共相現亦復如是以不能觀察无所有故而
妄計著種種色相尒時世尊重說頌言

BD14574號　大乘入楞伽經卷三　（26–13）

速滅如電故說如幻大慧辟如電光見已即
滅世間凡愚悉皆現見一切諸法依自分別
自共相現亦復如是以不能觀察无所有故而
妄計著種種色相尒時世尊重說頌言
非幻无相似　亦非有諸法　不實速如電　如幻應當知
尒時大慧菩薩摩訶薩復白佛言世尊如佛
先說一切諸法皆悉无生又言如幻將非所說
前後相違佛言大慧无有相違何以故我了
於生即是无生唯是自心之所見故若有若
无一切外法見其无性本不生故大慧爲離
外道因生義故我說諸法皆悉不生大慧
外道群聚共興惡見從有无生一切法非
自執著分別爲緣大慧我說諸法非有无生
故名无生大慧說諸法者爲令弟子知依諸
業攝受生死遮其无有斷滅見故大慧說諸
法相猶如幻者令離諸法自性相故爲諸凡
愚墮惡見欲不知諸法唯心所現爲令遠離
執著因緣生起之相說一切法如幻如夢彼諸
愚夫執著惡見欺誑自他不能明見一切
諸法如實住處大慧見一切法如實處者
謂能了達唯心所現尒時世尊重說頌言
无作故无生　有法攝生死　了達如幻等　於相不分別
復次大慧我當說名句文身相諸菩薩摩訶
薩善觀此相了達其義疾得阿耨多羅三

BD14574號　大乘入楞伽經卷三　（26–14）

謂能了達唯心所現尒時世尊重説頌言
无任故无生　有法攝生死　了達如幻等　於相不分別
復次大慧我當説名句文身相諸菩薩摩訶
薩善觀此相了達其義疾得阿耨多羅三
藐三菩提復能開悟一切衆生大慧名身者
謂依事立名即是身是名名身句身者謂
能顯義決定究竟是名句身文身者謂由於
此能成名句是名文身復次大慧句身者謂句
事究竟名身者謂諸字名各各差別如從阿
字乃至呵字文身者謂長短高下復次句身
者如足之跡如衢巷中人畜等跡名謂非色四
蘊以名説故文謂名之自相由文顯故是名
句文身此名句文身相汝應脩學尒時世尊
重説頌言
名身與句身　及字身差別　凡愚所計著　如象溺深泥
復次大慧未來世中有諸邪智惡覺者離
如實法以見一異俱不俱相問諸智者彼即
荅言此非正問謂色與无常為異為不異如
是涅槃諸行相所相依所依造所造見所見地
與微塵智與智者為異為不異如是等不
可記事次第而問世尊説此當止記荅愚夫
無智非所能知佛欲令其離驚怖處不為記
説大慧不記説者欲令外道永得出離作者
見故大慧諸外道衆計有作者如是説命
即是身命異身異如是等説名无記論大慧

可記事次第而問世尊説此當止記荅愚夫
無智非所能知佛欲令其離驚怖處不為記
説大慧不記説者欲令外道永得出離作者
見故大慧諸外道衆計有作者如是説命
即是身命異身異如是等説名无記論大慧
外道癡惑説无記論非我教中大慧我教中
説離能所取不起分別云何可止大慧若有執
着能取所取不了唯是自心所見彼應可止大
慧諸佛如來以四種記論為衆生説法大
慧止記論者我別時説以根未熟且止説故
復次大慧何故一切法不生以離能作所作無
作者故何故一切法無自性以證智觀自相
共相不可得故何故一切法無來去以自共
相來無所從去無所至故何故一切法不滅
謂一切法無性相故不可得故何故一切法無
常謂諸相起無常性故何故一切法常謂
諸相起即是不起無所有故無常性常是
故我説一切法常尒時世尊重説頌言
一向及反問　分別與置荅　如是四種説　摧伏諸外道
數論與勝論　言有非有生　如是等諸説　一切皆無記
以智觀察時　體性不可得　以彼無可説　故説無自性
尒時大慧菩薩摩訶薩復白佛言世尊願為
我説諸須陁洹須陁洹行差別相我及諸菩
薩摩訶薩聞是義故於須陁洹斯陁含阿

以智觀察時　體性不可得　以彼無可說　故說無自性
尒時大慧菩薩摩訶薩復白佛言世尊願為
我說諸須陁洹須陁洹行差別相我及諸菩
薩摩訶薩聞是義故於須陁洹斯陁含阿
那含阿羅漢方便相得善巧如是而為衆生
演說令其證得二无我法淨除二障於諸地
相漸次通達獲於如來不可思議智慧境界
如衆色摩尼普令衆生悉得饒益佛言諦聽
當為汝說大慧言唯佛言大慧諸須陁洹須
陁洹果差別有三謂下中上大慧下者於諸
有中極七反生中者三生五生上者即於此
生而入涅槃大慧此三種人斷三種結謂身見
疑戒禁取上上勝進得阿羅漢果大慧身
見有二種謂俱生及分別如依緣起有妄
計性大慧譬如依止緣起性故種種妄計執
著性生彼法但是妄分別相非有非無非亦
有亦無凡夫愚癡而横執著猶如渴獸妄生
水想此分別身見無智慧故久遠相應見人無
我即時捨離大慧俱生身見以普觀察自
他之身受等四蘊無色相故色由大種而得生
故是諸大種互相因故色不集故如是觀已
明見有無即時捨離捨身見故貪則不生
是名見相大慧疑相者於所證法善見相故
及先二種身見分別斷故於諸法中疑不得

BD14574 號　大乘入楞伽經卷三　（26–17）

故是諸大種互相因故色不集故如是觀已
明見有無即時捨離捨身見故貪則不生
是名見相大慧疑相者於所證法善見相故
及先二種身見分別斷故於諸法中疑不得
生亦不於餘生大師想為淨不淨是名疑相
大慧何故須陁洹不取戒禁謂以明見生處
苦相是故不取夫其取者謂諸凡愚於諸有
中貪著世尊樂苦行持戒願生於彼須陁
洹人不取是相唯求所證最勝無分別法
修行戒品是名戒禁取相大慧須陁洹人捨
三結故離貪瞋癡大慧白言貪有多種捨何
等貪佛言大慧捨於女色纏綿貪欲見此現
樂生來苦故又得三昧殊勝樂故是故捨彼
非涅槃貪大慧云何斯陁含果謂不了色相
起色分別一往來已善修禪行盡苦邊際而
般涅槃是名斯陁含大慧云何阿那含果謂於
過未現在色相起有無見分別過惡隨眠不
起永捨諸結更不還來是名阿那含大慧阿
羅漢者謂諸禪三昧解脫力通悉已成就煩
惱諸苦分別永盡是名阿羅漢大慧言世尊
阿羅漢有三種謂一向趣寂退菩提願佛所
變化此說何者佛言大慧此說趣寂非是其
餘大慧餘二種人謂已曾發巧方便願及為
莊嚴諸佛衆會於彼示生大慧於虛妄處說

BD14574 號　大乘入楞伽經卷三　（26–18）

變化此說何者佛言大慧此說趣寂非是其
餘大慧餘二種人謂已曾發巧方便願反為
莊嚴諸佛眾會於彼示生大慧於虛妄處說
種種法所謂證果禪者及禪皆性離故自
心所見得果相故大慧若須陀洹作如是念我
離諸結則有二過謂墮我見及諸結不斷復
次大慧若欲超過諸禪無量無色界者應離
自心所見諸相大慧想受滅三昧超自心所見
境者不然不離心故尒時世尊重說頌言
諸禪與無量　無色三摩提　及以想受滅　唯心不可得
預流一來果　不還阿羅漢　如是諸聖人　悉依心妄有
禪者禪所緣　斷惑見真諦　此皆是妄想　了知即解脫
復次大慧有二種覺智謂觀察智及取相分
別執著建立智觀察智者謂觀一切法離四
句不可得四句者謂一異俱不俱有非有常無
常等我以諸法離此四句是故說言一切法
離大慧如是觀法汝應修學云何取相分
別執著建立智謂於堅濕煖動諸大種性
取相執著虛妄分別以宗因喻而妄建立是名
取相分別執著建立智是名二種覺智相菩
薩摩訶薩知此智相即能通達人法无我
以无相智於解行地善巧觀察入於初地得
百三昧以勝三昧力見百佛百菩薩知前後際
各百劫事光明照曜百佛世界善能了知上

BD14574號　大乘入楞伽經卷三　（26–19）

薩摩訶薩知此智相即能通達人法无我
以无相智於解行地善巧觀察入於初地得
百三昧以勝三昧力見百佛百菩薩知前後際
各百劫事光明照曜百佛世界善能了知上
上地相以勝願力變現自在至法雲地而受灌
頂入於佛地十无盡願成就眾生種種應現
无有休息而恒安住自覺境界三昧勝樂
復次大慧菩薩摩訶薩當善了知大種造
色云何了知大慧菩薩摩訶薩應如是觀彼
諸大種真實不生以諸三界但是分別唯心所
見无有外物如是觀時大種所造悉皆性
離超過四句无我我所住如實處成无生相大
慧彼諸大種云何造色大慧謂虛妄分別津
潤大種成內外水界炎盛大種成內外火界飄
動大種成內外風界色分段大種成內外地
界離於虛空由執著邪諦五蘊聚集大種
造色生大慧識者以執著種種言說境界
為因起故於餘趣中相續受生大慧地等造
色有大種因非四大種為大種因何以故謂若
有法有法形者則是所作非无形者大慧此
大種造色相外道分別非是我說
復次大慧我今當說五蘊體相謂色受想行
識大慧色謂四大及所造色此各異相受等
非色大慧非色諸蘊猶如虛空无有四數

BD14574號　大乘入楞伽經卷三　（26–20）

[illegible]大慧此
大種造色相外道分別非是我說
復次大慧我今當說五蘊體相謂色受想行
識大慧色謂四大及所造色此各異相受等
非色大慧非色諸蘊猶如虛空无有四數
大慧譬如虛空超過數相然分別言此是虛
空非色諸蘊亦復如是離諸數相離有无等
四種句故數相者愚夫所說非諸聖者諸聖
但說如幻所作唯假施設離異不異如夢如
像无別所有不了聖智所行境故見有諸蘊
分別現前是名諸蘊自性相大慧如是分別
汝應捨離捨離此已說寂靜法斷一切剎諸外
道見淨法无我入遠行地成就无量自在
三昧獲意生身如幻三昧力通自在皆悉具
足猶如大地普益羣生
復次大慧涅槃有四種何等為四謂諸法自
性无性涅槃種種相性无性涅槃覺自相
性无性涅槃斷諸蘊自共相流注涅槃大慧
此四涅槃是外道義非我所說大慧我所說
者分別尒燄識滅名為涅槃大慧言世尊豈
不建立八種識耶佛言建立大慧言若建
立者云何但說意識滅非七識滅佛言大慧以
彼為因及所緣故七識得生大慧意識分別
境起執著時生諸習氣長養藏識由是意
具我我所執思量隨轉无別體相藏識為因

立者云何但說意識滅非七識滅佛言大慧以
彼為因及所緣故七識得生大慧意識分別
境起執著時生諸習氣長養藏識由是意
具我我所執思量隨轉无別體相藏識為因
為所緣故執著自心所現境界心聚生起展轉
為因大慧譬如海浪自心所現境界風吹而有
起滅是故意識滅時七識亦滅尒時世尊重
說頌曰
我不以自性　及以於作相　分別境識滅　如是說涅槃
意識為心因　心為意境界　因及所緣故　諸識依止止
如大瀑流盡　波浪則不起　如是意識滅　種種識不生
復次大慧我今當說妄計自性差別相令汝
及諸菩薩摩訶薩善知此義超諸妄想證
智境知外道法遠離能取所取分別於依他
起種種相中不更取著妄所計相大慧云何
妄計自性差別相所謂言說分別所說分別相
分別財分別自性分別因分別見分別理分
別生分別不生分別相屬分別縛解分別
大慧此是妄計自性差別相云何言說分別
謂執著種種美妙音詞是名言說分別云
何所說分別謂執有所說事是聖智所證境
依此起說是名所說分別云何相分別謂即於
彼所說事中如渴獸想分別執著堅濕煖
動等一切諸相是名相分別云何財分別謂

何所說分別謂執有所說事是聖智所證境
依此起是名所說分別云何相分別謂即於
彼所說事中如渴獸想分別執著堅濕煖
動等一切諸相是名相分別云何財分別謂
取著種種金銀等寶而起言說是名財分
別云何自性分別謂以惡見如是分別此自性決
定非餘是名自性分別云何因分別謂於因
緣分別有無以此因相而能生故是名因分
別云何見分別謂諸外道惡見執著有無
一異俱不俱等是名見分別云何理分別謂
有執著我我所相而起言說是名理分別云
何生分別謂計諸法若有若無從緣而生是
名生分別云何不生分別謂計一切法本來不
生未有諸緣而先有體不從因起是名不生
分別云何相屬分別謂此與彼遞相繫屬以
針與線是名相屬分別云何縛解分別謂執
因能縛而有所縛如人以繩方便力故縛已
復解是名縛解分別大慧此是妄計性差
別相一切凡愚於中執著若有若無大慧於
緣起中執著種種妄計自性如依於幻見種種
物凡愚分別見異於幻大慧幻與種種非
異非不異若異者應幻非種種因若一者幻
與種種應無差別然見差別是故非異非不

BD14574號　大乘入楞伽經卷三　（26–23）

緣起中執著種種妄計自性如依於幻見種種
物凡愚分別見異於幻大慧幻與種種非
異非不異若異者應幻非種種因若一者幻
與種種應無差別然見差別是故非異非不
異大慧汝及諸菩薩摩訶薩於幻有無不應
生著尒時世尊重說頌言
心爲境所縛　覺想智隨轉　無相寂勝處　平等智慧生
在妄計是有　於緣起則無　妄計迷惑取　緣起離分別
種種支分生　如幻不成就　雖現種種相　妄分別則無
彼相即是過　皆從心縛生　妄計者不了　分別緣起法
此諸妄計性　皆即是緣起　妄計有種種　緣起中分別
世俗第一義　第三無因生　妄計是世俗　斷則證境界
如脩觀行者　於一種種現　於彼無種種　妄計相如是
如目種種翳　妄想見衆色　彼無色非色　不了緣起然
如金離塵垢　如水離泥濁　如虛空無雲　妄想淨如是
無有妄計性　而有於緣起　建立及誹謗　斯由分別壞
若無妄計性　而有緣起者　無法而有法　有法從無生
依因於妄計　而得有緣起　相名常相隨　而生於妄計
以緣起依妄　究竟不成就　是時現清淨　名爲第一義
妄計有十二　緣起有六種　自證真如境　彼無有差別
五法爲真實　三自性亦尒　脩行者觀此　不起於真如
依於緣起相　妄計種種名　彼諸妄計相　皆因緣起有
智慧善觀察　無緣無妄計　真實中無物　云何起分別
圓成若是有　此則離有無　既已離有無　云何有二性

BD14574號　大乘入楞伽經卷三　（26–24）

妄計有十二　緣起有六種　自證真如境　彼无有差別
五法爲真實　三自性亦尒　脩行者觀此　不起於真如
依於緣起相　妄計種種名　彼諸妄計相　皆因緣起有
智慧善觀察　无緣无妄計　真實中无物　云何起分別
圓成若是有　此則離有无　既已離有无　云何有二性
妄計有二性　二性是妄立　分別見種種　清淨聖所行
妄計種種相　緣起中分別　若異此分別　則墮外道論
以諸妄見故　妄計於妄計　離此二中著　則爲真實法
大慧菩薩摩訶薩復白佛言世尊唯願爲說
自證聖智行相及一乘行相我及諸菩薩摩
訶薩得此善巧於佛法中不由他悟佛言諦
聽當爲汝說大慧言唯佛言大慧菩薩摩訶
薩依諸聖教无有分別獨處閑靜觀察自覺
不由他悟離分別見上上昇進入如來地如是
脩行名自證聖智行相云何名一乘行相謂得
證知一乘道故云何名爲知一乘道謂離能
取所取分別如實而住大慧此一乘道唯
除如來非外道二乘梵天王等之所能得大
慧白言此世尊何故說有三乘不說一乘佛
言大慧聲聞緣覺无自般涅槃法故我
說一乘以彼但依如來所說調伏遠離如是脩
行而得解脫非自所得又彼未能除滅智障
及業習氣未覺无我未名不思議變易死
是故我說以爲三乘若彼能除一切過習覺

說一乘以彼但依如來所說調伏遠離如是脩
行而得解脫非自所得又彼未能除滅智障
及業習氣未覺无我未名不思議變易死
是故我說以爲三乘若彼能除一切過習覺
法无我是時乃離三昧所醉於无漏界而得
覺悟既覺悟已於出世上上无漏界中脩諸
功德普使滿足獲不思議自在法身尒時世
尊重說頌言
天乘及梵乘　聲聞緣覺乘　諸佛如來乘　諸乘我所說
乃至有心起　諸乘未究竟　彼心轉滅已　无乘及乘者
无有乘建立　我說爲一乘　爲攝愚夫故　說諸乘差別
解脫有三種　謂離諸煩惱　及以法无我　平等智解脫
譬如海中木　常隨波浪轉　聲聞心亦然　相風所漂激
雖滅起煩惱　猶被習氣縛　三昧酒所醉　住於无漏界
彼非究竟趣　亦復不退轉　以得三昧身　乃至劫不覺
譬如昏醉人　酒消然後悟　聲聞亦如是　覺後當成佛
大乘入楞伽經卷第三

BD14574 號背　勘記　（1–1）

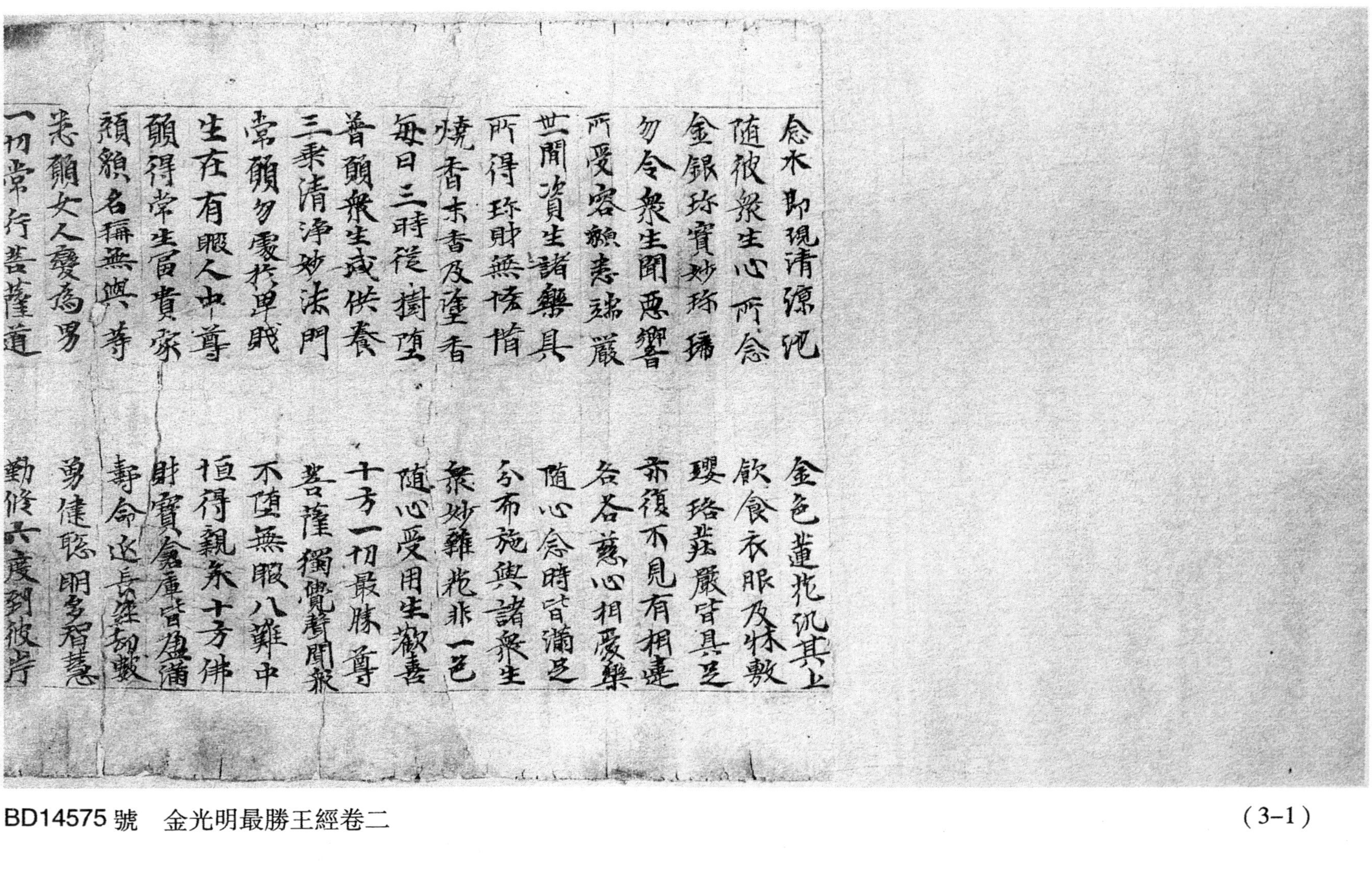

僉水即現清涼池　金色蓮花泛其上
隨彼衆生心所念　飲食衣服及牀敷
金銀珎寶妙瑠璃　瓔珞莊嚴皆具足
勿令衆生聞惡響　亦復不見有相違
所受容貌悉端嚴　各各慈心相愛樂
世間資生諸樂具　隨心念時皆滿足
所得珎財無悋惜　分布施與諸衆生
燒香末香及塗香　衆妙雜花非一色
每日三時從樹墮　隨心受用生歡喜
普願衆生咸供養　十方一切最勝尊
三乘清淨妙法門　菩薩獨覺聲聞衆
常願勿處於卑賤　不墮無暇八難中
生在有暇人中尊　恒得親承十方佛
願得常生富貴家　財寶倉庫皆盈滿
顏貌名稱無與等　壽命延長經劫數
悉願女人變為男　勇健聰明多智慧
一切常行菩薩道　勤修六度到彼岸

BD14575 號　金光明最勝王經卷二　（3–1）

常願[illegible]　[illegible]
生在有暇人中尊　恒得親承十方佛
願得常生富貴家　財寶倉庫皆盈滿
顏貌名稱無與等　壽命延長經劫數
若願女人變為男　勇健聰明多智慧
一切常行菩薩道　勤修六度到彼岸
常見十方無量佛　寶王樹下而安處
處妙瑠璃師子座　恒得親承轉法輪
若於過去及現在　輪迴三有造諸業
能招可猒不善趣　願得消滅永無餘
一切眾生於有海　生死羂網堅牢縛
願以智劍為斷除　離苦速證菩提處
眾生於此贍部內　或於他方世界中
所作種種勝福因　我今皆悉生隨喜
以此隨喜福德事　及身語意造眾善
願此勝業常增長　速證無上大菩提
所有禮讚佛功德　深心清淨無瑕穢
迴向發願福無邊　當超惡趣六十劫
若有男子及女人　婆羅門等諸勝族
合掌一心讚歎佛　生生常憶宿世事
諸根清淨身圓滿　殊勝功德皆成就
願於未來所生處　常得人天共瞻仰
非於一佛十佛所　脩諸善根今得聞
百千佛所種善根　方得聞斯懺悔法
爾時世尊聞此說已妙幢菩薩言善哉善哉
善男子如汝所夢金鼓出聲讚歎如來真
實功德并懺悔法若有聞者獲福甚多廣
利有情滅除罪障如今應知此之時業皆是

BD14575 號　金光明最勝王經卷二　（3–2）

諸根清淨[illegible]　殊[illegible]
願於未來所生處　常得人天共瞻仰
非於一佛十佛所　脩諸善根今得聞
百千佛所種善根　方得聞斯懺悔法
爾時世尊聞此說已妙幢菩薩言善哉善哉
善男子如汝所夢金鼓出聲讚歎如來真
實功德并懺悔法若有聞者獲福甚多廣
利有情滅除罪障如今應知此之時業皆是
過去讚歎發願宿習因緣及由諸佛威力加
護此之因緣當為汝說時諸大眾聞是法已
咸皆歡喜信受奉行

金光明最勝王經卷第二

清信弟子燉煌郡四界諸司官尹幸通發弘
誓願接續金光明經一部永充供養

BD14575 號　金光明最勝王經卷二　（3–3）

相衆生相壽者相即非菩薩
復次須菩提菩薩於法應無所住行於布施
所謂不住色布施不住聲香味觸法布施
須菩提菩薩應如是布施不住於相
若菩薩不住相布施其福德不可思量須菩
提於意云何東方虛空可思量不不也世尊
須菩提南西北方四維上下虛空可思量不
不也世尊須菩提菩薩無住相布施福德亦
復如是不可思量須菩提菩薩但應如所教
住須菩提於意云何可以身相見如來不不也
世尊不可以身相得見如來何以故如來
身相即非身相佛告須菩提凡所有相皆
是虛妄若見諸相非相則見如來
須菩提白佛言世尊頗有衆生得聞如是言
說章句生實信不佛告須菩提莫作是說如
來滅後後五百歲有持戒脩福者於此章句
能生信心以此為實當知是人不於一佛二佛
三四五佛而種善根已於無量千万佛所種

須菩提白佛言世尊頗有衆生得聞如是言
說章句生實信不佛告須菩提莫作是說如
來滅後後五百歲有持戒脩福者於此章句
能生信心以此為實當知是人不於一佛二佛
三四五佛而種善根已於無量千万佛所種
諸善根聞是章句乃至一念生淨信者須
菩提如來悉知悉見是諸衆生得如是无量
福德何以故是諸衆生无復我相人相衆生
相壽者相无法相亦无非法相何以故是諸
衆生若心取相則為著我人衆生壽者若取
法相即著我人衆生壽者何以故若取非
相即著我人衆生壽者是故不應取法不應
取非法以是義故如來常說汝等比丘知我
說法如筏喻者法尚應捨何況非法
須菩提於意云何如來得阿耨多羅三藐三
菩提耶如來有所說法耶須菩提言如我
解佛所說義无有定法名阿耨多羅三藐三
菩提亦无有定法如來可說何以故如來所
說法皆不可取不可說非法非非法所以者何
一切賢聖皆以无為法而有差別
須菩提於意云何若人滿三千大千世界七
寶以用布施是人所得福德寧為多不須菩
提言甚多世尊何以故是福德即非福德性
是故如來說福德多若復有人於此經中受
持乃至四句偈等為他人說其福勝彼何以
故須菩提一切諸佛及諸佛阿耨多羅三藐
三菩提法皆從此經出須菩提所謂佛法者

是故如来説福徳多若復有人於此經中受
持乃至四句偈等為他人説其福勝彼何以
故須菩提一切諸佛及諸佛阿耨多羅三藐
三菩提法皆從此經出須菩提所謂佛法者
即非佛法
須菩提於意云何須菩提
須菩提於意云何須陁洹能作是念我得
陁洹果不須菩提言不也世尊何以故須菩
洹名為入流而无所入不入色聲香味觸法
是名須陁洹須菩提於意云何斯陁含能作
是念我得斯陁含果不須菩提言不也世尊
何以故斯陁含名一往来而實无往来是名斯
陁含須菩提於意云何阿那含能是念不
得阿那含果不須菩提言不也世尊何以故
阿那含名為不来而實无来是故名阿那
含須菩提於意云何阿羅漢能是念我得
阿羅漢道不須菩提言不也世尊何以故實
無有法名阿羅漢世尊若阿羅漢作是念我
得阿羅漢道即為著我人衆生壽者世尊佛
説我得无諍三昧人中最為第一是第一離
欲阿羅漢我不作是念我是離欲阿羅漢世
尊我若作是念我得阿羅漢道世尊則不説
須菩提是樂阿蘭那行者以須菩提實无所
行而名須菩提是樂阿蘭那行
佛告須菩提於意云何如来昔在然燈佛所於
法有所得不世尊如来在然燈佛所於法實无所

BD14576號　金剛般若波羅蜜經　（14–3）

尊我若作是念我得阿羅漢道世尊則不説
須菩提是樂阿蘭那行者以須菩提實无所
行而名須菩提是樂阿蘭那行
佛告須菩提於意云何如来昔在然燈佛所於
法有所得不世尊如来在然燈佛所於法實无所
得須菩提於意云何菩薩莊嚴佛土不不也世
尊何以故莊嚴佛土者則非莊嚴是名莊嚴
是故須菩提諸菩薩摩訶薩應如是生清
淨心不應住色生心不應住聲香味觸法生
心應无所住而生其心
須菩提譬如有人身如須弥山王於意云何
是身為大不須菩提言甚大世尊何以故佛
説非身是名大身
須菩提如恒河中所有沙數如是沙等恒河
於意云何是諸恒河沙寧為多不須菩提
言甚多世尊但諸恒河尚多无數何況其沙
須菩提我今實言告汝若有善男子善女人
以七寶滿爾所恒河沙數三千大千世界以用
布施得福多不須菩提言甚多世尊佛告
須菩提若善男子善女人於此經中乃至受持
四句偈等為他人説而此福德勝前福德
復次須菩提隨説是經乃至四句偈等當知
此處一切世間天人阿脩羅皆應供養如佛塔
廟何況有人盡能受持讀誦須菩提當知是
人成就最上第一希有之法若是經典所在
之處則為有佛若尊重弟子爾時須菩提
白佛言世尊當何名此經我等云何奉持佛告

BD14576號　金剛般若波羅蜜經　（14–4）

廟何況有人盡能受持讀誦須菩提當知是
人成就最上第一希有之法若是經典所在
之處則為有佛若尊重弟子尒時須菩提
白佛言世尊當何名此經我等云何奉持佛告
須菩提是經名為金剛般若波羅蜜以是名
字汝當奉持所以者何須菩提佛說般若
波羅蜜則非般若波羅蜜須菩提於意云何
如來有所說法不須菩提白佛言世尊如來
无所說須菩提於意云何三千大千世界所
有微塵是為多不須菩提言甚多世尊須
菩提諸微塵如來說非微塵是名微塵如來
說世界非世界是名世界須菩提於意云何
可以卅二相見如來不不也世尊何以故如來說
卅二相即是非相是名卅二相
須菩提若有善男子善女人以恒河沙等身
命布施若復有人於此經中乃至受持四句
偈等為他人說其福甚多尒時須菩提聞
說是經深解義趣涕淚悲泣而白佛言希有
世尊佛說如是甚深經典我從昔來所得慧
眼未曾得聞如是之經世尊若復有人得聞
是經信心清淨則生實相當知是人成就第一
希有功德世尊是實相者則是非相是故如
來說名實相世尊我今得聞如是經典信解
受持不足為難若當來世後五百歲其有眾
生得聞是經信解受持是人則為第一希有
何以故此人无我相人相眾生相壽者相所以

來說名實相世尊我今得聞如是經典信解
受持不足為難若當來世後五百歲其有眾
生得聞是經信解受持是人則為第一希有
何以故此人无我相人相眾生相壽者相所以
者何我相即是非相眾生相
者何我相即是非相人相眾生相壽者相即
是非相何以故離一切諸相則名諸佛佛告
須菩提如是如是若復有人得聞是經不驚
不怖不畏當知是人甚為希有何以故須
菩提如來說第一波羅蜜非第一波羅蜜是
名第一波羅蜜
須菩提忍辱波羅蜜如來說非忍辱波羅蜜
何以故須菩提如我昔為歌利王割截身體
我於尒時无我相无人相无眾生相无壽者
相何以故我於往昔節節支解時若有我相
人相眾生相壽者相應生瞋恨須菩提又念
過去於百世作忍辱仙人於尒所誇無
過去於五百世作忍辱仙人於尒所世無我
相无人相无眾生相无壽者相是故須菩提
菩薩應離一切相發阿耨多羅三藐三菩
提心不應住色生心不應住聲香味觸法生
心應生无所住心若心有住則為非住是故佛
說菩薩心不應住色布施
須菩提菩薩為利益一切眾生應如是布施
如來說一切諸相即是非相又說一切眾生
則非眾生
須菩提如來是真語者實語者如語者不

須菩提菩薩為利益一切衆生應如是布施
如来說一切諸相即是非相又說一切衆生
則非衆生
須菩提如来是真語者實語者如語者不
誑語者不異語者須菩提如来所得法此法无
實无虛須菩提若菩薩心住於法而行布施如
人入闇則无所見若菩薩心不住法而行布施
如人有目日光明照見種種色
須菩提當来之世若有善男子善女人能於
此經受持讀誦則為如来以佛智慧悉知是
人悉見是人皆得成就无量无邊功德須菩
提若有善男子善女人初日分以恒河沙等
身布施中日分復以恒河沙等身布施後日
分亦以恒河沙等身布施如是无量百千萬
億劫以身布施若復有人聞此經典信心不逆
其福勝彼何况書寫受持讀誦為人解說須
菩提以要言之是經有不可思議不可稱
量无邊功德如来為發大乘者說為發最
上乘者說若有人能受持讀誦廣為人說如
来悉知是人悉見是人皆成就不可量不可稱
无有邊不可思議功德如是人等則為荷擔
如来阿耨多羅三藐三菩提何以故須菩提
若樂小法者著我見人見衆生見壽者見則
於此經不能聽受讀誦為人解說須菩提在
在處處若有此經一切世間天人阿修羅所
應供養當知此處則為是塔皆應恭敬作礼

BD14576號　金剛般若波羅蜜經　（14–7）

於此經不能聽受讀誦為人解說須菩提在
在處處若有此經一切世間天人阿修羅所
應供養當知此處則為是塔皆應恭敬作礼
圍遶以諸香華而散其處復次須菩提善
男子善女人受持讀誦此經若為人輕賤是
人先世罪業應墮惡道以今世人輕賤故先世
罪業則為消滅當得阿耨多羅三藐三菩提
須菩提我念過去无量阿僧祇劫於然燈佛
前得値八百四千万億那由他諸佛悉皆供養
承事无空過者若復有人於後末世能受
持讀誦此經所得功德於我所供養諸佛功
德百分不及一千万億分乃至筭數譬喻所
不能及須菩提若善男子善女人於後末世
有受持讀誦此經所得功德我若具說者或
有人聞心則狂亂狐疑不信須菩提當知是經
義不可思議果報亦不可思議
尒時須菩提白佛言世尊善男子善女人發
阿耨多羅三藐三菩提心云何應住云何降
伏其心佛告須菩提善男子善女人發阿耨
多羅三藐三菩提心者當生如是心我應滅
度一切衆生滅度一切衆生已而无有一衆生
實滅度者何以故若菩薩有我相人相衆
生相壽者相則非菩薩所以者何須菩提實
无有法發阿耨多羅三藐三菩提心者
須菩提於意云何如来於然燈佛所有法得
阿耨多羅三藐三菩提不不也世尊如我解

BD14576號　金剛般若波羅蜜經　（14–8）

生相壽者相則非菩薩所以者何須菩提實
无有法發阿耨多羅三藐三菩提心者
須菩提於意云何如來於然燈佛所有法得
阿耨多羅三藐三菩提不不也世尊如我解
佛所說義佛於然燈佛所无有法得阿耨多
羅三藐三菩提佛言如是如是須菩提實无
有法如來得阿耨多羅三藐三菩提須菩提
若有法如來得阿耨多羅三藐三菩提然燈
佛則不與我授記汝於來世當得作佛号釋
迦牟尼以實无有法得阿耨多羅三藐三菩
提是故然燈佛與我授記作是言汝於來世
當得作佛号釋迦牟尼何以故如來者即諸
法如義若有人言如來得阿耨多羅三藐三
菩提須菩提實无有法佛得阿耨多羅三
藐三菩提須菩提如來所得阿耨多羅三藐
三菩提於是中无實无虛是故如來說一切法
皆是佛法須菩提所言一切法即非一切法是
故名一切法須菩提譬如人身長大須菩提
言世尊如來說人身長大則為非大身是名
大身須菩提菩薩亦如是若作是言我當滅
度无量衆生則不名菩薩何以故須菩提无有
法名為菩薩是故佛說一切法无我无人无衆
生无壽者須菩提若菩薩作是言我當莊嚴
佛土者是不名菩薩何以故如來說莊嚴佛土
者即非莊嚴是名莊嚴須菩提若菩薩通
達无我法者如來說名真是菩薩

BD14576號　金剛般若波羅蜜經　（14–9）

佛土者是不名菩薩何以故如來說莊嚴佛土
者即非莊嚴是名莊嚴須菩提若菩薩通
達无我法者如來說名真是菩薩
須菩提於意云何如來有肉眼不如是世尊
如來有肉眼須菩提於意云何如來有天眼不
如是世尊如來有天眼須菩提於意云何如
來有慧眼不如是世尊如來有慧眼須菩
提於意云何如來有法眼不如是世尊如來
有法眼須菩提於意云何如來有佛眼不如
是世尊如來有佛眼須菩提於意云何恒河
中所有沙佛說是沙不如是世尊如來說是
沙須菩提於意云何如一恒河中所有沙有
如是等恒河是諸恒河所有沙數佛世界如
是寧為多不甚多世尊佛告須菩提尒所國
土中所有衆生若干種心如來悉知何以故如
來說諸心皆為非心是名為心所以者何須
菩提過去心不可得未來心不可得現在心
不可得
須菩提於意云何若有人滿三千大千世界
七寶以用布施是人以是因緣得福多不如是
世尊此人以是因緣得福甚多須菩提若福
德有實如來不說得福德多以福德无故
如來說福德多
須菩提於意云何佛可以具足色身見不不
也世尊如來不應以色身見何以故如來說
具足色身即非具足色身是名具足色身須
菩提於意云何如來可以具足諸相見不

BD14576號　金剛般若波羅蜜經　（14–10）

如来說得福德多
須菩提於意云何佛可以具足色身見不不
也世尊如来不應以色身見何以故如来說
具足色身即非具足色身是名具足色身須
菩提於意云何如来可以具足諸相見不不也世
尊如来不應以具足諸相見何以故如来說
諸相具足即非具足是名諸相具足
須菩提汝勿謂如来作是念我當有所說法
莫作是念何以故若人言如来有所說法即
為謗佛不能解我所說故須菩提說法者无
法可說是名說法須菩提白佛言世尊佛得
阿耨多羅三藐三菩提為所得耶如是如是
須菩提我於阿耨多羅三藐三菩提乃至
无有少法可得是名阿耨多羅三藐三菩提
復次須菩提是法平等无有高下是名阿耨
多羅三藐三菩提以无人无眾生无壽者
者修一切善法則得阿耨多羅三藐三菩提
須菩提所言善法者如来說非善法是名善
法須菩提若三千大千世界中所有諸須弥
山王如是等七寶聚有人持用布施若人以此
般若波羅蜜經乃至四句偈等受持為他人
說於前福德百分不及一百千万億分乃至
算數譬喻所不能及
須菩提於意云何汝等勿謂如来作是念我
當度眾生須菩提莫作是念何以故實无有
眾生如来度者若有眾生如来度者如来
則有我人眾生壽者須菩提如来說有我者則

BD14576號　金剛般若波羅蜜經　（14–11）

須菩提於意云何汝等勿謂如来作是念我
當度眾生須菩提莫作是念何以故實无有
眾生如来度者若有眾生如来度者如来
則有我人眾生壽者須菩提如来說有我者則
非有我而凡夫之人以為有我須菩提凡夫者
如来說則非凡夫
須菩提於意云何可以卅二相觀如来不須菩
提言如是如是以卅二相觀如来佛言須
菩提若以卅二相觀如来者轉輪聖王則是
如来須菩提白佛言世尊如我解佛所說義
不應以卅二相觀如来爾時世尊而說偈言
若以色見我　以音聲求我　是人行耶道　不能見如来
須菩提汝若作是念如来不以具足相故得阿
耨多羅三藐三菩提須菩提莫作是念如
来不以具足相得阿耨多羅三藐三菩提須
菩提汝若作是念發阿耨多羅三藐三菩
提者說諸法斷滅莫作是念何以故發阿耨多
羅三藐三菩提者於法不說斷滅相
須菩提若菩薩以滿恒河沙等世界七寶布
施若復有人知一切法无我得成於忍此菩
薩勝前菩薩所得功德須菩提以諸菩薩
不受福德故須菩提白佛言世尊云何菩薩不
受福德須菩提菩薩所作福德不應貪著
是故說不受福德
須菩提若有人言如来若来若去若坐若卧
是人不解我所說義何以故如来者无所從
来亦无所去故名如来

BD14576號　金剛般若波羅蜜經　（14–12）

受福德須菩提菩薩所作福德不應貪著
是故說不受福德
須菩提若有人言如來若來若去若坐若卧
是人不解我所說義何以故如來者无所從
來亦无所去故名如來
須菩提若善男子善女人以三千大千世界
碎為微塵於意云何是微塵衆寧為多不甚
多世尊何以故若是微塵衆實有者佛則
不說是微塵衆所以者何佛說微塵衆則非
微塵衆是名微塵衆世尊如來所說三千大
千世界則非世界是名世界何以故若世界有
實則是一合相如來一合相則非一合相是名
一合相須菩提一合相者則是不可說但凡夫
之人貪著其事須菩提若人言佛說我見
人見衆生見壽者見須菩提於意云何是人
解我所說義不世尊是人不解如來所說義
何以故世尊說我見人見衆生見壽者見即
非我見人見衆生見壽者見是名我見人見衆
生見壽者見須菩提發阿耨多羅三藐三菩
提心者於一切法應如是見如是見如是信解
不生法相須菩提所言法相者如來說即
非法相是名法相
須菩提若有人以滿无量阿僧祇世界七寶
持用布施若有善男子善女人發菩薩心者
持於此經乃至四句偈等受持讀誦為人演
說其福勝彼云何為人演說不取於相如如
不動何以故

BD14576號　金剛般若波羅蜜經　（14–13）

何以故世尊說我見人見衆生見壽者見即
非我見人見衆生見壽者見是名我見人見衆
生見壽者見須菩提發阿耨多羅三藐三菩
提心者於一切法應如是見如是見如是信解
不生法相須菩提所言法相者如來說即
非法相是名法相
須菩提若有人以滿无量阿僧祇世界七寶
持用布施若有善男子善女人發菩薩心者
持於此經乃至四句偈等受持讀誦為人演
說其福勝彼云何為人演說不取於相如如
不動何以故
一切有為法如夢幻泡影如露亦如電應作如是觀
佛說是經已長老須菩提及諸比丘比丘尼
優婆塞優婆夷一切世間天人阿脩羅聞佛
所說皆大歡喜信受奉行

金剛般若波羅蜜經

弟子押衙楊吳德為常患風疾
敬寫金剛般若波羅蜜經一卷願患消散

BD14576號　金剛般若波羅蜜經　（14–14）

等无二乃所右脅左塗栴檀於此二人心无
差別等視怨親心无異相此師真是世之良
醫若行若立若坐若卧常在三昧心无分散
告諸弟子作如是言若自作若教他作若自
斫若教他斫若自炙若教他炙若自害若教
他害若自偷若教他偷若自婬若教他婬若
自妄語若教他妄語若自飲酒若教他飲酒
若殺一村一城一國若以刀輪殺一切衆生
若恒河以南布施衆生恒河以北殺害衆生
悉无罪福无施戒定今者近在王舍城住願
王速往王若見者衆罪消除王言大臣審能
如是除滅我罪我當歸依復有大臣名曰吉
德復往王所作如是言王今何故面无光澤
如日中燈如晝時月如失國君如荒敗土大
王今者四方清夷无諸怨敵而今何故如是
愁苦爲身苦耶爲心苦乎有諸王子常生此
念我今何時當得自在大王今者已果所願

BD14577號　大般涅槃經（北本　異卷）卷一九　（10–1）

德復往王所作如是言王今何故面无光澤
如日中燈如晝時月如失國君如荒敗土大
王今者四方清夷无諸怨敵而今何故如是
愁苦爲身苦耶爲心苦乎有諸王子常生此
念我今何時當得自在大王今者已果所願
自在王領摩伽陁國先王寶藏具足而得唯
當快意縱情受樂如是愁苦何用疑懷王即
答言我今云何得不愁惱大臣譬如愚人但
貪其味不見利刀如食雜毒不見其過我亦
如是如鹿見草不見深穽如鼠貪食不見貓
狸我亦如是見現在樂不見未來不善苦果
曾從智者聞如是言寧於一日受三百鑽不
於父母生一念惡我今已近地獄熾火云何
當得不愁惱耶大臣復言誰來誑王言有地
獄如刺頭利誰之所造飛鳥色異復誰所作
水性潤漬石性堅鞕如風動性如火熱性一
切万物自死自生誰之所作言地獄者直是
智者文辞造作言地獄者爲有何義臣當說
之地者名地獄者名破破於地獄无有罪報
是名地獄又復地者名人獄者名天以害其
父故到人天以是義故婆藪仙人唱言殺羊
得人天樂是名地獄又復地者名命獄者名
長以殺生故得壽命長故名地獄大王是故
當知實无地獄大王如種麦得麦種稲得稲
殺地獄者還得地獄殺害於人應還得人大

BD14577號　大般涅槃經（北本　異卷）卷一九　（10–2）

得人天業是名地獄又復地者名命獄者名
長以致生故得壽命長故名地獄大王是故
當知實无地獄大王如種麦得麦種稲得稲
殺地獄者還得地獄殺害於人應還得人大
王今當聽臣所說實无殺害若有我者實亦
无害若无我者復无所害何以故若有我者
常不變易以常住故不可殺害不破不壞不
繋不縛不瞋不喜猶如虛空云何當有殺害
之罪若无我者諸法无常以无常故念念壞
滅念念滅故殺者死者皆念念滅若念念滅
誰當有罪大王如火燒木火則无罪如斧斫
樹斧亦无罪如鎌刈草鎌實无罪如刀殺人
刀實非人刀亦无罪人云何罪如毒殺人毒
實非人毒藥非罪人云何罪一切万物皆亦
如是實無殺害云何有罪唯願大王莫生愁
苦何以故
若常愁苦　愁遂增長　如人喜眠　眠則滋多
貪婬耆酒　亦復如是
如王所言世无良醫治惡業者今有大師名
迦羅鳩馱迦旃延一切知見明了三世於一
念頃能見无量无邊世界聞聲亦尒能令衆
生遠離過惡猶如恒河若内若外所有諸罪
皆悉清淨是大良師亦復如是能除衆生内
外衆罪為諸弟子說如是法若人殺害一切

BD14577號　大般涅槃經（北本　異卷）卷一九　（10–3）

迦羅鳩馱迦旃延一切知見明了三世於一
念頃能見无量无邊世界聞聲亦尒能令衆
生遠離過惡猶如恒河若内若外所有諸罪
皆悉清淨是大良師亦復如是能除衆生内
外衆罪為諸弟子說如是法若人殺害一切
衆生心无慙愧終不墮惡猶如虛空不受塵
水有慙愧者即入地獄猶如大水潤漬於地
一切衆生悉是自在天之所化自在天喜衆
生安樂自在天瞋衆生苦惱一切衆生若罪
若福乃是自在之所為作云何當言人有罪
福譬如工匠作機關木人行住坐卧唯不能
言衆生亦尒自在天者喻如工匠木人者喻
衆生身如是造化誰當有罪如是大師今者
近在王舍城住唯願速往如其見者衆罪消
滅王即荅言審有是人能除我罪我當歸依
復有一臣名无所畏往至王所說如是言大
王世有愚人一日之中百喜百憂百眠百悟
百驚百哭有智之人所无是事大王何故憂
愁如是如失伴客如陷深泥无救拔者如人
渴乏不得漿水猶如迷人无有導者如困病
人无醫救療如海船破无救接者大王今者
為身痛耶為心痛乎王即荅言我今身心豈
得不痛我近惡友不觀口過先王无辜横興
逆害我今定知當入地獄復无良醫而見救
濟臣即白言唯願大王莫生愁毒夫刹利者

BD14577號　大般涅槃經（北本　異卷）卷一九　（10–4）

為身痛耶為心痛乎王即答言我今身心豈
得不痛我近惡友不觀口過先王无辜横興
逆害我今定知當入地獄復无良醫而見救
濟臣即白言唯願大王莫生愁毒夫刹利者
名為王種若為國土若為沙門及婆羅門為
安人民雖復致害无有罪也先王雖復恭敬
沙門不能承事諸婆羅門心无平等无平等
故則非刹利大王今者為欲供養諸婆羅門
致害先王當有何罪大王實无致害夫致害
者致害壽命命名風氣風氣之性不可斫害
云何害命而當有罪唯願大王莫復愁苦何
以故
若常愁苦　愁遂增長　如人喜眠　眠則滋多
貪婬嗜酒　亦復如是
如王所言世无良醫而療治者今有大師名
尼乾陀若提子一切知見憐愍衆生善知衆
生諸根利鈍達解一切隨宜方便世間八法
所不能汙寂靜脩集清淨梵行為諸弟子說
如是言无施无善无父无母今世後世无阿
羅漢无脩无道一切衆生逕八万劫於生死
輪自然得脱有罪无罪悉亦如是如四大河
所謂辛頭恒河博叉私陀悉入大海无有差
别一切衆生亦復如是得解脱時悉无差別
是師今在王舍城住唯願大王速往其所若

羅漢无脩无道一切衆生逕八万劫於生死
輪自然得脱有罪无罪悉亦如是如四大河
所謂辛頭恒河博叉私陀悉入大海无有差
别一切衆生亦復如是得解脱時悉无差別
是師今在王舍城住唯願大王速往其所若
得見者衆罪消除王即答言審有是師能除
我罪我當歸依尒時大醫名曰耆婆往至王
所白言大王得安眠不王即以偈答言
若有能永斷　一切諸煩惱　不貪染三界　乃得安隱眠
若得大涅槃　演說甚深義　名真婆羅門　乃得安隱眠
身无諸惡業　口離於四過　心无有疑因　乃得安隱眠
身心无熱惱　安住寂靜處　獲得无上樂　乃得安隱眠
心无有取者　遠離諸怨讎　常和无諍訟　乃得安隱眠
若不造惡業　心常懷慙愧　信惡有果報　乃得安隱眠
恭養於父母　不害一生命　不盜他財物　乃得安隱眠
調伏於善根　親近善知識　破壞四魔衆　乃得安隱眠
不見吉不吉　及以苦樂等　為諸衆生故　輪轉於生死
若能如是者　乃得安隱眠
尒時大王答言耆婆如來世尊性已調柔故
得調柔以為眷屬如旃檀林純以旃檀而為
圍遶如來清淨所有眷屬亦復清淨猶如大
龍純以諸龍而為眷屬如來寂靜所有眷屬
亦復寂靜如來无貪所有眷屬亦復无貪佛
无煩惱所有眷屬亦无煩惱吾今既是極惡
之人惡業纏裹其身臭穢繫屬地獄云何當
得至如來所吾設往者恐不顧念接待言說

[illegible]
亦復寂靜如来无貪所有眷屬亦復无貪佛
无煩惱所有眷屬亦无煩惱吾今既是極悪
之人悪業纏裹其身臭穢繋屬地獄云何當
得至如来所吾設往者恐不顧念接叙言說
卿雖勸吾令往佛所然吾今日深自鄙悼都
无去心尒時虛空尋出聲言无上佛法將欲
衰殄甚深法河於是欲涸大法明燈將滅不
久法山欲頹法船欲沒法橋欲壞法殿欲崩
法幢欲倒法樹欲折善友欲去大怖將至法
饑衆生將至不久煩惱疾病將欲流行大闇
時至渴法時来魔王欣慶觧釋甲冑佛日將
沒大涅槃山大王佛若去世王之重悪更无
治者大王汝今已造阿鼻地獄極重之業以
是業緣必受不疑大王阿者言无鼻者名間
間无暫樂故言无間大王假使一人獨墮是
獄其身長大八万由旬遍滿其中間无空處
其身周迊受種種苦設有多人身亦遍滿不相妨
㝵大王寒地獄中暫遇熱風以之為樂熱地獄
中暫遇寒風亦名為樂諸地獄中設命終已
若聞諸聲即便還活阿鼻地獄都无此事大
王阿鼻地獄四方有門一一門外各有猛火
東西南北交過通徹八万由旬周迊鐵墻鐵
網彌覆其地亦鐵上火徹下下火徹上大
王若魚在鏊脂膏焦然是中罪人亦復如是
大王作一逆者則便具受如是一罪若造二

BD14577號　大般涅槃經（北本　異卷）卷一九　　（10–7）

王阿鼻地獄四方有門一一門外各有猛火
東西南北交過通徹八万由旬周迊鐵墻鐵
網彌覆其地亦鐵上火徹下下火徹上大
王若魚在鏊脂膏焦然是中罪人亦復如是
大王作一逆者則便具受如是一罪若造二
逆罪則二倍五逆具者罪亦五倍大王我今
定知王之悪業必不得免唯願大王速往佛
所除佛世尊餘无能救我今愍汝故相勸導
尒時大王聞是語已心懷怖懼舉身戰慄五體
挑動如芭蕉樹仰而荅曰汝為是誰不現色
像而但有聲大王吾是汝父頻婆娑羅汝今
當隨耆婆所說莫隨邪見六臣之言時王聞
已悶絕躃地身創增劇臭穢倍前雖以冷
藥塗而治之創烝毒熱但增无損尒時世尊
在雙樹間見阿闍世悶絕躃地即告大衆我
今當為是王住世至无量劫不入涅槃迦葉
菩薩白佛言世尊如来當為无量衆生不入
涅槃何故獨為阿闍世王佛言善男子是大
衆中无有一人謂我必定入於涅槃阿闍世
王定謂我當畢竟永滅是故悶絕自投於地
善男子如我所言為阿闍世王不入涅槃如
是密義汝未能解何以故我言為者一切凡
夫阿闍世者普及一切造五逆者又復為者
即是一切有為衆生我終不為无為衆生而
住於世何以故夫无為者非衆生也阿闍世
[illegible]者又復為者即是不見

BD14577號　大般涅槃經（北本　異卷）卷一九　　（10–8）

是密義汝未能解何以故我言

夫阿闍世者普及一切造五逆者又復爲者
即是一切有爲衆生我終不爲无爲衆生而
住於世何以故夫无爲者非衆生也阿闍世
者即是具足煩惱等者又復爲者即是不見
佛性衆生若見佛性我終不爲久住於世何
以故見佛性者非衆生耶阿闍世者即是一
切未發阿耨多羅三藐三菩提心者又復爲
者即是阿難迦葉二衆阿闍世者即是阿闍
世王後宮妃后及王舍城一切婦女又復爲
者名爲佛性言阿闍者名爲不生世者名怨
以不生佛性故則煩惱怨生煩惱怨生故不
見佛性以不生煩惱故則見佛性已見佛性
則得安住大般涅槃是名不生是故名爲
阿闍世善男子阿闍者名不生不生者名涅
槃世名世法爲者名不汚以世八法所不汚
故无量无邊阿僧祇劫不入涅槃是故我言
爲阿闍世无量億劫不入涅槃善男子如來
密語不可思議佛法衆僧亦不可思議菩薩
摩訶薩亦不可思議大涅槃經亦不可思
議

大般涅槃經卷第十九

BD14577號　大般涅槃經（北本　異卷）卷一九　（10–9）

槃世名世法爲者名不汚以世八法所不汚
故无量无邊阿僧祇劫不入涅槃是故我言
爲阿闍世无量億劫不入涅槃善男子如來
密語不可思議佛法衆僧亦不可思議菩薩
摩訶薩亦不可思議大涅槃經亦不可思
議

大般涅槃經卷第十九

BD14577號　大般涅槃經（北本　異卷）卷一九　（10–10）

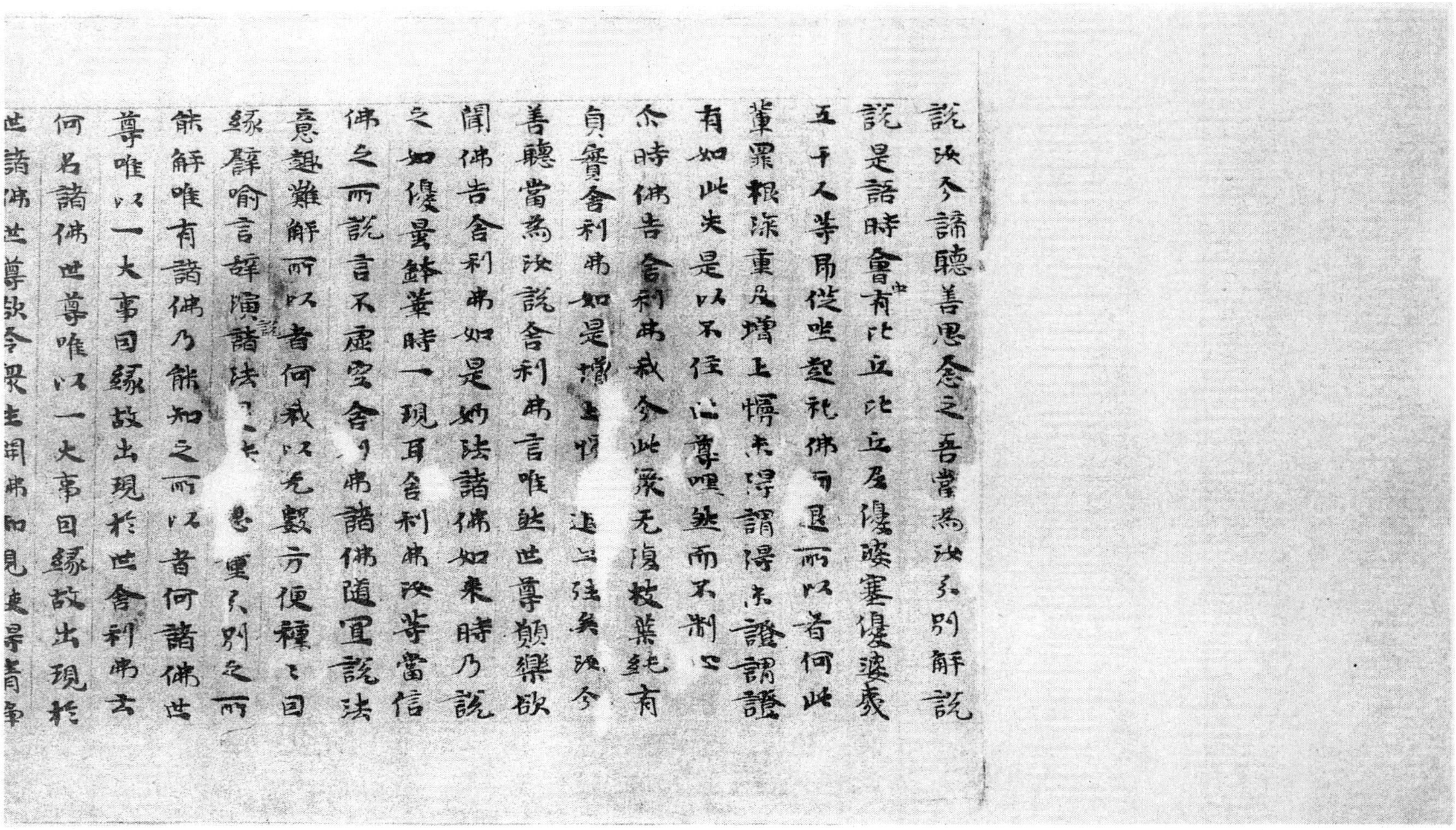
說汝今諦聽善思念之吾當為汝分別解說
說是語時會中有比丘比丘尼優婆塞優婆夷
五千人等即從座起禮佛而退所以者何此
輩罪根深重及增上慢未得謂得未證謂證
有如此失是以不住世尊默然而不制止
尒時佛告舍利弗我今此衆无復枝葉純有
貞實舍利弗如是增上慢人退亦佳矣汝今
善聽當為汝說舍利弗言唯然世尊願樂欲
聞佛告舍利弗如是妙法諸佛如來時乃說
之如優曇鉢華時一現耳舍利弗汝等當信
佛之所說言不虛妄舍利弗諸佛隨宜說法
意趣難解所以者何我以无數方便種種因
緣譬喻言辭演說諸法是法非思量分別之所
能解唯有諸佛乃能知之所以者何諸佛世
尊唯以一大事因緣故出現於世舍利弗云
何名諸佛世尊唯以一大事因緣故出現於
世諸佛世尊欲令衆生開佛知見使得清淨

BD14578 號　妙法蓮華經卷一　（10–1）

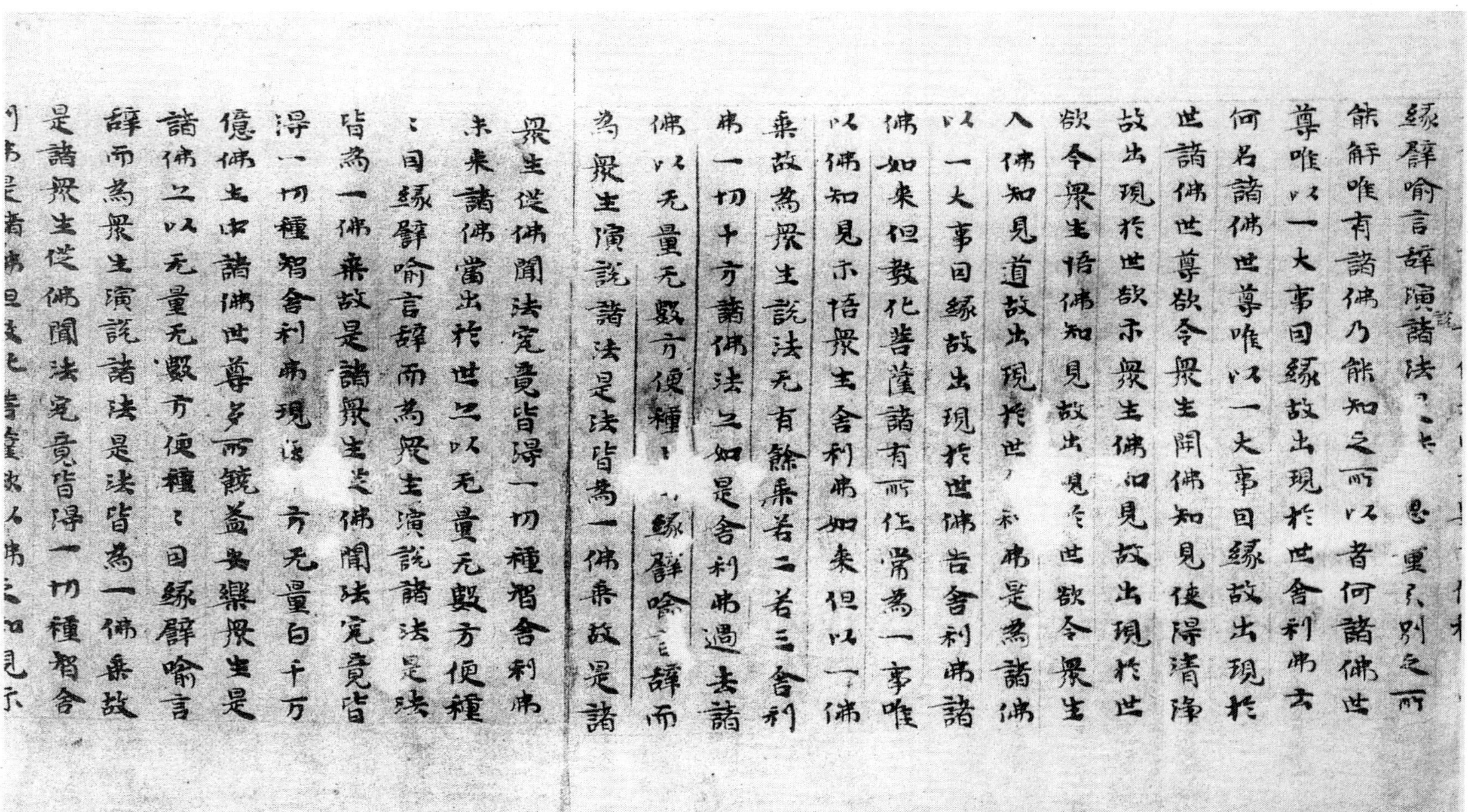
緣譬喻言辭演說諸法是法非思量分別之所
能解唯有諸佛乃能知之所以者何諸佛世
尊唯以一大事因緣故出現於世舍利弗云
何名諸佛世尊唯以一大事因緣故出現於
世諸佛世尊欲令衆生開佛知見使得清淨
故出現於世欲示衆生佛之知見故出現於世
欲令衆生悟佛知見故出現於世欲令衆生
入佛知見道故出現於世舍利弗是為諸佛
以一大事因緣故出現於世佛告舍利弗諸
佛如來但教化菩薩諸有所作常為一事唯
以佛之知見示悟衆生舍利弗如來但以一佛
乘故為衆生說法无有餘乘若二若三舍利
弗一切十方諸佛法亦如是舍利弗過去諸
佛以无量无數方便種種因緣譬喻言辭而
為衆生演說諸法是法皆為一佛乘故是諸
衆生從佛聞法究竟皆得一切種智舍利弗
未來諸佛當出於世亦以无量无數方便種
種因緣譬喻言辭而為衆生演說諸法是法
皆為一佛乘故是諸衆生從佛聞法究竟皆
得一切種智舍利弗現在十方无量百千万
億佛土中諸佛世尊多所饒益安樂衆生是
諸佛亦以无量无數方便種種因緣譬喻言
辭而為衆生演說諸法是法皆為一佛乘故
是諸衆生從佛聞法究竟皆得一切種智舍
利弗是諸佛但教化菩薩欲以佛之知見示

BD14578 號　妙法蓮華經卷一　（10–2）

億佛土中諸佛世尊多所饒益安樂衆生是
諸佛亦以无量无數方便種種因緣譬喻言
辭而為衆生演說諸法是法皆為一佛乘故
是諸衆生從佛聞法究竟皆得一切種智舍
利弗是諸佛但教化菩薩欲以佛之知見示
衆生故欲以佛之知見悟衆生故欲令衆生
入佛知見故舍利弗我今亦復如是知諸衆
生有種種欲深心所著隨其本性以種種因
緣譬喻言辭方便力而為說法舍利弗如此
皆為得一佛乘一切種智舍利弗十方世界
中尚无二乘何況有三舍利弗諸佛出於五
濁惡世所謂劫濁煩惱濁衆生濁見濁命濁
如是舍利弗劫濁亂時衆生垢重慳貪嫉妬
成就諸不善根故諸佛以方便力於一佛乘
分別說三舍利弗若我弟子自謂阿羅漢
辟支佛者不聞不知諸佛如來但教化菩薩
事此非佛弟子非阿羅漢非辟支佛又舍利
弗是諸比丘比丘尼自謂已得阿羅漢是最
後身究竟涅槃便不復志求阿耨多羅三藐
三菩提當知此輩皆是增上慢人所以者何
若有比丘實得阿羅漢若不信此法有是處
除佛滅度後現前无佛所以者何佛滅度後
如是等經受持讀誦解義者是人難得若遇
餘佛於此法中便得決了舍利弗汝等當一
心信解受持佛諸佛如來言无虛妄无有餘

BD14578號　妙法蓮華經卷一　（10-3）

如是等經受持讀誦解義者是人難得若遇
餘佛於此法中便得決了舍利弗汝等當一
心信解受持佛諸佛如來言无虛妄无有餘
乘唯一佛乘尒時世尊欲重宣此義而說偈
言

比丘比丘尼　有懷增上慢　優婆塞我慢　優婆夷不信
如是四衆等　其數有五千
不自見其過　於戒有缺漏　護惜其瑕疵　是小智已出
衆中之糟糠　佛威德故去　斯人尠福德　不堪受是法
此衆无枝葉　唯有諸貞實
舍利弗善聽　諸佛所得法　无量方便力　而為衆生說
衆生心所念　種種所行道　若干諸欲性　先世善惡業
佛悉知是已　以諸緣譬喻　言辭方便力　令一切歡喜
或說修多羅　伽陁及本事　本生未曾有　亦說於因緣
譬喻并祇夜　優波提舍經
鈍根樂小法　貪著於生死　於諸无量佛　不行深妙道
衆苦所惱亂　為是說涅槃
我設是方便　令得入佛慧　未曾說汝等　當得成佛道
所以未曾說　說時未至故　今正是其時　決定說實法
我此九部法　隨順衆生說　入大乘為本　以故說是經
有佛子心淨　柔軟亦利根　无量諸佛所　而行深妙道
為此諸佛子　說是大乘經
我記如是人　來世成佛道　以深心念佛　修持淨戒故
此等聞得佛　大喜充遍身　佛知彼心行　故為說大乘
聲聞若菩薩　聞我所說法　乃至於一偈　皆成佛无疑

BD14578號　妙法蓮華經卷一　（10-4）

為此諸佛子　說是大乘經
我記如是人　來世成佛道　以深心念佛　脩持淨戒故
此等聞得佛　大喜充遍身　佛知彼心行　故為說大乘
聲聞若菩薩　聞我所說法　乃至於一偈　皆成佛无疑
十方佛土中　唯有一乘法　无二亦无三　除佛方便說
但以假名字　引導於衆生
佛自住大乘　如其所得法　定慧力莊嚴　以此度衆生
自證无上道　大乘平等法　若以小乘化　乃至於一人
我則墮慳貪　此事為不可
若人信歸佛　如來不欺誑　亦无貪嫉意　斷諸法中惡
故佛於十方　而獨无所畏
我以相嚴身　光明照世間　无量衆所尊　為說實相印
舍利弗當知　我本立誓願　欲令一切衆　如我等无異
如我昔所願　今者已滿足　化一切衆生　皆令入佛道
若我遇衆生　盡教以佛道　无智者錯亂　迷惑不受教
我知此衆生　未曾脩善本　堅著於五欲　癡愛故生惱
以諸欲因緣　墜墮三惡道　輪迴六趣中　備受諸苦毒
受胎之微形　世世常增長　薄德少福人　衆苦所逼迫
入邪見稠林　若有若无等　依止此諸見　具足六十二
深著虛妄法　堅受不可捨　我慢自貢高　諂曲心不實
於千万億劫　不聞佛名字　亦不聞正法　如是人難度
是故舍利弗　我為設方便　說諸盡苦道　示之以涅槃
我雖說涅槃　是亦非真滅　諸法從本來　常自寂滅相
佛子行道已　來世得作佛
我有方便力　開示三乘法　一切諸世尊　皆說一乘道

BD14578號　妙法蓮華經卷一　（10–5）

是故舍利弗　我為設方便　說諸盡苦道　示之以涅槃
我雖說涅槃　是亦非真滅　諸法從本來　常自寂滅相
佛子行道已　來世得作佛
我有方便力　開示三乘法　一切諸世尊　皆說一乘道
今此諸大衆　皆應除疑惑　諸佛語无異　唯一无二乘
過去无數劫　无量滅度佛　百千万億種　其數不可量
如是諸世尊　種種緣譬喻　无數方便力　演說諸法相
是諸世尊等　皆說一乘法　化无量衆生　令入於佛道
又諸大聖主　知一切世間　天人群生類　深心之所欲
更以異方便　助顯第一義
若有衆生類　值諸過去佛　若聞法布施　或持戒忍辱
精進禪智等　種種脩福德　如是諸人等　皆已成佛道
諸佛滅度已　若人善軟心　如是諸衆生　皆已成佛道
諸佛滅度已　供養舍利者　起万億種塔　金銀及頗梨
車𤦲與馬瑙　玫瑰琉璃珠　清淨廣嚴飾　莊校於諸塔
或有起石廟　栴檀及沈水　木櫁并餘材　塼瓦泥土等
若於曠野中　積土成佛廟
乃至童子戲　聚沙為佛塔　如是諸人等　皆已成佛道
若人為佛故　建立諸形像　刻彫成衆相　皆已成佛道
或以七寶成　鍮石赤白銅　白鑞及鈆錫　鐵木及與泥
或以膠漆布　嚴飾作佛像　如是諸人等　皆已成佛道
綵畫作佛像　百福莊嚴相　自作若使人　皆已成佛道
乃至童子戲　若草木及筆　或以指爪甲　而畫作佛像
如是諸人等　漸漸積功德　具足大悲心　皆已成佛道
但化諸菩薩　度脫无量衆

BD14578號　妙法蓮華經卷一　（10–6）

或以膠漆布　嚴飾作佛像　如是諸人等　皆已成佛道
綵畫作佛像　百福莊嚴相　自作若使人　皆已成佛道
乃至童子戲　若草木及筆　或以指爪甲　而畫作佛像
如是諸人等　漸漸積功德　具足大悲心　皆已成佛道
但化諸菩薩　度脫无量衆
若人於塔廟　寶像及畫像　以華香幡蓋　敬心而供養
若使人作樂　擊鼓吹角貝　簫笛琴箜篌　琵琶鐃銅鈸
如是衆妙音　盡持以供養
或以歡喜心　歌唄頌佛德　乃至一小音　皆已成佛道
若人散亂心　乃至以一華　供養於畫像　漸見无數佛
或有人禮拜　或復但合掌　乃至舉一手　或復小低頭
以此供養像　漸見无量佛　自成无上道　廣度无數衆
入无餘涅槃　如薪盡火滅
若人散亂心　入於塔廟中　一稱南无佛　皆已成佛道
於諸過去佛　現在或滅後　若有聞是法　皆已成佛道
未來諸世尊　其數无有量　是諸如來等　亦方便說法
一切諸如來　以无量方便　度脫諸衆生　入佛无漏智
若有聞法者　无一不成佛
諸佛本誓願　我所行佛道　普欲令衆生　亦同得此道
未來世諸佛　雖說百千億　无數諸法門　其實為一乘
諸佛兩足尊　知法常无性　佛種從緣起　是故說一乘
是法住法位　世間相常住　於道場知已　導師方便說
天人所供養　現在十方佛　其數如恒沙　出現於世間
安隱衆生故　亦說如是法
知第一寂滅　以方便力故　雖示種種道　其實為佛乘

BD14578 號　妙法蓮華經卷一　（10–7）

天人所供養　現在十方佛　其數如恒沙　出現於世間
安隱衆生故　亦說如是法
知第一寂滅　以方便力故　雖示種種道　其實為佛乘
知衆生諸行　深心之所念　過去所集業　欲性精進力
及諸根利鈍　以種種因緣　譬喻亦言辭　隨應方便說
今我亦如是　安隱衆生故　以種種法門　宣示於佛道
我以智慧力　知衆生性欲　方便說諸法　皆令得歡喜
舍利弗當知　我以佛眼觀　見六道衆生　貧窮无福慧
入生死險道　相續苦不斷　深著於五欲　如犛牛愛尾
以貪愛自蔽　盲瞑无所見　不求大勢佛　及與斷苦法
深入諸邪見　以苦欲捨苦　為是衆生故　而起大悲心
我始坐道場　觀樹亦經行　於三七日中　思惟如是事
我所得智慧　微妙最第一　衆生諸根鈍　著樂癡所盲
如斯之等類　云何而可度
爾時諸梵王　及諸天帝釋　護世四天王　及大自在天
并餘諸天衆　眷屬百千万　恭敬合掌禮　請我轉法輪
我即自思惟　若但讚佛乘　衆生沒在苦　不能信是法
破法不信故　墜於三惡道　我寧不說法　疾入於涅槃
尋念過去佛　所行方便力　今我所得道　亦應說三乘
作是思惟時　十方佛皆現　梵音慰喻我　善哉釋迦文
第一之導師　得是无上法　隨諸一切佛　而用方便力
我等亦皆得　最妙第一法　為諸衆生類　分別說三乘
少智樂小法　不自信作佛　是故以方便　分別說諸果
雖復說三乘　但為教菩薩

BD14578 號　妙法蓮華經卷一　（10–8）

第一之導師 得是无上法 隨諸一切佛 而用方便力
我等亦皆得 最妙第一法 為諸衆生類 分別說三乘
少智樂小法 不自信作佛 是故以方便 分別說諸果
雖復說三乘 但為教菩薩
舍利弗當知 我聞聖師子 深淨微妙音 稱南无諸佛
復作如是念 我出濁惡世 如諸佛所說 我亦隨順行
思惟是事已 即趣波羅㮈 諸法寂滅相 不可以言宣
以方便力故 為五比丘說
是轉名法輪
是名轉法輪 便有涅槃音 及以阿羅漢 法僧差別名
從久遠劫來 讚示涅槃法 生死苦永盡 我常如是說
舍利弗當知 我見佛子等 志求佛道者 无量千万億
咸以恭敬心 皆來至佛所 曾從諸佛聞 方便所說法
我即作是念 如來所以出 為說佛慧故 今正是其時
舍利弗當知 鈍根小智人 著相憍慢者 不能信是法
今我喜无畏 於諸菩薩中 正直捨方便 但說无上道
菩薩聞是法 疑網皆已除 千二百羅漢 悉亦當作佛
如三世佛說 說法之儀式 我今亦如是 說无分別法
諸佛興出世 懸遠值遇難 正使出于世 說是法復難
无量无數劫 聞是法亦難 能聽是法者 斯人亦復難
譬如優曇華 一切皆愛樂 天人所希有 時時乃一出
聞法歡喜讚 乃至發一言 則為已供養 一切三世佛
是人甚希有 過於優曇華
汝等勿有疑 我為諸法王 普告諸大衆 但以一乘道
教化諸菩薩 无聲聞弟子

BD14578號　妙法蓮華經卷一　（10–9）

今我喜无畏 於諸菩薩中 正直捨方便 但說无上道
菩薩聞是法 疑網皆已除 千二百羅漢 悉亦當作佛
如三世佛說 說法之儀式 我今亦如是 說无分別法
諸佛興出世 懸遠值遇難 正使出于世 說是法復難
无量无數劫 聞是法亦難 能聽是法者 斯人亦復難
譬如優曇華 一切皆愛樂 天人所希有 時時乃一出
聞法歡喜讚 乃至發一言 則為已供養 一切三世佛
是人甚希有 過於優曇華
汝等勿有疑 我為諸法王 普告諸大衆 但以一乘道
教化諸菩薩 无聲聞弟子
汝等舍利弗 聲聞及菩薩 當知是妙法 諸佛之祕要
以五濁惡世 但樂著諸欲 如是等衆生 終不求佛道
當來世惡人 聞佛說一乘 迷惑不信受 破法墮惡道
有慚愧清淨 志求佛道者 當為如是等 廣讚一乘道
舍利弗當知 諸佛法如是 以万億方便 隨宜而說法
其不習學者 不能曉了此
汝等既已知 諸佛世之師 隨宜方便事 无復諸疑惑
心生大歡喜 自知當作佛

妙法蓮華經卷第一

BD14578號　妙法蓮華經卷一　（10–10）

七字佛言長者是兒生於猛
名樹提應名樹提尒時會中見我神
衆生發阿耨多羅三藐三菩提心
周遍六城不淂停足慚愧低頭復來
尸那城既至此已唱如是言諸人當知沙門
瞿曇是大幻師誑惑天下遍天大城譬如幻
師幻作四兵所謂車兵馬兵象兵步兵又復
幻作種種瓔珞城郭宮宅河池樹木沙門瞿
曇亦復如是幻作王身爲說法故或沙門身
婆羅門身男身女身小身大身或作畜生鬼
神之身或說无常或說有常或時說苦或復
說樂或說有我或說无我或說有淨或說无
淨或時說有或時說无所爲虛妄故名爲幻
譬如因子值子淂果瞿曇沙門亦復如是摩
耶所生母既是幻子不淂非沙門瞿曇无實
知見諸婆羅門逕年積歲脩集苦行護持禁
戒尚言未有真實知見何况瞿曇年少學淺
不脩苦行云何而有真實知見若能具滿七
年苦行見猶不多况所脩集不滿六年愚人

知見諸婆羅門逕年積歲脩集苦行護持禁
戒尚言未有真實知見何况瞿曇年少學淺
不脩苦行云何而有真實知見若能具滿七
年苦行見猶不多况所脩集不滿六年愚人
无智信受其教如大幻師誑惑愚者沙門瞿
曇亦復如是善男子如是六師於是城中大
爲衆生增長耶見善男子我見是事心生憐
愍以其神力請召十方諸大菩薩運集此林
周遍縱廣四十由延今於此中大師子吼善
男子雖於空處多有所說則不淂名師子吼
也於此智人大衆之中真淂名爲大師子吼
師子吼者說一切法悉无常苦无我不淨唯
說如來常樂我淨尒時六師復作是言若瞿
曇有我我亦有我所言我者見者名我瞿曇
譬如有人向中見物我亦如是向譬於眼見
者喻我佛告六師若言見者名我是義不然
何以故汝所引喻因向見者人在一向六根
俱用若定有我因眼見者何不如彼一根之
中俱伺諸塵若一根中不能一時聞見六塵
當知无我所引向喻雖逕百年見者因之所
見无異眼根若尒年邁根熟亦應无異人向
異故見內見外眼根若尒亦應內外一時俱
見若不見者云何有我六師復言瞿曇若无
我者誰能見耶佛言有色有眼有心有明是
四和合故名爲見是中實无見者受者衆生
顛倒言有見者及以受者以是義故一切衆
生所見顛倒諸佛菩薩所見真實六師若言

四和合故名為見是中實无見者受者衆生
顛倒言有見者及以受者以是義故一切衆
生所見顛倒諸佛菩薩所見真實六師若言
色是我者是亦不然何以故色實非我色若
是我不應而得醜陋形狠何故復有四姓差
別悉不一種婆羅門耶何故屬他不得自在
諸根缺漏生不具足何故不作諸天之身而
受地獄畜生餓鬼種種諸身若不能得隨意
作者當知必定无有我耶以无我故名為无
常无常故苦苦故為空空故顛倒以顛倒故
一切衆生輪轉生死受想行識亦復如是六
師如來世尊永斷色縛乃至識縛是故名為
常樂我淨復次色者即是因緣若因緣者則
名无我无我者名為苦空如來之身非是因
緣非因緣故則名有我有我者即是常樂我
淨六師言瞿曇色亦非我乃至識亦非我我
者遍一切處猶如虛空佛言若遍有者則不
應言我初不見若初不見則知是見本无今
有若本无今有是名无常若无常者云何言
遍若遍有者五道之中應具有身若有身者
應各受報若各受報云何而言轉受人天決
言遍者一耶多耶我若一者則无父子親怨
中人我若多者一切衆生所有五根悉應平
等所有業慧亦應如是若如是者云何說言
根有具足不具足者善業惡業愚智

二行下

等所有業慧亦應如是若如是者云何說言
根有具足不具足者善業惡業愚智差別瞿

二行下

等所有業慧亦應如是若如是者云何說言
根有具足不具足者善業惡業愚智
等所有業慧亦應如是若如是者云何說言
根有具足不具足者善業惡業愚智差別瞿
曇衆生我者无有遍滌法與非法則有分齊
衆生脩法則得好身若行非法則得惡身以
是義故衆生業果不得无差
佛言六師法與非法若如是者我則不遍我
若遍者則應悉到如其到者脩善之人亦應
有惡行惡之人亦應有善若不尒者云何言
遍瞿曇譬如一室燃百千燈各自明不相
妨礙衆生我者亦復如是脩善行惡不相雜
合善男子我如燈者是義不然何以故彼燈
之明從緣而有燈增長故明亦增長衆生我
者則不如是明從燈出住在異處衆生我者
不得如是從身而生住在異處彼燈光明與
闇共住何以故如闇室中然一燈時明則不
了乃至多燈乃得明了若初燈破闇則不須
後燈若須後燈當知初明與闇共住瞿曇若
无我者誰作善惡佛言若我作者云何名常
如其常者云何而得有時作善有時作惡若
言有時作善惡者云何復得言我无邊若我
作者何故而復習行惡法如其我是作者知
者何故生疑衆生无我以是義故外道經中
定无有我若言我者則是如來何以故身无
邊故疑罔斷故不作不受故名為常不生不
滅故名為樂无煩惱垢故名為淨无有十相

者何故生疑衆生无我以是義故外道經中
定无有我若言我者則是如來何以故身无
邊故疑网斷故不住不㝵故名為常不生不
滅故名為樂无煩惱垢故名為淨无有十相
故名為空是故如來常樂我淨空无諸相諸
外道言若言如來常樂我淨无相故空當知
瞿曇所說之法則非空也是故我今當頂戴
受持尒時外道其數无量於佛法中信心出
家善男子以是因緣故我於此娑羅雙樹大
師子吼師子吼者名大涅槃善男子東方雙
者破於无常獲得於常乃至北方雙者破於
不淨而得於淨善男子此中衆生為雙樹故
護娑羅林不令外人取其枝葉斫截破壞我
亦如是為四法故令諸弟子護持佛法何等
為四常樂我淨此四雙樹四王典掌我為四
王護持我法是故於中而般涅槃善男子娑
羅雙樹華菓常茂常能利益无量衆生我亦
如是常能利益聲聞緣覺華者喻我菓者喻
樂以是義故我於此間娑羅雙樹入大寂定
大寂定者名大涅槃師子吼言世尊如來何
故二月涅槃善男子二月名春春陽之月万
物生長種殖相栽華菓敷榮江河盈滿百獸
孚乳是時衆生多生常想為破衆生如是常
心說一切法悉是无常唯說如來常住不變
善男子於六時中孟冬枯悴衆不愛樂陽春
和液人所貪愛為破衆生世間樂故演說常
樂我淨亦尒如來為破世我世淨說故如來

心說一切法悉是无常唯說如來常住不變
善男子於六時中孟冬枯悴衆不愛樂陽春
和液人所貪愛為破衆生世間樂故演說常
樂我淨亦尒如來為破世我世淨說故如來
真實我淨言二月者喻於如來二種法身冬
不樂者智者不樂如來无常入於涅槃二月
樂者喻於智者愛樂如來常樂我淨種殖者
喻諸衆生聞法歡喜發阿耨多羅三藐三菩
提心種諸善根河者喻於十方諸大菩薩來
詣我所諮受如是大涅槃典百獸孚乳者喻
我弟子生諸善根華喻七覺菓喻四果以是
義故我於二月入大涅槃師子吼言如來初
生出家成道轉妙法輪皆以八日何故涅槃
獨十五日佛言善哉善哉善男子如十五日
月无虧盈諸佛如來亦復如是入大涅槃无
有虧盈以是義故以十五日入般涅槃善男
子如十五日月盛滿時有十一事何等十一
一能破闇二令衆生見道非道三令衆生見
道耶正四除欝烝得清涼樂五能破壞熒大
高心六息一切盜賊之想七除衆生畏惡獸
心八能開敷憂鉢羅華九合蓮華十發行人
進路之心十一令諸衆生樂受五欲多獲快
樂善男子如來滿月亦復如是一者破壞无
明大闇二者演說正道耶道三者開示生死
耶嶮涅槃平正四者令人遠離貪欲瞋恚癡
熱五者破壞外道光明六者破懷煩惱結賊
七者除滅畏五蓋心八者開敷衆生種善根

明大闇二者演說正道耶道三者開示生死
耶嶮涅槃平正四者令人遠離貪欲瞋恚癡
熱五者破壞外道无明六者破壞煩惱結賊
七者除滅衆五蓋心八者開敷衆生種善根
心九者覆蓋衆生五欲之心十者起義衆生
進脩趣向大涅槃行十一者令諸衆生樂脩
解脫以是義故於十五日入大涅槃而我真
實不入涅槃我弟子中愚癡惡人定謂如來
入於涅槃譬如母人多有諸子其母捨行至
他國未還之頃諸子咸言我母已死而是
母人實不死也師子吼菩薩言世尊何等比
丘能莊嚴此娑羅雙樹善男子若有比丘受
持讀誦十二部經正其文句通達深義爲人
解說初中後善爲欲利益无量衆生演說梵
行如是比丘則能莊嚴娑羅雙樹師子吼菩
薩言世尊如我解佛所說義者阿難比丘即
其人也何以故阿難比丘受持讀誦十二部
經爲人開說正語正義猶如寫水置之異器
阿難比丘亦復如是從佛所聞如聞轉說善
男子若有比丘得淨天眼見於十方三千大
千世界所有如觀掌中菴摩勒菓如是比丘
亦能莊嚴娑羅雙樹師子吼言世尊若如是
者阿尼樓䭾比丘即其人也何以故阿尼樓
䭾天眼見於三千大千世界所有乃至中陰
悉能明了无鄣㝵故善男子若有比丘少欲
知足心樂寂靜懃行精進念定慧解如是比
丘則能莊嚴娑羅雙樹師子吼言世尊若如

BD14579號　大般涅槃經（北本）卷三〇　（9–7）

䭾天眼見於三千大千世界所有乃至中陰
悉能明了无鄣㝵故善男子若有比丘少欲
知足心樂寂靜懃行精進念定慧解如是比
丘則能莊嚴娑羅雙樹師子吼言世尊若如
是者迦葉比丘是其人也何以故迦葉比丘
善脩少欲知足等法善男子若有比丘爲益
衆生不爲利養脩集通達无諍三昧聖行空
行如是比丘則能莊嚴娑羅雙樹師子吼言
世尊若如是者須菩提比丘即其人也何以
故須菩提者善脩无諍聖行空行故善男子
若有比丘善脩神通一念之中能作種種神
通變化一心一定能作二果所謂水火如是
比丘則能莊嚴娑羅雙樹師子吼言世尊若
如是者目連比丘即其人也何以故目揵連
者善脩神通无量變化故善男子若有比丘
脩集大智利智疾智解脫智甚深智廣智无邊
智无勝智實智具足成就如是慧根於怨親
中心无差別若聞如來涅槃无常心不憂慼
若聞常住不入涅槃不生欣慶如是比丘則
能莊嚴娑羅雙樹師子吼言世尊若如是者
舍利弗比丘即其人也何以故舍利弗者善
能成就具足如是大智慧故善男子若有比
丘能說衆生悉有佛性得金剛身无有邊際
常樂我淨身心无㝵得八自在如是比丘則
能莊嚴娑羅雙樹師子吼言世尊若如是者
唯有如來即其人也何以故如來之身金剛
无邊常樂我淨身心无㝵具八自在故世尊
唯有如來乃能莊嚴娑羅雙樹如

BD14579號　大般涅槃經（北本）卷三〇　（9–8）

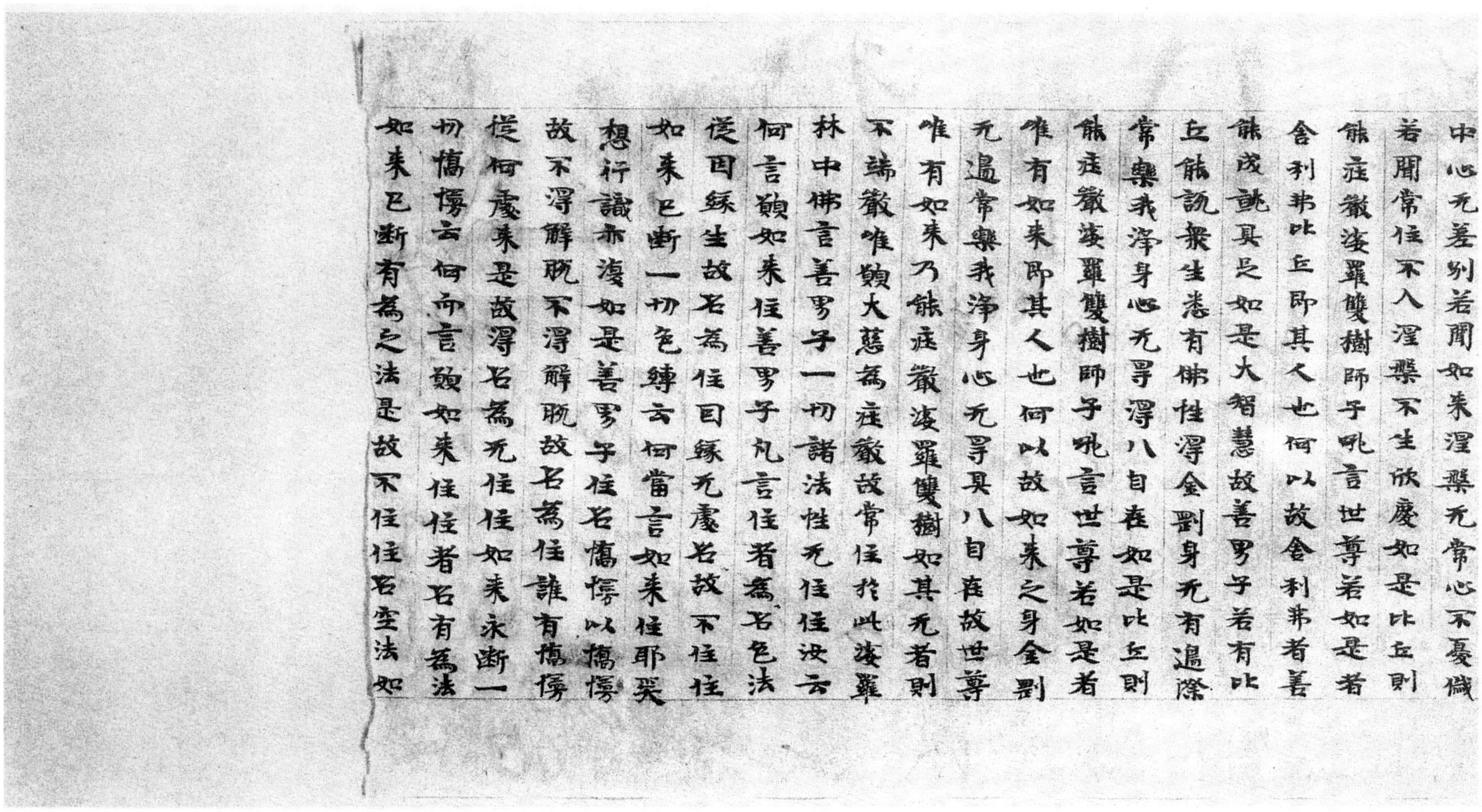

中心无差別若聞如來涅槃无常心不憂戚
若聞常住不入涅槃不生欣慶如是比丘則
能莊嚴娑羅雙樹師子吼言世尊若如是者
舍利弗比丘即其人也何以故舍利弗者善
能成就具足如是大智慧故善男子若有比
丘能說衆生悉有佛性得金剛身无有邊際
常樂我淨身心无㝵得八自在如是比丘則
能莊嚴娑羅雙樹師子吼言世尊若如是者
唯有如來即其人也何以故如來之身金剛
无邊常樂我淨身心无㝵具八自在故世尊
唯有如來乃能莊嚴娑羅雙樹如其无者則
不端嚴唯願大慈為莊嚴故常住於此娑羅
林中佛言善男子一切諸法性无住住汝云
何言願如來住善男子凡言住者名為色法
從因緣生故名為住因緣无處名故不住住
如來已斷一切色縛云何當言如來住耶受
想行識亦復如是善男子住名憍慢以憍慢
故不得解脫不得解脫故名為住誰有憍慢
從何處來是故得名為无住住如來永斷一
切憍慢云何而言願如來住住者名有為法
如來已斷有為之法是故不住住名空法如

BD14579 號　大般涅槃經（北本）卷三〇　（9–9）

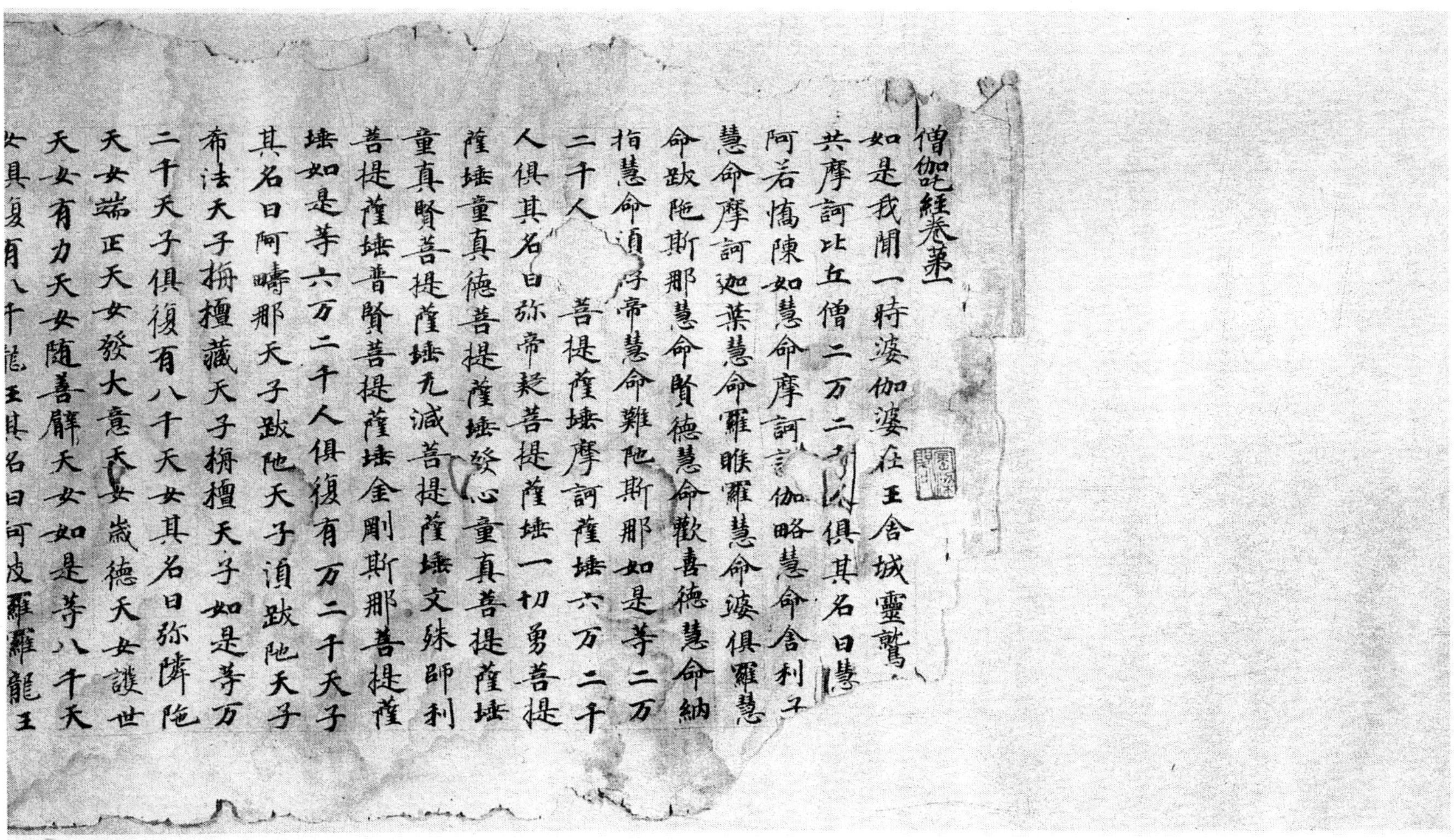

僧伽吒經卷第一
如是我聞一時婆伽婆在王舍城靈鷲
共摩訶比丘僧二万二千人俱其名曰慧
阿若憍陳如慧命摩訶[illegible]伽略慧命舍利子
慧命摩訶迦葉慧命羅睺羅慧命婆俱羅慧
命跋陁斯那慧命賢德慧命歡喜德慧命納
指慧命須[illegible]帝慧命難陁斯那如是等二万
二千人　菩提薩埵摩訶薩埵六万二千
人俱其名曰弥帝隸菩提薩埵一切勇菩提
薩埵童真菩提薩埵發心童真菩提薩埵
童真賢菩提薩埵无滅菩提薩埵文殊師利
菩提薩埵普賢菩提薩埵金剛斯那菩提薩
埵如是等六万二千人俱復有万二千天子
其名曰阿疇那天子跋陁天子須跋陁天子
希法天子栴檀藏天子栴檀天子如是等万
二千天子俱復有八千天女其名曰弥隣陁
天女端正天女發大意天女歲德天女護世
天女有力天女隨善辟天女如是等八千天
女俱復有八千龍王其名曰阿波羅羅龍王

BD14580 號　僧伽吒經卷一　（18–1）

其名曰阿𨅖那天子跋陁天子須跋陁天子
布法天子栴檀藏天子栴檀天子如是等万
二千天子俱復有八千天女其名曰弥隣陁
天女端正天女發大意天女歲德天女護世
天女有力天女隨善辟天女如是等八千天
女俱復有八千龍王其名曰阿波羅羅龍王
伊羅鉢龍王堤弥羅龍王君婆羅龍王君婆
尸利沙龍王須難陁龍王須賒佉龍王伽婆
尸利沙龍王如是等八千龍王俱皆向靈鷲
山詣世尊所頭面礼足右遶佛三匝却住一
面
尒時一切勇菩提薩埵摩訶薩埵從座而起
偏袒右肩合掌向佛白佛言世尊唯願世尊
演說正法利益衆生世尊无量億天衆无量
億綵女无量億菩提薩埵无量億聲聞皆悉
已集欲聞正法世尊如是大衆皆欲聞法唯
願如來應供等正覺爲說妙法令長夜安隱
斷諸業鄣尒時世尊讚一切勇菩提薩埵善
哉善哉一切勇能爲大衆請問如來如是之
事汝今諦聽善思念之當爲汝說唯然世尊
願樂欲聞尒時世尊告一切勇大菩提薩埵
有法門名僧伽吒若此法門在閻浮提有人
聞者悉能除滅五逆罪業於阿耨多羅三藐
三菩提得不退轉一切勇於汝意云何若人
聞此法門福德之聚過於一佛福德之聚一
切勇白佛言云何世尊佛告一切勇如恒河
沙等諸佛如來所有福德若人聞此法門所

BD14580 號　僧伽吒經卷一　（18–2）

三菩提得不退轉一切勇於汝意云何若人
聞此法門福德之聚過於一佛福德之聚一
切勇白佛言云何世尊佛告一切勇如恒河
沙等諸佛如來所有福德若人聞此法門所
得福德亦復如是一切勇若人得聞如是法
門於阿耨多羅三藐三菩提一切不退轉見
一切佛一切得阿耨多羅三藐三菩提悉魔
不惱一切善法皆得成就一切勇聞此法者
能知生滅尒時一切大衆從坐而起偏袒右
肩右膝着地合掌向佛白佛言世尊一佛福
德有幾量也佛言善男子諦聽一佛功德辟
如大海水渧如閻浮提大地微塵如恒河沙
等衆生悉住十地菩薩如是一切十地菩薩
所有福德不如一佛福德之聚一切勇若人
聞此法門福多於此筭數辟喻所不能及尒
時一切大衆聞是說已踊躍歡喜多增福德
時一切勇菩提薩埵白佛言世尊何等衆生
渴樂正法尒時世尊告一切勇菩提薩埵摩
訶薩埵一切勇有二衆生渴仰於法何等爲
二一者於一切衆生其心平等二者聞法
已等爲衆說心无悕望一切勇菩提薩埵白
佛言世尊聞何等法得近菩提一切勇渴仰
聞法得近菩提常信樂德受大乘法者得近
菩提尒時人天諸龍綵女從坐而起白佛言
世尊我等渴法願佛世尊滿我所願尒時世
尊即便微咲種種色光從口中出遍照十方
上至梵世還從頂入尒時一切勇菩提薩埵

BD14580 號　僧伽吒經卷一　（18–3）

聞法得近菩提常信樂德受大乘法者得近
菩提尒時人天諸龍緣女從坐而起白佛言
世尊我等渴法願佛世尊滿我所願尒時世
尊即便微咲種種色光從口中出遍照十方
上至梵世還從頂入尒時一切勇菩提薩埵
從坐而起偏袒右肩右膝著地白佛言世尊
以何因緣如来現此希有之相尒時世尊告
一切勇菩提薩埵於此會中一切衆生當得
阿耨多羅三狼三菩提成就一切如来境界
是故佛咲一切勇菩提薩埵白佛言世尊何
因緣故此會衆生得阿耨多羅三狼三菩提
佛言善哉善哉一切勇能問如来如是之義
一切勇以願勝故一切勇乃往過去无數阿
僧祇劫有佛世尊号曰寶德如来應供正遍
知明行足善逝世間解无上士調御丈夫天
人師佛世尊一切勇尒時我作摩納之子此
會衆生往佛智慧者往昔之時悉在鹿中我
時發願如是諸鹿我皆令住佛智慧中時鹿
聞已尋皆發言願行如是一切勇此會大衆
因彼善根當得阿耨多羅三藐三菩提尒時
一切勇菩提薩埵摩訶薩埵白佛言世尊若
有衆生聞此法者壽命幾劫佛言其人壽命
滿八十劫一切勇菩提薩埵白佛言世尊劫
以何量佛言善男子辟如大城縱廣十二由
旬高三由旬盛滿胡麻有長壽人過百歲已
取一而去如是城中胡麻悉盡劫猶不盡一
切勇又如大山縱廣二十五由旬高十二由
旬有長壽人過一百歲以輕繒帛一往拂之

BD14580 號　僧伽吒經卷一　（18–4）

以何量佛言善男子辟如大城縱廣十二由
旬高三由旬盛滿胡麻有長壽人過百歲已
取一而去如是城中胡麻悉盡劫猶不盡一
切勇又如大山縱廣二十五由旬高十二由
旬有長壽人過一百歲以輕繒帛一往拂之
如是山盡劫猶不盡是名劫量時一切勇菩
提薩埵摩訶薩埵白佛言世尊一發誓願尚
得如是福德之聚壽八十劫何況於佛法中
廣脩諸行善男子若有聞此法門者所得壽
命滿八十劫何況書寫讀誦之者一切勇若
有人以淨信心讀誦此法門福多於前九十
五劫自識宿命六万劫中為轉輪王於現在
世人所敬重刀不能害毒不能傷妖蠱不中
臨命終時得見九十五億諸佛安慰之言汝
莫怖畏汝在世時聞僧伽吒法門九十五億
佛各將其人至其世界一切勇況復有人得
具足聞如是法門尒時一切勇菩提薩埵白
佛言世尊我當聽受如是法門得何福德佛
告一切勇如恒河沙諸佛如来所有福德聞
是經者所得福德亦復如是時一切勇菩提
薩埵白佛言世尊我聽此法心无疲猒佛言
一切勇善哉善哉汝能如是聞法无猒我亦
如是聞法无猒況復凡夫心生猒想一切勇
若有善男子聞此法門生信心者於千劫中
不墮惡道五千劫中不墮畜生万二千劫不
墮愚癡万八千劫不生邊地二万劫中生處
端正二万五千劫常得出家五万劫中作正
法王六万五千劫脩行念死一切勇彼善男

BD14580 號　僧伽吒經卷一　（18–5）

不隨惡道五千劫中不隨畜生万二千劫不
隨愚癡万八千劫不生邊地二万劫中生處
端正二万五千劫常得出家五万劫中作正
法王六万五千劫脩行念死一切勇彼善男
子善女人无少不善惡魔不得其便不入母
胎一切勇聞此法門者生生之處九十五阿
僧祇劫不墮惡道於八万劫常得聞持十万
劫離於殺生九万九千劫離於妄語一万三
千劫離於兩舌一切勇如是法門難值難聞
尒時一切勇菩提薩埵摩訶薩埵從坐而起
偏袒右肩右膝著地合掌白佛言世尊謗此
法者其罪多少佛告一切勇其罪甚多時一
切勇菩提薩埵白佛言世尊得幾數罪佛告
一切勇莫問此事善男子若有於十二恒河
沙諸佛如來起於惡心若有謗者罪多於彼
一切勇若於大乘起惱心者如彼衆生被燒
燋然一切勇菩提薩埵白佛言世尊如是衆
生云何可救佛告一切勇辟如有人刀斷其
頭使醫治之塗以石蜜蘇油諸藥以用塗之
一切勇於汝意云何如是衆生還可活不一
切勇白佛不也世尊一切勇又如有人刀害
不斷若得良醫治之則差彼人差已知其大
苦我今知已更不復作惡不善業一切勇若
善男子念布施時亦復如是離一切惡集諸
善法諸善具足辟如死尸父母憂愁啼泣不
能救護凡夫之人亦復如是是不能自利不
能利他无依父母如是如是一切勇彼諸衆

BD14580號　僧伽吒經卷一　（18–6）

善男子念布施時亦復如是離一切惡集諸
善法諸善具足辟如死尸父母憂愁啼泣不
能救護凡夫之人亦復如是是不能自利不
能利他无依父母如是如是一切勇彼諸衆
生臨死之時无所依一切勇无依衆生有二
種何等為二一者作不善業二者誹謗正法
如是二人臨死之時无依止處時一切勇菩
提薩埵白佛言世尊彼謗法者生何道中佛
告一切勇謗法之人入大地獄在大叫喚地
獄一劫受苦衆合地獄一劫受苦燒然地獄
一劫受苦大燒然地獄一劫受苦黑繩地獄
一劫受苦阿鼻地獄一劫受苦毛竪地獄一
劫受苦睺睺地獄一劫受苦一切勇謗法衆
生於此八大地獄滿足八劫受大苦惱尒時
一切勇菩提薩埵摩訶薩埵白佛言世尊大
苦大苦我不能聞尒時世尊而說頌曰
何故不能聞　此語甚可怖　地獄為大苦　衆生受苦痛
若造善業者　則有樂果報　若造不善業　則受於苦報
生則有死苦　憂悲苦所縛　凡夫常受苦　无有少樂時
智慧人為樂　能憶念諸佛　信清淨大乘　不墮於惡道
如是一切勇　本業得果報　作業時雖少　得无邊果報
種子時雖少　得无量果實　殖種佛福田　能生果實處
智者得安樂　樂於諸佛法　遠離於惡法　脩行諸善法
若以一豪物　用布施諸佛　八十千劫中　巨富具財寶
隨所受生處　常念行布施　如是一切勇　施佛得福深
尒時一切勇菩提薩埵摩訶薩埵白佛言
世尊云何脩佛智慧云何聞此法門增長善

BD14580號　僧伽吒經卷一　（18–7）

智者得安樂　樂於諸佛法　逮[illegible]於是法　[illegible]於諸善法
若以一豪物　用布施諸佛　八十千劫中　臣富具財寶
隨所受生處　常念行布施　如是一切勇　施佛得福深
尒時一切勇菩提薩埵摩訶薩埵白佛陁言
世尊云何脩佛智慧云何聞此法門增長善
根佛告一切勇菩提薩埵若有人供養六十
二億恒河沙諸佛施諸樂具若復聞此法門
者所得福德與前正等一切勇菩提薩埵白
佛言世尊云何善根滿足尒時世尊告一切
勇菩提薩埵摩訶薩言功德如佛者
當知滿足一切勇白佛言世尊何人功德與
如来等佛告一切勇菩提薩埵善男子法師
善根與如来等一切勇菩提薩埵言世尊何
等是法師佛告一切勇菩提薩埵流通此法
門者名為法師一切勇菩提薩埵白佛言世
尊聞此法門得何等福書寫讀誦此法門者
得幾所福佛告一切勇菩提薩埵言善男子
於十方面一一方各十二恒河沙諸佛如来
一一如来住世說法滿十二劫若有善男子
說此法門功德與上諸如来等若有善男子
書寫此經四十八恒河沙諸佛如来說其功
德不能令盡況復書寫讀誦受持時一切勇
菩提薩埵問佛言世尊若讀誦者得幾所福
尒時世尊說頌荅曰
讀誦四句偈　得此最勝福　如八十四恒　諸佛所說法
讀誦此法門　得如是福德　如是諸功德　言說不能盡
十八億諸佛　住世滿一劫　十方一切佛　常讚大乘法
善說此法門　而无有窮盡　諸佛難值遇　此法亦如是

BD14580號　僧伽吒經卷一　（18–8）

尒時世尊說頌荅曰
讀誦四句偈　得此最勝福　如八十四恒　諸佛所說法
讀誦此法門　得如是福德　如是諸功德　言說不能盡
十八億諸佛　住世滿一劫　十方一切佛　常讚大乘法
善說此法門　而无有窮盡　諸佛難值遇　此法亦如是
尒時八十四億天子至於佛所合掌頂礼白
佛言善哉世尊如是法藏顛住閻浮提尒時
復有十八千億尼揵子来詣佛所白佛言勝
也沙門瞿曇佛告尼揵如来常勝汝等住顛
倒云何見汝等勝汝无勝也汝等善聽今為
利益汝等為汝等說
凡夫无慧樂　何處得有勝　不知於正道　云何得有勝
我示衆生道　以甚深佛眼
尒時尼揵子於世尊所心生瞋恚尒時帝釋
提金剛杵以手摩之用擬尼揵時十八千億
諸尼揵子惶怖苦惱悲泣啼哭如来隱形令
其不見尒時諸尼揵子見如来悲泣頌曰
父母及兄弟　无能救濟者　見曠野大澤　空无人行路
彼處不見水　亦不見樹陰　亦不見人衆　无伴獨受苦
彼受諸苦惱　由不見如来
時諸尼揵從坐而起右膝著地出大聲言如
来哀愍顧見救濟我等歸依佛尒時世尊即
時微咲告一切勇菩提薩埵摩訶薩埵言善
男子汝往外道尼揵子所為其說法尒時一
切勇菩提薩埵摩訶薩埵白佛言世尊譬如
須弥山王小山无能出者如是世尊於如来
前我不能說尒時世尊告一切勇菩提薩埵
摩訶薩埵善男子莫作是說如来有多方便

BD14580號　僧伽吒經卷一　（18–9）

男子汝往外道尼揵子所為其說法尒時一
切勇菩提薩埵摩訶薩埵白佛言世尊辟如
須弥山王小山无能出者如是世尊於如来
前我不能說尒時世尊告一切勇菩提薩埵
摩訶薩埵善男子莫作是說如来有多方便
一切勇汝往觀十方一切世界如来在何處
住於何處所數如来坐一切勇於尼揵所我
亦當自說法一切勇白佛言世尊乘何神力
為以自神力去以佛神力去也佛告一切勇
汝以自神力去還時以佛神力而来尒時一
切勇菩提薩埵摩訶薩埵從坐而起偏袒右
肩為佛作礼即没不現尒時世尊為尼揵說
生苦生惱人生多怖生有病苦病有老苦老
有死苦復有王難賊難水難火難毒難自作
業難時諸外道心懷恐怖白佛言世尊我等
於今更不忍生尒時世尊說此法時十八千
億諸外道等得離塵垢阿耨多羅三藐三菩
提自身十八千億住於十地大菩提薩埵現
菩提薩埵種種神力或作烏形馬形師子虎
形金翅鳥形或作須弥山形或作老形或作
獼猴或作華臺結跏趺坐十千億菩提薩埵
在其南面作九十億菩提薩埵在其北面皆
作如是神通變化如来常在三昧以方便力
故為衆生說法尒時如来知一切勇菩提薩
埵自用神力去已七日至華上世界時一切
勇菩提薩埵以佛神力屈申臂頃来至佛所
到已右遶三迊發清淨心合掌礼佛白佛言
世尊我以一神力至十方諸佛世界見九十

BD14580號　僧伽吒經卷一　（18–10）

埵自用神力去已七日至華上世界時一切
勇菩提薩埵以佛神力屈申臂頃来至佛所
到已右遶三迊發清淨心合掌礼佛白佛言
世尊我以一神力至十方諸佛世界見九十
九千億諸佛世界第二神力見百千億諸佛
世界至第七日到華上世界亦至不動如来
世界世尊我至彼國見九十二千億諸佛說
法又見八十億千世界八十億千諸佛即日
成阿耨多羅三藐三菩提我悉供養復過而
去世尊我即日至三十九億百千佛國見三
十九億百千菩提薩埵出家得阿耨多羅三
藐三菩提世尊我悉恭敬礼拜右遶三帀復
過而去世尊又於六十億世界見六十億佛
我悉供養恭敬礼拜而去世尊我見百億世
界百億如来入般涅槃我亦供養恭敬礼拜
復過而去世尊我見六十五億世界諸佛正
法滅盡我心燋惱而懷悲泣見天龍夜叉憂
惱啼哭如箭入心世尊彼佛世界劫火所燒
大海須弥悉皆燒盡无有遺餘我亦供養復
過而去乃到華上世界世尊我到彼世界見
數百千億坐世尊見彼南面數百千億坐東
西北方及以上下各數百千億高坐世尊彼
一一坐七寶成就一一坐上有一如来結跏
趺坐為衆說法世尊我既見已生希有心問
彼世尊此世界者名為何等彼佛如来即告
我言此世界者名曰華上世尊我礼彼佛問
其佛言如来世尊名号何等彼佛荅我号蓮

BD14580號　僧伽吒經卷一　（18–11）

一一坐七寶成就一一坐上有一如來結跏
趺坐為衆說法世尊我既見已生希有心問
彼世尊此世界者名為何等彼佛如來即告
我言此世界者名曰華上世尊我礼彼佛問
其佛言如來世尊名号何等彼佛荅我号蓮
華藏於此世界常作佛事我復問言此世界
中无量如來何者是蓮華藏如來之身彼世
尊曰我當示汝蓮華藏佛尒時諸佛悉隱不
現唯見一佛其餘坐上悉是菩薩我時礼佛
時有一坐從地踊出我於此坐結跏趺坐時
我坐已有无量坐忽然而出空无人坐我問
彼佛此坐何故空无人坐時佛世尊而告我
言善男子不種善根衆生不得在於此會之
中世尊我時問彼如來言世尊作何善根得
在此會時佛告言諦聽善男子得聞僧伽吒
法門者以是善根得在此會何況書寫讀誦
一切勇汝聞僧伽吒法門故得在此會无善
根人則不能得見此佛國尒時一切勇菩提
薩埵摩訶薩埵白彼佛言世尊得聞此法門
者得何福德尒時蓮華藏如來即便微咲世
尊我時作礼問彼佛言佛何故咲現希有相
時蓮華藏如來告一切勇善男子一切勇菩
提薩埵得大勢力辟如轉輪聖王主四天下
於四天下種滿胡麻善男子如彼胡麻其數
多不一切勇菩提薩埵白世尊言甚多世尊
甚多善逝佛告一切勇有人聚彼胡麻以作
一聚一切勇有人能數知其數不一切勇菩
提薩埵白彼世尊不可數也善逝世尊時蓮

BD14580號　僧伽吒經卷一　（18–12）

於四天下種滿胡麻善男子如彼胡麻其數
多不一切勇菩提薩埵白世尊言甚多世尊
甚多善逝佛告一切勇有人聚彼胡麻以作
一聚一切勇有人能數知其數不一切勇菩
提薩埵白彼世尊不可數也善逝世尊時蓮
華藏如來告一切勇菩提薩埵善男子若胡
麻等數諸佛如來說聞經功德不能令盡何
況書寫讀誦一切勇菩提薩埵白佛言世尊
書寫得何等福佛告一切勇善男子辟如三
千大千世界一切沙塵樹葉草木以如此等
數轉輪王如是輪王寧可數不一切勇菩提
薩埵白佛言世尊不可數也善逝世尊佛告
一切勇善男子聽此法者如是一切諸轉輪
王所有福德不及此福於此法門書一字者
功德勝彼一切輪王所有福德如是善男子
此法門者攝於一切大乘正法不得以輪王
福德為喻如是一切勇此法門功德非辟喻
說如此法門能示法藏滅諸煩惱然大法炬
降諸惡魔照明一切菩提薩埵之舍說一切
法尒時一切勇菩提薩埵摩訶薩埵白佛言
世尊行梵行者甚為希有何以故世尊如來
行難得佛告一切勇如是善男子梵行難得
若行梵行若晝若夜常見如來若見如來則
見佛國若見佛國則見法藏臨命終時其心
不怖不受胎生无復憂惱不為愛河之所漂
沒尒時世尊復告一切勇菩提薩埵摩訶薩
埵善男子如來出世難可值遇一切勇言如
是世尊如是善逝如來出世難得值遇佛告

BD14580號　僧伽吒經卷一　（18–13）

不怖不受胎生无復憂惱不為愛河之所漂
没尒時世尊復告一切勇菩提薩埵摩訶薩
埵善男子如来出世難可值遇一切勇言如
是世尊如是善逝如来出世難得值遇佛告
一切勇菩提薩埵摩訶薩埵言此法難值亦
復如是一切勇若有得聞如是法門還於耳
者八十劫中自識宿命六十千劫作轉輪王
八千劫中作天帝釋廿五千劫作淨居天三
十八千劫作大梵天九十九千劫不墮惡道
百千劫中不墮餓鬼廿八千劫不墮畜生十
三億百千劫不墮阿脩羅中刀劒不傷廿五
千劫不生遇癡中七千劫具足智慧九千劫
中生處端正具足善色如如来身十五千劫
不作女人十六千劫身无病惱三十五千劫
常具天眼十九千劫不生龍中六千劫中无
瞋恚心七千劫中不生貧賤八十千劫至二
天下極最貧窮受如是樂十二千劫不生盲
冥十三千劫不生聾中十一千劫脩行忍辱
臨命終時識行將滅不起倒想不生瞋恚見
東方恒河沙等諸佛如来面見南方廿億佛
面見西方廿五恒河沙諸佛如来面見北方
八十恒河沙等諸佛如来面見上方九十億
恒河沙諸佛世尊面見下方百億恒河沙等
諸佛世尊善男子彼諸世尊安慰其人善男
子汝莫恐怖汝已聽受僧伽吒法門善男子
汝見如是恒河沙等百千億佛世尊不唯然
已見世尊告曰此諸如来故見汝是善男子
問言我住何善諸佛見我諸佛告言善男子

BD14580號　僧伽吒經卷一　（18–14）

諸佛世尊善男子彼諸世尊安慰其人善男
子汝莫恐怖汝已聽受僧伽吒法門善男子
汝見如是恒河沙等百千億佛世尊不唯然
已見世尊告曰此諸如来故見汝是善男子
問言我住何善諸佛見我諸佛告言善男子
汝在人中曾聞僧伽吒法門是故諸佛故来
見汝是善男子白佛言世尊我曾少聞得如
是福況復具足受持是經彼佛告言善男子
莫作是說聞四句偈所有功德我今說之善
男子譬如十三恒河沙諸佛如来所有福德
聞此法門福德勝彼若有供養十三恒河沙
諸佛如来若有於此法門聞一四句偈此福
德勝彼況具足聞佛復告一切勇菩提薩埵
言善男子若三千大千世界滿中胡麻以此
胡麻數轉輪王若有人布施如是轉輪王不
如布施一須陁洹若施三千世界一切須陁
洹所得福德不如一斯陁含若施三千世界
諸斯陁含不如布施一阿那含若施三千世界
阿那含不如一阿羅漢若施三千世界諸
諸阿羅漢所得福德不如布施一辟支佛若
施三千世界諸辟支佛所得福德不如施一
菩提薩埵若施三千大千世界菩提薩埵不
如於一如来所起清淨心若於三千大千世
界諸如来所生清淨心不如凡夫聞此法門
功德勝彼何況書寫讀誦受持一切勇況復
有人以清淨心憶念此經一切勇於意云何
頗有凡人能度大海不一切勇言不也世尊
佛告一切勇於意云何頗有凡夫以手一撮

BD14580號　僧伽吒經卷一　（18–15）

界諸如來所生清淨心不如凡夫聞此法門
功德勝彼何況書寫讀誦受持一切勇況復
有人以清淨心憶念此經一切勇於意云何
頗有凡人能度大海不一切勇言不也世尊
佛告一切勇於意云何頗有凡夫以手一撮
能竭海不一切勇言不也世尊佛告一切勇
樂小法者亦復如是不能聽受如是法門一
切勇若不曾見十八億恒河沙諸佛如來不
能書寫如是法門若不曾見九十億恒河沙
諸如來者不能聞此法門若人曾見百千億
如來者聞此法門不生誹謗一切勇若有曾
見百千億恒河沙如來聞此法門能生淨信
起如實想不生誹謗一切勇聽若有書此法
門一四句偈彼過九十五億千世界如阿弥
陁國彼人佛土亦復如是一切勇彼諸衆生
壽命八万四千劫一切勇若菩提薩埵摩訶
薩埵於此法門聞四句偈諸衆生設使造五
逆罪教人隨喜若能聽受一四句偈所有罪
業能令除滅尒時世尊復告一切勇善提薩
埵摩訶薩埵言往昔有人破塔壞僧動善提
薩埵三昧壞滅佛法殺害父母作已生悔我
失今世後世之樂當於惡道一切受苦生大
愁憂受大苦惱一切勇如是之人一切世人
所共惡賤作如是言此人失於世間生世間
法此衆生於无量劫猶如燋樹不能復生辟
如畫堂不以燋柱而作莊嚴此人亦尒今世
後世所至之處人皆輕賤打罵毀辱不施飲

BD14580號　僧伽吒經卷一　（18–16）

所共惡賤作如是言此人失於世間生世間
法此衆生於无量劫猶如燋樹不能復生辟
如畫堂不以燋柱而作莊嚴此人亦尒今世
後世所至之處人皆輕賤打罵毀辱不施飲
食彼受飢渴打罵苦惱自憶念言我造逆罪
破塔壞僧作是思惟我向何處誰能救我作
如是念我當入山自滅其身无人救我尒時
彼人而說偈言
我造不善業　猶如燋木柱　今世不莊嚴　他世亦如是
室內不莊嚴　在外亦如是　惡因造惡業　因之入惡道
後世受苦痛　不知住何處　諸天悉聞我　悲泣啼哭聲
无有救護者　必入於地獄　自作不善業　自受苦痛受
我无歸依處　殺父母壞塔　殺父母壞塔　我作五逆業
我登高山頂　自墜令碎滅　時諸天告言　莫去愚癡人
莫作不善業　汝作多不善　作已令悔過　殺害自身命
必受地獄苦　尋即墮於地　如被毒箭射　不以此精進
而得成佛道　不得菩薩道　不得聲聞果　更起餘精進
汝詣仙聖人　往見大聖主　頭面礼彼仙　願救苦衆生
善作利益我　驚怖不安隱　仙人聞告言　汝坐暫時聽
驚怖苦不安　當悔衆惡業
仙人告言我施汝食汝可食之愁憂苦惱飢
渴恐怖世間无歸我施汝食汝當食之然後
我當為汝說法令汝罪業悉得消滅彼食訖
已須臾澡手遠仙人已前面胡跪仙人問言
汝說作惡業荅仙人言我殺母殺父破塔亂
善提薩埵三昧壞滅佛法尒時仙人告彼人
言汝作不善造斯惡業自作教人諸不善業

BD14580號　僧伽吒經卷一　（18–17）

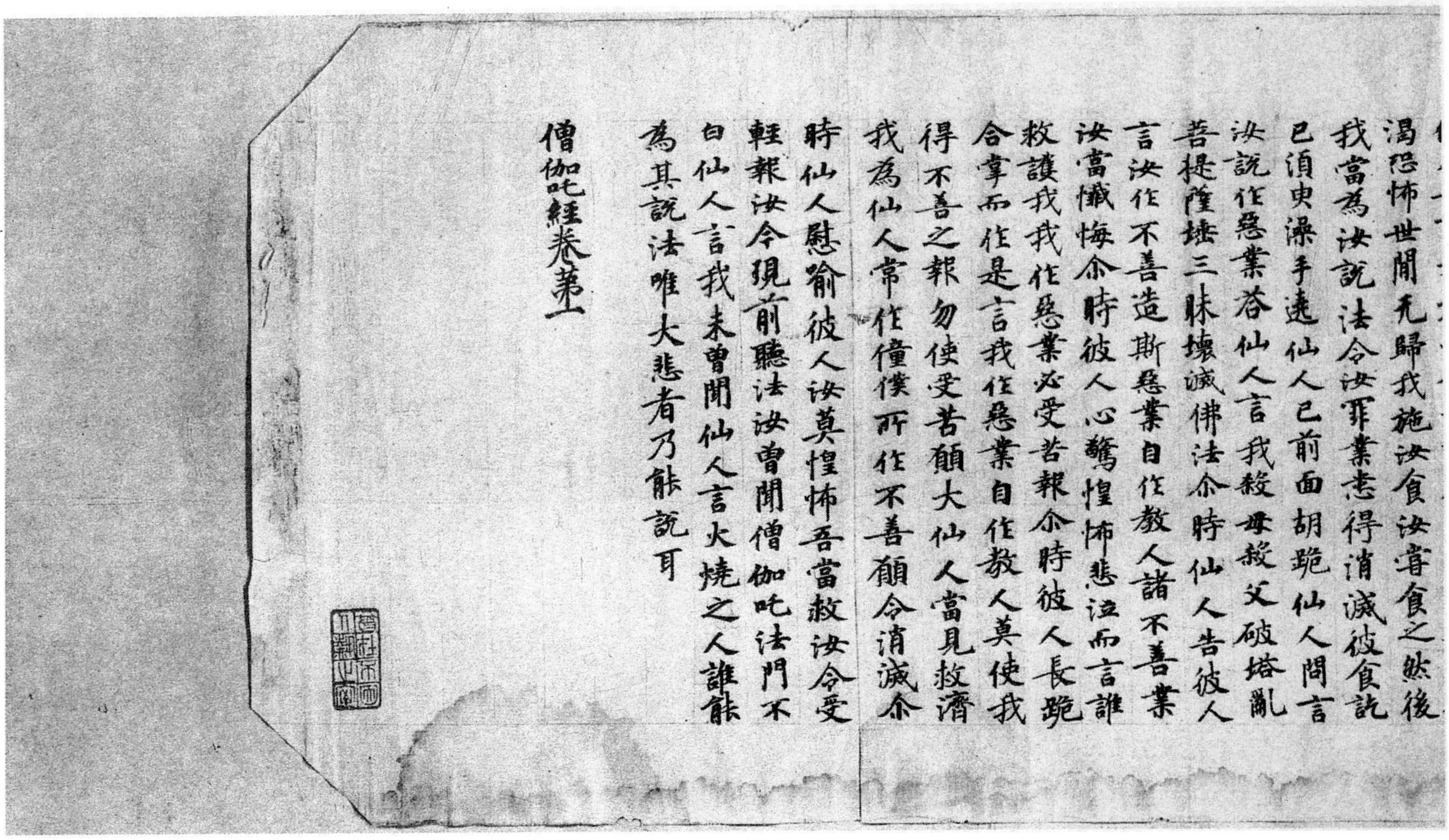

渴恐怖世間无歸我施汝食汝當食之然後
我當爲汝說法令汝罪業悉得消滅彼食訖
已須臾澡手遶仙人已前面胡跪仙人問言
汝說作惡業荅仙人言我殺母殺父破塔亂
菩提薩埵三昧壞滅佛法尒時仙人告彼人
言汝作不善造斯惡業自作教人諸不善業
汝當懺悔尒時彼人心驚惶怖悲泣而言誰
救護我我作惡業必受苦報尒時彼人長跪
合掌而作是言我作惡業自作教人莫使我
得不善之報勿使受苦願大仙人當見救濟
我爲仙人常作僮僕所作不善願令消滅尒
時仙人慰喻彼人汝莫惶怖吾當赦汝令受
輕報汝令現前聽法汝曾聞僧伽吒法門不
白仙人言我未曾聞仙人言火燒之人誰能
爲其說法唯大悲者乃能說耳

僧伽吒經卷第一

BD14580號　僧伽吒經卷一　　（18–18）

BD14581號背　護首　　（1–1）

大般若波羅蜜多經卷第五百五十二
第四分善友品第廿二之二　三藏法師玄奘奉　詔譯
尒時具壽現復白佛言世尊為即般若波羅
蜜多能行般若波羅蜜多不不尒善現世尊
為離般若波羅蜜多有法可得能行般若
波羅蜜多不不尒善現世尊為即般若波羅
蜜多空能行般若波羅蜜多不不尒善現世尊
為離般若波羅蜜多空有法可得能行般
若波羅蜜多不不尒善現世尊為即空能行
般若波羅蜜多不不尒善現世尊為離空有
法可得能行般若波羅蜜多不不尒善現世
尊為即空能行空不不尒善現世尊為離空
有法可得能行空不不尒善現世尊為即般
若波羅蜜多能行空不不尒善現世尊為離
般若波羅蜜多有法可得能行空不不尒善
現世尊為即色能行般若波羅蜜多不不尒
善現世尊為離色有法可得能行般若波羅

法可得能行般若波羅蜜多不不尒善現世
尊為即空能行空不不尒善現世尊為離空
有法可得能行空不不尒善現世尊為即般
若波羅蜜多能行空不不尒善現世尊為離
般若波羅蜜多有法可得能行空不不尒善
現世尊為即色能行般若波羅蜜多不不尒
善現世尊為離色有法可得能行般若波羅
蜜多不不尒善現世尊為即受想行識能行
般若波羅蜜多不不尒善現世尊為離受想
行識有法可得能行般若波羅蜜多不不尒
善現世尊為即色空能行般若波羅蜜多不
不尒善現世尊為離色空有法可得能行般
若波羅蜜多不不尒善現世尊為即受想行
識空能行般若波羅蜜多不不尒善現世尊
為離受想行識空有法可得能行般若波羅
蜜多不不尒善現世尊為即色能行空不不
尒善現世尊為離色有法可得能行空不不
尒善現世尊為即受想行識能行空不不尒
善現世尊為離受想行識有法可得能行空
不不尒善現世尊為即色空能行空不不尒
善現世尊為離色空有法可得能行空不不
尒善現世尊為即受想行識空能行空不不
尒善現世尊為離受想行識空有法可得能
行空不不尒善現世尊為即一切法能行般
若波羅蜜多不不尒善現世尊為離一切法
有法可得能行般若波羅蜜多不不尒善現
世尊為即一切法空能行般若波羅蜜多不
不尒善現世尊為離一切法空有法可得能

行空不不尒善現世尊為即一切法能行般
若波羅蜜多不不尒善現世尊為離一切法
有法可得能行般若波羅蜜多不不尒善現
世尊為即一切法空能行般若波羅蜜多不
不尒善現世尊為離一切法空有法可得能
行般若波羅蜜多不不尒善現世尊為即一
切法能行空不不尒尊現世尊為離一切法
有法可得能行空不不尒善現世尊為即一
切法空能行空不不尒善現世尊為離一切
法空有法可得能行空不不尒善現尒時善
現便白佛言若尒諸菩薩摩訶薩以何等法
能行般若波羅蜜多及能行空佛告善現於
意云何汝見有法能行般若波羅蜜多及能
行空不善現對曰不也世尊佛告善現於意
云何汝見有般若波羅蜜多及見有空是菩
薩摩訶薩所行處不善現對曰不也世尊佛
告善現於意云何汝所不見法是法可得不
善現對日不也世尊佛告善現於意云何不
可得法有生滅不善現對日不也世尊佛告
善現汝所不見所不得法所有實相即是菩
薩無生法忍若菩薩摩訶薩成就如是無
法忍便於無上正等菩提堪得受記善現當
知是菩薩摩訶薩於佛十力四無所畏四無礙
解大慈大悲大喜大捨及十八佛不共法等
無量無邊殊勝功德名能精進如實行者若
能如是精進脩行不得無上正等覺智一切相
智大智妙智一切智智大商主智無有是
處具壽善現復白佛言諸菩薩摩訶薩為以

BD14581號　大般若波羅蜜多經卷五五二　（23–3）

解大慈大悲大喜大捨及十八佛不共法等
無量無邊殊勝功德名能精進如實行者若
能如是精進脩行不得無上正等覺智一切相
智大智妙智一切智智大商主智無有是
處具壽善現復白佛言諸菩薩摩訶薩為以
一切法無生法性於佛無上正等菩提得受
記不不尒善現世尊諸菩薩摩訶薩為以一
切法有生法性於佛無上正等菩提得受記
不不尒善現世尊諸菩薩摩訶薩為以一切
法有生無生法性於佛無上正等菩提得受
記不不尒善現世尊諸菩薩摩訶薩為以一
切法非有生非無生法性於佛無上正等菩
提得記受不不尒善現尒時善現便白佛言
若尒云何諸菩薩摩訶薩於佛無上正等菩
提堪得受記佛告善現於意云何汝見有法於
佛無上正等菩提得受記不善現對曰不也
世尊我不見法於佛無上正等菩提堪得受
記亦不見法於佛無上正等菩提有能證者
證時證處及由此證若所證法皆亦不見何
以故以一切法皆無所得於一切法無所得中
能證所證證時證處及由此證不可得故
佛告善現如是如是如汝所說善現當知若
菩薩摩訶薩於一切法無所得時不作是念
我於無上正等菩提當能證得我用是法於
如是時於如是處證得無上正等菩提
第四分天主品第廿三
尒時天帝釋白佛言世尊如是般若波羅蜜
多最為甚深難見難覺尒時佛告天帝釋言

BD14581號　大般若波羅蜜多經卷五五二　（23–4）

我於無上正等菩提當能證得我用是法於
如是時於如是處證得無上正等菩提
第四分天主品第廿三
尒時天帝釋白佛言世尊如是般若波羅蜜
多最為甚深難見難覺尒時佛告天帝釋言
如是如是如汝所說憍尸迦如是般若波羅蜜
多最為甚深如是般若波羅蜜多難見難
覺憍尸迦虛空甚深故如是般若波羅蜜多
最為甚深虛空難見難覺故如是般若波
羅蜜多難見難覺何以故憍尸迦如是般若波
羅蜜多自性遠離都無所有以虛空故時天
帝釋復白佛言非少善根諸有情類能於如
是甚深難見難覺般若波羅蜜多至心聽
聞受持讀誦精勤修覺如理思惟廣為有情
分別解說尒時佛告天帝釋言如是如是如
汝所說憍尸迦非少善根諸有情類能於如
是甚深難見難覺般若波羅蜜多至心聽
聞受持讀誦精勤覺如理思惟廣為有情分
別解說或能書寫廣令流布是諸有情功德
無量憍尸迦假使於此贍部洲中一切有情
悉皆成就十善業道於意云何是諸有情功
德多不天帝釋曰甚多世尊甚多善逝佛言
憍尸迦有善男子善女人等於此般若波羅
蜜多甚深經典至心聽聞受持讀誦精勤修
學如理思惟廣為有情分別解說或能書寫
廣令流布是善男子善女人等所獲福聚於前
功德百倍為勝千倍為勝乃至鄔波尼殺曇倍
亦復為勝尒時會中有一苾芻告天帝釋憍尸

BD14581 號　大般若波羅蜜多經卷五五二　（23-5）

蜜多甚深經典至心聽聞受持讀誦精勤修
學如理思惟廣為有情分別解說或能書寫
廣令流布是善男子善女人等所獲福聚於前
功德百倍為勝千倍為勝乃至鄔波尼殺曇倍
亦復為勝尒時會中有一苾芻告天帝釋憍尸
迦若善男子善女人等於此般若波羅蜜
多甚深經典至心聽聞受持讀誦精勤修學
如理思惟廣為有情分別解說或復書寫廣令
流布是善男子善女人等所獲福聚勝於仁
者天帝釋言是善男子善女人等初一發心
尚勝於我況於般若波羅蜜多甚深經典乃至
心聽聞受持讀誦精進修學如理思惟廣為
有情分別解說或復書寫廣令流布苾芻當
知是菩薩摩訶薩所獲福聚亦勝一切世間
天人阿素洛等所有功德苾芻當知是菩薩
摩訶薩所獲福聚非唯普勝世間天人阿素
洛等所有功德亦勝一切預流一來不還阿
羅漢獨覺所有功德苾芻當知是菩薩摩
訶薩所獲福聚非唯普勝一切預流一來不還
阿羅漢獨覺所有功德亦勝一切菩薩摩訶
薩遠離般若波羅蜜多多方便善巧為大施主
修行布施苾芻當知是菩薩摩訶薩所獲有
聚亦勝一切菩薩摩訶薩遠離般若波羅蜜
多方便善巧常所修學清淨尸羅無缺尸羅
無隙尸羅無雜尸羅無穢尸羅圓滿戒蘊苾
芻當知是菩薩摩訶薩所獲福聚亦勝一切

BD14581 號　大般若波羅蜜多經卷五五二　（23-6）

聚亦勝一切菩薩摩訶薩遠離般若波羅蜜
多方便善巧常所脩學清淨尸羅無缺尸羅
無隟尸羅無雜尸羅無穢尸羅圓滿戒蘊慈
善當知是菩薩摩訶薩所獲福聚亦勝一切
菩薩摩訶薩遠離般若波羅蜜多方便善巧
常所脩學圓滿安忍圓滿寂靜無瞋無恨乃
至燋木亦無害心究竟安忍慈善當知是菩
薩摩訶薩所獲福聚亦勝一切菩薩摩訶薩
遠離般若波羅蜜多方便善巧常所脩學勇
猛精進不捨善軛無息無下身語意業圓滿
精進慈善當知是菩薩摩訶薩所獲福聚亦
勝一切菩薩摩訶薩遠離般若波羅蜜多方便
善巧常所脩學可愛靜慮可樂靜慮勇健靜
慮安住靜慮自在靜慮圓滿靜慮慈善當知
是菩薩摩訶薩所獲福聚亦勝一切菩薩摩
訶薩遠離般若波羅蜜多方便善巧常所脩
學諸餘善根慈善當知是菩薩摩訶薩如說
脩行甚深般若波羅蜜多有方便善巧故皆
勝一切世門天人阿素洛等亦勝一切聲門
獨覺亦勝一切遠離般若波羅蜜多方便善
巧諸菩薩衆所以者何是菩薩摩訶薩如說
脩行甚深般若波羅蜜多於深般若波羅蜜
多究竟隨轉是菩薩摩訶薩能紹一切知知
種姓令不斷絕常不遠離諸佛菩薩真淨善
友是菩薩摩訶薩如是脩行殊勝淨行常不
遠離妙菩提座降伏衆魔制諸外道是菩薩
摩訶薩如是學時方便善巧常能濟拔溺類

BD14581 號　大般若波羅蜜多經卷五五二　（23–7）

脩行甚深般若波羅蜜多於深般若波羅蜜
多究竟隨轉是菩薩摩訶薩能紹一切知知
種姓令不斷絕常不遠離諸佛菩薩真淨善
友是菩薩摩訶薩如是脩行殊勝淨行常不
遠離妙菩提座降伏衆魔制諸外道是菩薩
摩訶薩如是學時方便善巧常能濟拔溺類
惣沒諸有情類是菩薩摩訶薩如是學時方
便善巧常學菩薩摩訶薩衆所應學法不學
聲聞獨覺乘等所應學法慈善當知是菩薩
摩訶薩於深般若波羅蜜多如是學時諸天
神衆皆大歡喜護世四王各領天衆來至其
所供養恭敬尊重讚歎咸作是言善哉大士
當勤精進學諸菩薩摩訶薩衆所應學法
勿學聲聞獨覺乘等所應學法若如是學疾
當安坐妙菩提座速證無上正等菩提如先如
來應正等覺受四天王所奉四鉢汝亦當受
如昔護世四大天王奉上四鉢我亦當奉慈
善當知是菩薩摩訶薩如是學時我等天帝
尚領天衆來至其所供養恭敬尊重讚歎況
餘天神不詣其所慈善當知是菩薩摩訶薩
如是學時一切如來應正等覺及諸菩薩摩
訶薩衆并諸天龍阿素洛等常隨護念由此
因緣是菩薩摩訶薩一切世間險難危厄身
心憂苦皆不侵害世間所有四大相違種種
疾病皆於身中永無所有唯除重業轉現輕
受慈善當知是菩薩摩訶薩如說脩行甚深
般若波羅蜜多方便善巧獲如是等現世功
德後世功德無量無邊時阿難陀竊作是念

BD14581 號　大般若波羅蜜多經卷五五二　（23–8）

心羸者皆不……
疾病皆於身中永無所有唯除重業轉現輕
受慶喜當知是菩薩摩訶薩如說脩行甚深
般若波羅蜜多方便善巧獲如是等現世功
德後世功德無量無邊時阿難陁竊作是念
天主帝釋為自辯才讚說如是甚深般若波
羅蜜多及諸菩薩功德勝利為是如来威神
之力時天帝釋承佛威神知阿難陁心之所
念白言大德我所讚說甚深般若波羅蜜多
及諸菩薩功德勝利皆是如来威神之力尒
時佛告阿難陁言如是如是今帝釋讚說
如是甚深般若波羅蜜多及諸菩薩功德勝
利當知皆是如来神力非自辯才所以者何
甚深般若波羅蜜多及諸菩薩摩訶薩衆功
德勝利定非一切世間天人阿素洛等所能
讚說
第四分無雜無異品第廿四
尒時佛告阿難陁言若時菩薩摩訶薩思惟
般若波羅蜜多習學般若波羅蜜多脩行般
若波羅蜜多是時三千大千世界一切惡魔
皆生猶豫咸作是念此菩薩摩訶薩為於中
間證於實際退墮聲聞或獨覺地為趣無上
正等菩提能盡未来利樂一切復次慶喜若
時菩薩摩訶薩安住般若波羅蜜多是時惡
魔生大憂苦身心戰慄如中毒箭復次慶喜
若時菩薩摩訶薩脩行般若波羅蜜多是時
惡魔来到其所化作種種可怖畏事所謂刀
劍惡獸毒虵猛火熾然四方俱發欲令菩薩

BD14581號　大般若波羅蜜多經卷五五二　（23–9）

時菩薩摩訶……
魔生大憂苦身心戰慄如中毒箭復次慶喜
若時菩薩摩訶薩脩行般若波羅蜜多是時
惡魔来到其所化作種種可怖畏事所謂刀
劍惡獸毒虵猛火熾然四方俱發欲令菩薩
身心驚懼迷失無上正等覺心於所脩行心生
退屈乃至發起一念亂意障礙無上正等菩提
是時惡魔深心所願尒時慶喜便白佛
言為諸菩薩摩訶薩脩行般若波羅蜜多時
皆為惡魔之所擾亂為有擾亂不擾亂者佛
告慶喜非諸菩薩摩訶薩脩行般若波羅蜜
多時皆為惡魔之所擾亂然有擾亂不擾亂
者具壽慶喜復白佛言何等菩薩摩訶薩脩
行般若波羅蜜多時為諸惡魔之所擾亂何
等菩薩摩訶薩脩行般若波羅蜜多時不為
惡魔之所擾亂佛告慶喜若菩薩摩訶薩
先世聞說甚深般若波羅蜜多無信解心毀呰
誹謗是菩薩摩訶薩脩行般若波羅蜜多
時便為惡魔之所擾亂若菩薩摩訶薩先世
聞說甚深般若波羅蜜多有信解心不起毀謗
是菩薩摩訶薩脩行般若波羅蜜多時不為
惡魔之所擾亂復次慶喜若菩薩摩訶薩聞
說如是甚深般若波羅蜜多疑惑猶豫為有
為無為實不實是菩薩摩訶薩脩行般若波
羅蜜多時便為惡魔之所擾亂若菩薩摩訶
薩聞說如是甚深般若波羅蜜多其心都無疑
惑猶豫信定實有是菩薩摩訶薩脩行般
若波羅蜜多時……

BD14581號　大般若波羅蜜多經卷五五二　（23–10）

説如是甚深般若波羅蜜多疑惑猶豫爲有
爲無爲實不實是菩薩摩訶薩脩行般若波
羅蜜多時便爲惡魔之所擾亂若菩薩摩訶
薩聞説如是甚深般若波羅蜜多其心都無疑
惑猶豫信定實有是菩薩摩訶薩脩行般
若波羅蜜多時不爲惡魔之所擾亂復次慶
喜若菩薩摩訶薩遠離善友爲諸惡友之所
攝持不聞般若波羅蜜多甚深義處由不聞
故不能解了不解了故不能脩習不脩習故
不能請問云何應脩甚深般若波羅蜜多云
何應學甚深般若波羅蜜多是菩薩摩訶薩
脩行般若波羅蜜多時便爲惡魔之所擾亂
若菩薩摩訶薩親近善友不爲惡友之所攝
持得聞般若波羅蜜多甚深義處由得聞故
便能解了由解了故即能脩習由脩習故便能
請問云何應脩甚深般若波羅蜜多云何
應學甚深般若波羅蜜多是菩薩摩訶薩
脩行般若波羅蜜多時不爲惡魔之所擾亂
復次慶喜若菩薩摩訶薩遠離般若波羅蜜
多攝受讃歎非真妙法是菩薩摩訶薩脩行般
若波羅蜜多時便爲惡魔之所擾亂若菩薩
摩訶薩親近般若波羅蜜多不攝不讃非真
妙法是菩薩摩訶薩脩行般若波羅蜜多時
不爲惡魔之所擾亂復次善現若菩薩摩訶
薩遠離般若波羅蜜多於真妙法毀呰誹謗
尒時惡魔便作是念今此菩薩與我爲伴由
彼毀謗真妙法故便有無量初學大乘諸菩
薩衆於真妙法亦生毀謗由此因緣我願圓

BD14581 號　大般若波羅蜜多經卷五五二　（23–11）

妙法是菩薩摩訶薩脩行般若波羅蜜多時
不爲惡魔之所擾亂復次善現若菩薩摩訶
薩遠離般若波羅蜜多於真妙法毀呰誹謗
尒時惡魔便作是念今此菩薩與我爲伴由
彼毀謗真妙法故便有無量初學大乘諸菩
薩衆於真妙法亦生毀謗由此因緣我願圓
滿雖有無量新學大乘諸菩薩衆與我爲伴
然不能令我願滿足今此菩薩與我爲伴令
我所願一切滿足故此菩薩是我真伴我應
攝受令增勢力是菩薩摩訶薩脩行般若波
羅蜜多時便爲惡魔之所擾亂若菩薩摩訶
薩親近般若波羅蜜多於真妙法讃歎信受
亦令無量新學大乘諸菩薩衆於真妙法讃
歎信受由此惡魔愁憂驚怖是菩薩摩訶
薩脩行般若波羅蜜多時不爲惡魔之所擾亂
復次慶喜若菩薩摩訶薩聞説般若波羅蜜
多甚深經時作如是語如是般若波羅蜜多
理趣甚深難見難覺何用宣説聽聞受持
讀誦思惟精勤脩學書寫流布此經典義
尚不能得其源底況餘薄福淺智者於時有无
量新學大乘諸菩薩等聞其所説心皆驚怖
便退無上正等覺心墮於聲聞或獨覺地是
菩薩摩訶薩脩行般若波羅蜜多時便爲惡
魔之所擾亂若菩薩摩訶薩聞説般若波羅蜜
多甚深經時作如是語如是般若波羅蜜多
理趣甚深難見難覺若不宣説聽聞受持讀
誦思惟精勤脩學書寫流布能證無上正等
菩提必無是處時有無量新學大乘諸菩薩

BD14581 號　大般若波羅蜜多經卷五五二　（23–12）

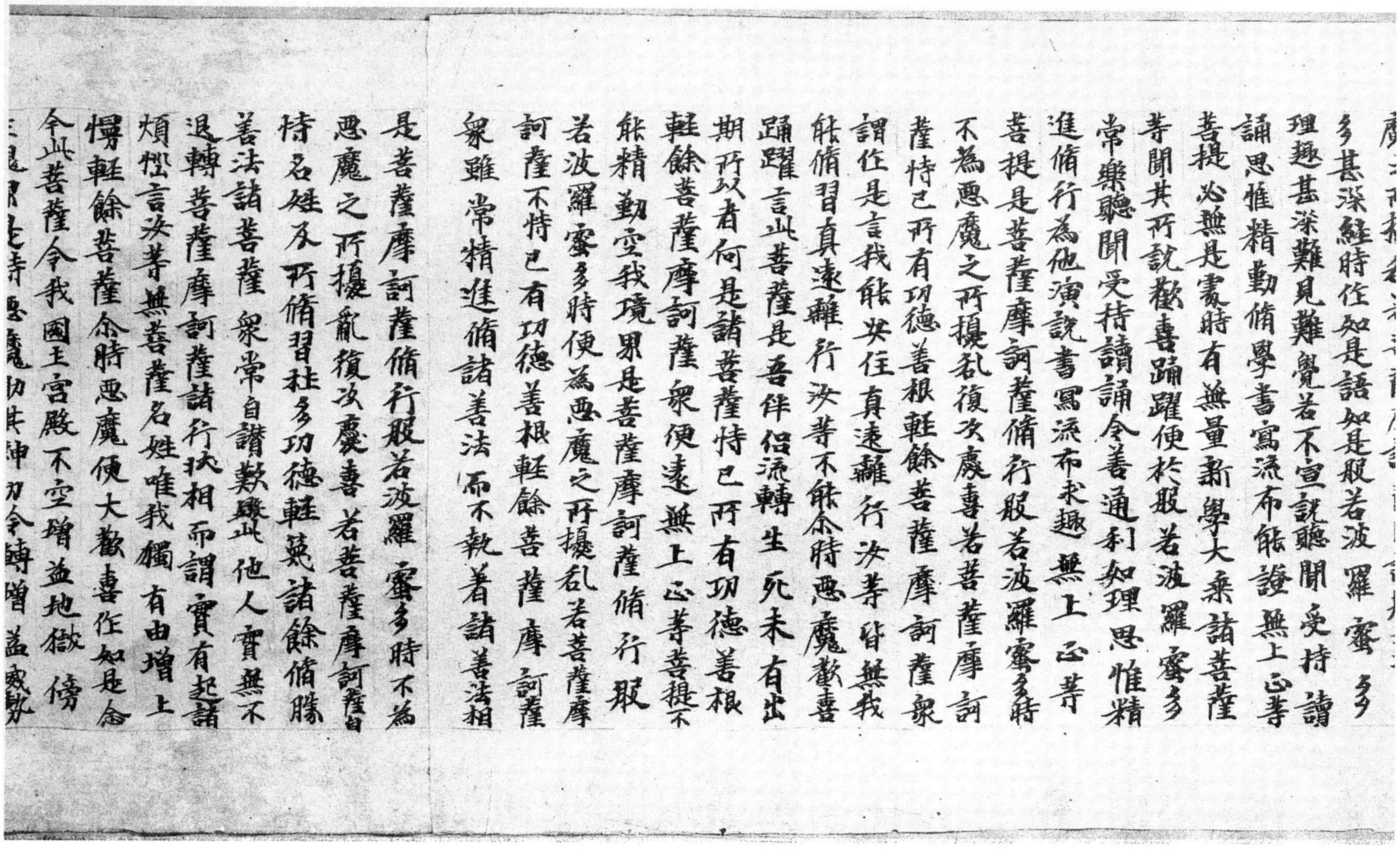

多甚深經時作如是語如是般若波羅蜜多
理趣甚深難見難覺若不宣說聽聞受持讀
誦思惟精勤修學書寫流布能證無上正等
菩提必無是處時有無量新學大乘諸菩薩
等聞其所說歡喜踊躍便於般若波羅蜜多
常樂聽聞受持讀誦令善通利如理思惟精
進修行為他演說書寫流布求趣無上正等
菩提是菩薩摩訶薩修行般若波羅蜜多時
不為惡魔之所擾亂復次慶喜若菩薩摩訶
薩恃己所有功德善根輕餘菩薩摩訶薩衆
謂作是言我能安住真遠離行汝等皆無我
能修習真遠離行汝等不能爾時惡魔歡喜
踊躍言此菩薩是吾伴侶流轉生死未有出
期所以者何是諸菩薩恃己所有功德善根
輕餘菩薩摩訶薩衆便遠無上正等菩提不
能精勤空我境界是菩薩摩訶薩修行般
若波羅蜜多時便為惡魔之所擾亂若菩薩摩
訶薩不恃己有功德善根輕餘菩薩摩訶薩
衆雖常精進修諸善法而不執著諸善法相
是菩薩摩訶薩修行般若波羅蜜多時不為
惡魔之所擾亂復次慶喜若菩薩摩訶薩自
恃名姓及所修習杜多功德輕蔑諸餘修勝
善法諸菩薩衆常自讚歎譏此他人實無不
退轉菩薩摩訶薩諸行狀相而謂實有起諸
煩惱言汝等無菩薩名姓唯我獨有由增上
慢輕餘菩薩爾時惡魔便大歡喜作如是念
今此菩薩令我國土宮殿不空增益地獄傍
生鬼界是時惡魔助其神力令轉增益威勢

BD14581 號　大般若波羅蜜多經卷五五二　（23–13）

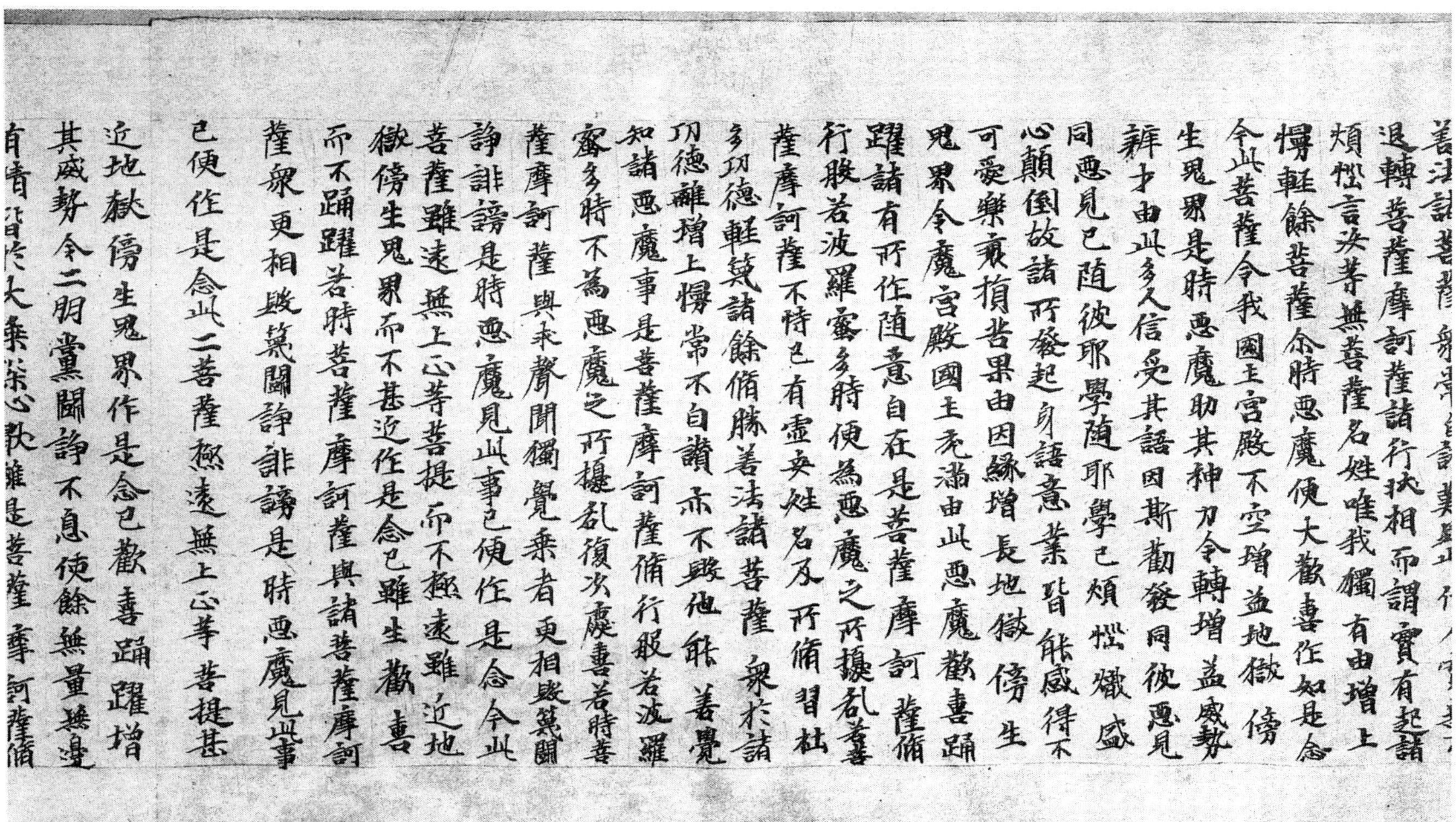

善法諸菩薩衆常自讚歎譏此他人實無不
退轉菩薩摩訶薩諸行狀相而謂實有起諸
煩惱言汝等無菩薩名姓唯我獨有由增上
慢輕餘菩薩爾時惡魔便大歡喜作如是念
今此菩薩令我國土宮殿不空增益地獄傍
生鬼界是時惡魔助其神力令轉增益威勢
辯才由此多人信受其語因斯勸發同彼惡見
同惡見已隨彼所學隨所學已煩惱熾盛
心顛倒故諸所發起身語意業皆能感得不
可愛樂衰損苦果由因緣增長地獄傍生
鬼界令魔宮殿國土充滿由此惡魔歡喜踊
躍諸有所作隨意自在是菩薩摩訶薩修
行般若波羅蜜多時便為惡魔之所擾亂若菩
薩摩訶薩不恃己有虛妄姓名及所修習杜
多功德輕蔑諸餘修勝善法諸菩薩衆於諸
功德離增上慢常不自讚亦不毀他能善覺
知諸惡魔事是菩薩摩訶薩修行般若波羅
蜜多時不為惡魔之所擾亂復次慶喜若時菩
薩摩訶薩與求聲聞獨覺乘者更相毀蔑鬪
諍誹謗是時惡魔見此事已便作是念今此
菩薩雖遠無上正等菩提而不懸遠雖近地
獄傍生鬼界而不甚近作是念已雖生歡喜
而不踊躍若時菩薩摩訶薩與諸菩薩摩訶
薩衆更相毀蔑鬪諍誹謗是時惡魔見此事
已便作是念此二菩薩懸遠無上正等菩提甚
近地獄傍生鬼界作是念已歡喜踊躍增
其威勢令二朋黨鬪諍不息使餘無量無邊
有情皆於大乘深心厭離是菩薩摩訶薩修

BD14581 號　大般若波羅蜜多經卷五五二　（23–14）

薩衆更相毀蔑鬪諍自讚是時惡魔見此事
已便作是念此二菩薩懸遠無上正等菩提甚
近地獄傍生鬼界作是念已歡喜踊躍增
其威勢令二朋黨鬪諍不息使餘無量無邊
有情皆於大乘深心厭離是菩薩摩訶薩修
行般若波羅蜜多時便為惡魔之所攝亂若
菩薩摩訶薩與求聲聞獨覺乘者不相毀蔑
鬪諍誹謗方便化導令趣大乘或令勤修自
乘勝善與求無上正等菩提善男子等不相
毀蔑鬪諍誹謗更相教誨修勝善法速趣無
上正等菩提轉妙法輪度有情衆是菩薩摩
訶薩修行般若波羅蜜多時不為惡魔之所
攝亂復次慶喜若菩薩摩訶薩未得無上正
等菩提不退轉記於得無上正等菩提不退
轉記諸菩薩摩訶薩起損害心鬪諍輕蔑罵
辱誹謗是菩薩摩訶薩隨起尒所念不饒益
心還退尒所劫曾脩勝行經尒所時遠離善
友還受尒所生死繫縛若不棄捨大菩提心
還尒所劫披弘誓鎧勤脩勝行時無間斷然
後乃補所退功德尒時慶喜便白佛言是菩
薩摩訶薩所起惡心生死罪苦為要流轉經
尒所時為於中間亦得出離是菩薩摩訶薩
所退勝行為要精勤經尒所劫被弘誓鎧脩
諸勝行時無間斷然後乃補所退功德為於
中間有復本義佛告慶喜我為菩薩獨覺聲
聞說有出罪還補善法慶喜當知若菩薩摩
訶薩未得無上正等菩提不退轉記於得無
上正等菩提不退轉記者菩薩摩訶薩起損

諸勝行時無間斷然後乃補所退功德為於
中間有復本義佛告慶喜我為菩薩獨覺聲
聞說有出罪還補善法慶喜當知若菩薩摩
訶薩未得無上正等菩提不退轉記於得無
上正等菩提不退轉記諸菩薩摩訶薩起損
害心鬪諍輕蔑毀辱誹謗後無慚愧懷惡不
捨不能如法發露悔過我說彼類於其中間
無有出罪還補善義要尒所劫流轉生死遠
離善友衆苦所縛若不棄捨大菩提心要尒
所劫被弘誓鎧勤脩勝行時無間斷然後乃
補所退功德若菩薩摩訶薩未得無上正等
菩提不退轉記於得無上正等菩提不退轉
記諸菩薩摩訶薩起損害心鬪諍輕蔑毀辱
誹謗後生慚愧心不繫惡尋能如法發露悔
過作如是念我今已得難得人身何容復起
如是過惡失大善利我應饒益一切有情何
容於中反作衰損我應恭敬一切有情如僕
事主何容於中反生憍慢毀辱淩蔑我應忍
受一切有情捶打訶罵何容於彼反以暴惡
身語加報我應和解一切有情令相敬愛何
容復起勃惡語言與彼乖諍我應堪耐一切
有情長時履踐猶如道路亦如橋梁何容於
彼反加淩辱我求無上正等菩提為拔有情
生死大苦令得究竟安樂涅槃何容反欲加之
以苦我應從今盡未來際如瘂如聾如
盲於諸有情無所分別假使斬截頭足手臂
挑目割耳劓鼻截舌鋸解一切身亦支體於

復[illegible]
生死大苦令得究竟安樂涅槃何容反欲加之
以苦我應從今盡未來際如瘂如聾如
盲於諸有情無所分別假使斬截頭足手臂
挑目割耳劓鼻截舌鋸解一切身分支體於
彼有情終不起惡若我起惡則便退壞所發
無上正等覺心障礙所求一切智智不能利
益安樂有情慶喜當知是菩薩摩訶薩我說
中間亦有出罪還補善義非要經於爾所劫
數流轉生死惡魔於彼不能擾亂疾證無上
正等菩提復次慶喜諸菩薩摩訶薩與求聲
聞獨覺乘者不應交涉設與交涉不應共住
設與共住不應與彼論義決擇所以者何若
與彼類論義決擇或當發起忿恚等心或復
令生麁惡言說然諸菩薩於有情類不應發
起忿恚等心亦不應生麁惡言說設彼斬斫
首足身分亦不應起忿恚惡言所以者何諸
菩薩摩訶薩應作是念我求無上正等菩提
為拔有情生死衆苦令得究竟利益安樂何
容於彼翻為惡事慶喜當知若菩薩摩訶薩
於有情類起忿恚心發麁惡言便礙無上正等
菩提亦壞無邊菩薩行法是故菩薩摩訶
薩衆欲得無上正等菩提於諸有情不應忿
恚亦不應起麁惡言說爾時慶喜便白佛言
諸菩薩摩訶薩與菩薩摩訶薩云何共住佛
告慶喜諸菩薩摩訶薩與菩薩摩訶薩共住
相視應如大師所以者何諸菩薩摩訶薩與
菩薩摩訶薩展轉相視應作是念彼是我等

BD14581號　大般若波羅蜜多經卷五五二　（23-17）

諸菩薩摩訶薩與菩薩摩訶薩云何共住佛
告慶喜諸菩薩摩訶薩與菩薩摩訶薩共住
相視應如大師所以者何諸菩薩摩訶薩與
菩薩摩訶薩展轉相視應作是念彼是我等
真善知識與我為伴同乘一船同行一道同
一所趣同一事業我等與彼學時學處及所
學法若由此學皆無有異復作是念彼諸菩
薩為我等說大菩提道即我良伴亦我道師
若彼菩薩摩訶薩住雜作意遠離一切智智
相應作意我當於中不同彼學若彼菩薩摩
訶薩離雜作意不離一切智智相應作意我
當於中當同彼學慶喜當知若菩薩摩訶薩
能知是學菩提資糧疾得圓滿速證無上正
等菩提於其中間無障無難
第四分巧便品第廿五
爾時具壽善現便白佛言世尊若菩薩摩訶
薩為盡故學是學一切智智不若菩薩摩訶
薩為不生故學是學一切智智不若菩薩摩
訶薩為滅故學是學一切智智不若菩薩摩
訶薩為不起故學是學一切智智不若菩薩
摩訶薩為非有故學是學一切智智不若菩
薩摩訶薩為遠離故學是學一切智智不若
菩薩摩訶薩為離染故學是學一切智智不
若菩薩摩訶薩為虛空故學是學一切智智
不若菩薩摩訶薩為法界故學是學一切智
智不若菩薩摩訶薩為涅槃故學是學一切
智智不佛告善現若菩薩摩訶薩如是學

BD14581號　大般若波羅蜜多經卷五五二　（23-18）

若菩薩摩訶薩為虛空故學是學一切智智
不若菩薩摩訶薩為法界故學是學一切智
智不若菩薩摩訶薩為涅槃故學是學一切
智智不佛告善現若菩薩摩訶薩如是學
時非學一切智智具壽善現復白佛言何緣菩
薩摩訶薩如是學時非學一切智智佛告善
現於意云何佛證真如極圓滿故說名如來
應正等覺如是真如可說為乃至可說為
涅槃不善現對曰不也世尊所以者何真如
離相不可說盡乃至不可說為涅槃佛告善
現是故菩薩摩訶薩如是學時非學一切智
智善現當知若菩薩摩訶薩不為盡故學是
學一切智智乃至不為涅槃故學是學一切
智智所以者何佛證真如極圓滿故說名如
來應正等覺爾時證得一切智智真如非盡
乃至涅槃是故菩薩摩訶薩如是學時是學
一切智智善現當知若菩薩摩訶薩如是學
時是學般若波羅蜜多方便善巧是學佛地
是學十力四無所畏四無礙解大慈大悲大
喜大捨十八佛不共法及餘無量無邊佛法
即為已學一切智智善現當知若菩薩摩訶
薩如是學時至一切學究竟彼岸善現當知
若菩薩摩訶薩如是學時一切天魔及諸外
道皆不能伏善現當知若菩薩摩訶薩如是
學時速得菩薩不退法性善現當知若菩薩
摩訶薩如是學時速住菩薩不退轉地善現
當知若菩薩摩訶薩如是學時速當安坐妙

BD14581 號　大般若波羅蜜多經卷五五二　　（23–19）

道皆不能伏善現當知若菩薩摩訶薩如是
學時速得菩薩不退法性善現當知若菩薩
摩訶薩如是學時速住菩薩不退轉地善現
當知若菩薩摩訶薩如是學時速當安坐妙
菩提座善現當知若菩薩摩訶薩如是學時
行自祖父如來行處善現當知若菩薩摩訶
薩如是學時即為己學與諸有情為依護法
是學大慈大悲性故善現當知若菩薩摩訶
薩如是學時是學三轉十二行相無上法輪
善現當知若菩薩摩訶薩如是學時是學安
處百千俱胝諸有情界令住涅槃畢竟安樂善
現當知若菩薩摩訶薩如是學時是學不斷
如來種姓善現當知若菩薩摩訶薩如是學
時是學諸佛開甘露門善現當知若菩薩摩
訶薩如是學時是學安立無量無數無邊有
情住三乘法善現當知若菩薩摩訶薩如是
學時是學示現一切有情究竟寂滅真無為
界是為脩學一切智智善現當知如是學者
下劣有情所不能學所以者何如是學者欲
善拔濟一切有情生死大苦欲安立一切有
情廣大勝事欲與有情同受畢竟利益安
樂欲與有情同證無上正等菩提欲與有情
同學自利利他妙行如太虛空無斷無盡復
次善現若菩薩摩訶薩如是學時決定不墮
一切地獄傍生鬼界阿素洛中決定不生邊
地達絮篾戾車中決定不生旃荼羅家補羯
娑家及餘種種貧窮下賤不律儀家決定不

BD14581 號　大般若波羅蜜多經卷五五二　　（23–20）

[illegible]
一切地獄傍生鬼界阿素洛中決定不生邊
地達絮篾戾車中決定不生旃荼羅家補羯
娑家及餘種種貧窮下賤不律儀家決定不
生種種工巧伎樂高賈雜穢之家復次善現
若菩薩摩訶薩如是學時隨所生處終不盲
聾瘖瘂攣躄根支殘缺背僂癲癇癰疽疥癩
痔漏懸癰不長不短亦不黧黑及無種種穢
惡瘡病復次善現若菩薩摩訶薩如是學時
生生常得眷屬圓滿諸根圓滿支體圓滿音
聲清亮形貌端嚴言詞威肅衆人愛敬復
次善現若菩薩摩訶薩如是學時所生之處
離害生命離不與取離欲邪行離虛誑語離
麁惡語離離間語離雜穢語亦離貪欲瞋
恚邪見終不攝受虛妄邪法不以邪法而
自活命亦不攝受破戒惡見謗法有情以
為親友復次善現若菩薩摩訶薩如是學時
終不生於躭樂少慧長壽天處所以者何是
菩薩摩訶薩成就方便善巧勢力由此方便
善巧勢力雖能數入靜慮無量及無色定而
不隨彼勢力受生甚深般若波羅蜜多所攝
受故成就如是方便善巧於諸定中雖常獲
得入出自在而不隨行諸定勢力生長壽天
癡脩菩薩摩訶薩行復次善現若菩薩摩
訶薩如是學時得清淨力清淨無畏清淨佛
法具壽善現便白佛言若一切法本性清淨云
何菩薩摩訶薩衆如是學時復能證得清
淨諸力清淨無畏清淨佛法佛告善現如是如

BD14581號　大般若波羅蜜多經卷五五二　（23–21）

癡脩菩薩摩訶薩行復次善現若菩薩摩
訶薩如是學時得清淨力清淨無畏清淨佛
法具壽善現便白佛言若一切法本性清淨云
何菩薩摩訶薩衆如是學時復能證得清
淨諸力清淨無畏清淨佛法佛告善現如是如
是如汝所說諸法本來自性清淨是菩薩摩
訶薩於一切法本性淨中精勤脩學甚深般
若波羅蜜多方便善巧如實通達心不沈沒
亦無滯礙遠離一切煩惱染着故說菩薩如
是覺時於一切法復得清淨由此因緣得清
淨力清淨無畏清淨佛法復次善現雖一切
法本性清淨而諸異生不知見覺是菩薩摩
訶薩為欲令彼知見覺故發勤精進脩行般
若波羅蜜多方便善巧作如是念我於諸法
本性清淨知見覺已如實開悟一切有情令
於諸法本性清淨亦知見覺是菩薩摩訶薩
如是學時得清淨力清淨無畏清淨佛法復
次善現若菩薩摩訶薩如是學時於諸有情
心行差別皆能通達至極彼岸方便善巧
令諸有情知一切法本性清淨證得畢竟清涼
涅槃

大般若波羅蜜多經卷第五百五十二

BD14581號　大般若波羅蜜多經卷五五二　（23–22）

於諸法本性清淨亦知見覺是菩薩摩訶薩
如是學時得清淨力清淨無畏清淨佛法復
次善現若菩薩摩訶薩如是學時於諸有情
心行差別皆能通達至極彼岸方便善巧
令諸有情知一切法本性清淨證得畢竟清涼
涅槃

大般若波羅蜜多經卷第五百五十二

BD14581 號　大般若波羅蜜多經卷五五二　　（23–23）

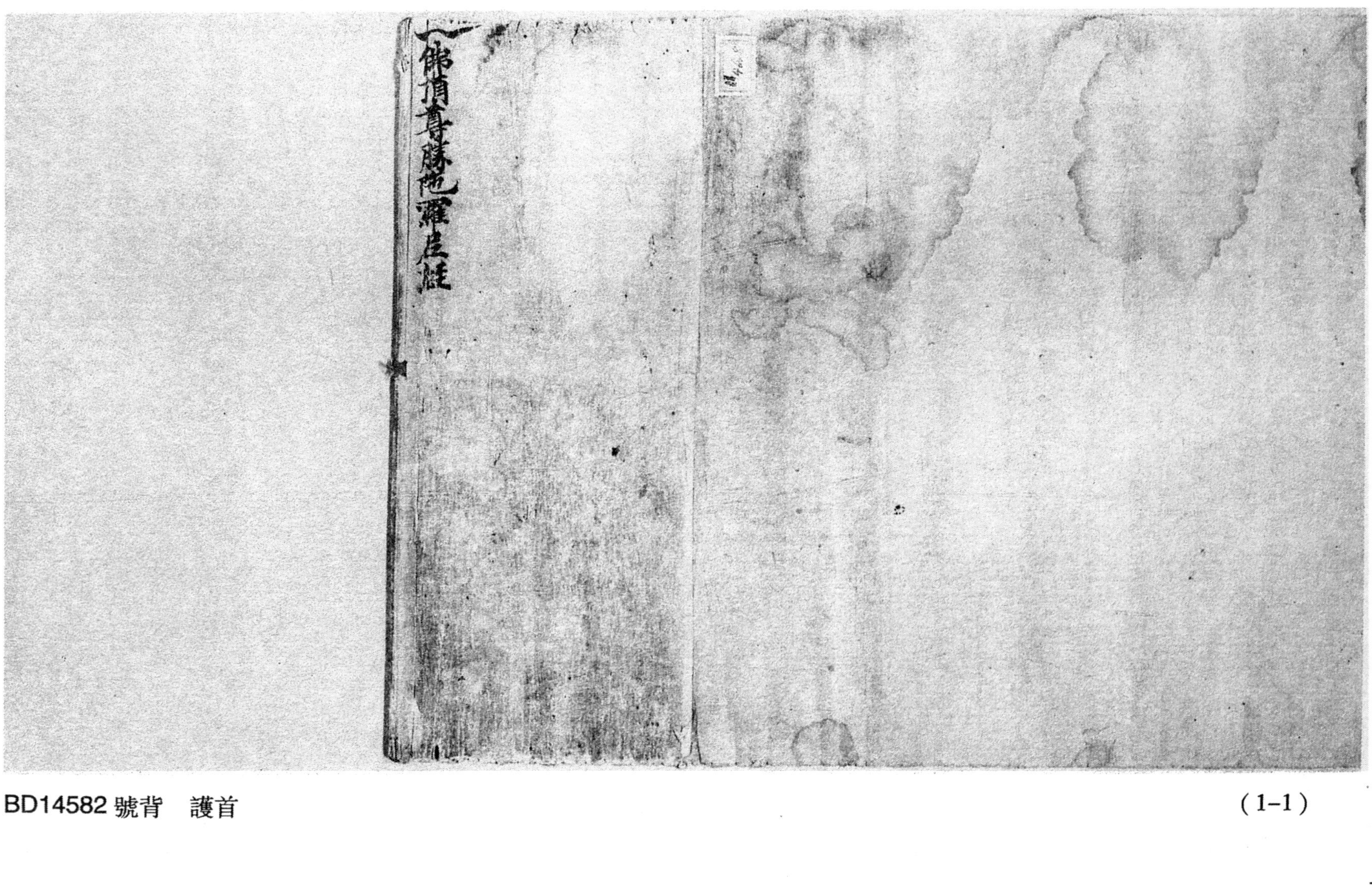

佛頂尊勝陁羅尼經

BD14582 號背　護首　　（1–1）

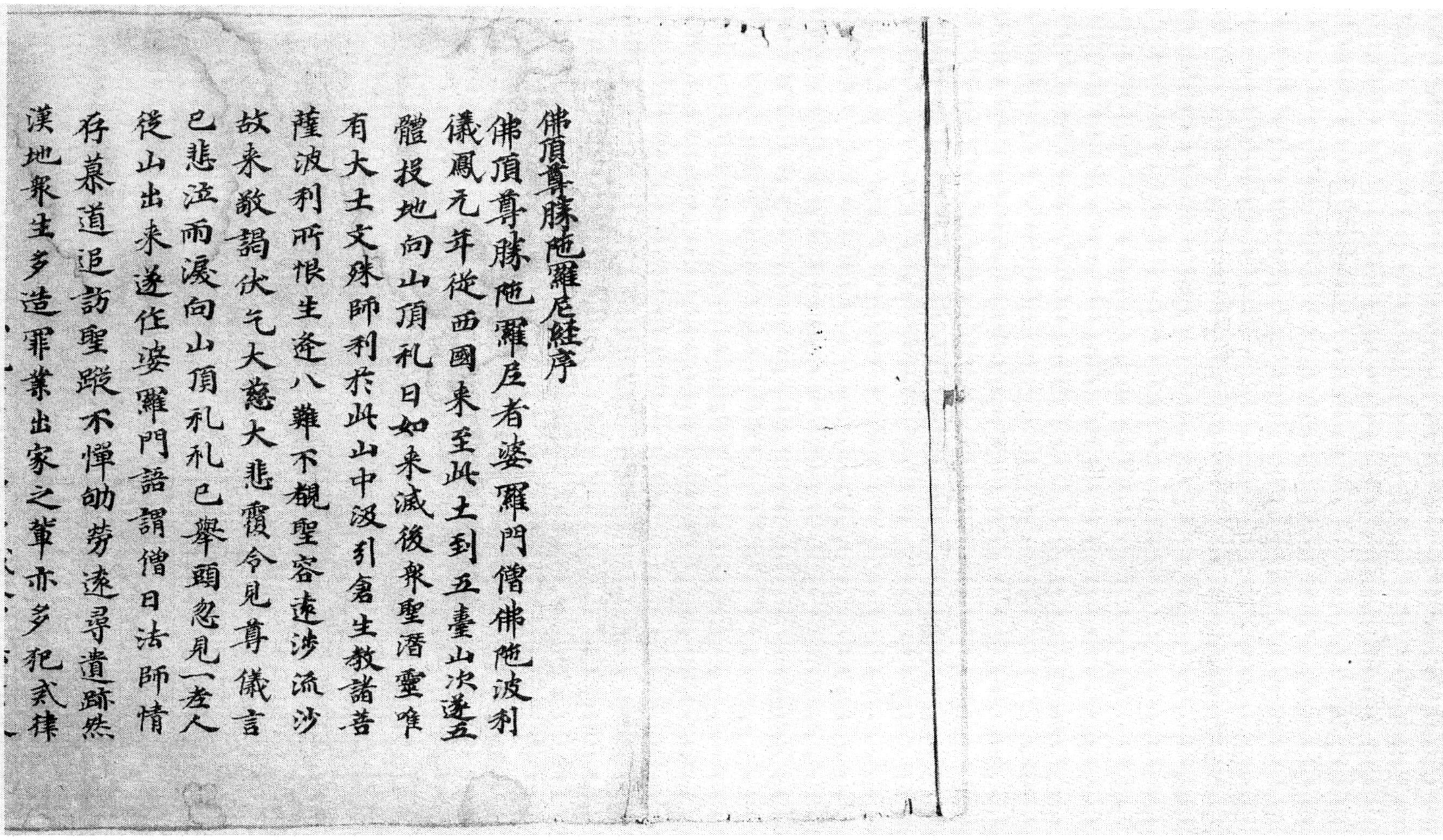

佛頂尊勝陁羅尼經序
佛頂尊勝陁羅尼者婆羅門僧佛陁波利
儀鳳元年從西國来至此土到五臺山次遂五
體投地向山頂礼曰如来滅後衆聖潛靈唯
有大士文殊師利於此山中汲引蒼生教諸菩
薩波利所恨生逢八難不覩聖容遠涉流沙
故来敬謁伏乞大慈大悲覆令見尊儀言
已悲泣雨淚向山頂礼礼已舉頭忽見一老人
從山出来遂作婆羅門語謂僧曰法師情
存慕道追訪聖蹤不憚劬勞遠尋遺跡然
漢地衆生多造罪業出家之輩亦多犯戒律

BD14582 號 1　佛頂尊勝陀羅尼經（佛陀波利本）序　（3–1）

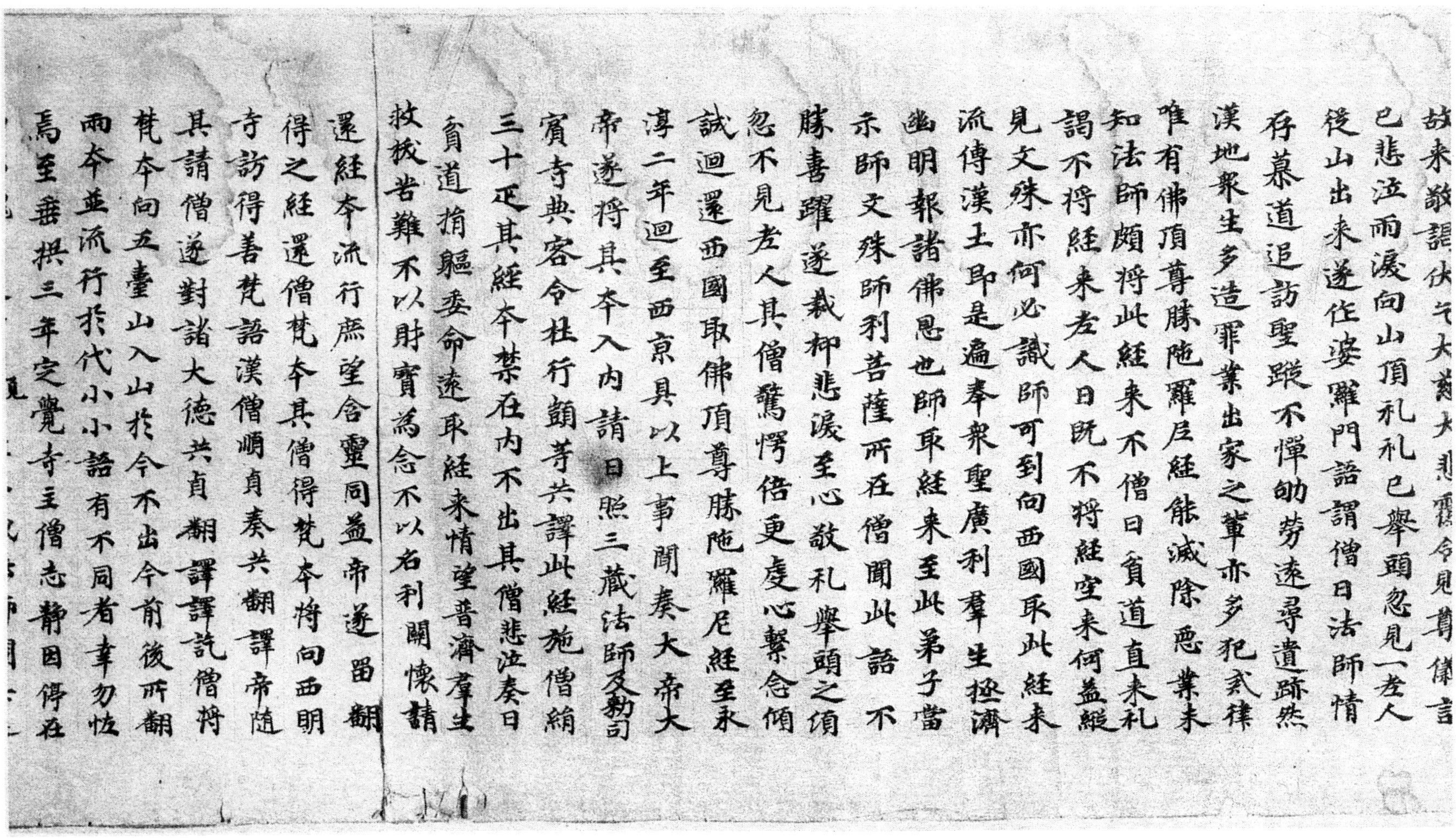

故来敬謁伏乞大慈大悲覆令見尊儀言
已悲泣雨淚向山頂礼礼已舉頭忽見一老人
從山出来遂作婆羅門語謂僧曰法師情
存慕道追訪聖蹤不憚劬勞遠尋遺跡然
漢地衆生多造罪業出家之輩亦多犯戒律
唯有佛頂尊勝陁羅尼經能滅除惡業未
知法師頗將此經来不僧曰貧道直来礼
謁不將經来老人曰既不將經空来何益縱
見文殊亦何必識師可到向西國取此經来
流傳漢土即是遍奉衆聖廣利羣生拯濟
幽明報諸佛恩也師取經来至此弟子當
示師文殊師利菩薩所在僧聞此語不
勝喜躍遂裁抑悲淚至心敬礼舉頭之頃
忽不見老人其僧驚愕倍更虔心繫念傾
誠迴還西國取佛頂尊勝陁羅尼經至永
淳二年迴至西京具以上事聞奏大帝大
帝遂將其本入内請日照三藏法師及勅司
賓寺典客令杜行顗等共譯此經施僧絹
三十疋其經本禁在内不出其僧悲泣奏曰
貧道捐軀委命遠取經来情望普濟羣生
救拔苦難不以財寶為念不以名利關懷請
還經本流行庶望含靈同益帝遂留翻
得之經還僧梵本其僧得梵本將向西明
寺訪得善梵語漢僧順貞奏共翻譯帝隨
其請僧遂對諸大德共貞翻譯譯訖僧將
梵本向五臺山入山於今不出今前後所翻
兩本並流行於代小小語有不同者幸勿怪
焉至垂拱三年定覺寺主僧志靜因停在

BD14582 號 1　佛頂尊勝陀羅尼經（佛陀波利本）序　（3–2）

具請僧遂對諸大德共貞翻譯譯訖僧將
梵本向五臺山入山於今不出今前後所翻
兩本並流行於代小小語有不同者幸勿怪
焉至垂拱三年定覺寺主僧志靜因停在
神都魏國東寺親見日照三藏法師問其逗
留一如上說志靜遂就三藏法師諮受神
呪法師於是口宣梵音經二七日句句委授
具足梵音一无差失仍更取舊翻本勘校所
有脫錯悉皆改定其呪初注云最後別翻者
是也其呪句稍異於杜令所翻者其新呪改
定不錯并注其音訖後有學者幸詳此焉
至永昌元年八月於大敬愛寺見西明寺上
座澄法師問其逗留亦如前說具翻經僧順貞
見在西明寺此經救拔幽顯最不可思議
恐學者不知故具錄委曲以傳未悟
佛頂尊勝陁羅尼經　罽賓沙門佛陁波利奉　詔譯
如是我聞一時薄伽梵在室羅筏住誓多林
給孤獨園與大苾蒭衆千二百五十人俱又與
諸大菩薩僧万二千人俱尒時三十三天於善
善法堂會有一天子名曰善住與諸大天遊
於園觀又與大天受勝尊貴與諸天女前後
圍繞歡喜遊戲種種音樂共相娛樂受諸快
樂尒時善住天子即於夜分聞有聲言善住
天子卻後七日命將欲盡命終之後生贍部
洲受七返畜生身即受地獄苦從地獄出希

BD14582 號 1　佛頂尊勝陀羅尼經（佛陀波利本）序　（3–3）
BD14582 號 2　佛頂尊勝陀羅尼經（佛陀波利本）

尒時大慧菩薩摩訶薩復白佛言世尊一切
外道皆起无常妄想世尊亦說一切行无常
是生滅法此義云何為邪為正為有幾種
无常佛告大慧一切外道有七種无常非我
法也何等為七彼有說言作已而捨是名无
常有說形處壞是名无常有說即色是名无
常有說色轉變中間是名无常无間自之
散壞如乳酪等轉變中間不可見无常毀
壞一切性轉有說性无常有說性无性无常
有說一切法不生无常入一切法大慧性无
性无常者謂四大及所造自相壞四大自性
不可得不生彼不生无常者非常无常一切
法有无不生分析乃至微塵不可見是不生
義非生是名不生无常相若不覺此者墮一
切外道生无常義大慧性无常者是自心妄
想非常无常性所以者何謂无常自性不
壞大慧[illegible]

BD14583 號　楞伽阿跋多羅寶經卷四　（2–1）

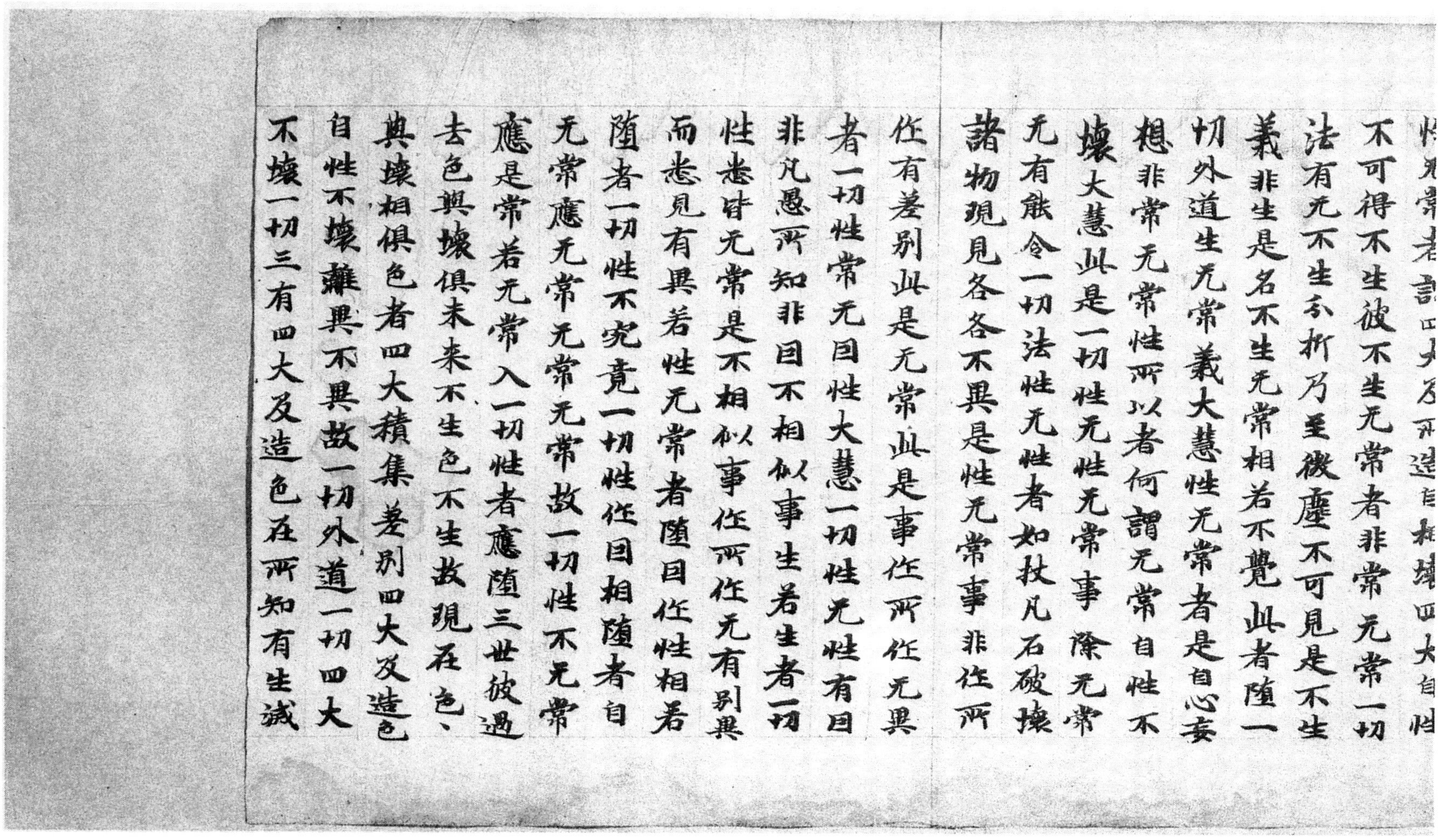

性无常者謂四大及所造自相壞四大自性
不可得不生彼不生无常者非常无常一切
法有无不生分析乃至微塵不可見是不生
義非生是名不生无常相若不覺此者墮一
切外道生无常義大慧性无常者是自心妄
想非常无常性所以者何謂无常自性不
壞大慧此是一切性无性无常事除无常
无有能令一切法性无性者如杖凡石破壞
諸物現見各各不異是性无常事非作所
作有差別此是无常此是事作所作无異
者一切性常无因性大慧一切性无性有因
非凡愚所知非因不相似事生若生者一切
性悉皆无常是不相似事作所作无有別異
而悉見有異若性无常者墮因作性相若
墮者一切性不究竟一切性作因相墮者自
无常應无常无常无常故一切性不无常
應是常若无常入一切性者應墮三世彼過
去色與壞俱未來不生色不生故現在色、
與壞相俱色者四大積集差別四大及造色
自性不壞離異不異故一切外道一切四大
不壞一切三有四大及造色在所知有生滅

BD14583 號　楞伽阿跋多羅寶經卷四　　（2–2）

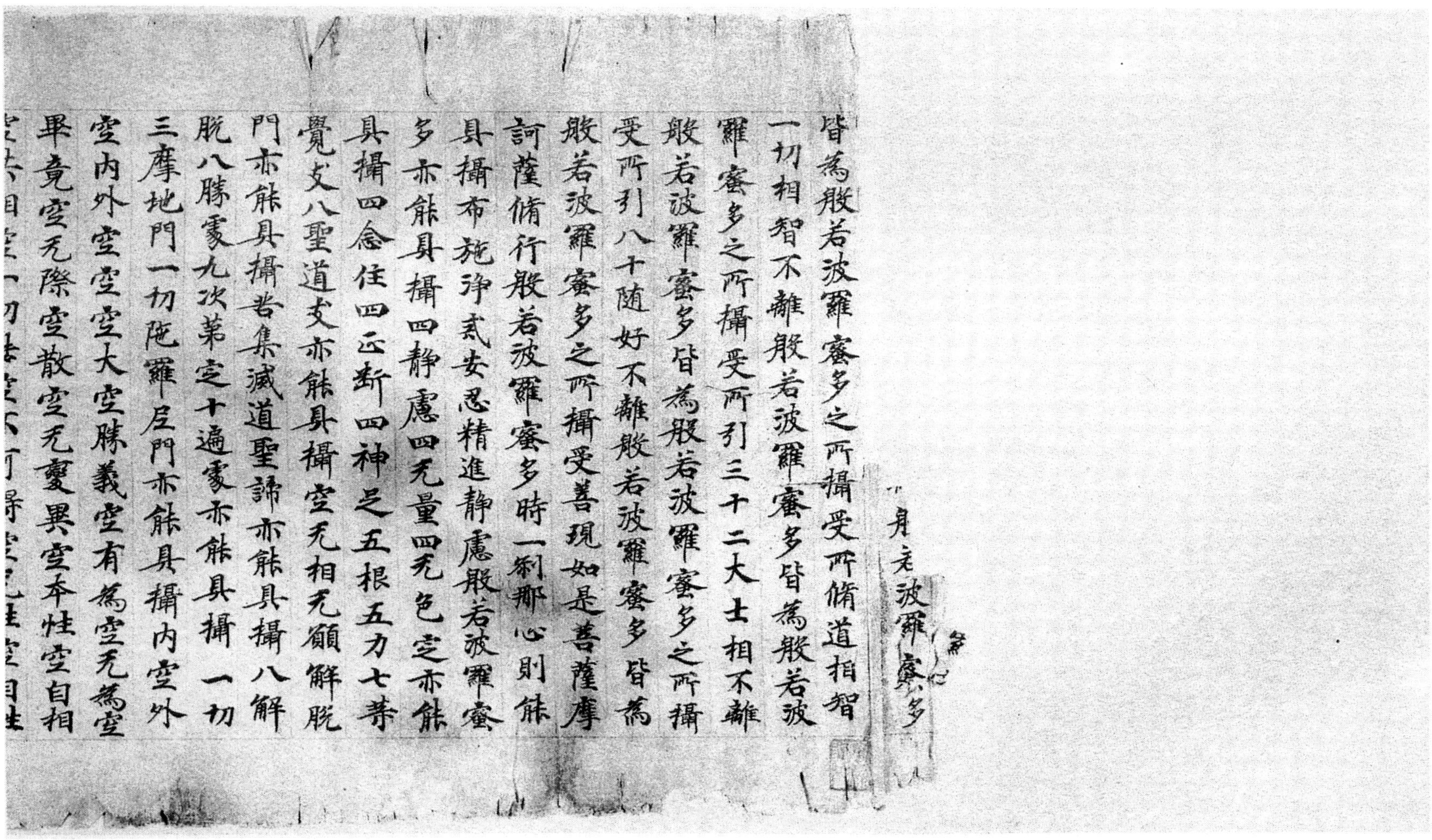

若波羅蜜多

皆為般若波羅蜜多之所攝受所脩道相智
一切相智不離般若波羅蜜多皆為般若波
羅蜜多之所攝受所引三十二大士相不離
般若波羅蜜多皆為般若波羅蜜多之所攝
受所引八十隨好不離般若波羅蜜多皆為
般若波羅蜜多之所攝受善現如是菩薩摩
訶薩脩行般若波羅蜜多時一刹那心則能
具攝布施淨戒安忍精進靜慮般若波羅蜜
多亦能具攝四靜慮四无量四无色定亦能
具攝四念住四正斷四神足五根五力七等
覺支八聖道支亦能具攝空无相无願解脫
門亦能具攝苦集滅道聖諦亦能具攝八解
脫八勝處九次第定十遍處亦能具攝一切
三摩地門一切陀羅尼門亦能具攝內空外
空內外空空空大空勝義空有為空无為空
畢竟空无際空散空无變異空本性空自相
空共相空一切法空不可得空无性空自性

BD14584 號　大般若波羅蜜多經卷三七四　　（22–1）

門亦能具攝八解
脫八勝處九次第定十遍處亦能具攝一切
三摩地門一切陀羅尼門亦能具攝內空外
空內外空空空大空勝義空有為空无為空
畢竟空无際空散空无變異空本性空自相
空共相空一切法空不可得空无性空自性
空无性自性空亦能具攝真如法界法性不
虛妄性不變異性平等性離生性法定法住
實際虛空界不思議界亦能具攝五眼六神
通亦能具攝佛十力四无所畏四无礙解十
八佛不共法亦能具攝大慈大悲大喜大捨
亦能具攝无忘失法恒住捨性亦能具攝一
切智道相智一切相智亦能攝三十二大
士相八十隨好
具壽善現白佛言世尊云何菩薩摩訶薩修
行般若波羅蜜多時諸有所作不離般若波
羅蜜多常為般若波羅蜜多所攝受故一剎
那心則能具攝布施淨戒安忍精進靜慮般
若波羅蜜多亦能具攝四靜慮四无量四无
色定亦能具攝四念住四正斷四神足五根
五力七等覺支八聖道支亦能具攝空无相
无願解脫門亦能具攝苦集滅道聖諦亦能
具攝八解脫八勝處九次第定十遍處亦
能具攝一切三摩地門一切陀羅尼門亦能具
攝內空外空內外空空空大空勝義空有為
空无為空畢竟空无際空散空无變異空本
性空自相空共相空一切法空不可得空无

BD14584號　大般若波羅蜜多經卷三七四　（22–2）

具攝八解脫八勝處九次第定十遍處亦
能具攝一切三摩地門一切陀羅尼門亦能具
攝內空外空內外空空空大空勝義空有為
空无為空畢竟空无際空散空无變異空本
性空自相空共相空一切法空不可得空无
性空自性空无性自性空亦能具攝真如法
界法性不虛妄性不變異性平等性離生性
法定法住實際虛空界不思議界亦能具攝
五眼六神通亦能具攝佛十力四无所畏四无
礙解十八佛不共法亦能具攝大慈大悲大
喜大捨亦能具攝无忘失法恒住捨性亦能
具攝一切智道相智一切相智亦能具攝
三十二大士相八十隨好佛告善現諸菩薩
摩訶薩修行般若波羅蜜多時所行布施波
羅蜜多皆為般若波羅蜜多所攝受故遠離
二想所行淨戒安忍精進靜慮般若波羅蜜
多皆為般若波羅蜜多所攝受故遠離二想
所修四靜慮皆為般若波羅蜜多所攝受故
遠離二想所修四无量四无色定皆為般若
波羅蜜多所攝受故遠離二想所修四念住
皆為般若波羅蜜多所攝受故遠離二想所
修四正斷四神足五根五力七等覺支八聖
道支皆為般若波羅蜜多所攝受故遠離二
想所修空解脫門皆為般若波羅蜜多所攝
受故遠離二想所修无相无願解脫門皆為
般若波羅蜜多所攝受故遠離二想所住苦
聖諦皆為般若波羅蜜多所攝受故遠離二
想所住集滅道聖諦皆為般若波羅蜜多所

BD14584號　大般若波羅蜜多經卷三七四　（22–3）

想所脩空解脫門皆為般若波羅蜜多所攝
受故遠離二想所脩无相无願解脫門皆為
般若波羅蜜多所攝受故遠離二想所住苦
聖諦皆為般若波羅蜜多所攝受故遠離二
想所住集滅道聖諦皆為般若波羅蜜多所
攝受故遠離二想所脩八解脫皆為般若波
羅蜜多所攝受故遠離二想所脩八勝處九
次第定十遍處皆為般若波羅蜜多所攝受
故遠離二想所脩一切三摩地門皆為般若
波羅蜜多所攝受故遠離二想所脩一切陀
羅尼門皆為般若波羅蜜多所攝受故遠離
二想所住內空皆為般若波羅蜜多所攝受
故遠離二想所住外空內外空空空大空勝
義空有為空无為空畢竟空无際空散空无
變異空本性空自相空共相空一切法空不
可得空无性空自性空无性自性空皆為般
若波羅蜜多所攝受故遠離二想所住真如
皆為般若波羅蜜多所攝受故遠離二想所
住法界法性不虛妄性不變異性平等性離
生性法定法住實際虛空界不思議界皆為
般若波羅蜜多所攝受故遠離二想所脩五
眼皆為般若波羅蜜多所攝受故遠離二想
所脩六神通皆為般若波羅蜜多所攝受故
遠離二想所脩佛十力皆為般若波羅蜜多
所攝受故遠離二想所脩四无所畏四无礙
解十八佛不共法皆為般若波羅蜜多所攝
受故遠離二想所脩大慈皆為般若波羅蜜

BD14584 號　大般若波羅蜜多經卷三七四　（22–4）

眼皆為般若波羅蜜多所攝受故遠離二想
所脩六神通皆為般若波羅蜜多所攝受故
遠離二想所脩佛十力皆為般若波羅蜜多
所攝受故遠離二想所脩四无所畏四无礙
解十八佛不共法皆為般若波羅蜜多所攝
受故遠離二想所脩大慈皆為般若波羅蜜
多所攝受故遠離二想所脩大悲大喜大捨
皆為般若波羅蜜多所攝受故遠離二想所
脩无忘失法皆為般若波羅蜜多所攝受故
遠離二想所脩恒住捨性皆為般若波羅蜜
多所攝受故遠離二想所脩一切智皆為般
若波羅蜜多所攝受故遠離二想所脩道相
智一切相智皆為般若波羅蜜多所攝受故
遠離二想所引三十二大士相皆為般若波
羅蜜多所攝受故遠離二想所引八十隨好
皆為般若波羅蜜多所攝受故遠離二想
具壽善現白佛言世尊云何菩薩摩訶薩脩
行般若波羅蜜多時雖行布施波羅蜜多而
无二想雖行淨戒安忍精進靜慮般若波羅
蜜多而无二想雖脩四靜慮而无二想雖脩
四无量四无色定而无二想雖脩四念住而
无二想雖脩四正斷四神足五根五力七等
覺支八聖道支而无二想雖脩空解脫門而
无二想雖脩无相无願解脫門而无二想雖
住苦聖諦而无二想雖住集滅道聖諦而无
二想雖脩八解脫而无二想雖脩八勝處九
次第定十遍處而无二想雖脩一切三摩地
門而无二想雖脩一切陀羅尼門而无二想

BD14584 號　大般若波羅蜜多經卷三七四　（22–5）

无二想雖脩无相无願解脫門而无二想雖
住苦聖諦而无二想雖住集滅道聖諦而无
二想雖脩八解脫而无二想雖脩八勝處九
次第定十遍處而无二想雖脩一切三摩地
門而无二想雖脩一切陁羅尼門而无二想
雖住内空而无二想雖住外空内外空空空
大空勝義空有為空无為空畢竟空无際空
散空无變異空本性空自相空共相空一切
法空不可得空无性空自性空无性自性空
而无二想雖住真如而无二想雖住法界法
性不虛妄性不變異性平等性離生性法定
法住實際虛空界不思議界而无二想雖脩
五眼而无二想雖脩六神通而无二想雖脩
佛十力而无二想雖脩四无所畏四无礙解
十八佛不共法而无二想雖脩大慈而无二
想雖脩大悲大喜大捨而无二想雖脩无忘
失法而无二想雖脩恒住捨性而无二想雖
脩一切智而无二想雖脩道相智一切相智
而无二想雖引三十二大士相而无二想雖
引八十隨好而无二想
佛告善現菩薩摩訶薩脩行般若波羅蜜多
時為欲圓滿布施波羅蜜多故取於布施波
羅蜜多中攝受一切布施淨戒安忍精進靜
慮般若波羅蜜多而行布施攝受一切四靜
慮四无量四无色定而行布施攝受一切四
念住四正斷四神足五根五力七等覺支八
聖道支而行布施攝受一切空无相无願解

BD14584號　大般若波羅蜜多經卷三七四　（22–6）

慮四无量四无色定而行布施攝受一切四
念住四正斷四神足五根五力七等覺支八
聖道支而行布施攝受一切空无相无願解
脫門而行布施攝受一切苦集滅道聖諦而
行布施攝受一切八解脫八勝處九次第定
十遍處而行布施攝受一切三摩地門陁羅
尼門而行布施攝受一切内空外空内外空
空空大空勝義空有為空无為空畢竟空无
際空散空无變異空本性空自相空共相空
一切法空不可得空无性空自性空无性自
性空而行布施攝受一切真如法界法性不
虛妄性不變異性平等性離生性法定法住
實際虛空界不思議界而行布施攝受一切
五眼六神通而行布施攝受一切佛十力四
无所畏四无礙解十八佛不共法而行布施
攝受一切大慈大悲大喜大捨而行布施攝
受一切无忘失法恒住捨性而行布施攝受
一切一切智道相智一切相智而行布施攝
受一切三十二大士相八十隨好而行布施
由是因緣而无二想
善現菩薩摩訶薩脩行般若波羅蜜多時為
欲圓滿淨戒安忍精進靜慮般若波羅蜜多
故取於淨戒乃至般若波羅蜜多中攝受一
切布施乃至般若波羅蜜多而行淨戒乃至
般若波羅蜜多攝受一切四靜慮四无量四
无色定而行淨戒乃至般若波羅蜜多攝受
一切四念住四正斷四神足五根五力七等

BD14584號　大般若波羅蜜多經卷三七四　（22–7）

故即於浄戒乃至般若波羅蜜多中攝受一
切布施乃至般若波羅蜜多而行浄戒乃至
般若波羅蜜多攝受一切四静慮四无量四
无色定而行浄戒乃至般若波羅蜜多攝受
一切四念住四正斷四神足五根五力七等
覺支八聖道支而行浄戒乃至般若波羅蜜
多攝受一切空无相无願解脫門而行浄戒
乃至般若波羅蜜多攝受一切苦集滅道聖
諦而行浄戒乃至般若波羅蜜多攝受一切
八解脫八勝處九次第定十遍處而行浄戒
乃至般若波羅蜜多攝受一切三摩地門陁
羅尼門而行浄戒乃至般若波羅蜜多攝受
一切内空外空内外空空空大空勝義空有
為空无為空畢竟空无際空散空无變異空
本性空自相空共相空一切法空不可得空
无性空自性空无性自性空而行浄戒乃至
般若波羅蜜多攝受一切真如法界法性不
虚妄性不變異性平等性離生性法定法住
實際虚空界不思議界而行浄戒乃至般若
波羅蜜多攝受一切五眼六神通而行浄戒
乃至般若波羅蜜多攝受一切佛十力四无
所畏四无礙解十八佛不共法而行浄戒乃
至般若波羅蜜多攝受一切大慈大悲大喜
大捨而行浄戒乃至般若波羅蜜多攝受一
切无忘失法恒住捨性而行浄戒乃至般若
波羅蜜多攝受一切一切智道相智一切相
智而行浄戒乃至般若波羅蜜多攝受一切

BD14584號　大般若波羅蜜多經卷三七四　　（22–8）

至般若波羅蜜多攝受一切大慈大悲大喜
大捨而行浄戒乃至般若波羅蜜多攝受一
切无忘失法恒住捨性而行浄戒乃至般若
波羅蜜多攝受一切一切智道相智一切相
智而行浄戒乃至般若波羅蜜多攝受一切
三十二大士相八十随好而行浄戒乃至般
若波羅蜜多由是因緣而无二想
善現菩薩摩訶薩脩行般若波羅蜜多時為
欲圓滿四静慮故即於四静慮中攝受一切
布施浄戒安忍精進静慮般若波羅蜜多而
脩四静慮攝受一切四静慮四无量四无色
定而脩四静慮攝受一切四念住四正斷四
神足五根五力七等覺支八聖道支而脩四
静慮攝受一切空无相无願解脫門而脩四
静慮攝受一切苦集滅道聖諦而脩四静慮
攝受一切八解脫八勝處九次第定十遍處
而脩四静慮攝受一切三摩地門陁羅尼門
而脩四静慮攝受一切内空外空内外空空
空大空勝義空有為空无為空畢竟空无際
空散空无變異空本性空自相空共相空一
切法空不可得空无性空自性空无性自性
空而脩四静慮攝受一切真如法界法性不
虚妄性不變異性平等性離生性法定法住
實際虚空界不思議界而脩四静慮攝受一
切五眼六神通而脩四静慮攝受一切佛十
力四无所畏四无礙解十八佛不共法而脩
四静慮攝受一切大慈大悲大喜大捨而脩

BD14584號　大般若波羅蜜多經卷三七四　　（22–9）

實際虛空界不思議界而脩四靜慮攝受一
切五眼六神通而脩四靜慮攝受一切佛十
力四无所畏四无礙解十八佛不共法而脩
四靜慮攝受一切大慈大悲大喜大捨而脩
四靜慮攝受一切無忘失法恒住捨性而脩
四靜慮攝受一切一切智道相智一切相智
而脩四靜慮攝受一切三十二大士相八十
隨好而脩四靜慮由是因緣而无二想
善現菩薩摩訶薩脩行般若波羅蜜多時為
欲圓滿四无量四无色定故即於四无量四
无色定中攝受一切布施淨戒安忍精進靜
慮般若波羅蜜多而脩四无量四无色定攝
受一切四靜慮四无量四无色定而脩四无
量四无色定攝受一切四念住四正斷四神
足五根五力七等覺支八聖道支而脩四无
量四无色定攝受一切空无相无願解脫門
而脩四无量四无色定攝受一切苦集滅道
聖諦而脩四无量四无色定攝受一切八解
脫八勝處九次第定十遍處而脩四无量四
无色定攝受一切三摩地門陁羅尼門而脩
四无量四无色定攝受一切內空外空內外
空空空大空勝義空有為空无為空畢竟空
无際空散空无變異空本性空自相空共相
空一切法空不可得空无性空自性空无性
自性空而脩四无量四无色定攝受一切真
如法界法性不虛妄性不變異性平等性離
生性法定法住實際虛空界不思議界而脩

BD14584 號　大般若波羅蜜多經卷三七四　（22–10）

无際空散空无變異空本性空自相空共相
空一切法空不可得空无性空自性空无性
自性空而脩四无量四无色定攝受一切真
如法界法性不虛妄性不變異性平等性離
生性法定法住實際虛空界不思議界而脩
四无量四无色定攝受一切五眼六神通而
脩四无量四无色定攝受一切佛十力四无
所畏四无礙解十八佛不共法而脩四无量
四无色定攝受一切大慈大悲大喜大捨而
脩四无量四无色定攝受一切无忘失法恒
住捨性而脩四无量四无色定攝受一切一
切智道相智一切相智而脩四无量四无色
定攝受一切三十二大士相八十隨好而脩
四无量四无色定由是因緣而无二想
善現菩薩摩訶薩脩行般若波羅蜜多時為
欲圓滿四念住故即於四念住中攝受一切
布施淨戒安忍精進靜慮般若波羅蜜多而
脩四念住攝受一切四靜慮四无量四无色
定而脩四念住攝受一切四念住四正斷四神
足五根五力七等覺支八聖道支而脩四念
住攝受一切空无相无願解脫門而脩四念
住攝受一切苦集滅道聖諦而脩四念住攝
受一切八解脫八勝處九次第定十遍處而
脩四念住攝受一切三摩地門陁羅尼門而
脩四念住攝受一切內空外空內外空空空
大空勝義空有為空无為空畢竟空无際空
散空无變異空本性空自相空共相空一切

BD14584 號　大般若波羅蜜多經卷三七四　（22–11）

脩四念住攝受一切三摩地門陁羅尼門而
脩四念住攝受一切內空外空內外空空空
大空勝義空有為空无為空畢竟空无際空
散空无變異空本性空自相空共相空一切
法空不可得空无性空自性空无性自性空
而脩四念住攝受一切真如法界法性不虛
妄性不變異性平等性離生性法定法住實
際虛空界不思議界而脩四念住攝受一切
五眼六神通而脩四念住攝受一切佛十力
四无所畏四无礙解十八佛不共法而脩四
念住攝受一切大慈大悲大喜大捨而脩四
念住攝受一切无忘失法恒住捨性而脩四
念住攝受一切一切智道相智一切相智而
脩四念住攝受一切三十二大士相八十隨
好而脩四念住由是因緣而无二想
善現菩薩摩訶薩脩行般若波羅蜜多時
為欲圓滿四正斷四神足五根五力七等覺支
八聖道支故即於四正斷乃至八聖道支中
攝受一切布施淨戒安忍精進靜慮般若波
羅蜜多而脩四正斷乃至八聖道支攝受一
切四靜慮四无量四无色定而脩四正斷乃
至八聖道支攝受一切四念住四正斷四神
足五根五力七等覺支八聖道支而脩四正
斷乃至八聖道支攝受一切空无相无願解
脫門而脩四正斷乃至八聖道支攝受一切
苦集滅道聖諦而脩四正斷乃至八聖道支
攝受一切八解脫八勝處九次第定十遍處

至八聖道支攝受一切四念住四正斷四神
足五根五力七等覺支八聖道支而脩四正
斷乃至八聖道支攝受一切空无相无願解
脫門而脩四正斷乃至八聖道支攝受一切
苦集滅道聖諦而脩四正斷乃至八聖道支
攝受一切八解脫八勝處九次第定十遍處
而脩四正斷乃至八聖道支攝受一切三摩
地門陁羅尼門而脩四正斷乃至八聖道支
攝受一切內空外空內外空空空大空勝義
空有為空无為空畢竟空无際空散空无變
異空本性空自相空共相空一切法空不可
得空无性空自性空无性自性空而脩四正
斷乃至八聖道支攝受一切真如法界法性
不虛妄性不變異性平等性離生性法定法
住實際虛空界不思議界而脩四正斷乃至
八聖道支攝受一切五眼六神通而脩四正
斷乃至八聖道支攝受一切佛十力四无所
畏四无礙解十八佛不共法而脩四正斷乃
至八聖道支攝受一切大慈大悲大喜大捨
而脩四正斷乃至八聖道支攝受一切一切
智道相智一切相智而脩四正斷乃至八聖
道支攝受一切三十二大士相八十隨好而
脩四正斷乃至八聖道支由是因緣而无二
想善現菩薩摩訶薩脩行般若波羅蜜多時
為欲圓滿空解脫門故即於空解脫門中攝受
一切布施淨戒安忍精進靜慮般若波羅蜜
多而脩空解脫門攝受一切四靜慮四无量
四无色定而脩空解脫門攝受一切四念住

想善現菩薩摩訶薩脩行般若波羅蜜多時
爲欲圓滿空解脫門故即於空解脫門中攝受
一切布施淨戒安忍精進靜慮般若波羅蜜
多而脩空解脫門攝受一切四靜慮四无量
四无色定而脩空解脫門攝受一切四念住
四正斷四神足五根五力七等覺支八聖道
支而脩空解脫門攝受一切空无相无願解
脫門而脩空解脫門攝受一切苦集滅道聖
諦而脩空解脫門攝受一切八解脫八勝處
九次第定十遍處而脩空解脫門攝受一切
三摩地門陁羅尼門而脩空解脫門攝受一
切內空外空內外空空空大空勝義空有爲
空无爲空畢竟空无際空散空无變異空本
性空自相空共相空一切法空不可得空无
性空自性空无性自性空而脩空解脫門攝
受一切真如法界法性不虛妄性不變異性
平等性離生性法定法住實際虛空界不思
議界而脩空解脫門攝受一切五眼六神通
而脩空解脫門攝受一切佛十力四无所畏
四无礙解十八佛不共法而脩空解脫門攝
受一切大慈大悲大喜大捨而脩空解脫門
攝受一切无忘失法恒住捨性而脩空解脫
門攝受一切一切智道相智一切相智而脩
空解脫門攝受一切三十二大士相八十隨
好而脩空解脫門由是因緣而无二想
善現菩薩摩訶薩脩行般若波羅蜜多時爲
欲圓滿无相无願解脫門故即於无相无願

BD14584 號　大般若波羅蜜多經卷三七四　（22–14）

門攝受一切一切智道相智一切相智而脩
空解脫門攝受一切三十二大士相八十隨
好而脩空解脫門由是因緣而无二想
善現菩薩摩訶薩脩行般若波羅蜜多時爲
欲圓滿无相无願解脫門故即於无相无願
解脫門中攝受一切布施淨戒安忍精進靜
慮般若波羅蜜多而脩无相无願解脫門攝
受一切四靜慮四无量四无色定而脩无相
无願解脫門攝受一切四念住四正斷四神足
五根五力七等覺支八聖道支而脩无相无
願解脫門攝受一切空无相无願解脫門而
脩无相无願解脫門攝受一切苦集滅道聖
諦而脩无相无願解脫門攝受一切八解脫
八勝處九次第定十遍處而脩无相无願解
脫門攝受一切三摩地門陁羅尼門而脩无
相无願解脫門攝受一切內空外空內外空
空空大空勝義空有爲空无爲空畢竟空无
際空散空无變異空本性空自相空共相空
一切法空不可得空无性空自性空无性自
性空而脩无相无願解脫門攝受一切真如
法界法性不虛妄性不變異性平等性離生
性法定法住實際虛空界不思議界而脩无
相无願解脫門攝受一切五眼六神通而脩
无相无願解脫門攝受一切佛十力四无所
畏四无礙解十八佛不共法而脩无相无願
解脫門攝受一切大慈大悲大喜大捨而脩
无相无願解脫門攝受一切无忘失法恒住

BD14584 號　大般若波羅蜜多經卷三七四　（22–15）

无相无願解脫門攝受一切佛十力四无所
畏四无礙解十八佛不共法而脩无相无願
解脫門攝受一切大慈大悲大喜大捨而脩
无相无願解脫門攝受一切无忘失法恒住
捨性而脩无相无願解脫門攝受一切一切
智道相智一切相智而脩无相无願解脫門
攝受一切三十二大士相八十隨好而脩无
相无願解脫門由是因緣而无二想
善現菩薩摩訶薩脩行般若波羅蜜多時為
欲圓滿苦聖諦故即於苦聖諦中攝受一切
布施淨戒安忍精進靜慮般若波羅蜜多而
住苦聖諦攝受一切四靜慮四无量四无色
定而住苦聖諦攝受一切四念住四正斷四
神足五根五力七等覺支八聖道支而住苦
聖諦攝受一切空无相无願解脫門而住苦
聖諦攝受一切苦集滅道聖諦而住苦聖諦
攝受一切八解脫八勝處九次第定十遍處
而住苦聖諦攝受一切三摩地門陀羅尼門
而住苦聖諦攝受一切內空外空內外空空
空大空勝義空有為空无為空畢竟空无際
空散空无變異空本性空自相空共相空一
切法空不可得空无性空自性空无性自性空
而住苦聖諦攝受一切真如法界法性不
虛妄性不變異性平等性離生性法定法住
實際虛空界不思議界而住苦聖諦攝受一
切五眼六神通而住苦聖諦攝受一切佛十

而住苦聖諦攝受一切真如法界法性不
虛妄性不變異性平等性離生性法定法住
實際虛空界不思議界而住苦聖諦攝受一
切五眼六神通而住苦聖諦攝受一切佛十
力四无所畏四无礙解十八佛不共法而住
苦聖諦攝受一切大慈大悲大喜大捨而住
苦聖諦攝受一切无忘失法恒住捨性而住
苦聖諦攝受一切一切智道相智一切相智
而住苦聖諦攝受一切三十二大士相八十
隨好而住苦聖諦由是因緣而无二想
善現菩薩摩訶薩脩行般若波羅蜜多時
為欲圓滿集滅道聖諦故即於集滅道聖諦中
攝受一切布施淨戒安忍精進靜慮般若波
羅蜜多而住集滅道聖諦攝受一切四靜慮
四无量四无色定而住集滅道聖諦攝受一
切四念住四正斷四神足五根五力七等覺
支八聖道支而住集滅道聖諦攝受一切空
无相无願解脫門而住集滅道聖諦攝受一
切苦集滅道聖諦而住集滅道聖諦攝受一切
八解脫八勝處九次第定十遍處而住集滅
道聖諦攝受一切三摩地門陀羅尼門而
住集滅道聖諦攝受一切內空外空內外空
空空大空勝義空有為空无為空畢竟空无
際空散空无變異空本性空自相空共相空
一切法空不可得空无性空自性空无性自
性空而住集滅道聖諦攝受一切真如法界
法性不虛妄性不變異性平等性離生性法

空空大空勝義空有為空無為空畢竟空无
際空散空无變異空本性空自相空共相空
一切法空不可得空无性空自性空无性自
性空而住集滅道聖諦攝受一切真如法界
法性不虛妄性不變異性平等性離生性法
定法住實際虛空界不思議界而住集滅道
聖諦攝受一切五眼六神通而住集滅道聖
諦攝受一切佛十力四无所畏四无礙解十八
佛不共法而住集滅道聖諦攝受一切大慈
大悲大喜大捨而住集滅道聖諦攝受一
切无忘失法恒住捨性而住集滅道聖諦攝
受一切一切智道相智一切相智而住集滅
道聖諦攝受一切三十二大士相八十隨好
而住集滅道聖諦由是因緣而无二想
善現菩薩摩訶薩脩行般若波羅蜜多時為
欲圓滿八解脫故即於八解脫中攝受一切
布施淨戒安忍精進靜慮般若波羅蜜多而
脩八解脫攝受一切四靜慮四无量四无色
定而脩八解脫攝受一切四念住四正斷四
神足五根五力七等覺支八聖道支而脩八
解脫攝受一切空无相无願解脫門而脩八
解脫攝受一切苦集滅道聖諦而脩八解脫
攝受一切八解脫八勝處九次第定十遍處
而脩八解脫攝受一切三摩地門陁羅尼門
而脩八解脫攝受一切內空外空內外空空
空大空勝義空有為空无為空畢竟空无
際空散空无變異空本性空自相空共相空一

BD14584號　大般若波羅蜜多經卷三七四　（22–18）

攝受一切八解脫八勝處九次第定十遍處
而脩八解脫攝受一切三摩地門陁羅尼門
而脩八解脫攝受一切內空外空內外空空
空大空勝義空有為空无為空畢竟空无
際空散空无變異空本性空自相空共相空一
切法空不可得空无性空自性空无性自性
空而脩八解脫攝受一切真如法界法性不
虛妄性不變異性平等性離生性法定法住
實際虛空界不思議界而脩八解脫攝受一
切五眼六神通而脩八解脫攝受一切佛十
力四无所畏四无礙解十八佛不共法而脩
八解脫攝受一切大慈大悲大喜大捨而脩
八解脫攝受一切无忘失法恒住捨性而脩
八解脫攝受一切一切智道相智一切相智
而脩八解脫攝受一切三十二大士相八十
隨好而脩八解脫由是因緣而无二想
善現菩薩摩訶薩脩行般若波羅蜜多時為
欲圓滿八勝處九次第定十遍處故即於八
勝處九次第定十遍處中攝受一切布施淨
戒安忍精進靜慮般若波羅蜜多而脩八勝
處九次第定十遍處攝受一切四靜慮四无
量四无色定而脩八勝處九次第定十遍處
攝受一切四念住四正斷四神足五根五力
七等覺支八聖道支而脩八勝處九次第定
十遍處攝受一切空无相无願解脫門而脩
八勝處九次第定十遍處攝受一切苦集滅
道聖諦而脩八勝處九次第定十遍處攝受

BD14584號　大般若波羅蜜多經卷三七四　（22–19）

七等覺支八聖道支而脩八勝處九次第定
十遍處攝受一切空无相无願解脫門而脩
八勝處九次第定十遍處攝受一切苦集滅
道聖諦而脩八勝處九次第定十遍處攝受
一切八解脫八勝處九次第定十遍處而脩
八勝處九次第定十遍處攝受一切三摩地
門陁羅尼門而脩八勝處九次第定十遍處
攝受一切內空外空內外空空空大空勝義
空有為空无為空畢竟空无際空散空无變
異空本性空自相空共相空一切法空不可
得空无性空自性空无性自性空而脩八勝
處九次第定十遍處攝受一切真如法界法
性不虛妄性不變異性平等性離生性法定
法住實際虛空界不思議界而脩八勝處九
次第定十遍處攝受一切五眼六神通而脩
八勝處九次第定十遍處攝受一切佛十力
四无所畏四无礙解十八佛不共法而脩八
勝處九次第定十遍處攝受一切大慈大悲
大喜大捨而脩八勝處九次第定十遍處攝
受一切无忘失法恒住捨性而脩八勝處九
次第定十遍處攝受一切一切智道相智一
切相智而脩八勝處九次第定十遍處攝受
一切三十二大士相八十隨好而脩八勝處
九次第定十遍處由是因緣而无二想
善現菩薩摩訶薩脩行般若波羅蜜多時為
欲圓滿一切三摩地門故即於一切三摩地
門中攝受一切布施淨戒安忍精進靜慮般

BD14584號　大般若波羅蜜多經卷三七四　（22–20）

九次第定十遍處由是因緣而无二想
善現菩薩摩訶薩脩行般若波羅蜜多時為
欲圓滿一切三摩地門故即於一切三摩地
門中攝受一切布施淨戒安忍精進靜慮般
若波羅蜜多而脩一切三摩地門攝受一切
四靜慮四无量四无色定而脩一切三摩地
門攝受一切四念住四正斷四神足五根五力
七等覺支八聖道支而脩一切三摩地門
攝受一切空无相无願解脫門而脩一切三
摩地門攝受一切苦集滅道聖諦而脩一切
三摩地門攝受一切八解脫八勝處九次第
定十遍處而脩一切三摩地門攝受一切三
摩地門陁羅尼門而脩一切三摩地門攝受
一切內空外空內外空空空大空勝義空有
為空无為空畢竟空无際空散空无變異空
本性空自相空共相空一切法空不可得空
无性空自性空无性自性空而脩一切三摩
地門攝受一切真如法界法性不虛妄性不
變異性平等性離生性法定法住實際虛
空界不思議界而脩一切三摩地門攝受一
切五眼六神通而脩一切三摩地門攝受一切
佛十力四无所畏四无礙解十八佛不共法
而脩一切三摩地門攝受一切大慈大悲大
喜大捨而脩一切三摩地門攝受一切无忘
失法恒住捨性而脩一切三摩地門攝受一
切一切智道相智一切相智而脩一切三摩
地門攝受一切三十二大士相八十隨好而

BD14584號　大般若波羅蜜多經卷三七四　（22–21）

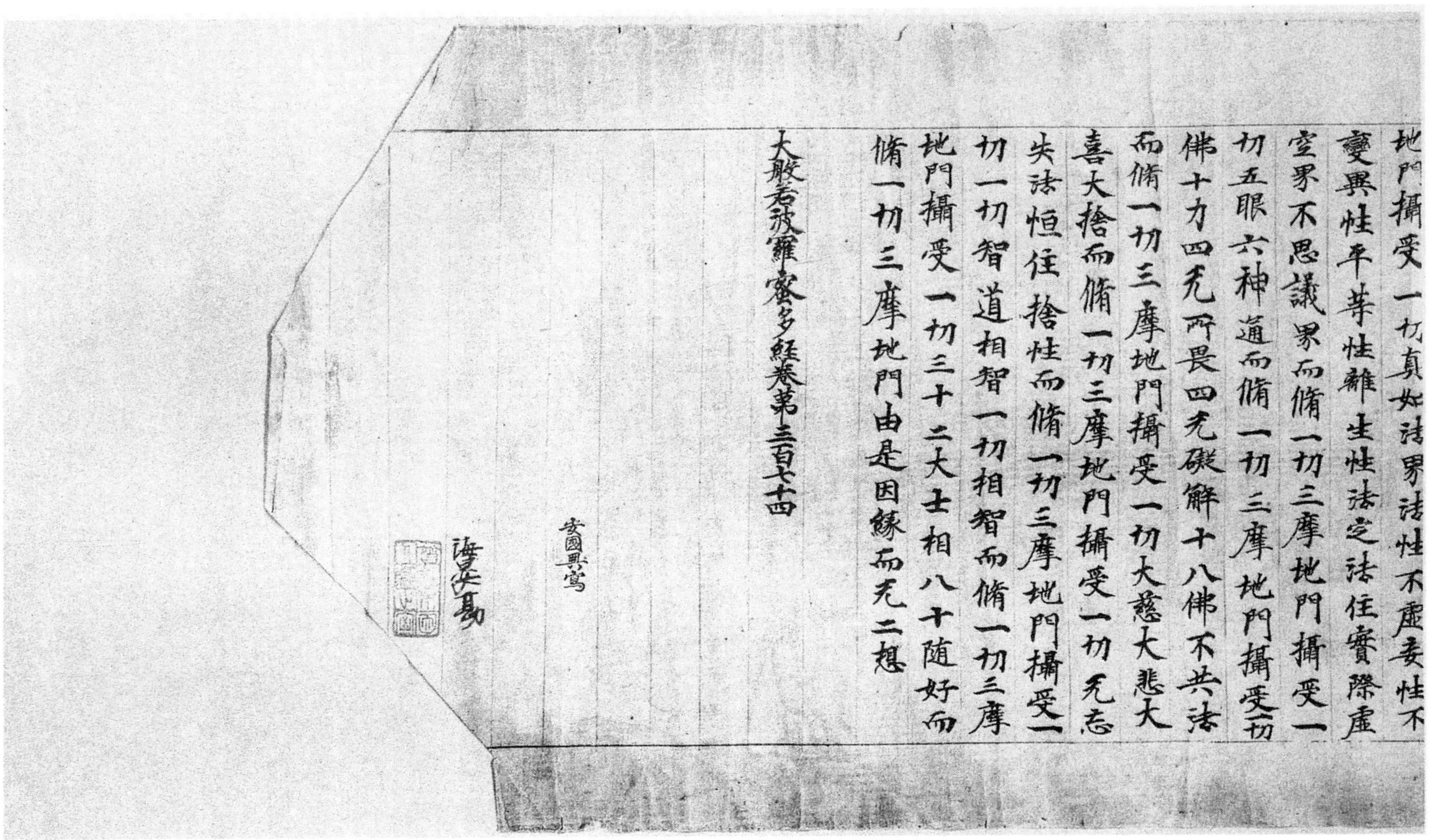
地門攝受一切真如法界法性不虛妄性不
變異性平等性離生性法定法住實際虛
空界不思議界而脩一切三摩地門攝受一
切五眼六神通而脩一切三摩地門攝受一切
佛十力四无所畏四无礙解十八佛不共法
而脩一切三摩地門攝受一切大慈大悲大
喜大捨而脩一切三摩地門攝受一切无忘
失法恒住捨性而脩一切三摩地門攝受一
切一切智道相智一切相智而脩一切三摩
地門攝受一切三十二大士相八十隨好而
脩一切三摩地門由是因緣而无二想

大般若波羅蜜多經卷第三百七十四

安國興寫

海安勘

BD14584 號　大般若波羅蜜多經卷三七四　（22–22）

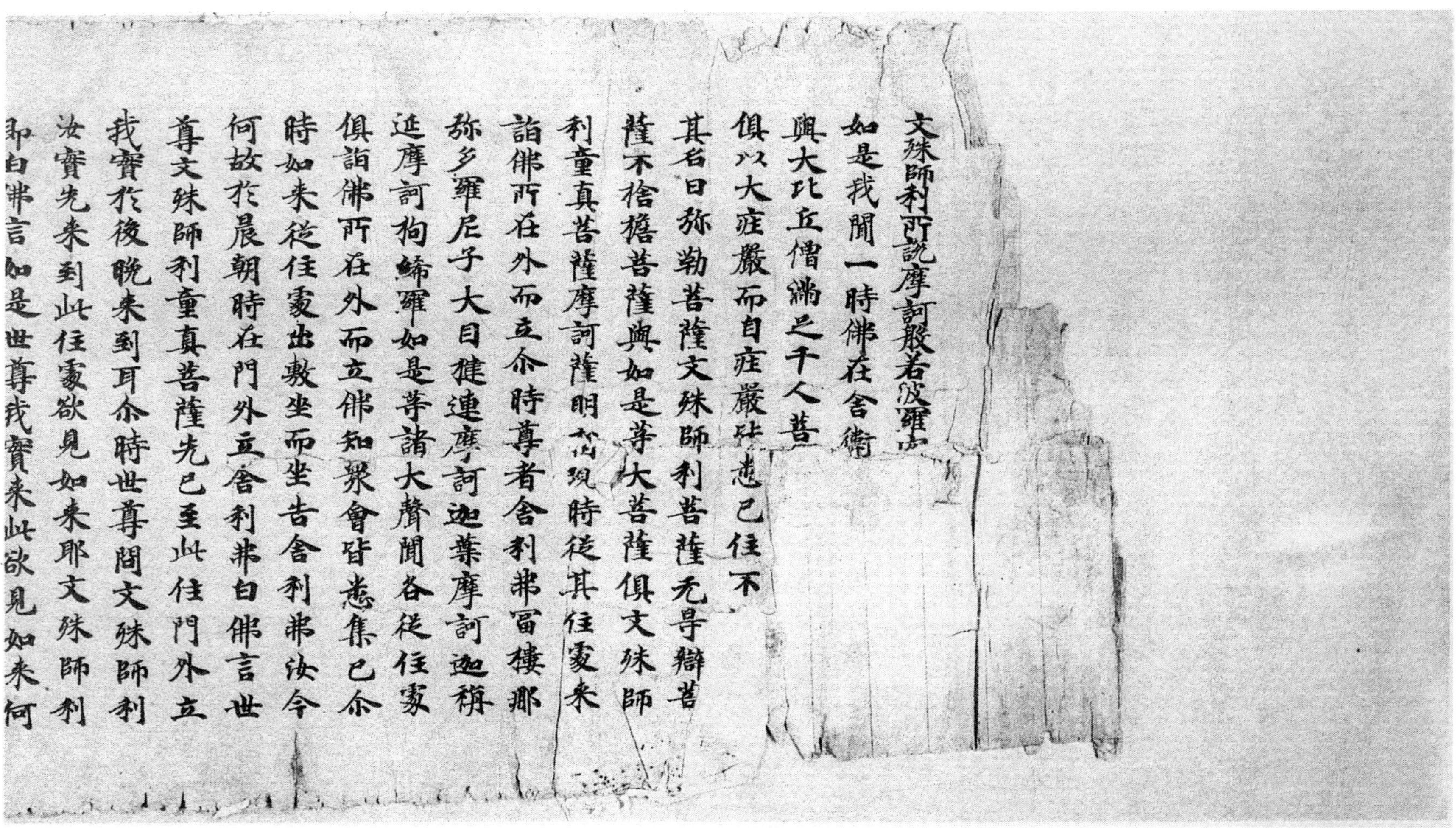
文殊師利所說摩訶般若波羅蜜
如是我聞一時佛在舍衛
與大比丘僧滿足千人菩
俱以大莊嚴而自莊嚴皆悉已住不
其名曰彌勒菩薩文殊師利菩薩无㝵辯菩
薩不捨擔菩薩與如是等大菩薩俱文殊師
利童真菩薩摩訶薩明相現時從其住處來
詣佛所在外而立尒時尊者舍利弗富樓那
彌多羅尼子大目揵連摩訶迦葉摩訶迦旃
延摩訶拘絺羅如是等諸大聲聞各從住處
俱詣佛所在外而立佛知衆會皆悉集已尒
時如來從住處出敷坐而坐告舍利弗汝今
何故於晨朝時在門外立舍利弗白佛言世
尊文殊師利童真菩薩先已至此住門外立
我實於後晚來到耳尒時世尊問文殊師利
汝實先來到此住處欲見如來耶文殊師利
即白佛言如是世尊我實來此欲見如來何

BD14585 號　文殊師利所說摩訶般若波羅蜜經（一卷本）　（28–1）

何故於晨朝時在門外立舍利弗白佛言世
尊文殊師利童真菩薩先已至此住門外立
我實於後晚來到耳尒時世尊問文殊師利
汝實先來到此住處欲見如來耶文殊師利
即白佛言如是世尊我實來此欲見如來何
以故我樂正觀利益衆生我觀如來如如相
不異相不動相不作相無生相無滅相不有
相不無相不在方不離方非三世非不三世
非二相非不二相非垢相非淨相以如是等
正觀如來利益衆生佛告文殊師利若能如
是見於如來心無所取亦無不取非積聚非
不積聚尒時舍利弗語文殊師利言若能如是
汝所說見如來者甚為希有為一切衆生故
見於如來而心不取衆生之相化一切衆生
向於涅槃而亦不取向於涅槃相為一切衆
生發大莊嚴而心不見莊嚴之相尒時文殊
師利童真菩薩摩訶薩語舍利弗言如是如
是如汝所說雖為一切衆生發大莊嚴心恒
不見有衆生相為一切衆生發大莊嚴而衆
生界亦不增不減假使一佛住世若一劫若
過一劫如此一佛世界復有無量無邊恒河
沙諸佛如是一一佛若一劫若過一劫晝夜
說法心無暫息各各度於無量恒河沙衆生
皆入涅槃而衆生界亦不增不減乃至十方
諸佛世界亦復如是一一諸佛說法教化各
度無量恒河沙衆生皆入涅槃於衆生界亦

BD14585 號　文殊師利所說摩訶般若波羅蜜經（一卷本）　　（28–2）

沙諸佛如是一一佛若一劫若過一劫晝夜
說法心無暫息各各度於無量恒河沙衆生
皆入涅槃而衆生界亦不增不減乃至十方
諸佛世界亦復如是一一諸佛說法教化各
度無量恒河沙衆生皆入涅槃於衆生界亦
不增不減何以故衆生定相不可得是故
衆生界不增不減舍利弗復語文殊師利言
若衆生界不增不減何故菩薩為諸衆生求
阿耨多羅三藐三菩提常行說法文殊師利
白佛言若諸衆生悉空相者亦無菩薩求阿
耨多羅三藐三菩提亦無衆生而為說法何
以故我說法中無有一法當可得故尒時佛
告文殊師利若無衆生云何說有衆生及衆
生界文殊師利言衆生界相如諸佛界又問
衆生界者是有量耶荅曰衆生界量如佛界
量佛又問衆生界量有處所不荅曰衆生界
量不可思議又問衆生界相為有住不荅曰
衆生無住猶如空住佛告文殊師利如是脩
般若波羅蜜時當云何住般若波羅蜜文殊
師利言以不住法為住般若波羅蜜佛復問
文殊師利云何不住法名住般若波羅蜜文
殊師利言以無住相即住般若波羅蜜佛復
告文殊師利如是住般若波羅蜜時是諸善
根云何增長云何損減文殊師利言若能如
是住般若波羅蜜於諸善根無增無減於一
切法亦無增無減是般若波羅蜜性相亦無

BD14585 號　文殊師利所說摩訶般若波羅蜜經（一卷本）　　（28–3）

殊師利言以无住相即住般若波羅蜜佛復
告文殊師利如是住般若波羅蜜時是諸善
根云何增長云何損減文殊師利言若能如
是住般若波羅蜜於諸善根无增无減於一
切法亦无增无減是般若波羅蜜性相亦无
增无減世尊如是脩般若波羅蜜則不捨凡
夫法亦不取賢聖法何以故般若波羅蜜不
見有法可取可捨如是脩般若波羅蜜亦不
見涅槃可樂生死可猒何以故不見生死況
復猒離不見涅槃何況者樂如是脩般若波
羅蜜不見垢惱可捨亦不見功德可取於一
切法心无增減何以故不見法界有增減故
世尊若能如是是名脩般若波羅蜜世尊不
見諸法有生有滅是脩般若波羅蜜世尊不
見諸法有增有減是脩般若波羅蜜世尊
心无悕取不見法相有可求者是脩般若
波羅蜜世尊不見好醜不生高下不作取捨
何以故法无好醜離諸相故法无高下等法
性故法无取捨住實際故是脩般若波羅蜜
佛告文殊師利是諸佛法得不勝乎文殊師利言
我不見諸法有勝如相如來自覺一切法空
是可證知佛告文殊師利如是如是如來正
覺自證空法文殊師利白佛言世尊是空法
中當有勝如而可得耶佛言善哉善哉文殊
師利如汝所說是真法乎佛復謂文殊師利

BD14585 號　文殊師利所說摩訶般若波羅蜜經（一卷本）　（28–4）

我[illegible]
是可證知佛告文殊師利如是如是如來正
覺自證空法文殊師利白佛言世尊是空法
中當有勝如而可得耶佛言善哉善哉文殊
師利如汝所說是真法乎佛復謂文殊師利
言阿耨多羅是佛法不文殊師利言如佛所
說阿耨多羅是名佛法何以故无法可得名
阿耨多羅文殊師利言如是脩般若波羅
蜜不名法器非化凡夫法亦非佛法非增長
法是脩般若波羅蜜復次世尊脩般若波羅
蜜時不見有法可分別思惟佛告文殊師利汝於
佛法不思惟耶文殊師利言不世尊如我
思惟不見佛法亦不可分別是凡夫法是聲
聞法是辟支佛法如是名為无上佛法復次
脩般若波羅蜜時不見凡夫相不見佛法相
不見諸法有決定相是為脩般若波羅蜜復
次脩般若波羅蜜時不見欲界不見色界不
見无色界不見寂滅界何以故不見有法是
盡滅相是脩般若波羅蜜復次脩般若波羅
蜜時不見作恩者不見報恩者思惟二相心
无分別是脩般若波羅蜜復次脩般若波羅
般若波羅蜜復次脩般若波羅蜜時不見
蜜時不見是佛法可取不見凡夫法可捨是
脩般若波羅蜜
復次脩般若波羅蜜時不見凡夫法可滅亦
不見佛法而心證知是脩般若波羅蜜佛告
文殊師利善哉善哉汝能如是善說甚深般

BD14585 號　文殊師利所說摩訶般若波羅蜜經（一卷本）　（28–5）

蜜時不見是佛法可取不見凡夫法可捨是
脩般若波羅蜜
復次脩般若波羅蜜時不見凡夫法可滅亦
不見佛法而心證知是脩般若波羅蜜佛告
文殊師利善哉善哉汝能如是善說甚深般
若波羅蜜相是諸菩薩摩訶薩所學法印乃
至聲聞緣覺學无學人亦當不離是印而脩
道果佛告文殊師利若人得聞是法不驚不
畏者不從千佛所種諸善根乃至百千万億
佛所久殖德本乃能於是甚深般若波羅蜜
不驚不怖文殊師利白佛言世尊我今更說
般若波羅蜜義佛言便說世尊脩般若波羅
蜜時不見法是應住是不應住亦不見境界
可取捨相何以故如諸如來不見一切法境
界相故乃至不見諸佛境界況取聲聞緣覺
凡夫境界不取思議相亦不取思議相不見
諸法有若干相自證空法不可思議如是菩
薩摩訶薩皆已供養无量百千万億諸佛種
諸善根乃能於是甚深般若波羅蜜不驚不
怖復次脩般若波羅蜜時不見縛不見解而
於凡夫乃至三乘不見差別相是脩般若波
羅蜜佛告文殊師利汝已供養幾所諸佛文
殊師利言我及諸佛如幻化相不見供養及
與受者佛告文殊師利汝今可不住佛乘耶
文殊師利言如我思惟不見一法云何當得

BD14585號　文殊師利所說摩訶般若波羅蜜經（一卷本）　（28–6）

羅蜜佛告文殊師利汝已供養幾所諸佛文
殊師利言我及諸佛如幻化相不見供養及
與受者佛告文殊師利汝今可不住佛乘耶
文殊師利言如我思惟不見一法云何當得
住於佛乘佛言文殊師利汝不得佛乘乎文
殊師利言如佛乘者但有名字非是可得亦
不可見我云何得佛言文殊師利汝得无㝵
智乎文殊師利言我即无㝵云何以无㝵而
得无㝵佛言汝坐道場乎文殊師利言一切
如來不坐道場我今云何獨坐道場何以故
現見諸法住實際故佛言云何名實際文殊
師利言身見等是實際佛言云何身見是實
際文殊師利言身見如相非實非不實不來
不去亦身非身是名實際舍利弗白佛言世
尊若於斯義諦了決定是名菩薩摩訶薩何
以故能聞如是甚深般若波羅蜜相心不驚
不怖不沒不悔弥勒菩薩白佛言世尊得聞
如是般若波羅蜜具足法相是即近於佛坐
何以故如來現覺此法相故文殊師利白佛
言世尊得聞甚深般若波羅蜜能不驚不怖
不沒不悔當知此人即是見佛尒時復有无
相優婆夷白佛言世尊凡夫法聲聞法辟支
佛法菩薩法佛法是諸法皆无相是故於所
從聞般若波羅蜜皆不驚不怖不沒不悔何
以故一切諸法本无相故佛告舍利弗善男

BD14585號　文殊師利所說摩訶般若波羅蜜經（一卷本）　（28–7）

不沒不悔當知此人即是見佛尒時復有无
相優婆夷白佛言世尊凡夫法聲聞法辟支
佛法菩薩法佛法是諸法皆无相是故於所
從聞般若波羅蜜皆不驚不怖不沒不悔何
以故一切諸法本无相故佛告舍利弗善男
子善女人若聞如是甚深般若波羅蜜心得
決定不驚不怖不沒不悔當知是人即住不
退轉地若人聞是甚深般若波羅蜜不驚不
怖不沒不悔信樂聽受歡喜不猒是即具足
檀波羅蜜尸波羅蜜羼提波羅蜜毗梨耶波
羅蜜禪波羅蜜般若波羅蜜亦能為他顯示
分別如說脩行
佛告文殊師利汝觀何義為得阿耨多羅三
藐三菩提住阿耨多羅三藐三菩提文殊師
利言我无得阿耨多羅三藐三菩提我不住
佛乘云何當得阿耨多羅三藐三菩提如我
所說即菩提相佛讚文殊師利言善哉善哉
汝能於是甚深法中巧說斯義汝於先佛久
種善根以无相法淨脩梵行文殊師利言若
見有相則言无相我今不見有相亦不得无
相云何而言以无相法淨脩梵行佛告文殊
師利汝見聲聞戒耶荅曰見佛言汝云何見
文殊師利言我不作凡夫見不作聖人見不
不作學見不作无學見不作大見不作小見
不作調伏見不作不調伏見非見非不見舍

BD14585號　文殊師利所說摩訶般若波羅蜜經（一卷本）　（28-8）

文殊師利言我不作凡夫見不作聖人見不
不作學見不作无學見不作大見不作小見
不作調伏見不作不調伏見非見非不見舍
利弗語文殊師利言汝今如是觀聲聞乘若
觀佛乘當復云何文殊師利言不見菩提法
不見脩行菩提及證菩提者舍利弗語文殊
師利言云何名佛云何觀佛文殊師利言云
何為我舍利弗言我者但有名字名字相空
文殊師利言如是如是如我但有名字佛亦
但有名字名字相空即是菩提不以名字而
求菩提菩提之相无言无說何以故言說菩
提二俱空故復次舍利弗汝問云何名佛云
何觀佛者不生不滅不來不去非名非相是
名為佛如自觀身實相觀佛亦然唯有智者
乃能知耳是名觀佛尒時舍利弗白佛言
世尊如文殊師利所說般若波羅蜜非初學
菩薩所能了知文殊師利言非但初學菩薩
所不能知及諸二乘所作已辦者亦未能了
如是說法无能知者何以故菩提之相實无
有法而可知故无見无聞无得无念无生无
滅无說无聽如是菩提性相空寂无證无知
无形无相云何當有得菩提者舍利弗
語文殊師利言佛於法界不證阿耨多羅
三藐三菩提耶文殊師利言不也舍利弗何
以故世尊即是法界若以法界證法界者即

BD14585號　文殊師利所說摩訶般若波羅蜜經（一卷本）　（28-9）

滅无説无聽如是菩提性相空寂无證无知
无形无相云何當有得菩提者舍利弗
語文殊師利言佛於法界不證阿耨多羅
三藐三菩提耶文殊師利言不也舍利弗何
以故世尊即是法界若以法界證法界者即
是諍論舍利弗法界之相即是菩提何以故
是法界中无衆生相一切法空故一切法空
即菩提无二无分別故舍利弗无分別中則
无知者若无知者即无言説无言説相即非
有非无非知非不知一切諸法亦復如是何
以故一切諸法不見處所決定性故如逆罪
相不可思議何以故諸法實相不可壞故如
是逆罪亦无本性不生天上不墮地獄亦不
入涅槃何以故一切業緣皆住實際不來不
去非因非果何以故法界无邊无前无後
故是故舍利弗若見犯重比丘不墮地獄清
淨行者不入涅槃如是比丘非應供非不應
供非盡漏非不盡漏何以故於諸法中住平
等故舍利弗言云何名不退法忍文殊師利
言不見少法有生滅相名不退法忍舍利弗
言云何復名不調比丘文殊師利言漏盡阿
羅漢是名不調何以故諸結已盡更无所調
故名不調若愚心行名為凡夫何以故凡夫
衆生不順法界是故名愚舍利弗言善哉善
哉汝今為我善解漏盡阿羅漢義文殊師利

BD14585號　文殊師利所説摩訶般若波羅蜜經（一卷本）　（28-10）

言云何復名不調比丘文殊師利言漏盡阿
羅漢是名不調何以故諸結已盡更无所調
故名不調若愚心行名為凡夫何以故凡夫
衆生不順法界是故名愚舍利弗言善哉善
哉汝今為我善解漏盡阿羅漢義文殊師利
言如是如是我即漏盡真阿羅漢何以故斷
求聲聞欲及辟支佛欲以是因緣故名漏盡
得阿羅漢佛告文殊師利諸菩薩等坐道
場時覺悟阿耨多羅三藐三菩提不文殊
師利言菩薩坐於道場无有覺悟阿耨多羅
三藐三菩提何以故如菩提相見无有少法
而可得者名阿耨多羅三藐三菩提无相菩
提誰能坐者亦无起者以是因緣不見菩薩
坐於道場亦不覺證阿耨多羅三藐三菩提
文殊師利白佛言世尊菩提即五逆五逆即
菩提何以故菩提五逆无二相故无覺无覺
者无見无見者无知无知者无分別无分別
者如是之相名為菩提見五逆相亦復如是
若言見有菩提而取證者當知此輩即是
增上慢人尒時世尊告文殊師利汝言我
是如來亦謂我為如來乎文殊師利言不也
世尊我不謂如來為如來耶无有如相可名
為如亦无如來智能知於如何以故如來及
知无二相故空為如來但有名字我當云何
謂是如來佛告文殊師利汝疑如來耶文殊
師利言不也世尊我觀如來无决定性无生

BD14585號　文殊師利所説摩訶般若波羅蜜經（一卷本）　（28-11）

世尊我不謂如来為如来耶无有如相可名
為如亦无如来智能知於如何以故如来及
知无二相故空為如来但有名字我當云何
謂是如来佛告文殊師利汝疑如来耶文殊
師利言不也世尊我觀如来无决定性无生
无滅故无所疑佛告文殊師利汝今不謂如
来出現於世耶文殊師利言若有如来出現於
世者一切法界亦應出現佛告文殊師利汝
謂恒沙諸佛入涅槃耶文殊師利言諸佛一
相不可思議佛語文殊師利如是如是佛是
一相不思議相文殊師利白佛言世尊佛今
住世耶佛語文殊師利如是如是文殊師利
言若佛住世恒沙諸佛亦應住世何以故一
切諸佛皆同一相不思議相不思議相　无
生无滅若未来諸佛出興於世一切諸佛亦
皆出世何以故不思議中无過去未来現在
相但衆生取著謂有出世謂佛滅度佛語文
殊師利此是如来阿羅漢阿鞞跋致菩薩所
解何以故是三種人聞甚深法能不誹謗亦
不讃歎文殊師利白佛言世尊如是不思議
誰當誹謗誰當讃歎佛言文殊師利如来不
思議凡夫亦不思議文殊師利白佛言世尊
凡夫亦不思議耶佛言亦不思議何以故一
切心相皆不思議文殊師利言若如是說如
来不思議凡夫亦不思議今无數諸佛求於
涅槃徒自疲勞何以故不思議法即是涅槃

思議凡夫亦不思議文殊師利白佛言世尊
凡夫亦不思議耶佛言亦不思議何以故一
切心相皆不思議文殊師利言若如是說如
来不思議凡夫亦不思議今无數諸佛求於
涅槃徒自疲勞何以故不思議法即是涅槃
等无異故文殊師利言如是凡夫不思議諸
佛不思議若善男子善女人久習善根近善
知識乃能了知佛告文殊師利汝欲使如来
於衆生中為㝡勝耶文殊師利言我欲使如
来於諸衆生為㝡第一但衆生相亦不可得
佛言汝欲使如来得不思議法耶文殊師利
言我欲使如来得不思議而於諸法无成就者
佛告文殊師利言汝欲使如来說法教化耶
文殊師利言欲使如来說法教化是說法及
聽者皆不可得何以故住法界故法界衆生
无差別相佛告文殊師利汝欲使如来為无
上福田耶文殊師利言如来是无盡福田是
无盡相无盡相即无上福田非福田非不福
田是名福田无有明闇生滅等相是名福田
若能如是解福田相深殖善種亦无增无減佛
告文殊師利云何殖種不增不減文殊師利
言福田之相不可思議若人於中如法脩善
亦不可思議如是殖種名无增无減亦是无
上㝡勝福田尒時大地以佛神力六種震動
現无量相一万六千人皆得无生法忍七百
[illegible]

言福田之相不可思議若人於中如法脩善
亦不可思議如是殖種名无增无減亦是无
上最勝福田尒時大地以佛神力六種震動
現无量相一万六千人皆得无生法忍七百
比丘三千優婆塞四万優婆夷六十億那由
他六欲諸天遠塵離垢於諸法中得法眼淨
尒時阿難從坐而起偏袒右肩右膝著地白
佛言世尊何因緣故如是大地六種震動佛
告阿難我說福田无差別相故現斯瑞往昔
諸佛亦於此處作如是說福田之相利益衆
生一切世界六種震動舍利弗白佛言世尊
文殊師利是不可思議何以故所說法相不
可思議佛告文殊師利如是如是如舍利弗
言汝之所說實不思議文殊師利白佛言世
尊不思議不可說思議亦不可說如是思
議不思議性俱不可說一切聲相非思議
亦非不思議佛言汝入不思議三昧耶文
殊師利言不也世尊我即不思議不見有心
能思議者云何而言入不思議三昧我初發
心欲入是定而今思惟實无心相而入三昧
如人學射久習則巧後雖无心以久習故箭
發皆中我亦如是初學不思議三昧繫心一
緣若久習成就更无心想恒與定俱舍利
弗語文殊師利言更有勝妙寂滅定不文殊
師利言若有不思議定者汝可問言更有寂

BD14585號　文殊師利所說摩訶般若波羅蜜經（一卷本）　（28–14）

如人學射久習則巧後雖无心以久習故箭
發皆中我亦如是初學不思議三昧繫心一
緣若久習成就更无心想恒與定俱舍利
弗語文殊師利言更有勝妙寂滅定不文殊
師利言若有不思議定者汝可問言更有寂
滅定不如我意解不可思議定尚不可得云
何問有寂滅定乎舍利弗言不思議定不可
得耶文殊師利言思議定者是可得相不思
議定者不可得相一切衆生實成就不思議
定何以故一切心相即非心故是名不思議
定是故一切衆生相及不思議三昧相等无
分別佛讚文殊師利言善哉善哉汝於諸佛
久殖善根淨脩梵行乃能演說甚深三昧汝
今安住如是般若波羅蜜中文殊師利言若
我住般若波羅蜜中能作是說即是有相便
住我相若住有相我相中者般若波羅蜜便
有處所般若波羅蜜若住於无亦是我想亦
名處所離此二處住无所住如諸佛住安處
寂滅非思議境界如是不思議名般若波羅
蜜住處般若波羅蜜處一切法无相一切法
无作般若波羅蜜即不思議不思議即法界
法界即无相无相即不思議不思議即般若波
羅蜜般若波羅蜜法界无二无別无二无別
即法界法界即无相无相即般若波羅蜜界
般若波羅蜜界即不思議界不思議界即无
生无滅界无生无滅界即不思議界文殊師

BD14585號　文殊師利所說摩訶般若波羅蜜經（一卷本）　（28–15）

法界无相无相即不思議不思議即般若波
羅蜜般若波羅蜜法界无二无別无二无別
即法界法界即无相无相即般若波羅蜜界
般若波羅蜜界即不思議界不思議界即无
生无滅界无生无滅界即不思議界文殊師
利言如来界及我界即不二相如是脩般若
波羅蜜者則不求菩提何以故菩提相離即
是般若波羅蜜故世尊若知我相而不可着
无知无着是佛所知不可思議无知无着即
佛所知何以故知體本性无所有相云何能
轉法界若知本性无體无着者即名无物若
无有物是无處所无依无住无依无住即无
生无滅无生无滅即是有為无為功德若如
是知則无心想无心想者云何當知有為无
為功德无知即不思議不思議者是佛所知
亦无取无不取不見三世去来等相不取生
滅及諸起作亦不斷不常如是知者是名正
智不思議智如虛空无此无彼不可比類无
好无惡无等无等相无狼无狼相佛告文殊
師利若如是知名不退智文殊師利言无作
智名不退猶如金鋌先加搥打方知好惡若
不治打无能知者不退智相亦復如是要行
境界不念不着无起无作具足不動不生不
滅爾乃顯現爾時佛告文殊師利言如諸如
来自說己智誰當能信文殊師利言如是智
者非涅槃法非生死法是寂滅行是无動行

BD14585號　文殊師利所說摩訶般若波羅蜜經（一卷本）　（28–16）

不治打无能知者不退智相亦復如是要行
境界不念不着无起无作具足不動不生不
滅爾乃顯現爾時佛告文殊師利言如諸如
来自說己智誰當能信文殊師利言如是智
者非涅槃法非生死法是寂滅行是无動行
不斷貪欲瞋恚愚癡亦非不斷何以故无盡
无滅不離生死亦非不離不脩道非不脩道
作是解者名為正信佛告文殊師利言善哉
善哉如汝所說深解斯義爾時摩訶迦葉白
佛世尊於當来世若說如是甚深正法誰能
信解如聞受行
佛告迦葉今此會中比丘比丘尼優婆塞優
婆夷得聞此經者如是人等於未来世若聞
是法必能信解於甚深般若波羅蜜乃能讀
誦信解受持亦為他人分別演說譬如長
者失摩尼寶憂愁苦惱後若還得心甚歡
喜如是迦葉比丘比丘尼優婆塞優婆夷
等亦復如是有信樂心若不聞法則生苦惱
若得聞時信解受持常樂讀誦甚大歡喜當
知是人即是見佛亦即親近供養諸佛佛告
迦葉譬如忉利天上波利質多樹胞初出
時是中諸天見是樹已皆大歡喜此樹不久
必當開敷若比丘比丘尼優婆塞優婆夷得
聞般若波羅蜜能生信解亦復如是此人不
久亦當開敷一切佛法於當来世有比丘比
丘尼優婆塞優婆夷聞般若波羅蜜信受讀

BD14585號　文殊師利所說摩訶般若波羅蜜經（一卷本）　（28–17）

必當聞數若比丘比丘尼優婆塞優婆夷得
聞般若波羅蜜能生信解亦復如是此人不
久亦當聞數一切佛法於當来世有比丘比
丘尼優婆塞優婆夷聞般若波羅蜜信受讀
誦心不悔沒當知是人已從此會聽受是經
亦能為人聚落城邑廣說流布當知是人佛
所護念如是甚深般若波羅蜜中有能信樂
无疑惑者是善男子善女人於過去諸佛久
已修學殖衆善根譬如有人以手穿珠忽遇
无上真摩尼寶心大歡喜當知是人必已曾
見如是
迦葉若善男子善女人修學餘法忽然得聞
甚深般若波羅蜜能生歡喜亦復如是當知
此人已曾聞故若有衆生得聞甚深般若波
羅蜜心能信受生大歡喜如是人等亦曾親
近无數諸佛從聞般若波羅蜜已修學故譬
如有人先所逕見城邑聚落後若聞人讚
歎彼城所有園菀種種池泉華菓樹男女
人民皆可愛樂是人聞已即大歡喜更勸
令說是城園菀衆好嚴餝雜華池泉多諸甘
菓種種珎妙一切愛樂是人得聞重甚歡喜
如是之人皆曾見故若善男子善女人有
聞般若波羅蜜信心聽受能生歡喜樂聞
不猒而更勸說當知此輩已從文殊師利曾
聞如是般若波羅蜜故迦葉白佛言世尊若

BD14585號　文殊師利所說摩訶般若波羅蜜經（一卷本）　（28–18）

菓種種珎妙一切愛樂是人得聞重甚歡喜
如是之人皆曾見故若善男子善女人有
聞般若波羅蜜信心聽受能生歡喜樂聞
不猒而更勸說當知此輩已從文殊師利曾
聞如是般若波羅蜜故迦葉白佛言世尊若
将来世善男子善女人得聞是甚深般若波
羅蜜信樂聽受以是相故當知此人亦於過
去佛所曾聞修學文殊師利白佛言世尊佛
說諸法无住无相第一寂滅若善男子善女
人有能如是諦了斯義如聞如說為諸如来
之所讚歎不違法相是即佛說亦是熾然般
若波羅蜜相亦名熾然具足佛法通達實相
不可思議佛告文殊師利我本行菩薩道時
修諸善根欲住阿鞞跋致地當學般若波羅
蜜欲成阿耨多羅三藐三菩提當學般若波
羅蜜若善男子善女人欲解一切法相欲知
一切衆生心界皆悉同等當學般若波羅蜜
文殊師利欲學一切法具足无导當學般若
波羅蜜欲學一切佛成阿耨多羅三藐三菩
提時相好威儀无量法式當學般若波羅蜜
欲知一切佛不成阿耨多羅三藐三菩提一
切法式及諸威儀當學般若波羅蜜何以故
是空法中不見諸佛菩提等故若善男子善
女人欲知如是等相无疑惑者當學般若波
羅蜜何以故般若波羅蜜不見諸法若生若

BD14585號　文殊師利所說摩訶般若波羅蜜經（一卷本）　（28–19）

欲知一切佛不成阿耨多羅三藐三菩提一
切法式及諸威儀當學般若波羅蜜何以故
是空法中不見諸佛菩提等故若善男子善
女人欲知如是等相无疑惑者當學般若波
羅蜜何以故般若波羅蜜不見諸法若生若
滅若垢若淨是故善男子善女人應作如是
學般若波羅蜜欲知一切法无過去未來現
在等相當學般若波羅蜜何以故法界性相
无去來故欲知一切法同入法界心无罣㝵
當學般若波羅蜜欲得三轉十二行法輪亦
自證知而不取著當學般若波羅蜜欲得慈
心遍覆一切衆生而无限齊亦不作念有衆
生相當學般若波羅蜜欲得於一切衆生不
起諍論亦復不取无諍論相當學般若波羅
蜜欲知是處非處十力无畏住佛智慧得无
㝵辯當學般若波羅蜜尒時文殊師利白佛
言世尊我觀正法无爲无相无得无利无生
无滅无來无去无知者无見者无作者不見
般若波羅蜜亦不見般若波羅蜜境界非證
非不證不作戲論无有分別一切法无盡離
盡无凡夫法无聲聞法无辟支佛法佛法非
得非不得不捨生死不證涅槃非思議非不
思議非作非不作法相如是不知云何當學
般若波羅蜜尒時佛告文殊師利若能如是
知諸法相是名學般若波羅蜜菩薩摩訶薩
若欲學菩提自在三昧得是三昧已照明一

BD14585號　文殊師利所說摩訶般若波羅蜜經（一卷本）　（28–20）

得非不得不捨生死不證涅槃非思議非不
思議非作非不作法相如是不知云何當學
般若波羅蜜尒時佛告文殊師利若能如是
知諸法相是名學般若波羅蜜菩薩摩訶薩
若欲學菩提自在三昧得是三昧已照明一
切甚深佛法及知一切諸佛名字亦悉了達
諸佛世界无有鄣㝵當如文殊師利所說般
若波羅蜜中學文殊師利白佛言世尊何故
名般若波羅蜜佛言般若波羅蜜无邊无際
无名无相非思量无歸依无洲渚无犯无福
无晦无明如法界无有分劑亦无限數是名
般若波羅蜜亦名菩薩摩訶薩行處非行非
不行處悉入一乘名非行處何以故无念无
作故文殊師利白佛言世尊當云何行能速
得阿耨多羅三藐三菩提佛言文殊師利如
般若波羅蜜所說行能速得阿耨多羅三藐
三菩提復有一行三昧若善男子善女人脩
是三昧者亦速得阿耨多羅三藐三菩提文
殊師利言世尊云何名一行三昧佛言法界一
相繫緣法界是名一行三昧若善男子善女
人欲入一行三昧當先聞般若波羅蜜如說
脩學然後能入一行三昧如法界緣不退不
壞不思議无㝵无相善男子善女人欲入一
行三昧應處空閑捨諸亂意不取相貌繫心
一佛專稱名字隨佛方所端身正向能於一

BD14585號　文殊師利所說摩訶般若波羅蜜經（一卷本）　（28–21）

人欲入一行三昧當先聞般若波羅蜜如說
脩學然後能入一行三昧如法界緣不退不
壞不思議无㝵无相善男子善女人欲入一
行三昧應處空閑捨諸乱意不取相貌繫心
一佛專稱名字隨佛方所端身正向能於一
佛念念相續即是念中能見過去未來現在
諸佛何以故念一佛功德无量无邊亦與无
量諸佛功德无二不思議佛法等无分別皆
乘一如成最正覺悉具无量功德无量辯才
如是入一行三昧者盡知恒沙諸佛法界无
差別相阿難所聞佛法得念惣持辯才智慧
於聲聞中雖為最勝猶住量數則有限㝵若
得一行三昧諸經法門一一分別皆悉了知
決定无㝵晝夜常說智慧辯才終不斷絕若
比阿難多聞辯才百千等分不及其一菩薩
摩訶薩應作是念我當云何速得一行三昧
不可思議功德无量名稱佛言菩薩摩訶薩
當念一行三昧常勤精進而不懈怠如是次
第漸(漸)脩學則能得入一行三昧不可思議功
德作證除謗正法不信惡業重罪鄣者所不
能入復次文殊師利譬如有人得摩尼珠示
其珠師珠師答言此是无價真摩尼寶即求
師言為我治摩勿失光色珠師治已隨其磨
時珠色光明映徹表裏文殊師利若有善男
子善女人脩學一行三昧不可思議功德无
[illegible]

其珠師珠師答言此是无價真摩尼寶即求
師言為我治摩勿失光色珠師治已隨其磨
時珠色光明映徹表裏文殊師利若有善男
子善女人脩學一行三昧不可思議功德无
量名稱隨學(脩)時知諸法相明達无㝵功德增
長亦復如是文殊師利譬如日輪光明遍滿
无有減相若得一行三昧悉能具足一切功
德无有缺少亦復如是照明佛法如日輪光
文殊師利我所說法皆是一味離味解脫味
寂滅味若善男子善女人得是一行三昧者
其所演說亦是一味離味解脫味寂滅味若
善男子善女人得是一行三昧者其所演說
亦是一味離味解脫味寂滅味隨順正法无
錯謬相文殊師利若菩薩摩訶薩得是一行
三昧皆悉滿足助道之法速得阿耨多羅三
藐三菩提復次文殊師利菩薩摩訶薩不見
法界有分別相及以一相速得阿耨多羅三
藐三菩提相不可思議是菩提中亦无得佛
如是知者速得阿耨多羅三藐三菩提若信
一切法悉是佛法不生驚怖亦不疑惑如是
忍者速得阿耨多羅三藐三菩提文殊師利
白佛言世尊以如是因速得阿耨多羅三藐
三菩提耶佛言得阿耨多羅三藐三菩提不
以因得非不因得何以故不思議界不以因
得不以非因得若善男子善女人聞如是說
不生懈怠當知是人以於先佛種諸善根是

白佛言世尊以如是因速得阿耨多羅三藐
三菩提耶佛言得阿耨多羅三藐三菩提不
以因得非不因得何以故不思議界不以因
得不以非因得若善男子善女人聞如是説
不生懈怠當知是人以於先佛種諸善根是
故比丘比丘尼聞説是甚深般若波羅蜜不
生驚怖即從佛出家若優婆塞優婆夷得聞
如是甚深般若波羅蜜心不驚怖即是成
就真歸依處文殊師利若善男子善女人不
習甚深般若波羅蜜即是不脩佛乘辟如大
地一切藥木皆依地生長文殊師利菩薩摩
訶薩亦復如是一切善根皆依般若波羅蜜
而得增長於阿耨多羅三藐三菩提不相違
背尒時文殊師利白佛言世尊此閻浮提城
邑聚落當於何處演説如是甚深般若波羅
蜜佛告文殊師利今此會中若有人聞般若
波羅蜜皆發誓言於未來世常得與般若波
羅蜜相應從是信解未來世中能聽是經當
知此人不從餘小根中來所能堪受聞已歡
喜文殊師利若復有人從汝聽是般若波羅
蜜應作是言此般若波羅蜜中无聲聞辟支
佛法菩薩法佛法无凡夫生滅等法文殊師
利白佛言世尊若比丘比丘尼優婆塞優婆
夷來問我言云何如來説般若波羅蜜我
當荅言一切諸法无諍論相云何如來當説

BD14585號　文殊師利所説摩訶般若波羅蜜經（一卷本）　（28–24）

蜜應作是言此般若波羅蜜中无聲聞辟支
佛法菩薩法佛法无凡夫生滅等法文殊師
利白佛言世尊若比丘比丘尼優婆塞優婆
夷來問我言云何如來説般若波羅蜜我
當荅言一切諸法无諍論相云何如來當説
般若波羅蜜何以故不見有法可與法諍論亦
无衆生心識能知復次世尊我當更説究竟
實際何以故一切法相同入實際阿羅漢无
別勝法何以故阿羅漢法凡夫法不一不異
故
復次世尊如是説法无有衆生已得涅槃今
得當得何以故无有決定衆生相故文殊師
利言若人欲聞般若波羅蜜我當作如是説
其有聽者不念不著无聞无得當如幻人无
所分別如是説者是真説法是故聽者莫作
二相不捨諸見而脩佛法不取佛法不捨凡
夫法何以故佛及凡夫二法相空无取捨故
若人問我當作是説如是安慰如是建立善
男子善女人應如是問作如是住心不退沒
當如法相隨順般若波羅蜜
尒時世尊歎文殊師利言善哉善哉如汝所
説若善男子善女人欲見諸佛應學如是般
若波羅蜜欲親近諸佛如法供養應學如是
般若波羅蜜若欲言如來是我世尊應學
如是般若波羅蜜若言如來非我世尊亦
應學如是般若波羅蜜若欲成阿耨多羅三

BD14585號　文殊師利所説摩訶般若波羅蜜經（一卷本）　（28–25）

說若善男子善女人欲見諸佛應學如是般
若波羅蜜欲親近諸佛如法供養應學如是
般若波羅蜜若欲言如来是我世尊應學
如是般若波羅蜜若言如来非我世尊亦
應學如是般若波羅蜜若欲成阿耨多羅三
藐三菩提應學如是般若波羅蜜若欲不成
阿耨多羅三藐三菩提亦應學如是般若波
羅蜜若欲成就一切三昧應學如是般若波
羅蜜若欲不成就一切三昧亦應學如是般
若波羅蜜何以故无作三昧无異相故一切
法无生无出故若欲知一切法假名應學如
是般若波羅蜜若欲知一切衆生脩菩提道
不求菩提相心不退沒應學如是般若波羅
蜜何以故一切法皆菩提相故若欲知一切
衆生行非行相非行即菩提菩提即法界法
界即實際心不退沒應學如是般若波羅蜜
若欲知一切如来神通變化无相无㝵亦无
方所亦應學如是般若波羅蜜
佛告文殊師利若比丘比丘尼優婆塞優婆
夷欲得不墮惡趣當學般若波羅蜜一四句
偈受持讀誦為他解說隨順實相如是善男
子善女人當知決定得阿耨多羅三藐三菩
提則住佛國若聞如是般若波羅蜜不驚不
畏心生信解當知此輩佛所印可是佛所行
大乘法印若善男子善女人學此法印超過
惡趣不入聲聞辟支佛道以超過故尒時帝

BD14585 號　文殊師利所説摩訶般若波羅蜜經（一卷本）　（28–26）

子善女人當知決定得阿耨多羅三藐三菩
提則住佛國若聞如是般若波羅蜜不驚不
畏心生信解當知此輩佛所印可是佛所行
大乘法印若善男子善女人學此法印超過
惡趣不入聲聞辟支佛道以超過故尒時帝
釋三十三天以天妙華優鉢羅華拘物頭
華分陁利華天曼陁羅華等天栴檀香及
餘末香種種金寶作天伎樂為供養般若
波羅蜜并諸如来及文殊師利以散其上
作是供養已願我常聞般若波羅蜜法印釋
提桓因復作是願閻浮提善男子善女人常
使得聞是經決定佛法皆令信解受持讀誦
為人演說一切諸天為作擁護
尒時佛告釋提桓因言憍尸迦如是如是善
男子善女人當得決定諸佛菩提
文殊師利白佛言世尊如是受持善男子善
女人得大利益功德无量尒時以佛神力一
切大地六反震動佛時微笑放大光明遍照
三千大千世界文殊師利白佛言世尊即是
如来印般若波羅蜜相佛言文殊師利如是
如是說般若波羅蜜已皆現此瑞為印般
若波羅蜜故使人受持令无讚毀何以故
无相法印不可讚毀我今以是法印令諸天
魔不能得便佛說是已尒時諸大菩薩及四
部衆聞說般若波羅蜜歡喜奉行

BD14585 號　文殊師利所説摩訶般若波羅蜜經（一卷本）　（28–27）

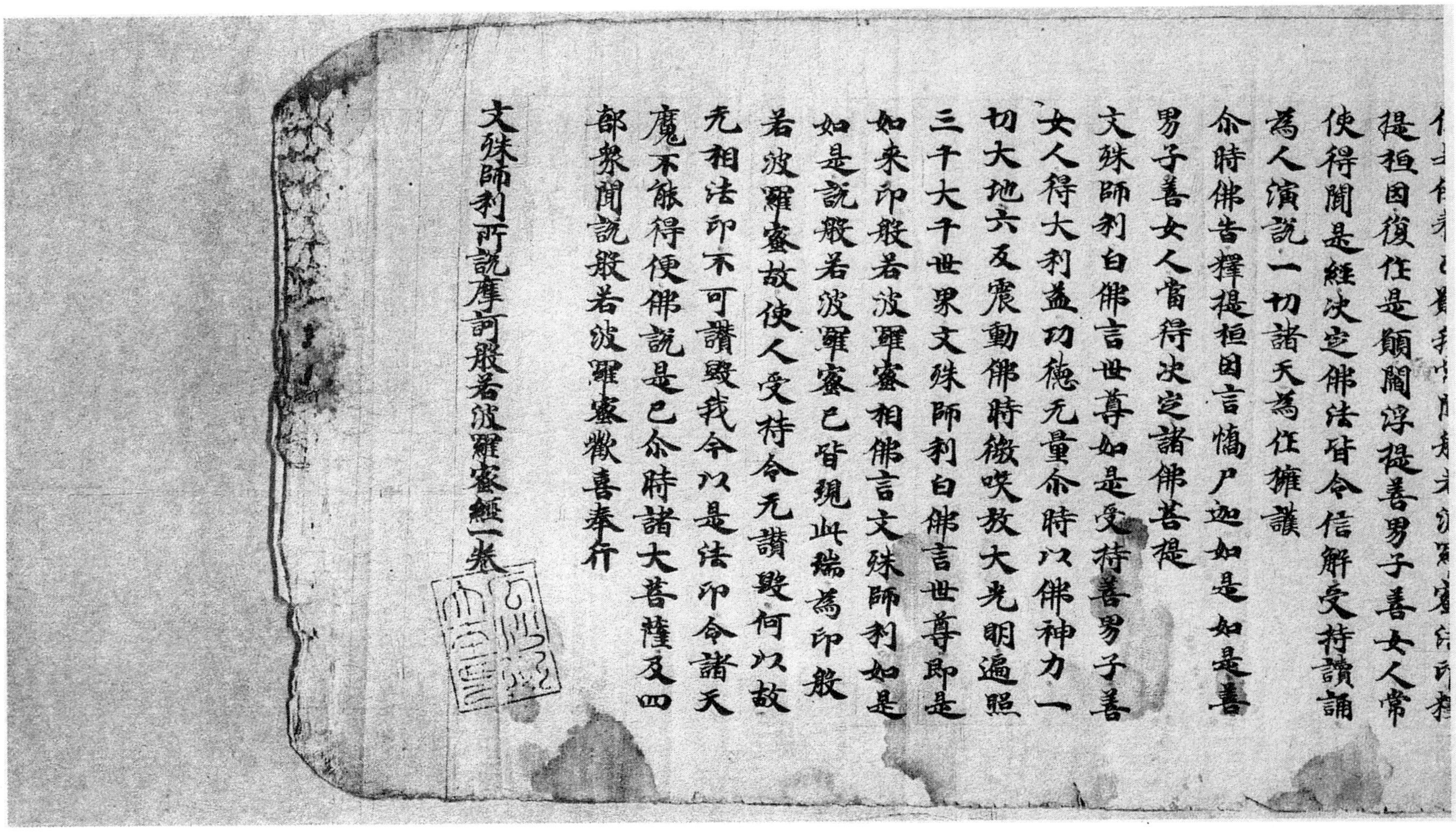

提桓因復作是願閻浮提善男子善女人常
使得聞是經決定佛法皆令信解受持讀誦
為人演説一切諸天為作擁護
尒時佛告釋提桓因言憍尸迦如是如是善
男子善女人當得決定諸佛菩提
文殊師利白佛言世尊如是受持善男子善
女人得大利益功德无量尒時以佛神力一
切大地六反震動佛時微咲放大光明遍照
三千大千世界文殊師利白佛言世尊即是
如來印般若波羅蜜相佛言文殊師利如是
如是説般若波羅蜜已皆現此瑞為印般
若波羅蜜故使人受持令无讃毀何以故
无相法印不可讃毀我今以是法印令諸天
魔不能得便佛説是已尒時諸大菩薩及四
部衆聞説般若波羅蜜歡喜奉行

文殊師利所説摩訶般若波羅蜜經一卷

BD14585 號　文殊師利所説摩訶般若波羅蜜經（一卷本）　　（28–28）

BD14585 號背　勘記　　（2–1）

BD14585號背　印章、回鶻文　（2–2）

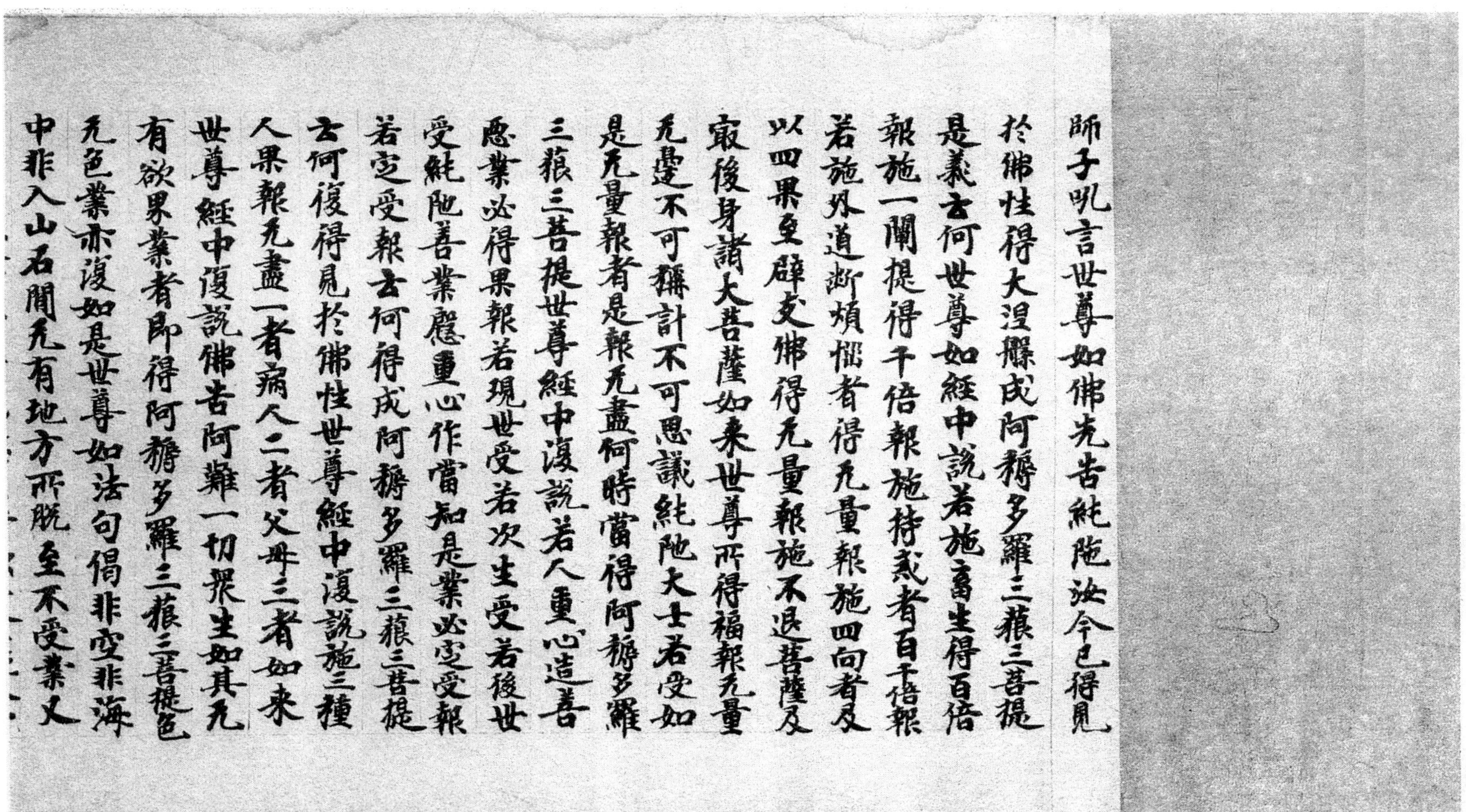

師子吼言世尊如佛先告純陀汝今已得見
於佛性得大涅槃成阿耨多羅三藐三菩提
是義云何世尊如經中說若施畜生得百倍
報施一闡提得千倍報施持戒者百千倍報
若施外道斷煩惱者得无量報施四向者及
以四果至辟支佛得无量報施不退菩薩及
㝡後身諸大菩薩如來世尊所得福報无量
无邊不可稱計不可思議純陀大士若受如
是无量報者是報无盡何時當得阿耨多羅
三藐三菩提世尊經中復說若人重心造善
惡業必得果報若現世受若次生受若後世
受純陀善業慇重心作當知是業必定受報
若定受報云何得成阿耨多羅三藐三菩提
云何復得見於佛性世尊經中復說施三種
人果報无盡一者病人二者父母三者如來
世尊經中復說佛告阿難一切衆生如其无
有欲界業者即得阿耨多羅三藐三菩提色
无色業亦復如是世尊如法句偈非空非海
中非入山石間无有地方所脫至不受業又

BD14586號　大般涅槃經（北本）卷三一　（4–1）

世尊經中復說佛告阿難一切衆生如其无
有欲界業者即得阿耨多羅三藐三菩提色
无色業亦復如是世尊如法句偈非空非海
中非入山石間无有地方所脫至不受業又
阿逆樓馱言世尊我憶往昔以一食施八万
劫中不墮三惡世尊一食之施尚得是報何
況純陁信心施佛具足成就檀波羅蜜世尊
若善果報不可盡者謗方等經犯五逆罪毀
四重禁一闡提罪云何可盡若不可盡云何
能得見於佛性成阿耨多羅三藐三菩提佛
言善哉善哉善男子唯有二人能得无量无
邊功德不可稱計不可宣說能竭生死濁流
暴河降魔怨敵摧魔勝幡能轉如來无上法
輪一者善問二者善荅善男子佛十力中業
力最深善男子有諸衆生於業緣中心輕不
信為度彼故作如是說善男子一切作業有輕
有重輕重二業復各有二一者決定二者不定
善男子或有人言惡業无果若言惡業定有
果者云何氣噓旃陁羅而得生天鴦崛魔羅
得解脫果以是義故當知作業有定得果不
定得果我為除斷如是耶見故於經中說如
是語一切作業无不得果善男子或有重業
可得作輕或有輕業可得作重非一切人唯
有愚智是故當知非一切業悉定得果雖不
定得亦非不得善男子一切衆生凡有二種

BD14586 號　大般涅槃經（北本）卷三一　　（4–2）

暴河降魔怨敵摧魔勝幡能轉如來无上法
輪一者善問二者善荅善男子佛十力中業
力最深善男子有諸衆生於業緣中心輕不
信為度彼故作如是說善男子一切作業有輕
有重輕重二業復各有二一者決定二者不定
善男子或有人言惡業无果若言惡業定有
果者云何氣噓旃陁羅而得生天鴦崛魔羅
得解脫果以是義故當知作業有定得果不
定得果我為除斷如是耶見故於經中說如
是語一切作業无不得果善男子或有重業
可得作輕或有輕業可得作重非一切人唯
有愚智是故當知非一切業悉定得果雖不
定得亦非不得善男子一切衆生凡有二種
一者智人二者愚人有智之人以智慧力能
令地獄極重之業現世輕受愚癡之人現世
輕業地獄重受

BD14586 號　大般涅槃經（北本）卷三一　　（4–3）

有愚智是故當知非一切業悉定得果雖不
定得亦非不得善男子一切衆生凡有二種
一者智人二者愚人有智之人以智慧力能
令地獄極重之業現世輕受愚癡之人現世
輕業地獄重受

BD14586 號　大般涅槃經（北本）卷三一　（4–4）

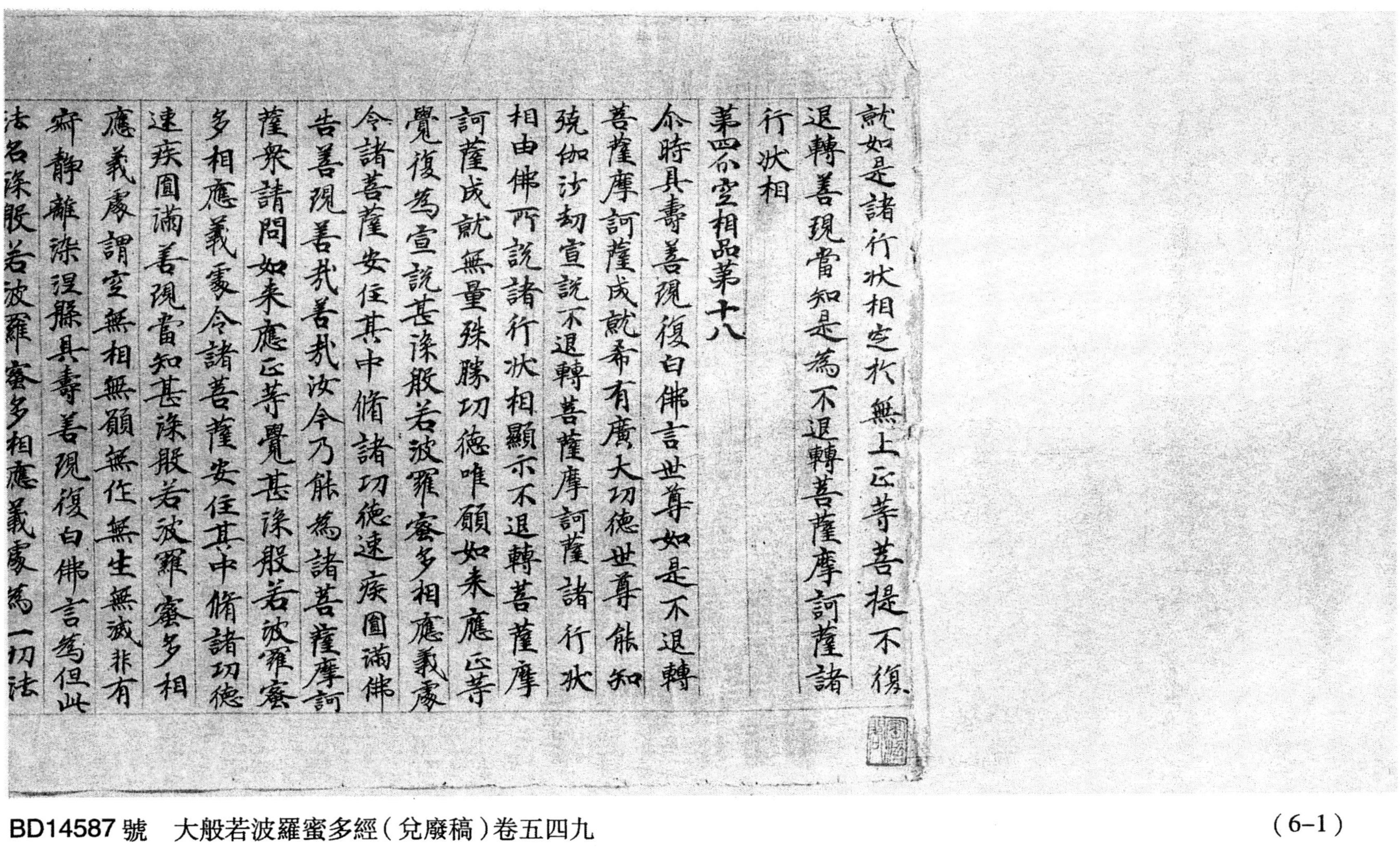
就如是諸行狀相定於無上正等菩提不復
退轉善現當知是爲不退轉菩薩摩訶薩諸
行狀相
第四分空相品第十八
尒時具壽善現復白佛言世尊如是不退轉
菩薩摩訶薩成就希有廣大功德世尊能知
殑伽沙劫宣說不退轉菩薩摩訶薩諸行狀
相由佛所說諸行狀相顯示不退轉菩薩摩
訶薩成就無量殊勝功德唯願如來應正等
覺復爲宣說甚深般若波羅蜜多相應義處
令諸菩薩安住其中脩諸功德速疾圓滿佛
告善現善哉善哉汝今乃能爲諸菩薩摩訶
薩衆請問如來應正等覺甚深般若波羅蜜
多相應義處令諸菩薩安住其中脩諸功德
速疾圓滿善現當知甚深般若波羅蜜多相
應義處謂空無相無願無作無生無滅非有
寂靜離染涅槃具壽善現復白佛言爲但此
法名深般若波羅蜜多相應義處爲一切法

BD14587 號　大般若波羅蜜多經（兑廢稿）卷五四九　（6–1）

薩衆請問如來應正等覺甚深般若波羅蜜
多相應義處令諸菩薩安住其中脩諸功德
速疾圓滿善現當知甚深般若波羅蜜多相
應義處謂空無相無願無作無生無滅非有
寂靜離染涅槃具壽善現復白佛言爲但此
法名深般若波羅蜜多相應義處爲一切法
皆得名爲甚深般若波羅蜜多相應義處佛
告善現餘一切法亦得名爲甚深般若波羅
蜜多相應義處所以者何謂一切色受想行
識亦得名爲甚深般若波羅蜜多相應義處
善現云何說一切色受想行識亦得名爲甚
深般若波羅蜜多相應義處善現當知如真
如甚深故色亦甚深如真如甚深故受想行
識亦甚深故一切色受想行識亦得名爲甚
深般若波羅蜜多相應義處復次善現如色
真如甚深故色亦甚深如受想行識真如甚
深故受想行識亦甚深故一切色受想行識
亦得名爲甚深般若波羅蜜多相應義處復
次善現若處無色名色甚深若處無受想行
識名受想行識甚深故一切色受想行識亦
得名爲甚深般若波羅蜜多相應義處尒時
善現復白佛言世尊甚奇微妙方便遮遣諸
色顯示涅槃遮遣受想行識顯示涅槃佛告
善現如是如是如汝所說善現當知諸菩薩
摩訶薩應於如是甚深般若波羅蜜多相應
義處審諦思惟應作是念我今應如甚深般

BD14587號　大般若波羅蜜多經（兌廢稿）卷五四九　（6–2）

善現復白佛言世尊甚奇微妙方便遮遣諸
色顯示涅槃遮遣受想行識顯示涅槃佛告
善現如是如是如汝所說善現當知諸菩薩
摩訶薩應於如是甚深般若波羅蜜多相應
義處審諦思惟應作是念我今應如甚深般
若波羅蜜多所教而住我今應如甚深般若
波羅蜜多所說而學善現當知若菩薩摩訶
薩能於如是甚深般若波羅蜜多想應義處
審諦思惟如深般若波羅蜜多所教而住如
深般若波羅蜜多所說而學是菩薩摩訶薩
由能如是依深般若波羅蜜多審諦思惟精
勤脩學乃至一日所獲福聚無量無邊 如
貪行人復多尋伺與他美女共爲期契彼女限
礙不獲赴期此人欲心熾盛流注善現於意
云何其人欲心於何處轉世尊此人欲心於
女處轉謂作是念彼何當來共會於此歡娛
戲樂善現於意云何其人晝夜幾欲念生世
尊此人晝夜欲念甚多佛告善現若菩薩摩
訶薩依深般若波羅蜜多審諦思惟精勤脩
學乃至一日所起生死流轉劫數與貪行人
經一晝夜所起欲念其數量等善現當知是
菩薩摩訶薩隨依如是甚深般若波羅蜜多
審諦思惟精勤脩學隨能解脫能礙無上
正等菩提所有過失是故菩薩依深般若波
羅蜜多審諦思惟精勤脩學疾證无上正等
菩提善現當知若菩薩摩訶薩依深般若波
羅蜜多審諦思惟精勤脩學經一晝夜所獲

BD14587號　大般若波羅蜜多經（兌廢稿）卷五四九　（6–3）

審諦思惟精勤脩學隨能解脫能礙無上
正等菩提所有過失是故菩薩依深般若波
羅蜜多審諦思惟精勤脩學疾證无上正等
菩提善現當知若菩薩摩訶薩依深般若波
羅蜜多審諦思惟精勤脩學經一晝夜所獲
功德勝諸菩薩離深般若波羅蜜多經如殑
伽沙數大劫布施功德無量無邊復次善現
若菩薩摩訶薩依深般若波羅蜜多審諦思
惟精勤脩學經一晝夜所獲功德勝諸菩薩
離深般若波羅蜜多經如殑伽沙數大劫以
諸供具供養預流一來不還阿羅漢果獨覺菩
薩如來布施功德無量無邊復次善現若菩
薩摩訶薩依深般若波羅蜜多所說而住經一
晝夜精勤脩學布施淨戒安忍精進靜慮般
若所獲功德勝諸菩薩離深般若波羅蜜多
經如殑伽沙數大劫精勤脩學布施淨戒安
忍精進靜慮般若所獲功德無量無邊復次
善現若菩薩摩訶薩依深般若波羅蜜多所
說而住經一晝夜以微妙法施諸有情所獲功
德勝諸菩薩離深般若波羅蜜多經如殑伽
沙數大劫以微妙法施諸有情所獲功德無
量無邊復次善現若菩薩摩訶薩依深般若
波羅蜜多所說而住經一晝夜脩三十七菩
提分法及餘善根所獲功德勝諸菩薩離深
般若波羅蜜多經如殑伽沙數大劫脩三十
七菩提分法及餘善根所獲功德無量無邊
復次善現若菩薩摩訶薩依深般若波羅蜜
多所說而住經一晝夜脩行種種財施法施

提分法及餘善根所獲功德勝諸菩薩離深
般若波羅蜜多經如殑伽沙數大劫脩三十
七菩提分法及餘善根所獲功德無量無邊
復次善現若菩薩摩訶薩依深般若波羅蜜
多所說而住經一晝夜脩行種種財施法施
住空閑處繫念思惟先所脩行種種福業與
諸有情平等共有迴向無上正等菩提所獲
功德勝諸菩薩離深般若波羅蜜多經如殑
伽沙數大劫脩行種種財施法施住空閑處
繫念思惟先所脩行種種福業與諸有情平
等共有迴向無上正等菩提所獲功德無量
無邊復次善現若菩薩摩訶薩依深般若波
羅蜜多所說而住一晝夜普緣三世諸佛
世尊及諸弟子功德善根和合稱量現前隨
喜與諸有情平等共有迴向無上正等菩提
所獲功德勝諸菩薩離深般若波羅蜜多經
如殑伽沙數大劫普緣三世諸佛世尊及諸
弟子功德善根和合稱量現前隨喜與諸有
情平等共有迴向无上正等菩提所獲功德
無量無邊。

大般若波羅蜜多經卷第一百八十三

安顯寫　一校海安　二校　三校

等共有迴向無上正等菩提所獲功德無量
無邊復次善現若菩薩摩訶薩依深般若波
羅蜜多所說而住一晝夜普緣三世諸佛
世尊及諸弟子功德善根和合稱量現前隨
喜與諸有情平等共有迴向無上正等菩提
所獲功德勝諸菩薩離深般若波羅蜜多經
如殑伽沙數大劫普緣三世諸佛世尊及諸
弟子功德善根和合稱量現前隨喜與諸有
情平等共有迴向無上正等菩提所獲功德
無量無邊。

大般若波羅蜜多經卷第一百八十三

善威寫　本校　海安勘　本校　本校

BD14587 號　大般若波羅蜜多經（兌廢稿）卷五四九　（6–6）

允經不入部袟

BD14587 號背　勘記　（1–1）

比丘彼佛滅度已来甚大久遠譬如三千大
千世界所有埊種假使有人磨以為墨過於
東方千圀土乃下一點大如微塵又過千圀

BD14588號　妙法蓮華經卷三　（7–1）

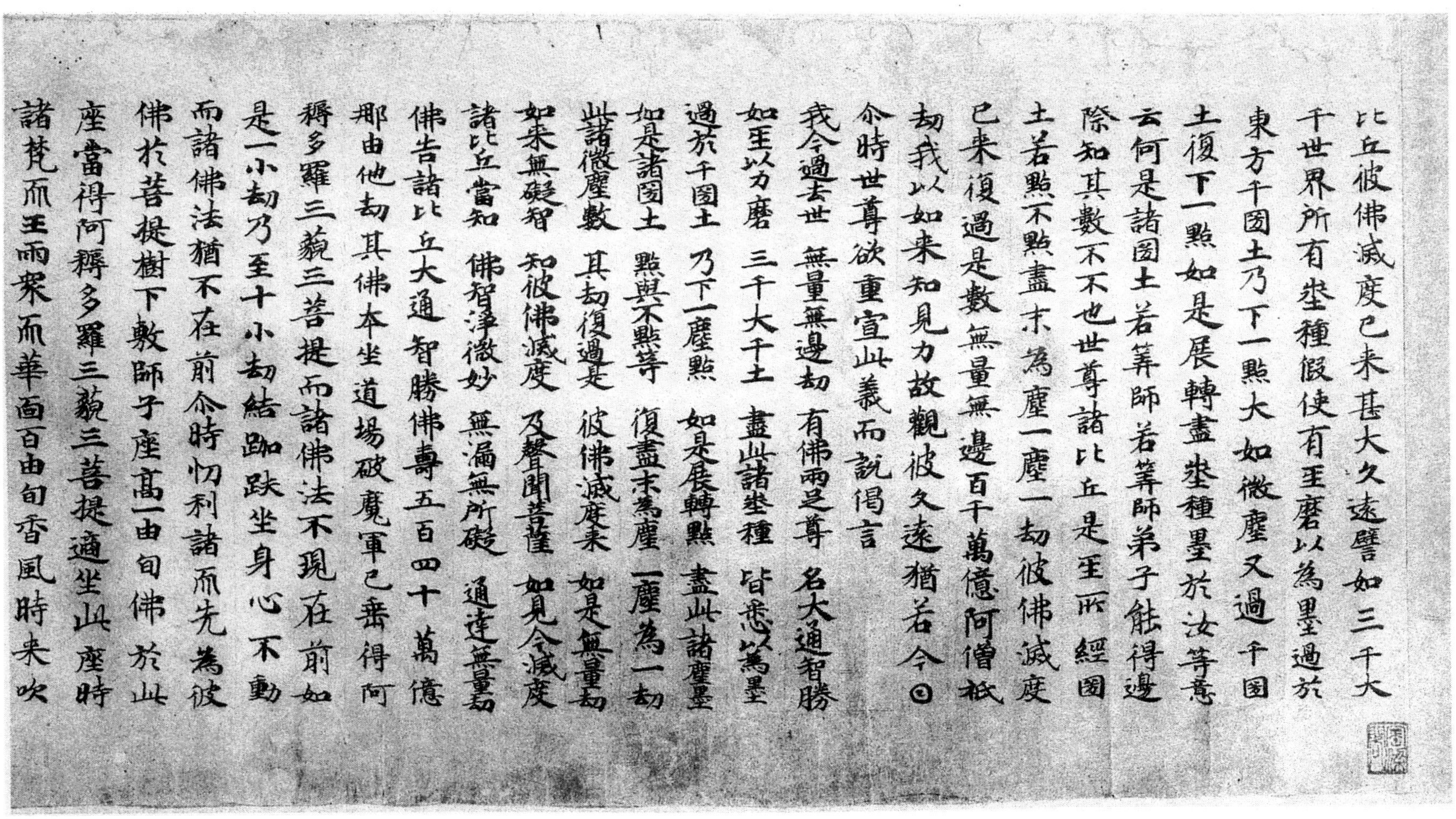
比丘彼佛滅度已来甚大久遠譬如三千大
千世界所有埊種假使有人磨以為墨過於
東方千圀土乃下一點大如微塵又過千圀
土復下一點如是展轉盡埊種墨於汝等意
云何是諸圀土若筭師若筭師弟子能得邊
際知其數不不也世尊諸比丘是人所經圀
土若點不點盡末為塵一塵一劫彼佛滅度
已来復過是數無量無邊百千萬億阿僧祇
劫我以如来知見力故觀彼久遠猶若今日
尒時世尊欲重宣此義而說偈言
我念過去世　無量無邊劫　有佛兩足尊　名大通智勝
如人以力磨　三千大千土　盡此諸埊種　皆悉以為墨
過於千圀土　乃下一塵點　如是展轉點　盡此諸塵墨
如是諸圀土　點與不點等　復盡末為塵　一塵為一劫
此諸微塵數　其劫復過是　彼佛滅度来　如是無量劫
如来無礙智　知彼佛滅度　及聲聞菩薩　如見今滅度
諸比丘當知　佛智淨微妙　無漏無所礙　通達無量劫
佛告諸比丘大通智勝佛壽五百四十萬億
那由他劫其佛本坐道場破魔軍已垂得阿
耨多羅三藐三菩提而諸佛法不現在前如
是一小劫乃至十小劫結跏趺坐身心不動
而諸佛法猶不在前尒時忉利諸天先為彼
佛於菩提樹下敷師子座高一由旬佛於此
座當得阿耨多羅三藐三菩提適坐此座時
諸梵天王雨衆天華面百由旬香風時来吹

BD14588號　妙法蓮華經卷三　（7–2）

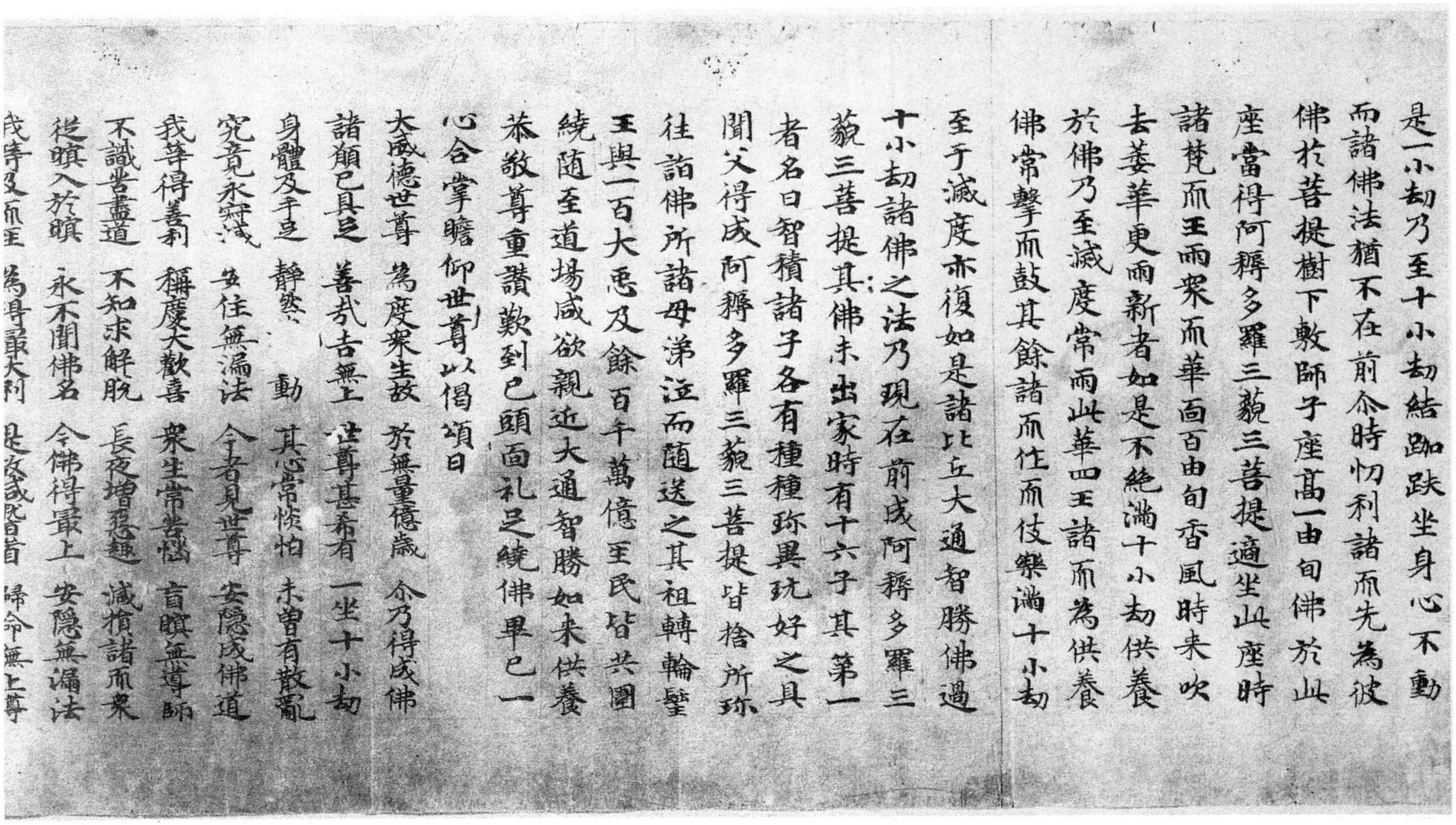

是一小劫乃至十小劫結跏趺坐身心不動
而諸佛法猶不在前尒時忉利諸天先為彼
佛於菩提樹下敷師子座高一由旬佛於此
座當得阿耨多羅三藐三菩提適坐此座時
諸梵天王雨眾天華面百由旬香風時來吹
去萎華更雨新者如是不絶滿十小劫供養
於佛乃至滅度常雨此華四王諸天為供養
佛常擊天鼓其餘諸天作天伎樂滿十小劫
至于滅度亦復如是諸比丘大通智勝佛過
十小劫諸佛之法乃現在前成阿耨多羅三
藐三菩提其佛未出家時有十六子其第一
者名曰智積諸子各有種種珎異玩好之具
聞父得成阿耨多羅三藐三菩提皆捨所珎
往詣佛所諸母涕泣而隨送之其祖轉輪聖
王與一百大臣及餘百千萬億人民皆共圍
繞隨至道場咸欲親近大通智勝如來供養
恭敬尊重讚歎到已頭面礼足繞佛畢已一
心合掌瞻仰世尊以偈頌曰
大威德世尊 為度眾生故 於無量億歲 尒乃得成佛
諸願已具足 善哉吉無上 世尊甚希有 一坐十小劫
身體及手足 靜然安不動 其心常惔怕 未曾有散亂
究竟永寂滅 安住無漏法 今者見世尊 安隱成佛道
我等得善利 稱慶大歡喜 眾生常苦惱 盲瞑無導師
不識苦盡道 不知求解脫 長夜增惡趣 減損諸天眾
從瞑入於瞑 永不聞佛名 今佛得最上 安隱無漏法
我等及天人 為得最大利 是故咸稽首 歸命無上尊

BD14588號　妙法蓮華經卷三　（7–3）

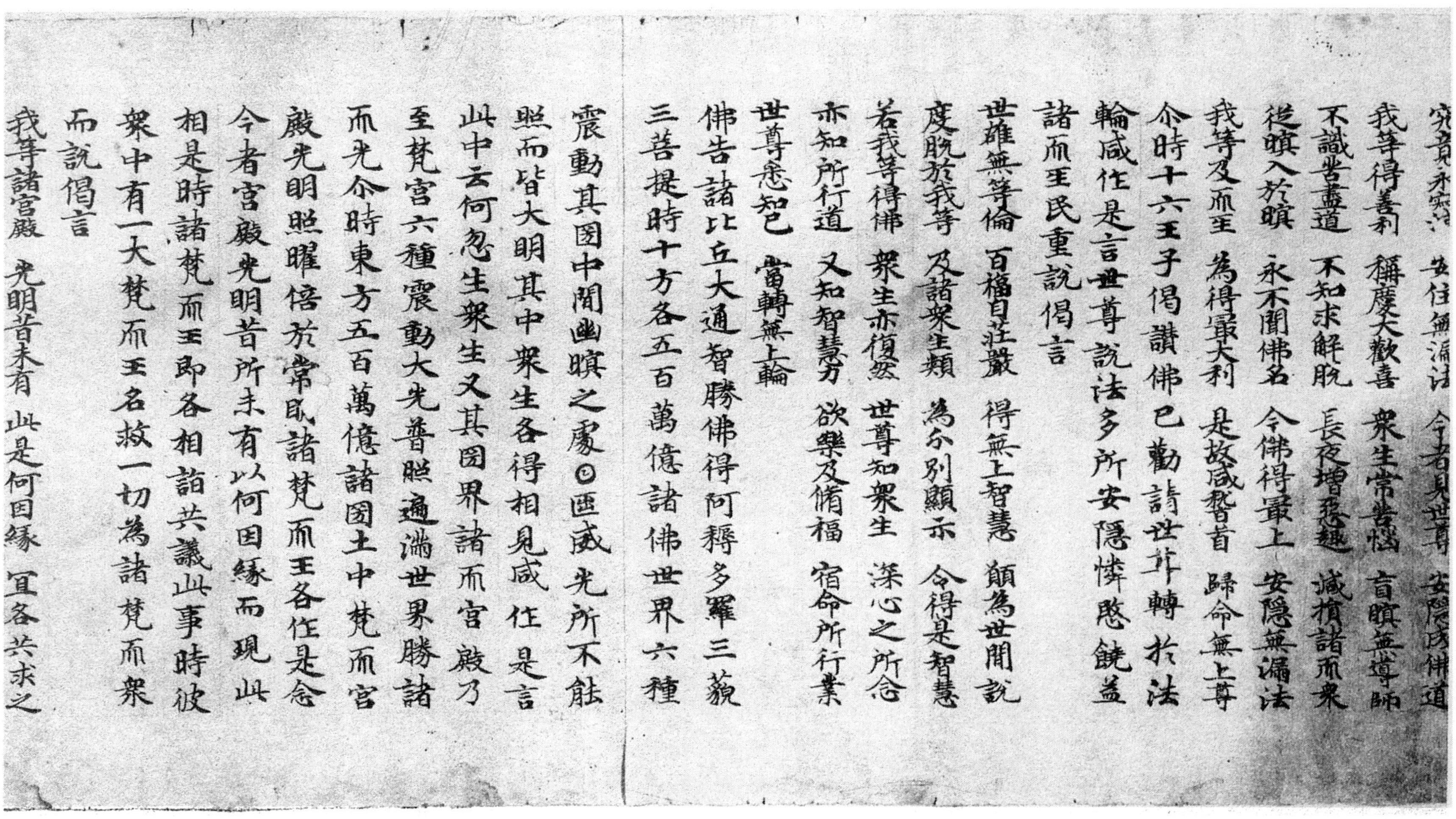

究竟永寂滅 安住無漏法 今者見世尊 安隱成佛道
我等得善利 稱慶大歡喜 眾生常苦惱 盲瞑無導師
不識苦盡道 不知求解脫 長夜增惡趣 減損諸天眾
從瞑入於瞑 永不聞佛名 今佛得最上 安隱無漏法
我等及天人 為得最大利 是故咸稽首 歸命無上尊
尒時十六王子偈讚佛已勸請世尊轉於法
輪咸作是言世尊說法多所安隱憐愍饒益
諸天人民重說偈言
世雄無等倫 百福自莊嚴 得無上智慧 願為世間說
度脫於我等 及諸眾生類 為分別顯示 令得是智慧
若我等得佛 眾生亦復然 世尊知眾生 深心之所念
亦知所行道 又知智慧力 欲樂及脩福 宿命所行業
世尊悉知已 當轉無上輪
佛告諸比丘大通智勝佛得阿耨多羅三藐
三菩提時十方各五百萬億諸佛世界六種
震動其國中間幽瞑之處日月威光所不能
照而皆大明其中眾生各得相見咸作是言
此中云何忽生眾生又其國界諸天宮殿乃
至梵宮六種震動大光普照遍滿世界勝諸
天光尒時東方五百萬億諸國土中梵天宮
殿光明照曜倍於常明諸梵天王各作是念
今者宮殿光明昔所未有以何因緣而現此
相是時諸梵天王即各相詣共議此事時彼
眾中有一大梵天王名救一切為諸梵天眾
而說偈言
我等諸宮殿 光明昔未有 此是何因緣 宜各共求之

BD14588號　妙法蓮華經卷三　（7–4）

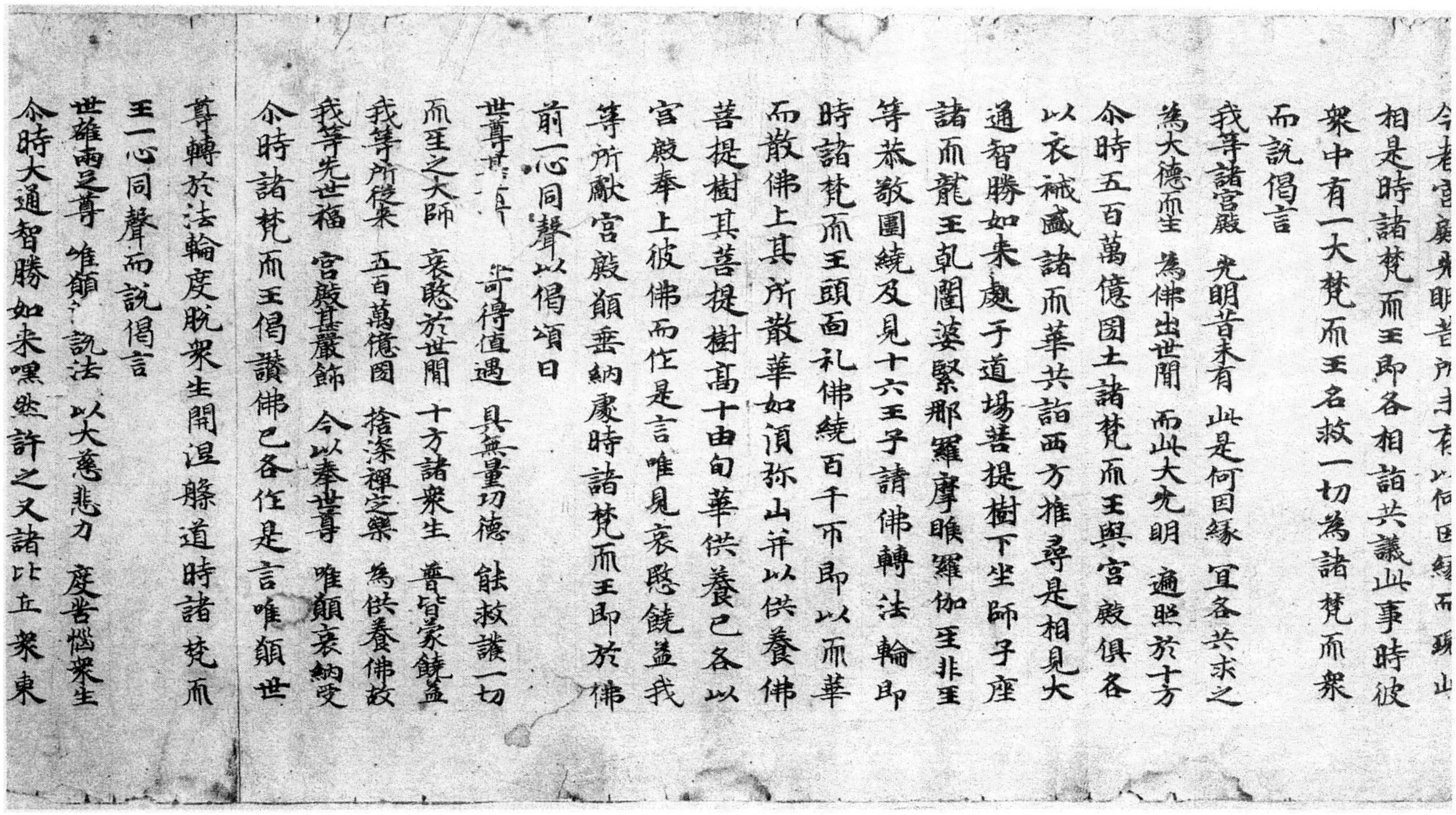

今者宮殿光明昔所未有以何因緣而現此
相是時諸梵天王即各相詣共議此事時彼
衆中有一大梵天王名救一切為諸梵天衆
而說偈言
我等諸宮殿　光明昔未有　此是何因緣　宜各共求之
為大德天生　為佛出世間　而此大光明　遍照於十方
尒時五百萬億國土諸梵天王與宮殿俱各
以衣裓盛諸天華共詣西方推尋是相見大
通智勝如來處于道場菩提樹下坐師子座
諸天龍王乾闥婆緊那羅摩睺羅伽人非人
等恭敬圍繞及見十六王子請佛轉法輪即
時諸梵天王頭面礼佛繞百千帀即以天華
而散佛上其所散華如須弥山并以供養佛
菩提樹其菩提樹高十由旬華供養已各以
宮殿奉上彼佛而作是言唯見哀愍饒益我
等所獻宮殿願垂納處時諸梵天王即於佛
前一心同聲以偈頌曰
世尊甚希有　難可得值遇　具無量功德　能救護一切
天人之大師　哀愍於世間　十方諸衆生　普皆蒙饒益
我等所從來　五百萬億國　捨深禪定樂　為供養佛故
我等先世福　宮殿甚嚴飾　今以奉世尊　唯願哀納受
尒時諸梵天王偈讚佛已各作是言唯願世
尊轉於法輪度脫衆生開涅槃道時諸梵天
王一心同聲而說偈言
世雄兩足尊　唯願演說法　以大慈悲力　度苦惱衆生
尒時大通智勝如來默然許之又諸比丘東

BD14588號　妙法蓮華經卷三　（7–5）

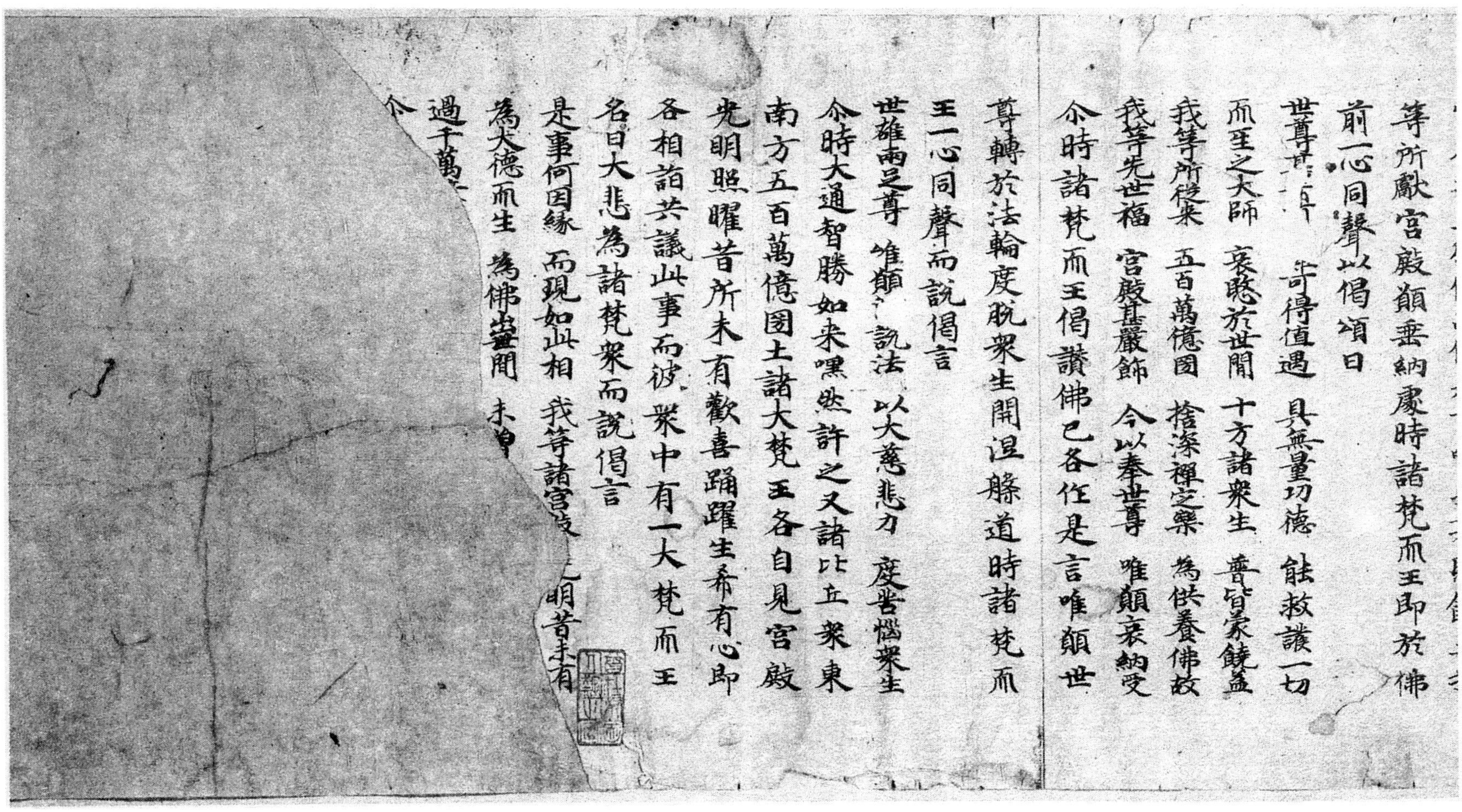

等所獻宮殿願垂納處時諸梵天王即於佛
前一心同聲以偈頌曰
世尊甚希有　難可得值遇　具無量功德　能救護一切
天人之大師　哀愍於世間　十方諸衆生　普皆蒙饒益
我等所從來　五百萬億國　捨深禪定樂　為供養佛故
我等先世福　宮殿甚嚴飾　今以奉世尊　唯願哀納受
尒時諸梵天王偈讚佛已各作是言唯願世
尊轉於法輪度脫衆生開涅槃道時諸梵天
王一心同聲而說偈言
世雄兩足尊　唯願演說法　以大慈悲力　度苦惱衆生
尒時大通智勝如來默然許之又諸比丘東
南方五百萬億國土諸大梵王各自見宮殿
光明照曜昔所未有歡喜踊躍生希有心即
各相詣共議此事而彼衆中有一大梵天王
名曰大悲為諸梵衆而說偈言
是事何因緣　而現如此相　我等諸宮殿　光明昔未有
為大德天生　為佛出世間　未曾
過千萬
尒

BD14588號　妙法蓮華經卷三　（7–6）

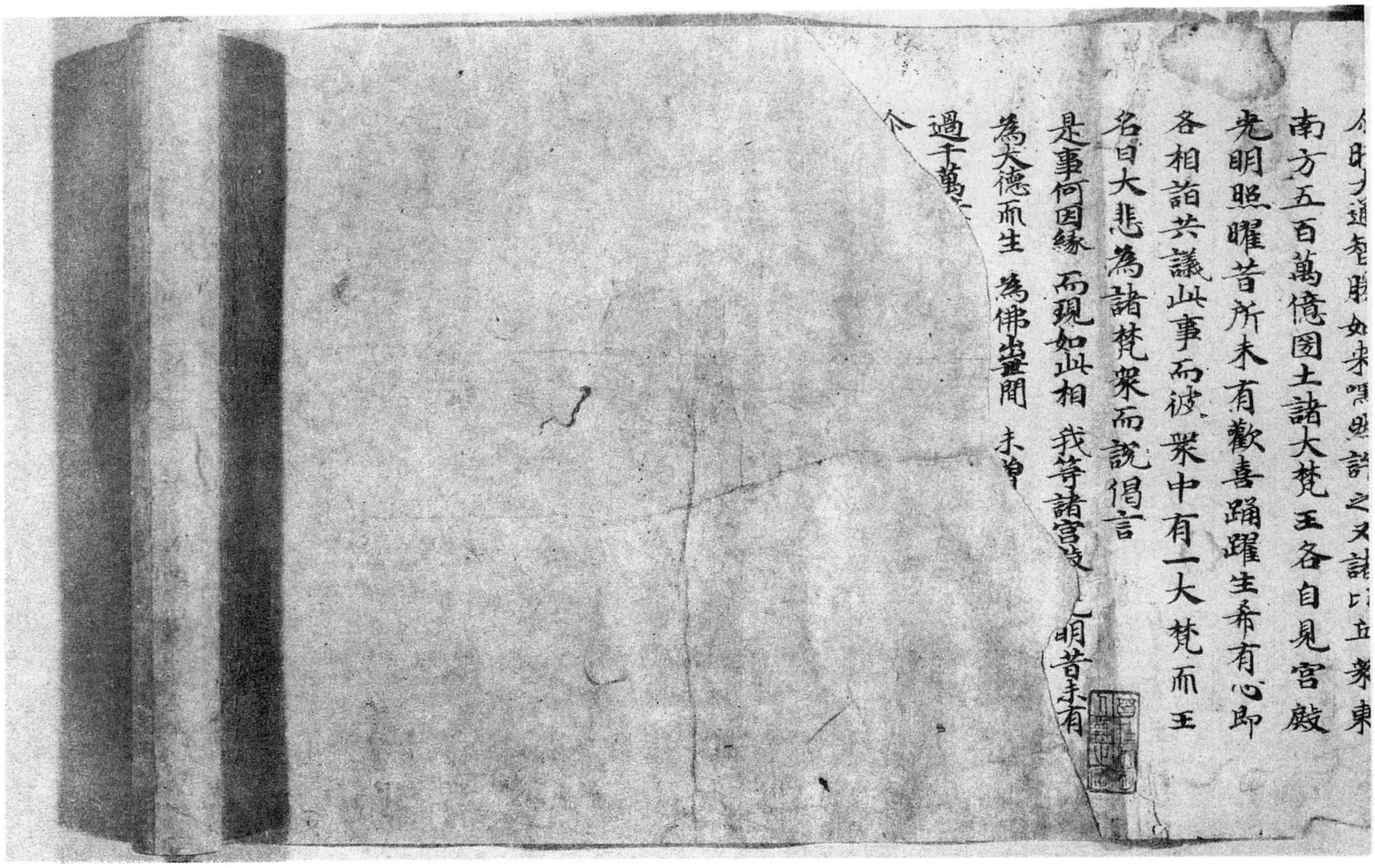

尒時大通智勝如來嘿然許之又諸比丘東
南方五百萬億國土諸大梵王各自見宮殿
光明照曜昔所未有歡喜踊躍生希有心即
各相詣共議此事而彼衆中有一大梵天王
名曰大悲為諸梵衆而說偈言
是事何因緣　而現如此相　我等諸宮殿
為大德天生　為佛出世間　未曾
過千萬

BD14588號　妙法蓮華經卷三　（7–7）

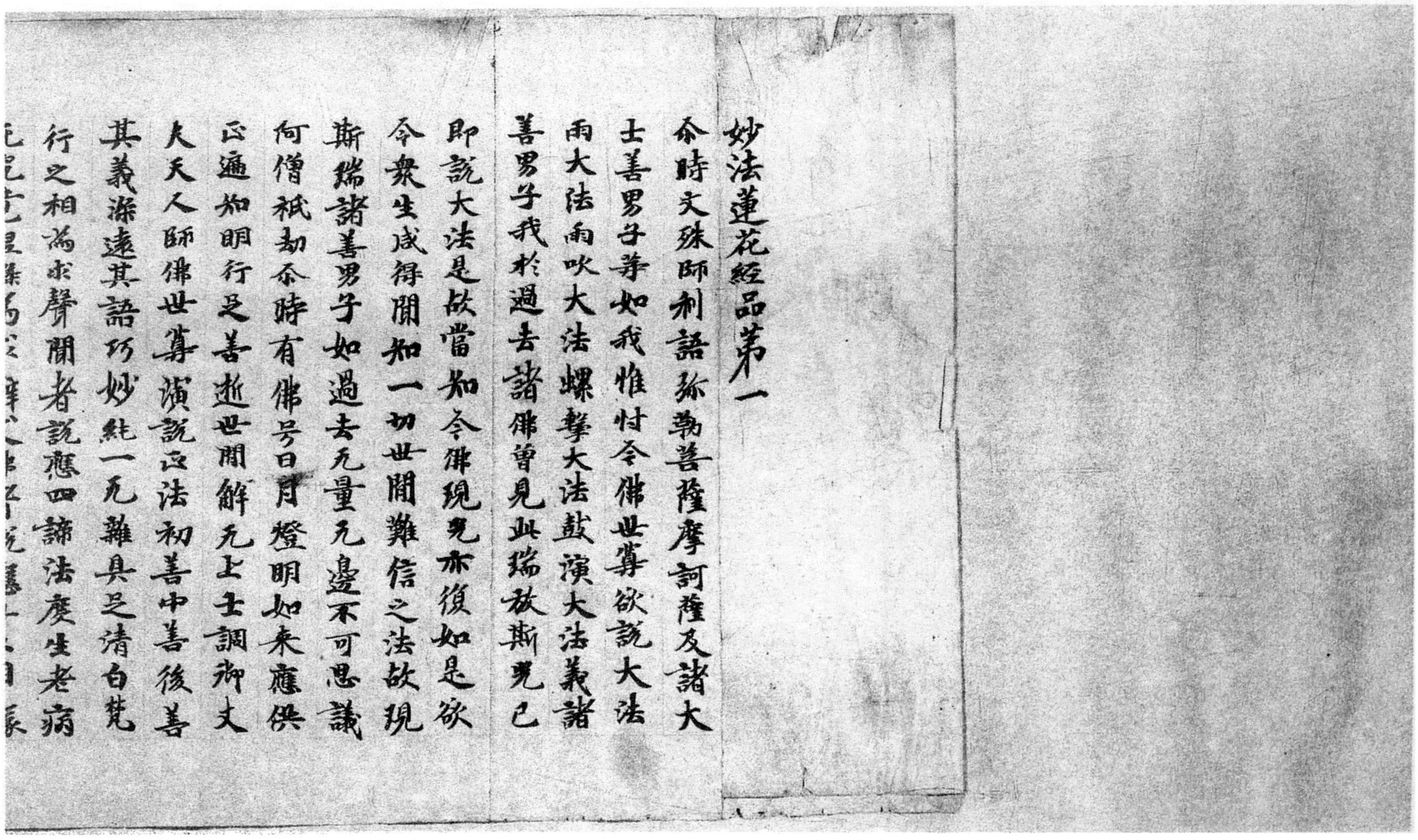

妙法蓮花經品第一
尒時文殊師利語弥勒菩薩摩訶薩及諸大
士善男子等如我惟忖今佛世尊欲說大法
雨大法雨吹大法螺擊大法鼓演大法義諸
善男子我於過去諸佛曾見此瑞放斯光已
即說大法是故當知今佛現光亦復如是欲
令衆生咸得聞知一切世間難信之法故現
斯瑞諸善男子如過去无量无邊不可思議
阿僧祇劫尒時有佛号日月燈明如來應供
正遍知明行足善逝世間解无上士調御丈
夫天人師佛世尊演說正法初善中善後善
其義深遠其語巧妙純一无雜具足清白梵
行之相為求聲聞者說應四諦法度生老病

BD14589號　妙法蓮華經卷一　（20–1）

阿僧祇劫尒時有佛号日月燈明如來應供
正遍知明行足善逝世間解无上士調御丈
夫天人師佛世尊演說正法初善中善後善
其義深遠其語巧妙純一无雜具足清白梵
行之相為求聲聞者說應四諦法度生老病
死究竟涅槃為求辟支佛者說應十二因緣
法為諸菩薩說應六波羅蜜令得阿耨多羅
三藐三菩提成一切種智次復有佛亦名日
月燈明次復有佛亦名日月燈明如是二萬
佛皆同一字号日月燈明又同一姓姓頗羅
墮弥勒當知初佛後佛皆同一字名日月燈
明十号具足所可說法初中後善其最後佛
未出家時有八王子一名有意二名善意三
名无量意四名寶意五名增意六名除疑意
七名響意八名法意是八王子威德自在各
領四天下是諸王子聞父出家得阿耨多羅
三藐三菩提悉捨王位亦隨出家發大乘意
常脩梵行皆為法師已於千万佛所殖諸善
本是時日月燈明佛說大乘經名无量義教
菩薩法佛所護念說是經已即於大衆中結
跏趺坐入於无量義處三昧身心不動是時
天雨曼陁羅華摩訶曼陁羅華曼殊沙華摩
訶曼殊沙華而散佛上及諸大衆普佛世界
六種震動尒時會中比丘比丘尼優婆塞優
婆夷天龍夜叉乾闥婆阿脩羅迦樓羅緊那

BD14589號　妙法蓮華經卷一　（20–2）

天雨曼陁羅華摩訶曼陁羅華曼殊沙華摩
訶曼殊沙華而散佛上及諸大衆普佛世界
六種震動尒時會中比丘比丘尼優婆塞優
婆夷天龍夜叉乾闥婆阿脩羅迦樓羅緊那
羅摩睺羅伽人非人等及諸小王轉輪聖王
等是諸大衆得未曾有歡喜合掌一心觀佛
尒時如來放眉間白豪相光照東方萬八千
佛土靡不周遍如今所見諸佛土弥勒當知
尒時會中有二十億菩薩樂欲聽法是諸菩
薩見此光明普照佛土得未曾有欲知此光
所為因緣時有菩薩名曰妙光有八百弟子
是時日月燈明佛從三昧起因妙光菩薩說
大乘經名妙法蓮華教菩薩法佛所護念六
十小劫不起于座時會聽者亦坐一處六十
小劫身心不動聽佛所說謂如食頃是時衆
中无有一人若身若心而生懈倦日月燈明
佛於六十小劫說是經已即於梵魔沙門婆
羅門及天人阿脩羅衆中而宣此言如來於
今日中夜當入无餘涅槃時有菩薩名曰德
藏日月燈明佛即授其記告諸比丘是德藏
菩薩次當作佛号曰淨身多陁阿伽度阿羅
訶三藐三佛陁佛授記已便於中夜入无餘
涅槃佛滅度後妙光菩薩持妙法蓮華經滿
八十小劫為人演說日月燈明佛八子皆師

BD14589號　妙法蓮華經卷一　（20–3）

菩薩次當作佛号曰淨身多陁阿伽度阿羅
訶三藐三佛陁佛授記已便於中夜入无餘
涅槃佛滅度後妙光菩薩持妙法蓮華經滿
八十小劫為人演說日月燈明佛八子皆師
妙光妙光教化令其堅固阿耨多羅三藐三
菩提是諸王子供養无量百千万億佛已皆
成佛道其最後成佛者名曰然燈八百弟子
中有一人号曰求名貪著利養雖復讀誦衆
經而不通利多所忘失故号求名是人亦以
種諸善根因緣故得值无量百千万億諸佛
供養恭敬尊重讚嘆彌勒當知尒時妙光菩
薩豈異人乎我身是也求名菩薩汝身是也
今見此瑞與本无異是故惟忖今日如來當
說大乘經名妙法蓮華教菩薩法佛所護念
尒時文殊師利於大衆中欲重宣此義而說
偈言
我念過去世　无量无數劫　有佛人中尊　号日月燈明
世尊演說法　度无量衆生　无數億菩薩　令入佛智慧
佛未出家時　所生八王子　見大聖出家　亦隨脩梵行
時佛說大乘　經名无量義　於諸大衆中　而為廣分別
佛說此經已　即於法座上　跏趺坐三昧　名无量義處
天雨曼陁華　天鼓自然鳴　諸天龍鬼神　供養人中尊
一切諸佛土　即時大震動　佛放眉間光　現諸希有事
此光照東方　萬八千佛土　示一切衆生　生死業報處
有見諸佛土　以衆寶莊嚴　琉璃頗梨色　斯由佛光照

BD14589號　妙法蓮華經卷一　（20–4）

佛說此經已　即於法座上　跏趺坐三昧　名无量義處
天雨曼陁華　天鼓自然鳴　諸天龍鬼神　供養人中尊
一切諸佛土　即時大震動　佛放眉間光　現諸希有事
此光照東方　萬八千佛土　示一切衆生　生死業報處
有見諸佛土　以衆寶莊嚴　琉璃頗梨色　斯由佛光照
及見諸天人　龍神夜叉衆　乾闥緊那羅　各供養其佛
又見諸如來　自然成佛道　身色如金山　端嚴甚微妙
如淨琉璃中　內現真金像　世尊在大衆　敷演深法義
一一諸佛土　聲聞衆无數　因佛光所照　悉見彼大衆
或有諸比丘　在於山林中　精進持淨戒　猶如護明珠
又見諸菩薩　行施忍辱等　其數如恒沙　斯由佛光照
又見諸菩薩　深入諸禪定　身心寂不動　以求无上道
又見諸菩薩　知法寂滅相　各於其國土　說法求佛道
尒時四部衆　見日月燈佛　現大神通力　其心皆歡喜
各各自相問　是事何因緣　天人所奉尊　適從三昧起
讚妙光菩薩　汝為世間眼　一切所歸信　能奉持法藏
如我所說法　唯汝能證知　世尊既讚歎　令妙光歡喜
說是法華經　滿六十小劫　不起於此座　所說上妙法
是妙光法師　悉皆能受持　佛說是法華　令衆歡喜已
尋即於是日　告於天人衆　諸法實相義　已為汝等說
我今於中夜　當入於涅槃　汝一心精進　當離於放逸
諸佛甚難值　億劫時一遇　世尊諸子等　聞佛入涅槃
各各懷悲惱　佛滅一何速　聖主法之王　安慰无量衆
我若滅度時　汝等勿憂怖　是德藏菩薩　於无漏實相
心已得通達　其次當作佛　号曰為淨身　亦度无量衆

BD14589號　妙法蓮華經卷一　（20–5）

我今於中夜　當入於涅槃　汝一心精進　當離於放逸
諸佛甚難值　億劫時一遇　世尊諸子等　聞佛入涅槃
各各懷悲惱　佛滅一何速　聖主法之王　安慰无量衆
我若滅度時　汝等勿憂怖　是德藏菩薩　於无漏實相
心已得通達　其次當作佛　号曰為淨身　亦度无量衆
佛此夜滅度　如薪盡火滅　分布諸舍利　而起无量塔
比丘比丘尼　其數如恒沙　倍復加精進　以求无上道
是妙光法師　奉持佛法藏　八十小劫中　廣宣法華經
是諸八王子　妙光所開化　堅固无上道　當見无數佛
供養諸佛已　隨順行大道　相継得成佛　轉次而授記
最後天中天　号曰然燈佛　諸仙之導師　度脫无量衆
是妙光法師　時有一弟子　心常懷懈怠　貪著於名利
求名利无猒　多遊族姓家　棄捨所習誦　廢忘不通利
以是因緣故　号之為求名　亦行衆善業　得見无數佛
供養於諸佛　隨順行大道　具六波羅蜜　今見釋師子
其後當作佛　号名曰弥勒　廣度諸衆生　其數无有量
彼佛滅度後　懈怠者汝是　妙光法師者　今則我身是
我見燈明佛　本光瑞如此　以是知今佛　欲說法華經
今相如本瑞　是諸佛方便　今佛放光明　助發實相義
諸人今當知　合掌一心待　佛當雨法雨　充足求道者
諸求三乘人　若有疑悔者　佛當為除斷　令盡无有餘

妙法蓮華經方便品第二

尒時世尊從三昧安詳而起告舍利弗諸佛智惠甚深无量其智惠門難解難入一切聲

BD14589號　妙法蓮華經卷一　（20–6）

諸求三乘人　若有疑悔者　佛當為除斷　令盡无有餘

妙法蓮華經方便品第二

尒時世尊從三昧安詳而起告舍利弗諸佛智惠甚深无量其智惠門難解難入一切聲
聞辟支佛所不能知所以者何佛曾親近百千萬億无數諸佛盡行諸佛无量道法勇猛精進名稱普聞成就甚深未曾有法隨宜所說意趣難解舍利弗吾從成佛已來種種因緣種種譬喻廣演言教无數方便引導衆生令離諸著所以者何如來方便知見波羅蜜皆已具足舍利弗如來知見廣大深遠无量无导力无所畏禪定解脫三昧深入无際成就一切未曾有法舍利弗如來能種種分別巧說諸法言辭柔軟悅可衆心舍利弗取要言之无量无邊未曾有法佛悉成就止舍利弗不須復說所以者何佛所成就第一希有難解之法唯佛與佛乃能究竟諸法實相所謂諸法如是相如是性如是體如是力如是作如是因如是緣如是果如是報如是本末究竟等尒時世尊欲重宣此義而說偈言

世雄不可量　諸天及世人　一切衆生類　无能知佛者
佛力无所畏　解脫諸三昧　及佛諸餘法　无能測量者
本從无數佛　具足行諸道　甚深微妙法　難見難可了
於无量億劫　行此諸道已　道場得成果　我已悉知見
如是大果報　種種性相義　我及十方佛　乃能知是事

BD14589號　妙法蓮華經卷一　（20–7）

佛力无所畏 解脫諸三昧 及佛諸餘法 无能測量者
本從无數佛 具足行諸道 甚深微妙法 難見難可了
於无量億劫 行此諸道已 道場得成果 我已悉知見
如是大果報 種種性相義 我及十方佛 乃能知是事
是法不可示 言辭相寂滅 諸餘衆生類 无有能得解
除諸菩薩衆 信力堅固者 諸佛弟子衆 曾供養諸佛
一切漏已盡 住是最後身 如是諸人等 其力所不堪
假使滿世間 皆如舍利弗 盡思共度量 不能測佛智
正使滿十方 皆如舍利弗 及餘諸弟子 亦滿十方刹
盡思共度量 亦復不能知 辟支佛利智 无漏最後身
亦滿十方界 其數如竹林 斯等共一心 於億无量劫
欲思佛實智 莫能知少分 新發意菩薩 供養无數佛
了達諸義趣 又能善說法 如稻麻竹葦 充滿十方刹
一心以妙智 於恒河沙劫 咸皆共思量 不能知佛智
不退諸菩薩 其數如恒沙 一心共思求 亦復不能知
又告舍利弗 无漏不思議 甚深微妙法 我今已具得
唯我知是相 十方佛亦然 舍利弗當知 諸佛語无異
於佛所說法 當生大信力 世尊法久後 要當說真實
告諸聲聞衆 及求緣覺乘 我令脫苦縛 逮得涅槃者
佛以方便力 示以三乘教 衆生處處著 引之令得出
尒時大衆中有諸聲聞漏盡阿羅漢阿若憍
陳如等千二百人及發聲聞辟支佛心比丘比
丘尼優婆塞優婆夷各作是念今者世尊何
故慇懃稱歎方便而作是言佛所得法甚深
難解有所言說意趣難知一切聲聞辟支佛

BD14589號　妙法蓮華經卷一　（20–8）

尒時大衆中有諸聲聞漏盡阿羅漢阿若憍
陳如等千二百人及發聲聞辟支佛心比丘比
丘尼優婆塞優婆夷各作是念今者世尊何
故慇懃稱歎方便而作是言佛所得法甚深
難解有所言說意趣難知一切聲聞辟支佛
所不能及佛說一解脫義我等亦得此法到
於涅槃而今不知是義所趣尒時舍利弗知
四衆心疑自亦未了而白佛言世尊何因何
緣慇懃稱歎諸佛第一方便甚深微妙難解
之法我自昔來未曾從佛聞如是說今者四
衆咸皆有疑唯願世尊敷演斯事世尊何故
慇懃稱歎甚深微妙難解之法尒時舍利弗
欲重宣此義而說偈言
慧日大聖尊 久乃說是法 自說得如是 力无畏三昧
禪定解脫等 不可思議法 道場所得法 无能發問者
我意難可測 亦无能問者 无問而自說 稱歎所行道
智慧甚微妙 諸佛之所得 无漏諸羅漢 及求涅槃者
今皆墮疑網 佛何故說是 其求緣覺者 比丘比丘尼
諸天龍鬼神 及乾闥婆等 相視懷猶豫 瞻仰兩足尊
是事爲云何 願佛爲解說 於諸聲聞衆 佛說我第一
我今自於智 疑惑不能了 爲是究竟法 爲是所行道
佛口所生子 合掌瞻仰待 願出微妙音 時爲如實說
諸天龍神等 其數如恒沙 求佛諸菩薩 大數有八萬
又諸萬億國 轉輪聖王至 合掌以敬心 欲聞具足道
尒時佛告舍利弗止止不須復說若說是事

BD14589號　妙法蓮華經卷一　（20–9）

我今自於智　疑惑不能了　為是究竟法　為是所行道
佛口所生子　合掌瞻仰待　願出微妙音　時為如實說
諸天龍神等　其數如恒沙　求佛諸菩薩　大數有八萬
又諸萬億國　轉輪聖王至　合掌以敬心　欲聞具足道
尒時佛告舍利弗止止不須復說若說是事
一切世間諸天及人皆當驚疑舍利弗重白
佛言世尊唯願說之唯願說之所以者何是
會无數百千万億阿僧祇衆生曾見諸佛諸
根猛利智慧明了聞佛所說則能敬信尒時
舍利弗欲重宣此義而說偈言
法王无上尊　唯說願勿慮　是會无量衆　有能敬信者
佛復止舍利弗若說是事一切世間天人阿
脩羅皆當驚疑增上慢比丘將墜於大坑尒
時世尊重說偈言
止止不須說　我法妙難思　諸增上慢者　聞必不敬信
尒時舍利弗重白佛言世尊唯願說之唯願
說之今此會中如我等比百千万億世世已
曾從佛受化如此人等必能敬信長夜安隱
多所饒益尒時舍利弗欲重宣此義而說偈言
无上兩足尊　願說第一法　我為佛長子　唯垂分別說
是會无量衆　能敬信此法　佛已曾世世　教化如是等
皆一心合掌　欲聽受佛語　我等千二百　及餘求佛者
願為此衆故　唯垂分別說　是等聞此法　則生大歡喜
尒時世尊告舍利弗汝已慇懃三請豈得不
說汝今諦聽善思念之吾當為汝分別解說

是會无量衆　能敬信此法　佛已曾世世　教化如是等
皆一心合掌　欲聽受佛語　我等千二百　及餘求佛者
願為此衆故　唯垂分別說　是等聞此法　則生大歡喜
尒時世尊告舍利弗汝已慇懃三請豈得不
說汝今諦聽善思念之吾當為汝分別解說
說此語時會中有比丘比丘尼優婆塞優婆
夷五千人等即從座起禮佛而退所以者何
此輩罪根深重及增上慢未得謂得未證謂
證有如此失是以不住世尊默然而不制止
尒時佛告舍利弗我今此衆无復枝葉純有
貞實舍利弗如是增上慢人退亦佳矣汝今
善聽當為汝說舍利弗言唯然世尊願樂欲
聞佛告舍利弗如是妙法諸佛如來時乃說
之如優曇鉢華時一現耳舍利弗汝等當信
佛之所說言不虛妄舍利弗諸佛隨宜說法
意趣難解所以者何我以无數方便種種因
緣譬喻言辭演說諸法是法非思量分別之
所能解唯有諸佛乃能知之所以者何諸佛
世尊唯以一大事因緣故出現於世舍利弗
云何名諸佛世尊唯以一大事因緣故出現
於世諸佛世尊欲令衆生開佛知見使得清
淨故出現於世欲示衆生佛之知見故出現
於世欲令衆生悟佛知見故出現於世欲令
衆生入佛知見道故出現於世舍利弗是為
諸佛以一大事因緣故出現於世佛告舍利

於世諸佛世尊欲令衆生開佛知見使得清
淨故出現於世欲示衆生佛之知見故出現
於世欲令衆生悟佛知見故出現於世欲令
衆生入佛知見道故出現於世舍利弗是為
諸佛以一大事因緣故出現於世佛告舍利
弗諸佛如來但教化菩薩諸有所作常為一
事唯以佛之知見示悟衆生舍利弗如來但
以一佛乘故為衆生說法无有餘乘若二若
三舍利弗一切十方諸佛法亦如是舍利弗
過去諸佛以无量无數方便種種因緣譬喻
言辭而為衆生演說諸法是法皆為一佛乘
故是諸衆生從諸佛聞法究竟皆得一切種
智舍利弗未來諸佛當出於世亦以无量无
數方便種種因緣譬喻言辭而為衆生演說
諸法是法皆為一佛乘故是諸衆生從佛聞
法究竟皆得一切種智舍利弗現在十方无
量百千万億佛土中諸佛世尊多所饒益安
樂衆生是諸佛亦以无量无數方便種種因
緣譬喻言辭而為衆生演說諸法是法皆為
一佛乘故是諸衆生從佛聞法究竟皆得一
切種智舍利弗是諸佛但教化菩薩欲以佛
之知見示衆生故欲以佛之知見悟衆生故
欲令衆生入佛知見道故舍利弗我今亦復
如是知諸衆生有種種欲深心所著隨其本
性以種種因緣譬喻言辭方便力故而為說

一佛乘故是諸衆生從佛聞法究竟皆得一
切種智舍利弗是諸佛但教化菩薩欲以佛
之知見示衆生故欲以佛之知見悟衆生故
欲令衆生入佛知見道故舍利弗我今亦復
如是知諸衆生有種種欲深心所著隨其本
性以種種因緣譬喻言辭方便力故而為說
法舍利弗如此皆為得一佛乘一切種智故
舍利弗十方世界中尚无二乘何況有三舍
利弗諸佛出於五濁惡世所謂劫濁煩惱濁
衆生濁見濁命濁如是舍利弗劫濁乱時
衆生垢重慳貪嫉妬成就諸不善根故諸佛以
方便力於一佛乘分別說三舍利弗若我弟
子自謂阿羅漢辟支佛者不聞不知諸佛如
來但教化菩薩事此非佛弟子非阿羅漢非
辟支佛又舍利弗是諸比丘比丘尼自謂已
得阿羅漢是最後身究竟涅槃便不復志求
阿耨多羅三藐三菩提當知此輩皆是增上
慢人所以者何若有比丘實得阿羅漢若不
信此法无有是處除佛滅度後現前无佛所
以者何佛滅度後如是等經受持讀誦解義
者是人難得若遇餘佛於此法中便得決了
舍利弗汝等當一心信解受持佛語諸佛如
來言无虛妄无有餘乘唯一佛乘尒時世尊
欲重宣此義而說偈言
比丘比丘尼　有懷增上慢　優婆塞我慢　優婆夷不信

者是人難得若遇餘佛於此法中便得決了
舍利弗汝等當一心信解受持佛語諸佛如
來言无虛妄无有餘乘唯一佛乘尒時世尊
欲重宣此義而說偈言
比丘比丘尼 有懷增上慢 優婆塞我慢 優婆夷不信
如是四衆等 其數有五千 不自見其過 於戒有缺漏
護惜其瑕疵 是小智已出 衆中之糟糠 佛威德故去
斯人尠福德 不堪受是法 此衆无枝葉 唯有諸貞實
舍利弗善聽 諸佛所得法 无量方便力 而為衆生說
衆生心所念 種種所行道 若干諸欲性 先世善惡業
佛悉知是已 以諸緣譬喻 言辭方便力 令一切歡喜
或說修多羅 伽陀及本事 本生未曾有 亦說於因緣
譬喻并祇夜 優波提舍經 鈍根樂小法 貪著於生死
於諸无量佛 不行深妙道 衆苦所惱亂 為是說涅槃
我設是方便 令得入佛慧 未曾說汝等 當得成佛道
所以未曾說 說時未至故 今正是其時 決定說大乘
我此九部法 隨順衆生說 入大乘為本 以故說是經
有佛子心淨 柔軟亦利根 无量諸佛所 而行深妙道
為此諸佛子 說是大乘經 我記如是人 來世成佛道
以深心念佛 修持淨戒故 此等聞得佛 大喜充遍身
佛知彼心行 故為說大乘 聲聞若菩薩 聞我所說法
乃至於一偈 皆成佛无疑 十方佛土中 唯有一乘法
无二亦无三 除佛方便說 但以假名字 引導於衆生
說佛智慧故 諸佛出於世 唯此一事實 餘二則非真
終不以小乘 濟度於衆生 佛自住大乘 如其所得法

BD14589 號　妙法蓮華經卷一　（20-14）

佛知彼心行 故為說大乘 聲聞若菩薩 聞我所說法
乃至於一偈 皆成佛无疑 十方佛土中 唯有一乘法
无二亦无三 除佛方便說 但以假名字 引導於衆生
說佛智慧故 諸佛出於世 唯此一事實 餘二則非真
終不以小乘 濟度於衆生 佛自住大乘 如其所得法
定慧力莊嚴 以此度衆生 自證无上道 大乘平等法
若以小乘化 乃至於一人 我則墮慳貪 此事為不可
若人信歸佛 如來不欺誑 亦无貪嫉意 斷諸法中惡
故佛於十方 而獨无所畏 我以相嚴身 光明照世間
无量衆所尊 為說實相印 舍利弗當知 我本立誓願
欲令一切衆 如我等无異 如我昔所願 今者已滿足
化一切衆生 皆令入佛道 若我遇衆生 盡教以佛道
无智者錯亂 迷惑不受教 我知此衆生 未曾修善本
堅著於五欲 癡愛故生惱 以諸欲因緣 墜墮三惡道
輪迴六趣中 備受諸苦毒 受胎之微形 世世常增長
薄德少福人 衆苦所逼迫 入邪見稠林 若有若无等
依止此諸見 具足六十二 深著虛妄法 堅受不可捨
我慢自矜高 諂曲心不實 於千万億劫 不聞佛名字
亦不聞正法 如是人難度 是故舍利弗 我為設方便
說諸盡苦道 示之以涅槃 我雖說涅槃 是亦非真滅
諸法從本來 常自寂滅相 佛子行道已 來世得作佛
我有方便力 開示三乘法 一切諸世尊 皆說一乘道
今此諸大衆 皆應除疑惑 諸佛語无異 唯一无二乘
過去无數劫 无量滅度佛 百千万億種 其數不可量
如是諸世尊 種種緣譬喻 无數方便力 演說諸法相

BD14589 號　妙法蓮華經卷一　（20-15）

諸法從本來　常自寂滅相　佛子行道已　來世得作佛
我有方便力　開示三乘法　一切諸世尊　皆說一乘道
今此諸大衆　皆應除疑惑　諸佛語无異　唯一无二乘
過去无數劫　无量滅度佛　百千萬億種　其數不可量
如是諸世尊　種種緣譬喻　无數方便力　演說諸法相
是諸世尊等　皆說一乘法　化无量衆生　令入於佛道
又諸大聖主　知一切世間　天人群生類　深心之所欲
更以異方便　助顯第一義　若有衆生類　值諸過去佛
若聞法布施　或持戒忍辱　精進禪智等　種種脩福慧
如是諸人等　皆已成佛道　諸佛滅度已　若人善軟心
如是諸衆生　皆已成佛道　諸佛滅度已　供養舍利者
起万億種塔　金銀及頗梨　車𤦲與馬瑙　玫瑰琉璃珠
清淨廣嚴飾　莊校於諸塔　或有起石廟　栴檀及沈水
木櫁并餘材　甎瓦泥土等　若於曠野中　積土成佛廟
乃至童子戲　聚沙為佛塔　如是諸人等　皆已成佛道
若人為佛故　建立諸形像　刻彫成衆相　皆已成佛道
或以七寶成　鍮石赤白銅　白鑞及鉛錫　鐵木及與泥
或以膠漆布　嚴飾作佛像　如是諸人等　皆已成佛道
彩畫作佛像　百福莊嚴相　自作若使人　皆已成佛道
乃至童子戲　若草木及筆　或以指爪甲　而畫作佛像
如是諸人等　漸漸積功德　具足大悲心　皆已成佛道
但化諸菩薩　度脫无量衆　若人於塔廟　寶像及畫像
以華香幡蓋　敬心而供養　若使人作樂　擊鼓吹角貝
簫笛琴箜篌　琵琶鐃銅鈸　如是衆妙音　盡持以供養
或以歡喜心　歌唄頌佛德　乃至一小音　皆已成佛道

BD14589號　妙法蓮華經卷一　（20–16）

如是諸人等　漸漸積功德　具足大悲心　皆已成佛道
但化諸菩薩　度脫无量衆　若人於塔廟　寶像及畫像
以華香幡蓋　敬心而供養　若使人作樂　擊鼓吹角貝
簫笛琴箜篌　琵琶鐃銅鈸　如是衆妙音　盡持以供養
或以歡喜心　歌唄頌佛德　乃至一小音　皆已成佛道
若人散亂心　乃至以一華　供養於畫像　漸見无數佛
或有人禮拜　或復但合掌　乃至舉一手　或復小低頭
以此供養像　漸見无量佛　自成无上道　廣度无數衆
入无餘涅槃　如薪盡火滅　若人散亂心　入於塔廟中
一稱南无佛　皆已成佛道　於諸過去佛　在世或滅後
若有聞是法　皆已成佛道　未來諸世尊　其數无有量
是諸如來等　亦方便說法　一切諸如來　以无量方便
度脫諸衆生　入佛无漏智　若有聞法者　无一不成佛
諸佛本誓願　我所行佛道　普欲令衆生　亦同得此道
未來世諸佛　雖說百千億　无數諸法門　其實為一乘
諸佛兩足尊　知法常无性　佛種從緣起　是故說一乘
是法住法位　世間相常住　於道場知已　導師方便說
天人所供養　現在十方佛　其數如恒沙　出現於世間
安隱衆生故　亦說如是法　知第一寂滅　以方便力故
雖示種種道　其實為佛乘　知衆生諸行　深心之所念
過去所習業　欲性精進力　及諸根利鈍　以種種因緣
譬喻亦言辭　隨應方便說　今我亦如是　安隱衆生故
以種種法門　宣示於佛道　我以智慧力　知衆生性欲
方便說諸法　皆令得歡喜　舍利弗當知　我以佛眼觀
見六道衆生　貧窮无福慧　入生死險道　相續苦不斷

BD14589號　妙法蓮華經卷一　（20–17）

譬喻亦言辭　隨應方便說　今我亦如是　安隱眾生故
以種種法門　宣示於佛道　我以智慧力　知眾生性欲
方便說諸法　皆令得歡喜　舍利弗當知　我以佛眼觀
見六道眾生　貧窮无福慧　入生死險道　相續苦不斷
深著於五欲　如犛牛愛尾　以貪愛自蔽　盲瞑无所見
不求大勢佛　及與斷苦法　深入諸邪見　以苦欲捨苦
為是眾生故　而起大悲心　我始坐道場　觀樹亦經行
於三七日中　思惟如是事　我所得智慧　微妙最第一
眾生諸根鈍　著樂癡所盲　如斯之等類　云何而可度
尒時諸梵王　及諸天帝釋　護世四天王　及大自在天
并餘諸天眾　眷屬百千万　恭敬合掌禮　請我轉法輪
我即自思惟　若但讚佛乘　眾生沒在苦　不能信是法
破法不信故　墜於三惡道　我寧不說法　疾入於涅槃
尋念過去佛　所行方便力　我今所得道　亦應說三乘
作是思惟時　十方佛皆現　梵音慰喻我　善哉釋迦文
第一之導師　得是无上法　隨諸一切佛　而用方便力
我等亦皆得　最妙第一法　為諸眾生類　分別說三乘
少智樂小法　不自信作佛　是故以方便　分別說諸果
雖復說三乘　但為教菩薩　舍利弗當知　我聞聖師子
深淨微妙音　稱南无諸佛　復作如是念　我出濁惡世
如諸佛所說　我亦隨順行　思惟是事已　即趣波羅奈
諸法寂滅相　不可以言宣　以方便力故　為五比丘說
是名轉法輪　便有涅槃音　及以阿羅漢　法僧差別名
從久遠劫來　讚示涅槃法　生死苦永盡　我常如是說
舍利弗當知　我見佛子等　志求佛道者　无量千万億

BD14589號　妙法蓮華經卷一　（20–18）

如諸佛所說　我亦隨順行　思惟是事已　即趣波羅奈
諸法寂滅相　不可以言宣　以方便力故　為五比丘說
是名轉法輪　便有涅槃音　及以阿羅漢　法僧差別名
從久遠劫來　讚示涅槃法　生死苦永盡　我常如是說
舍利弗當知　我見佛子等　志求佛道者　无量千万億
咸以恭敬心　皆來至佛所　曾從諸佛聞　方便所說法
我即作是念　如來所以出　為說佛慧故　今正是其時
舍利弗當知　鈍根小智人　著相憍慢者　不能信是法
今我喜无畏　於諸菩薩中　正直捨方便　但說无上道
菩薩聞是法　疑網皆已除　千二百羅漢　悉亦當作佛
如三世諸佛　說法之儀式　我今亦如是　說无分別法
諸佛興出世　懸遠值遇難　正使出于世　說是法復難
无量无數劫　聞是法亦難　能聽是法者　斯人亦復難
譬如優曇華　一切皆愛樂　天人所希有　時時乃一出
聞法歡喜讚　乃至發一言　則為已供養　一切三世佛
是人甚希有　過於優曇華　汝等勿有疑　我為諸法王
普告諸大眾　但以一乘道　教化諸菩薩　无聲聞弟子
汝等舍利弗　聲聞及菩薩　當知是妙法　諸佛之祕要
以五濁惡世　但樂著諸欲　如是等眾生　終不求佛道
當來世惡人　聞佛說一乘　迷惑不信受　破法墮惡道
有慚愧清淨　志求佛道者　當為如是等　廣讚一乘道
舍利弗當知　諸佛法如是　以万億方便　隨宜而說法
其不習學者　不能曉了此　汝等既已知　諸佛世之師
隨宜方便事　无復諸疑惑　心生大歡喜　自知當作佛

BD14589號　妙法蓮華經卷一　（20–19）

舍利弗當知　鈍根小智人　著相憍慢者　不能信是法
今我喜无畏　於諸菩薩中　正直捨方便　但說无上道
菩薩聞是法　疑網皆已除　千二百羅漢　悉亦當作佛
如三世諸佛　說法之儀式　我今亦如是　說无分別法
諸佛興出世　懸遠值遇難　正使出于世　說是法復難
无量无數劫　聞是法亦難　能聽是法者　斯人亦復難
譬如優曇華　一切皆愛樂　天人所希有　時時乃一出
聞法歡喜讚　乃至發一言　則為已供養　一切三世佛
是人甚希有　過於優曇華　汝等勿有疑　我為諸法王
普告諸大衆　但以一乘道　教化諸菩薩　无聲聞弟子
汝等舍利弗　聲聞及菩薩　當知是妙法　諸佛之秘要
以五濁惡世　但樂著諸欲　如是等衆生　終不求佛道
當來世惡人　聞佛說一乘　迷惑不信受　破法墮惡道
有慚愧清淨　志求佛道者　當為如是等　廣讚一乘道
舍利弗當知　諸佛法如是　以万億方便　隨宜而說法
其不習學者　不能曉了此　汝等既已知　諸佛世之師
隨宜方便事　无復諸疑惑　心生大歡喜　自知當作佛

妙法蓮華經卷第一

BD14589 號　妙法蓮華經卷一　（20–20）

大般若波羅蜜多經卷第三百三
初分魔事品第卌之一　三藏法師玄奘奉　詔譯
尒時具壽善現白佛言世尊佛已讚說為證
无上正等菩提脩行六種波羅蜜多成熟有
情嚴淨佛國諸善男子善女人等所有功德
世尊云何是善男子善女人等為證无上正
等菩提脩諸行時留難魔事佛言善現若菩
薩摩訶薩樂說法要辯不即生當知是為菩
薩魔事世尊何故是菩薩摩訶薩樂說法要
辯不即生是為魔事善現是菩薩摩訶薩脩
行般若波羅蜜多時所脩般若波羅蜜多難
得圓滿所脩靜慮精進安忍淨戒布施波羅
蜜多難得圓滿由此緣故是菩薩摩訶薩樂
說法要辯不即生當知是為菩薩魔事復次
善現若菩薩摩訶薩樂脩勝行辯乃卒生當
知是為菩薩魔事世尊何故是菩薩摩訶薩
樂脩勝行辯乃卒生是為魔事善現是菩薩
摩訶薩脩行布施波羅蜜多脩行淨戒安忍
[illegible]

BD14590 號　大般若波羅蜜多經卷三〇三　（24–1）

說法要語不即生當知是為菩薩魔事復次
善現若菩薩摩訶薩樂脩勝行辯乃卒生當
知是為菩薩魔事世尊何故是菩薩摩訶薩
樂脩勝行辯乃卒生是為魔事善現是菩薩
摩訶薩脩行布施波羅蜜多脩行淨戒安忍
精進靜慮般若波羅蜜多无巧便故辯乃
卒生由此緣故是菩薩摩訶薩樂脩勝
行辯乃卒生當知是為菩薩魔事復次善
現書寫般若波羅蜜多甚深經時頻申欠呿當
知是為菩薩魔事復次善現書寫般若波羅
蜜多甚深經時忽然戲笑當知是為菩薩魔
事復次善現書寫般若波羅蜜多甚深經時
平相輕蔑當知是為菩薩魔事復次善現書
寫般若波羅蜜多甚深經時身心擾亂當知
是為菩薩魔事復次善現書寫般若波羅蜜
多甚深經時心生異解文句倒錯當知是為
菩薩魔事復次善現書寫般若波羅蜜多甚
深經時欻有事起令不究竟當知是為菩薩
魔事復次善現書寫般若波羅蜜多甚深經
時忽作是念我於此經不得滋味何用書寫
便弃捨去當知是為菩薩魔事復次善現受
持讀誦思惟脩習說聽般若波羅蜜多甚深
經時頻申欠呿當知是為菩薩魔事復次善
現受持讀誦思惟脩習說聽般若波羅蜜多
甚深經時忽然戲笑當知是為菩薩魔事
復次善現受持讀誦思惟脩習說聽般若波
羅蜜多甚深經時平相輕蔑當知是為菩薩
魔事

BD14590 號　大般若波羅蜜多經卷三〇三　（24–2）

經時頻申欠呿當知是為菩薩魔事復次善
現受持讀誦思惟脩習說聽般若波羅蜜多
甚深經時忽然戲笑當知是為菩薩魔事
復次善現受持讀誦思惟脩習說聽般若波
羅蜜多甚深經時平相輕蔑當知是為菩薩
魔事
復次善現受持讀誦思惟脩習說聽般若波
羅蜜多甚深經時身心擾亂當知是為菩薩
魔事復次善現受持讀誦思惟脩習說聽般
若波羅蜜多甚深經時心生異解文句倒錯
當知是為菩薩魔事復次善現受持讀誦思
惟脩習說聽般若波羅蜜多甚深經時欻有
事起令不究竟當知是為菩薩魔事復次善
現受持讀誦思惟脩習說聽般若波羅蜜多
甚深經時忽作是念我於此經不得滋味何
用勤苦便弃捨去當知是為菩薩魔事時具
壽善現白佛言世尊何因緣故是善男子善女
人等於此深經不得滋味便弃捨去佛言
善現是善男子善女人等於過去世未久脩
行般若靜慮精進安忍淨戒布施波羅蜜多
是故於此甚深般若波羅蜜多不得滋味便
弃捨去復次善現若善男子善女人等聞說
如是甚深般若波羅蜜多便作是念我等於
此不得受記何用聽為心不清淨便從坐起
弃捨而去當知是為菩薩魔事時具壽善現
白佛言世尊何因緣故於此般若波羅蜜多

BD14590 號　大般若波羅蜜多經卷三〇三　（24–3）

如是甚深般若波羅蜜多便作是念我等於
此不得受記何用聽為心不清淨便從坐起
弃捨而去當知是為菩薩魔事時具壽善現
白佛言世尊何因緣故於此般若波羅蜜多
甚深經中不受彼記而今捨去佛言善現菩
薩未入正性離生不應受彼大菩提記復次
善現若善男子善女人等聞說如是甚深般
若波羅蜜多便作是念此中不說我等名字
何用聽為心不清淨便從坐起弃捨而去當
知是為菩薩魔事時具壽善現白佛言世尊
何因緣故於此般若波羅蜜多甚深經中不
記說彼菩薩名字佛言善現菩薩未受大菩
提記法尒不應記說名字復次善現若善男
子善女人等聞說般若波羅蜜多甚深經時
生如是念此中不說我等生處城邑聚落何
用聽為心不清淨便從坐起弃捨而去當知
是為菩薩魔事時具壽善現白佛言世尊何
因緣故於此般若波羅蜜多甚深經中不記
說彼菩薩生處城邑聚落佛言善現若未記
彼菩薩名字不應說其生處差別復次善現
若菩薩摩訶薩聞說般若波羅蜜多心不清
淨而捨去者隨彼所起不清淨心猒捨此經
舉步多少便減尒所劫數功德獲尒所劫障
菩提罪受彼罪已更尒所時發勤精進求趣
无上正等菩提方可復本是故菩薩若欲速
證无上菩提不應猒捨甚深般若波羅蜜多

BD14590 號　大般若波羅蜜多經卷三〇三　（24–4）

舉步多少便減尒所劫數功德獲尒所劫障
菩提罪受彼罪已更尒所時發勤精進求趣
无上正等菩提方可復本是故菩薩若欲速
證无上菩提不應猒捨甚深般若波羅蜜多
復次善現住菩薩乘諸善男子善女人等弃
捨般若波羅蜜多甚深經典求學餘經當知
是為菩薩魔事何以故善現是善男子善女
人等弃捨一切智智根本甚深般若波羅蜜
多而攀枝葉諸餘經典終不能得大菩提故
時具壽善現白佛言世尊何等餘經猶如枝
葉不能引發一切智智佛言善現若說二乘
相應之法謂四念住四正斷四神足五根五
力七等覺支八聖道支及空无相无願解脫
門等所有諸經若善男子善女人等於中脩
學得預流果一來果不還果得阿羅漢
果得獨覺菩提不得无上正等菩提是名餘
經猶如枝葉不能引發一切智智甚深般若
波羅蜜多定能引發一切智智有大勢用猶
如樹根是善男子善女人等棄捨般若波羅
蜜多甚深經典求學餘經定不能得一切智
智何以故善現如是般若波羅蜜多甚深經
典出生一切菩薩摩訶薩世間出世間功德
法故善現若菩薩摩訶薩脩學般若波羅蜜
多則為脩學一切世間出世間法復次善現
辟如餓狗捨其主食返從僕使而求覓之於
當來世有菩薩乘諸善男子善女人等弃捨

BD14590 號　大般若波羅蜜多經卷三〇三　（24–5）

典出生一切菩薩摩訶薩世間出世間功德
法故善現若菩薩摩訶薩脩學般若波羅蜜
多則為脩學一切世間出世間法復次善現
譬如餓狗捨其主食返從僕使而求覓之於
當來世有菩薩乘諸善男子善女人等弃捨
一切佛法根本甚深般若波羅蜜多求學二
乘相應經典亦復如是當知是為菩薩魔事
復次善現譬如有人欲求香象得此象已捨
而求跡於汝意云何是人有智不善現答言
是人无智佛言善現於當來世有菩薩乘諸
善男子善女人等弃捨一切佛法根本甚深
般若波羅蜜多求學二乘相應經典亦復如
是當知是為菩薩魔事復次善現譬如有人
欲見大海既至海岸返觀牛跡作是念言大
海中水淺深多少豈及此耶於汝意云何是人
有智不善現答言是人无智佛言善現於
當來世有菩薩乘諸善男子善女人等弃捨
一切佛法根本甚深般若波羅蜜多求學二
乘相應經典亦復如是當知是為菩薩魔事
復次善現如是工匠或彼弟子欲造大殿如
天帝釋殊勝殿量見彼殿已而返揆模日月
宮殿於意云何如是工匠或彼弟子能造大
殿量如帝釋殊勝殿不善現答言不也世尊
佛言善現於意云何是人有智不善現答
言是人无智是愚癡類佛言善現於當來世
有菩薩乘諸善男子善女人等欲求无上正

BD14590 號　大般若波羅蜜多經卷三〇三　（24-6）

宮殿於意云何如是工匠或彼弟子能造大
殿量如帝釋殊勝殿不善現答言不也世尊
佛言善現於意云何是人有智不善現答
言是人无智是愚癡類佛言善現於當來世
有菩薩乘諸善男子善女人等欲求无上正
等菩提弃捨如是甚深般若波羅蜜多求學
二乘相應經典亦復如是於意云何是善男
子善女人等能得无上佛菩提不善現答言
不也世尊佛言善現於意云何是善男子善
女人等是黠慧不善現答言是愚癡類佛言
善現如是如是當知是為菩薩魔事復次善
現如人求見轉輪聖王見已不識捨至餘處
見凡小王取其形相作如是念轉輪聖王形
相威德與此何異於汝意云何是人有智不
善現答言是人无智佛言善現於當來世有
菩薩乘諸善男子善女人等欲求无上正等
菩提弃捨如是甚深般若波羅蜜多求學二
乘相應經典亦復如是於意云何是善男子
善女人等為能證得大菩提不善現答言不
也世尊佛言善現於意云何是善男子善女
人等是黠慧不善現答言是愚癡類佛言善
現如是如是當知是為菩薩魔事
復次善現如是飢人得百味食弃而求噉兩
月穀飯於汝意云何是人有智不善現答言
是人无智佛言善現於當來世有菩薩乘諸
善男子善女人等弃大般若波羅蜜多甚深

BD14590 號　大般若波羅蜜多經卷三〇三　（24-7）

復次善現如是飢人得百味食弃而求噉兩
月穀飯於汝意云何是人有智不善現荅言
是人无智佛言善現於當来世有菩薩乘諸
善男子善女人等弃大般若波羅蜜多甚深
經典求學二乘相應經典於中欲求一切智
智亦復如是於意云何是善男子善女人等
是黠慧不善現荅言是愚癡類佛言善現如
是如是當知是為菩薩魔事復次善現如有
貧人得无價寶弃而求取迦遮末尼於汝意
云何是人有智不善現荅言是人无智佛言
善現於當来世有菩薩乘諸善男子善女人
等弃大般若波羅蜜多甚深經典求學二乘
相應經典於中欲求一切智智亦復如是於
意云何是善男子善女人等是黠慧不善現
荅言是愚癡類佛言善現如是如是當知是
為菩薩魔事
復次善現住菩薩乘諸善男子善女人等書
大般若波羅蜜多甚深經時衆辯競起樂說
種種差別法門令所書寫甚深般若波羅蜜
多不得究竟當知是為菩薩魔事所謂樂說
布施淨戒安忍精進靜慮般若樂說欲界色
无色界樂說受持讀誦宣說樂說看病循餘
極葉樂說色樂說受想行識樂說眼處樂說
耳鼻舌身意處樂說色處樂說聲香味觸法
處樂說眼界樂說色界眼識界及眼觸眼觸
為緣所生諸受樂說耳界樂說聲界耳識界

極葉樂說色樂說受想行識樂說眼處樂說
耳鼻舌身意處樂說色處樂說聲香味觸法
處樂說眼界樂說色界眼識界及眼觸眼觸
為緣所生諸受樂說耳界樂說聲界耳識界
及耳觸耳觸為緣所生諸受樂說鼻界樂說
香界鼻識界及鼻觸鼻觸為緣所生諸受樂
說舌界樂說味界舌識界及舌觸舌觸為緣所
生諸受樂說身界樂說觸界身識界及身
觸身觸為緣所生諸受樂說意界樂說法界
意識界及意觸意觸為緣所生諸受樂說地
界樂說水火風空識界樂說无明樂說行識
名色六處觸受愛取有生老死愁歎苦憂惱
樂說布施波羅蜜多樂說淨戒安忍精進靜
慮般若波羅蜜多樂說內空樂說外空內外
空空空大空勝義空有為空无為空畢竟空
无際空散空无變異空本性空自相空共相
空一切法空不可得空无性空自性空无性
自性空樂說真如樂說法界法性不虛妄性
不變異性平等性離生性法定法住實際虛
空界不思議界樂說苦聖諦樂說集滅道聖
諦樂說四靜慮樂說四无量四无色定樂說
八解脫樂說八勝處九次第定十遍處樂說
四念住樂說四正斷四神足五根五力七等
覺支八聖道支樂說空解脫門樂說无相无
願解脫門樂說菩薩十地樂說五眼樂說六
神通樂說佛十力樂說四无所畏四无礙解
大慈大悲大喜大捨十八佛不共法樂說无

四念住樂說四正斷四神足五根五力七等
覺支八聖道支樂說空解脫門樂說无相无
願解脫門樂說菩薩十地樂說五眼樂說六
神通樂說佛十力樂說四无所畏四无礙解
大慈大悲大喜大捨十八佛不共法樂說无
忘失法樂說恒住捨性樂說一切智樂說道
相智一切相智樂說一切陁羅尼門樂說一
切三摩地門樂說預流果樂說一來不還阿
羅漢果樂說獨覺菩提樂說一切菩薩摩訶
薩行樂說諸佛阿耨多羅三藐三菩提何以
故善現甚深般若波羅蜜多中无樂說相故
甚深般若波羅蜜多難思議故甚深般若波
羅蜜多无思慮故甚深般若波羅蜜多无生
滅故甚深般若波羅蜜多无染清淨故甚深
般若波羅蜜多无定亂故甚深般若波羅蜜
多離名言故甚深般若波羅蜜多不可說故
甚深般若波羅蜜多不可得故所以者何善
現甚深般若波羅蜜多中如前所說諸法皆
无所有都不可得住菩薩乘諸善男子善女
人等書寫般若波羅蜜多甚深經時如是諸
法擾亂其心令不究竟當知是為菩薩魔事
介時具壽善現白佛言世尊甚深般若波羅
蜜多可書寫不佛言善現甚深般若波羅蜜
多不可書寫何以故善現於此般若波羅蜜
多甚深經中色自性无所有不可得受想行
識自性无所有不可得眼處自性无所有不
可得耳鼻舌身意處自性无所有不可得色

BD14590號　大般若波羅蜜多經卷三〇三　（24–10）

蜜多可書寫不佛言善現甚深般若波羅蜜
多不可書寫何以故善現於此般若波羅蜜
多甚深經中色自性无所有不可得受想行
識自性无所有不可得眼處自性无所有不
可得耳鼻舌身意處自性无所有不可得色
處自性无所有不可得聲香味觸法處自性
无所有不可得眼界自性无所有不可得色
界眼識界及眼觸眼觸為緣所生諸受自性
无所有不可得耳界自性无所有不可得聲
界耳識界及耳觸耳觸為緣所生諸受自性
无所有不可得鼻界自性无所有不可得香
界鼻識界及鼻觸鼻觸為緣所生諸受自性
无所有不可得舌界自性无所有不可得味
界舌識界及舌觸舌觸為緣所生諸受自性
无所有不可得身界自性无所有不可得觸
界身識界及身觸身觸為緣所生諸受自性
无所有不可得意界自性无所有不可得法
界意識界及意觸意觸為緣所生諸受自性
无所有不可得地界自性无所有不可得水
火風空識界自性无所有不可得无明自性
无所有不可得行識名色六處觸受愛取有
生老死愁歎苦憂惱自性无所有不可得布
施波羅蜜多自性无所有不可得淨戒安忍
精進靜慮般若波羅蜜多自性无所有不可
得內空自性无所有不可得外空內外空空
空大空勝義空有為空无為空畢竟空无際
空散空无變異空本性空自性空共相空一

BD14590號　大般若波羅蜜多經卷三〇三　（24–11）

般波羅蜜多自性无所有不可得淨戒安忍
精静進慮般若波羅蜜多自性无所有不可
得内空自性无所有不可得外空内外空空
空大空勝義空有爲空无爲空畢竟空无際
空散空无變異空本性空自相空共相空一
切法空不可得空无性空自性空无性自性
空自性空所有不可得真如自性无所有不
可得法界法性不虚妄性不變異性平等性
離生性法定法住實際虚空界不思議界自
性无所有不可得苦聖諦自性无所有不可
得集滅道聖諦自性无所有不可得四静慮
自性无所有不可得四无量四无色定自性
无所有不可得八解脱自性无所有不可得
八勝處九次第定十遍處自性无所有不可
得四念住自性无所有不可得四正斷四神
足五根五力七等覺支八聖道支自性无所有
不可得空解脱門自性无所有不可得无相
无願解脱門自性无所有不可得菩薩十地
自性无所有不可得五眼自性无所有不可
得六神通自性无所有不可得佛十力自性
无所有不可得四无所畏四无礙解大慈大
悲大喜大捨十八佛不共法自性无所有不
可得无忘失法自性无所有不可得恒住捨
性自性无所有不可得一切智自性无所有
不可得道相智一切相智自性无所有不可
得一切陁羅尼門自性无所有不可得一切
三摩地門自性无所有不可得預流果自性

BD14590號　大般若波羅蜜多經卷三〇三　（24–12）

可得无忘失法自性无所有不可得恒住捨
性自性无所有不可得一切智自性无所有
不可得道相智一切相智自性无所有不可
得一切陁羅尼門自性无所有不可得一切
三摩地門自性无所有不可得預流果自性
无所有不可得一来不還阿羅漢果自性无
所有不可得獨覺菩提自性无所有不可得
一切菩薩摩訶薩行自性无所有不可得諸
佛无上正等菩提自性无所有不可得善現
諸佛自性皆无所有不可得故即是无性如
是无性即是般若波羅蜜多非无性法能書
无性是故般若波羅蜜多不可書寫
善現若菩薩乘諸善男子善女人等作如是
念於此般若波羅蜜多甚深經中无性是色
无性是受想行識无性是眼處无性是耳鼻
舌身意處无性是色處无性是聲香味觸法
處无性是眼界无性是色界眼識界及眼觸
眼觸爲緣所生諸受无性是耳界无性是聲
界耳識界及耳觸耳觸爲緣所生諸受无性
是鼻界无性是香界鼻識界及鼻觸鼻觸爲
緣所生諸受无性是舌界无性是味界舌識
界及舌觸舌觸爲緣所生諸受无性是身界
无性是觸界身識界及身觸身觸爲緣所生
諸受无性是意界无性是法界意識界及意
觸意觸爲緣所生諸受无性是地界无性是
水火風空識界无性是无明无性是行識名
色六處觸受愛取有生老死愁歎苦憂惱无

BD14590號　大般若波羅蜜多經卷三〇三　（24–13）

无性是觸界身識界及身觸身觸為緣所生
諸受无性是意界无性是法界意識界及意
觸意觸為緣所生諸受无性是地界无性是
水火風空識界无性是无明无性是行識名
色六處觸受愛取有生老死愁歎苦憂惱无
性是布施波羅蜜多无性是淨戒安忍精進
靜慮般若波羅蜜多无性是内空无性是外
空内外空空空大空勝義空有為空无為空
畢竟空无際空散空无變異空本性空自相
空共相空一切法空不可得空无性空自性
空无性自性空无性是真如无性是法界法
性不虛妄性不變異性平等性離生性法定
法住實際虛空界不思議界无性是苦聖諦
无性是集滅道聖諦无性是四靜慮无性是
四无量四无色定无性是八解脫无性是八
勝處九次第定十遍處无性是四念住无性
是四正斷四神足五根五力七等覺支八聖
道支无性是空解脫門无性是无相无願解
脫門无性是菩薩十地无性是五眼无性是
六神通无性是佛十力无性是四无所畏四
无礙解大慈大悲大喜大捨十八佛不共法
无性是无忘失法无性是恒住捨性无性是
一切智无性是道相智一切相智无性是一
切陀羅尼門无性是一切三摩地門无性是
預流果无性是一來不還阿羅漢果无性是
獨覺菩提无性是一切菩薩摩訶薩行无性
是諸佛无上正等菩提當知是為菩薩魔事

BD14590號　大般若波羅蜜多經卷三〇三　（24–14）

一切智无性是道相智一切相智无性是一
切陀羅尼門无性是一切三摩地門无性是
預流果无性是一來不還阿羅漢果无性是
獨覺菩提无性是一切菩薩摩訶薩行无性
是諸佛无上正等菩提當知是為菩薩魔事
爾時具壽善現白佛言世尊若菩薩乘諸善
男子善女人等書寫如是甚深般若波羅蜜
多作如是說我以文字書寫般若波羅蜜多
彼執文字能書般若波羅蜜多當知是為菩
薩魔事何以故世尊於此般若波羅蜜多甚
深經中色无文字受想行識无文字眼處无
文字耳鼻舌身意處无文字色處无文字聲
香味觸法處无文字眼界无文字色界眼識
界及眼觸眼觸為緣所生諸受无文字耳界
无文字聲界耳識界及耳觸耳觸為緣所生
諸受无文字鼻界无文字香界鼻識界及鼻
觸鼻觸為緣所生諸受无文字舌界无文字
味界舌識界及舌觸舌觸為緣所生諸受无
文字身界无文字觸界身識界及身觸身觸
為緣所生諸受无文字意界无文字法界意
識界及意觸意觸為緣所生諸受无文字地
界无文字水火風空識界无文字无明无文
字行識名色六處觸受愛取有生老死愁歎
苦憂惱无文字布施波羅蜜多无文字淨戒
安忍精進靜慮般若波羅蜜多无文字内空
无文字外空内外空空空大空勝義空有為

BD14590號　大般若波羅蜜多經卷三〇三　（24–15）

字行識名色六處觸受愛取有生老死愁歎
苦憂惱无文字布施波羅蜜多无文字淨戒
安忍精進靜慮般若波羅蜜多无文字內空
无文字外空內外空空空大空勝義空有為
空无為空畢竟空无際空散空无變異空本
性空自相空共相空一切法空不可得空无
性空自性空无性自性空无文字真如无文
字法界法性不虛妄性不變異性平等性離
生性法定法住實際虛空界不思議界无文
字苦聖諦无文字集滅道聖諦无文字四靜
慮无文字四无量四无色定无文字八解脫
无文字八勝處九次第定十遍處无文字四
念住无文字四正斷四神足五根五力七等
覺支八聖道支无文字空解脫門无文字无
相无願解脫門无文字菩薩十地无文字五
眼无文字六神通无文字佛十力无文字四
无所畏四无礙解大慈大悲大喜大捨十八
佛不共法无文字无忘失法无文字恒住捨
性无文字一切智无文字道相智一切相智
无文字一切陀羅尼門无文字一切三摩地
門无文字預流果无文字一來不還阿羅漢
果无文字獨覺菩提无文字一切菩薩摩訶
薩行无文字諸佛无上正等菩提无文字是
故不應執有文字能書般若波羅蜜多
世尊若善薩乘諸善男子善女人等作如是
執於此般若波羅蜜多甚深經中无文字是

BD14590號　大般若波羅蜜多經卷三〇三　（24–16）

果无文字獨覺菩提无文字一切菩薩摩訶
薩行无文字諸佛无上正等菩提无文字是
故不應執有文字能書般若波羅蜜多
世尊若善薩乘諸善男子善女人等作如是
執於此般若波羅蜜多甚深經中无文字是
色无文字是受想行識无文字是眼處无文
文是耳鼻舌身意處无文字是色處无文字
是聲香味觸法處无文字是眼界无文字是
色界眼識界及眼觸眼觸為緣所生諸受无
文字是耳界无文字是聲界耳識界及耳觸耳
觸為緣所生諸受无文字是鼻界无文字是
香界鼻識界及鼻觸鼻觸為緣所生諸受无
文字是舌界无文字是味界舌識界及舌觸
舌觸為緣所生諸受无文字是身界无文字
是觸界身識界及身觸身觸為緣所生諸受
无文字是意界无文字是法界意識界及意
觸意觸為緣所生諸受无文字是地界无文
字是水火風空識界无文字是无明无文字
是行識名色六處觸受愛取有生老死愁歎
苦憂惱无文字是布施波羅蜜多无文字是
淨戒安忍精進靜慮般若波羅蜜多无文字
是內空无文字是外空內外空空空大 空
勝義空有為空无為空畢竟空无際空散空
无變異空本性空自相空共相空一切法空
不可得空无性空自性空无性自性空无文
字是真如无文字是法界法性不虛妄性不
變異性平等性離生性法定法住實際虛空

BD14590號　大般若波羅蜜多經卷三〇三　（24–17）

勝義空有為空无為空畢竟空无際空散空
无變異空本性空自相空共相空一切法空
不可得空无性空自性空无性自性空无文
字是真如无文字是法界法性不虛妄性不
變異性平等性離生性法定法住實際虛空
界不思議界无文字是苦聖諦无文字是集
滅道聖諦无文字是四靜慮无文字是四无
量四无色定无文字是八解脫无文字是八
勝處九次第定十遍處无文字是四念住无
文字是四正斷四神足五根五力七等覺支
八聖道支无文字是空解脫門无文字是无
相无願解脫門无文字是菩薩十地无文字
是五眼无文字是六神通无文字是佛十力
无文字是四无所畏四无礙解大慈大悲大
喜大捨十八佛不共法无文字是无忘失法
无文字是恒住捨性无文字是一切智无文
字是道相智一切相智无文字是一切陁羅
尼門无文字是一切三摩地門无文字是預
流果无文字是一來不還阿羅漢果无文字
是獨覺菩提无文字是一切菩薩摩訶薩行
无文字是諸佛无上正等菩提當知是為菩
薩魔事佛言善現如是如是如汝所說復次
善現住菩薩乘諸善男子善女人等書寫受
持讀誦脩習思惟演說如是般若波羅蜜多
甚深經時若起國土念若起城邑念若起王
都念若起方處念當知是為菩薩魔事復次
善現住菩薩乘諸善男子善女人等書寫受

BD14590號　大般若波羅蜜多經卷三〇三　　（24–18）

善現住菩薩乘諸善男子善女人等書寫受
持讀誦脩習思惟演說如是般若波羅蜜多
甚深經時若起國土念若起城邑念若起王
都念若起方處念當知是為菩薩魔事復次
善現住菩薩乘諸善男子善女人等書寫受
持讀誦脩習思惟演說如是般若波羅蜜多
甚深經時若起親教軌範念若起同學善友
念若起父母妻子念若起兄弟姊妹念若起
親戚朋侶念當知是為菩薩魔事復次善現
住菩薩乘諸善男子善女人等書寫受持讀
讀脩習思惟演說如是般若波羅蜜多甚深
經時若起惡賊惡獸念若起惡人惡鬼念若
起衆會遊戲念若起婬女歡娛念若起報恩
報怨念若起諸餘无量異念皆是惡魔之所
引發為障般若波羅蜜多當知是為菩薩魔
事復次善現住菩薩乘諸善男子善女人等
書寫受持讀誦脩習思惟演說如是般若波
羅蜜多甚深經時得大名譽恭敬供養所謂
衣服飲食卧具醫藥資財是善男子善女人
等受著是事癈所作業當知是為菩薩魔事
復次善現住菩薩乘諸善男子善女人等書
寫受持讀誦脩習思惟演說如是般若波羅
蜜多甚深經時有諸惡魔執持種種世俗書
論或復二乘相應經典詐現親友受與菩薩
此中廣說世俗勝事或復廣說諸蘊界處諦
實緣起三十七種菩提分法三解脫門四靜
慮等言是經典義趣深奧應勤脩學捨所習

BD14590號　大般若波羅蜜多經卷三〇三　　（24–19）

蜜多甚深經時有諸惡魔執持種種世俗書
論或復二乘相應經典詐現親友受與菩薩
此中廣說世俗勝事或復廣說諸蘊界處諦
實緣起三十七種菩提分法三解脫門四靜
慮等言是經典義趣深奧應勤脩學捨所習
經是菩薩乘諸善男子善女人等善巧方便
不應受著惡魔所與世俗書論或二乘經所
以者何世俗書論二乘經典不能引發一切
智智非趣无上正等菩提巧方便故善現我
此般若波羅蜜多甚深經中廣說菩薩摩訶
薩道善巧方便若於此中精勤脩學速證无
上正等菩提若菩薩乘諸善男子善女人等
棄捨般若波羅蜜多甚深經典受學惡魔世
俗書論或二乘經當知是為菩薩魔事
復次善現能聽法者愛樂聽聞書寫受持讀
誦脩習甚深般若波羅蜜多能說法者著樂
懈怠不欲為說當知是為菩薩魔事復次善
現能說法者心不著樂亦不懈怠樂為他說
甚深般若波羅蜜多方便勸勵書寫受持讀
誦脩習能聽法者懈怠著樂不欲聽受當知
是為菩薩魔事復次善現能聽法者愛樂聽
聞書寫受持讀誦脩習甚深般若波羅蜜多
能說法者欲適他方不獲為說當知是為菩
薩魔事復次善現能說法者樂為他說甚深
般若波羅蜜多方便勸勵書寫受持讀誦脩
習能聽法者欲適他方不獲聽受當知是為
菩薩魔事復次善現能說者法具大惡欲愛

薩魔事復次善現能說法者樂為他說甚深
般若波羅蜜多方便勸勵書寫受持讀誦脩
習能聽法者欲適他方不獲聽受當知是為
菩薩魔事復次善現能說者法具大惡欲愛
重名利衣服飲食臥具醫藥供養資財能
聽法者少欲喜足脩遠離行勇猛正勤具念定
慧猒怖利養恭敬名譽兩不和合不獲說聽
書寫受持讀誦脩習甚深般若波羅蜜多當
知是為菩薩魔事復次善現能說法者少欲
喜足脩者遠離行勇猛正勤具念定慧猒怖利
養恭敬名譽能聽法者具大惡欲愛重名利
衣服飲食臥具醫藥供養資財兩不和合不
獲說聽書寫受持讀誦脩習甚深般若波羅
蜜多當知是為菩薩魔事復次善現能說法
者受行十二杜多功德一住阿練若處二常
乞食三糞掃衣四一受食五一坐食六隨得
食七冢間住八露地住九樹下住十食坐不
臥十一隨得敷具十二但三衣能聽法者不
受十二杜多功德謂不住阿練若處乃至不
受但三衣兩不和合不獲說聽書寫寫持誦
誦脩習甚深般若波羅蜜多當知是為菩薩
魔事復次善現能說法者受行十二杜多功
德謂住阿練若處乃至受但三衣能說法者
不受十二杜多功德謂不住阿練若處乃至不
受但三衣兩不和合不獲說聽書寫受持讀
誦脩習甚深般若波羅蜜多當知是為菩薩

德謂住阿練若處乃至受但三衣能說法者
不受十二杜多功德謂不住阿練若處乃至不
受但三衣兩不和合不獲說聽書寫受持讀
誦脩習甚深般若波羅蜜多當知是為菩薩
魔事復次善現能說法者有信有戒有善意
樂欲為他說甚深般若波羅蜜多方便勸勵
書寫受持讀誦脩習能聽法者无信无戒无
善意樂不樂聽受兩不和合不獲說聽書寫
受持讀誦脩習甚深般若波羅蜜多當知是
為菩薩魔事復次善現能聽聞者有信有戒
有善意樂求欲聽問書寫受持讀誦脩習甚
深般若波羅蜜多能說法者无信无戒无善
意樂不欲為說兩不和合不獲說聽書寫受
持讀誦脩習甚深般若波羅蜜多當知是為
菩薩魔事復次善現能說法者心无慳悋一切
能捨能聽法者心有慳悋不能弃捨兩不和
合不獲說聽書寫受持讀誦脩習甚深般若
波羅蜜多當知是為菩薩魔事復次善現能
聽法者心无慳悋一切能捨能說法者心有
慳悋不能弃捨兩不入合不獲說聽書寫受
持讀誦脩習甚深般若波羅蜜多當知是為
菩薩魔事復次善現能聽法者欲求供養能
說法者衣服飲食卧具醫藥及餘資財能說
法者不樂受用兩不和合不獲說聽書寫受
持讀誦脩習甚深般若波羅蜜多當知是為
菩薩魔事復次善現能說法者欲求供給能
聽法者衣服飲食卧具醫藥及餘資財能聽

BD14590號　大般若波羅蜜多經卷三〇三　（24–22）

聽法者衣服飲食卧具醫藥及餘資財能聽
法者不樂受用兩不和合不獲說聽書寫受
持讀誦脩習甚深般若波羅蜜多當知是為
菩薩魔事復次善現能說法者欲求供給能
聽法者衣服飲食卧具醫藥及餘資財能聽
法者不樂受用兩不和合不獲說聽書寫受
持讀誦脩習甚深般若波羅蜜多當知是為
菩薩魔事復次善現能說法者成就闡智不
樂廣說能聽法者成就演智不樂略說兩不
和合不獲說聽書寫受持讀誦脩習甚深般
若波羅蜜多當知是為菩薩魔事復次善現
能聽法者成就闡智唯樂略說能說法者成
就演智唯樂廣說兩不和合不獲說聽書寫
受持讀誦脩習甚深般若波羅蜜多當知是
為菩薩魔事復次善現能說法者專樂廣知
十二分教次第法義所為契經應頌記別諷
頌自說因緣譬喻本事本生方廣希法論義
能聽法者不樂廣知十二分教次第法義所
謂契經乃至論義兩不和合不獲說聽書寫
受持讀誦脩習甚深般若波羅蜜多當知是
為菩薩摩事復次善現能聽法者專樂廣知
十二分教次第法義所謂契經乃至論義能
說法者不樂廣知十二分教次第法義所謂
契經乃至論義兩不和合不獲說聽書寫受
持讀誦脩習甚深般若波羅蜜多當知是為
菩薩魔事復次善現能說法者已成就六波
羅蜜多能聽法者未成就六波羅蜜多兩不

BD14590號　大般若波羅蜜多經卷三〇三　（24–23）

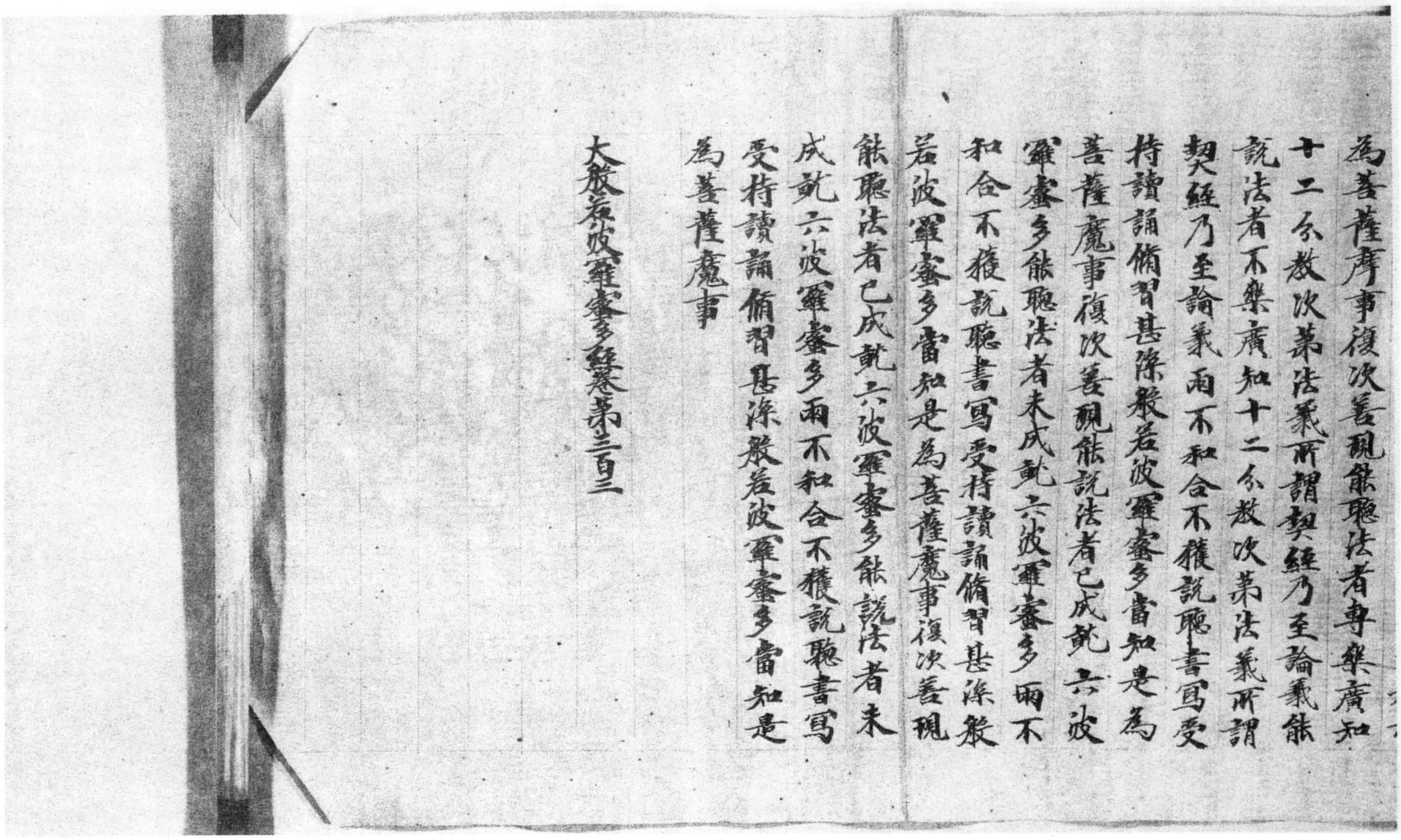
為菩薩摩事復次善現能聽法者專樂廣知
十二分教次第法義所謂契經乃至論義能
說法者不樂廣知十二分教次第法義所謂
契經乃至論義兩不和合不獲說聽書寫受
持讀誦脩習甚深般若波羅蜜多當知是為
菩薩魔事復次善現能說法者已成就六波
羅蜜多能聽法者未成就六波羅蜜多兩不
和合不獲說聽書寫受持讀誦脩習甚深般
若波羅蜜多當知是為菩薩魔事復次善現
能聽法者已成就六波羅蜜多能說法者未
成就六波羅蜜多兩不和合不獲說聽書寫
受持讀誦脩習甚深般若波羅蜜多當知是
為菩薩魔事

大般若波羅蜜多經卷第三百三

BD14590 號　大般若波羅蜜多經卷三〇三　（24–24）

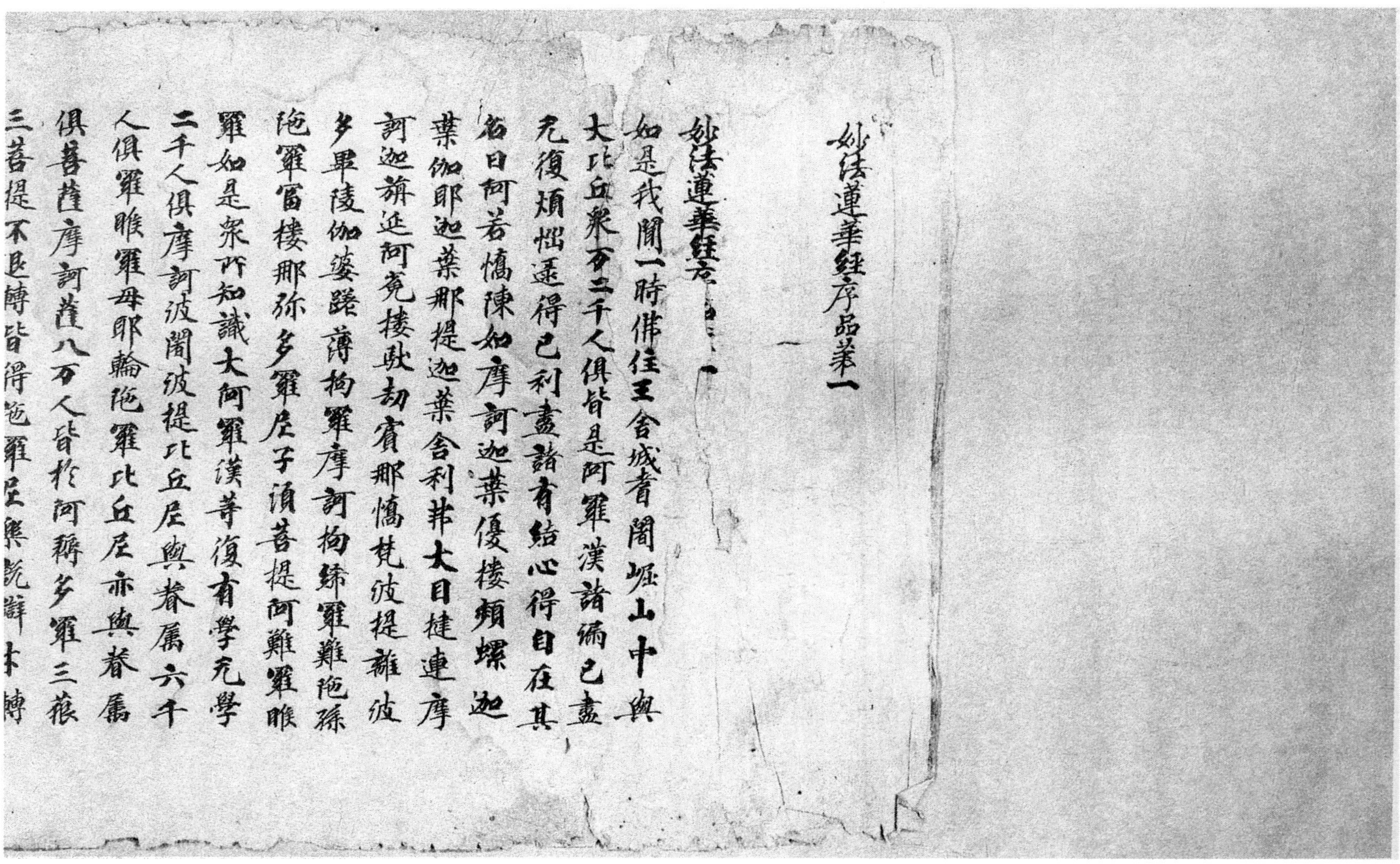
妙法蓮華經序品第一

妙法蓮華經序品第一
如是我聞一時佛住王舍城耆闍崛山中與
大比丘衆万二千人俱皆是阿羅漢諸漏已盡
无復煩惱逮得己利盡諸有結心得自在其
名曰阿若憍陳如摩訶迦葉優樓頻螺迦
葉伽耶迦葉那提迦葉舍利弗大目揵連摩
訶迦旃延阿㝹樓馱劫賓那憍梵波提離波
多畢陵伽婆蹉薄拘羅摩訶拘絺羅難陀孫
陀羅富樓那彌多羅尼子須菩提阿難羅睺
羅如是衆所知識大阿羅漢等復有學无學
二千人俱摩訶波闍波提比丘尼與眷屬六千
人俱羅睺羅母耶輸陀羅比丘尼亦與眷屬
俱菩薩摩訶薩八万人皆於阿耨多羅三藐
三菩提不退轉皆得陀羅尼樂說辯才轉

BD14591 號　妙法蓮華經卷一　（25–1）

陀羅富樓那彌多羅尼子須菩提阿難羅睺
羅如是衆所知識大阿羅漢等復有學无學
二千人俱摩訶波闍波提比丘尼與眷屬六千
人俱羅睺羅母耶輸陀羅比丘尼亦與眷屬
俱菩薩摩訶薩八万人皆於阿耨多羅三藐
三菩提不退轉皆得陀羅尼樂說辯才轉
不退轉法輪供養无量百千諸佛於諸佛所
殖衆德本常為諸佛之所稱歎以慈修身善
入佛慧通達大智到於彼岸名稱普聞无量
世界能度无數百千衆生其名曰文殊師利菩
薩觀世音菩薩得大勢菩薩常精進菩薩
不休息菩薩寶掌菩薩藥王菩薩勇施菩薩
寶月菩薩月光菩薩滿月菩薩大力菩薩无
量力菩薩越三界菩薩跋陀婆羅菩薩彌勒
菩薩寶積菩薩導師菩薩如是等菩薩摩訶
薩八万人俱

尒時釋提桓因與其眷屬二万天子俱復有
名月天子普香天子寶光天子四大天王與
其眷屬万天子俱自在天子大自在天子與
其眷屬三万天子俱娑婆世界主梵天王尸
棄大梵光明大梵等與其眷屬万二千天子
俱有八龍王難陀龍王跋難陀龍王娑伽羅
龍王和修吉龍王德叉迦龍王阿那婆達多
龍王摩那斯龍王漚鉢羅龍王等各與若干
百千眷屬俱有四緊那羅王法緊那羅王妙
法緊那羅王大法緊那羅王持法緊那羅王

BD14591號　妙法蓮華經卷一　（25–2）

俱有八龍王難陀龍王跋難陀龍王娑伽羅
龍王和修吉龍王德叉迦龍王阿那婆達多
龍王摩那斯龍王漚鉢羅龍王等各與若干
百千眷屬俱有四緊那羅王法緊那羅王妙
法緊那羅王大法緊那羅王持法緊那羅王
各與若干百千眷屬俱有四乾闥婆王樂乾
闥婆王樂音乾闥婆王美乾闥婆王美音乾
闥婆王各與若干百千眷屬俱有四阿脩羅
王婆稚阿脩羅王佉羅騫馱阿脩羅王毗摩
質多羅阿脩羅王羅睺阿脩羅王各與若
干百千眷屬俱有四迦樓羅王大威德迦樓
羅王大身迦樓羅王大滿迦樓羅王如意迦
樓羅王各與若干百千眷屬俱韋提希子阿
闍世王與若干百千眷屬俱各礼佛足退坐
一面

尒時世尊四衆圍繞供養恭敬尊重讚歎為
諸菩薩說大乘經名无量義教菩薩法佛所
護念佛說此經已結加趺坐入於无量義處
三昧身心不動是時天雨曼陀羅華摩訶曼
陀羅華曼殊沙華摩訶曼殊沙華而散佛上
及諸大衆普佛世界六種震動尒時會中比
丘比丘尼優婆塞優婆夷天龍夜叉乾闥婆
阿脩羅迦樓羅緊那羅摩睺羅伽人非人等
及諸小王轉輪聖王是諸大衆得未曾有歡
喜合掌一心觀佛尒時佛放眉間白毫相光
照于東方万八千世界靡不周遍下至阿鼻

BD14591號　妙法蓮華經卷一　（25–3）

及諸小王轉輪聖王是諸大衆得未曾有歡
喜合掌一心觀佛尒時佛放眉間白毫相光
照于東方万八千世界靡不周遍下至阿鼻
地獄上至阿迦膩吒天於此世界盡見彼土六
趣衆生又見彼土現在諸佛及聞諸佛所說
經法并見彼諸比丘比丘尼優婆塞優婆夷
諸脩行得道者復見諸菩薩摩訶薩種種
因緣種種信解種種相貌行菩薩道復見諸
佛般涅槃者復見諸佛般涅槃後以佛舍利
起七寶塔尒時弥勒菩薩作是念今者世尊
現神變相以何因緣而有此瑞今佛世尊入
于三昧是不可思議現希有事當以問誰誰
能荅者復作此念是文殊師利法王之子已
曾親近供養過去无量諸佛必應見此希有
之相我今當問尒時比丘比丘尼優婆塞優
婆夷及諸天龍鬼神等咸作此念是佛光明
神通之相今當問誰尒時弥勒菩薩欲自決
疑又觀四衆比丘比丘尼優婆塞優婆夷及
諸天龍鬼神等衆會之心而問文殊師利言
以何因緣而有此瑞神通之相放大光明照
于東方萬八千土悉見彼佛國界莊嚴於是
弥勒菩薩欲重宣此義以偈問曰
文殊師利　導師何故　眉間白毫　大光普照
雨曼陁羅　曼殊沙華　旃檀香風　悅可衆心
以是因緣　地皆嚴淨　而此世界　六種震動
時四部衆　咸皆歡喜　身意快然　得未曾有

弥勒菩薩欲重宣此義以偈問曰
文殊師利　導師何故　眉間白毫　大光普照
雨曼陁羅　曼殊沙華　旃檀香風　悅可衆心
以是因緣　地皆嚴淨　而此世界　六種震動
時四部衆　咸皆歡喜　身意快然　得未曾有
眉間光明　照于東方　万八千土　皆如金色
從阿鼻獄　上至有頂　諸世界中　六道衆生
生死所趣　善惡業緣　受報好醜　於此悉見
又覩諸佛　聖主師子　演說經典　微妙第一
其聲清淨　出柔軟音　教諸菩薩　无數億万
梵音深妙　令人樂聞　各於世界　講說正法
種種因緣　以无量喻　照明佛法　開悟衆生
若人遭苦　厭老病死　為說涅槃　盡諸苦際
若人有福　曾供養佛　志求勝法　為說緣覺
若有佛子　修種種行　求无上慧　為說淨道
文殊師利　我住於此　見聞若斯　及千億事
如是衆多　今當略說
我見彼土　恒沙菩薩　種種因緣　而求佛道
或有行施　金銀珊瑚　真珠摩尼　車𤦲馬瑙
金剛諸珎　奴婢車乘　寶餝輦轝　歡喜布施
迴向佛道　願得是乘　三界第一　諸佛所歎
或有菩薩　駟馬寶車　欄楯華蓋　軒餝布施
復見菩薩　身肉手足　及妻子施　求无上道
又見菩薩　頭目身體　欣樂施與　求佛智慧
文殊師利　我見諸王　往詣佛所　問无上道
便捨樂土　宮殿臣妾　剃除鬚髮　而被法服

復見菩薩 身肉手足 及妻子施 求无上道
又見菩薩 頭目身體 欣樂施與 求佛智慧
文殊師利 我見諸王 往詣佛所 問无上道
便捨樂土 宮殿臣妾 剃除鬚髮 而披法服
或見菩薩 而作比丘 獨處閑靜 樂誦經典
又見菩薩 勇猛精進 入於深山 思惟佛道
又見離欲 常處空閑 深修禪定 得五神通
又見菩薩 安禪合掌 以千万偈 讚諸法王
復見菩薩 智深志固 能問諸佛 聞悉受持
又見佛子 定慧具足 以无量喻 為衆講說
欣樂說法 化諸菩薩 破魔兵衆 而擊法鼓
又見菩薩 寂然宴嘿 天龍恭敬 不以為喜
又見菩薩 處林放光 濟地獄苦 令入佛道
又見佛子 未嘗睡眠 經行林中 勤求佛道
又見具戒 威儀无缺 淨如寶珠 以求佛道
又見佛子 住忍辱力 增上慢人 惡罵捶打
皆悉能忍 以求佛道
又見菩薩 離諸戲笑 及癡眷屬 親近智者
一心除亂 攝念山林 億千万歲 以求佛道
或見菩薩 餚膳飲食 百種湯藥 施佛及僧
名衣上服 價直千万 或无價衣 施佛及僧
千万億種 栴檀寶舍 衆妙臥具 施佛及僧
清淨園林 華菓茂盛 流泉浴池 施佛及僧
如是等施 種種微妙 歡喜无猒 求无上道
或有菩薩 說寂滅法 種種教詔 无數衆生
或見菩薩 觀諸法性 无有二相 猶如虛空

BD14591號　妙法蓮華經卷一　（25–6）

千万億種 栴檀寶舍 衆妙臥具 施佛及僧
清淨園林 華菓茂盛 流泉浴池 施佛及僧
如是等施 種種微妙 歡喜无猒 求无上道
或有菩薩 說寂滅法 種種教詔 无數衆生
或見菩薩 觀諸法性 无有二相 猶如虛空
又見佛子 心无所著 以此妙慧 求无上道
文殊師利 又有菩薩 佛滅度後 供養舍利
又見佛子 造諸塔廟 无數恒沙 嚴飾國界
寶塔高妙 五千由旬 縱廣正等 二千由旬
一一塔廟 各千幢幡 珠交露幔 寶鈴和鳴
諸天龍神 人及非人 香華伎樂 常以供養
文殊師利 諸佛子等 為供舍利 嚴飾塔廟
國界自然 殊特妙好 如天樹王 其華開敷
佛放一光 我及衆會 見此國界 種種殊妙
諸佛神力 智慧希有 放一淨光 照无量國
我等見此 得未曾有 佛子文殊 願決衆疑
四衆欣仰 瞻仁及我 世尊何故 放斯光明
佛子時荅 決疑令喜 何所饒益 演斯光明
佛坐道場 所得妙法 為欲說此 為當授記
示諸佛土 衆寶嚴淨 及見諸佛 此非小緣
文殊當知 四衆龍神 瞻察仁者 為說何等
尒時文殊師利語彌勒菩薩摩訶薩及諸大
士善男子等如我惟忖今佛世尊欲說大法
雨大法雨吹大法螺擊大法鼓演大法義諸
善男子我於過去諸佛曾見此瑞放斯光已

BD14591號　妙法蓮華經卷一　（25–7）

士善男子等如我惟忖今佛世尊欲說大法
雨大法雨吹大法螺擊大法鼓演大法義諸
善男子我於過去諸佛曾見此瑞放斯光已
即說大法是故當知今佛現光亦復如是欲令
衆生咸得聞知一切世間難信之法故現斯
瑞諸善男子如過去无量无邊不可思議阿
僧祇劫尒時有佛号日月燈明如來應供
正遍知明行足善逝世間解无上士調御丈
夫天人師佛世尊演說正法初善中善後善
其義深遠其語巧妙純一无雜具足清白梵
行之相為求聲聞者說應四諦法度生老病
死究竟涅槃為求辟支佛者說應十二因緣
法為諸菩薩說應六波羅蜜令得阿耨多羅
三藐三菩提成一切種智次復有佛亦名日
月燈明次復有佛亦名日月燈明如是二萬
佛皆同一字号日月燈明又同一姓姓頗羅
墮彌勒當知初佛後佛皆同一字名日月燈
明十号具足所可說法初中後善其最後佛
未出家時有八王子一名有意二名善意三
名无量意四名寶意五名增意六名除疑意
七名響意八名法意是八王子威德自在各
領四天下是諸王子聞父出家得阿耨多羅
三藐三菩提悉捨王位亦隨出家發大乘意
常脩梵行皆為法師已於千万佛所殖諸善
本是時日月燈明佛說大乘經名无量義教

BD14591號　妙法蓮華經卷一　（25–8）

領四天下是諸王子聞父出家得阿耨多羅
三藐三菩提悉捨王位亦隨出家發大乘意
常脩梵行皆為法師已於千万佛所殖諸善
本是時日月燈明佛說大乘經名无量義教
菩薩法佛所護念說是經已即於大衆中結
跏趺坐入於无量義處三昧身心不動是時
天雨曼陁羅華摩訶曼陁羅華曼殊沙華摩
訶曼殊沙華而散佛上及諸大衆普佛世界
六種震動尒時會中比丘比丘尼優婆塞優
婆夷天龍夜叉乾闥婆阿脩羅迦樓羅緊那
羅摩睺羅伽人非人等及諸小王轉輪聖王
等是諸大衆得未曾有歡喜合掌一心觀佛
尒時如來放眉間白豪相光照東方萬八千
佛土靡不周遍如今所見是諸佛土彌勒當
知尒時會中有二十億菩薩樂欲聽法是諸
菩薩見此光明普照佛土得未曾有欲知此
光所為因緣時有菩薩名曰妙光有八百弟
子是時日月燈明佛從三昧起因妙光菩薩
說大乘經名妙法蓮華教菩薩法佛所護念
六十小劫不起于座時會聽者亦坐一處六
十小劫身心不動聽佛所說謂如食頃是時
衆中无有一人若身若心而生懈惓日月燈
佛於六十小劫中說是經已即於梵魔沙門
婆羅門及天人阿脩羅衆中而宣此言如來
於今日中夜當入无餘涅槃時有菩薩名曰
德藏日月燈明佛即授其記告諸比丘是德

BD14591號　妙法蓮華經卷一　（25–9）

衆中无有一人若身若心而生懈惓日月燈
佛於六十小劫中說是經已即於梵魔沙門
婆羅門及天人阿脩羅衆中而宣此言如來
於今日中夜當入无餘涅槃時有菩薩名曰
德藏日月燈明佛即授其記告諸比丘是德
藏菩薩次當作佛号曰淨身多陁阿伽度阿
羅訶三藐三佛陁佛授記已便於中夜入於
涅槃佛滅度後妙光菩薩持妙法蓮華經滿
八十小劫為人演說日月燈明佛八子皆師妙
光妙光教化令其堅固阿耨多羅三藐三
菩提是諸王子供養无量百千万億佛已皆
成佛道其冣後成佛者名曰然燈八百弟子
中有一人号曰求名貪著利養雖復讀誦
衆經而不通利多所忘失故号求名是人亦以
種諸善根因緣故得值无量百千萬億諸佛
供養恭敬尊重讚歎彌勒當知尒時妙光菩
薩豈異人乎我身是也求名菩薩汝身是也
今見此瑞與本无異是故惟忖今日如來當
說大乘經名妙法蓮華教菩薩法佛所護念
尒時文殊師利於大衆中欲重宣此義而說
偈言
我念過去世　无量无數劫　有佛人中尊　号日月燈明
世尊演說法　度无量衆生　无數億菩薩　令入佛智慧
佛未出家時　所生八王子　見大聖出家　亦隨脩梵行
時佛說大乘　經名无量義　於諸大衆中　而為廣分別
佛說此經已　即於法座上　跏趺坐三昧　名无量義處
天雨曼陁華　天鼓自然鳴　諸天龍鬼神　供養人中尊

BD14591 號　妙法蓮華經卷一　（25–10）

世尊演說法　度无量衆生　无數億菩薩　令入佛智慧
佛未出家時　所生八王子　見大聖出家　亦隨脩梵行
時佛說大乘　經名无量義　於諸大衆中　而為廣分別
佛說此經已　即於法座上　跏趺坐三昧　名无量義處
天雨曼陁華　天鼓自然鳴　諸天龍鬼神　供養人中尊
一切諸佛土　即時大震動　佛放眉間光　現諸希有事
此光照東方　萬八千佛土　示一切衆生　生死業報處
有見諸佛土　以衆寶莊嚴　瑠璃頗梨色　斯由佛光照
及見諸天人　龍神夜叉衆　乹闥緊那羅　各供養其佛
又見諸如來　自然成佛道　身色如金山　端嚴甚微妙
如淨瑠璃中　內現真金像　世尊在大衆　敷演深法義
一一諸佛土　聲聞衆无數　因佛光所照　悉見彼大衆
或有諸比丘　在於山林中　精進持淨戒　猶如護明珠
又見諸菩薩　行施忍辱等　其數如恒沙　斯由佛光照
又見諸菩薩　深入諸禪定　身心寂不動　以求无上道
又見諸菩薩　知法寂滅相　各於其國土　說法求佛道
尒時四部衆　見日月燈佛　現大神通力　其心皆歡喜
各各自相問　是事何因緣　天人所奉尊　適從三昧起
讚妙光菩薩　汝為世間眼　一切所歸信　能奉持法藏
如我所說法　唯汝能證知　世尊既讚歎　令妙光歡喜
說是法華經　滿六十小劫　不起於此座　所說上妙法
是妙光法師　悉皆能受持　佛說是法華　令衆歡喜已
尋即於是日　告於天人衆　諸法實相義　已為汝略說
我今於中夜　當入於涅槃　汝一心精進　當離於放逸
諸佛甚難值　億劫時一遇　世尊諸子等　聞佛入涅槃
各各懷悲惱　佛滅一何速　聖主法之王　安慰无量衆
我若滅度時　汝等勿憂怖　是德藏菩薩　於无漏實相

BD14591 號　妙法蓮華經卷一　（25–11）

我今於中夜 當入於涅槃 汝一心精進 當離於放逸
諸佛甚難值 億劫時一遇 世尊諸子等 聞佛入涅槃
各各懷悲惱 佛滅一何速 聖主法之王 安慰无量衆
我若滅度時 汝等勿憂怖 是德藏菩薩 於无漏實相
心已得通達 其次當作佛 號曰為淨身 亦度无量衆
佛此夜滅度 如薪盡火滅 分布諸舍利 而起无量塔
比丘比丘尼 其數如恒沙 倍復加精進 以求无上道
是妙光法師 奉持佛法藏 八十小劫中 廣宣法華經
是諸八王子 妙光所開化 堅固无上道 當見无數佛
供養諸佛已 隨順行大道 相繼得成佛 轉次而授記
最後天中天 號曰燃燈佛 諸仙之導師 度脫无量衆
是妙光法師 時有一弟子 心常懷懈怠 貪著於名利
求名利无猒 多遊族姓家 棄捨所習誦 廢忘不通利
以是因緣故 號之為求名 亦行衆善業 得見无數佛
供養於諸佛 隨順行大道 具六波羅蜜 今見釋師子
其後當作佛 號名曰彌勒 廣度諸衆生 其數无有量
彼佛滅度後 懈怠者汝是 妙光法師者 今則我身是
我見燈明佛 本光瑞如此 以是知今佛 欲說法華經
今相如本瑞 是諸佛方便 今佛放光明 助發實相義
諸人今當知 合掌一心待 佛當雨法雨 充足求道者
諸求三乘人 若有疑悔者 佛當為除斷 令盡无有餘

妙法蓮華經方便品第二

尒時世尊 從三昧安詳而起 告舍利弗 諸佛
智慧甚深无量 其智慧門難解難入 一切聲
聞辟支佛所不能知 所以者何 佛曾親近百
千萬億无數諸佛 盡行諸佛无量道法 勇猛

BD14591號 妙法蓮華經卷一 (25-12)

尒時世尊 從三昧安詳而起 告舍利弗 諸佛
智慧甚深无量 其智慧門難解難入 一切聲
聞辟支佛所不能知 所以者何 佛曾親近百
千萬億无數諸佛 盡行諸佛无量道法 勇猛
精進 名稱普聞 成就甚深未曾有法 隨宜所
說 意趣難解 舍利弗 吾從成佛已來 種種因
緣 種種譬喻 廣演言教 无數方便 引導衆生
令離諸著 所以者何 如來方便 知見波羅蜜
皆已具足 舍利弗 如來知見 廣大深遠 无量
无礙 力 无所畏 禪定 解脫 三昧 深入无際 成
就一切未曾有法 舍利弗 如來能種種分別
巧說諸法 言辭柔軟 悅可衆心 舍利弗 取要
言之 无量无邊未曾有法 佛悉成就 止 舍利
弗 不須復說 所以者何 佛所成就 第一希有
難解之法 唯佛與佛 乃能究盡諸法實相 所
謂諸法如是相 如是性 如是體 如是力 如是
作 如是因 如是緣 如是果 如是報 如是本末
究竟等 尒時世尊欲重宣此義 而說偈言
世雄不可量 諸天及世人 一切衆生類 无能知佛者
佛力无所畏 解脫諸三昧 及佛諸餘法 无能測量者
本從无數佛 具足行諸道 甚深微妙法 難見難可了
於无量億劫 行此諸道已 道場得成果 我已悉知見
如是大果報 種種性相義 我及十方佛 乃能知是事
是法不可示 言辭相寂滅 諸餘衆生類 无有能得解
除諸菩薩衆 信力堅固者 諸佛弟子衆 曾供養諸佛
一切漏已盡 住是最後身 如是諸人等 其力所不堪

BD14591號 妙法蓮華經卷一 (25-13)

於无量億劫 行此諸道已 道場得成果 我已悉知見
如是大果報 種種性相義 我及十方佛 乃能知是事
是法不可示 言辭相寂滅 諸餘衆生類 无有能得解
除諸菩薩衆 信力堅固者 諸佛弟子衆 曾供養諸佛
一切漏已盡 住是最後身 如是諸人等 其力所不堪
假使滿世間 皆如舍利弗 盡思共度量 不能測佛智
正使滿十方 皆如舍利弗 及餘諸弟子 亦滿十方刹
盡思共度量 亦復不能知 辟支佛利智 无漏最後身
亦滿十方界 其數如竹林 斯等共一心 於億无量劫
欲思佛實智 莫能知少分 新發意菩薩 供養无數佛
了達諸義趣 又能善說法 如稻麻竹葦 充滿十方刹
一心以妙智 於恒河沙劫 咸皆共思量 不能知佛智
不退諸菩薩 其數如恒沙 一心共思求 亦復不能知
又告舍利弗 无漏不思議 甚深微妙法 我今已具得
唯我知是相 十方佛亦然 舍利弗當知 諸佛語无異
於佛所說法 當生大信力 世尊法久後 要當說真實
告諸聲聞衆 及求緣覺乘 我令脫苦縛 逮得涅槃者
佛以方便力 示以三乘教 衆生處處著 引之令得出
尒時大衆中有諸聲聞漏盡阿羅漢阿若憍
陳如等千二百人及發聲聞辟支佛心比丘比
丘尼優婆塞優婆夷各作是念今者世尊
何故慇懃稱歎方便而作是言佛所得法甚
深難解有所言說意趣難知一切聲聞辟支
佛所不能及佛說一解脫義我等亦得此法
到於涅槃而今不知是義所趣尒時舍利弗知
四衆心疑自亦未了而白佛言世尊何因何
緣慇懃稱歎諸佛第一方便甚深微妙難

BD14591號　妙法蓮華經卷一　（25–14）

深難解有所言說意趣難知一切聲聞辟支
佛所不能及佛說一解脫義我等亦得此法
到於涅槃而今不知是義所趣尒時舍利弗知
四衆心疑自亦未了而白佛言世尊何因何
緣慇懃稱歎諸佛第一方便甚深微妙難
解之法我自昔來未曾從佛聞如是說今者
四衆咸皆有疑唯願世尊敷演斯事世尊何
故慇懃稱歎甚深微妙難解之法尒時舍利
弗欲重宣此義而說偈言
慧日大聖尊 久乃說是法 自說得如是 力无畏三昧
禪定解脫等 不可思議法 道場所得法 无能發問者
我意難可測 亦无能問者 无問而自說 稱歎所行道
智慧甚微妙 諸佛之所得 无漏諸羅漢 及求涅槃者
今皆墮疑網 佛何故說是 其求緣覺者 比丘比丘尼
諸天龍鬼神 及乾闥婆等 相視懷猶豫 瞻仰兩足尊
是事為云何 願佛為解說 於諸聲聞衆 佛說我第一
我今自於智 疑惑不能了 為是究竟法 為是所行道
佛口所生子 合掌瞻仰待 願出微妙音 時為如實說
諸天龍神等 其數如恒沙 求佛諸菩薩 大數有八万
又諸万億國 轉輪聖王至 合掌以敬心 欲聞具足道
尒時佛告舍利弗止止不須復說若說是事
一切世間諸天及人皆當驚疑舍利弗重白
佛言世尊唯願說之唯願說之所以者何是
會无數百千万億阿僧祇衆生曾見諸佛諸
根猛利智慧明了聞佛所說則能敬信尒時
舍利弗欲重宣此義而說偈言
法王无上尊 唯說願勿慮 是會无量衆 有能敬信者

BD14591號　妙法蓮華經卷一　（25–15）

佛言世尊唯願說之唯願說之所以者何是
會无數百千万億阿僧祇衆生曾見諸佛諸
根猛利智慧明了聞佛所說則能敬信尒時
舍利弗欲重宣此義而說偈言
法王无上尊　唯說願勿慮　是會无量衆　有能敬信者
佛復止舍利弗若說是事一切世間天人阿
脩羅皆當驚疑增上慢比丘將墜於大坑尒
時世尊重說偈言
止止不須說　我法妙難思　諸增上慢者　聞必不敬信
尒時舍利弗重白佛言世尊唯願說之唯願
說之今此會中如我等比百千万億世世已
曾從佛受化如此人等必能敬信長夜安隱
多所饒益尒時舍利弗欲重宣此義而說偈
言
无上兩足尊　願說第一法　我為佛長子　唯垂分別說
是會无量衆　能敬信此法　佛已曾世世　教化如是等
皆一心合掌　欲聽受佛語　我等千二百　及餘求佛者
願為此衆故　唯垂分別說　是等聞此法　則生大歡喜
尒時世尊告舍利弗汝已慇懃三請豈得不
說汝今諦聽善思念之吾當為汝分別解說
說此語時會中有比丘比丘尼優婆塞優婆
夷五千人等即從座起礼佛而退所以者何
此輩罪根深重及增上慢未得謂得未證謂
證有如此失是以不住世尊嘿然而不制止
尒時佛告舍利弗我今此衆无復枝葉純有
貞實舍利弗如是增上慢人退亦佳矣汝今

BD14591號　妙法蓮華經卷一　（25–16）

夷五千人等即從座起礼佛而退所以者何
此輩罪根深重及增上慢未得謂得未證謂
證有如此失是以不住世尊嘿然而不制止
尒時佛告舍利弗我今此衆无復枝葉純有
貞實舍利弗如是增上慢人退亦佳矣汝今
善聽當為汝說舍利弗言唯然世尊願樂欲
聞佛告舍利弗如是妙法諸佛如來時乃說
之如優曇鉢華時一現耳舍利弗汝等當信
佛之所說言不虛妄舍利弗諸佛隨宜說法
意趣難解所以者何我以无數方便種種因
緣譬喻言辭演說諸法是法非思量分別之
所能解唯有諸佛乃能知之所以者何諸佛
世尊唯以一大事因緣故出現於世舍利弗云
何名諸佛世尊唯以一大事因緣故出現於
於世諸佛世尊欲令衆生開佛知見使得清
淨故出現於世欲示衆生佛之知見故出現
於世欲令衆生悟佛知見故出現於世欲令
衆生入佛知見道故出現於世舍利弗是為
諸佛以一大事因緣故出現於世佛告舍利
弗諸佛如來但教化菩薩諸有所作常為一
事唯以佛之知見示悟衆生舍利弗如來但
以一佛乘故為衆生說法无有餘乘若二若
三舍利弗一切十方諸佛法亦如是舍利弗
過去諸佛以无量无數方便種種因緣譬喻
言辭而為衆生演說諸法是法皆為一佛乘
故是諸衆生從佛聞法究竟皆得一切種智
舍利弗未來諸佛當出於世亦以无量无數

BD14591號　妙法蓮華經卷一　（25–17）

三舍利弗一切十方諸佛法亦如是舍利弗
過去諸佛以无量无數方便種種因緣譬喻
言辭而爲衆生演說諸法是法皆爲一佛乘
故是諸衆生從佛聞法究竟皆得一切種智
舍利弗未來諸佛當出於世亦以无量无數
方便種種因緣譬喻言辭而爲衆生演說諸
法是法皆爲一佛乘故是諸衆生從佛聞法
究竟皆得一切種智舍利弗現在十方无量百
千万億佛土中諸佛世尊多所饒益安樂
衆生是諸佛亦以无量无數方便種種因緣
譬喻言辭而爲衆生演說諸法是法皆爲一
佛乘故是諸衆生從佛聞法究竟皆得一切
種智舍利弗是諸佛但教化菩薩欲以佛之
知見示衆生故欲以佛之知見悟衆生故欲
令衆生入佛知見道故舍利弗我今亦復如
是知諸衆生有種種欲深心所著隨其本性
以種種因緣譬喻言辭方便力故而爲說法
舍利弗如此皆爲得一佛乘一切種智故舍
利弗十方世界中尚无二乘何况有三舍利
弗諸佛出於五濁惡世所謂劫濁煩惱濁衆
生濁見濁命濁如是舍利弗劫濁亂時衆生
垢重慳貪嫉妬成就諸不善根故諸佛以方
便力於一佛乘分別說三舍利弗若我弟子
自謂阿羅漢辟支佛者不聞不知諸佛如來但
教化菩薩事此非佛弟子非阿羅漢非辟支
佛又舍利弗是諸比丘比丘尼自謂已得阿

BD14591號　妙法蓮華經卷一　（25–18）

便力於一佛乘分別說三舍利弗若我弟子
自謂阿羅漢辟支佛者不聞不知諸佛如來但
教化菩薩事此非佛弟子非阿羅漢非辟支
佛又舍利弗是諸比丘比丘尼自謂已得阿
羅漢是最後身究竟涅槃便不復志求阿耨
多羅三藐三菩提當知此輩皆是增上慢人
所以者何若有比丘實得阿羅漢若不信此
法无有是處除佛滅度後現前无佛所以者
何佛滅度後如是等經受持讀誦解義者是
人難得若遇餘佛於此法中便得決了舍利
弗汝等當一心信解受持佛語諸佛如來言
无虛妄无有餘乘唯一佛乘尒時世尊欲重
宣此義而說偈言
比丘比丘尼　有懷增上慢　優婆塞我慢　優婆夷不信
如是四衆等　其數有五千　不自見其過　於戒有缺漏
護惜其瑕疵　是小智已出　衆中之糟糠　佛威德故去
斯人尠福德　不堪受是法　此衆无枝葉　唯有諸貞實
舍利弗善聽　諸佛所得法　无量方便力　而爲衆生說
衆生心所念　種種所行道　若干諸欲性　先世善惡業
佛悉知是已　以諸緣譬喻　言辭方便力　令一切歡喜
或說修多羅　伽陀及本事　本生未曾有　亦說於因緣
譬喻并祇夜　優波提舍經　鈍根樂小法　貪著於生死
於諸无量佛　不行深妙道　衆苦所惱亂　爲是說涅槃
我設是方便　令得入佛慧　未曾說汝等　當得成佛道
所以未曾說　說時未至故　今正是其時　決定說大乘
我此九部法　隨順衆生說　入大乘爲本　以故說是經

BD14591號　妙法蓮華經卷一　（25–19）

我設是方便　令得入佛慧　未曾說汝等　當得成佛道
所以未曾說　說時未至故　今正是其時　決定說大乘
我此九部法　隨順眾生說　入大乘為本　以故說是經
有佛子心淨　柔軟亦利根　无量諸佛所　而行深妙道
為此諸佛子　說是大乘經　我記如是人　來世成佛道
以深心念佛　修持淨戒故　此等聞得佛　大喜充遍身
佛知彼心行　故為說大乘　聲聞若菩薩　聞我所說法
乃至於一偈　皆成佛无疑　十方佛土中　唯有一乘法
无二亦无三　除佛方便說　但以假名字　引導於眾生
說佛智慧故　諸佛出於世　唯此一事實　餘二則非真
終不以小乘　濟度於眾生　佛自住大乘　如其所得法
定慧力莊嚴　以此度眾生　自證无上道　大乘平等法
若以小乘化　乃至於一人　我則墮慳貪　此事為不可
若人信歸佛　如來不欺誑　亦無貪嫉意　斷諸法中惡
故佛於十方　而獨無所畏　我以相嚴身　光明照世間
无量眾所尊　為說實相印　舍利弗當知　我本立誓願
欲令一切眾　如我等无異　如我昔所願　今者已滿之
化一切眾生　皆令入佛道　若我遇眾生　盡教以佛道
无智者錯亂　迷惑不受教　我知此眾生　未曾修善本
堅著於五欲　癡愛故生惱　以諸欲因緣　墜墮三惡道
輪迴六趣中　備受諸苦毒　受胎之微形　世世常增長
薄德少福人　眾苦所逼迫　入邪見稠林　若有若无等
依止此諸見　具足六十二　深著虛妄法　堅受不可捨
我慢自矜高　諂曲心不實　於千万億劫　不聞佛名字
亦不聞正法　如是人難度　是故舍利弗　我為設方便
說諸盡苦道　示之以涅槃　我雖說涅槃　是亦非真滅

BD14591 號　妙法蓮華經卷一　（25–20）

依止此諸見　具足六十二　深著虛妄法　堅受不可捨
我慢自矜高　諂曲心不實　於千万億劫　不聞佛名字
亦不聞正法　如是人難度　是故舍利弗　我為設方便
說諸盡苦道　示之以涅槃　我雖說涅槃　是亦非真滅
諸法從本來　常自寂滅相　佛子行道已　來世得作佛
我有方便力　開示三乘法　一切諸世尊　皆說一乘道
今此諸大眾　皆應除疑惑　諸佛語无異　唯一无二乘
過去无數劫　无量滅度佛　百千万億種　其數不可量
如是諸世尊　種種緣譬喻　无數方便力　演說諸法相
是諸世尊等　皆說一乘法　化无量眾生　令入於佛道
又諸大聖主　知一切世間　天人群生類　深心之所欲
更以異方便　助顯第一義　若有眾生類　值諸過去佛
若聞法布施　或持戒忍辱　精進禪智等　種種修福慧
如是諸人等　皆已成佛道　諸佛滅度已　若人善軟心
如是諸眾生　皆已成佛道　諸佛滅度已　供養舍利者
起万億種塔　金銀及頗梨　車璩與馬瑙　玫瑰琉璃珠
清淨廣嚴飾　莊挍於諸塔　或有起石廟　栴檀及沉水
木榓并餘材　甎瓦泥土等　若於曠野中　積土成佛廟
乃至童子戲　聚沙為佛塔　如是諸人等　皆已成佛道
若人為佛故　建立諸形像　刻雕成眾相　皆已成佛道
或以七寶成　鍮石赤白銅　白鑞及鉛錫　鐵木及與泥
或以膠漆布　嚴飾作佛像　如是諸人等　皆已成佛道
彩畫作佛像　百福莊嚴相　自作若使人　皆已成佛道
乃至童子戲　若草木及筆　或以指爪甲　而畫作佛像
如是諸人等　漸漸積功德　具足大悲心　皆已成佛道
但化諸菩薩　度脫无量眾　若人於塔廟　寶像及畫像

BD14591 號　妙法蓮華經卷一　（25–21）

或以膝漆布　嚴飾作佛像　如是諸人等　皆已成佛道
采畫作佛像　百福莊嚴相　自作若使人　皆已成佛道
乃至童子戲　若草木及筆　或以指爪甲　而畫作佛像
如是諸人等　漸漸積功德　具足大悲心　皆已成佛道
但化諸菩薩　度脫无量衆　若人於塔廟　寶像及畫像
以華香幡蓋　敬心而供養　若使人作樂　擊鼓吹角貝
簫笛琴箜篌　琵琶鐃銅鈸　如是衆妙音　盡持以供養
或以歡喜心　歌唄頌佛德　乃至一小音　皆已成佛道
若人散亂心　乃至以一華　供養於畫像　漸見无數佛
或有人禮拜　或復但合掌　乃至舉一手　或復小低頭
以此供養像　漸見无量佛　自成无上道　廣度无數衆
入无餘涅槃　如薪盡火滅　若人散亂心　入於塔廟中
一稱南无佛　皆已成佛道　於諸過去佛　在世或滅後
若有聞是法　皆已成佛道　未來諸世尊　其數无有量
是諸如來等　亦方便說法　一切諸如來　以无量方便
度脫諸衆生　入佛无漏智　若有聞法者　无一不成佛
諸佛本誓願　我所行佛道　普欲令衆生　亦同得此道
未來世諸佛　雖說百千億　无數諸法門　其實為一乘
諸佛兩足尊　知法常无性　佛種從緣起　是故說一乘
是法住法位　世間相常住　於道場知已　導師方便說
天人所供養　現在十方佛　其數如恒沙　出現於世間
安隱衆生故　亦說如是法　知第一寂滅　以方便力故
雖示種種道　其實為佛乘　知衆生諸行　深心之所念
過去所習業　欲性精進力　及諸根利鈍　以種種因緣
譬喻亦言辭　随應方便說　今我亦如是　安隱衆生故
以種種法門　宣示於佛道　我以智慧力　知衆生性欲

BD14591號　妙法蓮華經卷一　（25–22）

安隱衆生故　亦說如是法　知第一寂滅　以方便力故
雖示種種道　其實為佛乘　知衆生諸行　深心之所念
過去所習業　欲性精進力　及諸根利鈍　以種種因緣
譬喻亦言辭　随應方便說　今我亦如是　安隱衆生故
以種種法門　宣示於佛道　我以智慧力　知衆生性欲
方便說諸法　皆令得歡喜　舍利弗當知　我以佛眼觀
見六道衆生　貧窮无福慧　入生死險道　相續苦不斷
深著於五欲　如犛牛愛尾　以貪愛自蔽　盲瞑无所見
不求大勢佛　及與斷苦法　深入諸邪見　以苦欲捨苦
為是衆生故　而起大悲心　我始坐道場　觀樹亦經行
於三七日中　思惟如是事　我所得智慧　微妙最第一
衆生諸根鈍　著樂癡所盲　如斯之等類　云何而可度
尒時諸梵王　及諸天帝釋　護世四天王　及大自在天
并餘諸天衆　眷屬百千万　恭敬合掌禮　請我轉法輪
我即自思惟　若但讚佛乘　衆生沒在苦　不能信是法
破法不信故　墜於三惡道　我寧不說法　疾入於涅槃
尋念過去佛　所行方便力　我今所得道　亦應說三乘
作是思惟時　十方佛皆現　梵音慰喻我　善哉釋迦文
第一之導師　得是无上法　随諸一切佛　而用方便力
我等亦皆得　最妙第一法　為諸衆生類　分別說三乘
少智樂小法　不自信作佛　是故以方便　分别說諸果
雖復說三乘　但為教菩薩　舍利弗當知　我聞聖師子
深淨微妙音　稱南无諸佛　復作如是念　我出濁惡世
如諸佛所說　我亦随順行　思惟是事已　即趣波羅柰
諸法寂滅相　不可以言宣　以方便力故　為五比丘說
是名轉法輪　便有涅槃音　及以阿羅漢　法僧差別名

BD14591號　妙法蓮華經卷一　（25–23）

雖復說三乘　但為教菩薩　舍利弗當知　我聞聖師子
深淨微妙音　稱南无諸佛　復作如是念　我出濁惡世
如諸佛所說　我亦隨順行　思惟是事已　即趣波羅柰
諸法寂滅相　不可以言宣　以方便力故　為五比丘說
是名轉法輪　便有涅槃音　及以阿羅漢　法僧差別名
從久遠劫來　讚示涅槃法　生死苦永盡　我常如是說
舍利弗當知　我見佛子等　志求佛道者　无量千万億
咸以恭敬心　皆來至佛所　曾從諸佛聞　方便所說法
我即作是念　如來所以出　為說佛慧故　今正是其時
舍利弗當知　鈍根小智人　著相憍慢者　不能信是法
今我喜无畏　於諸菩薩中　正直捨方便　但說无上道
菩薩聞是法　疑網皆已除　千二百羅漢　悉亦當作佛
如三世諸佛　說法之儀式　我今亦如是　說无分別法
諸佛興出世　懸遠值遇難　正使出于世　說是法復難
无量无數劫　聞是法亦難　能聽是法者　斯人亦復難
譬如優曇華　一切皆愛樂　天人所希有　時時乃一出
聞法歡喜讚　乃至發一言　則為已供養　一切三世佛
是人甚希有　過於優曇華　汝等勿有疑　我為諸法王
普告諸大衆　但以一乘道　教化諸菩薩　无聲聞弟子
汝等舍利弗　聲聞及菩薩　當知是妙法　諸佛之祕要
以五濁惡世　但樂著諸欲　如是等衆生　終不求佛道
當來世惡人　聞佛說一乘　迷惑不信受　破法墮惡道
有慚愧清淨　志求佛道者　當為如是等　廣讚一乘道
舍利弗當知　諸佛法如是　以万億方便　隨宜而說法
其不習學者　不能曉了此　汝等既已知　諸佛世之師

BD14591 號　妙法蓮華經卷一　（25–24）

咸以恭敬心　皆來至佛所　曾從諸佛聞　方便所說法
我即作是念　如來所以出　為說佛慧故　今正是其時
舍利弗當知　鈍根小智人　著相憍慢者　不能信是法
今我喜无畏　於諸菩薩中　正直捨方便　但說无上道
菩薩聞是法　疑網皆已除　千二百羅漢　悉亦當作佛
如三世諸佛　說法之儀式　我今亦如是　說无分別法
諸佛興出世　懸遠值遇難　正使出于世　說是法復難
无量无數劫　聞是法亦難　能聽是法者　斯人亦復難
譬如優曇華　一切皆愛樂　天人所希有　時時乃一出
聞法歡喜讚　乃至發一言　則為已供養　一切三世佛
是人甚希有　過於優曇華　汝等勿有疑　我為諸法王
普告諸大衆　但以一乘道　教化諸菩薩　无聲聞弟子
汝等舍利弗　聲聞及菩薩　當知是妙法　諸佛之祕要
以五濁惡世　但樂著諸欲　如是等衆生　終不求佛道
當來世惡人　聞佛說一乘　迷惑不信受　破法墮惡道
有慚愧清淨　志求佛道者　當為如是等　廣讚一乘道
舍利弗當知　諸佛法如是　以万億方便　隨宜而說法
其不習學者　不能曉了此　汝等既已知　諸佛世之師

BD14591 號　妙法蓮華經卷一　（25–25）

起住虛空中一切四衆起立合掌一心觀佛
於是釋迦牟尼佛以右指開七寶塔戶出大
音聲如却關鑰開大城門即時一切衆會皆
見多寶如來於寶塔中坐師子座全身不散
如入禪定又聞其言善哉善哉釋迦牟尼佛
快說是法華經我爲聽是經故而來至此尒
時四衆等見過去无量千万億劫滅度佛說
如是言歎未曾有以天寶華聚散多寶佛及
釋迦牟尼佛上尒時多寶佛於寶塔中分半
座與釋迦牟尼佛而作是言釋迦牟尼佛可
就此座即時釋迦牟尼佛入其塔中坐其半
座結加趺坐尒時大衆見二如來在七寶塔
中師子座上結加趺坐各作是念佛座高遠
唯願如來以神通力令我等輩俱處虛空即
時釋迦牟尼佛以神通力接諸大衆皆在虛
空以大音聲普告四衆誰能於此娑婆國土
廣說妙法華經今正是時如來不久當入涅

BD14592號　妙法蓮華經卷四　（4–1）

中師子座上結加趺坐各作是念佛座高遠
唯願如來以神通力令我等輩俱處虛空即
時釋迦牟尼佛以神通力接諸大衆皆在虛
空以大音聲普告四衆誰能於此娑婆國土
廣說妙法華經今正是時如來不久當入涅
槃佛欲以此妙法華經付囑有在尒時世尊
欲重宣此義而說偈言
聖主世尊　雖久滅度　在寶塔中　尚爲法來
諸人云何　不勤爲法　此佛滅度　无央數劫
處處聽法　以難遇故　彼佛本願　我滅度後
在在所往　常爲聽法　又我分身　无量諸佛
如恒沙等　來欲聽法　及見滅度　多寶如來
各捨妙土　及弟子衆　天人龍神　諸供養事
令法久住　故來至此　爲坐諸佛　以神通力
移无量衆　令國清淨　諸佛各各　詣寶樹下
如清淨池　蓮華莊嚴　其寶樹下　諸師子座
佛坐其上　光明嚴飾　如夜闇中　然大炬火
身出妙香　遍十方國　衆生蒙薰　喜不自勝
譬如大風　吹小樹枝　以是方便　令法久住
告諸大衆　我滅度後　誰能護持　讀說斯經
今於佛前　自說誓言　其多寶佛　雖久滅度
以大誓願　而師子吼　多寶如來　及與我身
所集化佛　當知此意　諸佛子等　誰能護法
當發大願　令得久住　其有能護　此經法者
則爲供養　我及多寶　此多寶佛　處於寶塔

BD14592號　妙法蓮華經卷四　（4–2）

今於佛前 自說誓言 其多寶佛 雖久滅度
以大誓願 而師子吼 多寶如來 及與我身
所集化佛 當知此意 諸佛子等 誰能護法
當發大願 令得久住 其有能護 此經法者
則為供養 我及多寶 此多寶佛 處於寶塔
常遊十方 為是經故 亦復供養 諸來化佛
莊嚴光飾 諸世界者 若說此經 則為見我
多寶如來 及諸化佛 諸善男子 各諦思惟
此為難事 宜發大願 諸餘經典 數如恒沙
雖說此等 未足為難 若接須弥 擲置他方
无數佛土 亦未為難 若以足指 動大千界
遠擲他國 亦未為難 若立有頂 為眾演說
无量餘經 亦未為難 若佛滅後 於惡世中
能說此經 是則為難 假使有人 手把虛空
而以遊行 亦未為難 於我滅後 若自書持
若使人書 是則為難 若以大地 置足甲上
昇於梵天 亦未為難 佛滅度後 於惡世中
暫讀此經 是則為難 假使劫燒 擔負乾草
入中不燒 亦未為難 我滅度後 若持此經
為一人說 是則為難 若持八万 四千法藏
十二部經 為人演說 令諸聽者 得六神通
雖能如是 亦未為難 於我滅後 聽受此經
問其義趣 是則為難 若人說法 令千万億
无量无數 恒沙眾生 得阿羅漢 具六神通
雖有是益 亦未為難 於我滅後 若能奉持
如斯經典 是則為難 我為佛道 於无量土

BD14592號　妙法蓮華經卷四　（4–3）

昇於梵天 亦未為難 佛滅度後 於惡世中
暫讀此經 是則為難 假使劫燒 擔負乾草
入中不燒 亦未為難 我滅度後 若持此經
為一人說 是則為難 若持八万 四千法藏
十二部經 為人演說 令諸聽者 得六神通
雖能如是 亦未為難 於我滅後 聽受此經
問其義趣 是則為難 若人說法 令千万億
无量无數 恒沙眾生 得阿羅漢 具六神通
雖有是益 亦未為難 於我滅後 若能奉持
如斯經典 是則為難 我為佛道 於无量土
從始至今 廣說諸經 而於其中 此經第一
若有能持 則持佛身 諸善男子 於我滅後
誰能護持 讀誦此經 今於佛前 自說誓言
此經難持 若暫持者 我則歡喜 諸佛亦然
如是之人 諸佛所歎 是則勇猛 是則精進
是名持戒 行頭陀者 則為疾得 无上佛道
能於來世 讀持此經 是真佛子 住淳善地
佛滅度後 能解其義 是諸天人 世間之眼
於恐畏世 能須臾說 一切天人 皆應供養

BD14592號　妙法蓮華經卷四　（4–4）

復如是諸比丘大通智勝佛過十
佛之法乃現在前成阿耨多羅三藐
三菩提其佛未出家時有十六子其第一者
曰智積諸子各有種種珍異玩好之具聞
父得成阿耨多羅三藐三菩提皆捨所珍往
詣佛所諸母涕泣而隨送之其祖轉輪聖王
與一百大臣及餘百千万億人民皆共圍繞
隨至道場咸欲親近大通智勝如來供養恭
敬尊重讚歎到已頭面礼足遶佛畢已一心
合掌瞻仰世尊以偈頌曰
大威德世尊　為度眾生故　於无量億歲　尒乃得成佛
諸願已具足　善哉吉无上　世尊甚希有　一坐十小劫
身體及手足　靜然安不動　其心常惔怕　未曾有散亂
究竟永寂滅　安住无漏法　今者見世尊　安隱成佛道
我等得善利　稱慶大歡喜　眾生常苦惱　盲冥无導師
不識苦盡道　不知求解脫　長夜增惡趣　減損諸天眾
從冥入於冥　永不聞佛名　今佛得最上　安隱无漏道
我等及天人　為得最大利　是故咸稽首　歸命无上尊
尒時十六王子偈讚佛已勸請世尊轉於法
[illegible]

BD14593號　妙法蓮華經卷三　（15–1）

我等得善利　稱慶大歡喜　眾生常苦惱　盲冥无導師
不識苦盡道　不知求解脫　長夜增惡趣　減損諸天眾
從冥入於冥　永不聞佛名　今佛得最上　安隱无漏道
我等及天人　為得最大利　是故咸稽首　歸命无上尊
尒時十六王子偈讚佛已勸請世尊轉於法
輪咸作是言世尊說法多所安隱憐愍饒益
諸天人民重說偈言
世雄无等倫　百福自莊嚴　得无上智慧　願為世間說
度脫於我等　及諸眾生類　為分別顯示　令得是智慧
若我等得佛　眾生亦復然　世尊知眾生　深心之所念
亦知所行道　又知智慧力　欲樂及脩福　宿命所行業
世尊悉知已　當轉无上輪
佛告諸比丘大通智勝佛得阿耨多羅三藐
三菩提時十方各五百万億諸佛世界六種
震動其國中間幽冥之處日月威光所不能
照而皆大明其中眾生各得相見咸作是言
此中云何忽生眾生又其國界諸天宮殿乃
至梵宮六種震動大光普照遍滿世界勝諸
天光尒時東方五百万億諸國土中梵天宮
殿光明照曜倍於常明諸梵天王各作是念
今者宮殿光明昔所未有以何因緣而現此
相是時諸梵天王即各相詣共議此事而彼
眾中有一大梵天王名救一切為諸梵眾而
說偈言
我等諸宮殿　光明昔未有　此是何因緣　宜各共求之
為大德天生　為佛出世間　而此大光明　遍照於十方
尒時五百万億國土諸梵天王與宮殿俱各
以衣裓盛諸天華共詣西方推尋是相見大

BD14593號　妙法蓮華經卷三　（15–2）

說偈言
我等諸宮殿　光明昔未有　此是何因緣　宜各共求之
為大德天生　為佛出世間　而此大光明　遍照於十方
尒時五百万億國土諸梵天王與宮殿俱各
以衣裓盛諸天華共詣西方推尋是相見大
通智勝如來處于道場菩提樹下坐師子座
諸天龍王乾闥婆緊那羅摩睺羅伽人非人
等恭敬圍遶及見十六王子請佛轉法輪即
時諸梵天王頭面礼佛遶百千匝即以天華
而散佛上其所散華如須弥山并以供養佛
菩提樹其菩提樹高十由旬華供養已各以
宮殿奉上彼佛而作是言唯見哀愍饒益我
等所獻宮殿願垂納處時諸梵天王即於佛
前一心同聲以偈頌曰
世尊甚希有　難可得值遇　具无量功德　能救護一切
天人之大師　哀愍於世間　十方諸眾生　普皆蒙饒益
我等所從來　五百万億國　捨深禪定樂　為供養佛故
我等先世福　宮殿甚嚴飾　今以奉世尊　唯願哀納受
尒時諸梵天王偈讚佛已各作是言唯願世
尊轉於法輪度脫眾生開涅槃道時諸梵天
王一心同聲而說偈言
世雄兩足尊　唯願演說法　以大慈悲力　度苦惱眾生
尒時大通智勝如來默然許之又諸比丘東
南方五百万億國土諸大梵王各自見宮殿
光明照曜昔所未有歡喜踊躍生希有心即
各相詣共議此事而彼眾中有一大梵天王
名曰大悲為諸梵眾而說偈言
是事何因緣　而現如此相　我等諸宮殿　光明昔未有

南方五百万億國土諸大梵王各自見宮殿
光明照曜昔所未有歡喜踊躍生希有心即
各相詣共議此事而彼眾中有一大梵天王
名曰大悲為諸梵眾而說偈言
是事何因緣　而現如此相　我等諸宮殿　光明昔未有
為大德天生　為佛出世間　未曾見此相　當共一心求
過千万億土　尋光共推之　多是佛出世　度脫苦眾生
尒時五百万億諸梵天王與宮殿俱各以衣
裓盛諸天華共詣西北方推尋是相見大通
智勝如來處于道場菩提樹下坐師子座諸
天龍王乾闥婆緊那羅摩睺羅伽人非人等
恭敬圍遶及見十六王子請佛轉法輪時諸
梵天王頭面礼佛遶百千匝即以天華而散
佛上所散之華如須弥山并以供養佛菩提
樹華供養已各以宮殿奉上彼佛而作是言
唯見哀愍饒益我等所獻宮殿願垂納處尒
時諸梵天王即於佛前一心同聲以偈頌曰
聖主天中天　迦陵頻伽聲　哀愍眾生者　我等今敬礼
世尊甚希有　久遠乃一現　一百八十劫　空過无有佛
三惡道充滿　諸天眾減少　今佛出於世　為眾生作眼
世間所歸趣　救護於一切　為眾生之父　哀愍饒益者
我等宿福慶　今得值世尊
尒時諸梵天王偈讚佛已各作是言唯願世
尊哀愍一切轉於法輪度脫眾生時諸梵天
王一心同聲而說偈言
大聖轉法輪　顯示諸法相　度苦惱眾生　令得大歡喜
眾生聞是法　得道若生天　諸惡道減少　忍善者增益
尒時大通智勝如來默然許之又諸比丘西南

尊哀愍一切轉於法輪度脫衆生時諸梵天
王一心同聲而説偈言
大聖轉法輪　顯示諸法相　度苦惱衆生　令得大歡喜
衆生聞是法　得道若生天　諸惡道減少　忍善者增益
尒時大通智勝如来嘿然許之又諸比丘南
方五百万億國土諸大梵王各自見宮殿光
明照曜昔所未有歡喜踊躍生希有心即各
相詣共議此事以何因緣我等宮殿有此光
曜而彼衆中有一大梵天王名曰妙法為諸
梵衆而説偈言
我等諸宮殿　光明甚威曜　此非无因緣　是相宜求之
過於百千劫　未曾見此相　為大德天生　為佛出世間
尒時五百万億諸梵天王與宮殿俱各以衣
裓盛諸天華共詣北方推尋是相見大通智
勝如来處于道場菩提樹下坐師子座諸天
龍王乾闥婆緊那羅摩睺羅伽人非人等恭
敬圍遶及見十六王子請佛轉法輪時諸梵
天王頭面礼佛遶百千匝即以天華而散佛
上所散之華如須弥山并以供養佛菩提樹
華供養已各以宮殿奉上彼佛而作是言唯
見哀愍饒益我等所獻宮殿願垂納處尒時
諸梵天王即於佛前一心同聲以偈頌曰
世尊甚難值　破諸煩惱者　過百三十劫　今乃得一見
諸飢渴衆生　以法雨充滿　昔所未曾覩　无量智慧者
如優曇波羅　今日乃值遇　我等諸宮殿　蒙光故嚴飾
世尊大慈愍　唯願垂納受
尒時諸梵天王偈讚佛已各作是言唯願世
尊轉於法輪令一切世間諸天魔梵沙門婆

BD14593號　妙法蓮華經卷三　（15–5）

諸飢渴衆生　以法雨充滿　昔所未曾覩　无量智慧者
如優曇波羅　今日乃值遇　我等諸宮殿　蒙光故嚴飾
世尊大慈愍　唯願垂納受
尒時諸梵天王偈讚佛已各作是言唯願世
尊轉於法輪令一切世間諸天魔梵沙門婆
羅門皆獲安隱而得度脫時諸梵天王一心
同聲以偈頌曰
唯願天人尊　轉无上法輪　擊于大法鼓　而吹大法螺
普雨大法雨　度无量衆生　我等咸歸請　當演深遠音
尒時大通智勝如来嘿然許之西南方乃至
下方亦復如是
尒時上方五百万億國土諸大梵王皆悉自
覩所止宮殿光明威曜昔所未有歡喜踊躍
生希有心即各相詣共議此事以何因緣我
等宮殿有斯光明而彼衆中有一大梵天王
名曰尸棄為諸梵衆而説偈言
今以何因緣　我等諸宮殿　威德光明曜　嚴飾未曾有
如是之妙相　昔所不聞見　為大德天生　為佛出世間
尒時五百万億諸梵天王與宮殿俱各以衣
裓盛諸天華共詣下方推尋此相見大通智
勝如来處于道場菩提樹下坐師子座諸天
龍王乾闥婆緊那羅摩睺羅伽人非人等恭
敬圍遶及見十六王子請佛轉法輪時諸梵
天王頭面礼佛遶百千匝即以天華而散佛
上所散之華如須弥山并以供養佛菩提樹
華供養已各以宮殿奉上彼佛而作是言唯
見哀愍饒益我等所獻宮殿願垂納處時諸

BD14593號　妙法蓮華經卷三　（15–6）

天王頭面礼佛遶百千匝即以天華而散佛
上所散之華如須弥山并以供養佛菩提樹
華供養已各以宮殿奉上彼佛而作是言唯
見哀愍饒益我等所獻宮殿願垂納處時諸
梵天王即於佛前一心同聲以偈頌曰
善哉見諸佛　救世之聖尊　能於三界獄　免出諸衆生
普智天人尊　哀愍群萌類　能開甘露門　廣度於一切
於昔无量劫　空過无有佛　世尊未出時　十方常闇冥
三惡道增長　阿脩羅亦盛　諸天衆轉減　死多墮惡道
不從佛聞法　常行不善事　色力及智慧　斯等皆減少
罪業因緣故　失樂及樂想　住於邪見法　不識善儀則
不蒙佛所化　常墮於惡道　佛為世間眼　久遠時乃出
哀愍諸衆生　故現於世間　超出成正覺　我等甚欣慶
及餘一切衆　喜歎未曾有　我等諸宮殿　蒙光故嚴餝
今以奉世尊　唯垂哀納受　願以此功德　普及於一切
我等與衆生　皆共成佛道
尒時五百万億諸梵天王偈讚佛已各白佛言
唯願世尊轉於法輪多所安隱多所度脫時
諸梵天王而說偈言
世尊轉法輪　擊甘露法鼓　度苦惱衆生　開示涅槃道
唯願受我請　以大微妙音　哀愍而敷演　无量劫集法
尒時大通智勝如來受十方諸梵天王及十
六王子請即時三轉十二行法輪若沙門婆
羅門若天魔梵及餘世間所不能轉謂是苦
是苦集是苦滅是苦滅道及廣說十二因緣
法无明緣行行緣識識緣名色名色緣六入
六入緣觸觸緣受受緣愛愛緣取取緣有有
緣生生緣老死憂悲苦惱无明滅則行滅行

BD14593號　妙法蓮華經卷三　（15–7）

羅門若天魔梵及餘世間所不能轉謂是苦
是苦集是苦滅是苦滅道及廣說十二因緣
法无明緣行行緣識識緣名色名色緣六入
六入緣觸觸緣受受緣愛愛緣取取緣有有
緣生生緣老死憂悲苦惱无明滅則行滅行
滅則識滅識滅則名色滅名色滅則六入滅
六入滅則觸滅觸滅則受滅受滅則愛滅愛
滅則取滅取滅則有滅有滅則生滅生滅則
老死憂悲苦惱滅佛於天人大衆之中說是
法時六百万億那由他人以不受一切法故
而於諸漏心得解脫皆得深妙禪定三明六
通具八解脫第二第三第四說法時千万億
恒河沙那由他等衆生亦以不受一切法故
而於諸漏心得解脫從是已後諸聲聞衆无
量无邊不可稱數尒時十六王子皆以童子
出家而為沙弥諸根通利智慧明了已曾供
養百千万億諸佛淨脩梵行求阿耨多羅三
藐三菩提俱白佛言世尊是諸无量千万億
大德聲聞皆已成就世尊亦當為我等說阿
耨多羅三藐三菩提法我等聞已皆共脩學
世尊我等志願如來知見深心所念佛自證
知尒時轉輪聖王所將衆中八万億人見十
六王子出家亦求出家王即聽許尒時彼佛
受沙弥請過二万劫已乃於四衆之中說是
大乘經名妙法蓮華教菩薩法佛所護念說
是經已十六沙弥為阿耨多羅三藐三菩提
故皆共受持諷誦通利說是經時十六菩薩
沙弥皆悉信受聲聞衆中亦有信解其餘衆

BD14593號　妙法蓮華經卷三　（15–8）

大乘經名妙法蓮華教菩薩法佛所護念說
是經已十六沙弥為阿耨多羅三藐三菩提
故皆共受持諷誦通利說是經時十六菩薩
沙弥皆悉信受聲聞衆中亦有信解其餘衆
生千万億種皆生疑惑佛說是經於八千劫
未曾休廢說此經已即入靜室住於禪定八
万四千劫是時十六菩薩沙弥知佛入室寂
然禪定各昇法座亦於八万四千劫為四部
衆廣說分別妙法華經一一皆度六百万億
那由他恒河沙等衆生示教利喜令發阿耨
多羅三藐三菩提心大通智勝佛過八万四
千劫已從三昧起往詣法座安詳而坐普告
大衆是十六菩薩沙弥甚為希有諸根通利
智慧明了已曾供養无量千万億數諸佛於
諸佛所常脩梵行受持佛智開示衆生令入
其中汝等皆當數數親近而供養之所以者
何若聲聞辟支佛及諸菩薩能信是十六菩
薩所說經法受持不毀者是人皆當得阿耨
多羅三藐三菩提如來之慧佛告諸比丘是
十六菩薩常樂說是妙法華經一一菩薩所
化六百万億那由他恒河沙等衆生世世所
生與菩薩俱從其聞法悉皆信解以此因緣
得值四万億諸佛世尊于今不盡諸比丘我
今語汝彼佛弟子十六沙弥今皆得阿耨多
羅三藐三菩提於十方國土現在說法有无
量百千万億菩薩聲聞以為眷屬其二沙弥
東方作佛一名阿閦在歡喜國二名須弥頂
東南方二佛一名師子音二名師子相南方

BD14593 號　妙法蓮華經卷三　（15–9）

羅三藐三菩提於十方國土現在說法有无
量百千万億菩薩聲聞以為眷屬其二沙弥
東方作佛一名阿閦在歡喜國二名須弥頂
東南方二佛一名師子音二名師子相南方
二佛一名虛空住二名常滅西南方二佛一
名帝相二名梵相西方二佛一名阿弥陀二
名度一切世間苦惱西北方二佛一名多摩
羅跋栴檀香神通二名須弥相北方二佛一
名雲自在二名雲自在王東北方佛名壞一
切世間怖畏第十六我釋迦牟尼佛於娑婆
國土成阿耨多羅三藐三菩提諸比丘我等
為沙弥時各各教化无量百千万億恒河沙
等衆生從我聞法為阿耨多羅三藐三菩提
此諸衆生于今有住聲聞地者我常教化阿
耨多羅三藐三菩提是諸人等應以是法漸
入佛道所以者何如來智慧難信難解尒時
所化无量恒河沙等衆生者汝等諸比丘及
我滅度後未來世中聲聞弟子是也我滅度
後復有弟子不聞是經不知不覺菩薩所行
自於所得功德生滅度想當入涅槃我於餘
國作佛更有異名是人雖生滅度之想入於
涅槃而於彼土求佛智慧得聞是經唯以佛
乘而得滅度更无餘乘除諸如來方便說法
諸比丘若如來自知涅槃時到衆又清淨信
解堅固了達空法深入禪定便集諸菩薩及
聲聞衆為說是經世間无有二乘而得滅度
唯一佛乘得滅度耳比丘當知如來方便深

BD14593 號　妙法蓮華經卷三　（15–10）

諸比丘若如來自知涅槃時到衆又清淨信
解堅固了達空法深入禪定便集諸菩薩及
聲聞衆為說是經世間无有二乘而得滅度
唯一佛乘得滅度耳比丘當知如來方便深
入衆生之性知其志樂小法深著五欲為是
等故說於涅槃是人若聞則便信受譬如五
百由旬險難惡道曠絕无人怖畏之處若有
多衆欲過此道至珎寶處有一導師聰慧明
達善知險道通塞之相將導衆人欲過此難
所將人衆中路懈退白導師言我等疲極而
復怖畏不能復進前路猶遠今欲退還導師
多諸方便而作是念此等可愍云何捨大珎
寶而欲退還作是念已以方便力於險道中
過三百由旬化作一城告衆人言汝等勿怖
莫得退還今是大城可於中止隨意所作若
入是城快得安隱若能前至寶所亦可得去
是時疲極之衆心大歡喜歎未曾有我等今
者免斯惡道快得安隱於是衆人前入化城
生已度想生安隱想尒時導師知此人衆既
得止息无復疲倦即滅化城語衆人言汝等
去來寶處在近向者大城我所化作為止息
耳諸比丘如來亦復如是今為汝等作大導
師知諸生死煩惱惡道險難長遠應去應度
若衆生但聞一佛乘者則不欲見佛不欲親
近便作是念佛道長遠久受懃苦乃可得成
佛知是心怯弱下劣以方便力而於中道為
止息故說二涅槃若衆生住於二地如來尒
時即便為說汝等所作未辦汝所住地近於

BD14593號　妙法蓮華經卷三　（15-11）

若衆生但聞一佛乘者則不欲見佛不欲親
近便作是念佛道長遠久受懃苦乃可得成
佛知是心怯弱下劣以方便力而於中道為
止息故說二涅槃若衆生住於二地如來尒
時即便為說汝等所作未辦汝所住地近於
佛慧當觀察籌量所得涅槃非真實也但是
如來方便之力於一佛乘分別說三如彼導
師為止息故化作大城既知息已而告之言
寶處在近此城非實我化作耳尒時世尊欲
重宣此義而說偈言

大通智勝佛　十劫坐道場　佛法不現前　不得成佛道
諸天神龍王　阿脩羅衆等　常雨於天華　以供養彼佛
諸天擊天鼓　并作衆伎樂　香風吹萎華　更雨新好者
過十小劫已　乃得成佛道　諸天及世人　心皆懷踊躍
彼佛十六子　皆與其眷屬　千万億圍遶　俱行至佛所
頭面礼佛足　而請轉法輪　聖師子法雨　充我及一切
世尊甚難值　久遠時一現　為覺悟群生　震動於一切
東方諸世界　五百万億國　梵宮殿光曜　昔所未曾有
諸梵見此相　尋來至佛所　散華以供養　并奉上宮殿
請佛轉法輪　以偈而讚歎　佛知時未至　受請默然坐
三方及四維　上下亦復尒　散華奉宮殿　請佛轉法輪
世尊甚難值　願以大慈悲　廣開甘露門　轉无上法輪
无量慧世尊　受彼衆人請　為宣種種法　四諦十二緣
无明至老死　皆從生緣有　如是衆過患　汝等應當知
宣暢是法時　六百万億姟　得盡諸苦際　皆成阿羅漢
第二說法時　千万恒沙衆　於諸法不受　亦得阿羅漢
從是後得道　其數无有量　万億劫筭數　不能得其邊
時十六王子　出家作沙弥　皆共請彼佛　演說大乘法

BD14593號　妙法蓮華經卷三　（15-12）

宣揚是法時　六百万億姟　得盡諸苦際　皆成阿羅漢
第二說法時　千万恒沙衆　於諸法不受　亦得阿羅漢
從是後得道　其數无有量　万億劫筭數　不能得其邊
時十六王子　出家作沙弥　皆共請彼佛　演說大乘法
我等及營從　皆當成佛道　願得如世尊　慧眼第一淨
佛知童子心　宿世之所行　以无量因緣　種種諸譬喻
說六波羅蜜　及諸神通事　分別真實法　菩薩所行道
說是法華經　如恒河沙偈　彼佛說經已　靜室入禪定
一心一處坐　八万四千劫　是諸沙弥等　知佛禪未出
為无量億衆　說佛无上慧　各各坐法座　說是大乘經
於佛宴寂後　宣揚助法化　一一沙弥等　所度諸衆生
有六百万億　恒河沙等衆　彼佛滅度後　是諸聞法者
在在諸佛土　常與師俱生　是十六沙弥　具足行佛道
今現在十方　各得成正覺　尒時聞法者　各在諸佛所
其有住聲聞　漸教以佛道　我在十六數　曾亦為汝說
是故以方便　引汝趣佛慧　以是本因緣　今說法華經
令汝入佛道　慎勿懷驚懼　譬如險惡道　迥絕多毒獸
又復无水草　人所怖畏處　无數千万衆　欲過此險道
其路甚曠遠　經五百由旬　時有一導師　強識有智慧
明了心決定　在險濟衆難　衆人皆疲惓　而白導師言
我等今頓乏　於此欲退還　導師作是念　此輩甚可愍
如何欲退還　而失大珎寶　尋時思方便　當設神通力
化作大城郭　莊嚴諸舍宅　周匝有園林　渠流及浴池
重門高樓閣　男女皆充滿　即作是化已　慰衆言勿懼
汝等入此城　各可隨所樂　諸人既入城　心皆大歡喜
皆生安隱想　自謂已得度　導師知息已　集衆而告言
汝等當前進　此是化城耳　我見汝疲極　中道欲退還

我等今頓乏　於此欲退還　導師作是念　此輩甚可愍
如何欲退還　而失大珎寶　尋時思方便　當設神通力
化作大城郭　莊嚴諸舍宅　周匝有園林　渠流及浴池
重門高樓閣　男女皆充滿　即作是化已　慰衆言勿懼
汝等入此城　各可隨所樂　諸人既入城　心皆大歡喜
皆生安隱想　自謂已得度　導師知息已　集衆而告言
汝等當前進　此是化城耳　我見汝疲極　中道欲退還
故以方便力　權化作此城　汝今勤精進　當共至寶所
我亦復如是　為一切導師　見諸求道者　中路而懈廢
不能度生死　煩惱諸險道　故以方便力　為息說涅槃
言汝等苦滅　所作皆已辦　既知到涅槃　皆得阿羅漢
尒乃集大衆　為說真實法　諸佛方便力　分別說三乘
唯有一佛乘　息處故說二　今為汝說實　汝所得非滅
為佛一切智　當發大精進　汝證一切智　十力等佛法
具三十二相　乃是真實滅　諸佛之導師　為息說涅槃
既知是息已　引入於佛慧

妙法蓮華經卷第三

今為汝說實　汝所得非滅
為佛一切智　當發大精進　汝證一切智　十力等佛法
具三十二相　乃是真實滅　諸佛之導師　為息說涅槃
既知是息已　引入於佛慧

妙法蓮華經卷第三

BD14593 號　妙法蓮華經卷三　（15–15）

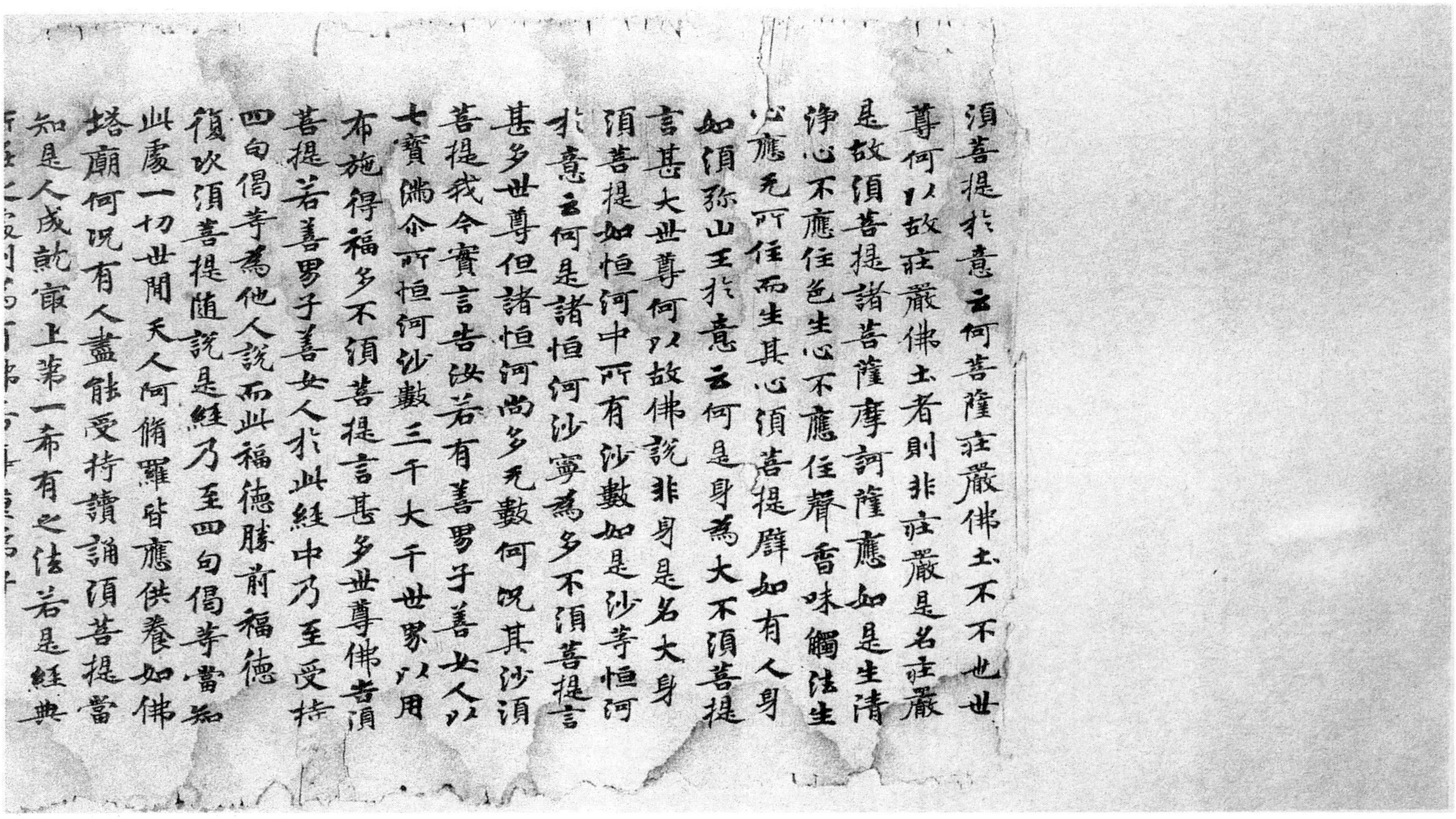
須菩提於意云何菩薩莊嚴佛土不不也世
尊何以故莊嚴佛土者則非莊嚴是名莊嚴
是故須菩提諸菩薩摩訶薩應如是生清
淨心不應住色生心不應住聲香味觸法生
心應无所住而生其心須菩提譬如有人身
如須弥山王於意云何是身為大不須菩提
言甚大世尊何以故佛說非身是名大身
須菩提如恒河中所有沙數如是沙等恒河
於意云何是諸恒河沙寧為多不須菩提言
甚多世尊但諸恒河尚多无數何況其沙須
菩提我今實言告汝若有善男子善女人以
七寶滿尒所恒河沙數三千大千世界以用
布施得福多不須菩提言甚多世尊佛告須
菩提若善男子善女人於此經中乃至受持
四句偈等為他人說而此福德勝前福德
復次須菩提隨說是經乃至四句偈等當知
此處一切世間天人阿脩羅皆應供養如佛
塔廟何況有人盡能受持讀誦須菩提當
知是人成就最上第一希有之法若是經典

BD14594 號　金剛般若波羅蜜經　（12–1）

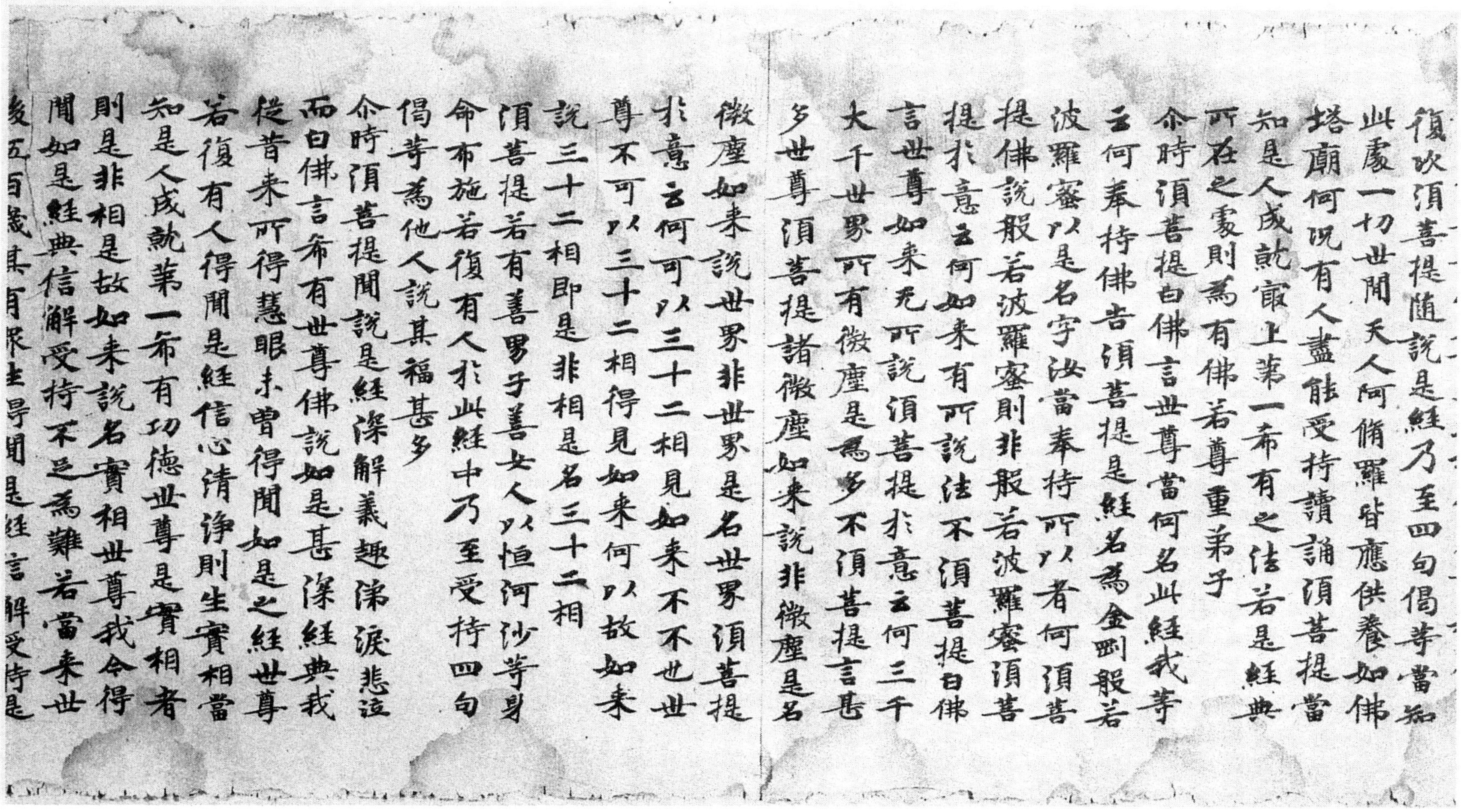

復次須菩提隨說是經乃至四句偈等當知
此處一切世間天人阿脩羅皆應供養如佛
塔廟何況有人盡能受持讀誦須菩提當
知是人成就最上第一希有之法若是經典
所在之處則為有佛若尊重弟子
尒時須菩提白佛言世尊當何名此經我等
云何奉持佛告須菩提是經名為金剛般若
波羅蜜以是名字汝當奉持所以者何須菩
提佛說般若波羅蜜則非般若波羅蜜須菩
提於意云何如來有所說法不須菩提白佛
言世尊如來无所說須菩提於意云何三千
大千世界所有微塵是為多不須菩提言甚
多世尊須菩提諸微塵如來說非微塵是名
微塵如來說世界非世界是名世界須菩提
於意云何可以三十二相見如來不不也世
尊不可以三十二相得見如來何以故如來
說三十二相即是非相是名三十二相
須菩提若有善男子善女人以恒河沙等身
命布施若復有人於此經中乃至受持四句
偈等為他人說其福甚多
尒時須菩提聞說是經深解義趣涕淚悲泣
而白佛言希有世尊佛說如是甚深經典我
從昔來所得慧眼未曾得聞如是之經世尊
若復有人得聞是經信心清淨則生實相當
知是人成就第一希有功德世尊是實相者
則是非相是故如來說名實相世尊我今得
聞如是經典信解受持不足為難若當來世
後五百歲其有眾生得聞是經信解受持是

BD14594號　金剛般若波羅蜜經　（12–2）

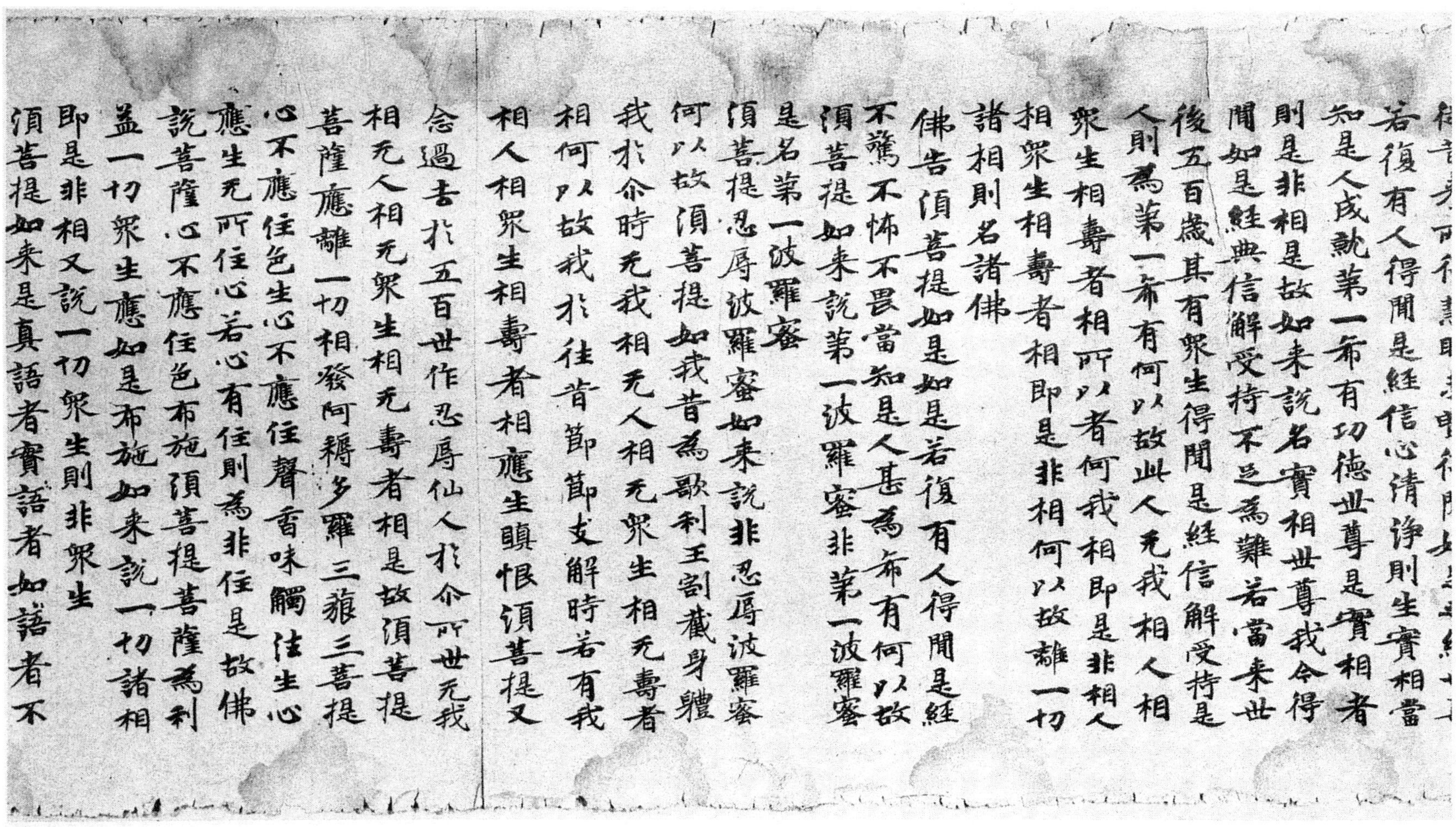

若復有人得聞是經信心清淨則生實相當
知是人成就第一希有功德世尊是實相者
則是非相是故如來說名實相世尊我今得
聞如是經典信解受持不足為難若當來世
後五百歲其有眾生得聞是經信解受持是
人則為第一希有何以故此人无我相人相
眾生相壽者相所以者何我相即是非相人
相眾生相壽者相即是非相何以故離一切
諸相則名諸佛
佛告須菩提如是如是若復有人得聞是經
不驚不怖不畏當知是人甚為希有何以故
須菩提如來說第一波羅蜜非第一波羅蜜
是名第一波羅蜜
須菩提忍辱波羅蜜如來說非忍辱波羅蜜
何以故須菩提如我昔為歌利王割截身體
我於尒時无我相无人相无眾生相无壽者
相何以故我於往昔節節支解時若有我
相人相眾生相壽者相應生瞋恨須菩提又
念過去於五百世作忍辱仙人於尒所世无我
相无人相无眾生相无壽者相是故須菩提
菩薩應離一切相發阿耨多羅三藐三菩提
心不應住色生心不應住聲香味觸法生心
應生无所住心若心有住則為非住是故佛
說菩薩心不應住色布施須菩提菩薩為利
益一切眾生應如是布施如來說一切諸相
即是非相又說一切眾生則非眾生
須菩提如來是真語者實語者如語者不

BD14594號　金剛般若波羅蜜經　（12–3）

應生无所住心若心有住則為非住是故佛
說菩薩心不應住色布施須菩提菩薩為利
益一切衆生應如是布施如來說一切諸相
即是非相又說一切衆生則非衆生
須菩提如來是真語者實語者如語者不
誑語者不異語者須菩提如來所得法此
法无實无虛
須菩提若菩薩心住於法而行布施如人入
闇則无所見若菩薩心不住法而行布施如人
有目日光明照見種種色
須菩提當來之世若有善男子善女人能於此
經受持讀誦則為如來以佛智慧悉知是人
悉見是人皆得成就无量无邊功德
須菩提若有善男子善女人初日分以恒河
沙等身布施中日分復以恒河沙等身布施
後日分亦以恒河沙等身布施如是无量百千
万億劫以身布施若復有人聞此經典信心
不逆其福勝彼何況書寫受持讀誦為人解
說
須菩提以要言之是經有不可思議不可稱量
无邊功德如來為發大乘者說為發最上乘
者說若有人能受持讀誦廣為人說如來
悉知是人悉見是人皆得成就不可量不可
稱无有邊不可思議功德如是人等則為荷
擔如來阿耨多羅三藐三菩提何以故須菩
提若樂小法者著我見人見衆生見壽者見
則於此經不能聽受讀誦為人解說須菩提
在在處處若有此經一切世間天人阿脩羅

BD14594號　金剛般若波羅蜜經　（12–4）

擔如來阿耨多羅三藐三菩提何以故須菩
提若樂小法者著我見人見衆生見壽者見
則於此經不能聽受讀誦為人解說須菩提
在在處處若有此經一切世間天人阿脩羅
所應供養當知此處則為是塔皆應恭敬作
禮圍遶以諸華香而散其處
復次須菩提善男子善女人受持讀誦此經
若為人輕賤是人先世罪業應墮惡道以今世
人輕賤故先世罪業則為消滅當得阿耨多
羅三藐三菩提須菩提我念過去无量阿僧
祇劫於然燈佛前得值八百四千万億那由
他諸佛悉皆供養承事无空過者若復有
人於後末世能受持讀誦此經所得功德於
我所供養諸佛功德百分不及一千万億分
乃至筭數譬喻所不能及須菩提若善男
子善女人於後末世有受持讀誦此經所得功
德我若具說者或有人聞心則狂乱狐疑
不信須菩提當知是經義不可思議果報亦
不可思議
尒時須菩提白佛言世尊善男子善女人發
阿耨多羅三藐三菩提心云何應住云何降
伏其心佛告須菩提善男子善女人發阿耨
多羅三藐三菩提者當生如是心我應滅度
一切衆生滅度一切衆生已而无有一衆生
實滅度者何以故若菩薩有我相人相衆生
相壽者相則非菩薩所以者何須菩提實无
有法發阿耨多羅三藐三菩提者
須菩提於意云何如來於然燈佛所有法得

BD14594號　金剛般若波羅蜜經　（12–5）

實滅度者何以故若菩薩有我相人相衆生
相壽者相則非菩薩所以者何須菩提實无
有法發阿耨多羅三藐三菩提者
須菩提於意云何如来於然燈佛所有法得
阿耨多羅三藐三菩提不不也世尊如我解
佛所説義佛於然燈佛所无有法得阿耨、
多羅三藐三菩提佛言如是如是須菩提實
无有法如来得阿耨多羅三藐三菩提須菩
提若有法如来得阿耨多羅三藐三菩提者
然燈佛則不與我受記汝於来世當得作佛号釋
迦牟尼以實无有法得阿耨多羅三藐三菩提
是故然燈佛與我受記作是言汝於来世當
得作佛号釋迦牟尼何以故如来者即諸
法如義若有人言如来得阿耨多羅三藐三
菩提須菩提實无有法佛得阿耨多羅三藐
三菩提須菩提如来所得阿耨多羅三藐三
菩提於是中无實无虚是故如来説一切法
皆是佛法須菩提所言一切法者即非一切
法是故名一切法
須菩提譬如人身長大須菩提言世尊如来
説人身長大則為非大身是名大身
須菩提菩薩亦如是若作是言我當滅度无
量衆生則不名菩薩何以故須菩提實无有
法名為菩薩是故佛説一切法无我无人无
衆生无壽者須菩提若菩薩作是言我當莊
嚴佛土是不名菩薩何以故如来説莊嚴佛
土者即非莊嚴是名莊嚴須菩提若菩薩

BD14594 號　金剛般若波羅蜜經　（12–6）

法名為菩薩是故佛説一切法无我无人无
衆生无壽者須菩提若菩薩作是言我當莊
嚴佛土是不名菩薩何以故如来説莊嚴佛
土者即非莊嚴是名莊嚴須菩提若菩薩
通達无我者如来説名真是菩薩
須菩提於意云何如来有肉眼不如是世尊
如来有肉眼須菩提於意云何如来有天眼
不如是世尊如来有天眼須菩提於意云何
如来有慧眼不如是世尊如来有慧眼須菩
提於意云何如来有法眼不如是世尊如来
有法眼須菩提於意云何如来有佛眼不如
是世尊如来有佛眼須菩提於意云何恒河
中所有沙佛説是沙不如是世尊如来説是
沙須菩提於意云何如一恒河中所有沙有
如是等恒河是諸恒河所有沙數佛世界如
是寧為多不甚多世尊佛告須菩提尒所國
土中所有衆生若干種心如来悉知何以故
如来説諸心皆為非心是名為心所以者何
須菩提過去心不可得現在心不可得未来
心不可得須菩提於意云何若有人滿三千
大千世界七寶以用布施是人以是因緣得
福多不如是世尊此人以是因緣得福甚多
須菩提若福德有實如来不説得福德多
以福德无故如来説得福德多
須菩提於意云何佛可以具足色身見不不
也世尊如来不應以具足色身見何以故如来
説具足色身即非具足色身是名具足色身

BD14594 號　金剛般若波羅蜜經　（12–7）

須菩提[illegible]福德多
以福德无故如来說得福德多
須菩提於意云何佛可以具足色身見不不
也世尊如来不應以具足色身見何以故如来
說具足色身即非具足色身是名具足色身
須菩提於意云何如来可以具足諸相見不
不也世尊如来不應以具足諸相見何以故如
来說諸相具足即非具足是名諸相具足
須菩提汝勿謂如来作是念我當有所說法
莫作是念何以故若人言如来有所說法即
為謗佛不能解我所說故須菩提說法者
无法可說是名說法
須菩提白佛言世尊佛得阿耨多羅三藐
三菩提為无所得耶如是如是須菩提我於
阿耨多羅三藐三菩提乃至无有少法可得
是名阿耨多羅三藐三菩提復次須菩提是
法平等无有高下是名阿耨多羅三藐三菩
提以无我无人无衆生无壽者脩一切善法則
得阿耨多羅三藐三菩提須菩提所言善法
者如来說非善法是名善法
須菩提若三千大千世界中所有諸須弥山
王如是等七寶聚有人持用布施若人以此
般若波羅蜜經乃至四句偈等受持讀誦為
他人說於前福德百分不及一百千万億分
乃至筭數譬喻所不能及
須菩提於意云何汝等勿謂如来作是念我
當度衆生須菩提莫作是念何以故實无有

BD14594號　金剛般若波羅蜜經　（12–8）

般若波羅蜜經乃至四句偈等受持讀誦為
他人說於前福德百分不及一百千万億分
乃至筭數譬喻所不能及
須菩提於意云何汝等勿謂如来作是念我
當度衆生須菩提莫作是念何以故實无有
衆生如来度者若有衆生如来度者如来則
有我人衆生壽者須菩提如来說有我者則
非有我而凡夫之人以為有我須菩提凡夫者
如来說則非凡夫
須菩提於意云何可以卅二相觀如来不須
菩提言如是如是以卅二相觀如来佛言須菩
提若以卅二相觀如来者轉輪聖王則是如
来須菩提白佛言世尊如我解佛所說義不
應以卅二相觀如来介時世尊而說偈言
若以色見我　以音聲求我　是人行邪道　不能見如来
須菩提汝若作是念如来不以具足相故得
阿耨多羅三藐三菩提須菩提莫作是念如
来不以具足相故得阿耨多羅三藐三菩提
須菩提汝若作是念發阿耨多羅三藐三菩
提者說諸法斷滅莫作是念何以故發阿耨
多羅三藐三菩提者於法不說斷滅相須菩
提若菩薩以滿恒河沙等世界七寶布施若
復有人知一切法无我得成於忍此菩薩勝
前菩薩所得功德須菩提以諸菩薩不受福
德故須菩提白佛言世尊云何菩薩不受福
德須菩提菩薩所作福德不應貪著是故說
不受福德
須菩提若有人言如来若来若去若坐若卧

BD14594號　金剛般若波羅蜜經　（12–9）

前菩薩所得功德須菩提以諸菩薩不受福
德故須菩提白佛言世尊云何菩薩不受福
德須菩提菩薩所作福德不應貪著是故說
不受福德
須菩提若有人言如來若來若去若坐若卧
是人不解我所說義何以故如來者无所從
來亦无所去故名如來
須菩提若善男子善女人以三千大千世界
碎為微塵於意云何是微塵衆寧為多不甚
多世尊何以故若是微塵衆實有者佛則不
說是微塵衆所以者何佛說微塵衆則非微
塵衆是名微塵衆世尊如來所說三千大千
世界則非世界是名世界何以故若世界實有
者則是一合相如來說一合相則非一合相是
名一合相須菩提一合相者則是不可說但
凡夫之人貪著其事須菩提若人言佛說
我見人見衆生見壽者見須菩提於意云何
是人解我所說義不世尊是人不解如來所
說義何以故世尊說我見人見衆生見壽者
見即非我見人見衆生見壽者見是名我見
人見衆生見壽者見須菩提發阿耨多羅三
藐三菩提心者於一切法應如是知如是見
如是信解不生法相須菩提所言法相者如
來說即非法相是名法相須菩提若有人以
滿无量阿僧祇世界七寶持用布施若有善
男子善女人發菩薩心者持於此經乃至四
句偈等受持讀誦為人演說其福勝彼云何

BD14594 號　金剛般若波羅蜜經　（12–10）

名一合相須菩提一合相者則是不可說但
凡夫之人貪著其事須菩提若人言佛說
我見人見衆生見壽者見須菩提於意云何
是人解我所說義不世尊是人不解如來所
說義何以故世尊說我見人見衆生見壽者
見即非我見人見衆生見壽者見是名我見
人見衆生見壽者見須菩提發阿耨多羅三
藐三菩提心者於一切法應如是知如是見
如是信解不生法相須菩提所言法相者如
來說即非法相是名法相須菩提若有人以
滿无量阿僧祇世界七寶持用布施若有善
男子善女人發菩薩心者持於此經乃至四
句偈等受持讀誦為人演說其福勝彼云何
為人演說不取於相如如不動何以故
一切有為法　如夢幻泡影　如露亦如電　應作如是觀
佛說是經已長老須菩提及諸比丘比丘尼
優婆塞優婆夷一切世間天人阿脩羅聞佛
所說皆大歡喜信受奉行

金剛般若波羅蜜經

BD14594 號　金剛般若波羅蜜經　（12–11）

佛无量阿僧祇世界七寶持用布施若有善
男子善女人發菩薩心者持於此經乃至四
句偈等受持讀誦為人演說其福勝彼云何
為人演說不取於相如如不動何以故
一切有為法 如夢幻泡影 如露亦如電 應作如是觀
佛說是經已長老須菩提及諸比丘比丘尼
優婆塞優婆夷一切世間天人阿脩羅聞佛
所說皆大歡喜信受奉行

金剛般若波羅蜜經

貞觀三年二月十一日佛弟子王華敬寫
波羅蜜經受持讀誦

BD14594號　金剛般若波羅蜜經　（12–12）

生諸受无自性若前際菩薩摩訶薩若後際
菩薩摩訶薩若中際菩薩摩訶薩如是一切
法无二无二分舍利子由此緣故我作是說
前際菩薩摩訶薩不可得後際菩薩摩訶薩
不可得中際菩薩摩訶薩不可得舍利子鼻
界无所有故前後中際菩薩摩訶薩不可得
香界鼻識界及鼻觸鼻觸為緣所生諸受无
所有故前後中際菩薩摩訶薩不可得鼻界
空故前後中際菩薩摩訶薩不可得香界鼻
識界及鼻觸鼻觸為緣所生諸受空故前後
中際菩薩摩訶薩不可得鼻界遠離故前後
中際菩薩摩訶薩不可得香界鼻識界及鼻
觸鼻觸為緣所生諸受遠離故前後中際菩
薩摩訶薩不可得鼻界无自性故前後中際
菩薩摩訶薩不可得香界鼻識界及鼻觸鼻
觸為緣所生諸受无自性故前後中際菩薩
摩訶薩不可得何以故舍利子鼻界香界鼻
識界及鼻觸鼻觸為緣所生諸受无所有空
[illegible]中際菩薩摩訶薩皆不

BD14595號　大般若波羅蜜多經卷六二　（2–1）

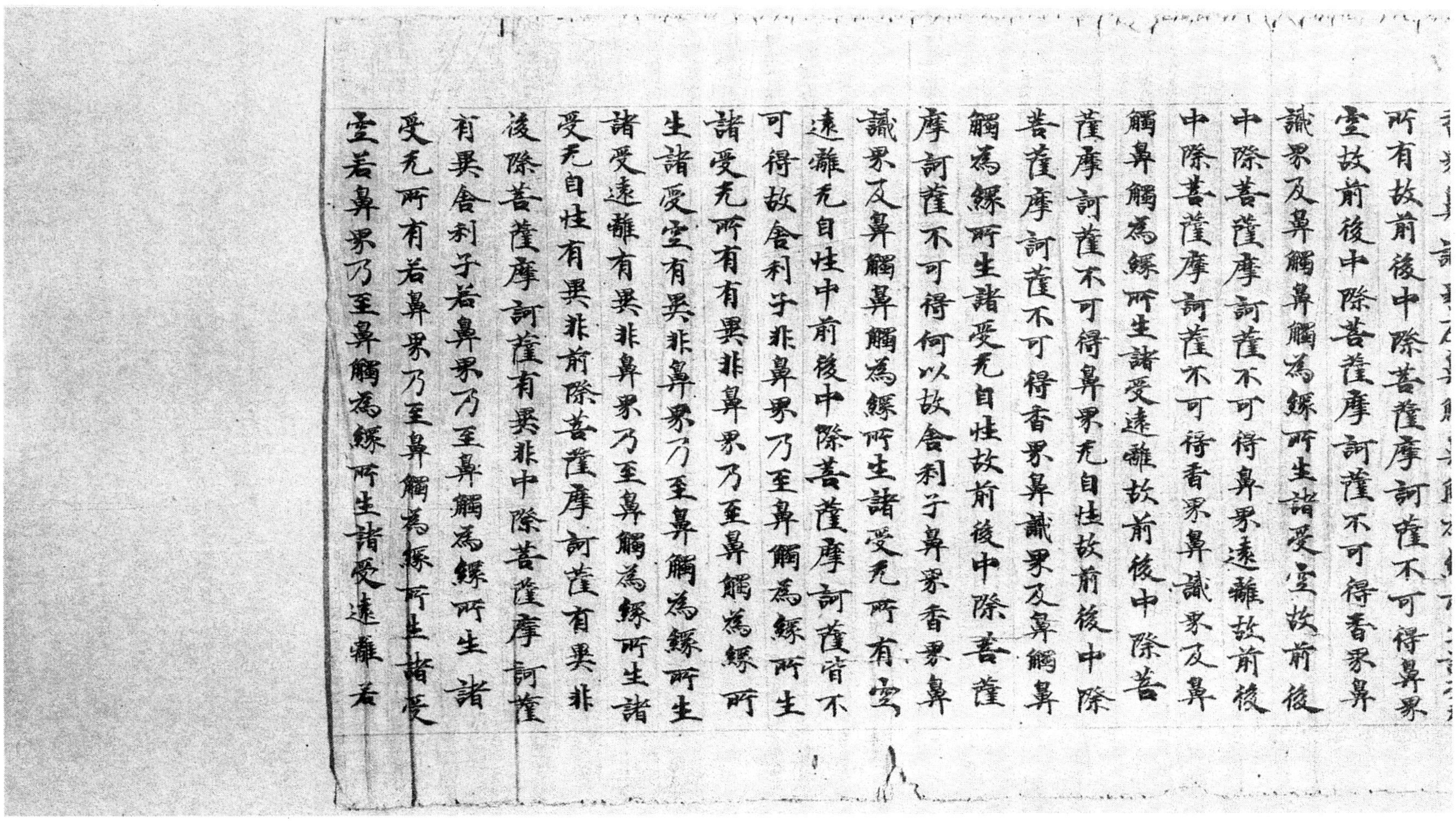
所有故前後中際菩薩摩訶薩不可得鼻界
空故前後中際菩薩摩訶薩不可得香界鼻
識界及鼻觸鼻觸為緣所生諸受空故前後
中際菩薩摩訶薩不可得鼻界遠離故前後
中際菩薩摩訶薩不可得香界鼻識界及鼻
觸鼻觸為緣所生諸受遠離故前後中際菩
薩摩訶薩不可得鼻界无自性故前後中際
菩薩摩訶薩不可得香界鼻識界及鼻觸鼻
觸為緣所生諸受无自性故前後中際菩薩
摩訶薩不可得何以故舍利子鼻界香界鼻
識界及鼻觸鼻觸為緣所生諸受无所有空
遠離无自性中前後中際菩薩摩訶薩皆不
可得故舍利子非鼻界乃至鼻觸為緣所生
諸受无所有有異非鼻界乃至鼻觸為緣所
生諸受空有異非鼻界乃至鼻觸為緣所生
諸受遠離有異非鼻界乃至鼻觸為緣所生諸
受无自性有異非前際菩薩摩訶薩有異非
後際菩薩摩訶薩有異非中際菩薩摩訶薩
有異舍利子若鼻界乃至鼻觸為緣所生諸
受无所有若鼻界乃至鼻觸為緣所生諸受
空若鼻界乃至鼻觸為緣所生諸受遠離若

BD14595號 大般若波羅蜜多經卷六二 （2–2）

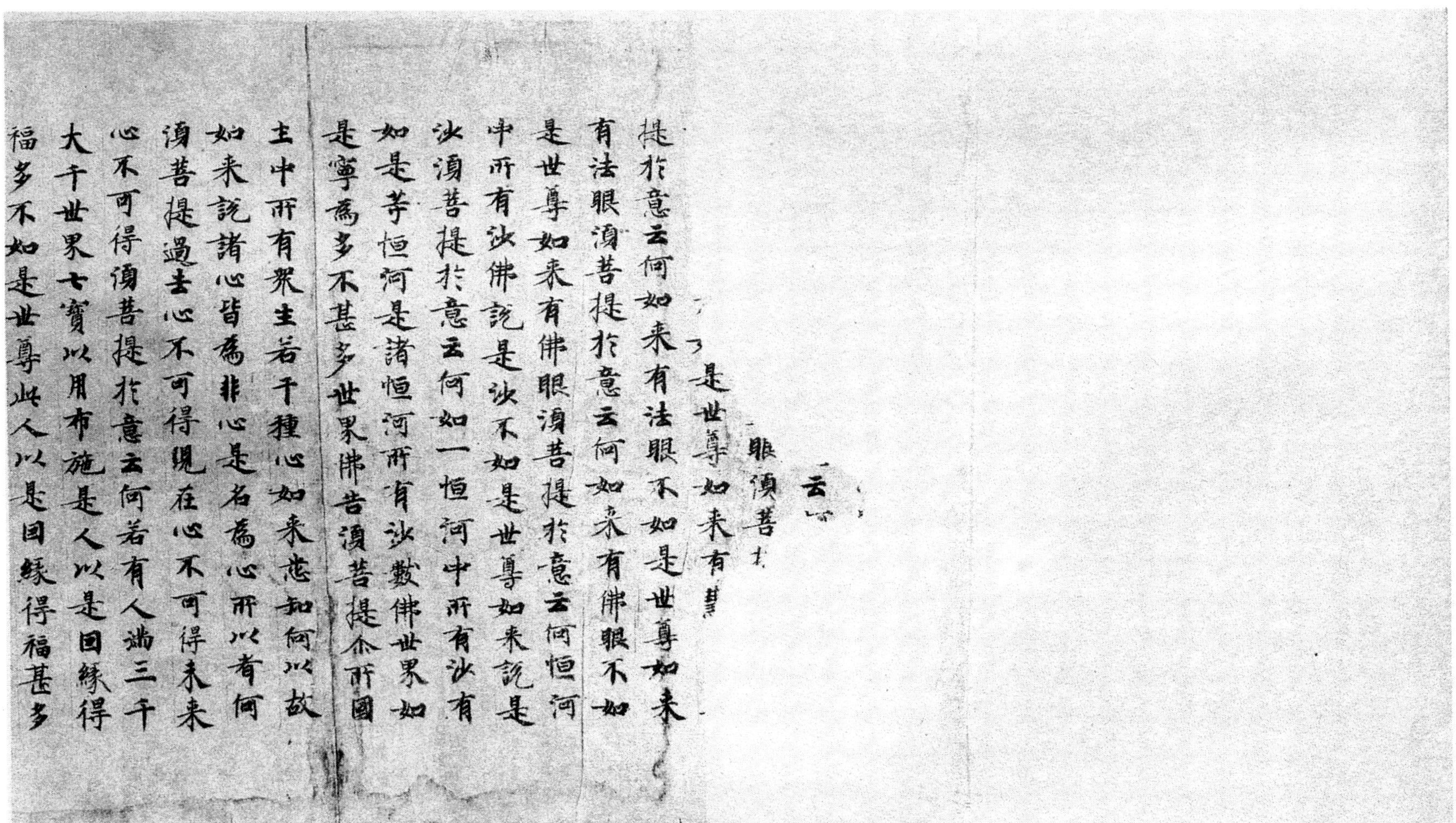
云
眼須菩
是世尊如來有
提於意云何如來有法眼不如是世尊如來
有法眼須菩提於意云何如來有佛眼不如
是世尊如來有佛眼須菩提於意云何恒河
中所有沙佛說是沙不如是世尊如來說是
沙須菩提於意云何如一恒河中所有沙有
如是等恒河是諸恒河所有沙數佛世界如
是寧為多不甚多世界佛告須菩提介所國
土中所有衆生若干種心如來悉知何以故
如來說諸心皆為非心是名為心所以者何
須菩提過去心不可得現在心不可得未來
心不可得須菩提於意云何若有人滿三千
大千世界七寶以用布施是人以是因緣得
福多不如是世尊此人以是因緣得福甚多

BD14596號 金剛般若波羅蜜經 （4–1）

如来說諸心皆爲非心是名爲心所以者何
須菩提過去心不可得現在心不可得未来
心不可得須菩提於意云何若有人滿三千
大千世界七寶以用布施是人以是因縁得
福多不如是世尊此人以是因縁得福甚多
須菩提若福德有實如来不說得福德多以
福德无故如来說得福德多
須菩提於意云何佛可以具足色身見不不
也世尊如来不應以色身見何以故如来說
具足色身即非具足色身是名具足色身須
菩提於意云何如来可以具足諸相見不不
也世尊如来不應以具足諸相見何以故如
来說諸相具足即非具足是名諸相具足須
菩提汝勿謂如来作是念我當有所說法莫
作是念何以故若人言如来有所說法即爲
謗佛不能解我所說故須菩提說法者无法
可說是名說法須菩提白佛言世尊佛得阿
耨多羅三藐三菩提爲无所得耶如是如是
須菩提我於阿耨多羅三藐三菩提乃至无
有少法可得是名阿耨多羅三藐三菩提復
次須菩提是法平等无有高下是名阿耨多
羅三藐三菩提以无我无人无衆生无壽者
脩一切善法則得阿耨多羅三藐三菩提須
菩提所言善法者如来說非法是名善法須
菩提若三千大千世界中所有諸須弥山王
如是等七寶聚有人持用布施若人以此般
若波羅蜜經乃至四句偈等受持爲他人說

BD14596 號　金剛般若波羅蜜經　（4–2）

菩提所言善法者如来說非法是名善法須
菩提若三千大千世界中所有諸須弥山王
如是等七寶聚有人持用布施若人以此般
若波羅蜜經乃至四句偈等受持爲他人說
於前福德百分不及一百千万億分乃至筭
數辟喻所不能及
須菩提於意云何汝等勿謂如来作是念我
當度衆生須菩提莫作是念何以故實无有
衆生如来度者若有衆生如来度者如来則
有我人衆生壽者須菩提如来說有我者則
非有我而凡夫之人以爲有我須菩提凡夫
者如来說則非凡夫須菩提於意云何以卅
二相觀如来不須菩提言如是如是以卅二
相觀如来佛言須菩提若以卅二相觀如来
者轉輪聖王則是如来須菩提白佛言世尊
如我解佛所說義不應以卅二相觀如来尒
時世尊而說偈言
若以色見我　以音聲求我　是人行邪道　不能見如来
須菩提汝若作是念如来不以具足相故得
阿耨多羅三藐三菩提須菩提莫作是念如
来不以具足相故得阿耨多羅三藐三菩提
須菩提汝若作是念發阿耨多羅三藐三菩
提者說諸法斷滅莫作是念何以故發阿耨
多羅三藐三菩提者於法不說斷滅相
須菩提若菩薩以滿恒河沙等世界七寶布
施若復有人知一切法无我得成於忍此菩
薩勝前菩薩所得功德須菩提以諸菩薩不

BD14596 號　金剛般若波羅蜜經　（4–3）

来不以見是相故得阿耨多羅三藐三菩提
須菩提汝若作是念發阿耨多羅三藐三菩
提者說諸法斷滅莫作是念何以故發阿耨
多羅三藐三菩提者於法不說斷滅相
須菩提若菩薩以滿恒河沙等世界七寶布
施若復有人知一切法无我得成於忍此菩
薩勝前菩薩所得功德須菩提以諸菩薩不
受福德故須菩提白佛言世尊云何菩薩不
受福德須菩提菩薩所作福德不應貪著
是故說不受福德須菩提若有人言如来若
来若去若坐若卧是人不解我所說義何以
故如来者无所從来亦无所去故名如来須
菩提若善男子善女人以三千大千世界碎為
微塵於意云何是微塵衆寧為多不甚多世
尊何以故若是微塵衆實有者佛則不說是
微塵衆所以者何佛說微塵衆則非微塵衆
是名微塵衆世尊如来所說三千大千世界
則非世界是名世界何以故若世界實有則
是一合相如来說一合相則非一合相是名
一合相須菩提一合相者則是不可說但凡
言佛說我見

BD14596 號　金剛般若波羅蜜經　（4–4）

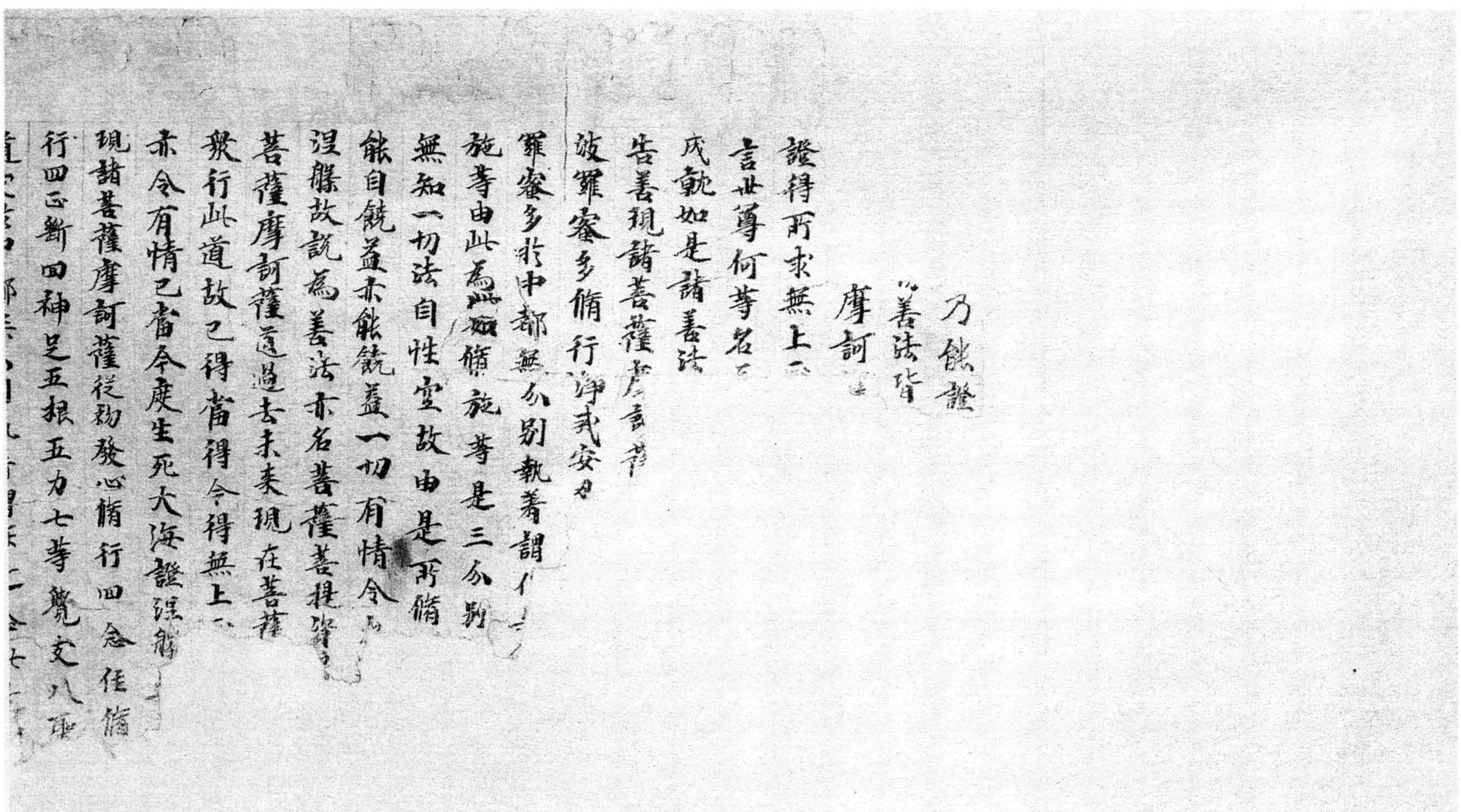

乃能證
善法皆
摩訶
證得所求無上
言世尊何等名
戍熟如是諸善法
告善現諸菩薩
波羅蜜多脩行淨戒安
羅蜜多於中都無分別執著謂
施等由此為無癡脩施等是三分別
無知一切法自性空故由是所脩
能自饒益亦能饒益一切有情令
涅槃故說為善法亦名菩薩菩提
菩薩摩訶薩過去未來現在菩薩
衆行此道故已得當得今得無上
亦令有情已當今度生死大海證涅槃
現諸菩薩摩訶薩從初發心脩行四念住脩
行四正斷四神足五根五力七等覺支八聖

BD14597 號　大般若波羅蜜多經卷三九五　（6–1）

菩薩摩訶薩道過去未來現在菩薩
衆行此道故已得當得今得無上正
亦令有情已當今度生死大海證涅槃
現諸菩薩摩訶薩從初發心脩行四念住脩
行四正斷四神足五根五力七等覺支八聖
道支於中都無分別執著謂作是念此是
念住等由此爲此而脩四念住等是三分
執著皆無知一切法自性空故由是所
念住等能自饒益亦能饒益一切有情
生死得涅槃故說爲善法亦名菩薩菩提
粮亦名菩薩摩訶薩道過去未來現在菩薩
摩訶薩衆行此道故已得當得今得無上正
等菩提亦令有情已當今度生死大海證涅
槃樂善現諸菩薩摩訶薩從初發心安住內
空安住外空內外空空空大空勝義空有爲
空無爲空畢竟空無際空散空無變異空本
性空自相空共相空一切法空不可得空無
性空自性空無性自性空於中都無分別執
著謂作是念此是內空等由此爲此而住內
空等是三分別執著皆無知一切法自性空
故由是所住內空等能自饒益亦能饒益一
切有情令出生死得涅槃故說爲善法亦名
菩薩菩提資粮亦名菩薩摩訶薩道過去未
來現在菩薩摩訶薩衆行此道故已得當得
今得無上正等菩提亦令有情已當今度生
死大海證涅槃樂善現諸菩薩摩訶薩從初

BD14597號　大般若波羅蜜多經卷三九五

（6–2）

切有情令出生死得涅槃故說爲善法亦名
菩薩菩提資粮亦名菩薩摩訶薩道過去未
來現在菩薩摩訶薩衆行此道故已得當得
今得無上正等菩提亦令有情已當今度生
死大海證涅槃樂善現諸菩薩摩訶薩從初
發心安住苦聖諦安住集滅道聖諦於中都
無分別執著謂作是念此是苦聖諦等由此
爲此而住苦聖諦等是三分別執著皆無知
一切法自性空故由是所住苦聖諦等能自
饒益亦能饒益一切有情令出生死得涅槃
故說爲善法亦名菩薩菩提資粮亦名菩薩
摩訶薩道過去未來現在菩薩摩訶薩衆行
此道故已得當得今得無上正等菩提亦令
有情已當今度生死大海證涅槃樂善現諸
菩薩摩訶薩從初發心脩行四靜慮脩行四
無量四無色定於中都無分別執著謂作是
念此是四靜慮等由此爲此而脩四靜慮等
是三分別執著皆無知一切法自性空故由
是所脩四靜慮等能自饒益亦能饒益一切
有情令出生死得涅槃故說爲善法亦名菩
薩菩提資粮亦名菩薩摩訶薩道過去未來
現在菩薩摩訶薩衆行此道故已得當得今
得無上正等菩提亦令有情已當今度生死
大海證涅槃樂善現諸菩薩摩訶薩從初發
心脩行八解脫脩行八勝處九次第定十遍
處於中都無分別執著謂作是念此是八解
脫等由此爲此而脩八解脫等是三分別執

BD14597號　大般若波羅蜜多經卷三九五

（6–3）

大海證涅槃樂善現諸菩薩摩訶薩從初發
心脩行八觧脫脩行八勝處九次第定十遍
處於中都無分別執著謂作是念此是八解
脫等由此爲此而脩八觧脫等是三分別執
著皆無知一切法自性空故由是所脩八觧
脫等能自饒益亦能饒益一切有情令出生
死得涅槃故說爲善法亦名菩薩菩提資粮亦
名菩薩摩訶薩道過去未來現在菩薩摩
訶薩衆行此道故已得當得今得無上正等
菩提亦令有情已當今度生死大海證涅槃
樂善現諸菩薩摩訶薩從初發心脩行陁羅
尼門脩行三摩地門於中都無分別執著謂
作是念此是陁羅尼門等由此爲此而脩陁
羅尼門等是三分別執著皆無知一切法自
性空故由是所脩陁羅尼門等能自饒益亦
能饒益一切有情令出生死得涅槃故說爲
善法亦名菩薩菩提資粮亦名菩薩摩訶薩
道過去未來現在菩薩摩訶薩衆行此道故
已得當得今得無上正等菩提亦令有情已
當今度生死大海證涅槃樂善現諸菩薩摩
訶薩從初發心脩行空解脫門脩行無相無
願解脫門於中都無分別執著謂作是念此
是空解脫門等由此爲此而脩空解脫門等
是三分別執著皆無知一切法自性空故由
是所脩空解脫門等能自饒益亦能饒益一
切有情令出生死得涅槃故說爲善法亦名

BD14597 號　大般若波羅蜜多經卷三九五　（6–4）

願解脫門於中都無分別執著謂作是念此
是空解脫門等由此爲此而脩空解脫門等
是三分別執著皆無知一切法自性空故由
是所脩空解脫門等能自饒益亦能饒益一
切有情令出生死得涅槃故說爲善法亦名
菩薩菩提資粮亦名菩薩摩訶薩道過去
未來現在菩薩摩訶薩衆行此道故已得當得
今得無上正等菩提亦令有情已當今度生死
大海證涅槃樂善現諸菩薩摩訶薩從初發
心脩行極喜地脩行離垢地發光地焰慧地
極難勝地現前地遠行地不動地善慧地法
雲地於中都無分別執著謂作是念此是極
喜地等由此爲此而脩極喜地等是三分別
執著皆無知一切法自性空故由是所脩極
喜地等能自饒益亦能饒益一切有情令出
生死得涅槃故說爲善法亦名菩薩菩提資
粮亦名菩薩摩訶薩道過去未來現在菩薩
摩訶薩衆行此道故已得當得今得無上正
等菩提亦令有情已當今度生死大海證涅
槃樂善現諸菩薩摩訶薩從初發心脩行五
眼脩行六神通於中都無分別執著謂作是
念此是五眼等由此爲此而脩五眼等是三
分別執著皆無知一切法自性空故由是所
脩五眼等能自饒益亦能饒益一切有情令
出生死得涅槃故說爲善法亦名菩薩菩提
資粮亦名菩薩摩訶薩道過去未來現在菩
薩摩訶薩衆行此道故已得當得今得無上

BD14597 號　大般若波羅蜜多經卷三九五　（6–5）

大海證涅槃樂善現諸菩薩摩訶薩從初發
心脩行極喜地脩行離垢地發光地焰慧地
極難勝地現前地遠行地不動地善慧地法
雲地於中都無分別執著謂作是念此是極
喜地等由此為此而脩極喜地等是三分別
執着皆無知一切法自性空故由是所脩極
喜地等能自饒益亦能饒益一切有情令出
生死得涅槃故說為善法亦名菩薩菩提資
粮亦名菩薩摩訶薩道過去未來現在菩薩
摩訶薩衆行此道故已得當得今得無上正
等菩提亦令有情已當今度生死大海證涅
槃樂善現諸菩薩摩訶薩從初發心脩行五
眼脩行六神通於中都無分別執著謂作是
念此是五眼等由此為此而脩五眼等是三
分別執著皆無知一切法自性空故由是所
脩五眼等能自饒益亦能饒益一切有情令
出生死得涅槃故說為善法亦名菩薩菩提
資粮亦名菩薩摩訶薩道過去未來現在菩
薩摩訶薩衆行此道故已得當得今得無上
正等菩提亦令有情已當今度生死大海證

BD14597 號　大般若波羅蜜多經卷三九五　（6–6）

三百九十五

BD14597 號背　勘記　（1–1）

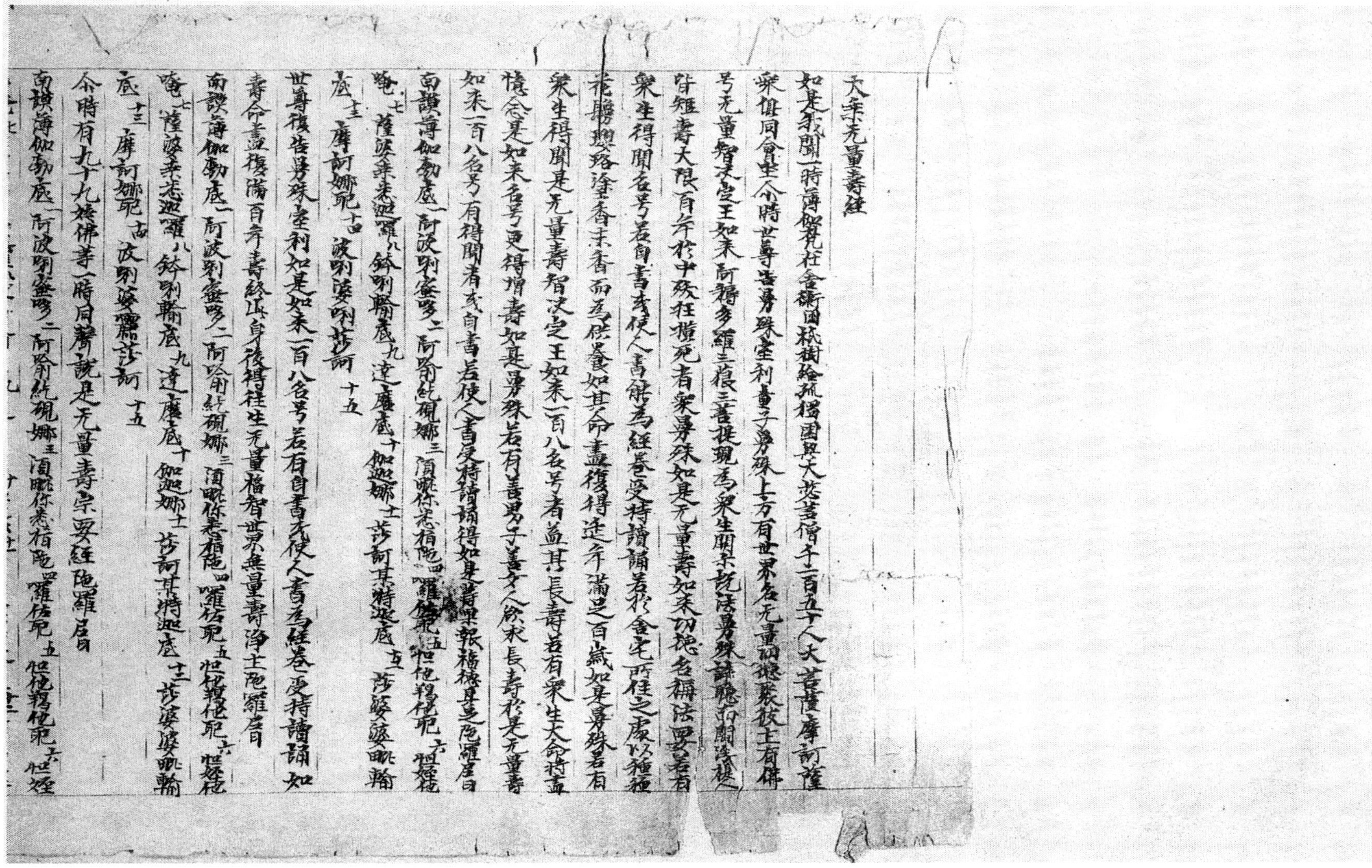

大乘无量壽經
如是我聞一時薄伽梵在舍衛國祇樹給孤獨園與大苾蒭僧千二百五十人大菩薩摩訶薩
衆俱同會坐尒時世尊告曼殊室利童子曼殊上方有世界名无量功德聚彼土有佛
号无量智決定王如來阿羅訶三藐三菩提現為衆生開示說法曼殊諦聽閻浮提人
皆短壽大限百年於中殀枉横死者衆曼殊如是无量壽如來功德名稱法要若有
衆生得聞名号若自書若使人書能為經卷受持讀誦若於舍宅所住之處以種種
花鬘瓔珞塗香末香而為供養如其命盡復得延年滿足百歲如是曼殊若有
衆生得聞是无量壽智決定王如來一百八名号者益其長壽若有衆生大命將盡
憶念是如來名号更得增壽如是曼殊若有善男子善女人欲求長壽於是无量壽
如來一百八名号有得聞者或自書若使人書受持讀誦得如是善果報福德具足陀羅尼曰
南謨薄伽勃底一阿波唎蜜哆二阿喻紇硯娜三須毗你悉指陁四囉佐耶五怛他羯他耶六怛姪他
唵七薩婆桑悉迦囉八鉢唎輸底九達磨底十伽迦娜十一莎訶某特迦底十二莎婆婆毗輸
底十三摩訶娜耶十四波唎婆唎莎訶十五
世尊復告曼殊室利如是如來一百八名号若有自書若使人書為經卷受持讀誦如
壽命盡復滿百年壽終此身後得往生无量福智世界無量壽淨土陀羅尼曰
南謨薄伽勃底一阿波唎蜜哆二阿喻紇硯娜三須毗你悉指陁四囉佐耶五怛他羯他耶六怛姪他
唵七薩婆桑悉迦囉八鉢唎輸底九達磨底十伽迦娜十一莎訶某特迦底十二莎婆婆毗輸
底十三摩訶娜耶十四波唎婆羅莎訶十五
尒時有九十九姟佛等一時同聲說是无量壽宗要經陀羅尼曰
南謨薄伽勃底一阿波唎蜜哆二阿喻紇硯娜三須毗你悉指陁四囉佐耶五怛他羯他耶六怛姪

BD14598號　無量壽宗要經　（6–1）

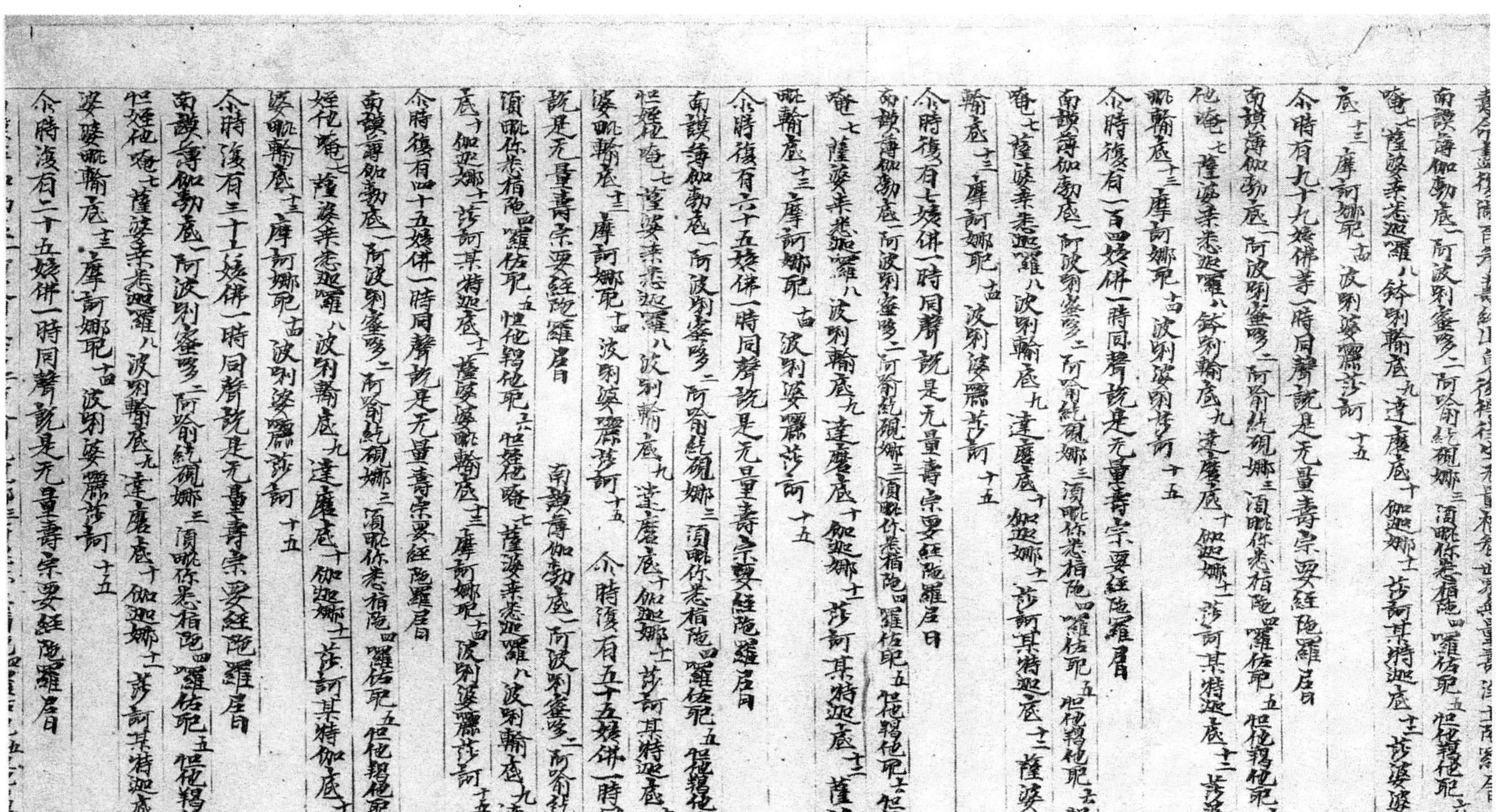

南謨薄伽勃底一阿波唎蜜哆二阿喻紇硯娜三須毗你悉指陁四囉佐耶五怛他羯他耶六怛姪他
唵七薩婆桑悉迦囉八鉢唎輸底九達磨底十伽迦娜十一莎訶某特迦底十二莎婆婆毗輸
底十三摩訶娜耶十四波唎婆羅莎訶十五
尒時有九十九姟佛等一時同聲說是无量壽宗要經陀羅尼曰
南謨薄伽勃底一阿波唎蜜哆二阿喻紇硯娜三須毗你悉指陁四囉佐耶五怛他羯他耶六怛姪
他唵七薩婆桑悉迦囉八鉢唎輸底九達磨底十伽迦娜十一莎訶某特迦底十二莎婆婆
毗輸底十三摩訶娜耶十四波唎婆唎莎訶十五
尒時復有一百四姟佛一時同聲說是无量壽宗要經陀羅尼曰
南謨薄伽勃底一阿波唎蜜哆二阿喻紇硯娜三須毗你悉指陁四囉佐耶五怛他羯他耶六怛姪他
唵七薩婆桑悉迦囉八波唎輸底九達磨底十伽迦娜十一莎訶某特迦底十二薩婆婆
輸底十三摩訶娜耶十四波唎婆羅莎訶十五
尒時復有七姟佛一時同聲說是无量壽宗要經陀羅尼曰
南謨薄伽勃底一阿波唎蜜哆二阿喻紇硯娜三須毗你悉指陁四囉佐耶五怛他羯他耶六怛姪他
唵七薩婆桑悉迦囉八波唎輸底九達磨底十伽迦娜十一莎訶某特迦底十二薩婆婆
毗輸底十三摩訶娜耶十四波唎婆羅莎訶十五
尒時復有六十五姟佛一時同聲說是无量壽宗要經陀羅尼曰
南謨薄伽勃底一阿波唎蜜哆二阿喻紇硯娜三須毗你悉指陁四囉佐耶五怛他羯他耶六
怛姪他唵七薩婆桑悉迦囉八波唎輸底九達磨底十伽迦娜十一莎訶某特迦底十二薩婆
婆毗輸底十三摩訶娜耶十四波唎婆羅莎訶十五　尒時復有五十五姟佛一時同聲
說是无量壽宗要經陀羅尼曰　南謨薄伽勃底一阿波唎蜜哆二阿喻紇硯娜三
須毗你悉指陁四囉佐耶五怛他羯他耶六怛姪他唵七薩婆桑悉迦囉八波唎輸底九達磨
底十伽迦娜十一莎訶某特迦底十二薩婆婆毗輸底十三摩訶娜耶十四波唎婆羅莎訶十五
尒時復有四十五姟佛一時同聲說是无量壽宗要經陀羅尼曰
南謨薄伽勃底一阿波唎蜜哆二阿喻紇硯娜三須毗你悉指陁四囉佐耶五怛他羯他耶六怛
姪他唵七薩婆桑悉迦囉八波唎輸底九達磨底十伽迦娜十一莎訶某特伽底十二薩婆
婆毗輸底十三摩訶娜耶十四波唎婆羅莎訶十五
尒時復有三十五姟佛一時同聲說是无量壽宗要經陀羅尼曰
南謨薄伽勃底一阿波唎蜜哆二阿喻紇硯娜三須毗你悉指陁四囉佐耶五怛他羯他耶六
怛姪他唵七薩婆桑悉迦囉八波唎輸底九達磨底十伽迦娜十一莎訶某特迦底十二莎
婆婆毗輸底十三摩訶娜耶十四波唎婆羅莎訶十五
尒時復有二十五姟佛一時同聲說是无量壽宗要經陀羅尼曰

BD14598號　無量壽宗要經　（6–2）

尒時復有三十五姟佛一時同聲說是无量壽宗要經陁羅尼曰
南謨薄伽勃底一阿波唎蜜哆二阿喻紇硯娜三須毗你悉指陁四囉佐耶五怛他羯他耶六
怛姪他唵七薩婆桑悉迦囉八波唎輸底九達磨底十伽迦娜十一莎訶某特迦底十二莎
婆娑毗輸底十三摩訶娜耶十四波唎婆囉莎訶十五
尒時復有二十五姟佛一時同聲說是无量壽宗要經陁羅尼曰
南謨薄伽勃底一阿波唎蜜哆二阿喻紇硯娜三須毗你悉指陁四囉佐耶五怛他羯他耶六
怛姪他唵七薩婆桑悉迦囉八波唎輸底九達磨底十伽迦娜十一莎訶某特迦底十二薩婆
婆毗輸底十三摩訶娜耶十四波唎婆囉莎訶十五
尒時復有恒河沙姟佛一時同聲說是无量壽宗要經陁羅尼曰
南謨薄伽勃底一阿波唎蜜哆二阿喻紇硯娜三須毗你悉指陁四囉佐耶五怛他羯他耶六怛
姪他唵七薩婆桑悉迦囉八波唎輸底九達磨底十伽迦娜十一莎訶某特迦底十二薩婆
婆毗輸底十三摩訶娜耶十四波唎婆囉莎訶十五
善男子若有自書寫教人書寫是无量壽宗要經如其命盡復得長壽而滿年陁羅尼
曰　南謨薄伽勃底一阿波唎蜜哆二阿喻紇硯娜三須毗你悉指陁四囉佐耶五怛他羯他
耶六怛姪他唵七薩婆桑悉迦囉八波唎輸底九達磨底十伽迦娜十一莎訶某特迦底十二薩婆
婆毗輸底十三摩訶娜耶十四波唎婆囉莎訶十五　若有自書寫教人書寫是无量壽
宗要經讀誦受持畢竟不墮地獄在在所生得宿命智陁羅尼曰
南謨薄伽勃底一阿波唎蜜哆二阿喻紇硯娜三須毗你悉指陁四囉佐耶五怛他羯他耶六
怛姪他唵七薩婆桑悉迦囉八波唎輸底九達磨底十伽迦娜十一莎訶某特迦底十二薩婆
婆毗輸底十三摩訶娜耶十四波唎婆囉莎訶十五　若有自書寫教人書寫是无量壽
宗要經受持讀誦如同書寫八万四千一切經典陁羅尼曰
南謨薄伽勃底一阿波唎蜜哆二阿喻紇硯娜三須毗你悉指陁四囉佐耶五怛他羯他耶六
怛姪他唵七薩婆桑悉迦囉八波唎輸底九達磨底十伽迦娜十一莎訶某特迦底十二薩婆
婆毗輸底十三摩訶娜耶十四波唎婆囉莎訶十五
若有自書寫教人書寫是无量壽宗要經即是書寫八万四千部建立塔廟陁羅尼曰
南謨薄伽勃底一阿波唎蜜哆二阿喻紇硯娜三須毗你悉指陁四囉佐耶五怛他羯他耶六
怛姪他唵七薩婆桑悉迦囉八波唎輸底九達磨底十伽迦娜十一莎訶某特迦底十二薩婆
婆毗輸底十三摩訶娜耶十四波唎婆囉莎訶十五
若有自書寫教人書寫是无量壽宗要經能消五无間等一切重罪陁羅尼曰
南謨薄伽勃底一阿波唎蜜哆二阿喻紇硯娜三須毗你悉指陁四囉佐耶五怛他羯他耶六
怛姪他唵七薩婆桑悉迦囉八波唎輸底九達磨底十伽迦娜十一莎訶某特迦底十二
薩婆娑毗輸底十三摩訶娜耶十四波唎婆囉莎訶十五　若有自書寫教人書寫

BD14598號　無量壽宗要經　（6–3）

婆毗輸底十三摩訶娜耶十四波唎婆囉莎訶十五
若有自書寫教人書寫是无量壽宗要經能消五无間等一切重罪陁羅尼曰
南謨薄伽勃底一阿波唎蜜哆二阿喻紇硯娜三須毗你悉指陁四囉佐耶五怛他羯他耶六
怛姪他唵七薩婆桑悉迦囉八波唎輸底九達磨底十伽迦娜十一莎訶某特迦底十二
薩婆娑毗輸底十三摩訶娜耶十四波唎婆囉莎訶十五　若有自書寫教人書寫
是无量壽宗要經受持讀誦設有重罪猶如須弥盡能除滅陁羅尼曰
南謨薄伽勃底一阿波唎蜜哆二阿喻紇硯娜三須毗你悉指陁四囉佐耶五怛他羯他耶六
怛姪他唵七薩婆桑悉迦囉八波唎輸底九達磨底十伽迦娜十一莎訶某特迦底十二
薩婆娑婆毗輸底十三摩訶娜耶十四波唎婆囉莎訶十五
若有自書寫教人書寫是无量壽宗要經受持讀誦若魔魔之眷屬夜叉羅
剎不得其便終无枉死陁羅尼曰　南謨薄伽勃底一阿波唎蜜哆二阿喻紇硯娜三須毗你悉
指陁四囉佐耶五怛他羯他耶六怛姪他唵七薩婆桑悉迦囉八波唎輸底九達磨底十伽迦
娜十一莎訶某特迦底十二薩婆娑婆毗輸底十三摩訶娜耶十四波唎婆囉莎訶十五
若有自書寫教人書寫是无量壽宗要經受持讀誦當命終時有九十九姟佛現其人前
來千佛授手能遊一切佛剎莫於此經生於疑惑陁羅尼曰
南謨薄伽勃底一阿波唎蜜哆二阿喻紇硯娜三須毗你悉指陁四囉佐耶五怛他羯他耶六怛姪他
唵七薩婆桑悉迦囉八波唎輸底九達磨底十伽迦娜十一莎訶某特迦底十二薩婆娑婆
毗輸底十三摩訶娜耶十四波唎婆囉莎訶十五
若有自書寫教人書寫是无量壽宗要經受持讀誦當得四大天王隨其衛護陁羅尼曰
南謨薄伽勃底一阿波唎蜜哆二阿喻紇硯娜三須毗你悉指陁四囉佐耶五怛他羯他耶六怛姪
他唵七薩婆桑悉迦囉八波唎輸底九達磨底十伽迦娜十一莎訶某特迦底十二薩婆娑
毗輸底十三摩訶娜耶十四波唎婆囉莎訶十五
若有自書寫教人書寫是无量壽宗要經受持讀誦當得往生西方極樂世界阿
弥陁淨土陁羅尼曰　南謨薄伽勃底一阿波唎蜜哆二阿喻紇硯娜三須毗你悉指陁四囉佐耶五
怛他羯他耶六怛姪他唵七薩婆桑悉迦囉八波唎輸底九達磨底十伽迦娜十一莎訶某特迦
底十二薩婆娑婆毗輸底十三摩訶娜耶十四波唎婆囉莎訶十五
若有方所自書寫使人書寫是无量壽經典之處則為是塔皆應恭敬作礼若是畜
生或為鳥獸得聞是經如是等類皆當不久得成一切種智陁羅尼曰
南謨薄伽勃底一阿波唎蜜哆二阿喻紇硯娜三須毗你悉指陁四囉佐耶五怛他羯他耶六
怛姪他唵七薩婆桑悉迦囉八波唎輸底九達磨底十伽迦娜十一莎訶某特迦底十二薩
婆娑婆毗輸底十三摩訶娜耶十四波唎婆囉莎訶十五
若有於是无量壽經自書寫若使人書畢竟不受女人之身陁羅尼曰

BD14598號　無量壽宗要經　（6–4）

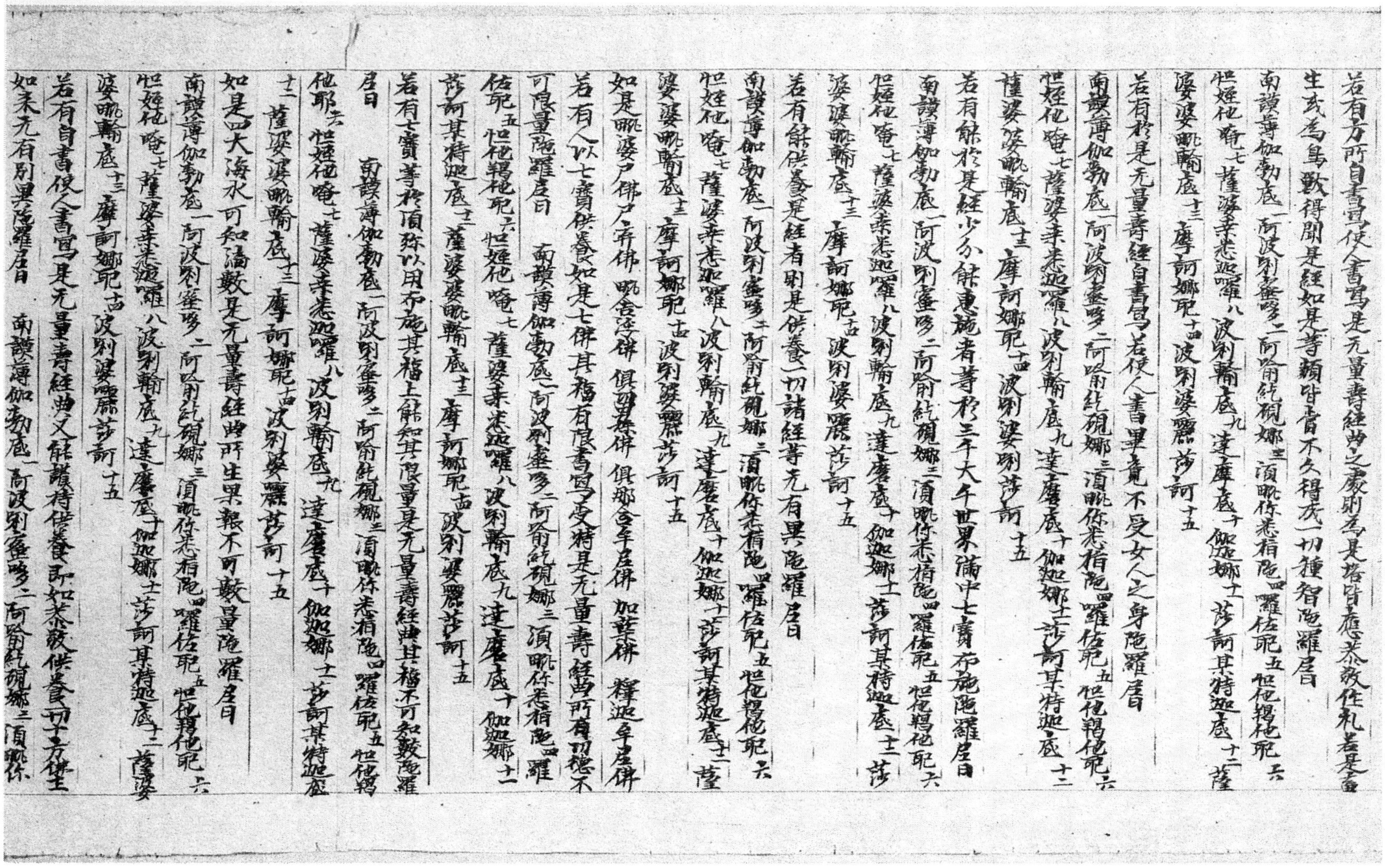

若有方所自書寫使人書寫是无量壽經典之處則為是塔皆應恭敬作礼若是畜
生或為鳥獸得聞是經如是等類皆當不久得成一切種智陁羅尼曰
南謨薄伽勃底一阿波唎蜜哆二阿喻紇硯娜三須毗你悉指陁四囉佐耶五怛他羯他耶六
怛姪他唵七薩婆桑悉迦囉八波唎輸底九達摩底十伽伽娜十一莎訶其特迦底十二薩
婆婆毗輸底十三摩訶娜耶十四波唎婆囉莎訶十五
若有於是无量壽經自書寫若使人書畢竟不受女人之身陁羅尼曰
南謨薄伽勃底一阿波唎蜜哆二阿喻紇硯娜三須毗你悉指陁四囉佐耶五怛他羯他耶六
怛姪他唵七薩婆桑悉迦囉八波唎輸底九達摩底十伽伽娜十一莎訶其特迦底十二
薩婆婆毗輸底十三摩訶娜耶十四波唎婆唎莎訶十五
若有能於是經少分能惠施者等於三千大千世界滿中七寶布施陁羅尼曰
南謨薄伽勃底一阿波唎蜜哆二阿喻紇硯娜三須毗你悉指陁四囉佐耶五怛他羯他耶六
怛姪他唵七薩婆桑悉迦囉八波唎輸底九達摩底十伽伽娜十一莎訶其特迦底十二莎
婆婆毗輸底十三摩訶娜耶十四波唎婆囉莎訶十五
若有能供養是經者則是供養一切諸經等无有異陁羅尼曰
南謨薄伽勃底一阿波唎蜜哆二阿喻紇硯娜三須毗你悉指陁四囉佐耶五怛他羯他耶六
怛姪他唵七薩婆桑悉迦囉八波唎輸底九達摩底十伽伽娜十一莎訶其特迦底十二薩
婆婆毗輸底十三摩訶娜耶十四波唎婆囉莎訶十五
如是毗婆尸佛　尸弃佛　毗舍浮佛　俱留孫佛　俱那含牟尼佛　迦葉佛　釋迦牟尼佛
若有人以七寶供養如是七佛其福有限書寫受持是无量壽經典所有功德不
可限量陁羅尼曰　南謨薄伽勃底一阿波唎蜜哆二阿喻紇硯娜三須毗你悉指陁四羅
佐耶五怛他羯他耶六怛姪他唵七薩婆桑悉迦囉八波唎輸底九達摩底十伽伽娜十一
莎訶其特迦底十二薩婆婆毗輸底十三摩訶娜耶十四波唎婆囉莎訶十五
若有七寶等於須弥以用布施其福上能知其限量是无量壽經典其福不可知數陁羅
尼曰　南謨薄伽勃底一阿波唎蜜哆二阿喻紇硯娜三須毗你悉指陁四囉佐耶五怛他羯
他耶六怛姪他唵七薩婆桑悉迦囉八波唎輸底九達摩底十伽伽娜十一莎訶其特迦底
十二薩婆婆毗輸底十三摩訶娜耶十四波唎婆囉莎訶十五
如是四大海水可知滴數是无量壽經典所生果報不可數量陁羅尼曰
南謨薄伽勃底一阿波唎蜜哆二阿喻紇硯娜三須毗你悉指陁四囉佐耶五怛他羯他耶六
怛姪他唵七薩婆桑悉迦囉八波唎輸底九達摩底十伽伽娜十一莎訶其特迦底十二薩婆
婆毗輸底十三摩訶娜耶十四波唎婆囉莎訶十五
若有自書使人書寫是无量壽經典又能護持供養即如恭敬供養一切十方佛土
如來无有別異陁羅尼曰　南謨薄伽勃底一阿波唎蜜哆二阿喻紇硯娜三須毗你

BD14598號　無量壽宗要經　（6–5）

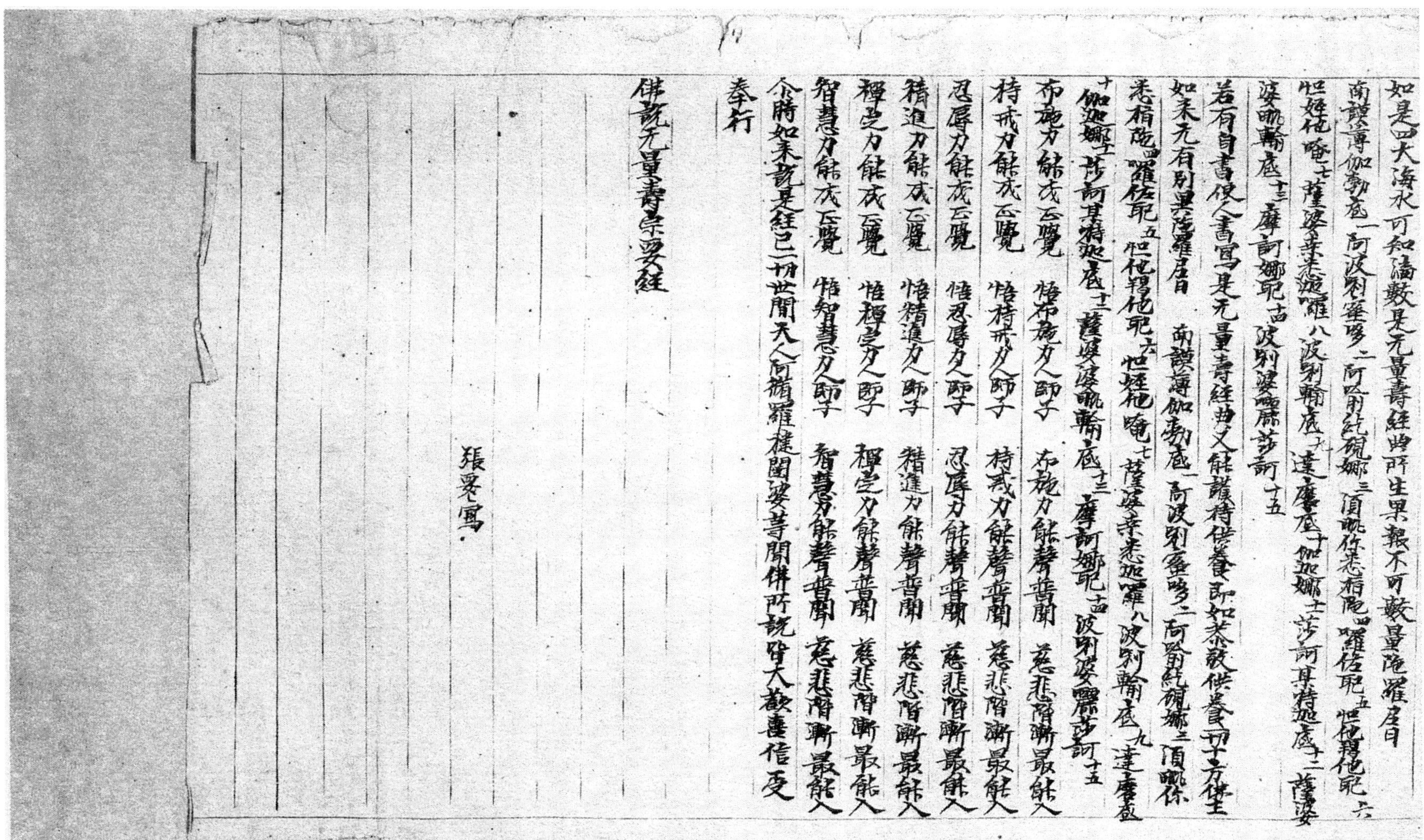

如是四大海水可知滴數是无量壽經典所生果報不可數量陁羅尼曰
南謨薄伽勃底一阿波唎蜜哆二阿喻紇硯娜三須毗你悉指陁四囉佐耶五怛他羯他耶六
怛姪他唵七薩婆桑悉迦囉八波唎輸底九達摩底十伽伽娜十一莎訶其特迦底十二薩婆
婆毗輸底十三摩訶娜耶十四波唎婆囉莎訶十五
若有自書使人書寫是无量壽經典又能護持供養即如恭敬供養一切十方佛土
如來无有別異陁羅尼曰　南謨薄伽勃底一阿波唎蜜哆二阿喻紇硯娜三須毗你
悉指陁四囉佐耶五怛他羯他耶六怛姪他唵七薩婆桑悉迦囉八波唎輸底九達摩底
十伽伽娜十一莎訶其特迦底十二薩婆婆毗輸底十三摩訶娜耶十四波唎婆囉莎訶十五
布施力能成正覺　悟布施力人師子　布施力能聲普聞　慈悲皆漸最能入
持戒力能成正覺　悟持戒力人師子　持戒力能聲普聞　慈悲皆漸最能入
忍辱力能成正覺　悟忍辱力人師子　忍辱力能聲普聞　慈悲皆漸最能入
精進力能成正覺　悟精進力人師子　精進力能聲普聞　慈悲皆漸最能入
禪定力能成正覺　悟禪定力人師子　禪定力能聲普聞　慈悲皆漸最能入
智慧力能成正覺　悟智慧力人師子　智慧力能聲普聞　慈悲皆漸最能入
尒時如來說是經已一切世間天人阿脩羅揵闥婆等聞佛所說皆大歡喜信受
奉行
佛說无量壽宗要經
張要寫

BD14598號　無量壽宗要經　（6–6）

BD14598 號　勘記　（1–1）

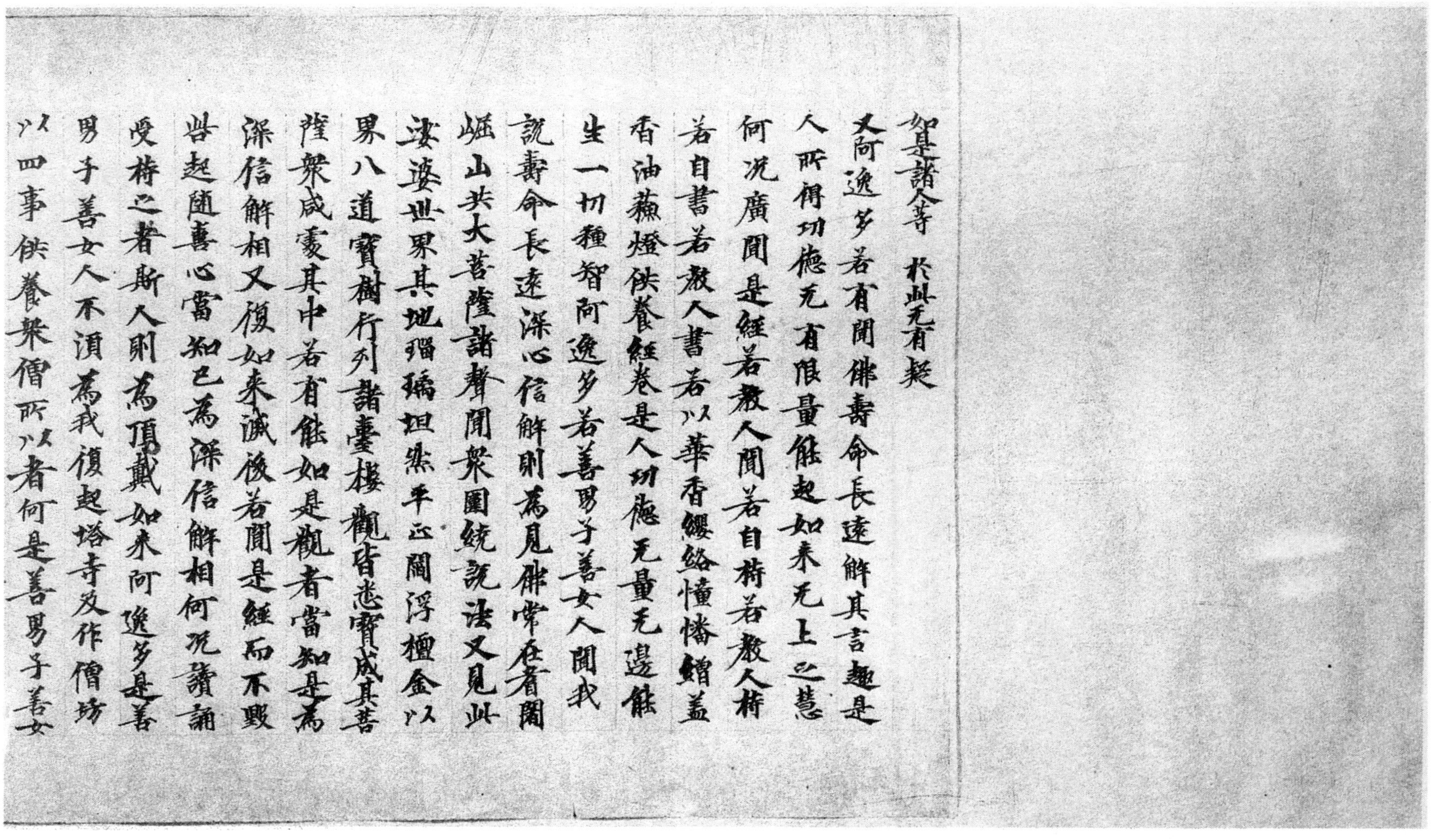

如是諸人等　於此无有疑
又阿逸多若有聞佛壽命長遠解其言趣是
人所得功德无有限量能起如來无上之慧
何况廣聞是經若教人聞若自持若教人持
若自書若教人書若以華香瓔珞幢幡繒蓋
香油蘇燈供養經卷是人功德无量无邊能
生一切種智阿逸多若善男子善女人聞我
說壽命長遠深心信解則為見佛常在耆闍
崛山共大菩薩諸聲聞眾圍繞說法又見此
娑婆世界其地瑠璃坦然平正閻浮檀金以
界八道寶樹行列諸臺樓觀皆悉寶成其菩
薩眾咸處其中若有能如是觀者當知是為
深信解相又復如來滅後若聞是經而不毀
呰起隨喜心當知已為深信解相何况讀誦
受持之者斯人則為頂戴如來阿逸多是善
男子善女人不須為我復起塔寺及作僧坊
以四事供養眾僧所以者何是善男子善女

BD14599 號　妙法蓮華經卷五　（5–1）

皆起隨喜心當知已為深信解相何況讀誦
受持之者斯人則為頂戴如來阿逸多是善
男子善女人不須為我復起塔寺及作僧坊
以四事供養眾僧所以者何是善男子善女
人受持讀誦是經典者為已起塔造立僧坊
供養眾僧則為以佛舍利起七寶塔高廣漸
小至于梵天懸諸幡蓋及眾寶鈴華香瓔珞
末香塗香燒香眾鼓伎樂簫笛箜篌種種儛
戲以妙音聲歌唄讚頌則為於无量千万億
劫作是供養已阿逸多若我滅後聞是經典
有能受持若自書若教人書則為起立僧坊
以赤栴檀作諸殿堂三十有二高八多羅樹
高廣嚴好百千比丘於其中止園林浴池經
行禪窟衣服飲食床褥湯藥一切樂具充滿
其中如是僧坊堂閣若干百千万億其數无
量以此現前供養於我及比丘僧是故我說
如來滅後若有受持讀誦為他人說若自書
若教人書供養經卷不須復起塔寺及造僧
坊供養眾僧況復有人能持是經兼行布施
持戒忍辱精進一心智慧其德最勝无量无
邊譬如虛空東西南北四維上下无量无邊
是人功德亦復如是无量无邊疾至一切種
智若人讀誦受持是經為他人說若自書若
教人書復能起塔及造僧坊供養讚歎聲聞
眾僧亦以百千万億讚歎之法讚歎菩薩功

BD14599號　妙法蓮華經卷五　（5–2）

邊譬如虛空東西南北四維上下无量无邊
是人功德亦復如是无量无邊疾至一切種
智若人讀誦受持是經為他人說若自書若
教人書復能起塔及造僧坊供養讚歎聲聞
眾僧亦以百千万億讚歎之法讚歎菩薩功
德又為他人種種因緣隨義解說此法華經
復能清淨持戒與柔和者而共同止忍辱无
瞋志念堅固常貴坐禪得諸深定精進勇猛
攝諸善法利根智慧善荅問難阿逸多若我
滅後諸善男子善女人受持讀誦是經典者
復有如是諸善功德當知是人已趣道場近
阿耨多羅三藐三菩提坐道樹下阿逸多是
善男子善女人若坐若立若經行處此中便
應起塔一切天人皆應供養如佛之塔尒時世
尊欲重宣此義而說偈言
若我滅度後　能奉持此經　斯人福无量　如上之所說
是則為具足　一切諸供養　以舍利起塔　七寶而莊嚴
表刹甚高廣　漸小至梵天　寶鈴千万億　風動出妙音
又於无量劫　而供養此塔　華香諸瓔珞　天衣眾伎樂
然香油穌燈　周帀常照明　惡世法末時　能持是經者
則為已如上　具足諸供養　若能持此經　則如佛現在
以牛頭栴檀　起僧坊供養　堂有三十二　高八多羅樹
上饌妙衣服　床臥皆具足　百千眾住處　園林諸浴池
經行及禪窟　種種皆嚴好　若有信解心　受持讀誦書
若復教人書　及供養經卷　散華香末香　以須曼瞻蔔
阿提目多伽　薰油常然之　如是供養者　得无量功德

BD14599號　妙法蓮華經卷五　（5–3）

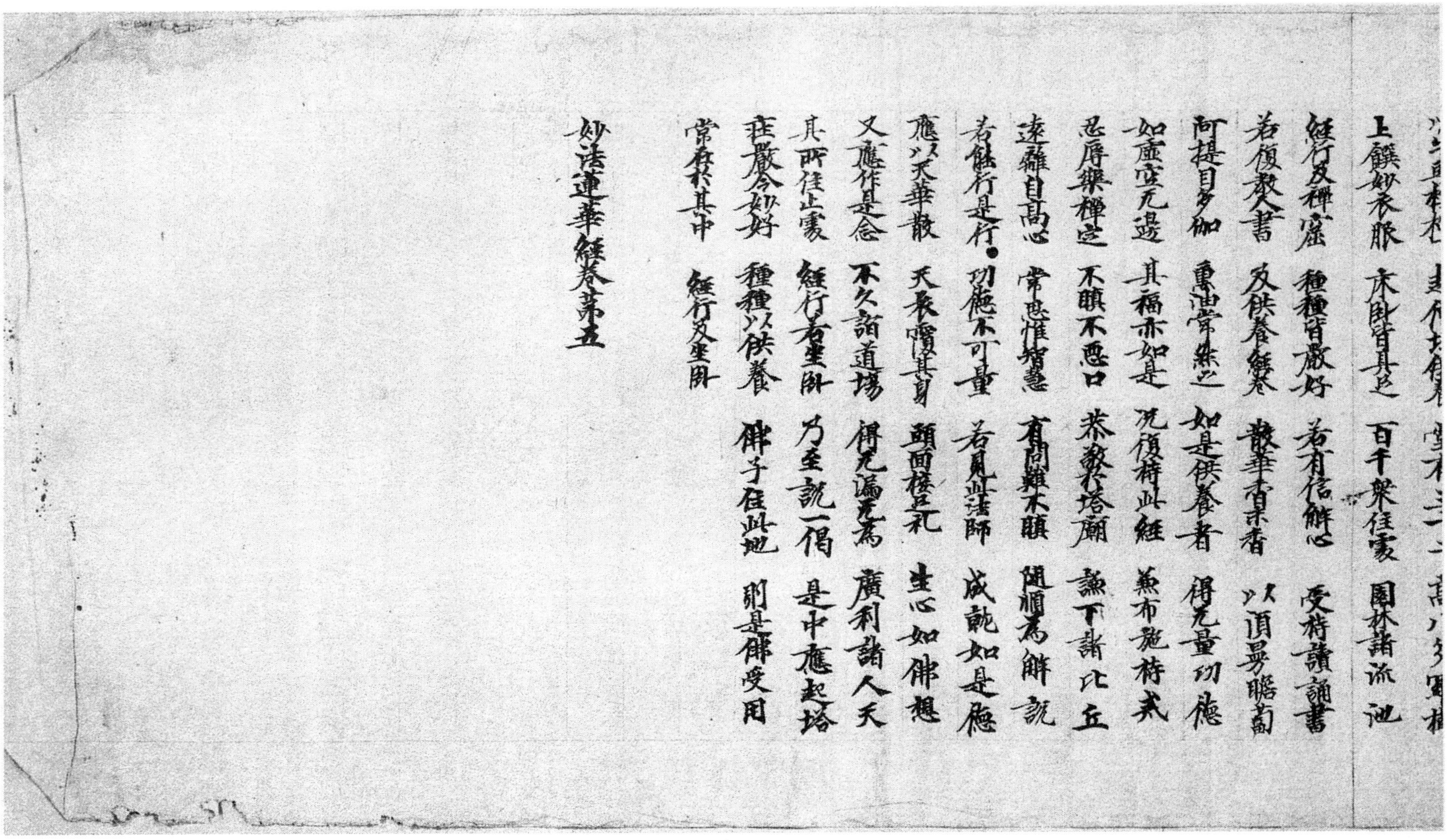

以牛頭栴檀　起僧坊供養　堂有三十二　高八多羅樹
上饌妙衣服　床臥皆具足　百千眾住處　園林諸流池
經行及禪窟　種種皆嚴好　若有信解心　受持讀誦書
若復教人書　及供養經卷　散華香末香　以須曼瞻蔔
阿提目多伽　薰油常然之　如是供養者　得无量功德
如虛空无邊　其福亦如是　況復持此經　兼布施持戒
忍辱樂禪定　不瞋不惡口　恭敬於塔廟　謙下諸比丘
遠離自高心　常思惟智慧　有問難不瞋　隨順為解說
若能行是行　功德不可量　若見此法師　成就如是德
應以天華散　天衣覆其身　頭面接足禮　生心如佛想
又應作是念　不久詣道場　得无漏无為　廣利諸人天
其所住止處　經行若坐臥　乃至說一偈　是中應起塔
莊嚴令妙好　種種以供養　佛子住此地　則是佛受用
常在於其中　經行及坐臥

妙法蓮華經卷第五

BD14599 號　妙法蓮華經卷五　（5–4）

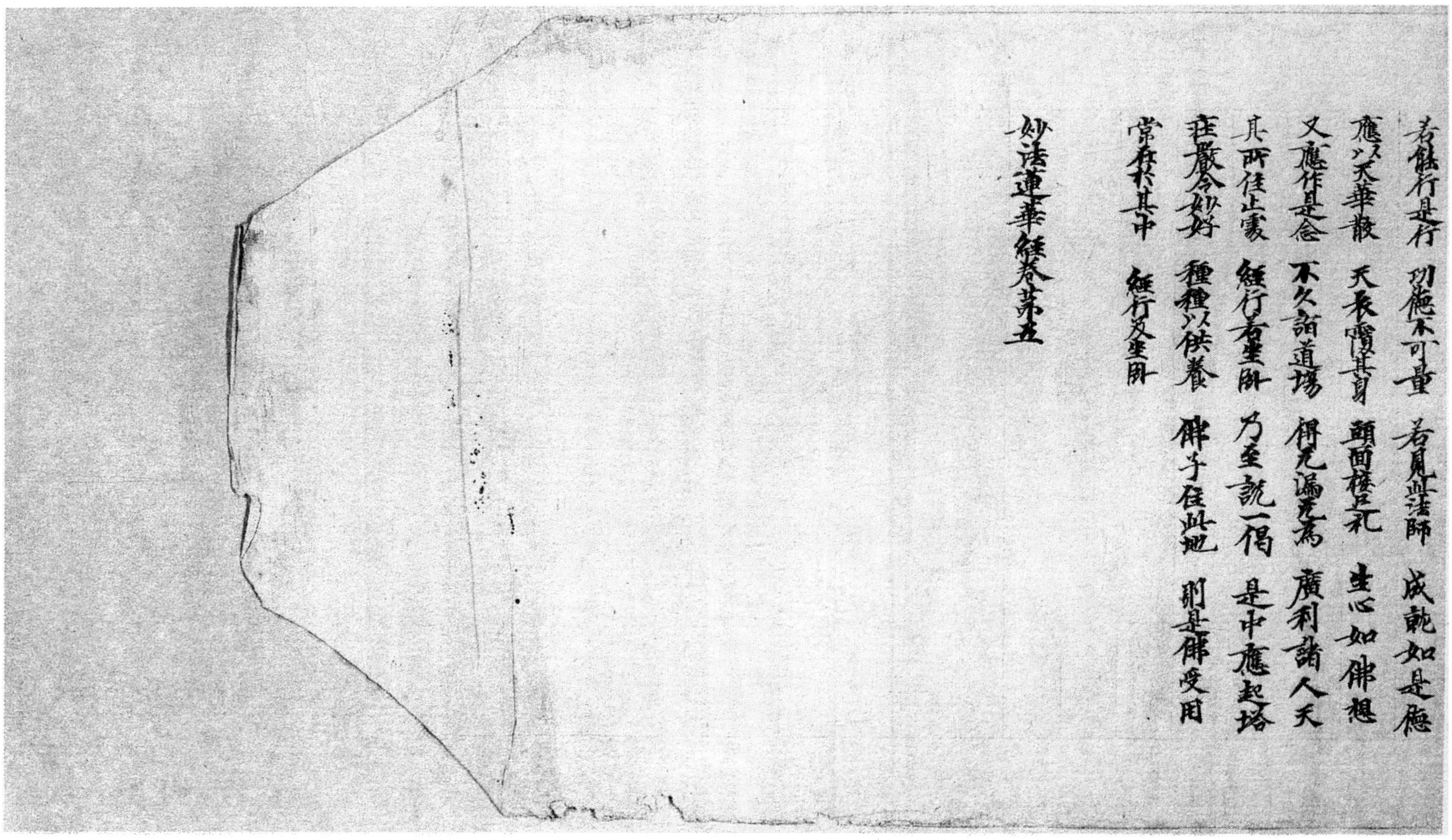

若能行是行　功德不可量　若見此法師　成就如是德
應以天華散　天衣覆其身　頭面接足禮　生心如佛想
又應作是念　不久詣道場　得无漏无為　廣利諸人天
其所住止處　經行若坐臥　乃至說一偈　是中應起塔
莊嚴令妙好　種種以供養　佛子住此地　則是佛受用
常在於其中　經行及坐臥

妙法蓮華經卷第五

BD14599 號　妙法蓮華經卷五　（5–5）

BD14599 號背　經籍占卜(藏文　擬)　　(5–1)

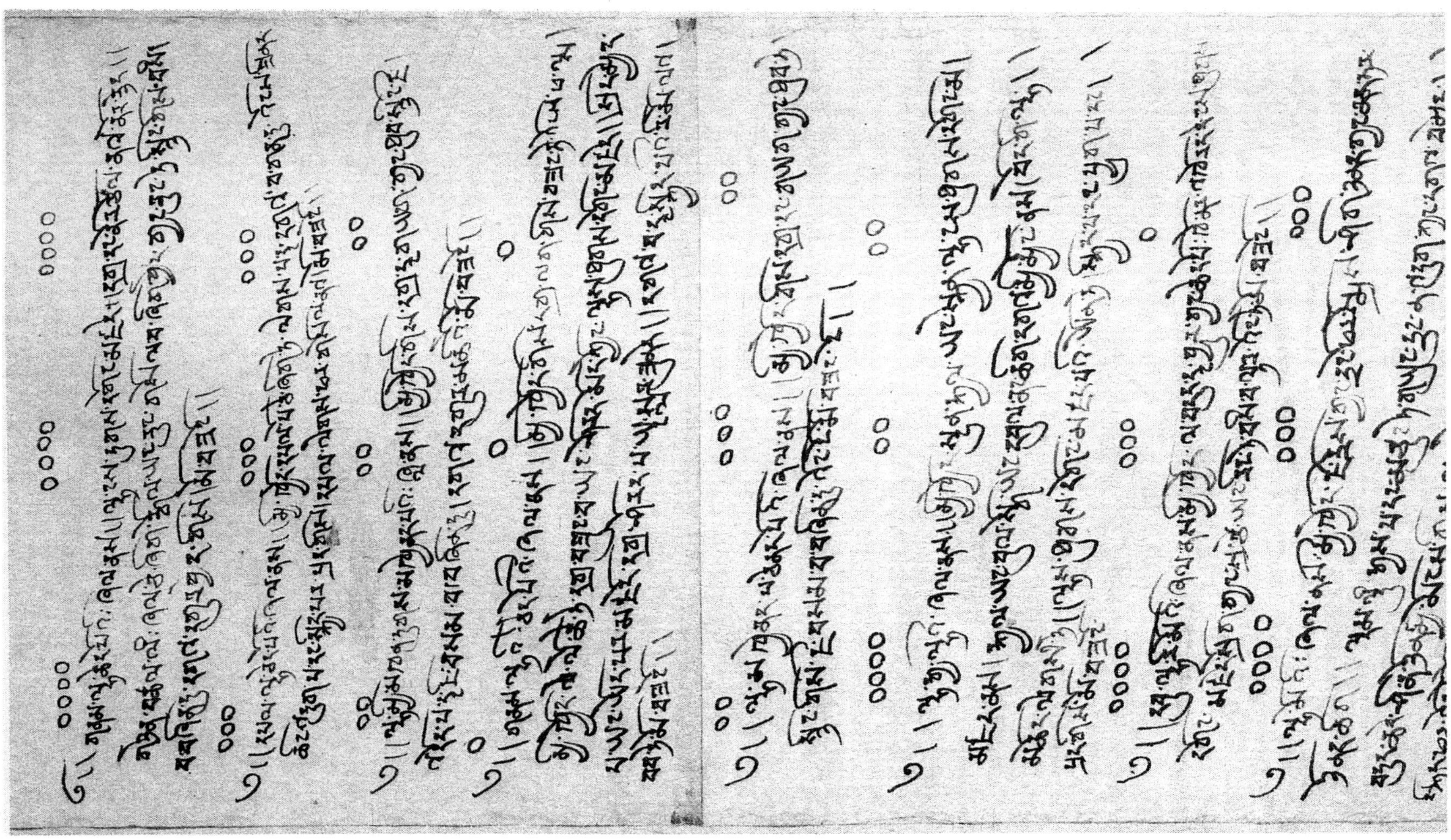

BD14599 號背　經籍占卜(藏文　擬)　　(5–2)

BD14599 號背　經籍占卜（藏文　擬）　（5–3）

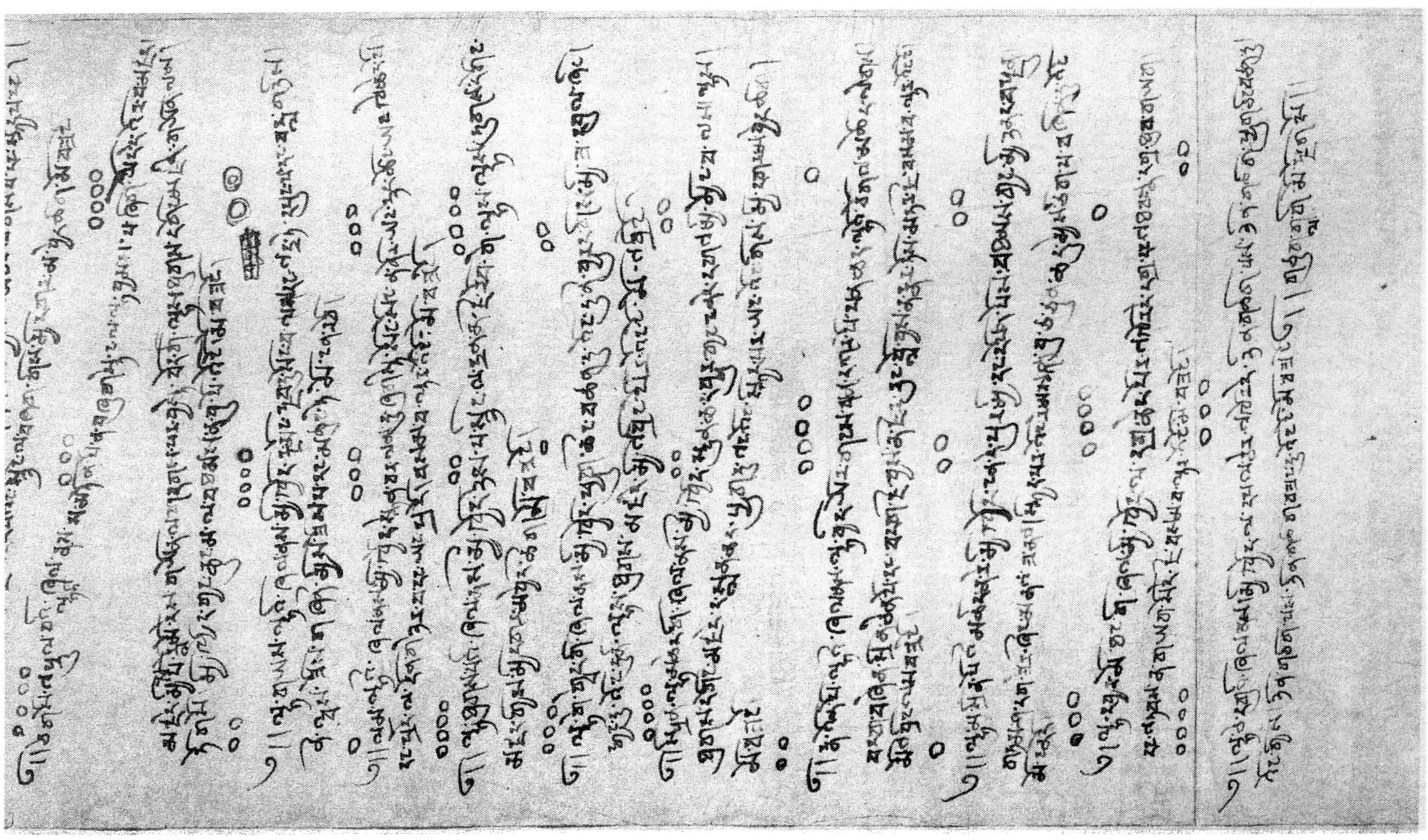

BD14599 號背　經籍占卜（藏文　擬）　（5–4）

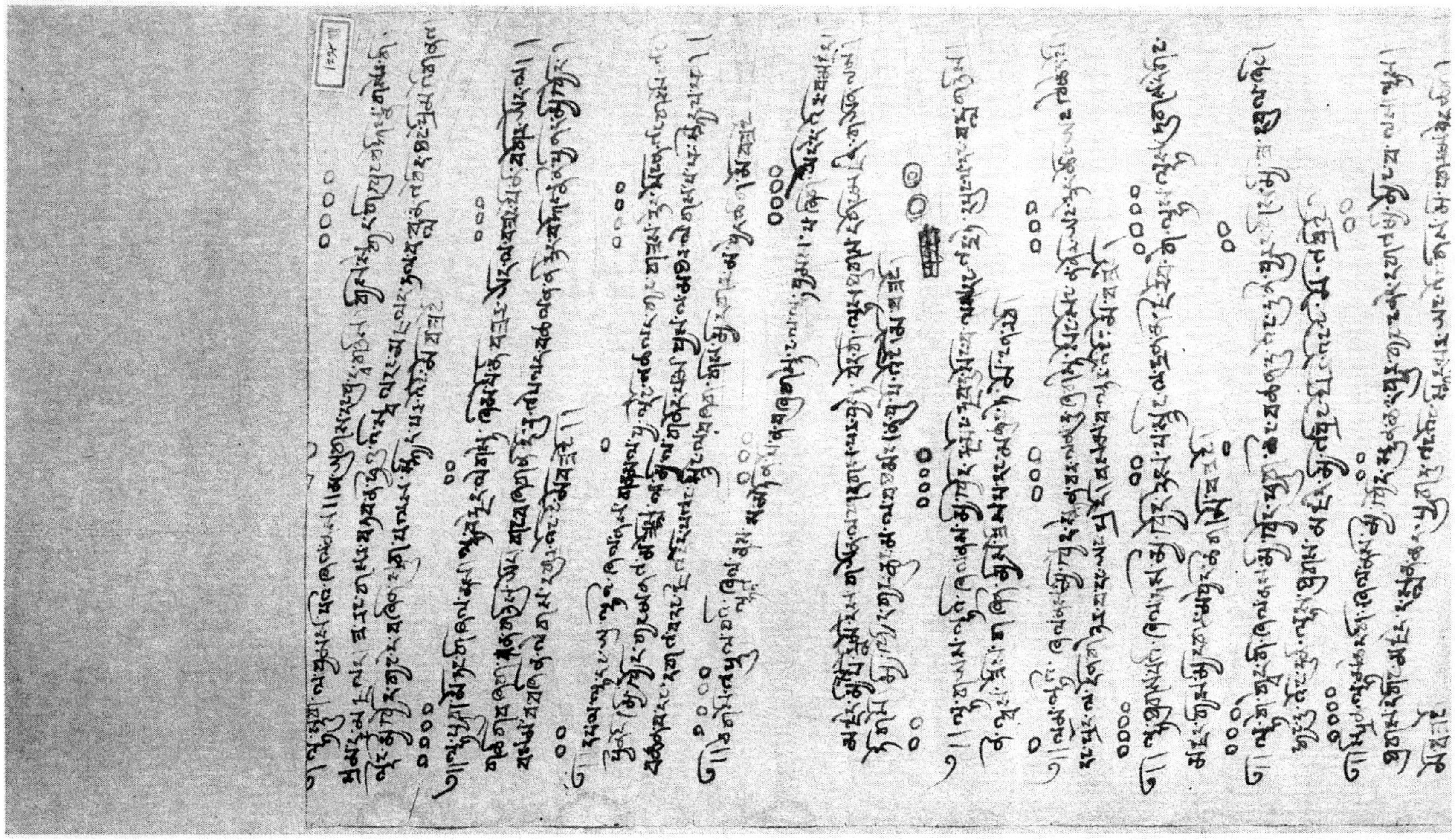

BD14599號背　經籍占卜（藏文　擬）　　（5–5）

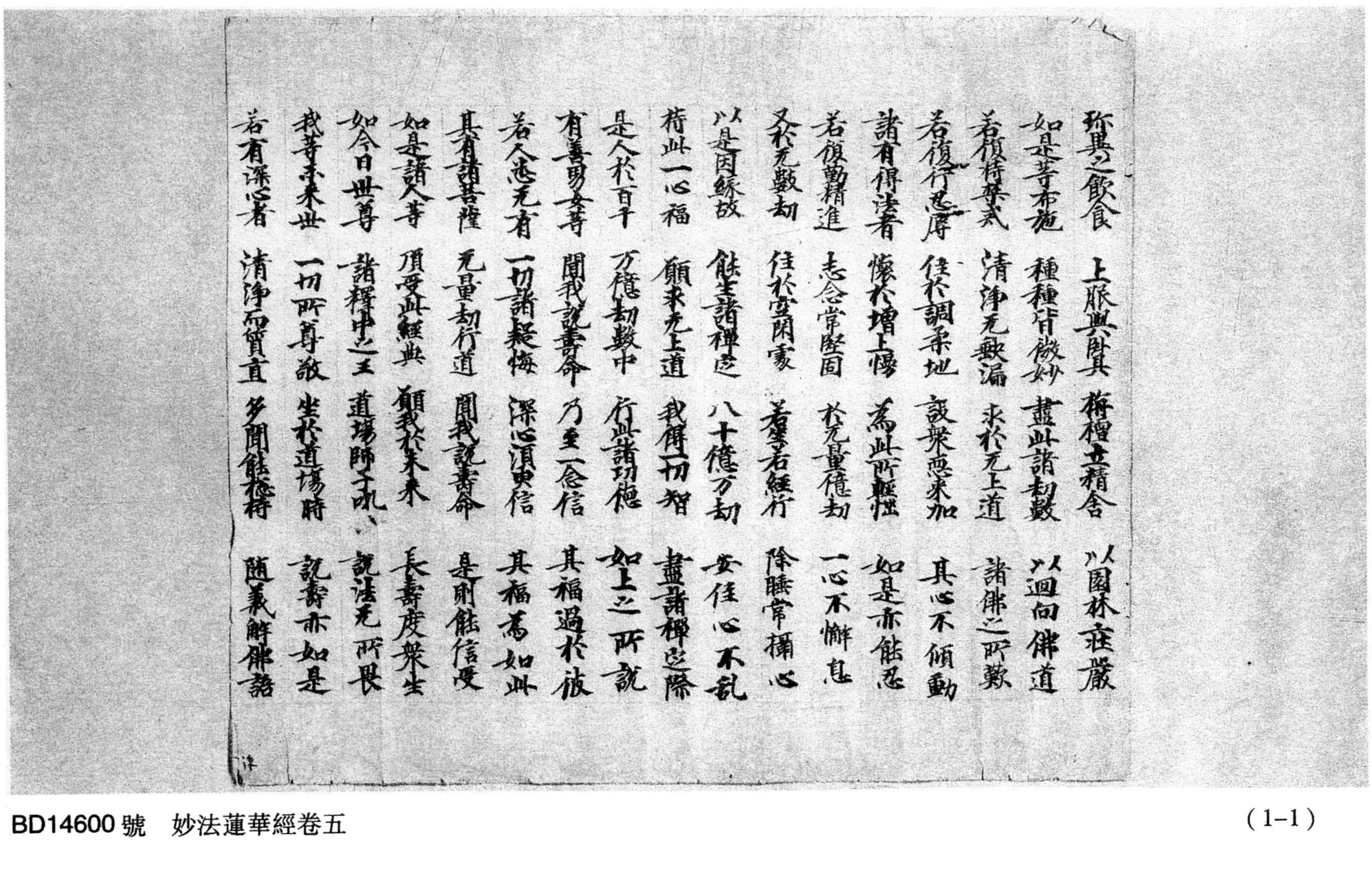

珍異之飲食　上服與臥具　栴檀立精舍　以園林莊嚴
如是等布施　種種皆微妙　盡此諸劫數　以迴向佛道
若復持禁戒　清淨无缺漏　求於无上道　諸佛之所歎
若復行忍辱　住於調柔地　設衆惡來加　其心不傾動
諸有得法者　懷於增上慢　為此所輕惱　如是亦能忍
若復勤精進　志念常堅固　於无量億劫　一心不懈息
又於无數劫　住於空閑處　若坐若經行　除睡常攝心
以是因緣故　能生諸禪定　八十億萬劫　安住心不亂
持此一心福　願求无上道　我得一切智　盡諸禪定際
是人於百千　萬億劫數中　行此諸功德　如上之所說
有善男女等　聞我說壽命　乃至一念信　其福過於彼
若人悉无有　一切諸疑悔　深心須臾信　其福為如此
其有諸菩薩　无量劫行道　聞我說壽命　是則能信受
如是諸人等　頂受此經典　願我於未來　長壽度衆生
如今日世尊　諸釋中之王　道場師子吼　說法无所畏
我等未來世　一切所尊敬　坐於道場時　說壽亦如是
若有深心者　清淨而質直　多聞能總持　隨義解佛語

BD14600號　妙法蓮華經卷五　　（1–1）

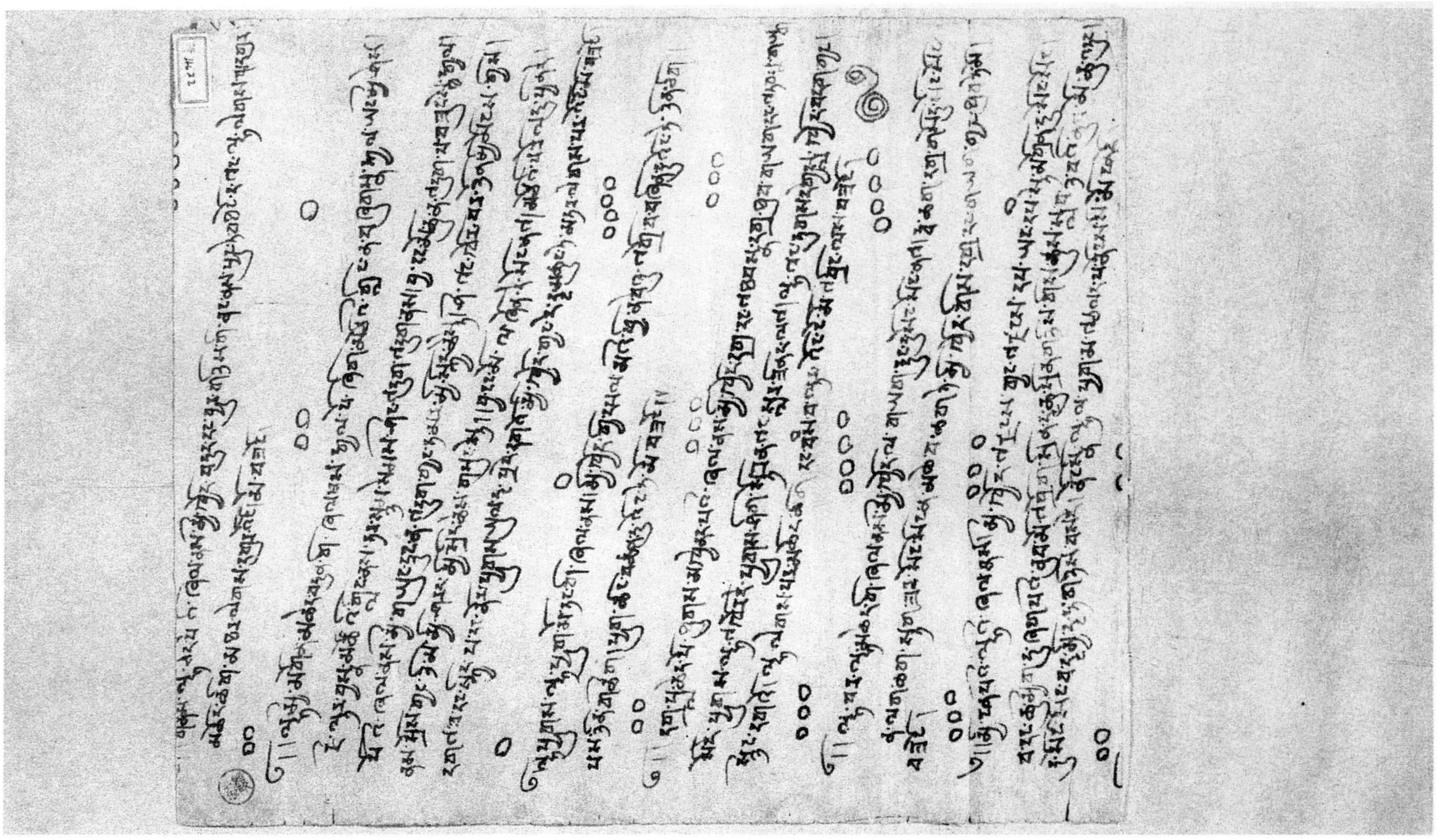

BD14600 號背　經籍占卜（藏文　擬）　（1–1）

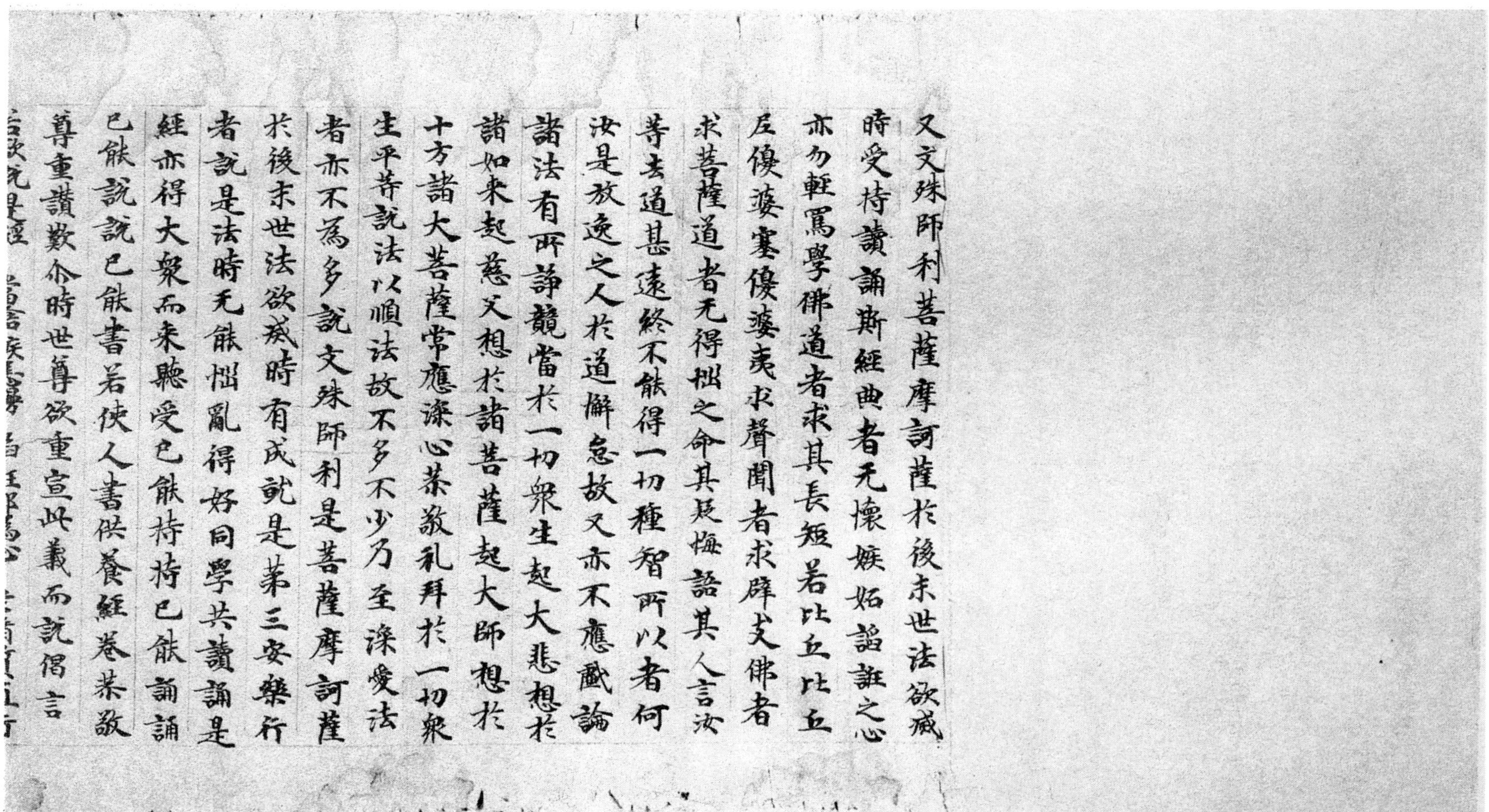

又文殊師利菩薩摩訶薩於後末世法欲滅
時受持讀誦斯經典者无懷嫉妬諂誑之心
亦勿輕罵學佛道者求其長短若比丘比丘
尼優婆塞優婆夷求聲聞者求辟支佛者
求菩薩道者无得惱之令其疑悔語其人言汝
等去道甚遠終不能得一切種智所以者何
汝是放逸之人於道懈怠故又亦不應戲論
諸法有所諍競當於一切衆生起大悲想於
諸如來起慈父想於諸菩薩起大師想於
十方諸大菩薩常應深心恭敬禮拜於一切衆
生平等說法以順法故不多不少乃至深愛法
者亦不為多說文殊師利是菩薩摩訶薩
於後末世法欲滅時有成就是第三安樂行
者說是法時无能惱亂得好同學共讀誦是
經亦得大衆而來聽受已能持持已能誦誦
已能說說已能書若使人書供養經卷恭敬
尊重讚歎尒時世尊欲重宣此義而說偈言

BD14601 號　妙法蓮華經卷五　（6–1）

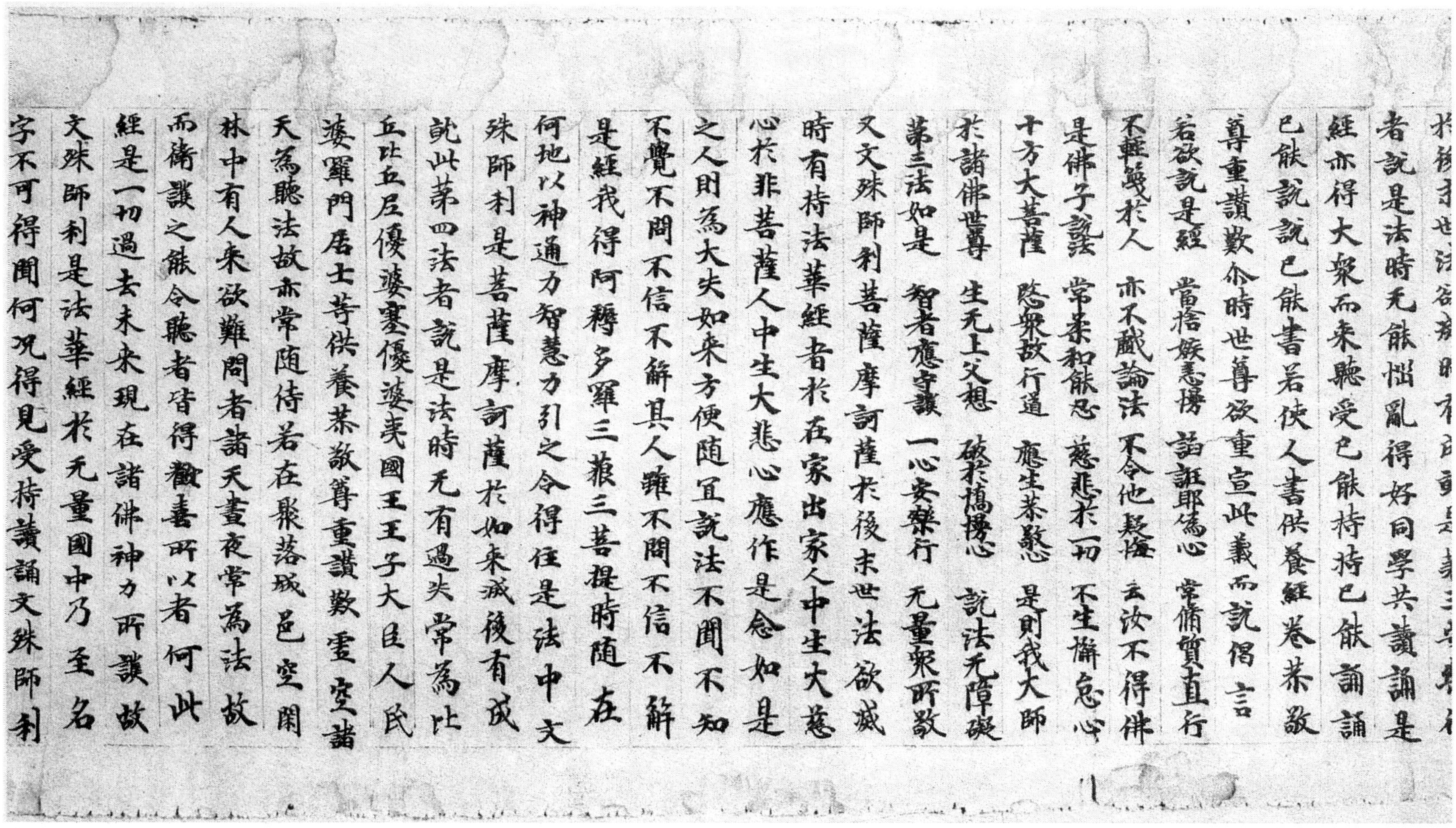

者說是法時无能惱亂得好同學共讀誦是
經亦得大衆而來聽受已能持持已能誦誦
已能說說已能書若使人書供養經卷恭敬
尊重讃歎尒時世尊欲重宣此義而說偈言
若欲說是經　當捨嫉恚慢　諂誑耶偽心　常脩質直行
不輕蔑於人　亦不戱論法　不令他疑悔　云汝不得佛
是佛子說法　常柔和能忍　慈悲於一切　不生懈怠心
十方大菩薩　愍衆故行道　應生恭敬心　是則我大師
於諸佛世尊　生无上父想　破於憍慢心　說法无障礙
第三法如是　智者應守護　一心安樂行　无量衆所敬
又文殊師利菩薩摩訶薩於後末世法欲滅
時有持法華經者於在家出家人中生大慈
心於非菩薩人中生大悲心應作是念如是
之人則為大失如來方便隨宜說法不聞不知
不覺不問不信不解其人雖不問不信不解
是經我得阿耨多羅三藐三菩提時隨在
何地以神通力智慧力引之令得住是法中文
殊師利是菩薩摩訶薩於如來滅後有成
就此第四法者說是法時无有過失常為比
丘比丘尼優婆塞優婆夷國王王子大臣人民
婆羅門居士等供養恭敬尊重讃歎虛空諸
天為聽法故亦常隨侍若在聚落城邑空閑
林中有人來欲難問者諸天晝夜常為法故
而衛護之能令聽者皆得歡喜所以者何此
經是一切過去未來現在諸佛神力所護故
文殊師利是法華經於无量國中乃至名
字不可得聞何況得見受持讀誦文殊師利

BD14601 號　妙法蓮華經卷五　（6–2）

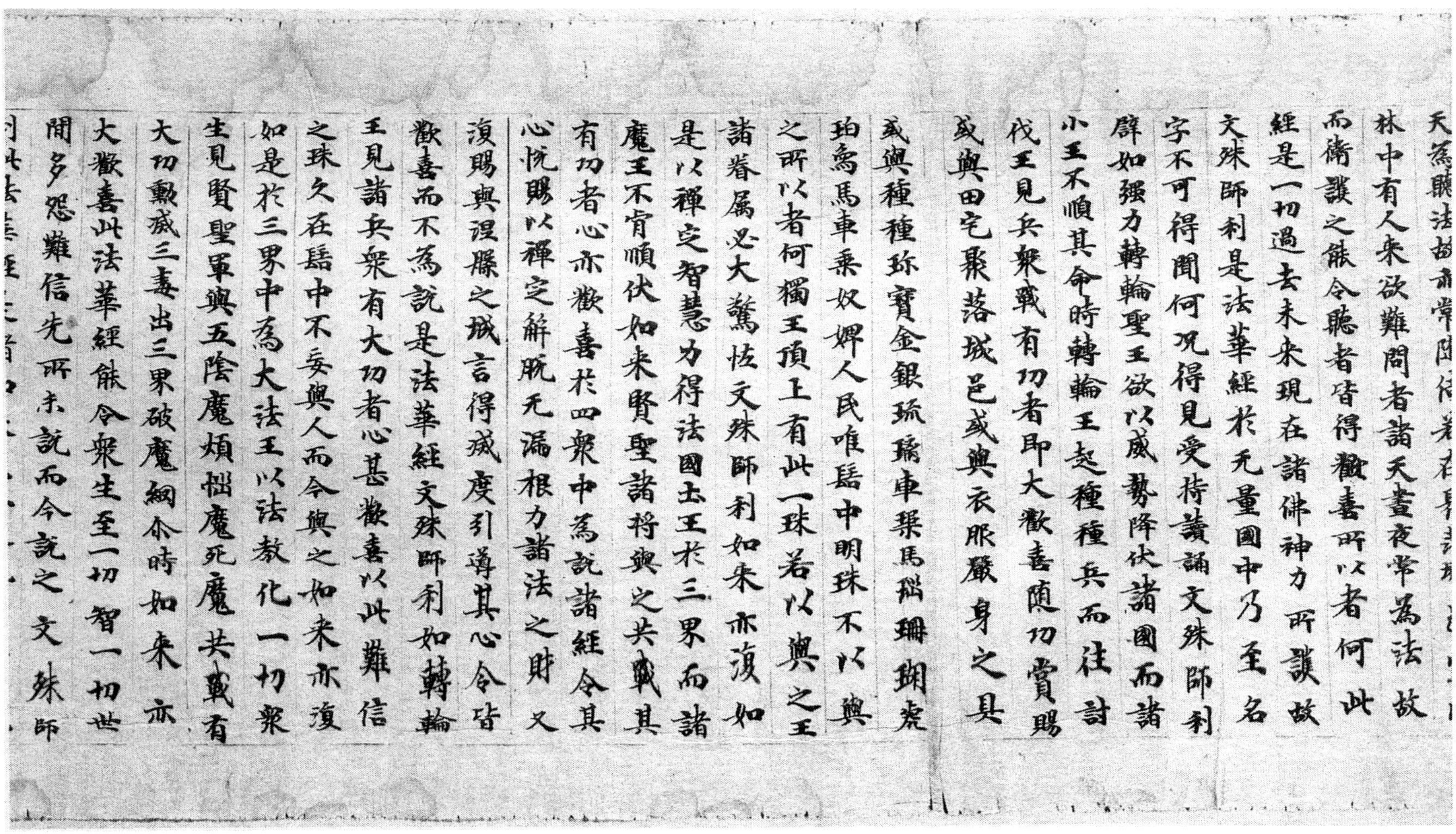

天為聽法故亦常隨侍若在聚落城
林中有人來欲難問者諸天晝夜常為法故
而衛護之能令聽者皆得歡喜所以者何此
經是一切過去未來現在諸佛神力所護故
文殊師利是法華經於无量國中乃至名
字不可得聞何況得見受持讀誦文殊師利
譬如強力轉輪聖王欲以威勢降伏諸國而諸
小王不順其命時轉輪王起種種兵而往討
伐王見兵衆戰有功者即大歡喜隨功賞賜
或與田宅聚落城邑或與衣服嚴身之具
或與種種珍寶金銀琉璃車𤦲馬瑙珊瑚虎
珀象馬車乘奴婢人民唯髻中明珠不以與
之所以者何獨王頂上有此一珠若以與之王
諸眷屬必大驚恠文殊師利如來亦復如
是以禪定智慧力得法國土王於三界而諸
魔王不肯順伏如來賢聖諸將與之共戰其
有功者心亦歡喜於四衆中為說諸經令其
心悅賜以禪定解脫无漏根力諸法之財又
復賜與涅槃之城言得滅度引導其心令皆
歡喜而不為說是法華經文殊師利如轉輪
王見諸兵衆有大功者心甚歡喜以此難信
之珠久在髻中不妄與人而今與之如來亦復
如是於三界中為大法王以法教化一切衆
生見賢聖軍與五陰魔煩惱魔死魔共戰有
大功勳滅三毒出三界破魔網尒時如來亦
大歡喜此法華經能令衆生至一切智一切世
間多怨難信先所未說而今說之文殊師

BD14601 號　妙法蓮華經卷五　（6–3）

如是於三界中為大法王以法教化一切衆
生見賢聖軍與五陰魔煩惱魔死魔共戰有
大功勳滅三毒出三界破魔網尒時如來亦
大歡喜此法華經能令衆生至一切智一切世
間多怨難信先所未說而今說之文殊師
利此法華經是諸如來第一之說於諸說
中最為甚深末後賜與如彼强力之王久護
明珠今乃與之文殊師利此法華經諸佛如
來秘密之藏於諸經中最在其上長夜守
護不妄宣說始於今日乃與汝等而敷演之尒
時世尊欲重宣此義而說偈言
常行忍辱　哀愍一切　乃能演說　佛所讚經
後末世時　持此經者　於家出家　及非菩薩
應生慈悲　斯等不聞　不信是經　則為大失
我得佛道　以諸方便　為說此法　令住其中
譬如强力　轉輪之王　兵戰有功　賞賜諸物
象馬車乘　嚴身之具　及諸田宅　聚落城邑
或與衣服　種種珎寶　奴婢財物　歡喜賜與
如有勇健　能為難事　王解髻中　明珠賜之
如來亦尒　為諸法王　忍辱大力　智慧寶藏
以大慈悲　如法化世　見一切人　受諸苦惱
欲求解脫　與諸魔戰　為是衆生　說種種法
以大方便　說此諸經　既知衆生　得其力已
末後乃為　說是法華　如王解髻　明珠與之
此經為尊　衆經中上　我常守護　不妄開示
今正是時　為汝等說　我滅度後　求佛道者
欲得安隱　演說斯經　應當親近　如是四法

BD14601號　妙法蓮華經卷五　（6–4）

如有勇健　能為難事　王解髻中　明珠賜之
如來亦尒　為諸法王　忍辱大力　智慧寶藏
以大慈悲　如法化世　見一切人　受諸苦惱
欲求解脫　與諸魔戰　為是衆生　說種種法
以大方便　說此諸經　既知衆生　得其力已
末後乃為　說是法華　如王解髻　明珠與之
此經為尊　衆經中上　我常守護　不妄開示
今正是時　為汝等說　我滅度後　求佛道者
欲得安隱　演說斯經　應當親近　如是四法
讀是經者　常無憂惱　又無病痛　顏色鮮白
不生貧窮　卑賤醜陋　衆生樂見　如慕賢聖
天諸童子　以為給使　刀杖不加　毒不能害
若人惡罵　口則閉塞　遊行无畏　如師子王
智慧光明　如日之照　若於夢中　但見妙事
見諸如來　坐師子座　諸比丘衆　圍繞說法
見又龍神　阿脩羅等　數如恒沙　恭敬合掌
自見其身　而為說法　又見諸佛　身相金色
放无量光　照於一切　以梵音聲　演說諸法
佛為四衆　說無上法　見身處中　合掌讚佛
聞法歡喜　而為供養　得陁羅尼　證不退智
佛知其心　深入佛道　即為授記　成最正覺
汝善男子　當於來世　得无量智　佛之大道
國土嚴淨　廣大無比　亦有四衆　合掌聽法
又見自身　在山林中　脩習善法　證諸實相
深入禪定　見十方佛
諸佛身金色　百福相莊嚴　聞法為人說　常有是好夢
又夢作國王　捨宮殿眷屬　及上妙五欲　行詣於道場

BD14601號　妙法蓮華經卷五　（6–5）

天諸童子　以為給使　刀杖不加　毒不能害
若人惡罵　口則閉塞　遊行无畏　如師子王
智慧光明　如日之照　若於夢中　但見妙事
見諸如來　坐師子座　諸比丘衆　圍繞說法
又見龍神　阿脩羅等　數如恒沙　恭敬合掌
自見其身　而為說法　又見諸佛　身相金色
放无量光　照於一切　以梵音聲　演說諸法
佛為四衆　說無上法　見身處中　合掌讚佛
聞法歡喜　而為供養　得陀羅尼　證不退智
佛知其心　深入佛道　即為授記　成最正覺
汝善男子　當於來世　得无量智　佛之大道
國土嚴淨　廣大無比　亦有四衆　合掌聽法
又見自身　在山林中　脩習善法　證諸實相
深入禪定　見十方佛
諸佛身金色　百福相莊嚴　聞法為人說　常有是好夢
又夢作國王　捨宮殿眷屬　及上妙五欲　行詣於道場
在菩提樹下　而處師子座　求道過七日　得諸佛之智
成无上道已　起而轉法輪　為四衆說法　經千萬億劫
說无漏妙法　度无量衆生　後當入涅槃　如烟盡燈滅
若後惡世中　說是第一法　是人得大利　如上諸功德

BD14601 號　妙法蓮華經卷五　（6–6）

身或現自在天身或現大自在天身或現天大將
軍身或現毗沙門天王身或現轉輪聖王身或
現諸小王身或現長者身或現居士身或現
宰官身或現婆羅門身或現比丘比丘尼優
婆塞優婆夷身或現長者居士婦女身或現
宰官婦女身或現婆羅門婦女身或現童男
童女身或現天龍夜叉乾闥婆阿脩羅迦樓
羅緊那羅摩睺羅伽人非人等身而說是經
諸有地獄餓鬼畜生及衆難處皆能救濟乃
至於王後宮變為女身而說是經華德是妙
音菩薩能救護娑婆世界諸衆生者是妙音
菩薩如是種種變化現身在此娑婆國土為
諸衆生說是經典於神通變化智慧无所損
減是菩薩以若干智慧明照娑婆世界令一
切衆生各得所知於十方恒河沙世界中亦復

BD14602 號　妙法蓮華經卷七　（2–1）

諸有地獄餓鬼畜生及衆難處皆能救濟乃
至於王後宮變為女身而說是經華德是妙
音菩薩能救護娑婆世界諸衆生者是妙音
菩薩如是種種變化現身在此娑婆國土為
諸衆生說是經典於神通變化智慧无所損
減是菩薩以若干智慧明照娑婆世界令一
切衆生各得所知於十方恒河沙世界中亦復
如是若應以聲聞形得度者現聲聞形而
為說法應以辟支佛形得度者現辟支佛形
而為說法應以菩薩形得度者現菩薩形而
為說法應以佛形得度者即現佛形而為說
法如是種種隨所應度而為現形乃至應以
滅度而得度者示現滅度華德妙音菩薩摩訶
薩成就大神通智慧之力其事如是尒時華
德菩薩白佛言世尊是妙音菩薩深種善根
世尊是菩薩住何三昧而能如是在所變現
度脫衆生佛告華德菩薩善男子其三昧
名現一切色身妙音菩薩住是三昧中能如
是饒益无量衆生說是妙音菩薩品時與妙
音菩薩俱來者八万四千人皆得現一切色

BD14602號　妙法蓮華經卷七　（2–2）

佛告師子吼菩薩言善哉善哉能讚三寶慈
念衆生令出三有説如是呪大作利益无量學
人開闡道教斷諸邪見善男子一切衆生聞
汝名者呪音聲者信敬不毀是人現世安隱
及其命終常見諸佛亦得見我亦見汝身
并諸菩薩自知得作佛決定无有疑一切見
佛性都由清淨信万善成佛道會捨一切悪
佛言若有善男子善女人能於我滅後或復
一日或復一夜或復一時或復一念礼拜三世
十方諸佛十二部經諸大菩薩心念大乘思
第一義是人一念一彈指須十悪五逆及謗方
等一切悪業悉皆除滅无有遺餘若有比
丘比丘尼若菩薩若沙弥若沙弥尼或失
本心身犯四重八禁六重十悪五逆誹謗方等
今若生信礼拜如是十方三世諸佛名者如是
悪逆悉得除滅无有遺餘作是念已尒時定
光佛時善見王子與三千人俱忽然之須來
至佛所頂礼佛足同聲白佛言世尊我等或

BD14603號　大通方廣懺悔滅罪莊嚴成佛經卷下　（5–1）

丘比丘尼若菩薩若沙弥若沙弥尼或失
本心身犯四重八禁六重十惡五逆誹謗方等
今若生信礼拜如是十方三世諸佛名者如是
惡逆悉得除滅无有遺餘作是念已尒時空
光佛時善見王子與三千人俱忽然之頃來
至佛所頂礼佛足同聲白佛言世尊我等或
從无量劫來造作惡業不可具說或犯十惡
或犯五逆及謗方等或造无量阿僧祇罪
求依如來十二部經諸菩薩衆發露懺悔唯
願聽許
佛言善哉善哉怖心難生善根難發欲懺十
惡欲懺五逆乃至一闡提欲見佛性者應
當如是隨意說之
尒時三千人聞佛慈音整理衣服合掌作礼
偏袒右肩右膝著地作如是言世尊我等
今者歸命十方佛歸命十方法歸命十方僧
次復歸命稽首東方阿閦佛亦復歸命南方寶
相佛稽首西方阿弥陀佛亦復歸命北方妙
勝佛稽首上方香積如來亦復歸命下方億
像稽首東方普賢大士亦復歸命南方持世
稽首西方觀世音大士亦復歸命北方滿月
稽首上方虛空大士亦復歸命下方堅德稽首
本師定光如來亦復歸命未來佛性稽首他
方分身化佛亦復歸命今者我師釋迦稽
首大士維摩文殊亦復歸命阿難迦葉稽
首出見四道聖人亦復歸命有發初心稽首

稽首上方盡空大士亦復歸命下方堅德稽首
本師定光如來亦復歸命未來佛性稽首他
方分身化佛亦復歸命今者我師釋迦稽
首大士維摩文殊亦復歸命阿難迦葉稽
首出現四道聖人亦復歸命有發初心稽首
大藏十二部經方等正典亦復歸命諸餘經法
稽首八分舍利形像亦復歸命現有佛事四
方四王忉利釋梵三十三天盡空天上地上地
下有諸山林樹下一切神仙有大神足有天眼
者有天耳者願使聞知皆為證明願一切衆
生若未懺者皆得滅罪
作如是言我等或從无始世界及今惡身
狂或心亂无量倒見煩惱惡業不可具陳
所作衆罪不自覺知惡心熾盛不見後世
但見現在樂習煩惱遠離善根惡業鄣隔
近惡知識於比丘邊作非法事比丘尼邊
作非法父母邊作非法或復自在
用僧鬘物於五部僧邊或說世間
無量惡果或煞菩提善根衆生或謗法師
法說非法非法說法謂如來无常正法无常
僧寶无常不樂施惠信受邪法是故今日
无量怖畏无量慚愧歸依三寶諸佛慈悲
方等父母菩薩知識聽許我等發露懺悔
願除无量劫衆生死重罪願後更莫造
復次世尊我等或從无量劫來造作五逆
或犯過去未來現在諸佛禁戒作一闡提行

BD14603號　大通方廣懺悔滅罪莊嚴成佛經卷下　（5–3）

方等父母　菩薩知識　聽許我等　發露懺悔
願除无量劫來　生死重罪　願後更莫造
復次世尊　我等或從　无量劫來　造作五逆
或犯過去　未來現在　諸佛禁戒　作一闡提行
發麁惡言　誹謗正法　造是重罪　未曾改悔
心无慚愧　或犯十惡　五逆等罪　自知定犯
如是重罪　本心初无　怖畏慚愧　嘿受供養
未曾發露　於彼正法　未有讚揩　違立之心
於其中間　毀呰輕賤　言多過惡　或復說言
无佛法僧　或造如是　十惡五逆　无間重罪
是故今日　无量怖畏　无量慚愧　歸依三寶
諸佛慈悲　方等父母　菩薩知識　聽許我等
發露懺悔　願除无量劫　以來生死重罪　願後更莫造
復次世尊　我等或從　无量劫來　或四倒見
四重之法　說偷蘭遮　偷蘭遮法　說為四重
犯說非犯　非犯說犯　輕罪說重　重罪說輕
淨見不淨　不淨見淨　或復邪見　讚說世典
不敬佛經　諸惡論議　畜八不淨　真是佛語
以為魔語　真是魔語　以為佛語　或復信受
六師所說　或作是言　如來今日　畢竟涅槃
三寶无常　身心起惑　无量倒見　是故今日
无量怖畏　无量慚愧　歸依三寶　諸佛慈悲
方等父母　菩薩知識　聽許我等　發露懺悔
願除无量劫　以來生死重罪　願後更莫造
復次世尊　我等或從　无量劫來　及今一形

BD14603號　大通方廣懺悔滅罪莊嚴成佛經卷下　（5–4）

以爲魔語 真是魔語 以爲佛語 或復信受
六師所說 或作是言 如來今日 畢竟涅槃
三寶无常 身心起惑 无量倒見 是故今日
无量怖畏 无量慚愧 歸依三寶 諸佛慈悲
方等父母 菩薩知識 聽許我等 發露懺悔
願除无量劫 以來生死重罪 願後更莫造
復次世尊 我等或從 无量劫來 及今一形
或犯招提僧物 或犯十方僧物 或犯現前僧物 或犯五部僧物
乃至一切比丘物 一切種越物 或復自稱 我得正法
四禪四果 緣是惡業 不善因緣 或本出家
造作四重 八禁六重 十三僧殘 二不定法
三十捨墮 九十一墮 四懺悔法 衆多學法
七滅諍等 或犯如是 一一諸戒 從突吉羅罪
復至四重 或復五逆 誹謗正法 甚深經典
造一闡提行 覆藏不悔 日夜增長 曾聞佛說
若犯四重 乃至五逆 誹謗正法 若不發露
定墮地獄 諸佛菩薩 聲聞緣覺 无能救護
師僧父母 諸天世人 亦不能救 是故今日
无量怖畏 无量慚愧 是故今日 歸依三寶
過去多寶 未來千佛 現在分身 諸來釋迦

敦煌經

BD14604號背　題名　　（1–1）

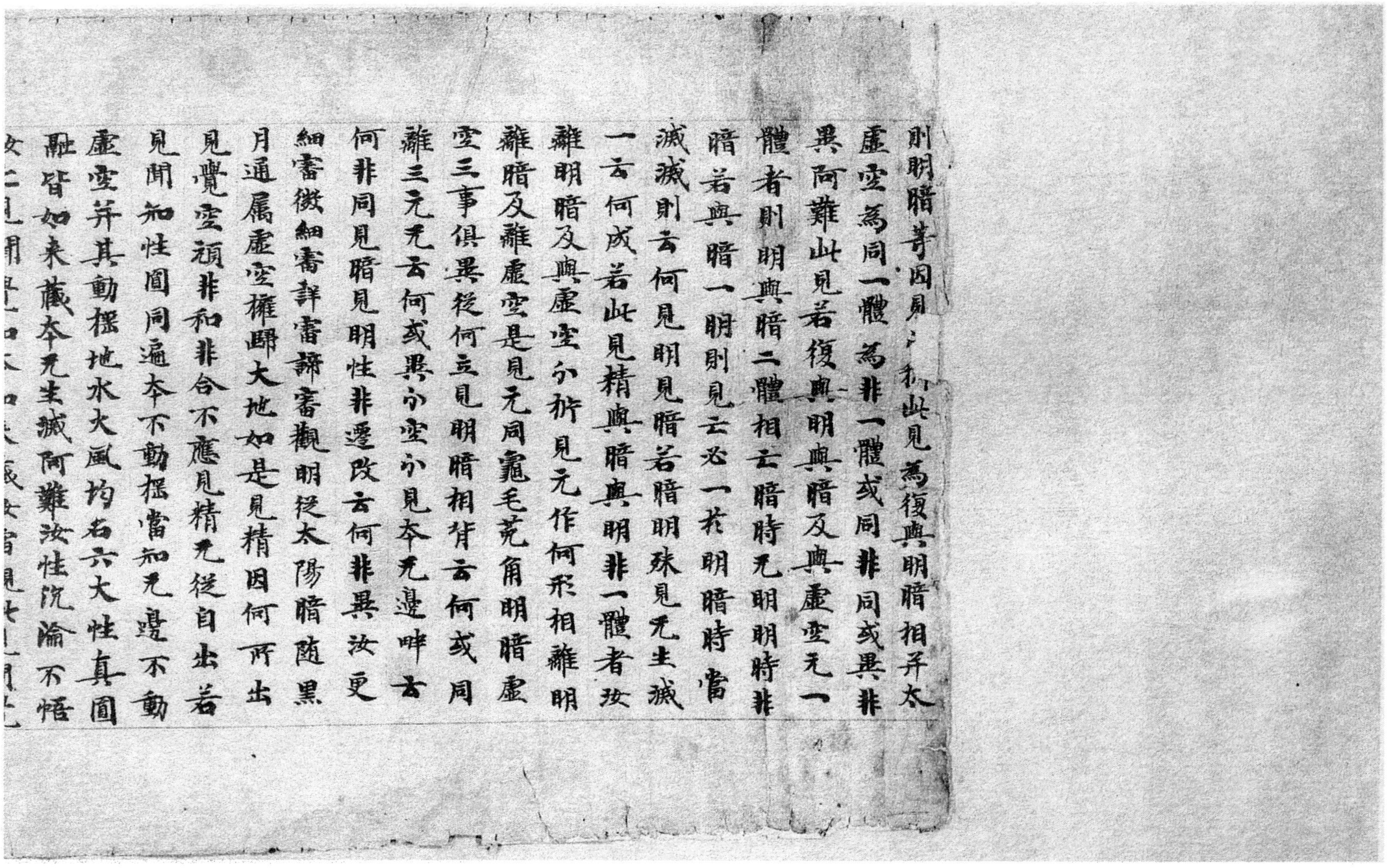

則明暗等因身ゝ相此見爲復與明暗相并太
虛空爲同一體爲非一體或同非同或異非
異阿難此見若復與明與暗及與虛空元一
體者則明與暗二體相亡暗時无明明時非
暗若與暗一明則見亡必一於明暗時當
滅滅則云何見明見暗若暗明殊見无生滅
一云何成若此見精與暗與明非一體者汝
離明暗及與虛空分析見元作何形相離明
離暗及離虛空是見元同龜毛兎角明暗虛
空三事俱異從何立見明暗相背云何或同
離三元无云何或異分空分見本无邊畔云
何非同見暗見明性非遷改云何非異汝更
細審微細審詳審諦審觀明從太陽暗隨黑
月通屬虛空擁歸大地如是見精因何所出
見覺空頑非和非合不應見精无從自出若
見聞知性圓同遍本不動搖當知无邊不動
虛空并其動搖地水火風均名六大性真圓
融皆如來藏本无生滅阿難汝性沉淪不悟
汝之見聞[illegible]

BD14604號　大佛頂如來密因修證了義諸菩薩萬行首楞嚴經卷三　　（4–1）

月通属虚空稱𨵦大地如是見精因何所出
見覺空頑非和非合不應見精无從自出若
見聞知性圓周遍本不動揺當知无邊不動
虚空并其動揺地水大風均名六大性真圓
融皆如来藏本无生滅阿難汝性沉淪不悟
汝之見聞覺知本如来藏汝當觀此見聞覺
知為生為滅為同為異為非生滅為非同異
汝曽不知如来藏中性見覺明覺精明見清
淨本然周遍法界隨衆生心應所知量如一
見根見周法界聽齅甞觸覺觸覺知妙德瑩
然遍周法界圓滿十虚寧有方所循業發現
世間无知惑為因緣及自然性皆是識心分
別計度但有言說都无實義
阿難識性无源因於六種根塵妄出汝今遍
觀此會聖衆用目循歴其目周視但如鏡中
无別分析汝識於中次第標指此是文殊此
冨樓那此目乹連此須菩提此舍利弗此識
了知為生於見為生於相為生虚空為无所
因突然而出阿難若汝識性生於見中如无
明暗及與色空四種必无元无汝見見性尚无
從何發識若汝識性生於相中不從見生既不
見明亦不見暗明暗不矚即无色空彼相尚
无識從何發若生於空非相非見非見无辯
自不能知明暗色空非相滅緣見聞覺知无
處安立處此二非空則同无有非同物縱發
汝識欲何分別若无所因突然而出何不日
中別識明月汝更細詳微細詳審見託汝睛

BD14604號　大佛頂如來密因修證了義諸菩薩萬行首楞嚴經卷三　（4–2）

无識從何發若生於空非相非見非見无辯
自不能知明暗色空非相滅緣見聞覺知无
處安立處此二非空則同无有非同物縱發
汝識欲何分別若无所因突然而出何不日
中別識明月汝更細詳微細詳審見託汝睛
相推前境可狀成有不相成无如是識緣因
何所出識動見澄非和非合聞聽覺知亦復
如是不應識緣无從自出若此識心本无所
從當知了別見聞覺知圓滿湛然性非從所
兼彼虚空地水大風均名七大性真圓融皆
如来藏本无生滅阿難汝心麁浮不悟見聞
發明了知本如来藏汝應觀此六處識心為
同為異為空為有為非同異為非空有汝元
不知如来藏中性識明知覺明真識妙覺湛
然遍周法界含吐十虚寧有方所循業發現
世間无知惑為因緣及自然性皆是識心分
別計度但有言說都无實義
尒時阿難及諸大衆蒙佛如来微妙開示身
心蕩然得无罣礙是諸大衆各各自知心遍
十方見十方空如觀手中所持葉物一切世
間諸所有物皆即菩提妙明元心心精遍圓
含裹十方反觀父母所生之身猶彼十方虚空
之中吹一微塵若存若亡如湛巨海流一浮漚
起滅无從了然自知獲本妙心常住不滅
礼佛合掌得未曽有於如来前說偈讚佛
妙湛惣持不動尊　首楞嚴王世希有　銷我億劫顛倒想
不歴僧祇獲法身　願今得果成寶王　還度如是恒沙衆

BD14604號　大佛頂如來密因修證了義諸菩薩萬行首楞嚴經卷三　（4–3）

之中吹一微塵若存若亡如湛巨海流一浮漚
起滅无從了然自知獲本妙心常住不滅
礼佛合掌得未曾有於如來前說偈讚佛
妙湛揔持不動尊　首楞嚴王世希有　銷我億劫顛倒想
不歷僧祇獲法身　願今得果成寶王　還度如是恒沙衆
將此深心奉塵剎　是則名為報佛恩　伏請世尊為證明
五濁惡世誓先入　如一衆生未成佛　終不於此取泥洹
大雄大力大慈悲　希更審除微細惑　令我早登无上覺
於十方界坐道場　舜若多性可銷亡　爍迦囉心无動轉

大佛頂萬行首楞嚴經卷第三

BD14604號　大佛頂如來密因修證了義諸菩薩萬行首楞嚴經卷三　（4–4）

妙法蓮華經信解品第四
尒時惠命須菩提摩訶迦栴延摩訶迦葉摩
訶目揵連從佛所聞未曾有法世尊授舍利
弗阿耨多羅三藐三菩提記發希有心歡
喜踊躍即從座起整衣服偏袒右肩右膝著
地一心合掌曲躬恭敬瞻仰尊顏而白佛言我
等居僧之首年並朽邁自謂已得涅槃无所
堪任不復進求阿耨多羅三藐三菩提世
尊往昔說法既久我時在座身體疲懈但念
空无相无作於菩薩法遊戲神通淨佛國土
成就衆生心不喜樂所以者何世尊令我等
出於三界得涅槃證又今我等年已朽邁於
佛教化菩薩阿耨多羅三藐三菩提不生一
念好樂之心我等今於佛前聞授聲聞阿耨
多羅三藐三菩提記心甚歡喜得未曾有
不謂於今忽然得聞希有之法深自慶幸獲
大善利无量珍寶不求自得世尊我等今者樂
說譬喻以明斯義譬若有人年既幼稚捨父
逃逝久住他國或十二十至五十歲年既長
大加復窮困馳騁四方以求衣食漸漸遊行

BD14605號　妙法蓮華經卷二　（17–1）

多羅三藐三菩提記心甚歡喜得未曾有
不謂於今忽然得聞希有之法深自慶幸獲
大善利无量珎寶不求自得世尊我等今者樂
說譬喻以明斯義譬若有人年既幼稚捨父
逃逝久住他國或十二十至五十歲年既長
大加復窮困馳騁四方以求衣食漸漸遊行
遇向本國其父先來求子不得中止一城其
家大富財寶无量金銀琉璃珊瑚虎珀頗梨
珠等其諸倉庫悉皆盈溢多有僮僕臣佐吏
民象馬車乘牛羊无數出入息利乃遍他國商
估賈客亦甚衆多時貧窮子遊諸聚落經歷
國邑遂到其父所止之城父每念子與子離
別五十餘年而未曾向人說如此事但自思
惟心懷悔恨自念老朽多有財物金銀珎寶
倉庫盈溢无有子息一旦終沒財物散失无
所委付是以慇懃每憶其子復作是念我若
得子委付財物坦然快樂无復憂慮世尊介
時窮子傭賃展轉遇到父舍住立門側遙見
其父踞師子床寶几承足諸婆羅門刹利居
士皆恭敬圍繞以真珠瓔珞價直千万莊嚴
其身吏民僮僕手執白拂侍立左右覆以寶
帳垂諸華幡香水灑地散衆名華羅列寶物
出內取與有如是等種種嚴飾威德特尊窮
子見父有大力勢即懷恐怖悔來至此竊作
是念此或是王或是王等非我傭力得物之
處不如往至貧里肆力有地衣食易得若久
住此或見逼迫強使我作作是念已疾走而
去時富長者於師子座見子便識心大歡喜

BD14605號　妙法蓮華經卷二　（17–2）

子見父有大力勢即懷恐怖悔來至此竊作
是念此或是王或是王等非我傭力得物之
處不如往至貧里肆力有地衣食易得若久
住此或見逼迫強使我作作是念已疾走而
去時富長者於師子座見子便識心大歡喜
即作是念我財物庫藏今有所付我常思念
此子无由見之而忽自來甚適我願我雖年
朽猶故貪惜即遣傍人急追將還介時使者
疾走往捉窮子驚愕稱怨大喚我不相犯何
為見捉使者執之逾急強牽將還于時窮子
自念无罪而被囚執此必定死轉更惶怖悶
絕躄地父遙見之而語使言不須此人勿強
將來以冷水灑面令得醒悟莫復與語所以
者何父知其子志意下劣自知豪貴為子所
難審知是子而以方便不語他人云是我子
使者語之我今放汝隨意所趣窮子歡喜得
未曾有從地而起往至貧里以求衣食介時
長者將欲誘引其子而設方便密遣二人形
色憔悴无威德者汝可詣彼徐語窮子此有
作處倍與汝直窮子若許將來使作若言欲
何所作便可語之雇汝除糞我等二人亦共
汝作時二使人即求窮子既已得之具陳上
事介時窮子先取其價尋與除糞其父見子
愍而怪之又以他日於窓牖中遙見子身羸
瘦憔悴糞土塵坌汙穢不淨即脫瓔珞細
耎上服嚴飾之具更著麤弊垢膩之衣塵土
坌身右手執持除糞之器狀有所畏語諸
作人汝等勤作勿得懈息以方便故得近其

BD14605號　妙法蓮華經卷二　（17–3）

□□悴之父以他日於窓牖中遙見子身羸
瘦憔悴糞土塵坌汙穢不淨即脫瓔珞細
耎上服嚴飾之具更著麁弊垢膩之衣塵土
坌身右手執持除糞之器狀有所畏語諸
作人汝等勤作勿得懈息以方便故得近其
子後復告言咄男子汝常此作勿復餘去當
加汝價諸有所須瓫器米麵塩酢之屬莫自
疑難亦有老弊使人須者相給好自安意我如
汝父勿復憂慮所以者何我年老大而汝少壯
汝常作時无有欺怠瞋恨怨言都不見汝有
此諸惡如餘作人自今已後如所生子即時
長者更與作字名之為兒尒時窮子雖欣此
遇猶故自謂客作賤人由是之故於二十年中
常令除糞過是已後心相體信入出无難然
其所止猶在本處世尊尒時長者有疾自
知將死不久語窮子言我今多有金銀珎寶
倉庫盈溢其中多少所應取與汝悉知之我
心如是當體此意所以者何今我與汝便為
不異宜加用心无令漏失尒時窮子即受教
勑領知衆物金銀珎寶及諸庫藏而无悕取
一飡之意然其所止故在本處下劣之心亦未
能捨復經少時父知子意漸已通泰成就
大志自鄙先心臨欲終時而命其子并會親
族國王大臣刹利居士皆悉已集即自宣言
諸君當知此是我子我之所生於某城中捨吾
逃走跉跰辛苦五十餘年其本字某我名某
甲昔在本城懷憂推覓忽於此間遇會得之
此實我子我實其父今我所有一切財物皆

BD14605號　妙法蓮華經卷二　（17–4）

諸君當知此是我子我之所生於某城中捨吾
逃走跉跰辛苦五十餘年其本字某我名某
甲昔在本城懷憂推覓忽於此間遇會得之
此實我子我實其父今我所有一切財物皆
是子有先所出內是子所知世尊是時窮子
聞父此言即大歡喜得未曾有而作是念我
本无心有所悕求今此寶藏自然而至世尊
大富長者則是如來我等皆似佛子如來
常說我等為子世尊我等以三苦故於生死
中受諸熱惱迷惑无知樂著小法今日世尊
令我等思惟蠲除諸法戲論之糞我等於中
勤加精進得至涅槃一日之價既得此已心
大歡喜自以為足便自謂於佛法中勤精進
故所得和多然世尊先知我等心著弊欲樂
於小法便見縱捨不為分別汝等當有如來
知見寶藏之分世尊以方便力說如來智慧
我等從佛得涅槃一日之價以為大得於此
大乘无有志求我等又因如來智慧為諸菩
薩開示演說而自於此无有志願所以者何
佛知我等心樂小法以方便力隨我等說而
我等不知真是佛子今我等方知世尊於佛
智慧无所悋惜所以者何我等昔來真是佛
子而但樂小法若我等有樂大之心佛則為
我說大乘法此經中唯說一乘而昔於菩薩
一
貪麁弊色聲香味觸也若貪著生愛則為所
燒汝速出三界當得三乘聲聞辟支佛佛乘
我今為汝保任此事終不虛也汝等但當勤
脩精進如來以是方便誘進衆生復作是言

BD14605號　妙法蓮華經卷二　（17–5）

貪麁弊色聲香味觸也若貪著生愛則為所
燒汝速出三界當得三乘聲聞辟支佛佛乘
我今為汝保任此事終不虛也汝等但當懃
脩精進如來以是方便誘進衆生復作是言
汝等當知此三乘法皆是聖所稱歎自在无
繫无所依求乘是三乘以无漏根力覺道禪
定解脫三昧等而自娛樂便得无量安隱快
樂舍利弗若有衆生内有智性從佛世尊聞
法信受慇懃精進欲速出三界自求涅槃是
名聲聞乘如彼諸子為求羊車出於火宅若
有衆生從佛世尊聞法信受慇懃精進求自
然慧樂獨善寂深知諸法因緣是名辟支佛
乘如彼諸子為求鹿車出於火宅若有衆生
從佛世尊聞法信受勤脩精進求一切智佛
智自然智无師智如來知見力无所畏愍念
安樂无量衆生利益天人度脫一切是名大
乘菩薩求此乘故名為摩訶薩如彼諸子為
求牛車出於火宅舍利弗如彼長者見諸子
等安隱得出火宅到无畏處自惟財富无量
等以大車而賜諸子如來亦復如是為一切
衆生之父若見无量億千衆生以佛教門出
三界苦怖畏險道得涅槃樂如來尒時便作
是念我有无量无邊智慧力无畏等諸佛法
藏是諸衆生皆是我子等與大乘不令有人
獨得滅度皆以如來滅度而滅度之是諸衆
生脫三界者悉與諸佛禪定解脫等娛樂之
具皆是一相一種聖所稱歎能生淨妙第一
之樂舍利弗如彼長者初以三車誘引諸子

獨得滅度皆以如來滅度而滅度之是諸衆
生脫三界者悉與諸佛禪定解脫等娛樂之
具皆是一相一種聖所稱歎能生淨妙第一
之樂舍利弗如彼長者初以三車誘引諸子
然後但與大車寶物莊嚴安隱第一然彼長
者无虛妄之咎如來亦復如是无有虛妄初
說三乘引導衆生然後但以大乘而度脫之
何以故如來有无量智慧力无所畏諸法之
藏能與一切衆生大乘之法但不盡能受舍
利弗以是因緣當知諸佛方便力故於一佛
乘分別說三佛欲重宣此義而說偈言
譬如長者　有一大宅　其宅久故　而復頓弊
堂舍高危　柱根摧朽　梁棟傾斜　基陛頹毀
墻壁圮坼　泥塗褫落　覆苫亂墜　椽梠差脫
周障屈曲　雜穢充遍　有五百人　止住其中
鵄梟鵰鷲　烏鵲鳩鴿　蚖蛇蝮蝎　蜈蚣蚰蜒
守宮百足　狖狸鼷鼠　諸惡虫輩　交橫馳走
屎尿臭處　不淨流溢　蜣蜋諸虫　而集其上
狐狼野干　咀嚼踐蹋　𪘏齧死屍　骨肉狼藉
由是群狗　競來搏撮　飢羸慞惶　處處求食
鬪諍摣掣　啀喍嗥吠　其舍恐怖　變狀如是
處處皆有　魑魅魍魎　夜叉惡鬼　食噉人肉
毒虫之屬　諸惡禽獸　孚乳產生　各自藏護
夜叉競來　爭取食之　食之既飽　惡心轉熾
鬪諍之聲　甚可怖畏　鳩槃荼鬼　蹲踞土埵
或時離地　一尺二尺　往反遊行　縱逸嬉戲
捉狗兩足　撲令失聲　以腳加頸　怖狗自樂
復有諸鬼　其身長大　裸形黑瘦　常住其中

鬪諍之聲 甚可怖畏 鳩槃荼鬼 蹲踞土埵
或時離地 一尺二尺 往反遊行 縱逸嬉戲
捉狗兩足 撲令失聲 以脚加頸 怖狗自樂
復有諸鬼 其身長大 裸形黑瘦 常住其中
發大惡聲 叫呼求食 復有諸鬼 其咽如針
復有諸鬼 首如牛頭 或食人肉 或復噉狗
頭髮蓬亂 殘害凶險 飢渴所逼 叫喚馳走
夜叉餓鬼 諸惡鳥獸 飢急四向 窺看窓牖
如是諸難 恐畏無量 是朽故宅 屬于一人
其人近出 未久之間 於後舍宅 忽然火起
四面一時 其焰俱熾 棟梁椽柱 爆聲震裂
摧折墮落 墻壁崩倒 諸鬼神等 揚聲大叫
鵰鷲諸鳥 鳩槃荼等 周章惶怖 不能自出
惡獸毒虫 藏竄孔穴 毗舍闍鬼 亦住其中
薄福德故 為火所逼 共相殘害 飲血噉肉
野干之屬 並已前死 諸大惡獸 競來食噉
臭烟熢㶿 四面充塞 蜈蚣蚰蜒 毒虵之類
為火所燒 爭走出穴 鳩槃荼鬼 隨取而食
又諸餓鬼 頭上火然 飢渴熱惱 周章悶走
其宅如是 甚可怖畏 毒害火災 衆難非一
是時宅主 在門外立 聞有人言 汝諸子等
先因遊戲 來入此宅 稚小無知 歡娛樂著
長者聞已 驚入火宅 方宜救濟 令無燒害
告喻諸子 說衆患難 惡鬼毒虫 災火蔓莚
衆苦次第 相續不絕 毒虵蚖蝮 及諸夜叉
鳩槃荼鬼 野干狐狗 鵰鷲鵄梟 百足之屬
飢渴惱急 甚可怖畏 此苦難處 況復大火

BD14605號　妙法蓮華經卷二　（17–8）

告喻諸子 說衆患難 惡鬼毒虫 災火蔓莚
衆苦次第 相續不絕 毒虵蚖蝮 及諸夜叉
鳩槃荼鬼 野干狐狗 鵰鷲鵄梟 百足之屬
飢渴惱急 甚可怖畏 此苦難處 況復大火
諸子無知 雖聞父誨 猶故樂著 嬉戲不已
是時長者 而作是念 諸子如此 益我愁惱
今此舍宅 無一可樂 而諸子等 耽湎嬉戲
不受我教 將為火害 即便思惟 設諸方便
告諸子等 我有種種 珎玩之具 妙寶好車
羊車鹿車 大牛之車 今在門外 汝等出來
吾為汝等 造作此車 隨意所樂 可以遊戲
諸子聞說 如此諸車 即時奔競 馳走而出
到於空地 離諸苦難 長者見子 得出火宅
住於四衢 坐師子座 而自慶言 我今快樂
此諸子等 生育甚難 愚小無知 而入險宅
多諸毒虫 魑魅可畏 大火猛焰 四面俱起
而此諸子 貪樂嬉戲 我已救之 令得脫難
是故諸人 我今快樂 爾時諸子 知父安坐
皆詣父所 而白父言 願賜我等 三種寶車
如前所許 諸子出來 當以三車 隨汝所欲
今正是時 唯垂給與 長者大富 庫藏衆多
金銀琉璃 車𤦲馬瑙 以衆寶物 造諸大車
莊校嚴飾 周帀欄楯 四面懸鈴 金繩交絡
真珠羅網 張施其上 金華諸瓔 處處垂下
衆綵雜飾 周帀圍繞 柔軟繒纊 以為裀褥
上妙細疊 價直千億 鮮白淨潔 以覆其上
有大白牛 肥壯多力 形體姝好 以駕寶車
多諸儐從 而侍衛之 以是妙車 等賜諸子

BD14605號　妙法蓮華經卷二　（17–9）

真珠羅網　張施其上　金華諸瓔　處處垂下
眾采雜飾　周帀圍繞　柔軟繒纊　以為茵蓐
上妙細疊　價直千億　鮮白淨潔　以覆其上
有大白牛　肥壯多力　形體姝好　以駕寶車
多諸儐從　而侍衛之　以是妙車　等賜諸子
諸子是時　歡喜踊躍　乘是寶車　遊於四方
嬉戲快樂　自在无礙　告舍利弗　我亦如是
眾聖中尊　世間之父　一切眾生　皆是吾子
深著世樂　无有慧心　三界无安　猶如火宅
眾苦充滿　甚可怖畏　常有生老　病死憂患
如是等火　熾燃不息　如來已離　三界火宅
寂然閑居　安處林野　今此三界　皆是我有
其中眾生　悉是吾子　而今此處　多諸患難
唯我一人　能為救護　雖復教詔　而不信受
於諸欲染　貪著深故　是以方便　為說三乘
令諸眾生　知三界苦　開示演說　出世間道
是諸子等　若心決定　具足三明　及六神通
有得緣覺　不退菩薩　汝舍利弗　我為眾生
以此譬喻　說一佛乘　汝等若能　信受是語
一切皆當　得成佛道　是乘微妙　清淨第一
於諸世間　為无有上　佛所悅可　一切眾生
所應稱讚　供養禮拜　无量億千　諸力解脫
禪定智慧　及佛餘法　得如是乘　令諸子等
日夜劫數　常得遊戲　與諸菩薩　及聲聞眾
乘此寶乘　直至道場　以是因緣　十方諦求
更无餘乘　除佛方便　告舍利弗　汝諸人等
皆是吾子　我則是父　汝等累劫　眾苦所燒

BD14605號　妙法蓮華經卷二　（17–10）

日夜劫數　常得遊戲　與諸菩薩　及聲聞眾
乘此寶乘　直至道場　以是因緣　十方諦求
更无餘乘　除佛方便　告舍利弗　汝諸人等
皆是吾子　我則是父　汝等累劫　眾苦所燒
我皆濟拔　令出三界　我雖先說　汝等滅度
但盡生死　而實不滅　今所應作　唯佛智慧
若有菩薩　於是眾中　能一心聽　諸佛實法
諸佛世尊　雖以方便　所化眾生　皆是菩薩
若人小智　深著愛欲　為此等故　說於苦諦
眾生心喜　得未曾有　佛說苦諦　真實无異
若有眾生　不知苦本　深著苦因　不能暫捨
為是等故　方便說道　諸苦所因　貪欲為本
若滅貪欲　无所依止　滅盡諸苦　名第三諦
為滅諦故　修行於道　離諸苦縛　名得解脫
是人於何　而得解脫　但離虛妄　名為解脫
其實未得　一切解脫　佛說是人　未實滅度
斯人未得　无上道故　我意不欲　令至滅度
我為法王　於法自在　安隱眾生　故現於世
汝舍利弗　我此法印　為欲利益　世間故說
在所遊方　勿妄宣傳　若有聞者　隨喜頂受
當知是人　阿惟越致　若有信受　此經法者
是人已曾　見過去佛　恭敬供養　亦聞是法
若人有能　信汝所說　則為見我　亦見於汝
及比丘僧　并諸菩薩　斯法華經　為深智說
淺識聞之　迷惑不解　一切聲聞　及辟支佛
於此經中　力所不及　汝舍利弗　尚於此經
以信得入　況餘聲聞　其餘聲聞　信佛語故

BD14605號　妙法蓮華經卷二　（17–11）

及比丘僧 并諸菩薩 聞法華經 為深智說
淺識聞之 迷惑不解 一切聲聞 及辟支佛
於此經中 力所不及 汝舍利弗 尚於此經
以信得入 況餘聲聞 其餘聲聞 信佛語故
隨順此經 非己智分 又舍利弗 憍慢懈怠
計我見者 莫說此經 凡夫淺識 深著五欲
聞不能解 亦勿為說 若人不信 毀謗此經
則斷一切 世間佛種 或復頻蹙 而懷疑惑
汝當聽說 此人罪報 若佛在世 若滅度後
其有誹謗 如斯經典 見有讀誦 書持經者
輕賤憎嫉 而懷結恨 此人罪報 汝今復聽
其人命終 入阿鼻獄 具足一劫 劫盡更生
如是展轉 至无數劫 從地獄出 當墮畜生
若狗野干 其形頟瘦 黧黮疥癩 人所觸嬈
又復為人 之所惡賤 常困飢渴 骨肉枯竭
生受楚毒 死被瓦石 斷佛種故 受斯罪報
若作駝驢 或生驢中 身常負重 加諸杖捶
但念水草 餘无所知 謗斯經故 獲罪如是
有作野干 來入聚落 身體疥癩 又无一目
為諸童子 之所打擲 受諸苦痛 或時致死
於此死已 更受蟒身 其形長大 五百由旬
聾騃无足 宛轉腹行 為諸小蟲 之所唼食
晝夜受苦 无有休息 謗斯經故 獲罪如是
若得為人 諸根闇鈍 矬陋攣躄 盲聾背傴
有所言說 人不信受 口氣常臭 鬼魅所著
貧窮下賤 為人所使 多病痟瘦 无所依怙
雖親附人 人不在意 若有所得 尋復忘失
若修醫道 順方治病 更增他疾 或復致死

BD14605號 妙法蓮華經卷二 （17–12）

若得為人 諸根闇鈍 矬陋攣躄 盲聾背傴
有所言說 人不信受 口氣常臭 鬼魅所著
貧窮下賤 為人所使 多病痟瘦 无所依怙
雖親附人 人不在意 若有所得 尋復忘失
若修醫道 順方治病 更增他疾 或復致死
若自有病 无人救療 設服良藥 而復增劇
若他反逆 抄劫竊盜 如是等罪 橫羅其殃
如斯罪人 永不見佛 眾聖之王 說法教化
如斯罪人 常生難處 狂聾心亂 永不聞法
於无數劫 如恒河沙 生輒聾瘂 諸根不具
常處地獄 如遊園觀 在餘惡道 如己舍宅
駝驢猪狗 是其行處 謗斯經故 獲罪如是
若得為人 聾盲瘖瘂 貧窮諸衰 以自莊嚴
水腫乾痟 疥癩癰疽 如是等病 以為衣服
身常臭處 垢穢不淨 深著我見 增益瞋恚
婬欲熾盛 不擇禽獸 謗斯經故 獲罪如是
告舍利弗 謗斯經者 若說其罪 窮劫不盡
以是因緣 我故語汝 无智人中 莫說此經
若有利根 智慧明了 多聞強識 求佛道者
如是之人 乃可為說 若人曾見 億百千佛
殖諸善本 深心堅固 如是之人 乃可為說
若人精進 常修慈心 不惜身命 乃可為說
若人恭敬 无有異心 離諸凡愚 獨處山澤
如是之人 乃可為說 又舍利弗 若見有人
捨惡知識 親近善友 如是之人 乃可為說
若見佛子 持戒清潔 如淨明珠 求大乘經
如是之人 乃可為說 若人无瞋 質直柔軟
常愍一切 恭敬諸佛 如是之人 乃可為說

BD14605號 妙法蓮華經卷二 （17–13）

捨惡知識　親近善友　如是之人　乃可為說
若見佛子　持戒清潔　如淨明珠　求大乘經
如是之人　乃可為說　若人无瞋　質直柔軟
常愍一切　恭敬諸佛　如是之人　乃可為說
復有佛子　於大眾中　以清淨心　種種因緣
譬喻言辭　說法无礙　如是之人　乃可為說
若有比丘　為一切智　四方求法　合掌頂受
但樂受持　大乘經典　乃至不受　餘經一偈
如是之人　乃可為說　如人至心　求佛舍利
何用衣食　使我至此　長者知子　愚癡狹劣
不信我言　不信是父　即以方便　更遣餘人
眇目矬陋　无威德者　汝可語之　云當相僱
除諸糞穢　倍與汝價　窮子聞之　歡喜隨來
為除糞穢　淨諸房舍　長者於牖　常見其子
念子愚劣　樂為鄙事　於是長者　著弊垢衣
執除糞器　往到子所　方便附近　語令勤作
既益汝價　并塗足油　飲食充足　薦席厚暖
如是苦言　汝當勤作　又以耎語　若如我子
長者有智　漸令入出　經二十年　執作家事
示其金銀　真珠頗梨　諸物出入　皆使令知
猶處門外　止宿草庵　自念貧事　我无此物
父知子心　漸已曠大　欲與財物　即聚親族
國王大臣　剎利居士　於此大眾　說是我子
捨我他行　經五十歲　自見子來　已二十年
昔於某城　而失是子　周行求索　遂來至此
凡我所有　舍宅人民　悉以付之　恣其所用
子念昔貧　志意下劣　今於父所　大獲珍寶
并及舍宅　一切財物　甚大歡喜　得未曾有

BD14605號　妙法蓮華經卷二　（17–14）

捨我他行　經五十歲　自見子來　已二十年
昔於某城　而失是子　周行求索　遂來至此
凡我所有　舍宅人民　悉以付之　恣其所用
子念昔貧　志意下劣　今於父所　大獲珍寶
并及舍宅　一切財物　甚大歡喜　得未曾有
佛亦如是　知我樂小　未曾說言　汝等作佛
而說我等　得諸无漏　成就小乘　聲聞弟子
佛勅我等　說最上道　脩習此者　當得成佛
我承佛教　為大菩薩　以諸因緣　種種譬喻
若干言辭　說无上道　諸佛子等　從我聞法
日夜思惟　精勤脩習　是時諸佛　即授其記
汝於來世　當得作佛　一切諸佛　秘藏之法
但為菩薩　演其實事　而不為我　說斯真要
如彼窮子　得近其父　雖知諸物　心不悕取
我等雖說　佛法寶藏　自无志願　亦復如是
我等內滅　自謂為足　唯了此事　更无餘事
我等若聞　淨佛國土　教化眾生　都无欣樂
所以者何　一切諸法　皆悉空寂　无生无滅
无大无小　无漏无為　如是思惟　不生喜樂
我等長夜　於佛智慧　无貪无著　无復志願
而自於法　謂是究竟　我等長夜　脩習空法
得脫三界　苦惱之患　住最後身　有餘涅槃
佛所教化　得道不虛　則為已得　報佛之恩
我等雖為　諸佛子等　說菩薩法　以求佛道
而於是法　永无願樂　導師見捨　觀我心故
初不勸進　說有實利　如富長者　知子志劣
以方便力　柔伏其心　然後乃付　一切財物
佛亦如是　現希有事　知樂小者　以方便力

BD14605號　妙法蓮華經卷二　（17–15）

而於是法　永无願樂　導師見捨　觀我心故
初不勸進　說有實利　如富長者　知子志劣
以方便力　柔伏其心　然後乃付　一切財物
佛亦如是　現希有事　知樂小者　以方便力
調伏其心　乃教大智　我等今日　得未曾有
非先所望　而今自得　如彼窮子　得无量寶
世尊我今　得道得果　於无漏法　得清淨眼
我等長夜　持佛淨戒　始於今日　得其果報
法王法中　久修梵行　今得无漏　无上大果
我等今者　真是聲聞　以佛道聲　令一切聞
我等今者　真阿羅漢　於諸世間　天人魔梵
普於其中　應受供養　世尊大恩　以希有事
憐愍教化　利益我等　无量億劫　誰能報者
手足供給　頭頂禮敬　一切供養　皆不能報
若以頂戴　兩肩荷負　於恒沙劫　盡心恭敬
又以美饍　无量寶衣　及諸臥具　種種湯藥
牛頭栴檀　及諸珍寶　以起塔廟　寶衣布地
如斯等事　以用供養　於恒沙劫　亦不能報
諸佛希有　无量无邊　不可思議　大神通力
无漏无為　諸法之王　能為下劣　忍于斯事
取相凡夫　隨宜為說　諸佛於法　得最自在
知諸眾生　種種欲樂　及其志力　隨所堪任
以无量喻　而為說法　隨諸眾生　宿世善根
又知成熟　未成熟者　種種籌量　分別知已
於一乘道　隨宜說三

妙法蓮華經卷第二

BD14605 號　妙法蓮華經卷二　（17–16）

又以美饍　无量寶衣　及諸臥具　種種湯藥
牛頭栴檀　及諸珍寶　以起塔廟　寶衣布地
如斯等事　以用供養　於恒沙劫　亦不能報
諸佛希有　无量无邊　不可思議　大神通力
无漏无為　諸法之王　能為下劣　忍于斯事
取相凡夫　隨宜為說　諸佛於法　得最自在
知諸眾生　種種欲樂　及其志力　隨所堪任
以无量喻　而為說法　隨諸眾生　宿世善根
又知成熟　未成熟者　種種籌量　分別知已
於一乘道　隨宜說三

妙法蓮華經卷第二

佛弟子賈誕為七代父母所生父母家內大小
發願寫法華經一部今得成就供養受
持願造經以後所為發願悉得離苦解
脫一時成佛

BD14605 號　妙法蓮華經卷二　（17–17）

大般涅槃經卷第十二
復次善男子菩薩摩訶薩聖行者觀察是身
從頭至足其中唯有髮毛爪齒不淨垢穢皮
肉筋骨脾腎心肺肝膽腸胃生熟二藏大小
便利涕唾目淚肪膏腦膜骨髓膿血腦胲諸
脉菩薩如是專念觀時誰有是我我為屬誰
住在何處誰屬於我復作是念骨是我也離
骨是乎菩薩尒時除去皮肉唯觀白骨復作
是念骨色相異所謂青黃白色鴿色如是骨
相亦復非我何以故我者亦非青黃白色及

BD14606號　大般涅槃經（北本）卷一二　（25–1）

住在何處誰屬於我復作是念骨是我也離
骨是乎菩薩尒時除去皮肉唯觀白骨復作
是念骨色相異所謂青黃白色鴿色如是骨
相亦復非我何以故我者亦非青黃白色及
以鴿色菩薩繫心作是觀時即得斷除一切
色欲復作是念如是骨者從因緣生依因足
跟以駐踝骨依因踝骨以駐䏝骨依因䏝骨
以駐膝骨依因膝骨以駐脛骨依因脛骨以
駐寬骨依因寬骨以駐腰骨依因腰骨以駐
脊骨依因脊骨以駐肋骨復因脊骨上駐項
骨依因項骨以駐頷骨依因頷骨以駐牙齒
上有髑髏復因項骨以駐髆骨依因髆骨以
駐臂骨依因臂骨以駐捥骨依因捥骨以駐
掌骨依因掌骨以駐指骨菩薩摩訶薩如是
觀時身所有骨一切分離得是觀已即斷三
欲一形貌欲二姿態欲三細觸欲菩薩摩訶
薩觀青骨時見此大地東西南北四維上下
悉皆青相如青色觀黃白鴿色亦復如是菩
薩摩訶薩作是觀時眉間即出青黃赤白
鴿等色光是菩薩於是一一諸光明中見有佛
像見已即問如此身者不淨因緣和合共成
云何而得坐起行住屈申俯仰視眴喘息悲
泣喜笑此中无主誰使之然作是問已光中
諸佛忽然不現復作是念或識是我故使諸
佛不為我說復觀此識次第生滅猶如流水
亦復非我復作是念若識非我出息入息或
能是我復作是念是出入息直是風也而是

BD14606號　大般涅槃經（北本）卷一二　（25–2）

涎喜咲此中无主誰使之然作是問已光中
諸佛忽然不現復作是念或識是我故使諸
佛不為我說復觀此識次苐生滅猶如流水
亦復非我復作是念若識非我出息入息或
能是我復作是念是出入息直是風也而是
風性乃是四大四大之中何者是我地性非
我水大風性亦復非我復作是念此身一切
悉无有我唯有心風因緣和合示現種種所
作事業譬如呪力幻術所作亦如箜篌隨意
出聲是故此身如是不淨假衆因緣和合共
成而於何處生此貪欲若彼罵辱復於何處
而生瞋恚而我此身卅六物不淨臭穢何處
當有受罵辱者若聞其罵即便思惟以何音
聲而見罵也一一音聲不能見罵若一不能
多亦不能以是義故不應生瞋若他來打亦
應思惟如是打者從何而生復作是念因手
刀杖及以我身故得名打我今何緣横瞋於
他乃是我身自招此咎以我受是五陰身故
譬如因的則有箭中我身亦尒有身有打我
若不忍心則散亂心若散亂則失正念若失
正念則不能觀善不善義若不能觀善不善
義則行惡法惡法因緣則墮地獄畜生餓鬼
菩薩尒時作是觀已得四念處得四念處已
則得住於堪忍地中菩薩摩訶薩住是地已
則得堪忍貪欲瞋癡亦能堪忍寒熱飢渴蚉
蝱蚤虱暴風惡觸種種疾疫惡口罵詈撾打
楚撻身心苦惱一切能忍是故名為住堪忍

菩薩尒時作是觀已得四念處得四念處已
則得住於堪忍地中菩薩摩訶薩住是地已
則得堪忍貪欲瞋癡亦能堪忍寒熱飢渴蚉
蝱蚤虱暴風惡觸種種疾疫惡口罵詈撾打
楚撻身心苦惱一切能忍是故名為住堪忍
地迦葉菩薩摩訶薩白佛言世尊菩薩未得
住不動地淨持戒時頗有因緣得破戒不善
男子有菩薩未得住不動地有因緣故可得
破戒迦葉敬諾何者是也佛言迦葉若有菩
薩知以破戒因緣則能令人受持愛樂大乘
經典乃能令其讀誦通利書寫經卷廣為他
說不退轉於阿耨多羅三藐三菩提為如是
故故得破戒菩薩尒時應作是念我寧一劫
若減一劫墮於阿鼻地獄受罪要必當令如
是之人不退轉於阿耨多羅三藐三菩提迦
葉以是因緣菩薩摩訶薩得毀淨戒尒時文
殊師利菩薩摩訶薩白佛言世尊若有菩薩
攝取護持如是之人令不退於菩提之心為
是毀戒若墮阿鼻无有是處尒時佛讚文殊
師利善哉善哉如汝所說我念往昔於閻浮
提作大國王名曰仙與愛念敬重大乘經典
其心純善无有麁惡嫉妬慳悋口常宣說愛
語善語身常攝護貧窮孤獨布施精進无有
休癈時世无佛聲聞緣覺我於尒時愛樂大
乘方等經典十二年中事婆羅門供給所須
過十二年施安已訖即作是言師等今應發
阿耨多羅三藐三菩提心婆羅門言大王菩

休廢時世无佛聲聞緣覺我於尒時愛樂大
乘方等經典十二年中事婆羅門供給所須
過十二年施安已訖即作是言師等今應發
阿耨多羅三藐三菩提心婆羅門言大王菩
提之性是无所有大乘經典亦復如是大王
云何乃令人物同於虛空善男子我於尒時
心重大乘聞婆羅門誹謗方等聞已即時斷
其命根善男子以是因緣從是已來不墮地
獄善男子擁護攝持大乘經典乃有如是无
量勢力復次迦葉又有聖行所謂四聖諦苦
集滅道是名四諦迦葉苦者逼迫相集者能
生長相滅者寂滅相道者大乘相復次善男
子苦者現相集者轉相滅者除相道者能除
相復次善男子苦者有三相苦苦相行苦相
壞苦相集者廿五有滅者滅廿五有道者脩
戒定慧復次善男子有漏法者有二種有因
有果无漏法者亦有二種有因有果有漏果
者是則名苦有漏因者則名為集无漏果者
則名為滅无漏因者則名為道復次善男子
八相名苦所謂生苦老苦病苦死苦愛別離
苦怨憎會苦求不得苦五盛陰苦能生如是
八苦法者是名為因无有如是八法之處是
名為滅十力四无所畏三念處大悲是名為
道善男子生者出相所謂五種一者初出二
者至終三者增長四者出胎五者種類生何
等為老老有二種一念念老二終身老復有
二種一增長老二滅壞老是名為老云何為

道善男子生者出相所謂五種一者初出二
者至終三者增長四者出胎五者種類生何
等為老老有二種一念念老二終身老復有
二種一增長老二滅壞老是名為老云何為
病病謂四大毒虵互不調適亦有二種一者
身病二者心病身病有五一者因水二者因
風三者因熱四者雜病五者客病客病有四
一者非分強作二者忘誤墮落三者刀杖瓦
石四者鬼魅所著心病亦有四種一者踊躍
二者恐怖三者憂愁四者愚癡復次善男子
身心之病凡有三種何等為三一者業報二者
不得遠離惡對三者時節代謝生如是等
因緣名字受分別病因緣者風等諸病名字
者心悶肺脹上氣咳逆心驚下利受分別者
頭痛目痛手足等痛是名為病何等為死死
者捨所愛身捨所愛身亦有二種一命盡死
二外緣死命盡死者亦有三種一者命盡非
是福盡二者福盡非是命盡三者福命俱盡
外緣死者復有三種一者非分自害而死二
者橫為他死三者俱死又有三種死一放逸
死二破戒死三壞命根死何等名為放逸死
也若有誹謗大乘方等般若波羅蜜是名放
逸死何等名為破戒死世毀犯去來現在諸
佛所制禁戒是名破戒死何等名為壞命根
死捨五陰身是名壞命根死如是名曰死為
大苦何等名為愛別離苦所愛之物破壞離
散所愛之物破壞離散亦有二種一者人中

佛所制禁戒是名破戒死何等名為壞命根
死捨五陰身是名壞命根死如是名曰死為
大苦何等名為愛別離苦所愛之物破壞離
散所愛之物破壞離散亦有二種一者人中
五陰壞二者天中五陰壞如是人天所愛五
陰分別校計有无量種是名愛別離苦何等
名為怨憎會苦所不愛者而共聚集所不愛
者而共聚集復有三種所謂地獄餓鬼畜生
如是三趣分別校計有无量種如是則名怨
憎會苦何等名為求不得苦求不得苦復有
二種一者所悕望處求不能得二者多役功
力不得果報如是則名求不得苦何等名為
五盛陰苦五陰苦者生苦老苦病苦死苦愛
別離苦怨憎會苦求不得苦是故名為五盛
陰苦迦葉生之根本凡有如是七種之苦老
苦乃至五盛陰苦迦葉夫衰老者非一切有
佛及諸天一向定无人中不定或有或无迦
葉三界受身无不有生老不必定是故一切
生為根本迦葉世間衆生顛倒覆心貪著生
相厭患老死迦葉菩薩不尒觀其初生已見
過患迦葉如有女人入於他舍是女端正顏貌
瓌麗以好瓔珞莊嚴其身主人見已即便問
言汝字何等繫屬於誰女人荅言我身即
是功德大天主人問言汝所至處為何所作
女人荅言我所至處能與種種金銀琉璃頗
梨真珠珊瑚虎珀車璩馬瑙象馬車乘奴婢

BD14606號　大般涅槃經（北本）卷一二　（25–7）

瓌麗以好瓔珞莊嚴其身主人見已即便問
言汝字何等繫屬於誰女人荅言我身即
是功德大天主人問言汝所至處為何所作
女人荅言我所至處能與種種金銀琉璃頗
梨真珠珊瑚虎珀車璩馬瑙象馬車乘奴婢
僕使主人聞已心生歡喜踊躍无量我今福
德故令汝來至我舍宅即便燒香散華供養
恭敬礼拜復於門外更見一女其形醜陋衣
裳弊壞多諸垢膩膚皮皴裂其色艾白見已
問言汝字何等繫屬誰家女人荅言我字黑
闇復問何故名為黑闇女人荅言我所行處
能令其家所有財寶一切衰耗主人聞已即
持利刀作如是言汝若不去當斷汝命女人
荅言汝甚愚癡无有智慧主人問言云何名
為癡无智慧女人荅言汝舍中者即是我姊
我常與姊進止共俱汝若驅我亦當驅彼主
人還入問功德天外有一女云是汝妹實為
是不功德天言實是我妹我與此妹行住共
俱未曾相離隨所住處我常作好彼常作惡
我常利益彼常作衰若愛我者亦應愛彼若
見恭敬亦應敬彼主人即言若有如是好惡
事者我俱不用各隨意去是時二女俱共相
將還其所止尒時主人見其還去心生歡喜
踊躍无量是時二女復共相隨至一貧家貧
人見已心生歡喜即請之言從今已去願汝
二人常住我家功德天言我等先已為他所
驅汝復何緣俱請我住貧人荅言汝今念我

BD14606號　大般涅槃經（北本）卷一二　（25–8）

將還其所心尒時主人見其還去心生歡喜
踊躍无量是時二女復共相隨至一貧家貧
人見已心生歡喜即請之言從今已去願汝
二人常住我家功德天言我等先已為他所
駈汝復何緣俱請我住貧人荅言汝今念我
我以汝故復當敬彼是故俱請令住我家迦
葉菩薩摩訶薩亦復如是不願生天以生當
有老病死故是以俱棄曾无愛心凡夫愚人
不知老病死等過患是故貪愛生死二法復
次迦葉如婆羅門幼稚童子為飢所逼見人
糞中有菴羅菓即便取之有智見已呵嘖之
言汝婆羅門種姓清淨何故取是糞中穢菓
童子聞已赧然有愧即荅之言我實不食為
欲洗淨還棄捨之智者語言汝大愚癡若還
棄者本不應取善男子菩薩摩訶薩亦復如
是於此生分不受不捨如彼智者呵責童子
凡夫之人欣生惡死如彼童子取果還棄復
次迦葉辟如四衢道頭有人器盛滿食色香
味具而欲賣之有人遠來飢虗羸乏見其飯
食色香味具即指之言此是何物食主荅言
此是上食色香味具若食此食得色得力能
除飢渴得見諸天唯有一患所謂命終是人
聞已即作是念我今不用色力見天亦不用
死即作是言食是食已若命終者汝今何用
於此賣之食主荅言有智之人終不肯買唯
有愚人不知是事多與我價貪而食之善男
子菩薩摩訶薩亦復如是不願生天得色得

聞已即作是念我今不用色力見天亦不用
死即作是言食是食已若命終者汝今何用
於此賣之食主荅言有智之人終不肯買唯
有愚人不知是事多與我價貪而食之善男
子菩薩摩訶薩亦復如是不願生天得色得
力見於諸天何以故以其不免諸苦惱故凡
夫愚癡隨有生處皆悉貪愛以其不見老病
死故復次善男子辟如毒樹根亦能殺莖亦
能殺皮華果實悉亦能煞善男子廿五有受
生之處所受五陰亦復如是一切能殺復次
迦葉辟如糞穢多少俱臭善男子生亦如是
設受八万下至十歲俱亦受苦復次迦葉辟
如險岸上有草覆於彼岸邊多有甘露若有
食者壽天千年永除諸病安隱快樂凡夫愚
人貪其味故不知其下有大深坑即前欲取
不覺腳跌墮坑而死智者知已捨離遠去善
男子菩薩摩訶薩亦復如是尚不欲受天上
妙食況復人中凡夫之人乃於地獄吞噉鐵
丸況復人天上妙餚饌而能不食迦葉以如
是喻及餘无量无邊辟喻當知是生實為大
苦迦葉是名菩薩摩訶薩住於大乘大涅槃
經觀於生苦迦葉云何菩薩摩訶薩於是大
乘大涅槃經觀於老苦老者能為咳逆上氣
能壞勇力憶念進持盛年快樂憍慢貢高安
隱自恣能作背僂懈怠嬾墮為他所輕迦葉
辟如池水蓮華滿中開敷鮮榮甚可愛樂值
天降雹悉皆破壞善男子老亦如是悉能破

能壞勇力憶念進持盛年快樂憍慢貢高安
隱自恣能作背僂懈怠嬾墮為他所輕迦葉
譬如池水蓮華滿中開敷鮮榮甚可愛樂值
天降雹悉皆破壞善男子老亦如是悉能破
壞盛壯好色復次迦葉譬如國王有一智臣
善知兵法有敵國王拒逆不順王遣此臣往
討伐之即便擒獲將來詣王老亦如是擒獲
壯色將付死王復次迦葉譬如折軸无所復
用老亦如是无所復用復次迦葉如大富家
多有財寶金銀瑠璃珊瑚虎珀車𤦲馬瑙有
諸惡賊若入其家即能劫奪悉令空盡善男
子盛年好色亦復如是常為老賊之所劫奪
復次迦葉譬如貧人貪著上饍細濡衣裳雖
復悕望而不能得善男子老亦如是雖有貪
心欲受富樂五欲自恣而不能得復次迦葉
如陸地龜心常念水善男子人亦如是既為
衰老之所乾枯心常憶念壯時所受五欲之
樂復次迦葉猶如秋月所有蓮華皆為一切
之所樂見及其萎黃人所惡賤善男子盛年
壯色亦復如是悉為一切之所愛樂及其老至
衆所惡賤復次迦葉譬如甘蔗既被壓已滓
无復味善男子壯年盛色亦復如是既被
老壓无三種味一出家味二讀誦味三坐禪
味復次迦葉譬如滿月夜多光明晝則不尒
善男子人亦如是壯則端嚴形貌環瑋老則
衰羸形神枯悴復次迦葉譬如有王常以正

老壓无三種味一出家味二讀誦味三坐禪
味復次迦葉譬如滿月夜多光明晝則不尒
善男子人亦如是壯則端嚴形貌環瑋老則
衰羸形神枯悴復次迦葉譬如有王常以正
法治於國土直實无曲慈悲好施時為敵國
之所破壞流離逃迸遂至他土他土人民見
已生於憐愍之心咸作是言大王往日正法
治國不枉万姓如何一旦流離至此善男子
人亦如是既為衰老所敗壞已常讚壯時所
行事業復次迦葉譬如燈炷唯賴膏油膏油
既盡勢不久停善男子人亦如是唯賴壯膏
壯膏既盡衰老之炷何得久停復次迦葉譬
如枯河不能利益人及非人飛鳥走獸善男
子人亦如是為老所枯不能利益一切作業
復次迦葉譬如河岸臨峻大樹若遇暴風必
當顛墮善男子人亦如是臨老嶮岸死風既
至勢不得住復次迦葉如車軸折不任重載
善男子老亦如是不能諮受一切善法復次
迦葉譬如嬰兒為人所輕善男子老亦如是
常為一切之所輕賤迦葉以是等喻及餘无
量无邊譬喻當知是老實為大苦迦葉是名
菩薩摩訶薩脩行大乘大涅槃經觀於老苦
迦葉云何菩薩摩訶薩脩行大乘大涅槃經
觀於病苦所謂病者能壞一切安隱樂事譬
如雹雨傷壞穀苗復次迦葉如人有怨心常
憂愁而懷恐怖善男子一切衆生亦復如是
常畏病苦心懷憂愁復次迦葉譬如有人形

菩薩摩訶薩脩行大乘大涅槃經觀於老苦
迦葉云何菩薩摩訶薩脩行大乘大涅槃經
觀於病苦所謂病者能壞一切安隱樂事譬
如雹雨傷壞穀苗復次迦葉如人有怨心常
憂愁而懷恐怖善男子一切衆生亦復如是
常畏病苦心懷憂愁復次迦葉譬如有人形
貌端正爲王夫人欲心所愛遣信逼呼與共
交通時王捕得即時使人挑其一目截其一
耳斷一手足是人尒時形容改異人所惡賤
善男子人亦如是雖復身體耳目具足既爲
病苦所輕逼已則爲衆人之所惡賤復次迦
葉如芭蕉樹竹葦蘆騾有子則死善男子人
亦如是有病則死復次迦葉如轉輪王主兵大
臣常在前導王隨後行亦如魚王蟻王蠡
王牛王商主在前行時如是諸衆悉皆隨從
无捨離者善男子死轉輪王亦復如是常隨
病臣不相捨離魚蟻蠡牛商主病王亦復如
是常爲死衆之所隨逐迦葉病因緣者所謂
苦惱愁憂悲歎身心不安或爲怨賊之所逼害
破壞浮囊發撤橋梁亦能劫奪正念根本復
能破壞盛壯好色力勢安樂除捨慚愧能爲
身心焦熱燋然以是等喻及餘无量无邊譬
喻當知病苦是爲大苦迦葉是名菩薩摩訶
薩脩行大乘大涅槃經觀於病苦迦葉云何
菩薩摩訶薩脩行大乘大涅槃經觀於死苦
所謂死者能燒滅故迦葉如火災起能燒一
切唯除二禪力不至故善男子死火亦尒時

薩脩行大乘大涅槃經觀於病苦迦葉云何
菩薩摩訶薩脩行大乘大涅槃經觀於死苦
所謂死者能燒滅故迦葉如火災起能燒一
切唯除二禪力不至故善男子死火亦尒時
燒一切唯除菩薩住於大乘大般涅槃勢不
及故復次迦葉如水災起一切漂沒唯除三
禪力不至故善男子死水亦尒漂沒一切唯
除菩薩住於大乘大般涅槃復次迦葉如風
災起能吹一切悉令散滅唯除四禪力不至
故善男子死風亦尒悉能吹滅一切所有唯
除菩薩住於大乘大般涅槃迦葉菩薩白佛
言世尊彼第四禪以何因緣風不能吹水不
能漂火不能燒佛告迦葉善男子彼第四禪
內外過患一切无故善男子初禪過患內有
覺觀外有火災二禪過患內有歡喜外有水
災三禪過患內有喘息外有風災善男子彼
第四禪內外過患一切俱无是故諸災不能
及之善男子菩薩摩訶薩亦復如是安住大
乘大般涅槃內外過患一切皆盡是故死王
不能及之復次善男子如金翅鳥能噉能消
一切龍魚金銀等寶唯除金剛不能令消善
男子死金翅鳥亦復如是能噉能消一切衆
生唯不能消住於大乘大般涅槃菩薩摩訶
薩復次迦葉譬如河岸所有草木大水暴漲
悉隨漂流入於大海唯除楊柳以其濡故善
男子一切衆生亦復如是悉皆隨流入于死

男子死金翅鳥亦復如是能噉能消一切眾
生唯不能消住於大乘大般涅槃菩薩摩訶
薩復次迦葉譬如河岸所有草木大水暴漲
悉隨漂流入於大海唯除楊柳以其濡故善
男子一切眾生亦復如是悉皆隨流入乎死
海唯除菩薩住於大乘大般涅槃復次迦葉
如那羅延悉能摧伏一切力士唯除大風何
以故以无閡故善男子死那羅延亦復如是
悉能摧伏一切眾生唯除菩薩住於大乘大
般涅槃何以故以无閡故復次迦葉譬如有人
於怨憎中詐現親善常相追逐如影隨形伺
求其便而欲殺之彼怨謹慎堅牢自備故使
是人不能得殺善男子死怨亦尒常伺眾生
而欲殺之唯不能殺住於大乘大般涅槃菩
薩摩訶薩何以故以是菩薩不放逸故復次
迦葉譬如卒降金剛暴雨悉壞藥木諸樹山
林土沙瓦石金銀瑠璃一切之物唯不能壞
金剛真寶善男子金剛死雨亦復如是悉能
破壞一切眾生唯除金剛菩薩住於大乘大
般涅槃復次迦葉如金翅鳥能噉諸龍唯不
能噉受三歸者善男子死金翅鳥亦復如是
能噉一切无量眾生唯除菩薩住三空者何
謂三空空无相願復次迦葉如摩羅毒虵凡
所螫雖有良呪上妙好藥无如之何唯阿
竭多星呪能令除愈善男子死毒所螫亦復
如是一切醫方无如之何唯除菩薩住於大
乘大涅槃呪復次迦葉譬如有人為王所瞋

BD14606號　大般涅槃經（北本）卷一二　（25-15）

謂三空空无相願復次迦葉如摩羅毒虵凡
所螫雖有良呪上妙好藥无如之何唯阿
竭多星呪能令除愈善男子死毒所螫亦復
如是一切醫方无如之何唯除菩薩住於大
乘大涅槃呪復次迦葉譬如有人為王所瞋
其人若能以濡善語貢上財寶便可得脫善
男子死王不尒雖以濡語錢財珎寶而貢上
之亦不得脫善男子夫死者於險難處无有
資粮去處懸遠而无伴侶晝夜常行不知邊
際深邃幽闇无有燈明入无門戶而有處所
雖无痛處不可療治往无遮止到不得脫无
所破壞見者愁毒非是惡色而令人怖敷在
身邊不可覺知迦葉以是等喻及餘无量无
邊譬喻當知是死真為大苦迦葉是名菩薩
摩訶薩脩行大乘大涅槃經觀於死苦迦葉
云何菩薩摩訶薩住於大乘大涅槃經觀愛
別離苦愛別離苦能為一切眾苦根本如說
因愛生憂　因愛生怖　若離於愛　何憂何怖
愛因緣故則生憂苦以憂苦故則令眾生生
於衰老愛別離者所謂命終善男子以別離
故能生種種微細諸苦今當為汝分別顯示
善男子過去之世人壽无量時世有王名為
善住其王尒時為童子身太子治事及登王
位各八万四千歲時王頂上生一肉皰其皰
柔濡如兜羅綿細濡劫貝漸漸增長不以為
患足滿十月皰即開割生一童子其形端正
奇異少雙色像分明人中第一父王歡喜字

BD14606號　大般涅槃經（北本）卷一二　（25-16）

位各八万四千歲時王頂上生一肉皰其皰
柔濡如兜羅綿細濡劫貝漸漸增長不以爲
患足滿十月皰即開割生一童子其形端正
奇異少雙色像分明人中第一父王歡喜字
之頂生時善住王即以國事委付頂生棄捨
宮殿妻子眷屬入山學道滿八万四千歲尒
時頂生於十五日處在高樓沐浴受齋即於
東方有金輪寶其輪千輻轂輞具足非工匠
造自然成就而來應之頂生大王即作是念
我昔曾聞五通仙說若剎利王於十五日處
在高樓沐浴受齋若有金輪千輻不減轂輞
具足非工匠造自然成就而來應者當知是
王即當得作轉輪聖帝復作是念我今當試
即以左手擎此輪寶右執香爐右膝著地而
發誓言是金輪寶若實不虛應如過去轉輪
聖王所行道去作是誓已是金輪寶飛昇虛
空遍十方已還來住在頂生左手尒時頂生
心生歡喜踊躍无量復作是言我今定當作
轉輪王其後不久復有象寶狀貌端嚴如白
蓮華七枝拄地頂生見已復作是念我昔曾
聞五通仙說若轉輪王於十五日處在高樓
沐浴受齋若有象寶狀貌端嚴如白蓮華七
枝拄地而來應者當知是王即是聖人復作
是念我今當試即擎香爐右膝著地而發誓
言是白象寶若實不虛應如過去轉輪聖王
所行道去作是誓已是白象寶從旦至夕周

BD14606號　大般涅槃經（北本）卷一二　　（25–17）

是念我今當試即擎香爐右膝著地而發誓
言是白象寶若實不虛應如過去轉輪聖王
所行道去作是誓已是白象寶從旦至夕周
遍八方盡大海際還住本處尒時頂生心大
歡喜踊躍无量復作是言我今定是轉輪聖
王其後不久次有馬寶其色紺艷髦尾金色
頂生見已復作是念我昔曾聞五通仙說若
轉輪王於十五日處在高樓沐浴受齋若有
馬寶其色紺艷髦尾金色而來應者當知是
王即是聖王復作是念我今當試即執香爐
右膝著地而發誓言是紺馬寶若實不虛應
如過去轉輪聖王所行道去作是誓已是紺
馬寶從旦至夕周遍八方盡大海際還住本
處尒時頂生心大歡喜踊躍无量復作是言
我今定是轉輪聖王其後不久復有女寶形
容端正微妙第一不長不短不白不黑身諸
毛孔出旃檀香口氣香潔如青蓮華其目遠
視見一由旬耳聞鼻嗅亦復如是其舌廣大
出能覆面形色細薄如赤銅葉心聰叡哲有
大智慧於諸衆生常有濡語是女以手觸王
衣時即知王身安樂病患亦知王心所緣之
處尒時頂王復作是念若有女人能知王心
即是女寶其後不久於王宮內自然而有寶
摩尼珠純青瑠璃大如人髀能於闇中照一
由旬若天降雨滴如車軸是珠力能作蓋遍
覆足一由旬遮此大雨不令下過尒時頂生
復作是念若轉輪王得是寶珠必是聖王其

BD14606號　大般涅槃經（北本）卷一二　　（25–18）

摩尼珠純青瑠璃大如人脛能於闇中照一
由旬若天降雨滴如車軸是珠力能作蓋遍
覆足一由旬遮此大雨不令下過尒時頂生
復作是念若轉輪王得是寶珠必是聖王其
後不久有主藏臣自然而出多饒財寶巨富
无量庫藏盈溢无所乏少報得眼根力能徹
見一切地中所有伏藏隨王所念皆能辦之
尒時頂生復欲試之即共乘船入於大海告
藏臣言我今欲得珎異之寶藏臣聞已即以
兩手撓大海水時十指頭出十寶藏以奉聖
王而白王言大王所須隨意用之其餘在者
當投大海尒時頂生心大歡喜踊躍无量復
作念言我今定是轉輪聖王其後不久有主
兵臣自然而出勇健猛略策謀第一善知四
兵若任鬪者則現聖王若不任者退不令現
未摧伏者能令摧伏已摧伏者力能守護尒
時頂生復作是念若轉輪王得是兵寶當知
定是轉輪聖王尒時頂生轉輪聖帝告諸大
臣汝等當知此閻浮提安隱豊樂然我今已
七寶成就千子具足更何所為諸臣答言唯
然大王東弗婆提猶未歸德王應往討尒時
聖王與其七寶一切營從飛空而往東弗婆
提彼土人民歡喜歸化復告大臣我閻浮提
及弗婆提安隱豊樂人民熾盛悉來歸化七
寶成就千子具足復何所為諸臣答言唯然
大王西瞿陁尼猶未歸德尒時聖王復與七

BD14606號　大般涅槃經（北本）卷一二　（25–19）

提彼土人民歡喜歸化復告大臣我閻浮提
及弗婆提安隱豊樂人民熾盛悉來歸化七
寶成就千子具足復何所為諸臣答言唯然
大王西瞿陁尼猶未歸德尒時聖王復與七
寶一切營從飛空而往西瞿陁尼王既至彼
彼土人民亦復歸伏復告大臣我閻浮提及
弗婆提此瞿陁尼安隱豊樂人民熾盛咸以
歸化七寶成就千子具足復何所為諸臣答
言唯然大王北鬱單越猶未歸化尒時聖王
復與七寶一切營從飛空而往北鬱單越王
既至彼彼土人民歡喜歸德復告大臣我四
天下安隱豊樂人民熾盛咸以歸德七寶成
就千子具足更何所為諸臣答言唯然聖王
卅三天壽命極長安隱快樂彼天身形端嚴
无比所居宮殿床褥卧具悉是七寶自恃天
福未來歸化今可往討令其摧伏尒時聖王
復與七寶一切營從飛騰虛空上忉利天見
有一樹其色青緑聖王見已即問大臣此是
何色大臣答言此是彼利質多羅樹忉利諸
天夏三月日常於其下娯樂受樂復見白色
猶如白雲復問大臣彼是何色大臣答言是
善法堂忉利諸天常集其中論人天事於是
天主釋提桓因知頂生王已來在外即出迎
逆見已執手昇善法堂分座而坐彼時二王
形容相貌等无差別唯有視眴為別異耳是
時聖王即生念言我今寧可退彼天主即住

BD14606號　大般涅槃經（北本）卷一二　（25–20）

天主釋提桓因知頂生王已來在外即出迎
逆見已執手昇善法堂分座而坐彼時二王
形容相貌等无差別唯有視眴爲別異耳是
時聖王即生念言我今寧可退彼天主即住
其中爲天王不善男子尒時帝釋受持讀誦
大乘經典開示分別爲他演說唯於深義未
盡通達以是讀誦受持分別爲他廣說因緣
力故有大威德善男子而是頂生於此帝釋
生惡心已即便墮落還閻浮提與所愛念人
天離別生大苦惱復遇惡病即便命終尒時
帝釋迦葉佛是時轉輪聖王則我身是善男
子當知如是愛別離者極爲大苦善男子菩
薩摩訶薩尚憶過去如是等輩愛別離苦何
況菩薩摩訶薩住於大乘大涅槃經而當不觀
現在之世愛別離苦善男子云何菩薩摩訶
薩脩行大乘大涅槃經觀怨憎會苦善男子
是菩薩摩訶薩觀於地獄畜生餓鬼人中天
上皆有如是怨憎會苦譬如人觀牢獄繫閉
枷鏁杻械以爲大苦菩薩摩訶薩亦復如是
觀於五道一切受生悉是怨憎合會大苦復
次善男子譬如有人常畏怨家枷鏁杻械捨
離父母妻子眷屬珎寶生業而遠逃避善男
子菩薩摩訶薩亦復如是畏怖生死具足脩
行六波羅蜜入於涅槃迦葉是名菩薩摩訶
薩脩行大乘大般涅槃觀怨憎會苦善男子
云何菩薩脩行大乘大般涅槃觀求不得苦

BD14606 號　大般涅槃經（北本）卷一二　（25–21）

子菩薩摩訶薩亦復如是畏怖生死具足脩
行六波羅蜜入於涅槃迦葉是名菩薩摩訶
薩脩行大乘大般涅槃觀怨憎會苦善男子
云何菩薩脩行大乘大般涅槃觀求不得苦
求者一切盡求盡求有二種一求善法二求
不善法善法未得苦惡法未離苦是則略說
五盛陰苦迦葉是名苦諦尒時迦葉菩薩摩
訶薩白佛言世尊如佛所說五盛陰苦是義
不然何以故如佛往昔告釋摩男若色苦者
一切衆生不應求色若有求者則不名苦如
佛告諸比丘有三種受苦受樂受不苦不樂
受如佛先爲諸比丘說若有人能脩行善法
則得受樂又如佛說於善道中六觸受樂眼
見好色是則爲樂耳鼻舌身意思好法亦復
如是如佛說偈
持戒則爲樂　身不受衆苦　睡眠得安隱　寤則心歡喜
若受衣食時　誦習而經行　獨處於山林　如是爲最樂
若能於衆生　晝夜常脩慈　因是得常樂　以不惱他故
少欲知足樂　多聞分別樂　无著阿羅漢　亦名爲受樂
菩薩摩訶薩　畢竟到彼岸　所作衆事辦　是名爲最樂
世尊如諸經中所說樂相其義如是如佛今
說云何當與此義相應
佛告迦葉善哉善哉善男子善能諮問如來
是義善男子一切衆生於下苦中横生樂想
是故我今所說苦相與本不異尒時迦葉菩
薩白佛言如佛所說於下苦中生樂相者下

BD14606 號　大般涅槃經（北本）卷一二　（25–22）

佛告迦葉善哉善哉善男子善能諮問如來
是義善男子一切衆生於下苦中横生樂想
是故我今所說苦相與本不異尒時迦葉菩
薩白佛言如佛所說於下苦中生樂相者下
生下老下病下死下愛别離下求不得下怨
憎會下五盛陰如是等苦應亦有樂世尊下
生者所謂三惡中生者所謂人中上生者所
謂天上若復有人作如是問若於下樂生於
苦想於中樂中生无苦樂想於上樂中生於
樂想當云何荅世尊若下苦中生樂想者未
見有人當受千罸初一下時已生樂想若不
生者云何說言於下苦中而生樂想佛告迦
葉如是如是如汝所說以是義故无有樂想
何以故猶如彼人當受千罸受一下已即得
脫者是人尒時便生樂想是故當知於无樂
中妄生樂想迦葉言世尊彼人不以一下生
於樂想以得脫故而生樂想迦葉是故我昔
爲釋摩男說五陰中樂實不虚也迦葉有三
受三苦三受者所謂樂受苦受不苦不樂受
三苦者所謂苦苦行苦壊苦善男子苦受者
名爲三苦所謂苦苦行苦壊苦餘二受者所
謂行苦壊苦善男子以是因緣生死之中實
有樂受菩薩摩訶薩以苦樂性不相捨離是
故說言一切皆苦善男子生死之中實无有
樂但諸佛菩薩随順世間說言有樂迦葉菩
薩白佛言世尊諸佛菩薩若随俗說是虚妄
不如佛所說循行善者則受樂報持戒安樂

BD14606號　大般涅槃經（北本）卷一二　（25–23）

有樂受菩薩摩訶薩以苦樂性不相捨離是
故說言一切皆苦善男子生死之中實无有
樂但諸佛菩薩随順世間說言有樂迦葉菩
薩白佛言世尊諸佛菩薩若随俗說是虚妄
不如佛所說循行善者則受樂報持戒安樂
身不受苦乃至衆事以辦是爲家樂如是等
經所說樂受是虚妄不若是虚妄諸佛世尊
久於无量百千万億阿僧祇劫脩菩提道已
離妄語今作是說其義云何佛言善男子如
上所說諸受樂偈即是菩提道之根本亦能
長養阿耨多羅三藐三菩提以是義故先於
經中說是樂相善男子譬如世間所須資生
能爲樂因故名爲樂所謂女色耽湎飲酒上
饌甘味渴時得水寒時遇火衣服瓔珞象馬
車乘奴婢僮僕金銀瑠璃珊瑚真珠倉庫穀
米如是等物世間所須能爲樂因是名爲樂
善男子如是等物亦能生苦因於女人生男
子苦憂愁悲泣乃至斷命因酒甘味乃至倉
穀亦能令人生大憂惱以是義故一切皆苦
无有樂相善男子菩薩摩訶薩於是八苦解
苦无苦善男子一切聲聞辟支佛等不知樂
因爲如是人於下苦中說有樂相唯有菩薩
住於大乘大般涅槃乃能知是苦因樂因

大般涅槃經卷第十二

BD14606號　大般涅槃經（北本）卷一二　（25–24）

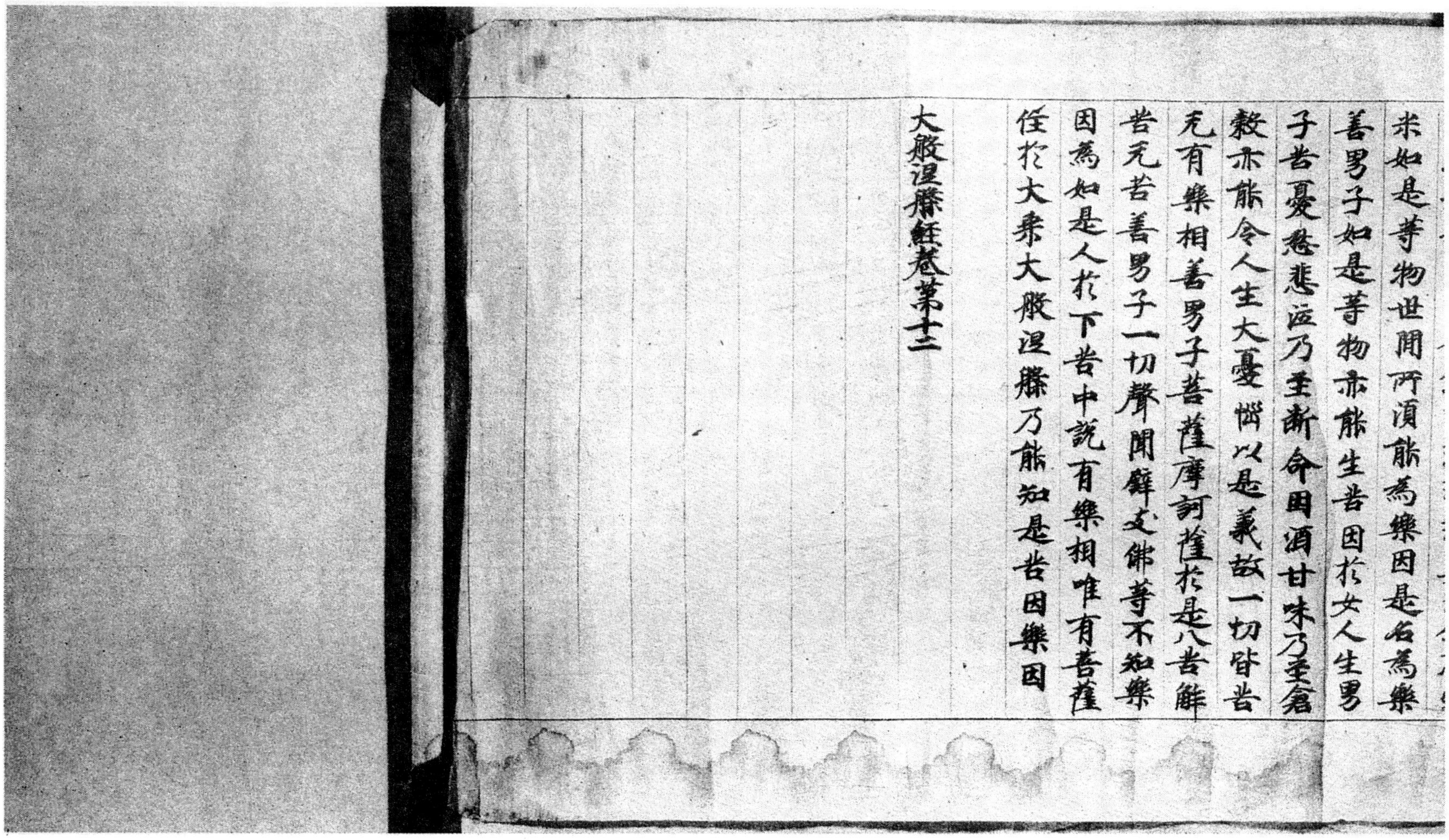
米如是等物世間所須能為樂因是名為樂
善男子如是等物亦能生苦因於女人生男
子苦憂愁悲泣乃至斷命因酒甘味乃至倉
穀亦能令人生大憂惱以是義故一切皆苦
无有樂相善男子菩薩摩訶薩於是八苦解
苦无苦善男子一切聲聞辟支佛等不知樂
因為如是人於下苦中說有樂相唯有菩薩
住於大乘大般涅槃乃能知是苦因樂因

大般涅槃經卷第十二

BD14606號　大般涅槃經（北本）卷一二　　（25–25）

BD14606號背　勘記　　（1–1）

大般若[…]
初分著不著相品第[…]
憍尸迦若菩薩摩訶薩脩[…]
不執是八解脫是八勝處九次第定十遍處
亦不執由八解脫由八勝處九次第定十遍
處亦不執屬八解脫屬八勝處九次第定十
遍處亦不執依八解脫依八勝處九次第定
十遍處是菩薩摩訶薩脩行般若波羅蜜多
雖知諸法如幻乃至如尋香城而不執是幻
乃至是尋香城亦不執由幻乃至由尋香城
亦不執屬幻乃至屬尋香城亦不執依幻乃
至依尋香城
憍尸迦若菩薩摩訶薩脩行般若波羅蜜多
不執是四念住是四正斷四神足五根五力
七等覺支八聖道支亦不執由四念住由四
正斷乃至八聖道支亦不執屬四念住屬四
正斷乃至八聖道支亦不執依四念住依四
正斷乃至八聖道支是菩薩摩訶薩脩行般
若波羅蜜多雖知諸法如幻乃至如尋香城
而不執是幻乃至是尋香城亦不執由幻乃

BD14607號　大般若波羅蜜多經卷二九二　（21–1）

正斷乃至八聖道支亦不執屬四念住屬四
正斷乃至八聖道支亦不執依四念住依四
正斷乃至八聖道支是菩薩摩訶薩脩行般
若波羅蜜多雖知諸法如幻乃至如尋香城
而不執是幻乃至是尋香城亦不執由幻乃
至由尋香城亦不執屬幻乃至屬尋香城亦
不執依幻乃至依尋香城
憍尸迦若菩薩摩訶薩脩行般若波羅蜜多
不執是空解脫門是無相無願解脫門亦不
執由空解脫門由無相無願解脫門亦不執
屬空解脫門屬無相無願解脫門亦不執依
空解脫門依無相無願解脫門是菩薩摩訶
薩脩行般若波羅蜜多雖知諸法如幻乃至
如尋香城而不執是幻乃至是尋香城亦不
執由幻乃至由尋香城亦不執屬幻乃至屬
尋香城亦不執依幻乃至依尋香城
憍尸迦若菩薩摩訶薩脩行般若波羅蜜多
不執是菩薩十地亦不執由菩薩十地亦不
執屬菩薩十地亦不執依菩薩十地是菩薩
摩訶薩脩行般若波羅蜜多雖知諸法如幻
乃至如尋香城而不執是幻乃至是尋香城
亦不執由幻乃至由尋香城亦不執屬幻乃
至屬尋香城亦不執依幻乃至依尋香城
憍尸迦若菩薩摩訶薩脩行般若波羅蜜多
不執是五眼是六神通亦不執由五眼由六
神通亦不執屬五眼屬六神通亦不執依五

BD14607號　大般若波羅蜜多經卷二九二　（21–2）

亦不執由幻乃至由尋香城亦不執屬幻乃
至屬尋香城亦不執依幻乃至依尋香城
憍尸迦若菩薩摩訶薩脩行般若波羅蜜多
不執是五眼是六神通亦不執由五眼由六
神通亦不執屬五眼屬六神通亦不執依五
眼依六神通是菩薩摩訶薩脩行般若波羅
蜜多雖知諸法如幻乃至如尋香城而不執
是幻乃至是尋香城亦不執由幻乃至由尋
香城亦不執屬幻乃至屬尋香城亦不執依
幻乃至依尋香城
憍尸迦若菩薩摩訶薩脩行般若波羅蜜多
不執是佛十力是四無所畏四无礙解大慈
大悲大喜大捨十八佛不共法亦不執由佛
十力由四无所畏乃至十八佛不共法亦不
執屬佛十力屬四無所畏乃至十八佛不共
法亦不執依佛十力依四無所畏乃至十八
佛不共法是菩薩摩訶薩脩行般若波羅蜜
多雖知諸法如幻乃至如尋香城而不執是
幻乃至是尋香城亦不執由幻乃至由尋香城
亦不執屬幻乃至屬尋香城亦不執依幻
乃至依尋香城
憍尸迦若菩薩摩訶薩脩行般若波羅蜜多
不執是無忘失法是恒住捨性亦不執由無
忘失法由恒住捨性亦不執屬無忘失法屬
恒住捨性亦不執依无忘失法依恒住捨性
是菩薩摩訶薩脩行般若波羅蜜多雖知諸
法如幻乃至如尋香城而不執是幻乃至是尋

忘失法由恒住捨性亦不執屬無忘失法屬
恒住捨性亦不執依无忘失法依恒住捨性
是菩薩摩訶薩脩行般若波羅蜜多雖知諸
法如幻乃至如尋香城而不執是幻乃至是尋
香城亦不執由幻乃至由尋香城亦不執
屬幻乃至屬尋香城亦不執依幻乃至依尋
香城
憍尸迦若菩薩摩訶薩脩行般若波羅蜜多
不執是一切智是道相智一切相智亦不執
由一切智由道相智一切相智亦不執屬一
切智屬道相智一切相智亦不執依一切智
依道相智一切相智是菩薩摩訶薩脩行般
若波羅蜜多雖知諸法如幻乃至如尋香城
而不執是幻乃至是尋香城亦不執由幻乃
至由尋香城亦不執屬幻乃至屬尋香城亦
不執依幻乃至依尋香城
憍尸迦若菩薩摩訶薩脩行般若波羅蜜多
不執是一切陁羅尼門是一切三摩地門亦
不執由一切陁羅尼門由一切三摩地門亦
不執屬一切陁羅尼門屬一切三摩地門亦
不執依一切陁羅尼門依一切三摩地門是
菩薩摩訶薩脩行般若波羅蜜多雖知諸法
如幻乃至如尋香城而不執是幻乃至是尋
香城亦不執由幻乃至由尋香城亦不執屬幻
乃至屬尋香城亦不執依幻乃至依尋香
城

如幻乃至如尋香城而不執是幻乃至是尋
香城亦不執由幻乃至由尋香城亦不執屬幻
乃至屬尋香城亦不執依幻乃至依尋香
城
憍尸迦若菩薩摩訶薩脩行般若波羅蜜多
不執是預流果是一來不還阿羅漢果亦不
執由預流果由一來不還阿羅漢果亦不執
屬預流果屬一來不還阿羅漢果亦不執依
預流果依一來不還阿羅漢果是菩薩摩訶
薩脩行般若波羅蜜多雖知諸法如幻乃至
如尋香城而不執是幻乃至是尋香城亦不
執由幻乃至由尋香城亦不執屬幻乃至屬尋
尋香城亦不執依幻乃至依尋香城
憍尸迦若菩薩摩訶薩脩行般若波羅蜜多
不執是獨覺菩提亦不執由獨覺菩提亦不
執屬獨覺菩提亦不執依獨覺菩提是菩薩
摩訶薩脩行般若波羅蜜多雖知諸法如幻
乃至如尋香城而不執是幻乃至是尋香城
亦不執由幻乃至由尋香城亦不執屬幻乃
至屬尋香城亦不執依幻乃至依尋香城
憍尸迦若菩薩摩訶薩脩行般若波羅蜜多
不執是一切菩薩摩訶薩行亦不執由一切
菩薩摩訶薩行亦不執屬一切菩薩摩訶薩
行亦不執依一切菩薩摩訶薩行是菩薩摩
訶薩脩行般若波羅蜜多雖知諸法如幻乃
至如尋香城而不執是幻乃至是尋香城亦
不執由幻乃至由尋香城亦不執屬幻乃至

BD14607 號　大般若波羅蜜多經卷二九二　（21–5）

行亦不執依一切菩薩摩訶薩行是菩薩摩
訶薩脩行般若波羅蜜多雖知諸法如幻乃
至如尋香城而不執是幻乃至是尋香城亦
不執由幻乃至由尋香城亦不執屬幻乃至
屬尋香城亦不執依幻乃至依尋香城
憍尸迦若菩薩摩訶薩脩行般若波羅蜜多
不執是諸佛無上正等菩提亦不執由諸佛
無上正等菩提亦不執屬諸佛無上正等菩
提亦不執依諸佛无上正等菩提是菩薩摩
訶薩脩行般若波羅蜜多雖知諸法如幻乃
至如尋香城而不執是幻乃至是尋香城亦
不執由幻乃至由尋香城亦不執屬幻乃至
屬尋香城亦不執依幻乃至依尋香城
憍尸迦如是菩薩摩訶薩脩行般若波羅蜜
多雖知諸法如幻如夢如響如像如陽焰如
光影如變化事如尋香城而是菩薩摩訶薩
不執是幻是夢是響是像是陽焰是光影是
變化事是尋香城亦不執由幻由夢由響由
像由陽焰由光影由變化事由尋香城亦不
執屬幻屬夢屬響屬像屬陽焰屬光影屬變
化事屬尋香城亦不執依幻依夢依響依像
依陽焰依光影依變化事依尋香城
初分說般若相品第卅七
尒時佛神力故於此三千大千世界所有四
大王衆天三十三天夜摩天覩史多天樂變
化天他化自在天梵衆天梵輔天梵會天大

BD14607 號　大般若波羅蜜多經卷二九二　（21–6）

初分說般若相品第卅七
尒時佛神力故於此三千大千世界所有四
大王衆天三十三天夜摩天覩史多天樂變
化天他化自在天梵衆天梵輔天梵會天大
梵天光天少光天无量光天極光淨天淨天
少淨天无量淨天遍淨天廣天少廣天无量
廣天廣果天无繁天無熱天善現天善見天
色究竟天如是諸天各以天妙栴檀香末遙
散佛上來詣佛所頂礼雙足卻住一面時四
天王天主帝釋索訶界主大梵天王極光淨
天遍淨天廣果天及淨居天等由善根念佛
神力故於十方面各見千佛宣說般若波羅
蜜多義品名字皆同於此請說般若波羅蜜
多苾蒭上首皆名善現問難般若波羅蜜多
天衆上首皆名帝釋尒時世尊告具壽善現
言弥勒菩薩摩訶薩當得阿耨多羅三藐三
菩提時亦於此處宣說如是甚深般若波羅
蜜多此賢劫中當來諸佛亦於此處宣說如
是甚深般若波羅蜜多
尒時具壽善現白佛言世尊弥勒菩薩摩訶
薩得阿耨多羅三藐三菩提時當以何法諸
行相狀宣說如是甚深般若波羅蜜多佛言
善現弥勒菩薩摩訶薩得阿耨多羅三藐三
菩提時當以色非常非无常非樂非苦非我
非无我非淨非不淨非寂靜非不寂靜非遠
離非不遠離非縛非解非有非空非過去非

BD14607號　大般若波羅蜜多經卷二九二　（21–7）

善現弥勒菩薩摩訶薩得阿耨多羅三藐三
菩提時當以色非常非无常非樂非苦非我
非无我非淨非不淨非寂靜非不寂靜非遠
離非不遠離非縛非解非有非空非過去非
未來非現在宣說如是甚深般若波羅蜜多
當以受想行識非常非无常非樂非苦非我
非无我非淨非不淨非寂靜非不寂靜非遠
離非不遠離非縛非解非有非空非過去非
未來非現在宣說如是甚深般若波羅蜜多
善現弥勒菩薩摩訶薩得阿耨多羅三藐三
菩提時當以眼處非常非无常非樂非苦非
我非无我非淨非不淨非寂靜非不寂靜非
遠離非不遠離非縛非解非有非空非過去
非未來非現在宣說如是甚深般若波羅蜜
多當以耳鼻舌身意處非常非无常非樂非
苦非我非无我非淨非不淨非寂靜非不寂
靜非遠離非不遠離非縛非解非有非空非
過去非未來非現在宣說如是甚深般若波
羅蜜多
善現弥勒菩薩摩訶薩得阿耨多羅三藐三
菩提時當以色處非常非无常非樂非苦非
我非无我非淨非不淨非寂靜非不寂靜非
遠離非不遠離非縛非解非有非空非過去
非未來非現在宣說如是甚深般若波羅蜜
多當以聲香味觸法處非常非无常非樂非
苦非我非无我非淨非不淨非寂靜非不寂

BD14607號　大般若波羅蜜多經卷二九二　（21–8）

我非无我非淨非不淨非寂靜非不寂靜非
遠離非不遠離非縛非解非有非空非過去
非未來非現在宣說如是甚深般若波羅蜜
多當以聲香味觸法處非常非无常非樂非
苦非我非无我非淨非不淨非寂靜非不寂
靜非遠離非不遠離非縛非解非有非空非
過去非未來非現在宣說如是甚深般若波
羅蜜多
善現弥勒菩薩摩訶薩得阿耨多羅三藐三
菩提時當以眼界非常非無常非樂非苦非
我非无我非淨非不淨非寂靜非不寂靜非
遠離非不遠離非縛非解非有非空非過去
非未來非現在宣說如是甚深般若波羅蜜
多當以色界眼識界及眼觸眼觸為緣所生
諸受非常非无常非樂非苦非我非无我非
淨非不淨非寂靜非不寂靜非遠離非不遠
離非縛非解非有非空非過去非未來非現
在宣說如是甚深般若波羅蜜多
善現弥勒菩薩摩訶薩得阿耨多羅三藐三
菩提時當以耳界非常非无常非樂非苦非
我非无我非淨非不淨非寂靜非不寂靜非
遠離非不遠離非縛非解非有非空非過去
非未來非現在宣說如是甚深般若波羅蜜
多當以聲界耳識界及耳觸耳觸為緣所生
諸受非常非无常非樂非苦非我非无我非
淨非不淨非寂靜非不寂靜非遠離非不遠
離非縛非解非有非空非過去非未來非現

BD14607 號　大般若波羅蜜多經卷二九二　　（21–9）

多當以聲界耳識界及耳觸耳觸為緣所生
諸受非常非无常非樂非苦非我非无我非
淨非不淨非寂靜非不寂靜非遠離非不遠
離非縛非解非有非空非過去非未來非現
在宣說如是甚深般若波羅蜜多
善現弥勒菩薩摩訶薩得阿耨多羅三藐三
菩提時當以鼻界非常非无常非樂非苦非
我非无我非淨非不淨非寂靜非不寂靜非
遠離非不遠離非縛非解非有非空非過去
非未來非現在宣說如是甚深般若波羅蜜
多當以香界鼻識界及鼻觸鼻觸為緣所生
諸受非常非无常非樂非苦非我非无我非
淨非不淨非寂靜非不寂靜非遠離非不遠
離非縛非解非有非空非過去非未來非現
在宣說如是甚深般若波羅蜜多
善現弥勒菩薩摩訶薩得阿耨多羅三藐三
菩提時當以舌界非常非无常非樂非苦非
我非无我非淨非不淨非寂靜非不寂靜非
遠離非不遠離非縛非解非有非空非過去
非未來非現在宣說如是甚深般若波羅蜜
多當以味界舌識界及舌觸舌觸為緣所生
諸受非常非无常非樂非苦非我非无我非
淨非不淨非寂靜非不寂靜非遠離非不遠
離非縛非解非有非空非過去非未來非現
在宣說如是甚深般若波羅蜜多
善現弥勒菩薩摩訶薩得阿耨多羅三藐三
菩提時當以身界非常非无常非樂非苦非

BD14607 號　大般若波羅蜜多經卷二九二　　（21–10）

離非縛非解非有非空非過去非未來非現
在宣說如是甚深般若波羅蜜多
善現弥勒菩薩摩訶薩得阿耨多羅三藐三
菩提時當以身界非常非无常非樂非苦非
我非无我非淨非不淨非寂靜非不寂靜非
遠離非不遠離非縛非解非有非空非過去
非未來非現在宣說如是甚深般若波羅蜜
多當以觸界身識界及身觸身觸為緣所生
諸受非常非无常非樂非苦非我非无我非
淨非不淨非寂靜非不寂靜非遠離非不遠
離非縛非解非有非空非過去非未來非現
在宣說如是甚深般若波羅蜜多
善現弥勒菩薩摩訶薩得阿耨多羅三藐三
菩提時當以意界非常非无常非樂非苦非
我非无我非淨非不淨非寂靜非不寂靜非
遠離非不遠離非縛非解非有非空非過去
非未來非現在宣說如是甚深般若波羅蜜
多當以法界意識界及意觸意觸為緣所生
諸受非常非无常非樂非苦非我非无我非
淨非不淨非寂靜非不寂靜非遠離非不遠
離非縛非解非有非空非過去非未來非現
在宣說如是甚深般若波羅蜜多
善現弥勒菩薩摩訶薩得阿耨多羅三藐三
菩提時當以地界非常非无常非樂非苦非
我非无我非淨非不淨非寂靜非不寂靜非
遠離非不遠離非縛非解非有非空非過去

BD14607號　大般若波羅蜜多經卷二九二　　（21–11）

善現弥勒菩薩摩訶薩得阿耨多羅三藐三
菩提時當以地界非常非无常非樂非苦非
我非无我非淨非不淨非寂靜非不寂靜非
遠離非不遠離非縛非解非有非空非過去
非未來非現在宣說如是甚深般若波羅蜜
多當以水火風空識界非常非无常非樂非
苦非我非无我非淨非不淨非寂靜非不寂
靜非遠離非不遠離非縛非解非有非空非
過去非未來非現在宣說如是甚深般若波
羅蜜多
善現弥勒菩薩摩訶薩得阿耨多羅三藐三
菩提時當以无明非常非无常非樂非苦非
我非无我非淨非不淨非寂靜非不寂靜非
遠離非不遠離非縛非解非有非空非過去
非未來非現在宣說如是甚深般若波羅蜜
多當以行識名色六處觸受愛取有生老死
愁歎苦憂惱非常非无常非樂非苦非我非
无我非淨非不淨非寂靜非不寂靜非遠離
非不遠離非縛非解非有非空非過去非未
來非現在宣說如是甚深般若波羅蜜多
善現弥勒菩薩摩訶薩得阿耨多羅三藐三
菩提時當以布施波羅蜜多非常非无常非
樂非苦非我非无我非淨非不淨非寂靜非
不寂靜非遠離非不遠離非縛非解非有非
空非過去非未來非現在宣說如是甚深般
若波羅蜜多當以淨戒安忍精進靜慮般若

BD14607號　大般若波羅蜜多經卷二九二　　（21–12）

菩提時當以布施波羅蜜多非常非无常非
樂非苦非我非无我非淨非不淨非寂靜非
不寂靜非遠離非不遠離非縛非解非有非
空非過去非未來非現在宣說如是甚深般
若波羅蜜多當以淨戒安忍精進靜慮般若
波羅蜜多非常非无常非樂非苦非我非无
我非淨非不淨非寂靜非不寂靜非遠離非
不遠離非縛非解非有非空非過去非未來
非現在宣說如是甚深般若波羅蜜多
善現弥勒菩薩摩訶薩得阿耨多羅三藐三
菩提時當以內空非常非无常非樂非苦
我非无我非淨非不淨非寂靜非不寂靜非
遠離非不遠離非縛非解非有非空非過去
非未來非現在宣說如是甚深般若波羅蜜
多當以外空內外空空空大空勝義空有為
空無為空畢竟空无際空散空无變異空本
性空自相空共相空一切法空不可得空無
性空自性空无性自性空非常非无常非樂
非苦非我非无我非淨非不淨非寂靜非不
寂靜非遠離非不遠離非縛非解非有非空
非過去非未來非現在宣說如是甚深般若
波羅蜜多
善現弥勒菩薩摩訶薩得阿耨多羅三藐三
菩提時當以真如非常非无常非樂非苦非
我非无我非淨非不淨非寂靜非不寂靜非
遠離非不遠離非縛非解非有非空非過去
非未來非現在宣說如是甚深般若波羅蜜

善現弥勒菩薩摩訶薩得阿耨多羅三藐三
菩提時當以真如非常非无常非樂非苦非
我非无我非淨非不淨非寂靜非不寂靜非
遠離非不遠離非縛非解非有非空非過去
非未來非現在宣說如是甚深般若波羅蜜
多當以法界法性不虛妄性不變異性平等
性離生性法定法住實際虛空界不思議界
非常非无常非樂非苦非我非无我非淨非
不淨非寂靜非不寂靜非遠離非不遠離非
縛非解非有非空非過去非未來非現在宣
說如是甚深般若波羅蜜多
善現弥勒菩薩摩訶薩得阿耨多羅三藐三
菩提時當以苦聖諦非常非无常非樂非苦
非我非无我非淨非不淨非寂靜非不寂靜
非遠離非不遠離非縛非解非有非空非過
去非未來非現在宣說如是甚深般若波羅
蜜多當以集滅道聖諦非常非无常樂非非
苦非我非无我非淨非不淨非寂靜非不寂
靜非遠離非不遠離非縛非解非有非空非
過去非未來非現在宣說如是甚深般若波
羅蜜多
善現弥勒菩薩摩訶薩得阿耨多羅三藐三
菩提時當以四靜慮非常非无常非樂非苦
非我非无我非淨非不淨非寂靜非不寂靜
非遠離非不遠離非縛非解非有非空非過
去非未來非現在宣說如是甚深般若波羅
蜜多當以四无量四無色定非常非无常非

去非未來非現在宣說如是甚深般若波羅
蜜多當以四正斷四神足五根五力七等覺
支八聖道支非常非无常非樂非苦非我非
无我非淨非不淨非寂靜非不寂靜非遠離
非不遠離非縛非解非有非空非過去非未
來非現在宣說如是甚深般若波羅蜜多
善現弥勒菩薩摩訶薩得阿耨多羅三藐三
菩提時當以空解脫門非常非无常非樂非
苦非我非无我非淨非不淨非寂靜非不寂
靜非遠離非不遠離非縛非解非有非空非
過去非未來非現在宣說如是甚深般若波
羅蜜多當以无相无願解脫門非常非无常
非樂非苦非我非无我非淨非不淨非寂靜
非不寂靜非遠離非不遠離非縛非解非有
非空非過去非未來非現在宣說如是甚深
般若波羅蜜多
善現弥勒菩薩摩訶薩得阿耨多羅三藐三
菩提時當以菩薩十地非常非无常非樂非
苦非我非无我非淨非不淨非寂靜非不寂
靜非遠離非不遠離非縛非解非有非空非
過去非未來非現在宣說如是甚深般若波
羅蜜多
善現弥勒菩薩摩訶薩得阿耨多羅三藐三
菩提時當以五眼非常非无常非樂非苦非
我非无我非淨非不淨非寂靜非不寂靜非
遠離非不遠離非縛非解非有非空非過去

BD14607號　大般若波羅蜜多經卷二九二　　（21–15）

善現弥勒菩薩摩訶薩得阿耨多羅三藐三
菩提時當以五眼非常非无常非樂非苦非
我非无我非淨非不淨非寂靜非不寂靜非
遠離非不遠離非縛非解非有非空非過去
非未來非現在宣說如是甚深般若波羅蜜
多當以六神通非常非无常非樂非苦非我
非无我非淨非不淨非寂靜非不寂靜非遠
離非不遠離非縛非解非有非空非過去非
未來非現在宣說如是甚深般若波羅蜜多
善現弥勒菩薩摩訶薩得阿耨多羅三藐三
菩提時當以佛十力非常非无常非樂非苦
非我非无我非淨非不淨非寂靜非不寂靜
非遠離非不遠離非縛非解非有非空非過
去非未來非現在宣說如是甚深般若波羅
蜜多當以四無所畏四无礙解大慈大悲大
喜大捨十八佛不共法非常非无常非樂非
苦非我非无我非淨非不淨非寂靜非不寂
靜非遠離非不遠離非縛非解非有非空非
過去非未來非現在宣說如是甚深般若波
羅蜜多
善現弥勒菩薩摩訶薩得阿耨多羅三藐三
菩提時當以无忘失法非常非无常非樂非
苦非我非无我非淨非不淨非寂靜非不寂靜
非遠離非不遠離非縛非解非有非空非過
去非未來非現在宣說如是甚深般若波羅
蜜多當以恒住捨性非常非无常非樂非

BD14607號　大般若波羅蜜多經卷二九二　　（21–16）

非遠離非不遠離非縛非解非有非空非過
去非未來非現在宣說如是甚深般若波羅
蜜多當以恒住捨性非常非无常非樂非
苦非我非无我非淨非不淨非寂靜非不寂
靜非遠離非不遠離非縛非解非有非空非
過去非未來非現在宣說如是甚深般若波
羅蜜多
善現弥勒菩薩摩訶薩得阿耨多羅三藐三
菩提時當以一切智非常非无常非樂非苦
非我非无我非淨非不淨非寂靜非不寂靜
非遠離非不遠離非縛非解非有非空非過
去非未來非現在宣說如是甚深般若波羅
蜜多當以道相智一切相智非常非无常非
樂非苦非我非無我非淨非不淨非寂靜非
不寂靜非遠離非不遠離非縛非解非有非
空非過去非未來非現在宣說如是甚深般
若波羅蜜多
善現弥勒菩薩摩訶薩得阿耨多羅三藐三
菩提時當以一切陁羅尼門非常非无常非
樂非苦非我非無我非淨非不淨非寂靜非
不寂靜非遠離非不遠離非縛非解非有非
空非過去非未來非現在宣說如是甚深般
若波羅蜜多當以一切三摩地門非常非无
常非樂非苦非我非无我非淨非不淨非寂
靜非不寂靜非遠離非不遠離非縛非解非
有非空非過去非未來非現在宣說如是甚

BD14607號　大般若波羅蜜多經卷二九二　（21–17）

若波羅蜜多當以一切三摩地門非常非无
常非樂非苦非我非无我非淨非不淨非寂
靜非不寂靜非遠離非不遠離非縛非解非
有非空非過去非未來非現在宣說如是甚
深般若波羅蜜多
善現弥勒菩薩摩訶薩得阿耨多羅三藐三
菩提時當以預流果非常非无常非樂非苦
非我非无我非淨非不淨非寂靜非不寂靜
非遠離非不遠離非縛非解非有非空非過
去非未來非現在宣說如是甚深般若波羅
蜜多當以一來不還阿羅漢果非常非无常
非樂非苦非我非无我非淨非不淨非寂靜
非不寂靜非遠離非不遠離非縛非解非有
非空非過去非未來非現在宣說如是甚深
般若波羅蜜多
善現弥勒菩薩摩訶薩得阿耨多羅三藐三
菩提時當以獨覺菩提非常非无常非樂非
苦非我非無我非淨非不淨非寂靜非不寂
靜非遠離非不遠離非縛非解非有非空非
過去非未來非現在宣說如是甚深般若波
羅蜜多
善現弥勒菩薩摩訶薩得阿耨多羅三藐三
菩提時當以一切菩薩摩訶薩行非常非無
常非樂非苦非我非無我非淨非不淨非寂
靜非不寂靜非遠離非不離遠非縛非解非
有非空非過去非未來非現在宣說如是甚
深般若波羅蜜多

BD14607號　大般若波羅蜜多經卷二九二　（21–18）

常非樂非苦非我非無我非淨非不淨非寂
靜非不寂靜非遠離非不遠離非縛非解非
有非空非過去非未來非現在宣說如是甚
深般若波羅蜜多
善現弥勒菩薩摩訶薩得阿耨多羅三藐三
菩提時當以諸佛無上正等菩提非常非無
常非樂非苦非我非無我非淨非不淨非寂
靜非不寂靜非遠離非不遠離非縛非解非
有非空非過去非未來非現在宣說如是甚
深般若波羅蜜多
尒時具壽善現復白佛言世尊弥勒菩薩摩
訶薩得阿耨多羅三藐三菩提時證何等法
復說何法佛言善現弥勒菩薩摩訶薩得阿
耨多羅三藐三菩提時證色畢竟淨法說色
畢竟淨法證受想行識畢竟淨法說受想行
識畢竟淨法證眼處畢竟淨法說眼處畢竟
淨法證耳鼻舌身意處畢竟淨法說耳鼻舌
身意處畢竟淨法證色處畢竟淨法說色處
畢竟淨法證聲香味觸法處畢竟淨法說聲
香味觸法處畢竟淨法證眼界畢竟淨法說
眼界畢竟淨法證色界眼識界及眼觸眼觸
為緣所生諸受畢竟淨法說色界眼識界及
眼觸眼觸為緣所生諸受畢竟淨法證耳界
畢竟淨法說耳界畢竟淨法證聲界耳識界
及耳觸耳觸為緣所生諸受畢竟淨法說聲
界耳識界及耳觸耳觸為緣所生諸受畢竟

BD14607號　大般若波羅蜜多經卷二九二　（21–19）

為緣所生諸受畢竟淨法說色界眼識界及
眼觸眼觸為緣所生諸受畢竟淨法證耳界
畢竟淨法說耳界畢竟淨法證聲界耳識界
及耳觸耳觸為緣所生諸受畢竟淨法說聲
界耳識界及耳觸耳觸為緣所生諸受畢竟
淨法證鼻界畢竟淨法說鼻界畢竟淨法
證香界鼻識界及鼻觸鼻觸為緣所生諸受畢
竟淨法說香界鼻識界及鼻觸鼻觸為緣所
生諸受畢竟淨法證舌界畢竟淨法說舌界
畢竟淨法證味界舌識界及舌觸舌觸為緣
所生諸受畢竟淨法說味界舌識界及舌觸
舌觸為緣所生諸受畢竟淨法證身界畢竟
淨法說身界畢竟淨法證觸界身識界及身
觸身觸為緣所生諸受畢竟淨法說觸界身
識界及身觸身觸為緣所生諸受畢竟淨法
證意界畢竟淨法說意界畢竟淨法證法界
意識界及意觸意觸為緣所生諸受畢竟淨
法說法界意識界及意觸意觸為緣所生諸
受畢竟淨法證地界畢竟淨法說地界畢竟
淨法證水火風空識界畢竟淨法說水火風
空識界畢竟淨法證無明畢竟淨法說無明
畢竟淨法證行識名色六處觸受愛取有生
老死愁歎苦憂惱畢竟淨法說行識名色六
處觸受愛取有生老死愁歎苦憂惱畢竟淨
法

大般若波羅蜜多經卷第二百九十二

BD14607號　大般若波羅蜜多經卷二九二　（21–20）

受畢竟淨法證地界畢竟淨法說地界畢竟
淨法證水火風空識界畢竟淨法說水火風
空識界畢竟淨法證無明畢竟淨法說無明
畢竟淨法證行識名色六處觸受愛取有生
老死愁歎苦憂惱畢竟淨法說行識名色六
處觸受愛取有生老死愁歎苦憂惱畢竟淨
法
大般若波羅蜜多經卷第二百九十二
索懷濤

BD14607 號　大般若波羅蜜多經卷二九二　（21–21）

二
卅

BD14607 號背　勘記　（1–1）

耶父同
同名舍
彼佛不
七第八第九第十人
舍利弗復有第十一人是人彼若干微塵中
取一微塵破為十方若干世界微塵數分如
是餘微塵亦悉破為若干世界微塵數分舍
利弗於意云何彼微塵分可知數不舍利弗
言不也世尊佛告舍利弗復有人彼若干微
塵分佛國土為過一步如是速疾神通行東
方世界无量无邊劫下一微塵東方盡如是
微塵若著微塵及不著者下至水際上至有
頂淵中微塵如是南方乃至十方至水際上
至有頂淵中微塵舍利弗於意云何彼微塵
可知數不舍利弗言不也世尊佛告舍利弗
彼若干微塵分可知其數然現今在世同名
釋迦牟尼佛毋同名摩訶摩耶父同名輸頭
檀王城同名迦毗羅第一弟子同名舍利弗
目揵連侍者[illegible]

BD14608號　佛名經（十六卷本）卷一一　（25-1）

可知數不舍利弗言不也世尊佛告舍利弗
彼若干微塵分可知其數然現今在世同名
釋迦牟尼佛毋同名摩訶摩耶父同名輸頭
檀王城同名迦毗羅第一弟子同名舍利弗
目揵連侍者弟子同名阿難陁不可數知何
況種種異名佛異名毋異名父異名城異名
弟子異名侍者舍利弗我若干微塵數劫住
世說一同名釋迦牟尼不可窮盡如是同名
然燈佛同名提波延佛同名燈光明佛同名
一切勝佛同名稱佛同名波頭摩勝佛同名
毗婆尸佛同名尸棄佛同名毗舍浮佛同名
拘留孫佛同名拘那含佛同名迦葉佛如是
等異名乃至異名侍現在世者我今悉知汝
等應當一心敬礼
尒時佛告舍利弗若善男子善女人求阿耨
多羅三藐三菩提者當先懺悔一切諸罪若
比丘犯四重罪比丘尼犯八重罪式叉摩那
沙弥沙弥尼犯出家根本罪若優婆塞犯優
婆塞重戒優婆夷犯優婆夷重戒欲懺悔者
當洗浴著新淨衣不食葷辛當在靜處脩治
室內以諸幡華莊嚴道場香泥塗地懸四十
九枚幡莊嚴佛坐安置佛像燒種種香旃檀
沉水勳陸多伽羅蘇揵陁種種末香塗香燒
如是等種種妙香散種種華興大慈悲願救
苦衆生未度者令度未解令解未安者令安
未涅槃者令得涅槃晝夜思惟如來本行苦
行於无量劫受諸苦惱不生疲猒為求无上
菩提故於一切衆生自生下心如重業心若

BD14608號　佛名經（十六卷本）卷一一　（25-2）

如是等種種妙香散種種華興大慈悲願救
苦衆生未度者令度未解令解未安者令安
未涅槃者令得涅槃晝夜思惟如来本行苦
行於无量劫受諸苦惱不生疲猒爲求无上
菩提故於一切衆生自生下心如僮僕心若
比丘懺悔四重罪如是晝夜卌九日當對八
清淨比丘發露所犯罪七日一對發露至心
慇重悔昔所作一心歸命十方諸佛稱名礼
拜隨力隨分如是至心滿卌九日罪必除滅
是人得清淨時當有相現若於覺中若於
夢中見十方諸佛與其記莂或見菩薩與其
記莂將詣道場共爲已伴或與摩頂示滅罪
相或自見身入大會中處在衆次或自見身
處衆說法或見諸師淨行沙門將詣道場示
其諸佛舍利弗若比丘懺悔罪時若見如是
相者當知是人罪垢得滅除不至心若比丘
尼懺悔八重罪者當如比丘法法是卌九日
當得清淨除不至心若式叉摩那沙弥沙弥
尼懺悔根本重罪當對四清淨比丘比丘尼
如上法滿廿一日當知清淨除不至心若優婆
塞優婆夷懺重式罪應當至心恭敬三寶若
見沙門恭敬礼拜生難遭想當請詣道場設
種種供養當請一比丘心敬重者就其發露
所犯諸罪至心懺悔一心歸命十方諸佛稱
名礼拜如是滿足七日必得清淨除不至心
尒時世尊而說偈言
得成菩提降伏魔　自在經行道樹下
證无障㝵眼及身　法界平等如虛空

所犯諸罪至心懺悔一心歸命十方諸佛稱
名礼拜如是滿足七日必得清淨除不至心
尒時世尊而說偈言
得成菩提降伏魔　自在經行道樹下
證无障㝵眼及身　法界平等如虛空
十億國土微塵數　菩薩弟子衆圍遶
得於一切寂靜心　善住普賢諸行中
佛身相好妙莊嚴　放於種種无量光
普照十方諸國土　諸佛不可思議力
見諸國土悉无垢　无量妙色清淨滿
諸佛所有勝妙事　承佛神力見大衆
東方世界名寶幢　遠離諸垢妙莊嚴
彼處自在寶燈佛　於今現在彼世界
南方頗梨燈國土　清淨妙色普嚴淨
摩尼清淨雲如来　現今在世說妙色
西方无垢清淨土　名爲安樂妙世界
彼自在佛无量壽　菩薩弟子現圍遶
北方世界名香燈　國土清淨甚嚴飾
无浮光幢佛所化　現今自在道場樹
琉璃光明真妙色　國土清淨勝莊嚴
无㝵光雲佛如来　於今現在東北方
光明照幢世界中　現見滿足諸菩薩
自在吼聲佛彼處　現今在於東南方
種種樂樂佛世界　摩尼莊嚴妙无垢
勝妙智月如須弥　現見在於西南方
現見西北方如来　弥留光明平等界
彼處大聖自在佛　弟子菩薩衆圍遶
下方世界自在光　國土清淨寶炎藏
[illegible]

種種樂樂佛世界　摩尼莊嚴妙无垢
勝妙智月如須弥　現見在於西南方
現見西北方如來　弥留光明平等界
彼處大聖自在佛　弟子菩薩衆圍遶
下方世界自在光　國土清淨寶炎藏
光明妙輪不空見　佛今住彼妙國土
上方世界光炎藏　彼世界名淨无垢
普眼功德光明雲　現見菩提樹下坐
即時舍利弗等大衆承佛神力見十方過去
未來現在諸佛无量无邊尒時舍利弗在大
衆中悲泣流淚白佛言希有世尊若善男子
善女人不發阿耨多羅三藐三菩提心者不
得成佛我等昔來猶如腐草雖逢春陽无悕
秋實尒時慧命舍利弗即從坐起偏袒右肩
右膝着地合掌白佛世尊世尊願更廣說十
方所有諸佛名号我等樂聞尒時佛告舍利
弗汝當至心諦聽我爲汝說舍利弗從此世
界東方過百千億世界有佛世界名然燈彼
世界有佛名寶集
阿羅訶三藐三佛陁現在說法舍利弗若有
善男子善女人聞彼佛名至心受持憶念是
善男子善女人畢竟得七覺分三昧得不退
轉阿耨多羅三藐三菩提心超越世間六十
劫尒時世尊以偈頌曰
東方然燈界　有佛名寶集　若人聞名者　超廿六十劫
舍利弗東方有世界名寶集
彼世界有佛名寶勝
阿羅訶三藐三佛陁現在說法若善男子善

BD14608號　佛名經（十六卷本）卷一一　（25–5）

劫尒時世尊以偈頌曰
東方然燈界　有佛名寶集　若人聞名者　超廿六十劫
舍利弗東方有世界名寶集
彼世界有佛名寶勝
阿羅訶三藐三佛陁現在說法若善男子善
女人聞彼佛名至心受持憶念讀誦合掌礼
拜若復有善男子善女人以滿足三千大千
世界弥寶布施如是日月布施滿一百歲如
此布施福德比前至心礼拜功德百分不及
一千分不及一百千分不及一數分不及一筭
不及一譬喻不及一尒時世尊以偈頌曰
寶集世界　有佛寶勝　若人聞名　施不及一
舍利弗從此東方過八百世界有佛世界名
香積彼世界有佛名
成就盧舍那
阿羅訶三藐三佛陁現在說法若人聞彼佛
名受持讀誦憶念礼拜超越世間五百劫
舍利弗從此世界東方過千世界名樹提跋
提彼世有佛名
盧舍那鏡像
阿羅訶三藐三佛陁現在說法若善男子善
女人聞彼佛名受持讀誦至心憶念恭敬礼
拜得脫三惡道
舍利弗從此東方過二千世界有佛國土名
无量光明功德世界有佛名
盧舍那光明
阿羅訶三藐三佛陁若善男子善女人聞彼
佛名五體投地深心敬重受持讀誦恭敬礼

BD14608號　佛名經（十六卷本）卷一一　（25–6）

舍利弗從此東方過二千世界有佛國土名
无量光明功德世界有佛名
盧舍那光明
阿羅訶三藐三佛陁若善男子善女人聞彼
佛名五體投地深心敬重受持讀誦恭敬礼
拜是人超越世間廿劫
舍利弗東方過千世界有佛國土名可樂彼
佛名　不動應供正遍知
若善男子善女人聞彼佛名受持讀誦恭敬
礼拜是人畢竟不退阿耨多羅三藐三菩提
一切諸魔所不能動
舍利弗東方過千世界有佛世界名不可量
彼處佛名　大光明
阿羅訶三藐三佛陁現在說法若善男子善
女人聞彼光明佛名受持讀誦恭敬礼拜是
人常不離一切諸佛菩薩畢竟得不退轉阿
耨多羅三藐三菩提心
舍利弗從此佛國土東方過六十千世界有
佛世界名然炬佛名
不可量聲
阿羅呵三藐三佛陁現在說法若善男子善
女人聞彼阿弥陁佛名三遍稱南无无量聲
如来南无无量聲如来南无无量聲如来是
人畢竟不墮三惡道定心阿耨多羅三藐三
菩提
舍利弗復過彼世界度千佛國土有佛世界
名无塵彼有佛同名　阿弥陁劬沙
阿羅訶三藐三佛陁現在說法若善男子善

人畢竟不墮三惡道定心阿耨多羅三藐三
菩提
舍利弗復過彼世界度千佛國土有佛世界
名无塵彼有佛同名　阿弥陁劬沙
阿羅訶三藐三佛陁現在說法若善男子善
女人聞彼佛名深心敬重受持讀誦恭敬礼
拜是人超越世間十二劫
舍利弗復過廿千佛國土有佛世界名難勝
彼處　有佛名大稱
阿羅訶三藐三佛陁若善男子善女人聞彼
佛名合掌作如是言南无大稱如来若復有
人以須弥山等七寶日日布施滿一百歲比
聞此佛名礼拜功德百分不及一乃至筭數
分不及一
次礼十二部尊経大藏法輪
南无句義経　南无鷹王経
南无須達経　南无弘道三昧経
南无義決律経　南无須耶越國貧人経
南无齋経　南无等入法嚴経
南无陰持入経　南无佛說護淨経
南无方便心論経　南无諫心経
南无摩訶刹頭経　南无中陰経
南无所欲致患経　南无流離王経
南无孫陁耶致経　南无逝経
南无僧大経　南无夫婦経
南无佛般泥洹後灌臘経　南无天皇梵摩経
南无遺日定行経　南无十二死経
南无[illegible]口雜経　南无[illegible]経

南无阿谷至悲经　南无訶帝王经
南无孫陁耶致经　南无逝经
南无僧大经　南无夫婦经
南无佛般泥洹後灌臘经　南无天皇梵摩经
南无遺日定行经　南无十二死经
南无和難经　南无施陁梨呪经
南无犯戒罪報輕重经　南无菩薩大業经
次礼十方諸大菩薩
南无等觀菩薩　南无不等觀菩薩
南无等不等觀菩薩　南无定自在王菩薩
南无法自在王菩薩　南无法相菩薩
南无光相菩薩　南无光嚴菩薩
南无大嚴菩薩　南无寶積菩薩
南无辯積菩薩　南无寶手菩薩
南无寶印手菩薩　南无常舉手菩薩
南无常下手菩薩　南无常慘菩薩
南无喜根菩薩　南无喜王菩薩
南无辯音菩薩　南无虚空藏菩薩
南无執寶炬菩薩　南无寶勇菩薩
南无寶見菩薩　南无帝網菩薩
南无明網菩薩　南无无緣觀菩薩
次礼聲聞緣覺一切賢聖
南无見人飛騰辟支佛　南无可波羅辟支佛
南无秦摩剎辟支佛　南无月淨辟支佛
南无善智辟支佛　南无脩陁辟支佛
南无善法辟支佛　南无應求辟支佛
南无髻求辟支佛　南无大勢辟支佛
南无脩行不著辟支佛　南无難捨辟支佛

BD14608號　佛名經（十六卷本）卷一一　（25-9）

南无秦摩剎辟支佛　南无月淨辟支佛
南无善智辟支佛　南无脩陁辟支佛
南无善法辟支佛　南无應求辟支佛
南无髻求辟支佛　南无大勢辟支佛
南无脩行不著辟支佛　南无難捨辟支佛
歸命如是等无量无邊辟支佛
礼三寶已次復懺悔
以共懺悔身三業竟今當次第懺悔口四惡
業經法說言口業之罪能令衆生墮於地獄
餓鬼受苦若在畜生則受鵂鶹鴝鵒鳥形聞
其聲者无不憎惡若生人中口氣常臭所有
言說人不信受眷屬不和常好鬪諍口業既
有如是惡果是故弟子今日至誠歸依於佛
南无東方須弥燈王佛　南无南方大功德佛
南无西方无量力佛　南无北方寶華生德佛
南无東南方一切覺惠佛
南无西南方无量辯才佛
南无西北方蓮華生王佛
南无東北方滅一切優佛
南无下方至光明王佛
南无上方電燈王幢佛
如是十方盡虚空界一切三寶
弟子等自從无始以來至於今日妄言兩舌
惡口綺語傳空說有說有言空不見言見見
言不見不聞言聞聞言不聞不知言知知言
不知欺賢罔聖言行相乖自稱譽得過人法
我得四禪四无色定阿那般那十六行觀得
須陁洹至阿羅漢我得辟支佛不退菩薩天

BD14608號　佛名經（十六卷本）卷一一　（25-10）

言不見不聞言聞聞言不聞不知言知知言
不知欺賢因聖言行相乖自稱譽得過人法
我得四禪四无色定阿那般那十六行觀得
須陁洹至阿羅漢我得辟支佛不退菩薩天
来龍鬼来神来旋風土鬼皆至我所彼問我
荅顯異或衆要世名利如是等罪今悉懺悔
又復无始以来至於今日或讒言鬬亂交扇
彼此兩舌鬬搆敗弄口舌向彼讒此道彼離
他眷屬壞人善友使押密者為疎親舊者成
怨或綺辞不實言不及義誣謗君父平薄師
長破壞忠良埋沒勝己通致二國彼此扇作
浮華虛巧嚴言常虛口是心非其迹非一對
面譽歎背則呵毀讚誦耶書侍耶惡法或惡
口罵詈言語麁獷或呼天扣地牽引鬼神如
是口業所生語諸罪无量无邊今日至到向
十方佛尊法聖衆皆悉懺悔
願弟子等承是懺悔口業衆罪所生功德生
生世世具八音聲四无㝵辯常說和合利益
之語其聲清雅一切樂聞善解衆生方俗言
說若有所說應時應根令彼聽者即得解悟
超凡入聖開發慧眼 礼一拜
舍利弗復過三千佛國土有世界名光明佛
名　寶光明
從此以上八千七百佛十二部經一切賢聖
阿羅訶三藐三佛陁若善男子善女人受持
彼佛名超越世間劫得不退轉心阿耨多羅
三藐三菩提若有人不信聞名得如此功德

阿羅訶三藐三佛陁若善男子善女人受持
彼佛名超越世間劫得不退轉心阿耨多羅
三藐三菩提若有人不信聞名得如此功德
是人當墮阿毗地獄滿是一百劫
舍利弗東方過十五佛國土有世界名光明
照彼處有佛名　得大无畏
阿羅訶三藐三佛陁現在說法若善男子善
女人聞彼佛名受持讀誦恭敬礼拜是人畢
竟得大无畏攝取无量无邊功德聚舍利弗
過第七千佛國土有世界名摩尼光明彼處
有佛名　然燈佛
阿羅訶三藐三佛陁現在說法若善男子善
女人聞彼佛名至心恭敬礼拜受持讀誦是
人攝得如来十力
舍利弗復過八千佛國土有寶世界彼世界
中有佛名　寶聲如来阿羅訶三藐三佛
陁現在說法若善男子善女人聞彼佛名至
心受持讀誦至心礼拜是人畢竟得四聖諦
畢竟得阿耨多羅三藐三菩提
舍利弗復過廿千佛國土有佛世界名光明
佛名　无邊无垢
阿羅訶三藐三佛陁現在說法若善男子善
女人聞彼佛名至心信受受持讀誦恭敬礼
拜若復有人以滿三千大千世界七寶布施
比聞无垢佛名受持讀誦功德千万分不及
一乃至竿數分不及一何以故若衆生善根
微薄不能得聞无垢佛名若有善男子善女

女人聞彼佛名至心信受受持讀誦恭敬礼
拜若復有人以滿三千大千世界七寶布施
比聞无垢佛名受持讀誦功德千万分不及
一乃至筭數分不及一何以故若衆生善根
微薄不能得聞无垢佛名若有善男子善女
人聞无邊離垢如来名是人非於一佛所種
諸善根亦非十佛所種諸善根是人乃是百
千万佛種諸善根是人超越世間卌八劫
舍利弗東方過九十佛國土有世界名妙聲
佛名　月聲　阿羅訶三藐三佛陁現在說
法若善男子善女人聞彼佛名能受持讀誦
至心礼敬是人所得一切功德白法具足如
滿月畢竟得阿耨多羅三藐三菩提
舍利弗復過十千佛國土有世界名无畏佛
名　阿无邊稱
阿羅訶三藐三佛陁現在說法若善男子善
女人聞彼佛名受持讀誦合掌作如是言南
无无邊稱世尊若復有人七寶如須弥等布
施日日如是滿足百年此福德聚比持佛名
功德百分不及一乃至筭數譬喻所不能及
舍利弗復過千五百佛國土有世界名日然
燈佛名　日月光明
阿羅訶三藐三佛陁現在說法若善男子善
女人聞彼佛名受持讀誦䠒跪合掌右膝著
地三遍作如是言南无日月光明世尊南无
日月光明世尊南无日月光明世尊是人速
成阿耨多羅三藐三菩提

BD14608號　佛名經（十六卷本）卷一一　（25–13）

女人聞彼佛名受持讀誦䠒跪合掌右膝著
地三遍作如是言南无日月光明世尊南无
日月光明世尊南无日月光明世尊是人速
成阿耨多羅三藐三菩提
舍利弗復過三千佛國土有世界名无垢
佛名无垢光明
阿羅訶三藐三佛陁現在說法若善男子善
女人天龍夜叉羅刹若人非人聞是佛名畢
竟不退阿耨多羅三藐三菩提不入惡道
舍利弗東方過十千佛國土有世界名百光
明佛名清淨光明
阿羅訶三藐三佛陁現在說法若天龍夜叉
人非人聞名者必得人身遠貪瞋癡煩惱若
人聞不信者六十千劫墮大地獄
舍利弗復過　佛國土有世界名善德佛名
日光明　阿羅訶三藐三佛陁現在說法
若人畢竟請淨心稱佛名所得功德滿足如
日輪畢竟能一切諸魔外道超越世間卌劫
舍利弗復過六十千佛國土有世界名住七
覺分佛名　无邊寶
阿羅訶三藐三佛陁現在說法若人聞彼佛
名是人具足得七寶分能置衆生著勝寶中
畢竟成就无量功德聚
舍利弗復過五百佛國土有世界名華鏡像
佛名　華勝
阿羅訶三藐三佛陁現在說法若人聞彼佛
名信心敬重彼人一切善法成就如華敷超

BD14608號　佛名經（十六卷本）卷一一　（25–14）

舍利弗復過五百佛國土有世界名華鏡像
佛名　華勝
阿羅訶三藐三佛陁現在說法若人聞彼佛
名信心敬重彼人一切善法成就如華敷超
越世間五十五劫
舍利弗復過百千億佛國土有世界名遠離
一切煩惱佛名　妙身
阿羅訶三藐三佛陁現在說法若人聞彼佛
名至心敬重礼拜供養是人畢竟遠離一切
諸障不入惡道超越世間无量劫
舍利弗若比丘比丘尼優婆塞優婆夷欲懺
悔諸罪當淨洗浴著新淨衣淨治室内敷高
坐安置佛像懸廿五枚幡種種華香供養誦
此廿五佛名日夜六時懺悔滿廿五日滅四
重八重等罪式叉摩那沙弥沙弥尼亦如是
尒時舍利弗白佛言世尊唯願世尊為我說
過去七佛姓名壽命長短我等樂聞佛告舍
利弗諦聽諦聽當為汝說舍利弗過去九十
一劫
有佛名毗婆尸如来過去卅劫有佛名尸棄
如来　彼劫中復有毗舍浮如来自
此以後无量无邊劫空過无佛至賢劫中有
四佛　拘留孫佛
拘那含牟尼佛　迦葉佛
我釋迦牟尼佛毗婆尸佛壽命八十千劫尸
棄佛壽命六十千劫
毗舍浮佛壽命二千劫　拘留孫佛壽命

BD14608號　佛名經（十六卷本）卷一一　（25–15）

我釋迦牟尼佛毗婆尸佛壽命八十千劫尸
棄佛壽命六十千劫
毗舍浮佛壽命二千劫　拘留孫佛壽命
十四小劫　拘那含牟尼佛壽命卅小劫
迦葉佛壽命二小劫我現在寂小壽命一百
歲毗婆尸佛尸棄佛毗舍浮佛刹利家生
拘留孫佛　拘那含佛　迦葉佛　婆羅門家生
舍利弗我釋迦牟尼刹利家生
毗婆尸佛　尸棄佛毗舍浮佛　三佛姓　拘隣
拘留孫佛　拘那含牟尼佛　迦葉佛此三佛姓
迦葉　舍利弗我釋迦牟尼佛姓瞿曇
舍利弗毗婆尸佛波吒羅樹下得阿耨多羅
三藐三菩提
尸棄佛分陁利樹下得阿耨多羅三藐三菩
提
毗舍浮佛莎羅樹下得阿耨多羅三藐三菩
提
拘那含牟尼佛尸利沙樹下得阿耨多羅三
藐三菩提
拘留孫佛憂頭跋樹下得阿耨多羅三藐三
菩提
迦葉佛尼拘律樹下得阿耨多羅三藐三菩
提
我釋迦牟尼阿說他樹下得阿耨多羅三藐
三菩提
毗婆尸棄三集聲聞尸棄佛三集聲聞
毗舍浮佛再集聲聞　拘留孫佛一集聲

BD14608號　佛名經（十六卷本）卷一一　（25–16）

我釋迦牟尼阿説他樹下得阿耨多羅三藐
三菩提
毗婆尸棄三集聲聞 尸棄佛三集聲聞
毗舍浮佛再集聲聞 拘留孫佛一集聲
聞 拘那牟尼佛一集聲聞
迦葉佛一集聲聞 我釋迦牟尼佛
一集聲聞 毗婆尸佛第一聲聞
弟子一名吉沙二名有荼
毗舍浮佛第一聲聞弟子一名星宿二名上
拘留孫佛第一聲聞弟子一名疾二名力
拘那含牟尼佛第一聲聞弟子一名活二名
毗頭羅 尸棄佛第一聲聞弟子名勝二
名自在
迦葉佛第一聲聞弟子一名輸那 二名頗羅
隨 我釋迦牟尼佛第一聲聞弟子一名
舍利弗二名目揵連如上二人等前者智惠
第一後神通第一毗婆尸佛侍者名无憂尸
棄佛侍者名離畏毗舍浮佛侍者名寂
拘留孫佛侍者名智拘那含文尼佛侍者名
親 迦葉佛侍者名迦夫我侍者名歡喜
毗婆尸佛子名成陰尸棄佛子名不可量
毗舍浮佛子名善智 拘留孫佛
子名上拘那含文尼佛子名勝
迦葉佛子名道師 我子名羅睺羅
毗婆尸佛父名槃頭母名槃頭意城名槃
頭尸棄佛父名鉤那母名勝城名阿樓那
跋提
毗舍浮佛父名阿婁耶天子母稱意成名隨

BD14608號 佛名經（十六卷本）卷一一 （25–17）

迦葉佛子名道師 我子名羅睺羅
毗婆尸佛父名槃頭母名槃頭意城名槃
頭尸棄佛父名鉤那母名勝城名阿樓那
跋提
毗舍浮佛父名阿樓耶天子母稱意城名隨
意
拘留孫佛婆羅門種父名功德母名廣彼天
子名无畏城亦名无畏
拘那含文尼佛父婆羅門種名火德母名
難勝天子名莊嚴城亦名莊嚴
迦葉佛父婆羅門種名淨德母名善才天
子名知使城亦名知使今時波羅奈城是
我今父名輸頭檀王母名摩訶摩耶城名
迦毗羅
舍利弗應當敬礼我本師謂釋迦牟尼佛
稱妙佛降伏一切德
南无然燈光佛 南无无畏佛
南无法勝佛
如是等初一大阿僧祇劫有八十億佛寂後
名釋迦牟尼佛
第二阿僧祇劫初寶勝佛
然燈佛 如聲佛 勝成佛
善見佛 善眼佛 提持羅吒佛
師子无畏自在不違善眼善山善意旃檀
降伏熱降伏闍師子奮迅妙聲无量威德
淨德炎見第一義復有釋迦牟尼妙行勝妙
寂靜妙身功德梵梵命月降自在調山目陁

BD14608號 佛名經（十六卷本）卷一一 （25–18）

師子无畏自在不違善眼善山善意旃檀
降伏勢降伏闍師子奮迅妙聲无量威德
淨德炎見第一義復有釋迦牟尼妙行勝妙
寂靜妙身功德梵梵命月降自在調山目陁
羅財此是第二大阿僧祇劫有如是等七十
二億佛應當敬礼
舍利弗大力大精進淨德大明陽炎復有釋
迦牟尼大龍大威德堅行栴檀寶山因陁羅
幢无畏作冨樓那寶髻波頭摩勝妙勝无垢
與光明降伏惡彼斯他大幢頗羅墮畢沙星
宿毗婆尸尸棄拘隣毗舍浮能作光明不可
勝復有尸棄善見寂後釋迦牟尼第三大阿
僧祇劫中有如是等七十一億佛應當敬
礼
舍利弗如是等過去无量佛等應當敬礼
南无歡喜增長佛　南无人自在王佛
南无不動佛　南无大聖佛
南无歡喜佛　南无自在佛
南无普光明佛　南无滿足佛
南无拘隣佛　南无安隱佛
南无大精進佛　南无智慧佛
南无大稱佛　南无阿毱律佛
南无妙勝佛　南无不猒足佛
南无大光炎聚佛　南无月光佛
南无大威德佛　南无普寶蓋佛
南无那羅延光明佛　南无師子乘光明佛
南无離一切憂惱光明佛　南无堅固光明佛

BD14608號　佛名經（十六卷本）卷一一　（25–19）

南无大光炎聚佛　南无月光佛
南无大威德佛　南无普寶蓋佛
南无那羅延光明佛　南无師子乘光明佛
南无離一切憂惱光明佛　南无堅固光明佛
南无雲王光明佛　南无无垢辟光明佛
南无成就義光明佛　南无勝護光明佛
南无梵勝天王王光明佛
南无如是等同名不可說不可說佛
舍利弗汝應當敬礼无量壽佛國安樂世
界觀世音菩薩得大勢菩薩以爲上首
及无量无邊菩薩如是摩利支世界難勝佛
國土光明幢菩薩光明勝菩薩以爲上首
及无量无邊阿僧祇菩薩衆如是可樂世界
阿閦佛國土香象菩薩妙香菩薩以爲上首
及无量无邊菩薩衆如是盧舍那世界日月
佛國土師子菩薩師子慧菩薩以爲上首
及无量无邊菩薩衆如是不瞬世界善月佛
國土莎羅胎菩薩一切法得自在菩薩以爲
上首
及无量无邊菩薩衆樂成世界寶炎如來佛
國土不空奮迅菩薩不空見菩薩以爲上首
及无量无邊菩薩衆觀世界普觀如來佛國
土雲菩薩法王菩薩以爲上首
及无量无邊菩薩衆見愛世界觀世音如來
佛國土降伏魔菩薩山王菩薩以爲上首
及无量无邊菩薩衆如是等十方世界一切
佛國土一切菩薩我皆歸命

BD14608號　佛名經（十六卷本）卷一一　（25–20）

及无量无邊菩薩衆見愛世界觀世音如来
佛國土降伏魔菩薩山王菩薩以爲上首
及无量无邊菩薩衆如是等十方世界一切
佛國土一切菩薩我皆歸命
舍利弗歸命善清淨无垢寶功德集勝王佛
南无因陁羅幢佛　南无普照佛
南无清淨光明王佛　南无金山光明師子奮迅佛
南无普勝山功德佛　南无善住功德摩尼山王佛
南无普見王佛　南无金剛勝佛
南无普賢佛　南无普照佛
南无寶法勝決定佛　南无无畏王佛
次礼十二部尊經大藏法輪
南无菩薩所生地經　南无分然逗國迦羅越經
南无菩薩五十德行經　南无差摩竭經
南无諦了生死本經　南无阿差末菩薩經
南无了本生死經　南无師比丘經
南无呪盡道呪經　南无善馬有三相經
南无長者法志妻經　南无呪毒虵神呪經
南无移山經　南无須真太子經
南无聖法印經　南无諸佛要集經
南无七夢經　南无四貪想經
南无九傷經　南无諸福德田經
南无神呪辟除賊害經　南无尼吒國王經
南无比丘分衛經　南无鑪炭經
南无梵摩經　南无須陁逗四功德經
南无持戒而教人殺生經　南无蓮華女經
次礼十方諸大菩薩
南无慧積菩薩　南无寶勝菩薩

BD14608號　佛名經（十六卷本）卷一一　（25-21）

南无梵摩經　南无須陁逗四功德經
南无持戒而教人殺生經　南无蓮華女經
次礼十方諸大菩薩
南无慧積菩薩　南无寶勝菩薩
南无天王菩薩　南无壞魔菩薩
南无電德菩薩　南无自在王菩薩
從此以上八千八百佛十二部經一切賢聖
南无功德相嚴菩薩　南无師子吼菩薩
南无雷音菩薩　南无山相擊音菩薩
南无香象菩薩　南无白香象菩薩
南无常精進菩薩　南无不休息菩薩
南无妙生菩薩　南无華嚴菩薩
南无觀世音菩薩　南无得大勢菩薩
南无梵網菩薩　南无寶杖菩薩
南无无勝菩薩　南无嚴土菩薩
南无金髻菩薩　南无珠髻菩薩
南无弥勒菩薩
南无文殊師利法王子菩薩
次礼聲聞緣覺一切賢聖
南无寶辟支佛　南无不可比辟支佛
南无歡喜辟支佛　南无喜辟支佛
南无隨喜辟支佛　南无十二婆羅門辟支佛
南无十同名婆羅辟支佛　南无火身辟支佛
南无同菩提辟支佛　南无摩訶男辟支佛
南无心上辟支佛　南无縣淨辟支佛
歸命如是等无量无邊辟支佛
礼三寶已次復懺悔

BD14608號　佛名經（十六卷本）卷一一　（25-22）

南无同善提辟支佛　南无摩訶男辟支佛
南无心上辟支佛　南无騃淨辟支佛
歸命如是等无量无邊辟支佛
礼三寶已次復懺悔
已懺悔身三口四竟次須懺悔佛法僧門一
切諸障經中佛說人身難得佛法難聞衆僧
難值信心難生六根難具善友難得而今相
與宿殖善根得此人身六根完具又值善友
得聞正法於其中間復各不能盡心精勤至
到恐於未來長溺万苦无有出期是故今日
應須至到慚愧稽首歸依於佛
南无東方滿月光明佛　南无南方自在王佛
南无西方无邊光佛　南无北方金剛王佛
南无東南方師子音佛　南无西南方香烏遊戲佛
南无西北方須弥相佛　南无東北方寶冣高德佛
南无下方寶優鉢華佛　南无上方廣衆德佛
如是等十方盡虛空界一切三寶
弟子等自從无始以來至於今日常以无明
覆心煩惱障意見佛形像不能盡心恭敬輕
蔑衆僧殘害善友破塔毀寺焚燒形像出佛
身血或自處華堂安處尊像卑猥之處使烟
勳日曝風吹雨露塵土汙坌雀鼠殘毀共住
共宿曽无礼敬或裸露像身初不嚴飾或遮
掩燈燭開閉殿宇障佛光明如是等罪今日
至誠皆悲懺悔
又復无始以來至于今日或於法閒不淨手
抓把捉經卷或臨經書非法俗話或安置牀

掩燈燭開閉殿宇障佛光明如是等罪今日
至誠皆悲懺悔
又復无始以來至于今日或於法閒不淨手
抓把捉經卷或臨經書非法俗話或安置牀
頭坐起不敬或開閉箱篋蟲嚙朽爛或首軸
脫落部黨失次或讖脫漏誤紙墨破裂自不
脩理不肯流轉如是等罪今悲懺悔
或眠地聽經仰卧讀誦高聲語笑亂他聽法
或耶解佛語僻說聖意非法說法法說非法
非犯說犯犯說非犯輕罪說重重罪說輕或
抄前著後抄後著前前後著中中著前後綺
飾文辞安置已典或為利養名譽恭敬為人
說法无道德心求法師過而為論議非理彈
擊不為長解求出世法或輕慢佛語尊重耶
教毀呰大乘讚聲聞道如是等罪无量无邊
今日至到皆悲懺悔
又復无始以來至於今日或於僧閒有障殺
害阿羅漢破和合僧害發无上菩提心人斷
滅佛種使聖道不行或罷脫人道鞭拷沙門
楚撻驅使苦言加謗或破戒破於威儀或勸
他人捨於八正受行五法或假託形儀闚竊
賊住如是等罪今悲懺悔
或裸形輕衣在經像前不淨脚履蹹上殿塔
或着屧屐入僧伽藍涕唾堂房汙佛僧地乘
車策馬排突寺舍今如是等於三寶閒所起
罪障无量无邊今日至到向十方佛尊法賢
衆皆悲懺悔
願弟子等承是懺悔佛法僧閒所有罪障生

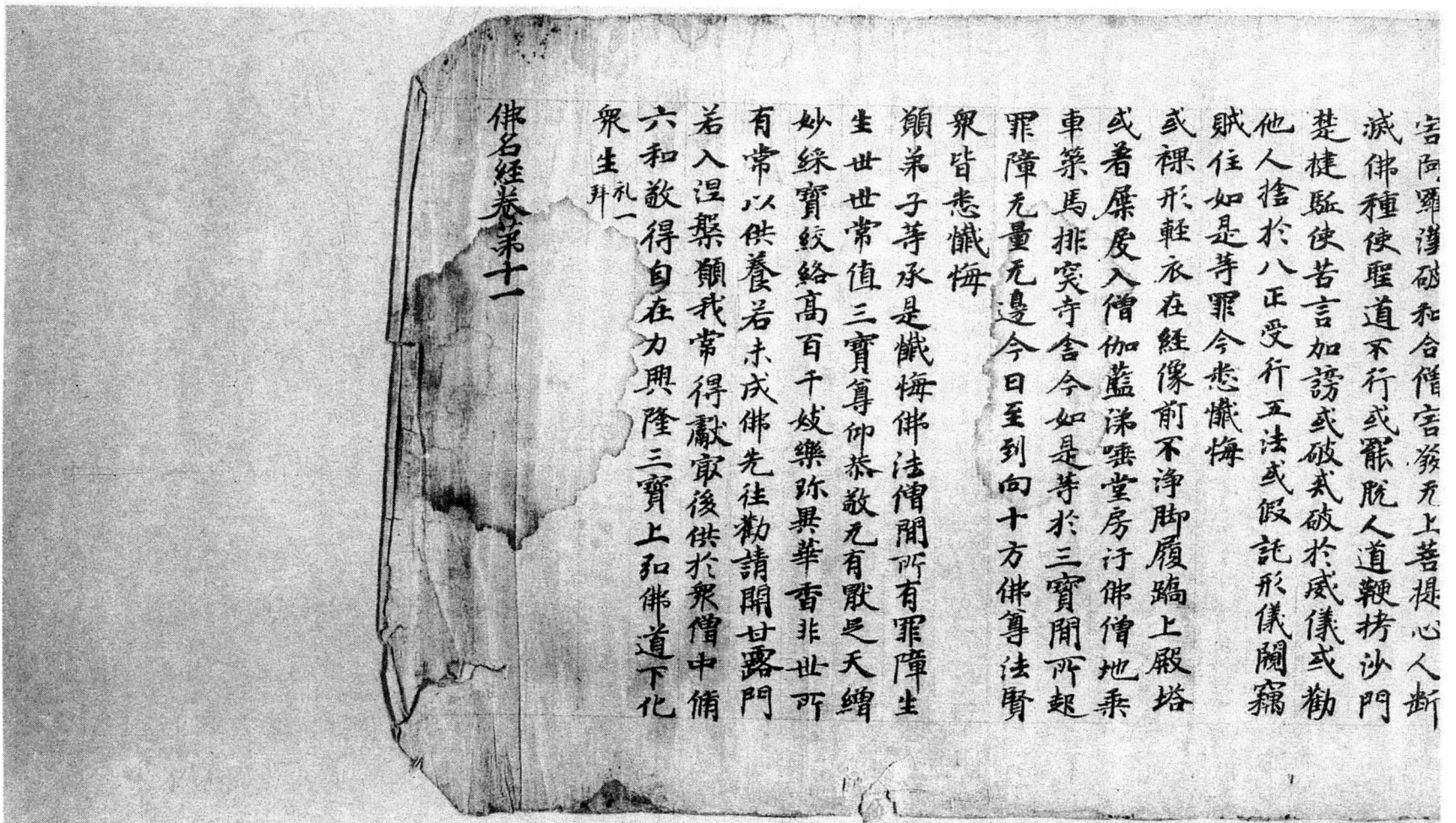

害阿羅漢破和合僧害發无上菩提心人斷
滅佛種使聖道不行或罷脫人道鞭栲沙門
楚撻駈使苦言加謗或破戒破於威儀或勸
他人捨於八正受行五法或假託形儀闚竊
賊住如是等罪今悉懺悔
或裸形輕衣在經像前不淨脚履蹋上殿塔
或着屧屐入僧伽藍涕唾堂房汙佛僧地乘
車策馬排突寺舍今如是等於三寶間所起
罪障无量无邊今日至到向十方佛尊法賢
聖衆皆悉懺悔
願弟子等承是懺悔佛法僧間所有罪障生
生世世常值三寶尊仰恭敬无有猒足天繒
妙綵寶絞絡高百千妓樂珎異華香非世所
有常以供養若未成佛先往勸請開甘露門
若入涅槃願我常得獻最後供於衆僧中脩
六和敬得自在力興隆三寶上弘佛道下化
衆生 礼一拜

佛名経卷第十一

BD14608號　佛名經（十六卷本）卷一一　（25–25）

如是我聞一時佛[illegible]樹及給孤獨園以大比丘衆

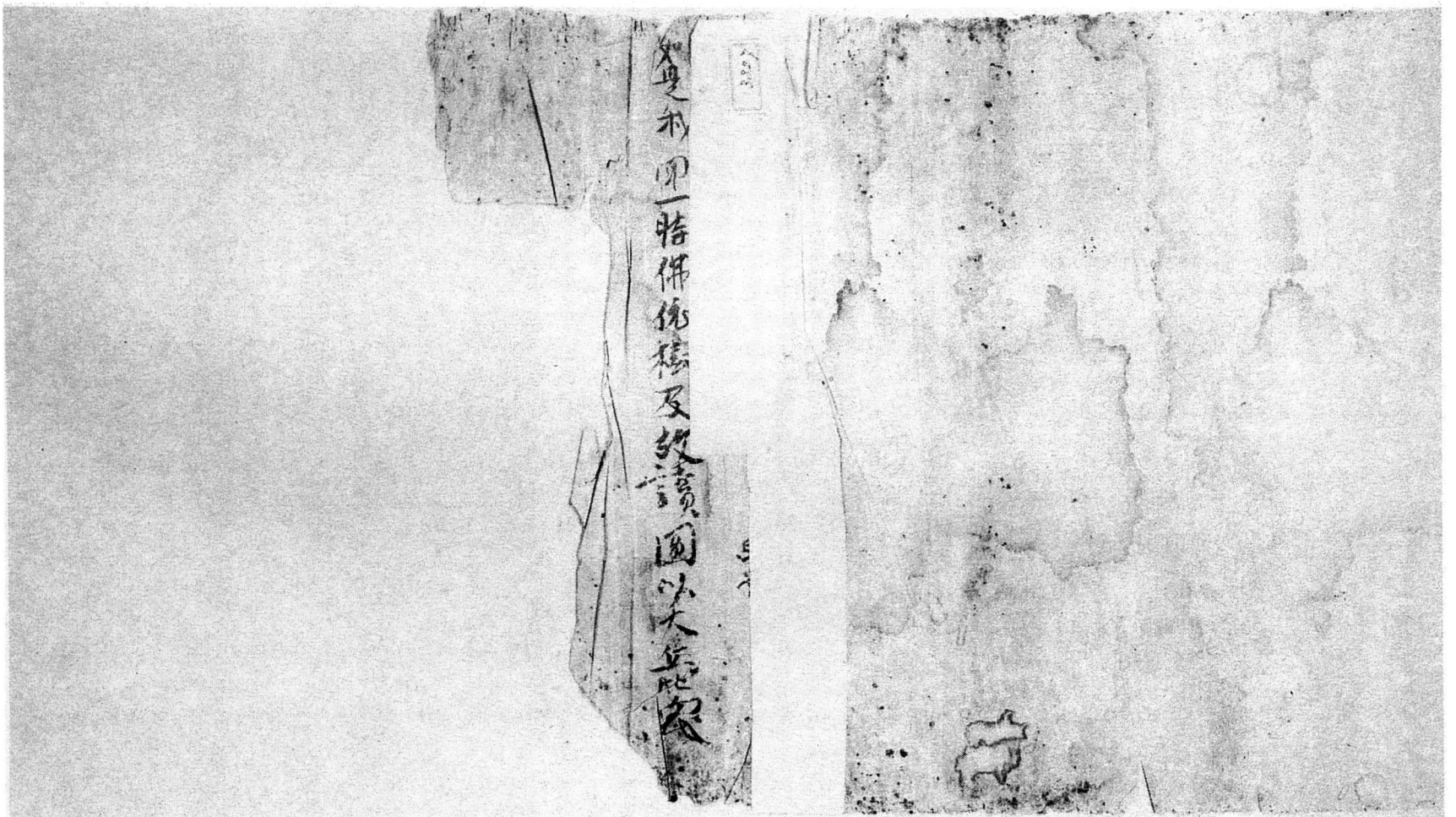

BD14608號背　雜寫　（1–1）

即現在真如若過
在真如若如来真如同一真如無二無別
真如即如来真如如来真如即色真如受想
行識真如即如来真如如来真如即受想行
識真如若色真如若受想行識真如若如来
真如同一真如無二無別眼處真如即如来
真如如来真如即眼處真如耳鼻舌身意處
真如即如来真如如来真如即耳鼻舌身意
處真如若眼處真如若耳鼻舌身意處真如
若如来真如同一真如無二無別色處真如
即如来真如如来真如即色處真如聲香味
觸法處真如即如来真如如来真如即聲香
味觸法處真如若色處真如若聲香味觸法
處真如若如来真如同一真如無二無別眼
界真如即如来真如如来真如即眼界真如
耳鼻舌身意界真如即如来真如如来真如
即耳鼻舌身意界真如若眼界真如若耳鼻
舌身意界真如若如来真如同一真如無二
無別色界真如即如来真如如来真如即色

BD14609號　大般若波羅蜜多經卷四四七　（20–1）

處真如若如来真如同一真如無二無別眼
界真如即如来真如如来真如即眼界真如
耳鼻舌身意界真如即如来真如如来真如
即耳鼻舌身意界真如若眼界真如若耳鼻
舌身意界真如若如来真如同一真如無二
無別色界真如即如来真如如来真如即色
界真如聲香味觸法界真如即如来真如如
来真如即聲香味觸法界真如若色界真如
若聲香味觸法界真如若如来真如同一真
如無二無別眼識界真如即如来真如如来
真如即眼識界真如耳鼻舌身意識界真如
即如来真如如来真如即耳鼻舌身意識界
真如若眼識界真如若耳鼻舌身意識界真
如若如来真如同一真如無二無別眼觸真
如即如来真如如来真如即眼觸真如耳鼻
舌身意觸真如即如来真如如来真如即耳
鼻舌身意觸真如若眼觸真如若耳鼻舌身
意觸真如若如来真如同一真如無二無別
眼觸為緣所生諸受真如即如来真如如来
真如即眼觸為緣所生諸受真如耳鼻舌身
意觸為緣所生諸受真如即如来真如如来
真如即耳鼻舌身意觸為緣所生諸受真如
若眼觸為緣所生諸受真如若耳鼻舌身意
觸為緣所生諸受真如若如来真如同一真
如無二無別我真如即如来真如来真如即
我真如有情命者生養者士夫補特伽羅
意生儒童作者受者知者見者真如即如
来真如如来真如即有情乃至見者真如若我

BD14609號　大般若波羅蜜多經卷四四七　（20–2）

觸為緣所生諸受真如若如来真如同一真
如無二無別我真如即如来真如来真如即
我真如有情命者生養者士夫補特伽羅
意生儒童作者受者知者見者真如即如
来真如如来真如即有情乃至見者真如若我
真如若有情乃至見者真如若如来真如同
一真如無二無別布施波羅蜜多真如即如
来真如如来真如即布施波羅蜜多真如浄
戒安忍精進靜慮般若波羅蜜多真如即如
来真如如来真如即浄戒乃至般若波羅蜜
多真如若布施波羅蜜多真如若浄戒乃至
般若波羅蜜多真如若如来真如同一真如
無二無別内空真如即如来真如如来真如
即内空真如外空内外空空空大空勝義空
有為空無為空畢竟空無際空散無散空本
性空自共相空一切法空不可得空無性空
自性空無性自性空真如即如来真如如来
真如即外空乃至無性自性空真如若内空
真如若外空乃至無性自性空真如若如来
真如同一真如無二無別真如真如即如来真
如如来真如即真如法界法性不虛妄
性不變異性平等性離生性法定法住實際
虛空界不思議界真如即如来真如如来真
如即法界乃至不思議界真如若真如真如
若法界乃至不思議界真如若如来真如同
一真如無二無別苦聖諦真如即如来真如
如来真如即苦聖諦真如集滅道聖諦真如
即如来真如如来真如即集滅道聖諦真如

如即法界乃至不思議界真如若真如真如
若法界乃至不思議界真如若如来真如同
一真如無二無別苦聖諦真如即如来真如
如来真如即苦聖諦真如集滅道聖諦真如
即如来真如如来真如即集滅道聖諦真如
若苦聖諦真如若集滅道聖諦真如若如来
真如同一真如無二無別四念住真如即如
来真如如来真如即四念住真如四正斷四
神足五根五力七等覺支八聖道支真如即
如来真如如来真如即四正斷乃至八聖道
真如若四念住真如若四正斷乃至八聖道
真如若如来真如同一真如無二無別四靜
慮真如即如来真如如来真如即靜慮真
如四無量四無色定真如即如来真如如来
真如即四無量四無色定真如若四靜慮真
如若四無量四無色定真如若如来真如同
一真如無二無別八解脫真如即如来真如
如来真如即八解脫真如八勝處九次第定
十遍處真如即如来真如如来真如即八勝
處九次第定十遍處真如若八解脫真如若
八勝處九次第定十遍處真如若如来真如同
一真如無二無別空解脫門真如即如来真
如如来真如即空解脫門真如無相無願解脫
門真如即如来真如如来真如即無相無願解
脫門真如若空解脫門真如若無相無願解脫
門真如若如来真如同一真如無二無別三乘
十地真如即如来真如如来真如即三乘十
地真如菩薩十地真如即如来真如如来真

脫門真如若空解脫門真如若無相無願解脫
門真如若如来真如同一真如無二無別三乘
十地真如即如来真如即三乘十
地真如菩薩十地真如即如来真如即如来真
如即菩薩十地真如若三乘十地真如若菩
薩十地真如若如来真如同一真如無二無
別五眼真如即如来真如即五眼
真如六神通真如即如来真如即
六神通真如若五眼真如若六神通真如若
如来真如同一真如無二無別佛十力真如
即如来真如即佛十力真如即四無
所畏四無礙解大慈大悲大喜大捨十八佛
不共法真如即如来真如即四無
所畏乃至十八佛不共法真如若佛十力真
如若四無所畏乃至十八佛不共法真如若
如来真如同一真如無二無別三十二大士
相真如即如来真如即三十二大
士相真如八十随好真如即如来
真如即八十随好真如若三十二大士相真
如若八十随好真如若如来真如同一真如無
二無別無忘失法真如即如来真如即如
真如即無忘失法真如恒住捨性真如即如
来真如即恒住捨性真如若無忘
失法真如若恒住捨性真如若如来真如同
一真如無二無別陁羅尼門真如即如来真
如如来真如即陁羅尼門真如三摩地門真
如即如来真如即三摩地門真如
若陁羅尼門真如若三摩地門真如若如来

BD14609號　大般若波羅蜜多經卷四四七　（20–5）

失法真如若恒住捨性真如若如来真如同
一真如無二無別陁羅尼門真如即如来真
如如来真如即陁羅尼門真如三摩地門真
如即如来真如即三摩地門真如
若陁羅尼門真如若三摩地門真如若如来
真如同一真如無二無別預流果真如即如
来真如如来真如即預流果真如一来不還
阿羅漢果獨覺菩提真如即如来真如如来
真如即一来果乃至獨覺菩提真如若預流
果真如若一来果乃至獨覺菩提真如若如
来真如同一真如無二無別一切菩薩摩訶
薩行真如即如来真如即一切菩
薩摩訶薩行真如諸佛無上正等菩提真如
即如来真如如来真如即諸佛無上正等菩提
真如若一切菩薩摩訶薩行真如若諸佛无
上正等菩提真如若如来真如同一真如無
二無別一切智真如即如来真如
即一切智真如道相智一切相智真如即
如来真如如来真如即道相智一切相智真
如若一切智真如若道相智一切相智真如
若如来真如同一真如無二無別天衆當知
諸菩薩摩訶薩現證如是一切法真如說名如
如来應正等覺我於如是諸法真如能深信解
故說善現從如来生
當說如是真如相時於此三千大千世界諸山
大地六種變動東踊西沒西踊東沒南踊北
沒北踊南沒中踊邊沒邊踊中沒尒時欲

BD14609號　大般若波羅蜜多經卷四四七　（20–6）

故說善現從如來生
當說如是真如相時於此三千大千世界諸山
大地六種變動東踊西沒西踊東沒南踊北
沒北踊南沒中踊邊沒邊踊中沒爾時欲
界色界天衆復以天上栴檀香末多揭羅香
末多摩羅香末及以天上嗢鉢羅花鉢特摩
花拘某陁花奔荼利花奉散如來及善現上
而白佛言甚奇如來未曾有也大德善現由真
如故隨如來生爾時具壽善現便謂諸天
衆言諸天當知然我善現不由色故隨如來
生不由色真如故隨如來生不離色故隨如來
生不離色真如故隨如來生不由受想行
識故隨如來生不由受想行識真如故隨如
來生不離受想行識故隨如來生不離受想
行識真如故隨如來生如是乃至不由一切智
故隨如來生不由一切智真如故隨如來
生不離一切智故隨如來生不離一切智真
如故隨如來生不由道相智一切相智故隨
如來生不由道相智一切相智真如故隨如
來生不離道相智一切相智故隨如來生不
離道相智一切相智真如故隨如來生不由
有為故隨如來生不由有為真如故隨如來
生不離有為故隨如來生不離有為真如故
隨如來生不由無為故隨如來生不由無為
真如故隨如來生不離無為故隨如來生不
離無為真如故隨如來生何以故諸天衆是
一切法都無所有諸隨生者若所隨生由此
隨生隨生時處皆不可得

BD14609號　大般若波羅蜜多經卷四四七　（20–7）

隨如來生不由無為故隨如來生不由無為
真如故隨如來生不離無為故隨如來生不
離無為真如故隨如來生何以故諸天衆是
一切法都無所有諸隨生者若所隨生由此
隨生隨生時處皆不可得
爾時舍利子白佛言世尊諸法真如法界法
性不虛妄性不變異性平等性離生性法定
法住實際虛空界不思議界皆甚深謂於
此中色不可得色真如亦不可得何以故此
中色尚不可得況有色真如可得此中受想行
識不可得受想行識真如亦不可得何以
故此中受想行識尚不可得況有受想行識
真如可得如是乃至此中一切智不可得一
切智真如亦不可得何以故此中一切智尚
不可得況有一切智真如可得此中道相智
一切相智不可得道相智一切相智真如亦
不可得何以故此中道相智一切相智尚不
可得況有道相智一切相智真如可得佛言
舍利子如是如是如汝所說諸法真如乃至
不思議界皆甚深所謂此中色不可得色
真如亦不可得何以故此中色尚不可得況
有色真如可得如是乃至此中一切相智不
可得一切相智真如亦不可得何以故此中
一切相智尚不可得況有一切相智真如可
得當說如是真如相時二百苾芻諸漏永盡
心得解脫成阿羅漢復有五百苾芻尼衆
遠塵離垢於諸法中生淨法眼五千菩薩生

BD14609號　大般若波羅蜜多經卷四四七　（20–8）

一切相智尚不可得況有一切相智真如可
得當說如是真如相時二百苾芻諸漏永盡
心得解脫成阿羅漢復有五百苾芻尼衆
遠塵離垢於諸法中生淨法眼五千菩薩生
天人中得無生忍六十菩薩諸漏永盡心得
解脫成阿羅漢尒時佛告舍利子言今此衆
中六十菩薩已於過去親近供養五百諸佛一
一佛所發弘誓願正信出家雖脩布施淨戒
安忍精進靜慮而不攝受般若波羅蜜多遠
離方便善巧起別異想行別異行脩布施時
作如是念此是布施此是施物此是受者我
能行施脩淨戒時作如是念此是淨戒此是
羅業此所護境我能持戒脩安忍時作如是
念此是安忍此是忍障此所忍境我能安忍脩
精進時作如是念此是精進此是懈怠此是
所為我能精進脩靜慮時作如是念此是靜
慮此是散動此是所為我能脩定彼不攝受
般若波羅蜜多遠離方便善巧依別異想而
行布施淨戒安忍精進靜慮別異之行由別
異想別異行故不得菩薩無別異想及失菩
薩無別異行由此因緣不得入菩薩正性離
生位由不得入菩薩正性離生位故得預流
果漸次乃至阿羅漢果是故舍利子若菩薩
摩訶薩雖有菩提道及有空無相無願解脫
門而不攝受般若波羅蜜多及遠離方便善
巧便證實際隨於聲聞或獨覺地
尒時具壽舍利子復白佛言世尊何因緣故
有聲聞乘或獨覺乘補特伽羅脩空無相無
願之法不攝受般若波羅蜜多遠離方便善巧

BD14609號　大般若波羅蜜多經卷四四七　（20–9）

門而不攝受般若波羅蜜多及遠離方便善
巧便證實際隨於聲聞或獨覺地
尒時具壽舍利子復白佛言世尊何因緣故
有聲聞乘或獨覺乘補特伽羅脩空無相無
願之法不攝受般若波羅蜜多遠離方便善巧
便證實際墮於聲聞或獨覺地有菩薩乘
補特伽羅脩空無相無願之法攝受般若波
羅蜜多依方便善巧雖證實際而趣無上正
等菩提佛言舍利子諸聲聞乘或獨覺乘補
特伽羅遠離一切智智心不攝受般若波羅
蜜多無方便善巧故脩空無相無願之法便證
實際墮於聲聞或獨覺地諸菩薩乘補特
伽羅不離一切智智心攝受般若波羅蜜多
依方便善巧大悲心為上首脩空無相無願
之法雖證實際而能入菩薩正性離生位能
證無上正等菩提舍利子譬如有鳥其身長
大百踰繕那或復二百或復三百踰繕那量
而無有翅是鳥或從三十三天投身而下趣
贍部洲於其中路復作是念我欲還上三十
三天舍利子於汝意云何是鳥能還三十三
天不舍利子言不也世尊不也善逝佛告舍
利子是鳥中路或作是願至贍部洲當令我
身無損無惱舍利子於汝意云何是鳥所願
可得遂不舍利子言不也世尊不也善逝是
鳥至此贍部洲時其身決定有損有惱或致
命終或隣死苦何以故是鳥身大從遠而墮
無有翅故佛言舍利子如是如是如汝所說
舍利子有菩薩乘補特伽羅亦復如是雖經

BD14609號　大般若波羅蜜多經卷四四七　（20–10）

可得還不舍利子言不也世尊不也善逝是
鳥至此贍部洲時其身決定有損有惱或致
命終或隣死苦何以故是鳥身大從遠而墮
無有翅故佛言舍利子如是如是如汝所說
舍利子有菩薩乘補特伽羅亦復如是雖經
無量無數大劫勤脩布施淨戒安忍精進靜
慮亦脩般若求趣無上正等菩提而不攝受
般若波羅蜜多遠離方便善巧脩空無相無
願之法便證實際墮於聲聞或獨覺地何以
故舍利子是菩薩乘補特伽羅遠離一切智
智心雖經無量無數大劫勤脩布施淨戒安
忍精進靜慮亦脩般若而不攝受般若波羅
蜜多遠離方便善巧遂墮聲聞或獨覺地舍
利子是菩薩乘補特伽羅雖念過去未來現
在諸佛世尊所有戒蘊定蘊慧蘊解脫蘊解
脫智見蘊恭敬供養隨順脩行而於其中執
取相故不能正解是諸如來應正等覺所有
戒蘊定蘊慧蘊解脫蘊解脫智見蘊圓滿功
德是諸菩薩不能正解佛功德故雖聞無上
正等覺道及空無相無願法聲而依此聲執
取其相執取相已迴向無上正等菩提此菩
薩乘補特伽羅如是迴向不得無上正等菩
提墮於聲聞或獨覺地何以故舍利子是菩
薩乘補特伽羅由不攝受般若波羅蜜多及
遠離方便善巧故雖以種種所脩善根迴向
無上正等菩提而墮聲聞或獨覺地
復次舍利子有菩薩乘補特伽羅從初發心
常不遠離一切智智心大悲為上首勤脩布

BD14609號　大般若波羅蜜多經卷四四七　（20–11）

提墮於聲聞或獨覺地何以故舍利子是菩
薩乘補特伽羅由不攝受般若波羅蜜多及
遠離方便善巧故雖以種種所脩善根迴向
無上正等菩提而墮聲聞或獨覺地
復次舍利子有菩薩乘補特伽羅從初發心
常不遠離一切智智心大悲為上首勤脩布
施淨戒安忍精進靜慮亦脩妙慧攝受般若
波羅蜜多常不遠離方便善巧雖念過去未
來現在諸佛世尊所有戒蘊定蘊慧蘊解脫
蘊解脫智見蘊而不取相雖脩空無相無願
解脫門亦不取相雖念自他種種功德與諸
有情平等共有迴向無上正等菩提亦不取
相舍利子當知如是住菩薩乘補特伽羅直
趣無上正等菩提不墮聲聞及獨覺地何以
故舍利子是菩薩乘補特伽羅從初發心乃
至究竟常不遠離一切智智心於一切時大
悲為上首雖脩布施淨戒安忍精進靜慮亦
脩般若而不取相雖念過去未來現在諸佛
世尊所有戒蘊定蘊慧蘊解脫蘊解脫智見
蘊亦不取相雖脩無上正等覺道及空無相
無願之法亦不取相舍利子是菩薩乘補特
伽羅有方便善巧故以離相心脩行布施淨
戒安忍精進靜慮及脩般若波羅蜜多如是
乃至以離想心脩行一切智道相智一切相
智由斯定證所求無上正等菩提尒時舍利
子白佛言世尊如我解佛所說義者若菩薩
摩訶薩從初發心乃至究竟攝受般若波羅
蜜多常不遠離方便善巧是菩薩摩訶薩

BD14609號　大般若波羅蜜多經卷四四七　（20–12）

戒安忍精進靜慮及修般若波羅蜜多如是
乃至以離想心修行一切智道相智一切相
智由斯定證所求無上正等菩提尒時舍利
子白佛言世尊如我解佛所說義者若菩薩
摩訶薩從初發心乃至究竟攝受般若波羅
蜜多常不遠離方便善巧是菩薩摩訶薩
隣近無上正等菩提所以者何是菩薩摩訶薩
從初發心乃至究竟都不見有少法可得謂
若能證若所證若證處若證時若由此證都
不可得所謂若色若受想行識如是乃至若
一切智若道相智一切相智都不可得復次
世尊有菩薩乘諸善男子善女人等不攝
受般若波羅蜜多遠離方便善巧而求無上
正等菩提當知彼於所求無上正等菩提疑惑
猶豫或得不得所以者何是菩薩乘諸善
男子善女人等不攝受般若波羅蜜多遠離方
便善巧故於所修行布施淨戒安忍精進靜
慮般若波羅蜜多皆取其相如是乃至於所
修行一切智道相智一切相智皆取其相由
此因緣是菩薩乘諸善男子善女人等皆於
無上正等菩提疑惑猶豫或得不得是故世
尊若菩薩摩訶薩欲證無上正等菩提決定
不應遠離般若波羅蜜多方便善巧是菩薩
摩訶薩安住般若波羅蜜多方便善巧用無
所得而為方便以無相俱行心應修布施波
羅蜜多應修淨戒安忍精進靜慮般若波羅
蜜多如是乃至以無相俱行心應修一切智
應修道相智一切相智若菩薩摩訶薩安住

不應遠離般若波羅蜜多方便善巧是菩薩
摩訶薩安住般若波羅蜜多方便善巧用無
所得而為方便以無相俱行心應修布施波
羅蜜多應修淨戒安忍精進靜慮般若波羅
蜜多如是乃至以無相俱行心應修一切智
應修道相智一切相智若菩薩摩訶薩安住
般若波羅蜜多方便善巧用無所得而為方
便以無相俱行心修行如是一切佛法必獲
無上正等菩提尒時欲界色界天眾俱白佛
言諸佛無上正等菩提極難信解甚難證得
所以者何諸菩薩摩訶薩於一切法自相共
相皆應證知乃能獲得所求無上正等菩提
而諸菩薩摩訶薩眾所知法相都無所有皆
不可得尒時佛告諸天眾言如是如是如汝
所說諸佛無上正等菩提極難信解甚難證
得諸天當知我亦現覺一切法相證得無上
正等菩提而都不得勝義法相可說名為此
是能證此是所證此是證處此是證時由此
而證所以者何以一切法畢竟淨故有為無
為畢竟空故由斯無上正等菩提極難信解
甚難證得尒時具壽善現白佛言世尊如佛
所說諸佛無上正等菩提極難信解甚難證
得如我思惟佛所說義諸佛無上正等菩提
極易信解甚易證得所以者何若能信解無
法能證無法所證無有證處無有證時亦無
由此而有所證則能信解諸佛無上正等菩
提若有證知無法能證無法所證無有證處
無有證時亦無由此而有所證則能證得所

極易信解甚易證得所以者何若能信解無
法能證無法所證無有證處無有證時亦無
由此而有所證則能信解諸佛無上正等菩
提若有證知無法能證無法所證無有證處
無有證時亦無由此而有所證則能證得所
求無上正等菩提何以故以一切法皆畢竟
空畢竟空中都無有法可名能證可名所證
可名證處可名證時可名由此而有所證所
以者何以一切法性相皆空若增若減都無
所有皆不可得由此因緣諸菩薩摩訶薩
常所脩行布施淨戒安忍精進靜慮般若波羅
蜜多都無所有皆不可得如是乃至一切智
道相智一切相智都無所有皆不可得諸
菩薩摩訶薩所觀諸法若有色若無色若有見
若無見若有對若無對若有漏若無漏若有
為若無為都無所有皆不可得由此因緣我
思惟佛所說義趣諸佛無上正等菩提極易
信解甚易證得諸菩薩摩訶薩不應於中謂
難信解及難證得所以者何色色自性空受
想行識受想行識自性空如是乃至一切智
一切智自性空道相智道相智一切相智一
切相智自性空若菩薩摩訶薩能於如是自
性空義深生信解無倒而證便得無上正等
菩提時舍利子語善現言由此因緣諸佛無
上正等菩提極難信解甚難證得所以者何
諸菩薩摩訶薩觀一切法都無自性皆如虛
空譬如虛空不作是念我當信解疾證無上
正等菩提諸菩薩摩訶薩亦應如是不作是

BD14609號　大般若波羅蜜多經卷四四七　（20–15）

菩提時舍利子語善現言由此因緣諸佛無
上正等菩提極難信解甚難證得所以者何
諸菩薩摩訶薩觀一切法都無自性皆如虛
空譬如虛空不作是念我當信解疾證無上
正等菩提諸菩薩摩訶薩亦應如是不作是
念我當信解疾證無上正等菩提何以故諸
法皆空與虛空等諸菩薩摩訶薩要能信解
諸法皆空與虛空等無倒而證乃得無上正
等菩提若菩薩摩訶薩信解諸法與虛空等
便於無上正等菩提易生信解易證得者則
不應有殑伽沙等菩薩摩訶薩擐大功德鎧
發趣無上正等菩提於其中間而有退屈故
知無上正等菩提極難信解甚難證得時具
壽善現謂舍利子言舍利子於意云何色於
佛無上正等菩提有退屈不舍利子言不也
善現舍利子於意云何受想行識於佛無上
正等菩提有退屈不舍利子言不也善現舍
利子於意云何乃至一切智於佛無上正等
菩提有退屈不舍利子言不也善現舍利子
於意云何道相智一切相智於佛無上正等
菩提有退屈不舍利子言不也善現舍利子
於意云何色真如於佛無上正等菩提有退
屈不舍利子言不也善現舍利子於意云何受
想行識真如於佛無上正等菩提有退屈不
舍利子言不也善現舍利子於意云何乃至
一切智真如於佛無上正等菩提有退屈不
舍利子言不也善現舍利子於意云何道相
智一切相智真如於佛無上正等菩提有退

BD14609號　大般若波羅蜜多經卷四四七　（20–16）

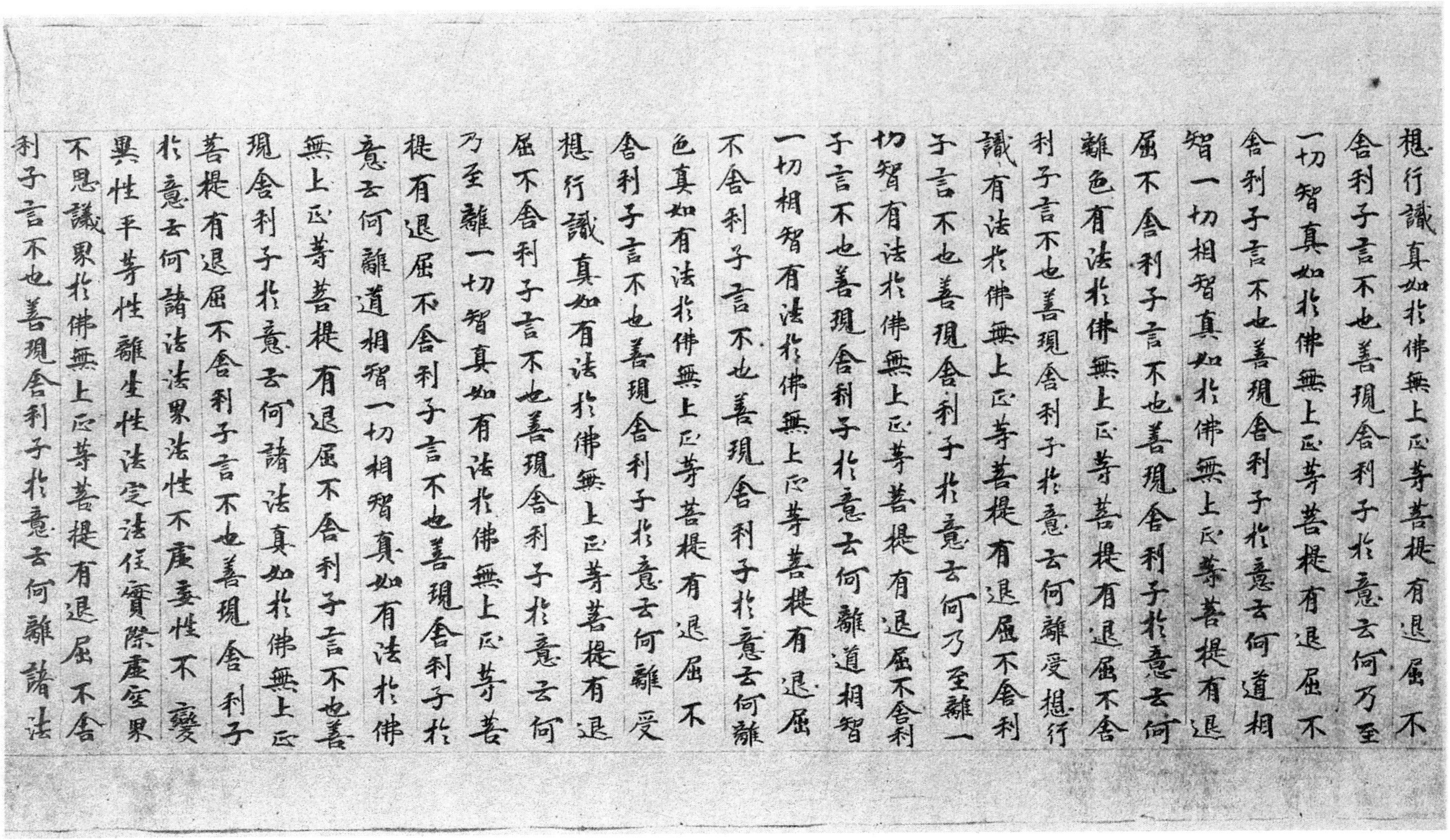

想行識真如於佛無上正等菩提有退屈不
舍利子言不也善現舍利子於意云何乃至
一切智真如於佛無上正等菩提有退屈不
舍利子言不也善現舍利子於意云何道相
智一切相智真如於佛無上正等菩提有退
屈不舍利子言不也善現舍利子於意云何
離色有法於佛無上正等菩提有退屈不舍
利子言不也善現舍利子於意云何離受想行
識有法於佛無上正等菩提有退屈不舍利
子言不也善現舍利子於意云何乃至離一
切智有法於佛無上正等菩提有退屈不舍利
子言不也善現舍利子於意云何離道相智
一切相智有法於佛無上正等菩提有退屈
不舍利子言不也善現舍利子於意云何離
色真如有法於佛無上正等菩提有退屈不
舍利子言不也善現舍利子於意云何離受
想行識真如有法於佛無上正等菩提有退
屈不舍利子言不也善現舍利子於意云何
乃至離一切智真如有法於佛無上正等菩
提有退屈不舍利子言不也善現舍利子於
意云何離道相智一切相智真如有法於佛
無上正等菩提有退屈不舍利子言不也善
現舍利子於意云何諸法真如於佛無上正
等菩提有退屈不舍利子言不也善現舍利子
於意云何諸法法界法性不虛妄性不變
異性平等性離生性法定法住實際虛空界
不思議界於佛無上正等菩提有退屈不舍
利子言不也善現舍利子於意云何離諸法

BD14609 號　大般若波羅蜜多經卷四四七　（20–17）

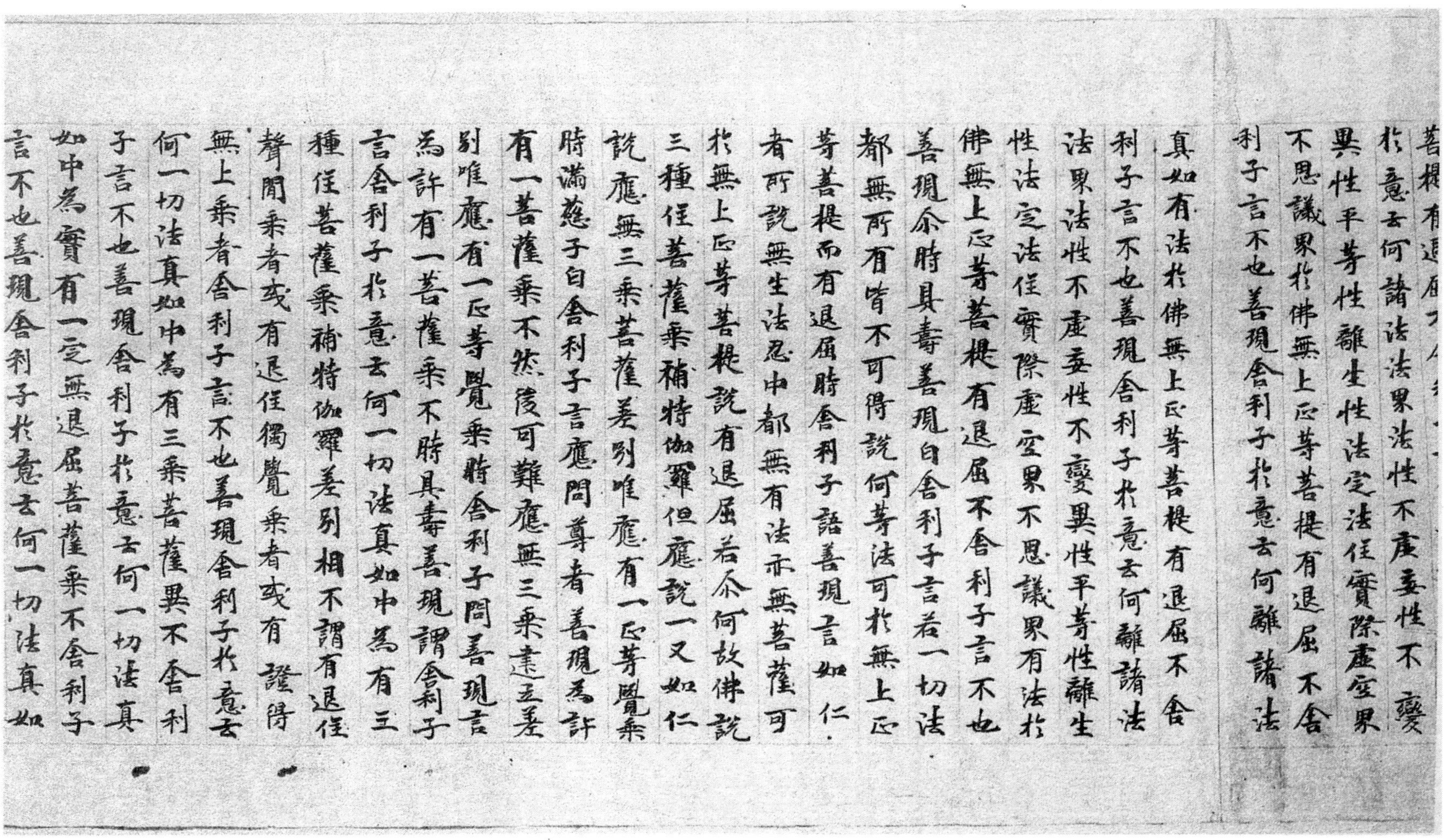

菩提有退屈[illegible]
於意云何諸法法界法性不虛妄性不變
異性平等性離生性法定法住實際虛空界
不思議界於佛無上正等菩提有退屈不舍
利子言不也善現舍利子於意云何離諸法
真如有法於佛無上正等菩提有退屈不舍
利子言不也善現舍利子於意云何離諸法
法界法性不虛妄性不變異性平等性離生
性法定法住實際虛空界不思議界有法於
佛無上正等菩提有退屈不舍利子言不也
善現尒時具壽善現白舍利子言若一切法
都無所有皆不可得說何等法於無上正
等菩提而有退屈時舍利子語善現言如仁
者所說無生法忍中都無有法亦無菩薩可
於無上正等菩提說有退屈若尒何故佛說
三種住菩薩乘補特伽羅但應說一又如仁
說應無三乘菩薩差別唯應有一正等覺乘
時滿慈子白舍利子言應問尊者善現為許
有一菩薩乘不然後可難應無三乘建立差
別唯應有一正等覺乘時舍利子問善現言
為許有一菩薩乘不時具壽善現謂舍利子
言舍利子於意云何一切法真如中為有三
種住菩薩乘補特伽羅差別相不謂有退住
聲聞乘者或有退住獨覺乘者或有證得
無上乘者舍利子言不也善現舍利子於意云
何一切法真如中為有三乘菩薩異不舍利
子言不也善現舍利子於意云何一切法真
如中為實有一定無退屈菩薩乘不舍利子
言不也善現舍利子於意云何一切法真如

BD14609 號　大般若波羅蜜多經卷四四七　（20–18）

聲聞乘者亦有退位獨覺乘者亦[illegible]
無上乘者舍利子言不也善現舍利子於意云
何一切法真如中為有三乘菩薩異不舍利
子言不也善現舍利子於意云何一切法真
如中為實有一定無退屈菩薩乘不舍利子
言不也善現舍利子於意云何一切法真如
中為實有一正等覺乘諸菩薩不舍利子言
不也善現舍利子於意云何諸法真如有一
有二有三相不舍利子言不也善現舍利子
於意云何一切法真如中為有一法或一菩
薩而可得不舍利子言不也善現時具壽善
現謂舍利子言若一切法都無所有皆不可
得云何舍利子可作是念言如是菩薩於佛
無上正等菩提定有退屈如是菩薩於佛無
上正等菩提定無退屈如是菩薩於佛無上
正等菩提說不決定如是菩薩是聲聞乘如
是菩薩是獨覺乘如是菩薩是正等覺乘
如是為三如是為一舍利子若菩薩摩訶薩於
一切法都無所得於一切法真如亦能善信
解都無所得於諸菩薩亦無所得於佛無上
正等菩提亦無所得當知是為真菩薩摩訶
薩舍利子若菩薩摩訶薩聞說如是諸法真
如不可得相其心不驚不恐不怖不疑不悔
不退不沒是菩薩摩訶薩速證無上正等菩
提於其中間定無退屈

大般若波羅蜜多經卷第四百卌七

BD14609號　大般若波羅蜜多經卷四四七　（20–19）

是菩薩是[illegible]
如是為三如是為一舍利子若菩薩摩訶薩於
一切法都無所得於一切法真如亦能善信
解都無所得於諸菩薩亦無所得於佛無上
正等菩提亦無所得當知是為真菩薩摩訶
薩舍利子若菩薩摩訶薩聞說如是諸法真
如不可得相其心不驚不恐不怖不疑不悔
不退不沒是菩薩摩訶薩速證無上正等菩
提於其中間定無退屈

大般若波羅蜜多經卷第四百卌七

昌真

BD14609號　大般若波羅蜜多經卷四四七　（20–20）

BD14609號背　題記、勘記　　（1–1）

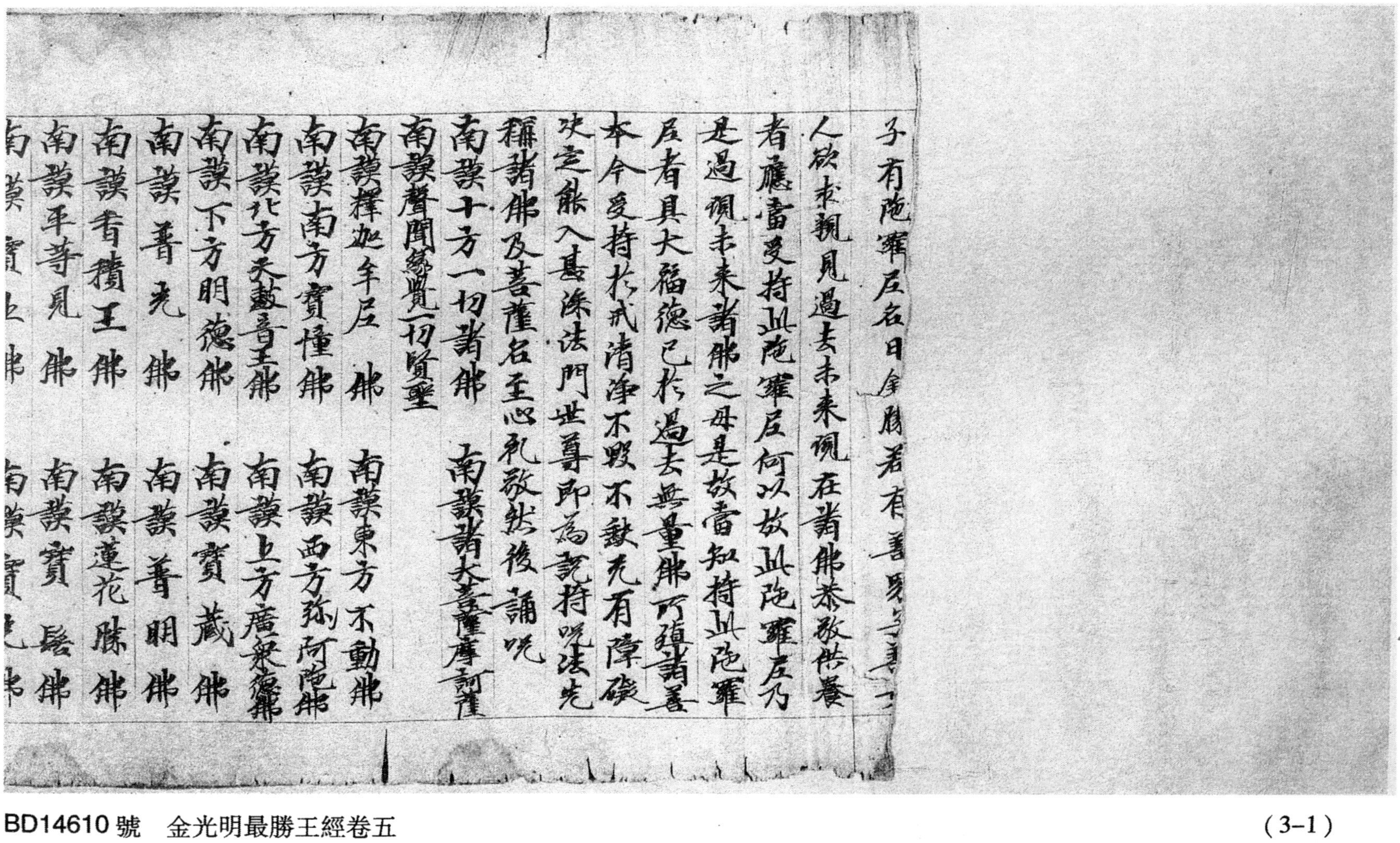
子有陀羅尼名曰金勝若有善男子善
人欲求親見過去未來現在諸佛恭敬供養
者應當受持此陀羅尼何以故此陀羅尼乃
是過現未來諸佛之母是故當知持此陀羅
尼者具大福德已於過去無量佛所殖諸善
本今受持於戒清淨不毀不缺无有障礙
決定能入甚深法門世尊即為說持呪法先
稱諸佛及菩薩名至心禮敬然後誦呪
南謨十方一切諸佛　南謨諸大菩薩摩訶薩
南謨聲聞緣覺一切賢聖
南謨釋迦牟尼佛　南謨東方不動佛
南謨南方寶幢佛　南謨西方阿彌陀佛
南謨北方天鼓音王佛　南謨上方廣眾德佛
南謨下方明德佛　南謨寶藏佛
南謨普光佛　南謨普明佛
南謨香積王佛　南謨蓮花勝佛
南謨平等見佛　南謨寶髻佛
南謨寶上佛　南謨寶光佛

BD14610號　金光明最勝王經卷五　　（3–1）

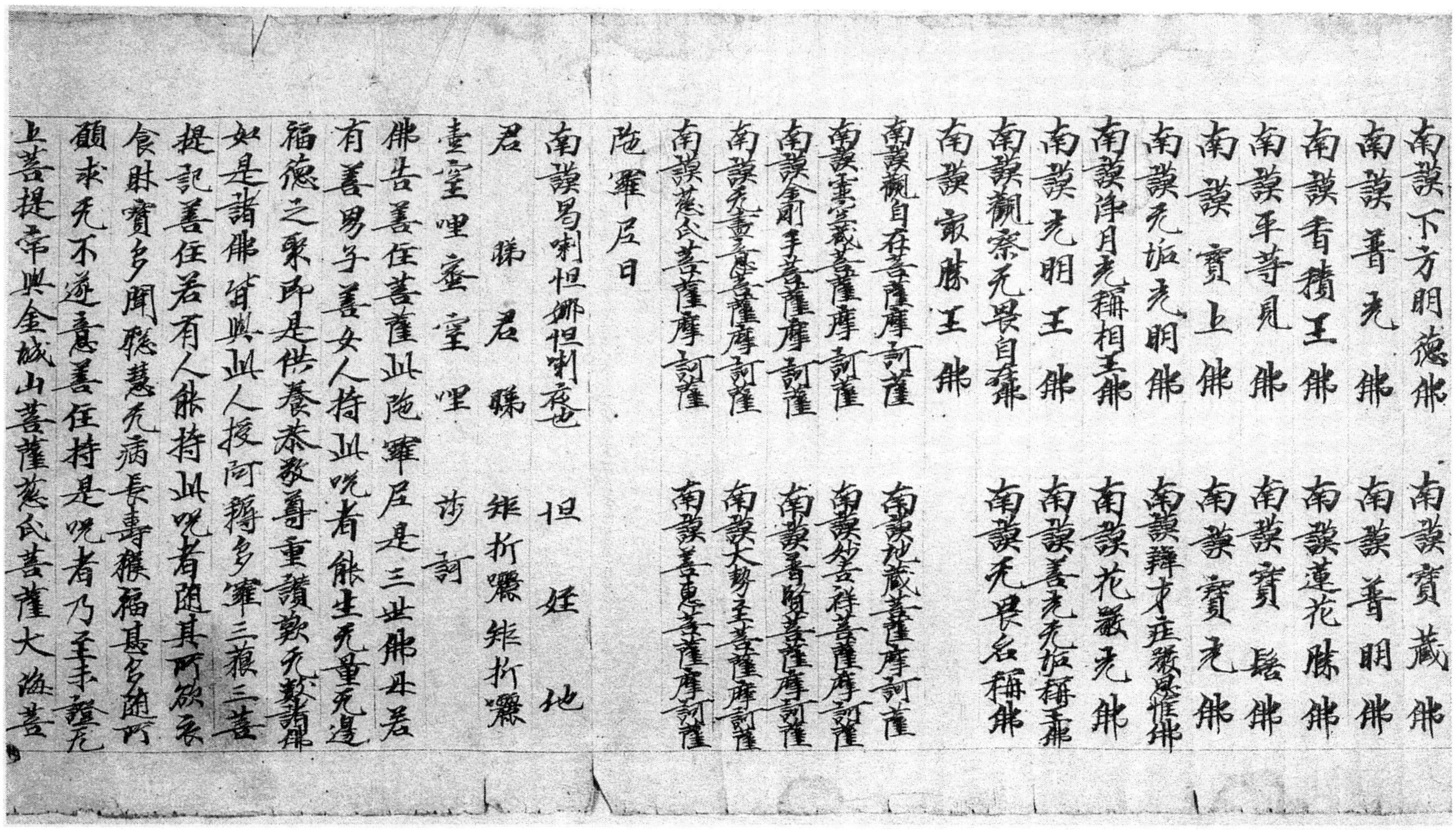
南謨下方明德佛　南謨寶藏佛
南謨普光佛　南謨普明佛
南謨香積王佛　南謨蓮花勝佛
南謨平等見佛　南謨寶髻佛
南謨寶上佛　南謨寶光佛
南謨无垢光明佛　南謨辯才莊嚴思惟佛
南謨淨月光稱相王佛　南謨花嚴光佛
南謨光明王佛　南謨善光无垢稱王佛
南謨觀察无畏自在王佛　南謨无畏名稱佛
南謨寂勝王佛
南謨觀自在菩薩摩訶薩　南謨地藏菩薩摩訶薩
南謨虛空藏菩薩摩訶薩　南謨妙吉祥菩薩摩訶薩
南謨金剛手菩薩摩訶薩　南謨普賢菩薩摩訶薩
南謨无盡意菩薩摩訶薩　南謨大勢至菩薩摩訶薩
南謨慈氏菩薩摩訶薩　南謨善惠菩薩摩訶薩
陁羅尼曰
南謨曷喇怛娜怛喇夜也　怛姪他
君睇君睇　矩折囉矩折囉
壹窒哩蜜窒哩　莎訶
佛告善住菩薩此陁羅尼是三世佛母若
有善男子善女人持此呪者能生无量无邊
福德之聚即是供養恭敬尊重讚歎无數諸佛
如是諸佛皆與此人授阿耨多羅三藐三菩
提記善住若有人能持此呪者隨其所欲衣
食財寶多聞聰慧无病長壽獲福甚多隨所
願求无不遂意善住持是呪者乃至未證无
上菩提常與金城山菩薩慈氏菩薩大海菩

BD14610 號　金光明最勝王經卷五　（3–2）

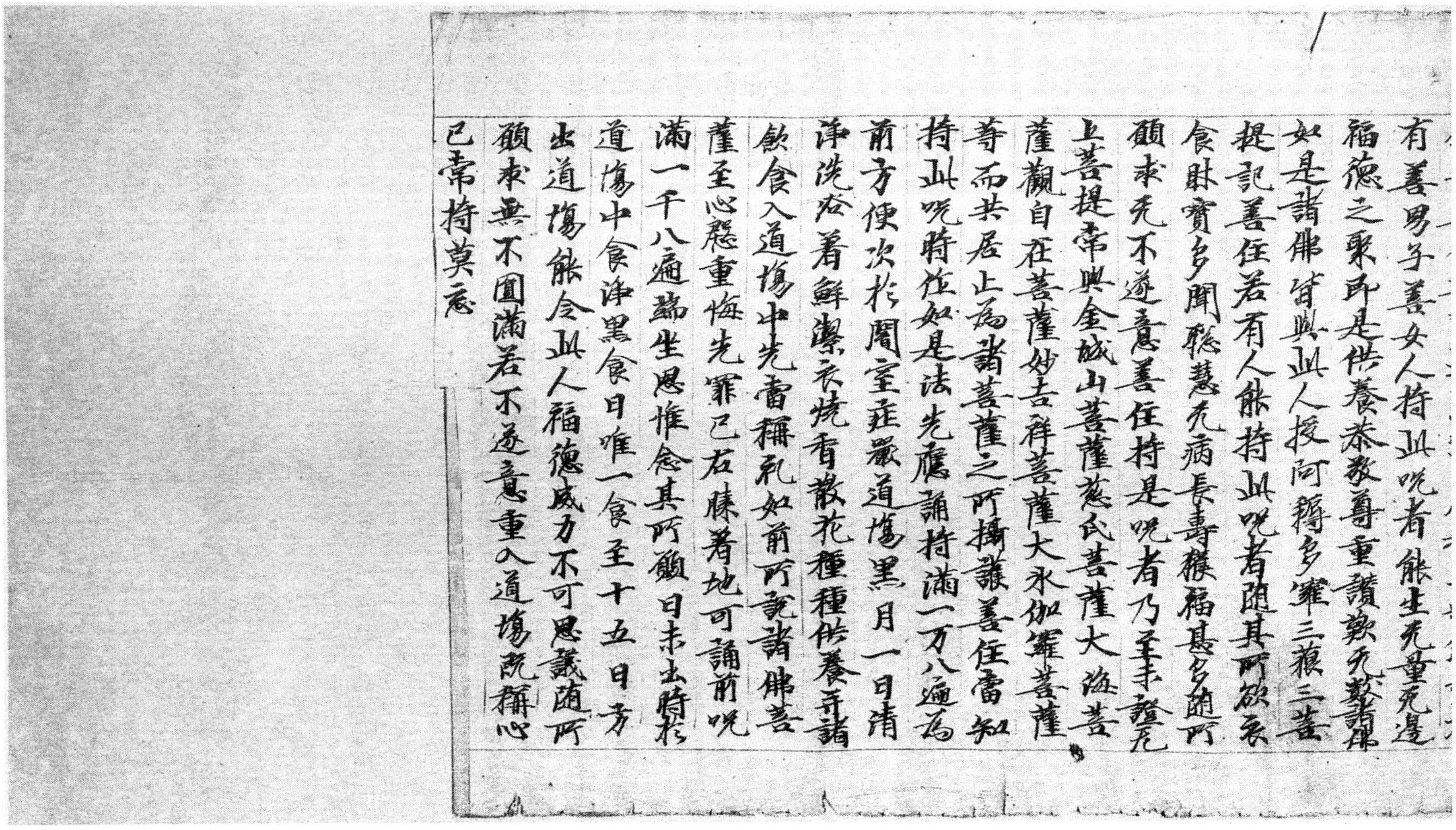
有善男子善女人持此呪者能生无量无邊
福德之聚即是供養恭敬尊重讚歎无數諸佛
如是諸佛皆與此人授阿耨多羅三藐三菩
提記善住若有人能持此呪者隨其所欲衣
食財寶多聞聰慧无病長壽獲福甚多隨所
願求无不遂意善住持是呪者乃至未證无
上菩提常與金城山菩薩慈氏菩薩大海菩
薩觀自在菩薩妙吉祥菩薩大氷伽羅菩薩
等而共居止為諸菩薩之所擁護善住當知
持此呪時作如是法先應誦持滿一万八遍為
前方便次於闇室莊嚴道場黑月一日清
淨洗浴著鮮潔衣燒香散花種種供養并諸
飲食入道場中先當稱礼如前所說諸佛菩
薩至心慇重悔先罪已右膝著地可誦前呪
滿一千八遍端坐思惟念其所願日未出時於
道場中食淨黑食日唯一食至十五日方
出道場能令此人福德威力不可思議隨所
願求無不圓滿若不遂意重入道場既稱心
已常持莫忘

BD14610 號　金光明最勝王經卷五　（3–3）

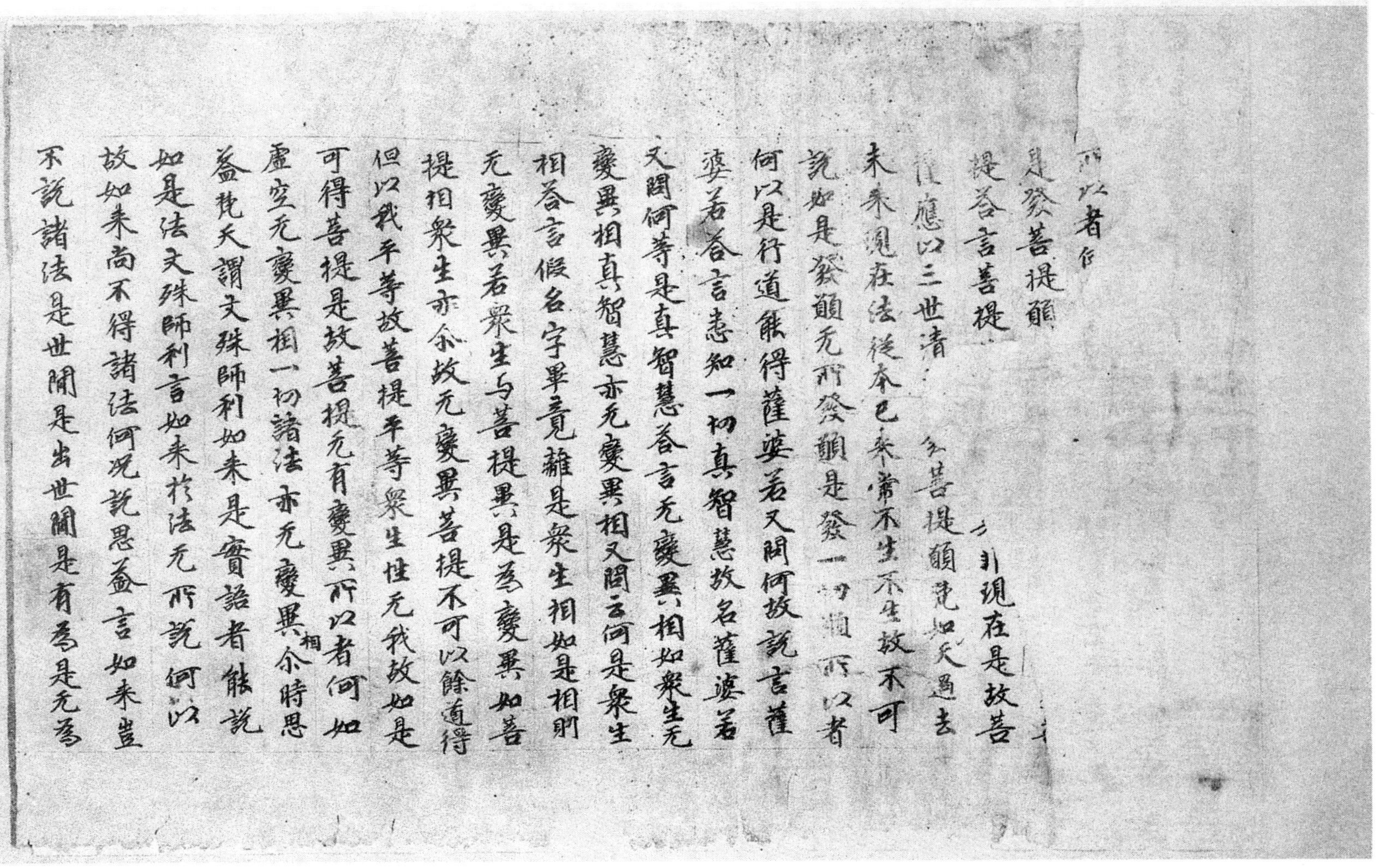
所以者何
是發菩提願　非現在是故菩
提答言菩提
菩提願以三世清　菩提願見如天過去
未來現在法從本已來常不生不生故不可
說如是發願无所發願是發一切願所以者
何以是行道能得薩婆若又問何故說言薩
婆若答言悉知一切真智慧故名薩婆若
又問何等是真智慧答言无變異相如衆生无
變異相真智慧亦无變異相又問云何是衆生
相答言假名字畢竟離是衆生相如是相
无變異若衆生与菩提異是為變異如菩
提相衆生亦尒故无變異菩提不可以餘道得
但以我平等故菩提平等衆生性无我故如是
可得菩提是故菩提无有變異所以者何如
虛空无變異相一切諸法亦无變異相尒時思
益梵天謂文殊師利如來是實語者能說
如是法文殊師利言如來於法无所說何以
故如來尚不得諸法何况說思益言如來豈
不說諸法是世間是出世間是有為是无為

BD14611 號　思益梵天所問經卷三　（1–1）

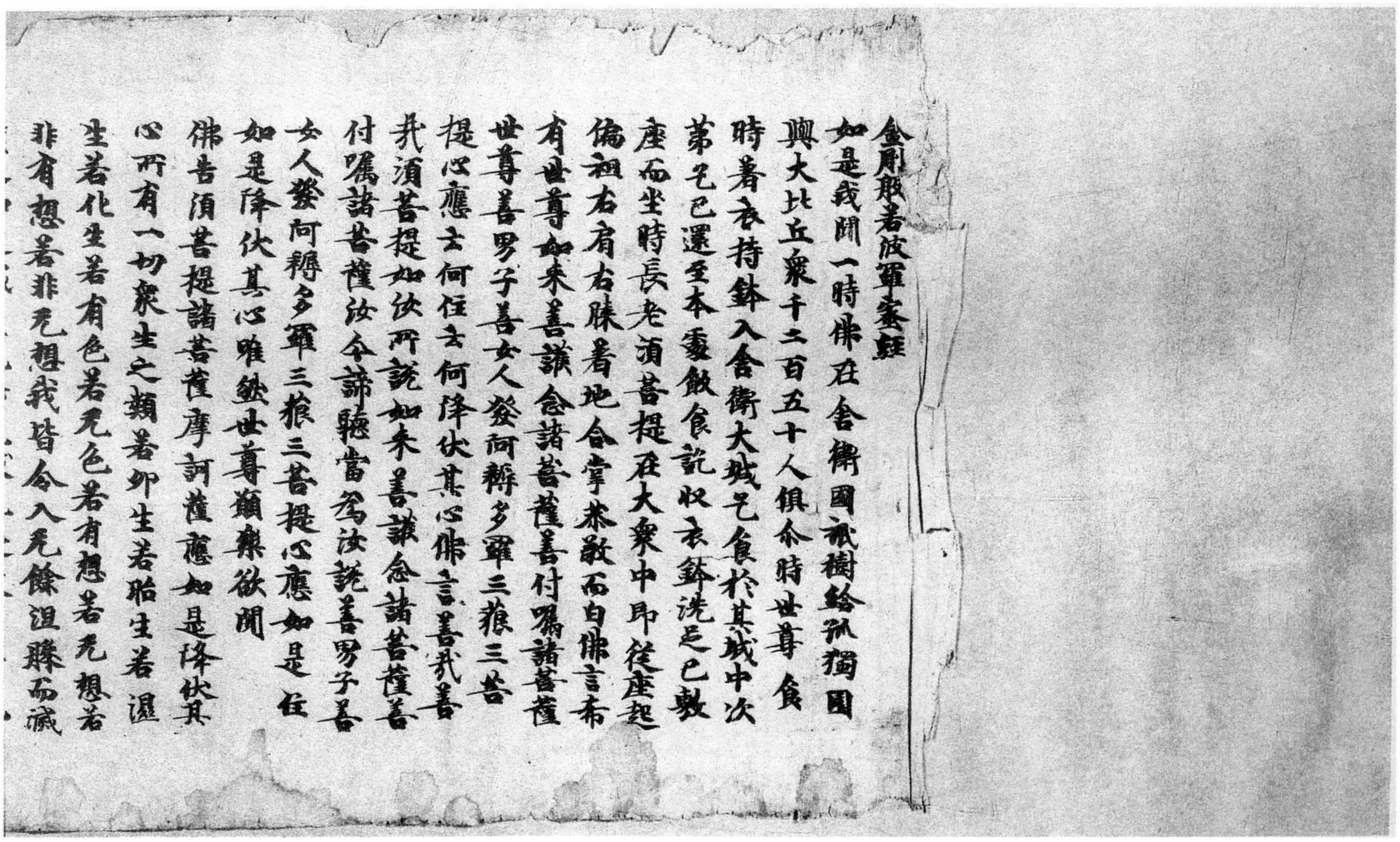
金剛般若波羅蜜經
如是我聞一時佛在舍衛國祇樹給孤獨園
與大比丘衆千二百五十人俱尒時世尊食
時著衣持鉢入舍衛大城乞食於其城中次
第乞已還至本處飯食訖收衣鉢洗足已敷
座而坐時長老須菩提在大衆中即從座起
偏袒右肩右膝著地合掌恭敬而白佛言希
有世尊如來善護念諸菩薩善付囑諸菩薩
世尊善男子善女人發阿耨多羅三藐三菩
提心應云何住云何降伏其心佛言善哉善
哉須菩提如汝所說如來善護念諸菩薩善
付囑諸菩薩汝今諦聽當為汝說善男子善
女人發阿耨多羅三藐三菩提心應如是住
如是降伏其心唯然世尊願樂欲聞
佛告須菩提諸菩薩摩訶薩應如是降伏其
心所有一切衆生之類若卵生若胎生若濕
生若化生若有色若无色若有想若无想若
非有想若非无想我皆令入无餘涅槃而滅

BD14612 號　金剛般若波羅蜜經　（14–1）

如是降伏其心唯然世尊願樂欲聞
佛告須菩提諸菩薩摩訶薩應如是降伏其
心所有一切衆生之類若卵生若胎生若濕
生若化生若有色若无色若有想若无想若
非有想若非无想我皆令入无餘涅槃而滅
度之如是滅度无量无數无邊衆生實无
衆生得滅度者何以故須菩提若菩薩有我
相人相衆生相壽者相即非菩薩
復次須菩提菩薩於法應无所住行於布施
所謂不住色布施不住聲香味觸法布施須
菩提菩薩應如是布施不住於相何以故若
菩薩不住相布施其福德不可思量須菩提
於意云何東方虛空可思量不不也世尊須
菩提南西北方四維上下虛空可思量不不
也世尊須菩提菩薩无住相布施福德亦復
如是不可思量須菩提菩薩但應如所教住
須菩提於意云何可以身相見如來不不也
世尊不可以身相得見如來何以故如來所
說身相即非身相佛告須菩提凡所有相
皆是虛妄若見諸相非相則見如來
須菩提白佛言世尊頗有衆生得聞如是言
說章句生實信不佛告須菩提莫作是說
如來滅後後五百歲有持戒脩福者於此章
句能生信心以此為寶當知是人不於一佛二
佛三四五佛而種善根已於无量千万佛所
種諸善根聞是章句乃至一念生淨信者須
菩提如來悉知悉見是諸衆生得如是无量

BD14612 號　金剛般若波羅蜜經　（14–2）

句能生信心以此為寶當知是人不於一佛二
佛三四五佛而種善根已於无量千万佛所
種諸善根聞是章句乃至一念生淨信者須
菩提如來悉知悉見是諸衆生得如是无量
福德何以故是諸衆生无復我相人相衆生
相壽者相无法相亦无非法相何以故是諸
衆生若心取相則為著我人衆生壽者若取
法相即著我人衆生壽者何以故若取非法
相即著我人衆生壽者是故不應取法不應
取非法以是義故如來常說汝等比丘知我
說法如筏喻者法尚應捨何況非法
須菩提於意云何如來得阿耨多羅三藐三
菩提耶如來有所說法耶須菩提言如我解
佛所說義无有定法名阿耨多羅三藐三菩
提亦无有定法如來可說何以故如來所說
法皆不可取不可說非法非非法所以者何
一切賢聖皆以无為法而有差別
須菩提於意云何若人滿三千大千世界七寶
以用布施是人所得福德寧為多不須菩
提言甚多世尊何以故是福德即非福德性
是故如來說福德多若復有人於此經中受
持乃至四句偈等為他人說其福勝彼何以
故須菩提一切諸佛及諸佛阿耨多羅三藐
三菩提法皆從此經出須菩提所謂佛法者
即非佛法
須菩提於意云何須陁洹能作是念我得
須陁洹果不須菩提言不也世尊何以故須陁
洹名為入流而无所入不入色聲香味觸法

BD14612 號　金剛般若波羅蜜經　（14–3）

三菩提法皆從此經出須菩提所謂佛法者
即非佛法
須菩提於意云何須陁洹能作是念我得
須陁洹果不須菩提言不也世尊何以故須陁
洹名為入流而无所入不入色聲香味觸法
是名須陁洹須菩提於意云何斯陁含能作
是念我得斯陁含果不須菩提言不也世尊
何以故斯陁含名一往来而實无往来是名
斯陁含須菩提於意云何阿那含能作是念
我得阿那含果不須菩提言不也世尊何以
故阿那含名為不来而實无来是故名阿那
含須菩提於意云何阿羅漢能作是念我得
阿羅漢道不須菩提言不也世尊何以故實
无有法名阿羅漢世尊若阿羅漢作是念我
得阿羅漢道即為著我人衆生壽者世尊
佛說我得无諍三昧人中最為苐一是苐一離
欲阿羅漢我不作是念我是離欲阿羅漢世
尊我若作是念我得阿羅漢道世尊則不說
須菩提是樂阿蘭那行者以須菩提實无所
行而名須菩提是樂阿蘭那行
佛告須菩提於意云何如来昔在然燈佛所
於法有所得不世尊如来在然燈佛所於法
實无所得須菩提於意云何菩薩莊嚴佛土
不不也世尊何以故莊嚴佛土者則非莊嚴
是名莊嚴是故須菩提諸菩薩摩訶薩應如
是生清淨心不應住色生心不應住聲香味
觸法生心應无所住而生其心須菩提譬如有
人身如須弥山王於意云何是身為大不須

BD14612號　金剛般若波羅蜜經　（14–4）

是生清淨心不應住色生心不應住聲香味
觸法生心應无所住而生其心須菩提譬如有
人身如須弥山王於意云何是身為大不須
菩提言甚大世尊何以故佛說非身是名
大身須菩提如恒河中所有沙數如是沙等
恒河於意云何是諸恒河沙寧為多不須菩
提言甚多世尊但諸恒河尚多无數何況其
沙須菩提我今實言告汝若有善男子善女
人以七寶滿尒所恒河沙數三千大千世界以
用布施得福多不須菩提言甚多世尊佛
告須菩提若善男子善女人於此經中乃至
受持四句偈等為他人說而此福德勝前福
德復次須菩提隨說是經乃至四句偈等當
知此處一切世間天人阿脩羅皆應供養如
佛塔廟何況有人盡能受持讀誦須菩提當
知是人成就最上苐一希有之法若是經典
所在之處則為有佛若尊重弟子
尒時須菩提白佛言世尊當何名此經我等
云何奉持佛告須菩提是經名為金剛般若
波羅蜜以是名字汝當奉持所以者何須菩
提佛說般若波羅蜜則非般若波羅蜜須菩
提於意云何如来有所說法不須菩提白佛
言世尊如来无所說須菩提於意云何三千
大千世界所有微塵是為多不須菩提言甚
多世尊須菩提諸微塵如来說非微塵是名
微塵如来說世界非世界是名世界須菩提
於意云何可以三十二相見如来不不也世
尊不可以三十二相得見如来何以故如来

BD14612號　金剛般若波羅蜜經　（14–5）

大千世界所有微塵是為多不須菩提言甚
多世尊須菩提諸微塵如來說非微塵是名
微塵如來說世界非世界是名世界須菩提
於意云何可以三十二相見如來不不也世
尊不可以三十二相得見如來何以故如來
說三十二相即是非相是名三十
二相須菩提若有善男子善女人以恒河
沙等身命布施若復有人於此經中乃至
受持四句偈等為他人說其福甚多
尒時須菩提聞說是經深解義趣涕淚悲泣
而白佛言希有世尊佛說如是甚深經典我
從昔來所得慧眼未曾得聞如是之經世尊
若復有人得聞是經信心清淨則生實相當
知是人成就第一希有功德世尊是實相者
則是非相是故如來說名實相世尊我今得
聞如是經典信解受持不足為難若當來
世後五百歲其有衆生得聞是經信解受
持是人則為第一希有何以故此人无我相人
相衆生相壽者相所以者何我相即是非相
人相衆生相壽者相即是非相何以故離一
切諸相則名諸佛
佛告須菩提如是如是若復有人得聞是
經不驚不怖不畏當知是人甚為希有何以
故須菩提如來說第一波羅蜜非第一波羅
蜜是名第一波羅蜜
須菩提忍辱波羅蜜如來說非忍辱波羅
蜜何以故須菩提如我昔為歌利王割截身
體我於尒時无我相无人相无衆生相无壽者

BD14612號　金剛般若波羅蜜經　（14–6）

故須菩提如來說第一波羅蜜非第一波羅
蜜是名第一波羅蜜
須菩提忍辱波羅蜜如來說非忍辱波羅
蜜何以故須菩提如我昔為歌利王割截身
體我於尒時无我相无人相无衆生相无壽者
相何以故我於往昔節節支解時若有我相
人相衆生相壽者相應生瞋恨須菩提又念過
去於五百世作忍辱仙人於尒所世无我相无
人相无衆生相无壽者相是故須菩提菩薩
應離一切相發阿耨多羅三藐三菩提心不
應住色生心不應住聲香味觸法生心應生
无所住心若心有住則為非住是故佛說
菩薩心不應住色布施須菩提菩薩為利
益一切衆生應如是布施如來說一切諸相
即是非相又說一切衆生則非衆生須菩提
如來是真語者實語者如語者不誑語者不
異語者須菩提如來所得法此法无實无虛
須菩提若菩薩心住於法而行布施如人入
闇則无所見若菩薩心不住法而行布施如
人有目日光明照見種種色須菩提當來之
世若有善男子善女人能於此經受持讀
誦則為如來以佛智慧悉知是人悉見是人皆
得成就无量无邊功德
須菩提若有善男子善女人初日分以恒河沙
等身布施中日分復以恒河沙等身布施
後日分亦以恒河沙等身布施如是无量百
千万億劫以身布施若復有人聞此經典信
心不逆其福勝彼何況書寫受持讀誦為人

BD14612號　金剛般若波羅蜜經　（14–7）

須菩提若有善男子善女人初日分以恒河沙
等身布施中日分復以恒河沙等身布施
後日分亦以恒河沙等身布施如是无量百
千万億劫以身布施若復有人聞此經典信
心不逆其福勝彼何況書寫受持讀誦為人
解說須菩提以要言之是經有不可思議不
可稱量无邊功德如來為發大乘者說為發
最上乘者說若有人能受持讀誦廣為人說
如來悉知是人悉見是人皆得成就不可量
不可稱无有邊不可思議功德如是人等則
為荷擔如來阿耨多羅三藐三菩提何以故
須菩提若樂小法者著我見人見衆生見壽
者見則於此經不能聽受讀誦為人解說須
菩提在在處處若有此經一切世間天人阿
脩羅所應供養當知此處則為是塔皆應
恭敬作礼圍繞以諸華香而散其處
復次須菩提善男子善女人受持讀誦此經若
為人輕賤是人先世罪業應墮惡道以今
世人輕賤故先世罪業則為消滅當得阿耨
多羅三藐三菩提須菩提我念過去无量阿
僧祇劫於然燈佛前得值八百四千万億那由
他諸佛悉皆供養承事无空過者若復有
人於後末世能受持讀誦此經所得功德於
我所供養諸佛功德百分不及一千万億分
乃至筭數譬喻所不能及須菩提若善男子
善女人於後末世有受持讀誦此經所得功
德我若具說者或有人聞心則狂亂狐疑不
信須菩提當知是經義不可思議果報亦不

BD14612號　金剛般若波羅蜜經　（14–8）

我所供養諸佛功德百分不及一千万億分
乃至筭數譬喻所不能及須菩提若善男子
善女人於後末世有受持讀誦此經所得功
德我若具說者或有人聞心則狂亂狐疑不
信須菩提當知是經義不可思議果報亦不
可思議
尒時須菩提白佛言世尊善男子善女人發
阿耨多羅三藐三菩提心云何應住云何降
伏其心佛告須菩提善男子善女人發阿耨
多羅三藐三菩提者當生如是心我應滅度
一切衆生滅度一切衆生已而无有一衆生
實滅度者何以故若菩薩有我相人相衆生
相壽者相則非菩薩所以者何須菩提實无
有法發阿耨多羅三藐三菩提者須菩提於
意云何如來於然燈佛所有法得阿耨多羅
三藐三菩提不不也世尊如我解佛所說義
佛於然燈佛所无有法得阿耨多羅三藐三
菩提佛言如是如是須菩提實无有法如來
得阿耨多羅三藐三菩提須菩提若有法如來
得阿耨多羅三藐三菩提者然燈佛則不與
我受記汝於來世當得作佛号釋迦牟尼
以實无有法得阿耨多羅三藐三菩提是故
然燈佛與我受記作是言汝於來世當得作
佛号釋迦牟尼何以故如來者即諸法如義
若有人言如來得阿耨多羅三藐三菩提須
菩提實无有法佛得阿耨多羅三藐三菩提
須菩提如來所得阿耨多羅三藐三菩提於
是中无實无虛是故如來說一切法皆是佛法

BD14612號　金剛般若波羅蜜經　（14–9）

菩有人言如来得阿耨多羅三藐三菩提須
菩提實无有法佛得阿耨多羅三藐三菩提
須菩提如来所得阿耨多羅三藐三菩提於
是中无實无虛是故如来說一切法皆是佛法
須菩提所言一切法者即非一切法是故名
一切法須菩提譬如人身長大須菩提言
世尊如来說人身長大則為非大身是名
大身須菩提菩薩亦如是若作是言我當
滅度无量衆生則不名菩薩何以故須菩提
實无有法名為菩薩是故佛說一切法无我
无人无衆生无壽者須菩提若菩薩作是言
我當莊嚴佛土是不名菩薩何以故如来說莊
嚴佛土者即非莊嚴是名莊嚴須菩提若菩
薩通達无我法者如来說名真是菩薩
須菩提於意云何如来有肉眼不如是世尊
如来有肉眼須菩提於意云何如来有天眼
不如是世尊如来有天眼須菩提於意云何
如来有慧眼不如是世尊如来有慧眼須菩
提於意云何如来有法眼不如是世尊如来
有法眼須菩提於意云何如来有佛眼不如
是世尊如来有佛眼須菩提於意云何恒河
中所有沙佛說是沙不如是世尊如来說是
沙須菩提於意云何如一恒河中所有沙有
如是等恒河是諸恒河所有沙數佛世界如
是寧為多不甚多世尊佛告須菩提尒所

BD14612號　金剛般若波羅蜜經　（14–10）

是世尊如来有佛眼須菩提於意云何恒河
中所有沙佛說是沙不如是世尊如来說是
沙須菩提於意云何如一恒河中所有沙有
如是等恒河是諸恒河所有沙數佛世界如
是寧為多不甚多世尊佛告須菩提尒所
國土中所有衆生若干種心如来悉知何以故
如来說諸心皆為非心是名為心所以者何
須菩提過去心不可得現在心不可得未来
心不可得須菩提於意云何若有人滿三千
大千世界七寶以用布施是人以是因緣得
福多不如是世尊此人以是因緣得福甚多
須菩提若福德有實如来不說得福德多
以福德无故如来說得福德多
須菩提於意云何佛可以具足色身見不不
也世尊如来不應以色身見何以故如来說
具足色身即非具足色身是名具足色身須
菩提於意云何如来可以具足諸相見不不
也世尊如来不應以具足諸相見何以故如来
說諸相具足即非具足是名諸相具足須
菩提汝勿謂如来作是念我當有所說法莫
作是念何以故若人言如来有所說法即為
謗佛不能解我所說故須菩提說法者无
法可說是名說法須菩提白佛言世尊佛得
阿耨多羅三藐三菩提為无所得耶如是如
是須菩提我於阿耨多羅三藐三菩提乃至

BD14612號　金剛般若波羅蜜經　（14–11）

作是念何以故若人言如來有所說法即為
謗佛不能解我所說故須菩提說法者无
法可說是名說法須菩提白佛言世尊佛得
阿耨多羅三藐三菩提為无所得耶如是如
是須菩提我於阿耨多羅三藐三菩提乃至
无有少法可得是名阿耨多羅三藐三菩提
復次須菩提是法平等无有高下是名阿耨
多羅三藐三菩提以无我无人无衆生无壽者
脩一切善法則得阿耨多羅三藐三菩提須
菩提所言善法者如來說非善法是名善法
須菩提若三千大千世界中所有諸須弥山
王如是等七寶聚有人持用布施若人以此
般若波羅蜜經乃至四句偈等受持為他人
說於前福德百分不及一百千万億分乃至
筭數譬喻所不能及　須菩提於意云何汝等勿謂
如來作是念我當度衆生須菩提莫作是念何以故實
无有衆生如來度者若有衆生如來度者如來則有我
人衆生壽者須菩提如來說有我者則非有我而凡夫之
人以為有我須菩提於意云何可以三十二相觀如來不須菩
提言如是如是以三十二相觀如來佛言須菩提若以三十二相觀
如來者轉輪聖王則是如來須菩提白佛言世尊如我解佛
所說義不應以三十二相觀如來尒時世尊而說偈言
若以色見我　以音聲求我　是人行邪道　不能見如來　須
菩提汝若作是念如來不以具足相故得阿耨多羅三藐三菩
提須菩提莫作是念如來不以具足相故得阿耨多羅
三藐三菩提須菩提汝若作是念發阿耨多羅三藐
三菩提者說諸法斷滅相莫作是念何以故發阿耨多
羅三藐三菩提心者於法不說斷滅相

BD14612 號　金剛般若波羅蜜經

（14–12）

菩提汝若作是念如來不以具足相故得阿耨多羅三藐三菩
提須菩提莫作是念如來不以具足相故得阿耨多羅
三藐三菩提須菩提汝若作是念發阿耨多羅三藐
三菩提者說諸法斷滅相莫作是念何以故發阿耨多
羅三藐三菩提心者於法不說斷滅相須菩提若菩薩以滿
恒河沙等世界七寶持用布施若復有人知一切法无我得成
於忍此菩薩勝前菩薩所得功德須菩提以諸菩薩不受福
德故須菩提白佛言世尊云何菩薩不受福德須菩提
菩薩所作福德不應貪著是故說不受福德須菩
提若有人言如來若來若去若坐若卧是人不解我所說
義何以故如來者无所從來亦无所去故名如來
須菩提若善男子善女人以三千大千世界碎為微塵
於意云何是微塵衆寧為多不甚多世尊何以故若
是微塵衆實有者佛則不說是微塵衆所以者何
佛說微塵衆則非微塵衆是名微塵衆世尊如來所
說三千大千世界則非世界是名世界何以故若世界實有
者則是一合相如來說一合相則非一合相是名一合相須菩提
一合相者則是不可說但凡夫之人貪著其事須菩提若人言
佛說我見人見衆生見壽者見須菩提於意云何是人
解我所說義不不也世尊是人不解如來所說義何
以故世尊說我見人見衆生見壽者見即非我見人見衆
生見壽者見是名我見人見衆生見壽者見須菩提發阿耨多羅三藐三菩提心
者於一切法應如是知如是見如是信解不生法相須菩
提所言法相者如來說即非法相是名法相須菩提若有
人以滿无量阿僧祇世界七寶持用布施若有善男
子善女人發菩薩心者持於此經乃至四句偈等受持
讀誦為人演說其福勝彼云何為人演說不取於相如如不
動何以故　一切有為法　如夢幻泡影　如露亦如電　應作如是觀
佛說是經已長老須菩提及諸比丘比丘尼優婆塞優婆夷
一切世間天人阿脩羅聞佛所說皆大歡喜信
受奉行　金剛般若波羅蜜經　二月二十日了

BD14612 號　金剛般若波羅蜜經

（14–13）

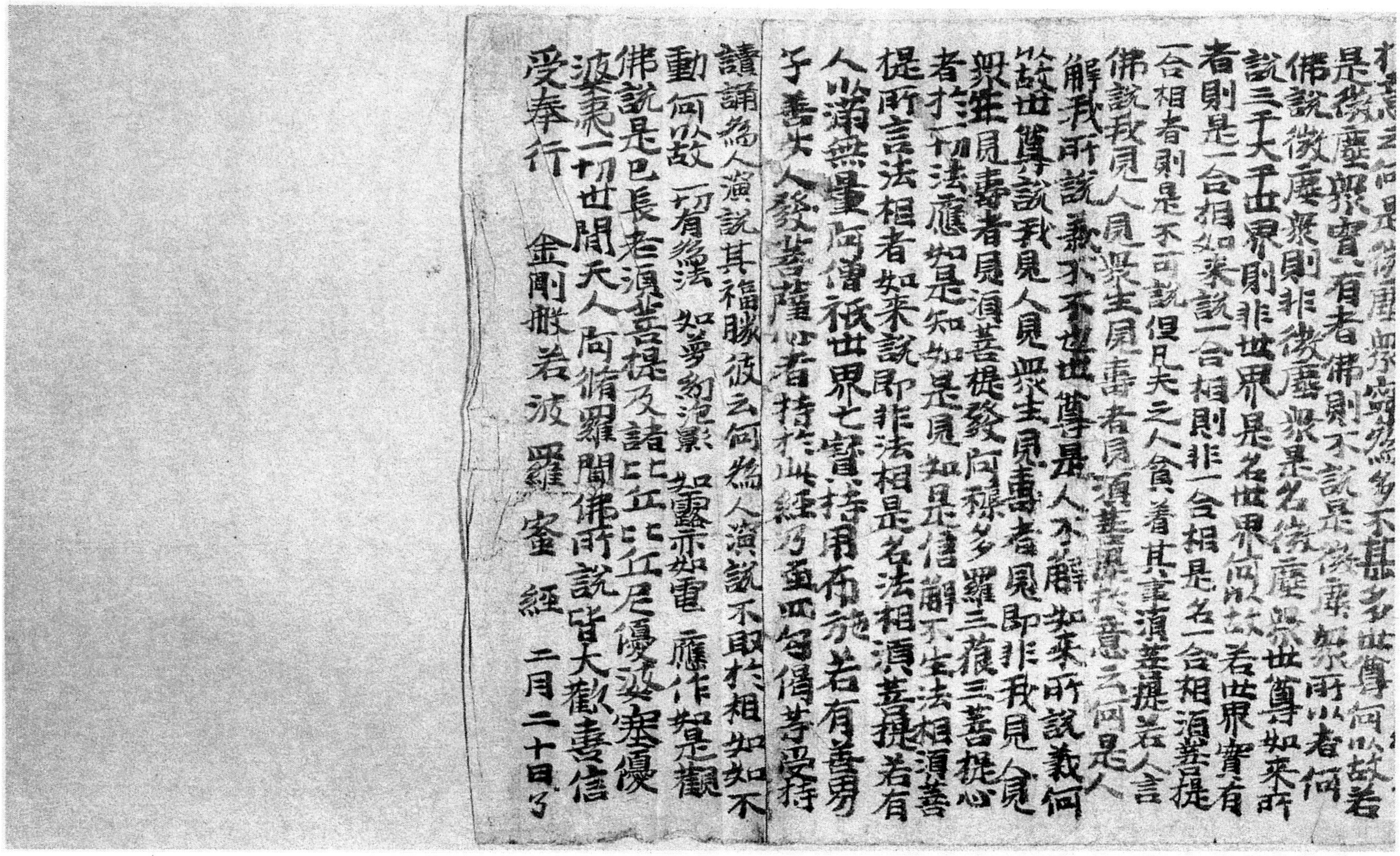
於意云何是微塵眾寧為多不甚多世尊何以故若
是微塵眾實有者佛則不說是微塵眾所以者何
佛說微塵眾則非微塵眾是名微塵眾世尊如來所
說三千大千世界則非世界是名世界何以故若世界實有
者則是一合相如來說一合相則非一合相是名一合相須菩提
一合相者則是不可說但凡夫之人貪著其事須菩提若人言
佛說我見人見眾生見壽者見須菩提於意云何是人
解我所說義不不也世尊是人不解如來所說義何
以故世尊說我見人見眾生見壽者見即非我見人見
眾生見壽者見須菩提發阿耨多羅三藐三菩提心
者於一切法應如是知如是見如是信解不生法相須菩
提所言法相者如來說即非法相是名法相須菩提若有
人以滿無量阿僧祇世界七寶持用布施若有善男
子善女人發菩薩心者持於此經乃至四句偈等受持
讀誦為人演說其福勝彼云何為人演說不取於相如如不
動何以故 一切有為法 如夢幻泡影 如露亦如電 應作如是觀
佛說是經已長老須菩提及諸比丘比丘尼優婆塞優
婆夷一切世間天人阿脩羅聞佛所說皆大歡喜信
受奉行
金剛般若波羅蜜經 二月二十日了

BD14612 號 金剛般若波羅蜜經 （14–14）

大般涅槃經壽命品第一
如是我聞一時佛在拘尸那國力士生地阿
利羅跋提河邊娑羅雙樹間尒時世尊與大
比丘八十億百千人俱前後圍繞 二月十五日

BD14613 號 大般涅槃經（北本）卷一 （26–1）

大般涅槃經壽命品第一
如是我聞一時佛在拘尸那國力士生地阿
利羅跋提河邊娑羅雙樹間尒時世尊與大
比丘八十億百千人俱前後圍繞二月十五日
臨涅槃時以佛神力出大音聲其聲遍滿
乃至有頂隨其類音普告衆生今日如來應
正遍知憐愍衆生覆護衆生等視衆生如羅
睺羅為作歸依屋舍室宅大覺世尊將欲涅
槃一切衆生若有所疑今悉可問為㝡後問
尒時世尊於晨朝時從其面門放種種光其
明雜色青黃赤白頗梨馬瑙光遍照此三千
大千佛之世界乃至十方亦復如是其中所
有六趣衆生遇斯光者罪垢煩惱一時消除
是諸衆生見聞是已心大憂愁同時舉聲悲
啼號哭嗚呼慈父痛哉苦哉舉手拍頭搥胷
叫喚其中或有身體戰慄涕泣哽咽尒時大
地諸山大海皆悉震動時諸衆生共相謂言
且各裁抑莫大愁苦當疾往詣拘尸那城力
士生處至如來所頭面礼敬勸請如來莫般
涅槃住世一劫若減一劫互相執手復作是
言世間空虛衆生福盡不善諸業增長出世
仁等今當速往速往如來不久必入涅槃復
作是言世間空虛世間空虛我等從今无有
救護无所宗仰貧窮孤露一旦遠離无上世
尊設有疑惑當復問誰時有无量諸大弟子
尊者摩訶迦旃延尊者薄俱羅尊者優波

BD14613號　大般涅槃經（北本）卷一　（26–2）

仁等今當速往速往如來不久必入涅槃復
作是言世間空虛世間空虛我等從今无有
救護无所宗仰貧窮孤露一旦遠離无上世
尊設有疑惑當復問誰時有无量諸大弟子
尊者摩訶迦旃延尊者薄俱羅尊者優波
難陀如是等諸大比丘遇佛光者其身戰掉乃
至大動不能自持心濁迷悶發聲大喚生如
是等種種苦惱尒時復有八十百千諸比丘
等皆阿羅漢心得自在所作已辦離諸煩惱
調伏諸根如大龍王有大威德成就空慧逮
得已利如栴檀林栴檀圍繞如師子王師子
圍繞成就如是无量功德一切皆是佛之真
子於其晨朝日始初出離常住處嚼楊枝時
遇佛光明並相謂言仁等速疾漱口澡手作
是言已舉身毛竪遍體血現如波羅奢華涕
泣盈目生大苦惱為欲利益安樂衆生成就
大乘第一空行顯發如來方便密教為不斷
絕種種說法為諸衆生調伏因緣故疾至佛
所稽首佛足遶百千帀合掌恭敬却坐一面
尒時復有拘陀羅女善賢比丘尼優波難陀
比丘尼海意比丘尼與六十億比丘尼等一切
亦是大阿羅漢諸漏已盡心得自在所作
已辦離諸煩惱調伏諸根猶如大龍有大威
德成就空慧亦於晨朝日初出時舉身毛竪
遍體血現如波羅奢華涕泣盈目生大苦惱
亦欲利益安樂衆生成就大乘第一空行顯
發如來方便密教為不斷絕種種說法為諸

BD14613號　大般涅槃經（北本）卷一　（26–3）

德成就定慧亦於晨朝日初出時舉身毛竪
遍體血現如波羅奢華涕泣盈目生大苦惱
亦欲利益安樂衆生成就大乘第一空行顯
發如來方便密教為不斷絕種種說法為諸
衆生調伏因緣故疾至佛所稽首佛足遶百
千帀合掌恭敬却坐一面於比丘尼衆中復
有諸比丘尼皆是菩薩人中之龍位階十地
安住不動為化衆生現受女身而常脩集四
无量心得自在力能化作佛
尒時復有一恒河沙菩薩摩訶薩人中之龍
位階十地安住不動方便現身其名曰海德
菩薩无盡意菩薩如是等菩薩摩訶薩
而為上首其心皆悉敬重大乘安住大乘深解大
乘愛樂大乘守護大乘善能隨順一切世間
作是誓言諸未度者當令得度已於過去无
數劫中脩持淨戒善持所行解未解者紹三
寶種使不斷絕於未來世當轉法輪以大莊
嚴而自莊嚴成就如是无量功德等觀衆生
如視一子亦於晨朝日初出時遇佛光明舉
身毛竪遍體血現如波羅奢華涕泣盈目生
大苦惱亦為利益安樂衆生成就大乘第一空
行顯發如來方便密教為不斷絕種種說法
為諸衆生調伏因緣故疾至佛所稽首佛
足遶百千帀合掌恭敬却坐一面
尒時復有二恒河沙等諸優婆塞受持五戒
威儀具足其名曰威德无垢稱王優婆塞善

BD14613號　大般涅槃經（北本）卷一　（26–4）

行顯發如來方便密教為不斷絕種種說法
為諸衆生調伏因緣故疾至佛所稽首佛
足遶百千帀合掌恭敬却坐一面
尒時復有二恒河沙等諸優婆塞受持五戒
威儀具足其名曰威德无垢稱王優婆塞善
德優婆塞等而為上首深樂觀察諸對治
門所謂苦樂常无常淨不淨我无我實不實歸
依非歸依衆生非衆生恒非恒安非安為无
為斷不斷涅槃非涅槃增上非增上常樂觀
察如是等法對治之門亦欲樂聞无上大乘
如所聞已能為他說善持淨戒渴仰大乘既
自充足復能充足餘渴仰者善能攝取无上
智慧愛樂大乘守護大乘善能隨順一切世
間度未度者解未解者紹三寶種使不斷絕
於未來世當轉法輪以大莊嚴而自莊嚴心
常深味清淨戒行悉能成就如是功德於諸
衆生生大悲心平等无二如視一子亦於晨
朝日初出時為欲闍毗如來身故人人各取
香木万束栴檀沉水牛頭栴檀天木香等是
一一木文理及附皆有七寶微妙光明譬如
種種雜綵畫飾以佛力故有是妙色青黃赤
白為諸衆生之所樂見諸木皆以種種香塗
欝金沉水及膠香等散以諸華而為莊嚴優
鉢羅華拘物頭華波頭摩華分陁利華諸香
木上懸五色幡柔軟微妙猶如天衣憍奢耶
衣芻摩繒綵是諸香木載以寶車是諸寶

BD14613號　大般涅槃經（北本）卷一　（26–5）

白為諸衆生之所樂見諸木皆以種種香塗
讚金沉水及膠香等散以諸華而為莊嚴優
鉢羅華拘物頭華波頭摩華分陁利華諸香
木上懸五色幡柔軟微妙猶如天衣憍奢耶
衣芻摩繒綵是諸香木載以寶車是諸寶
車出種種光青黃赤白轅轄皆以七寶廁填是
一一車駕以四馬是一一馬駿疾如風一一車
前豎立五十七寶妙幢真金羅網彌覆其
上一一寶車復有五十微妙寶蓋一一車上
垂諸華鬘優鉢羅華拘物頭華波頭摩華分
陁利華其華純以真金為葉金剛為臺是華
臺中多有黑蜂遊集其中歡娛受樂又出妙
音所謂无常苦空无我是音聲中復說菩薩
本所行道復有種種歌儛伎樂箏笛箜篌簫
瑟鼓吹是樂音中復出是言苦哉苦哉世間
虛空一一車前有優婆塞擎四寶案是諸案
上有種種華優鉢羅華拘物頭華波頭摩華
分陁利華欝金諸香及餘熏香微妙第一諸
優婆塞為佛及僧辦諸食具種種備足皆是
栴檀沉水香薪八功德水之所成熟其食甘
美有六種味一苦二醋三甘四辛五鹹六淡
復有三德一者輕耎二者淨潔三者如法作
如是等種種莊嚴至力士生處娑羅雙樹間
復以金沙遍布其地以迦陵伽衣欽婆羅衣
及繒綵衣而覆沙上周帀遍滿十二由旬為
佛及僧敷置七寶師子之座其座高大如須
彌山是諸座上皆有寶帳垂諸瓔珞諸娑羅

BD14613號　大般涅槃經（北本）卷一　　（26–6）

如是等種種莊嚴至力士生處娑羅雙樹間
復以金沙遍布其地以迦陵伽衣欽婆羅衣
及繒綵衣而覆沙上周帀遍滿十二由旬為
佛及僧敷置七寶師子之座其座高大如須
彌山是諸座上皆有寶帳垂諸瓔珞諸娑羅
樹悉懸種種微妙幡蓋種種好香以塗樹身
種種名華以散樹間諸優婆塞各作是念一切
衆生若有所乏須食與食須飲與飲須頭與
頭須目與目隨諸衆生所須之物皆悉給與
作是施時離欲瞋恚穢濁毒心无餘思惟求
世福樂唯期无上清淨菩提是優婆塞等
皆已安住於菩薩道復作是念如來今者受
我食已當入涅槃作是念已身毛皆竪遍體
血現如波羅奢華涕泣盈目生大苦惱各各
賚持供養之具載以寶車香木幢幡寶蓋飲
食疾至佛所稽首佛足以其所持供養之具
供養如來遶百千帀舉聲號泣哀動天地椎
胷大叫淚下如雨復相謂言苦哉仁者世間
空虛世間空虛便自舉身投如來前而白佛
言唯願如來哀受我等最後供養世尊知時
默然不受如是三請悉皆不許諸優婆塞不
果所願心懷悲惱默然而住猶如慈父唯有一
子卒病喪亡送其屍骸置於冢間歸還悵
恨愁憂苦惱諸優婆塞悲憂苦惱亦復如是
以諸供具安置一處却在一面默然而坐
尒時復有三恒河沙諸優婆夷受持五戒威

BD14613號　大般涅槃經（北本）卷一　　（26–7）

子亦痛哀亡送其屍骸置於冢間歸還悵
悢愁憂苦惱諸優婆塞愁憂苦惱亦復如是
以諸供具安置一處却在一面默然而坐
尒時復有三恒河沙諸優婆夷受持五戒威
儀具足其名曰壽德優婆夷德鬘優婆夷毗
舍佉優婆夷等八万四千而為上首悉能堪
任護持正法為度无量百千衆生故現女身
呵責家法自觀己身如四毒蛇是身常為无
量諸蟲之所唼食是身臭穢貪欲獄縛是身
可惡猶如死狗是身不淨九孔常流是身如
城血肉筋骨皮裹其上手足以為却敵樓櫓
目為竅孔頭為殿堂心王處中如是身城諸佛
世尊之所棄捨凡夫愚人常所味著貪婬瞋
恚愚癡羅刹止住其中是身不堅猶如蘆葦
伊蘭水沫芭蕉之樹是身无常念念不住猶
如電光暴水幻炎亦如畫水隨畫隨合是身
易壞猶如河岸臨峻大樹是身不久當為狐
狼鵄梟鵰鷲烏鵲餓狗之所食噉誰有智者
當樂此身寧以牛跡盛大海水不能具說是
身无常不淨臭穢寧丸大地使如棗等漸漸
轉小猶葶藶子乃至微塵不能具說是身
過患是故當捨如棄涕唾以是因緣諸優婆
夷以空无相无願之法常脩其心深樂諮受
大乘經典聞已亦能為他廣說護持本願毀
呰女身甚可患厭性不堅牢心常脩集如是
正觀破壞生死无際輪轉渴仰大乘既自充
足復能充足餘渴仰者深樂大乘守護大乘

BD14613號　大般涅槃經（北本）卷一　　（26-8）

過患是故當捨如棄涕唾以是因緣諸優婆
夷以空无相无願之法常脩其心深樂諮受
大乘經典聞已亦能為他廣說護持本願毀
呰女身甚可患厭性不堅牢心常脩集如是
正觀破壞生死无際輪轉渴仰大乘既自充
足復能充足餘渴仰者深樂大乘守護大乘
雖現女身實是菩薩善能隨順一切世間度
未度者解未解者紹三寶種使不斷絶於未
來世當轉法輪以大莊嚴而自莊嚴堅持禁
戒皆悉成就如是功德於諸衆生生大悲心
平等无二如視一子亦於晨朝日初出時各
相謂言今日宜應至雙樹間諸優婆夷所設
供具倍勝於前持至佛所稽首佛足繞百千
帀而白佛言世尊我等今者為佛及僧辦諸
供具唯願如來哀受我供如來默然而不許
可諸優婆夷不果所願心懷惆悵却住一面
尒時復有四恒河沙毗耶離城諸離車等男
女大小妻子眷屬及閻浮提諸王眷屬為求
法故善脩戒行威儀具足摧伏異學壞正法
者常相謂言我等當以金銀倉庫為令甘露
无盡正法深奧之藏久住於世於世願令我等
常得脩學若有誹謗正法者當斷其舌復作
是願若有出家毀禁戒者我當罷令還俗策
使有能深樂護持正法我當敬重如事父母
若有衆僧能護正法我當隨喜令得勢力常
欲樂聞大乘經典聞已亦能為人廣說皆悉
成就如是功德其名曰淨无垢藏離車子淨

BD14613號　大般涅槃經（北本）卷一　　（26-9）

常得脩學若有誹謗正法者當斷其舌復作
是願若有出家毀禁戒者我當罷令還俗策
使有能深樂護持正法我當敬重如事父母
若有衆僧能護正法我當隨喜令得勢力常
欲樂聞大乘經典聞已亦能爲人廣說皆悉
成就如是功德其名曰淨無垢藏離車子淨
不放逸離車子恒水无垢淨德離車子如是
等各相謂言仁等今可速往佛所所辦供養
種種具足一一離車各嚴八万四千大象八
万四千四馬寶車八万四千明月寶珠天木
栴檀沉水薪束種種各有八万四千一一象
前有寶幢幡蓋其蓋小者周帀廣縱滿一由
旬幡最短者長卅二由旬寶幢卑者高百由
旬持如是等供養之具往至佛所稽首佛足
繞百千帀而白佛言世尊我等今者爲佛及
僧辦諸供具唯願如來哀受我供如來默然
而不許可諸離車等不果所願心懷愁惱以
佛神力去地七多羅樹於虛空中默然而住
尒時復有五恒河沙大臣長者敬重大乘若
有異學謗正法者是諸人等力能摧伏猶如
雹雨摧折草木其名曰日光長者護世長者
護法長者如是之等而爲上首所設供具五
倍於前俱共往詣娑羅雙樹閒稽首佛足繞
百千帀而白佛言世尊我等今者爲佛及僧
設諸供具唯願哀愍受我等供如來默然而
不受之諸長者等不果所願心懷愁惱以佛
神力去地七多羅樹於虛空中默然而住

護法長者如是之等而爲上首所設供具五
倍於前俱共往詣娑羅雙樹閒稽首佛足繞
百千帀而白佛言世尊我等今者爲佛及僧
設諸供具唯願哀愍受我等供如來默然而
不受之諸長者等不果所願心懷愁惱以佛
神力去地七多羅樹於虛空中默然而住
尒時復有毗舍離王及其後宮夫人眷屬閻
浮提內所有諸王除阿闍世并及城邑聚落
人民其名曰月无垢王等各嚴四兵欲往佛
所是一一王各有一百八十万億人民眷屬是
諸車兵駕以象馬象有六牙馬疾如風莊
嚴供具六倍於前寶蓋之中有極小者周帀
縱廣滿八由旬幡極短者十六由旬寶幢卑
者卅六由旬是諸王等皆悉安住於正法中
惡賤邪法敬重大乘深樂大乘憐愍衆生等
如一子所持飲食香氣流布滿四由旬亦於
晨朝日初出時持是種種上妙甘膳詣雙樹
閒至如來所而白佛言世尊我等爲佛及比
丘僧設是供具唯願如來哀愍受我最後供
養如來知時亦不許可是諸王等不果所願
心懷愁惱却住一面
尒時復有七恒河沙諸王夫人唯除阿闍世
王夫人爲度衆生現受女身常觀身行以空
无相无願之法薰脩其心其名曰三界妙夫
人愛德夫人如是等諸王夫人皆悉安住於
正法中脩行禁戒威儀具足憐愍衆生等如
一子各相謂言今宜速往詣世尊所諸王夫

尒時復有七恒河沙諸王夫人唯除阿闍世
王夫人為度衆生現受女身常觀身行以空
无相无願之法熏脩其心其名曰三界妙夫
人愛德夫人如是等諸王夫人皆悉安住於
正法中脩行禁戒威儀具足憐愍衆生等如
一子各相謂言今宜速往詣世尊所諸王夫
人所設供養七倍於前香華寶幢繒綵幡蓋
上妙飲食寶蓋小者周帀縱廣十六由旬幡
最短者卅六由旬寶幢卑者六十八由旬飲食
香氣周遍流布滿八由旬持如是等供養
之具往如來所稽首佛足遶百千帀而白佛
言世尊我等為佛及比丘僧設是供具唯願
如來哀愍受我最後供養如來知時默然不
受時諸夫人不果所願心懷悲惱自拔頭髮
搥胷大哭猶如新喪所愛之子却在一面默
然而住
尒時復有八恒河沙諸天女等其名曰廣目
天女而為上首作如是言汝等諸姊諦觀諦
觀是諸大衆所設種種上妙供具欲供如來
及比丘僧我等亦當如是嚴設微妙供具供
養如來如來受已當入涅槃諸姊諸佛如來
出世甚難最後供養亦復倍難若佛涅槃世
間空虛是諸天女愛樂大乘欲聞大乘聞已
亦能為人廣說渴仰大乘既自充足復能充
足餘渴仰者守護大乘若有異學憎嫉大乘
勢能摧滅如雹摧草護持戒行威儀具足善
能隨順一切世間度未度者脫未脫者於未

BD14613號　大般涅槃經（北本）卷一　（26–12）

亦能為人廣說渴仰大乘既自充足復能充
足餘渴仰者守護大乘若有異學憎嫉大乘
勢能摧滅如雹摧草護持戒行威儀具足善
能隨順一切世間度未度者脫未脫者於未
來世當轉法輪紹三寶種使不斷絕脩學大
乘以大莊嚴而自莊嚴成就如是无量功德
等慈衆生如視一子亦於晨朝日初出時各
取種種天木香等倍於人間所有香木其木
香氣能滅人中種種臭穢白車白蓋駕四白
馬一一車上皆張白帳其帳四邊懸諸金鈴
種種香華寶幢幡蓋上妙甘饍種種伎樂
敷師子座其座四足純紺琉璃於其座後各
皆有七寶倚床一一座前復有金机復以七
寶而為燈樹種種寶珠以為燈明散妙天華
遍布其地是諸天女設是供已心懷哀感涕
淚交流生大苦惱亦為利益安樂衆生成就大
乘第一空行顯發如來方便密教亦為不
斷種種說法往詣佛所稽首佛足遶百千帀
而白佛言世尊唯願如來哀受我等最後供
養如來知時默然不受諸天女等不果所願
心懷憂惱却住一面默然而坐
尒時復有九恒河沙龍王等住於四方其
名曰和脩吉龍王難陀龍王婆難陀龍王而
為上首是諸龍王亦於晨朝日初出時設諸
供具倍於人天持至佛所稽首佛足遶百千
帀而白佛言唯願如來哀受我等最後供養

BD14613號　大般涅槃經（北本）卷一　（26–13）

名曰和脩吉龍王難陀龍王婆難陀龍王而
爲上首是諸龍王亦於晨朝日初出時設諸
供具倍於人天持至佛所稽首佛足繞百千
帀而白佛言唯願如來哀受我等最後供養
如來知時默然不受是諸龍王不果所願心
懷愁惱却坐一面
尒時復有十恒河沙諸鬼神王毗沙門王而
爲上首各相謂言仁等今者可速詣佛所
設供具倍於諸龍持往佛所稽首佛足繞百
千帀而白佛言唯願如來哀受我等最後供
養如來知時默然不許諸鬼神王不果所願
心懷愁惱却坐一面
尒時復有廿恒河沙金翅鳥王降怨鳥王而
爲上首復有卅恒河沙乾闥婆王那羅達王
而爲上首復有卌恒河沙緊那羅王善見王
而爲上首復有五十恒河沙摩睺羅伽王大
善見王而爲上首復有六十恒河沙阿脩羅
王睒婆利王而爲上首復有七十恒河沙陀
那婆王无垢河水王跋提達多王等而爲上
首復有八十恒河沙等羅刹王可畏王而爲
上首捨離惡心更不食人於怨憎中生慈悲
心其形醜陋以佛神力皆悉端政復有九十
恒河沙樹林神王樂香王而爲上首復有千
恒河沙持呪王大幻持呪王而爲上首復有
一億恒河沙貪色鬼魅善見王而爲上首復
有百億恒河沙天諸婇女藍婆女欝婆尸女

恒河沙樹林神王樂香王而爲上首復有千
恒河沙持呪王大幻持呪王而爲上首復有
一億恒河沙貪色鬼魅善見王而爲上首復
有百億恒河沙天諸婇女藍婆女欝婆尸女
帝路沾女毗舍佉女而爲上首復有千億恒
河沙地諸鬼王白濕王而爲上首復有十万
億恒河沙等諸天子及諸天王四天王等復
有十万億恒河沙等四方風神吹諸樹上時
非時華散雙樹間復有十万億恒河沙注雲
雨神皆作是念如來涅槃焚身之時我當注
雨令火時滅衆中熱悶爲作清涼有廿恒
河沙大香象王羅睺象王金色象王甘味象
王紺眼象王欲香象王等而爲上首敬重大
乘愛樂大乘知佛不久當般涅槃各各拔取
无量无邊諸妙蓮華來至佛所頭面礼佛却
住一面
復有廿恒河沙等師子獸王師子吼王而爲
上首施與一切衆生无畏持諸華菓來至
佛所稽首佛足却住一面
復有廿恒河沙等諸飛鳥王鳧鴈鴛鴦孔雀
諸鳥乾闥婆鳥迦蘭陁鳥鸜鵒鸚鵡俱翅羅
鳥婆嘻伽鳥迦陵頻伽鳥耆婆耆婆鳥如是
等諸鳥持諸華菓來至佛所稽首佛足却
住一面
復有廿恒河沙等水牛牛羊往至佛所出妙
香乳其乳流滿拘尸那城所有溝坑色香美
味皆悉具足成是事已却住一面
復有廿恒河沙等四天下中諸神仙人忍辱

住一面
復有廿恒河沙等水牛牛羊往至佛所出妙
香乳其乳流滿拘尸那城所有溝坑色香美
味皆悉具足成是事已却住一面
復有廿恒河沙等四天下中諸神仙人忍辱
仙等而為上首持諸香花及諸甘菓來詣
佛所稽首佛足繞佛三匝而白佛言唯願世尊
哀受我等最後供養如來知時默然不許時
諸仙人不果所願心懷愁惱却住一面閻浮
提中一切蜂王妙音蜂王而為上首持種種
華來詣佛所稽首佛足繞佛一帀却住一面
尒時閻浮提中比丘比丘尼一切皆集唯除
尊者摩訶迦葉阿難二衆復有無量阿僧祇
恒河沙等世界中間及閻浮提所有諸山須
弥山王而為上首其山莊嚴叢林蓊鬱諸樹
茂盛枝條扶疏蔭蔽日光種種妙華周遍而
有龍泉流水清淨香潔諸天龍神乾闥婆阿
脩羅迦樓羅緊那羅摩睺羅伽神仙呪術作
倡伎樂如是等衆弥滿其中是等諸仙亦來
詣佛稽首佛足却住一面復有阿僧祇恒河
沙等四大海神及諸河神有大威德具大神
足所設供養倍勝於前諸神身光伎樂燈明
悉蔽日月令不復現以占婆華散熙連河來
至佛所稽首佛足却住一面
尒時拘尸那城娑羅樹林其林變白猶如白
鶴於虛空中自然而有七寶堂閣彫文刻鏤
綺飾分明周帀欄楯衆寶雜廁堂下多有流

至佛所稽首佛足却住一面
尒時拘尸那城娑羅樹林其林變白猶如白
鶴於虛空中自然而有七寶堂閣彫文刻鏤
綺飾分明周帀欄楯衆寶雜廁堂下多有流
泉浴池上妙蓮華弥滿其中猶如北方欝單
越國亦如忉利歡喜之園尒時娑羅樹林中
間種種莊嚴甚可愛樂亦復如是是諸天人
阿脩羅等咸覩如來涅槃之相皆悉悲感愁
憂不樂尒時四天王釋提桓因各相謂言汝
等觀察諸天世人及阿脩羅大設供養欲於
最後供養如來我等亦當如是供養若我最
後得供養者檀波羅蜜則為成就滿足不難
尒時四天王所設供養倍勝於前持曼陀羅
華摩訶曼陀羅華迦枳樓伽華摩訶迦枳樓
伽華曼殊沙華摩訶曼殊沙華散多尼迦華
摩訶散多尼迦華愛樂華大愛樂華普賢
華大普賢華時華大時華香城華大香城華歡
喜華大歡喜華發欲華大發欲華香醉華大
香醉華普香華大普香華天金葉華龍華波
利質多樹華拘毗羅樹華復持種種上妙甘饍
來至佛所稽首佛足是諸天人所有光明能
覆日月令不復現以是供具欲供養佛如來
知時默然不受尒時諸天不果所願愁憂
苦惱却住一面
尒時釋提桓因及卅三天設諸供具亦倍勝
前及所持華亦復如是香氣微妙甚可愛樂

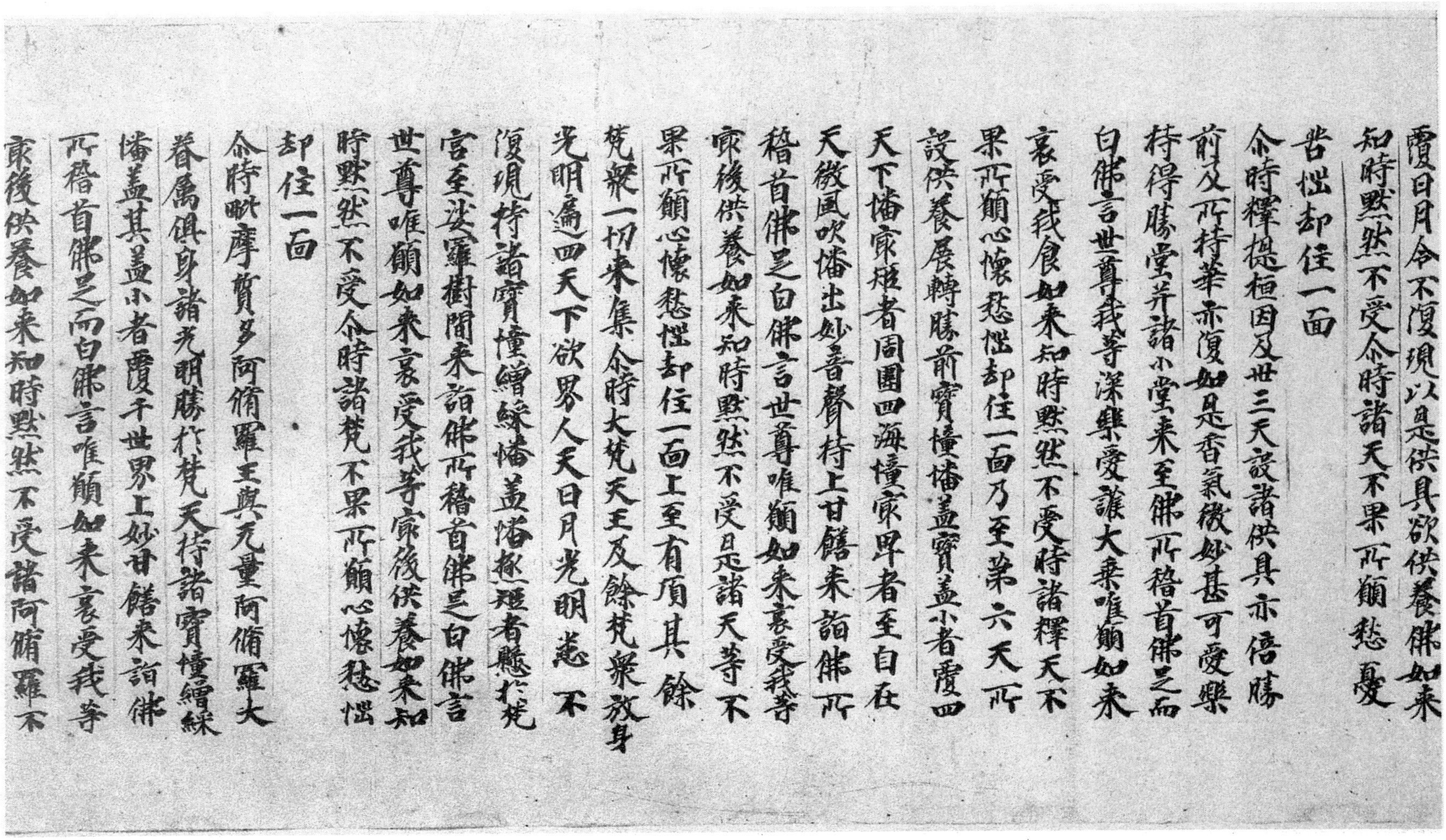
覆日月令不復現以是供具欲供養佛如來
知時默然不受尒時諸天不果所願愁憂
苦惱却住一面
尒時釋提桓因及卅三天設諸供具亦倍勝
前及所持華亦復如是香氣微妙甚可愛樂
持得勝堂并諸小堂來至佛所稽首佛足而
白佛言世尊我等深樂愛護大乘唯願如來
哀受我食如來知時默然不受時諸釋天不
果所願心懷愁惱却住一面乃至第六天所
設供養展轉勝前寶幢幡蓋寶蓋小者覆四
天下幡最短者周匝四海幢最卑者至自在
天微風吹幡出妙音聲持上甘饍來詣佛所
稽首佛足白佛言世尊唯願如來哀受我等
最後供養如來知時默然不受是諸天等不
果所願心懷愁惱却住一面上至有頂其餘
梵衆一切來集尒時大梵天王及餘梵衆放身
光明遍四天下欲界人天日月光明悉不
復現持諸寶幢繒綵幡蓋幡最短者懸於梵
宮至娑羅樹間來詣佛所稽首佛足白佛言
世尊唯願如來哀受我等最後供養如來知
時默然不受尒時諸梵不果所願心懷愁惱
却住一面
尒時毗摩質多阿脩羅王與无量阿脩羅大
眷屬俱身諸光明勝於梵天持諸寶幢繒綵
幡蓋其蓋小者覆千世界上妙甘饍來詣佛
所稽首佛足而白佛言唯願如來哀受我等
最後供養如來知時默然不受諸阿脩羅不

BD14613 號　大般涅槃經（北本）卷一　（26–18）

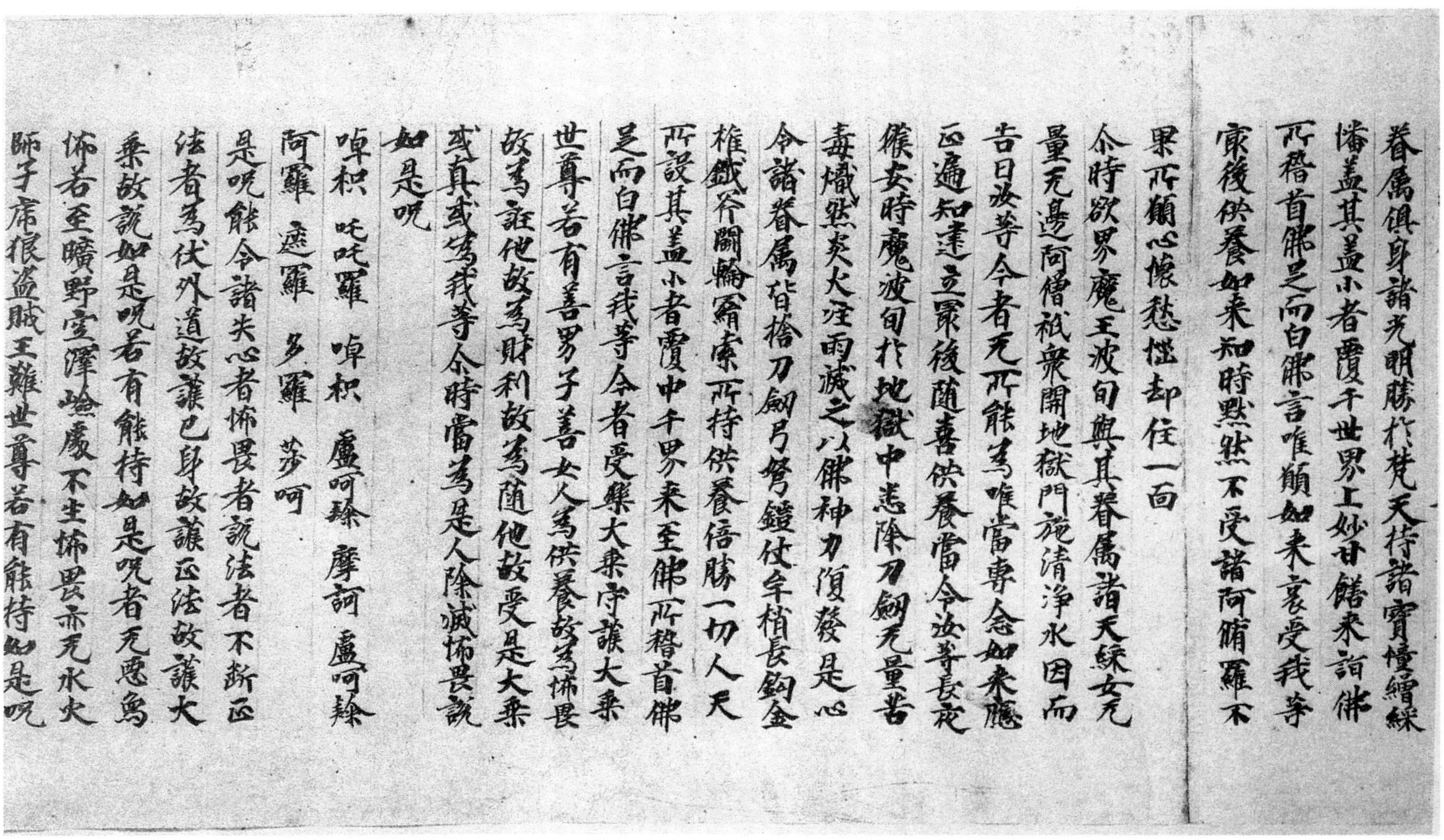
眷屬俱身諸光明勝於梵天持諸寶幢繒綵
幡蓋其蓋小者覆千世界上妙甘饍來詣佛
所稽首佛足而白佛言唯願如來哀受我等
最後供養如來知時默然不受諸阿脩羅不
果所願心懷愁惱却住一面
尒時欲界魔王波旬與其眷屬諸天婇女无
量无邊阿僧祇衆開地獄門施清淨水因而
告曰汝等今者无所能為唯當專念如來應
正遍知建立最後隨喜供養當令汝等長夜
獲安時魔波旬於地獄中悉除刀劍无量苦
毒熾然炎火注雨滅之以佛神力復發是心
令諸眷屬皆捨刀劍弓弩鎧仗鉾矟長鉤金
椎鉞斧鬪輪羂索所持供養倍勝一切人天
所設其蓋小者覆中千界來至佛所稽首佛
足而白佛言我等今者愛樂大乘守護大乘
世尊若有善男子善女人為供養故為怖畏
故為誑他故為財利故為隨他故受是大乘
或真或偽我等尒時當為是人除滅怖畏說
如是呪
啅枳　吒吒羅　啅枳　盧呵隸　摩訶　盧呵隸
阿羅　遮羅　多羅　莎呵
是呪能令諸失心者怖畏者說法者不斷正
法者為伏外道故護已身故護正法故護大
乘故說如是呪若有能持如是呪者无惡象
怖若至曠野空澤險處不生怖畏亦无水火
師子虎狼盜賊王難世尊若有能持如是呪

BD14613 號　大般涅槃經（北本）卷一　（26–19）

是呪能令諸失心者怖畏者說法者不斷正
法者為伏外道故護己身故護正法故護大
乘故說如是呪若有能持如是呪者无惡象
怖若至曠野空澤嶮處不生怖畏亦无水火
師子虎狼盜賊王難世尊若有能持如是呪
者悉能除滅如是等怖世尊持是呪者我當
護之如龜藏六世尊我等今者不以諂說
如是事持是呪者我當至誠益其勢力唯願如
來哀受我等最後供養尒時佛告魔波旬
言我不受汝飲食供養我已受汝所說神呪
為欲安樂一切衆生四部衆故佛說是已默
然不受如是三請皆亦不受時魔波旬不
果所願心懷愁惱却住一面
尒時大自在天王與其眷屬无量无邊及諸天
衆所設供具悉覆梵釋護世四王人天八部
及非人等所有供具釋梵所設猶如聚墨在
珂貝邊悉不復現寶蓋小者能覆三千大千
世界持如是等供養之具來詣佛所稽首佛
足繞无數帀白佛言世尊我等所獻微末供
具喻如蚉子供養於我亦如有人以一掬水投
於大海然一小燈助百千日春夏之月衆
華茂盛有持一華益於衆華以葶藶子益
須弥山豈當有益大海日光衆華須弥世尊我
今所奉微末供具亦復如是若以三千大千
世界滿中香華伎樂幡蓋供養如來尚不足
言何以故如來為諸衆生常於地獄餓鬼畜
生諸惡趣中受諸苦惱是故世尊應見哀

須弥山豈當有益大海日光衆華須弥世尊我
今所奉微末供具亦復如是若以三千大千
世界滿中香華伎樂幡蓋供養如來尚不足
言何以故如來為諸衆生常於地獄餓鬼畜
生諸惡趣中受諸苦惱是故世尊應見哀
愍受我等供
尒時東方去此无量无邊阿僧祇恒河沙微
塵等世界彼有佛土名意樂美音佛号虛空
等如來應正遍知明行足善逝世間解无上
士調御丈夫天人師佛世尊尒時彼佛即告
第一大弟子言善男子汝今宜往西方娑婆
世界彼土有佛号釋迦牟尼如來應正遍知
明行足善逝世間解无上士調御丈夫天人師
佛世尊彼佛不久當般涅槃善男子汝可
持此世界香飯其食香美食之安隱可以此
食奉獻彼佛世尊世尊食已入般涅槃善男
子并可礼敬請決所疑尒時无邊身菩薩摩
訶薩即受佛教從坐而起稽首佛足右繞三
帀與无量阿僧祇菩薩俱從彼國發來至此
娑婆世界應時此間三千大千世界大地六
種震動於是衆中釋梵四天王魔王波旬摩
醯首羅如是大衆見是地動舉身毛竪喉舌
枯燥驚怖戰慄各欲四散自見其身无復光
明所有威德弥滅无餘是時文殊師利法王
子即從坐起告諸大衆諸善男子汝等勿怖
汝等勿怖何以故東方去此无量无數阿僧
祇恒河沙微塵等世界有世界名意樂美音

明所有威德悉滅无餘是時文殊師利法王
子即從坐起告諸大衆諸善男子汝等勿怖
汝等勿怖何以故東方去此无量无數阿僧
祇恒河沙微塵等世界有世界名意樂美音
佛号虛空等如來應正遍知十号具足彼有
菩薩名无邊身與无量菩薩欲來至此供養
如來以彼菩薩威德力故令汝身光悉不復
現是故汝等應生歡喜勿懷恐怖尒時大衆
悉皆遥見彼佛大衆如明鏡中自覩己身時
文殊師利復告大衆汝今所見彼佛大衆如
見此佛以佛神力復當如是得見九方无量
諸佛尒時大衆各相謂言苦哉苦哉世間空
虛如來不久當般涅槃是時大衆一切悉見
无邊身菩薩及其眷屬是菩薩身一一毛孔
各各出生一大蓮華一一蓮華各有八万七
千城邑縱廣正等如毗耶離城墻壁諸塹七
寶雜廁多羅寶樹七重行列人民熾盛安隱
豐樂閻浮檀金以爲却敵一一却敵各有種
種七寶林樹華菓茂盛微風吹動出微妙音
其聲和雅猶如天樂城中人民聞是音聲即
得受於上妙快樂是諸塹中妙水盈滿清淨
香潔如真琉璃是諸水中有七寶船諸人乘
之遊戲澡浴共相娛樂快樂无極復有无量
雜色蓮華優鉢羅華拘物頭華波頭摩華分
陁利華其華縱廣猶如車輪其塹岸上多有
園林一一園中有五泉池是諸池中復 有諸

BD14613號　大般涅槃經（北本）卷一　（26–22）

香潔如真琉璃是諸水中有七寶船諸人乘
之遊戲澡浴共相娛樂快樂无極復有无量
雜色蓮華優鉢羅華拘物頭華波頭摩華分
陁利華其華縱廣猶如車輪其塹岸上多有
園林一一園中有五泉池是諸池中復 有諸
華優鉢羅華拘物頭華波頭摩華分陁利華
其華縱廣亦如車輪香氣芬馥甚可愛樂其
水清淨柔㝡第一鳧鴈鴛鴦遊戲其中其園
各有衆寶宮宅一一宮宅縱廣正等滿四由旬
所有墻壁四寶所成所謂金銀琉璃頗梨真
金爲嚮周帀欄楯玫瑰爲地金沙布上是宮
宅中多有七寶流泉浴池一一池邊各有
十八黃金梯梐閻浮檀金爲芭蕉樹如忉利
天歡喜之園是一一城各有八万四千人王
一一諸王各有无量夫人婇女共相娛樂歡
喜受樂其餘人民亦復如是各於住處共相
娛樂是中衆生不聞餘名純聞无上大乘之
聲是諸華中一一各有師子之座其座四足
皆紺琉璃柔㝡素衣以布座上其衣微妙出
過三界一一座上有一王坐以大乘法教化
衆生或有衆生書持讀誦如說脩行如是流
布大乘經典尒時无邊身菩薩安止如是无
量衆生於自身已令捨世樂皆作是言苦哉
苦哉世間空虛如來不久當般涅槃尒時无
邊身菩薩與无量菩薩周帀圍繞示現如是
神通力已持是種種无量供具及以上妙香

BD14613號　大般涅槃經（北本）卷一　（26–23）

量齋坐於自身已令捨世樂皆作是言苦哉
苦哉世間空虛如來不久當般涅槃尒時无
邊身菩薩與无量菩薩周帀圍繞示現如是
神通力已持是種種无量供具及以上妙香
美飲食若有得聞是食香氣煩惱諸垢皆悉
消滅以是菩薩神通力故一切大衆悉皆得
見如是變化无邊身菩薩身大无邊量同虛
空唯除諸佛餘无能見是菩薩身其量邊
際尒時无邊身菩薩及其眷屬所設供養倍勝
於前來至佛所稽首佛足合掌恭敬白佛言
世尊唯願哀愍受我等食如來知時默然不
受如是三請悉亦不受尒時无邊身菩薩及
其眷屬却住一面南西北方諸佛世界亦有
无量无邊身菩薩所持供養倍勝於前來至
佛所乃至却住一面皆亦如是
尒時娑羅雙樹吉祥福地縱廣卅二由旬大
衆充滿間无空缺尒時四方无邊身菩薩及
其眷屬所坐之處或如錐頭針鋒微塵十方
如微塵等諸佛世界諸大菩薩悉來集會及
閻浮提一切大會亦悉來集唯除尊者摩訶
迦葉阿難二衆阿闍世王及其眷屬乃至毒
蛇視能煞人蜣蜋蝮蝎及十六種行惡業者
一切來集陁那婆神阿脩羅等悉捨惡念皆
悉慈心如父如母如姊如妹三千大千世界衆
生慈心相向亦復如是除一闡提尒時三
千大千世界以佛神力故地皆柔耎无有丘
墟土沙礫石荊棘毒草衆寶莊嚴猶如西方

一切來集陁那婆神阿脩羅等悉捨惡念皆
悉慈心如父如母如姊如妹三千大千世界衆
生慈心相向亦復如是除一闡提尒時三
千大千世界以佛神力故地皆柔耎无有丘
墟土沙礫石荊棘毒草衆寶莊嚴猶如西方
无量壽佛極樂世界是時大衆悉見十方如
微塵等諸佛世界如於明鏡自觀己身見諸
佛土亦復如是尒時如來面門所出五色光
明其光明曜覆諸大會令彼身光悉不復現
所應作已還從口入時諸天人及諸會衆阿
脩羅等見佛光明還從口入皆大恐怖身毛
為竪復作是言如來光明出已還入非无因
緣必於十方所作已辦將是㝡後涅槃之相
何其苦哉何其苦哉如何世尊一旦捨離四
无量心不受人天所奉供養聖慧日月從今
永滅无上法船於斯沉沒嗚呼痛哉世間大
苦舉手椎胷悲號啼哭支節戰動不能自
持身諸毛孔流血灑地

大般涅槃經卷苐一

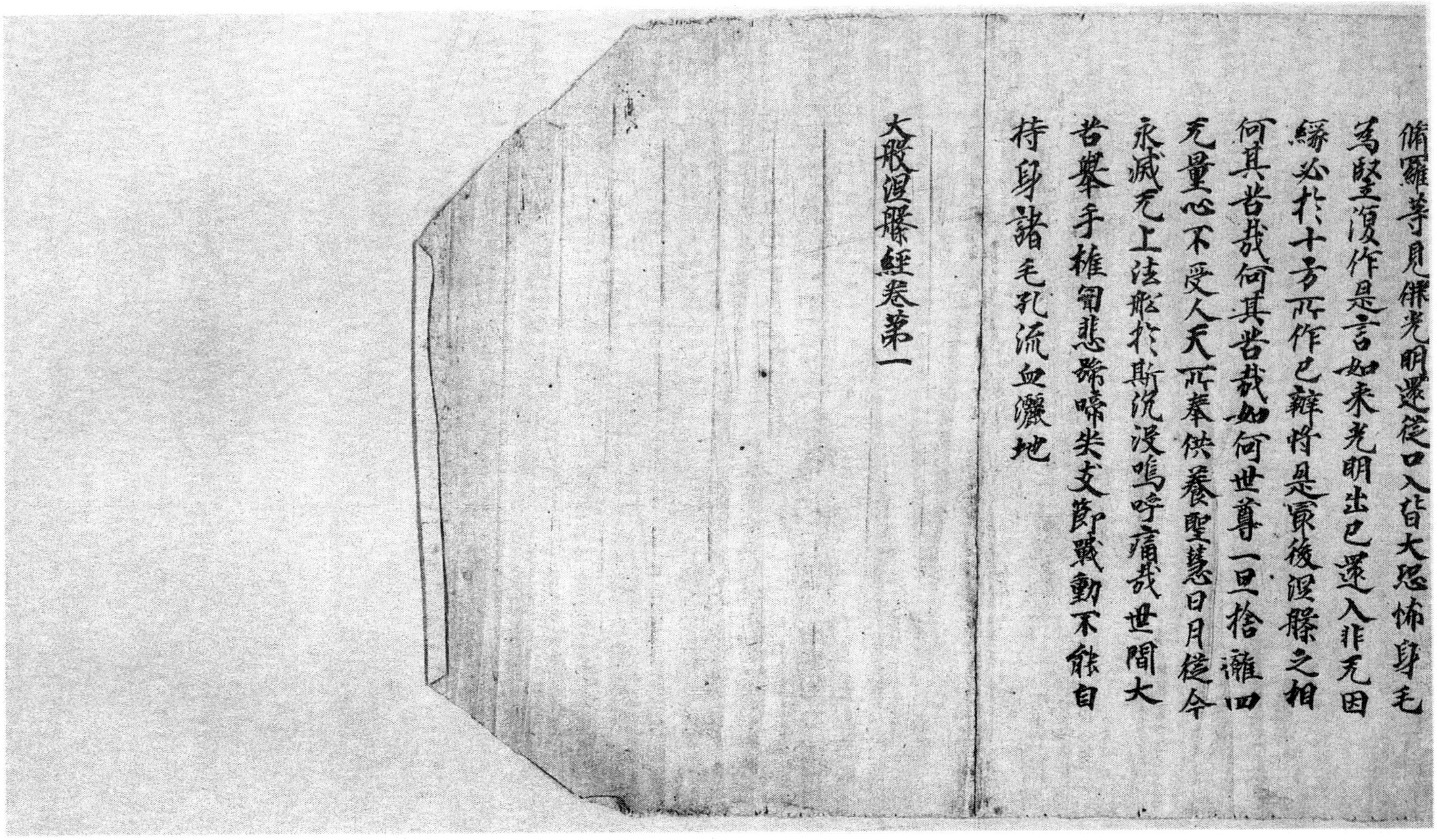
脩羅等見佛光明還從口入皆大恐怖身毛
爲竪復作是言如來光明出已還入非无因
緣必於十方所作已辦將是最後涅槃之相
何其苦哉何其苦哉如何世尊一旦捨離四
无量心不受人天所奉供養聖慧日月從今
永滅无上法船於斯沉沒嗚呼痛哉世間大
苦舉手椎胸悲號啼哭支節戰動不能自
持身諸毛孔流血灑地

大般涅槃經卷第一

BD14613 號　大般涅槃經（北本）卷一　　（26–26）

大般若波羅蜜多經卷第卌四
初分教誡教授品第七之卅四
三藏法師玄奘奉　詔譯
善現汝復觀何義言即三十二大士相若有
煩惱若无煩惱增語非菩薩摩訶薩即八十隨
好若有煩惱若无煩惱增語非菩薩摩訶
薩耶世尊三十二大士相有煩惱无煩惱若
八十隨好有煩惱无煩惱尚畢竟不可得性
非有故况有三十二大士相有煩惱无煩惱
增語及八十隨好有煩惱无煩惱增語此
增語既非有如何可言即三十二大士相若
有煩惱若无煩惱增語是菩薩摩訶薩即八
十隨好若有煩惱若无煩惱增語是菩薩摩
訶薩善現汝復觀何義言即三十二大士相
若世間若出世間增語非菩薩摩訶薩即八
十隨好若世間若出世間增語非菩薩摩訶
薩耶世尊若三十二大士相世間出世間若
八十隨好世間出世間尚畢竟不可得性非
有故况有三十二大士相世間出世間增語

BD14614 號　大般若波羅蜜多經卷三四　　（21–1）

語善現汝復觀何義言即三十二大士相
若世間若出世間增語非菩薩摩訶薩即八
十隨好若世間若出世間增語非菩薩摩訶
薩耶世尊若三十二大士相世間出世間若
八十隨好世間出世間尚畢竟不可得性非
有故況有三十二大士相世間出世間增語
及八十隨好世間出世間增語此增語既非
有如何可言即三十二大士相若世間若出
世間增語是菩薩摩訶薩即八十隨好若世
間若出世間增語是菩薩摩訶薩善現汝復
觀何義言即三十二大士相若雜染若清淨
增語非菩薩摩訶薩即八十隨好若雜染若
清淨增語非菩薩摩訶薩耶世尊若三十二
大士相雜染清淨若八十隨好雜染清淨尚
畢竟不可得性非有故況有三十二大士相
雜染清淨增語及八十隨好雜染清淨增語
此增語既非有如何可言即三十二大士相
若雜染若清淨增語是菩薩摩訶薩即八十
隨好若雜染若清淨增語是菩薩摩訶薩善
現汝復觀何義言即三十二大士相若屬生
死若屬涅槃增語非菩薩摩訶薩即八十隨
好若屬生死若屬涅槃增語非菩薩摩訶薩
耶世尊若三十二大士相屬生死屬涅槃若
八十隨好屬生死屬涅槃尚畢竟不可得性
非有故況有三十二大士相屬生死屬涅槃
增語及八十隨好屬生死屬涅槃增語此增
語既非有如何可言即三十二大士相若屬
生死若屬涅槃增語是菩薩摩訶薩即八十
隨好若屬生死若屬涅槃增語是菩薩摩訶

八十隨好屬生死屬涅槃尚畢竟不可得性
非有故況有三十二大士相屬生死屬涅槃
增語及八十隨好屬生死屬涅槃增語此增
語既非有如何可言即三十二大士相若屬
生死若屬涅槃增語是菩薩摩訶薩即八十
隨好若屬生死若屬涅槃增語是菩薩摩訶
薩善現汝復觀何義言即三十二大士相若
在內若在外若在兩間增語非菩薩摩訶薩
即八十隨好若在內若在外若在兩間增語
非菩薩摩訶薩耶世尊若三十二大士相在
內在外在兩間若八十隨好在內在外在兩
間尚畢竟不可得性非有故況有三十二大
士相在內在外在兩間增語及八十隨好在
內在外在兩間增語此增語既非有如何可
言即三十二大士相若在內若在外若在兩
間增語是菩薩摩訶薩即八十隨好若在內
若在外若在兩間增語是菩薩摩訶薩善現
汝復觀何義言即三十二大士相若可得若
不可得增語非菩薩摩訶薩即八十隨好若
可得若不可得增語非菩薩摩訶薩耶世尊
若三十二大士相可得不可得若八十隨好
可得不可得尚畢竟不可得性非有故況有
三十二大士相可得不可得增語及八十隨
好可得不可得增語此增語既非有如何可
言即三十二大士相若可得若不可得增語
是菩薩摩訶薩即八十隨好若可得若不
可得增語是菩薩摩訶薩
復次善現汝觀何義言即无忘失法增語非
菩薩摩訶薩即恒住捨性增語非菩薩摩訶

言即三十二大士相若可得若不可得增語
是菩薩摩訶薩即八十隨好若可得若不
可得增語是菩薩摩訶薩
復次善現汝觀何義言即无忘失法增語非
菩薩摩訶薩即恒住捨性增語非菩薩摩訶
薩耶具壽善現答言世尊若无忘失法若恒
住捨性尚畢竟不可得性非有故况有无忘
失法增語及恒住捨性增語此增語既非有
如何可言即无忘失法增語是菩薩摩訶薩
即恒住捨性增語是菩薩摩訶薩善現汝復
觀何義言即无忘失法若常若无常增語非
菩薩摩訶薩即恒住捨性若常若无常增語
非菩薩摩訶薩耶世尊若无忘失法常无常
若恒住捨性常无常尚畢竟不可得性非有
故况有无忘失法常无常增語及恒住捨性
常无常增語此增語既非有如何可言即无
忘失法若常若无常增語是菩薩摩訶薩即
恒住捨性若常若无常增語是菩薩摩訶薩
善現汝復觀何義言即无忘失法若樂若苦
增語非菩薩摩訶薩即恒住捨性若樂若苦
增語非菩薩摩訶薩耶世尊若无忘失法樂
苦若恒住捨性樂苦尚畢竟不可得性非有
故况有无忘失法樂苦增語及恒住捨性樂
苦增語此增語既非有如何可言即无忘失
法若樂若苦增語是菩薩摩訶薩即恒住捨
性若樂若苦增語是菩薩摩訶薩善現汝復
觀何義言即无忘失法若我若无我增語非
菩薩摩訶薩即恒住捨性若我若无我增語
非菩薩摩訶薩耶世尊若无忘失法我无我

BD14614 號　大般若波羅蜜多經卷三四　（21–4）

苦增語此增語既非有如何可言即无忘失
法若樂若苦增語是菩薩摩訶薩即恒住捨
性若樂若苦增語是菩薩摩訶薩善現汝復
觀何義言即无忘失法若我若无我增語非
菩薩摩訶薩即恒住捨性若我若无我增語
非菩薩摩訶薩耶世尊若无忘失法我无我
若恒住捨性我无我尚畢竟不可得性非有
故况有无忘失法我无我增語及恒住捨性
我无我增語此增語既非有如何可言即无
忘失法若我若无我增語是菩薩摩訶薩即
恒住捨性若我若无我增語是菩薩摩訶薩
善現汝復觀何義言即无忘失法若淨若不
淨增語非菩薩摩訶薩即恒住捨性若淨
若不淨增語非菩薩摩訶薩耶世尊若无忘失
法淨不淨若恒住捨性淨不淨尚畢竟不可
得性非有故况有无忘失法淨不淨增語及
恒住捨性淨不淨增語此增語既非有如何
可言即无忘失法若淨若不淨增語是菩薩
摩訶薩即恒住捨性若淨若不淨增語是菩
薩摩訶薩善現汝復觀何義言即无忘失法
若空若不空增語非菩薩摩訶薩即恒住捨
性若空若不空增語非菩薩摩訶薩耶世尊
若无忘失法空不空若恒住捨性空不空尚
畢竟不可得性非有故况有无忘失法空不
空增語及恒住捨性空不空增語此增語既
非有如何可言即无忘失法若空若不空增
語是菩薩摩訶薩即恒住捨性若空若不空
增語是菩薩摩訶薩善現汝復觀何義言即
无忘失法若有相若无相增語非菩薩摩訶
薩即恒住捨性若有相若无相增語非菩薩

BD14614 號　大般若波羅蜜多經卷三四　（21–5）

非有如何可言即无忘失法若空若不空增
語是菩薩摩訶薩即恒住捨性若空若不空
增語是菩薩摩訶薩善現汝復觀何義言即
无忘失法若有相若无相增語非菩薩摩訶
薩即恒住捨性若有相若无相增語非菩薩
摩訶薩耶世尊若无忘失法有相无相若恒
住捨性有相无相尚畢竟不可得性非有故
况有无忘失法有相无相增語及恒住捨性
有相无相增語此增語既非有如何可言即
无忘失法若有相若无相增語是菩薩摩訶
薩即恒住捨性若有相若无相增語是菩薩
摩訶薩善現汝復觀何義言即无忘失法若
有願若无願增語非菩薩摩訶薩即恒住捨
性若有願若无願增語非菩薩摩訶薩耶世
尊若无忘失法有願无願若恒住捨性有願
无願尚畢竟不可得性非有故况有无忘失
法有願无願增語及恒住捨性有願无願增
語此增語既非有如何可言即无忘失法若
有願若无願增語是菩薩摩訶薩即恒住捨
性若有願若无願增語是菩薩摩訶薩善現
汝復觀何義言即无忘失法若寂靜若不寂
靜增語非菩薩摩訶薩即恒住捨性若寂靜
若不寂靜增語非菩薩摩訶薩耶世尊若无
忘失法寂靜不寂靜若恒住捨性寂靜不寂
靜尚畢竟不可得性非有故况有无忘失法
寂靜不寂靜增語及恒住捨性寂靜不寂靜
增語此增語既非有如何可言即无忘失法
若寂靜若不寂靜增語是菩薩摩訶薩即恒
住捨性若寂靜若不寂靜增語是菩薩摩訶

BD14614號　大般若波羅蜜多經卷三四　（21–6）

靜尚畢竟不可得性非有故况有无忘失法
寂靜不寂靜增語及恒住捨性寂靜不寂靜
增語此增語既非有如何可言即无忘失法
若寂靜若不寂靜增語是菩薩摩訶薩即恒
住捨性若寂靜若不寂靜增語是菩薩摩訶
薩善現汝復觀何義言即无忘失法若遠離
若不遠離增語非菩薩摩訶薩即恒住捨性
若遠離若不遠離增語非菩薩摩訶薩耶世
尊若无忘失法遠離不遠離若恒住捨性遠
離不遠離尚畢竟不可得性非有故况有无
忘失法遠離不遠離增語及恒住捨性遠離
不遠離增語此增語既非有如何可言即无
忘失法若遠離若不遠離增語是菩薩摩訶
薩即恒住捨性若遠離若不遠離增語是菩
薩摩訶薩善現汝復觀何義言即无忘失法
若有為若无為增語非菩薩摩訶薩即恒住
捨性若有為若无為增語非菩薩摩訶薩耶
世尊若无忘失法有為无為若恒住捨性有
為无為尚畢竟不可得性非有故况有无忘
失法有為无為增語及恒住捨性有為无為
增語此增語既非有如何可言即无忘失法
若有為若无為增語是菩薩摩訶薩即恒住
捨性若有為若无為增語是菩薩摩訶薩善
現汝復觀何義言即无忘失法若有漏若无
漏增語非菩薩摩訶薩即恒住捨性若有漏
若无漏增語非菩薩摩訶薩耶世尊若无忘
失法有漏无漏若恒住捨性有漏无漏尚畢
竟不可得性非有故况有无忘失法有漏无
漏增語及恒住捨性有漏无漏增語此增語

BD14614號　大般若波羅蜜多經卷三四　（21–7）

若无漏增語非菩薩摩訶薩耶世尊若无忘
失法有漏无漏若恒住捨性有漏无漏尚畢
竟不可得性非有故況有无忘失法有漏无
漏增語及恒住捨性有漏无漏增語此增語
既非有如何可言即无忘失法若有漏若无
漏增語是菩薩摩訶薩即恒住捨性若有漏
若无漏增語是菩薩摩訶薩善現汝復觀何
義言即无忘失法若生若滅增語非菩薩摩
訶薩即恒住捨性若生若滅增語非菩薩摩
訶薩耶世尊若无忘失法生滅若恒住捨性
生滅尚畢竟不可得性非有故況有无忘失
法生滅增語及恒住捨性生滅增語此增語
既非有如何可言即无忘失法若生若滅增
語是菩薩摩訶薩即恒住捨性若生若滅增
語是菩薩摩訶薩善現汝復觀何義言即无
忘失法若善若非善增語非菩薩摩訶薩即
恒住捨性若善若非善增語非菩薩摩訶薩
耶世尊若无忘失法善非善若恒住捨性善
非善尚畢竟不可得性非有故況有无忘失
法善非善增語及恒住捨性善非善增語此
增語既非有如何可言即无忘失法若善若
非善增語是菩薩摩訶薩即恒住捨性若善
若非善增語是菩薩摩訶薩善現汝復觀何
義言即无忘失法若有罪若无罪增語非菩
薩摩訶薩即恒住捨性若有罪若无罪增語
非菩薩摩訶薩耶世尊若无忘失法有罪无
罪若恒住捨性有罪无罪尚畢竟不可得性
非有故況有无忘失法有罪无罪增語及恒
住捨性有罪无罪增語此增語既非有如何

BD14614 號　大般若波羅蜜多經卷三四　（21–8）

薩摩訶薩即恒住捨性若有罪若无罪增語
非菩薩摩訶薩耶世尊若无忘失法有罪无
罪若恒住捨性有罪无罪尚畢竟不可得性
非有故況有无忘失法有罪无罪增語及恒
住捨性有罪无罪增語此增語既非有如何
可言即无忘失法若有罪若无罪增語是菩
薩摩訶薩即恒住捨性若有罪若无罪增語
是菩薩摩訶薩善現汝復觀何義言即无忘
失法若有煩惱若无煩惱增語非菩薩摩訶
薩即恒住捨性若有煩惱若无煩惱增語非
菩薩摩訶薩耶世尊若无忘失法有煩惱无
煩惱若恒住捨性有煩惱无煩惱尚畢竟不
可得性非有故況有无忘失法有煩惱无煩
惱增語及恒住捨性有煩惱无煩惱增語此
增語既非有如何可言即无忘失法若有煩
惱若无煩惱增語是菩薩摩訶薩即恒住捨
性若有煩惱若无煩惱增語是菩薩摩訶薩
善現汝復觀何義言即无忘失法若世間若
出世間增語非菩薩摩訶薩即恒住捨性若
世間若出世間增語非菩薩摩訶薩耶世尊
若无忘失法世間出世間若恒住捨性世間
出世間尚畢竟不可得性非有故況有无忘
失法世間出世間增語及恒住捨性世間出
世間增語此增語既非有如何可言即无忘
失法若世間若出世間增語是菩薩摩訶薩
即恒住捨性若世間若出世間增語是菩薩
摩訶薩善現汝復觀何義言即无忘失法若
雜染若清淨增語非菩薩摩訶薩即恒住捨
性若雜染若清淨增語非菩薩摩訶薩耶世

BD14614 號　大般若波羅蜜多經卷三四　（21–9）

失法若世間若出世間增語是菩薩摩訶薩
即恒住捨性若世間若出世間增語是菩薩
摩訶薩善現汝復觀何義言即无忘失法若
雜染若清淨增語非菩薩摩訶薩即恒住捨
性若雜染若清淨增語非菩薩摩訶薩耶世
尊若无忘失法雜染清淨若恒住捨性雜染
清淨尚畢竟不可得性非有故況有无忘失
法雜染清淨增語及恒住捨性雜染清淨增
語此增語既非有如何可言即无忘失法若
雜染若清淨增語是菩薩摩訶薩即恒住捨
性若雜染若清淨增語是菩薩摩訶薩善現
汝復觀何義言即无忘失法若屬生死若屬
涅槃增語非菩薩摩訶薩即恒住捨性若屬
生死若屬涅槃增語非菩薩摩訶薩耶世尊
若无忘失法屬生死屬涅槃若恒住捨性屬
生死屬涅槃尚畢竟不可得性非有故況有
无忘失法屬生死屬涅槃增語及恒住捨性
屬生死屬涅槃增語此增語既非有如何可
言即无忘失法若屬生死若屬涅槃增語是
菩薩摩訶薩即恒住捨性若屬生死若屬涅
槃增語是菩薩摩訶薩善現汝復觀何義言
即无忘失法若在內若在外若在兩間增語
非菩薩摩訶薩即恒住捨性若在內若在外
若在兩間增語非菩薩摩訶薩耶世尊若无
忘失法在內在外在兩間若恒住捨性在內
在外在兩間尚畢竟不可得性非有故況有
无忘失法在內在外在兩間增語及恒住捨
性在內在外在兩間增語此增語既非有如
何可言即无忘失法若在內若在外若在兩
間增語是菩薩摩訶薩即恒住捨性若在內

BD14614號　大般若波羅蜜多經卷三四　(21-10)

忘失法在內在外在兩間若恒住捨性在內
在外在兩間尚畢竟不可得性非有故況有
无忘失法在內在外在兩間增語及恒住捨
性在內在外在兩間增語此增語既非有如
何可言即无忘失法若在內若在外若在兩
間增語是菩薩摩訶薩即恒住捨性若在內
若在外若在兩間增語是菩薩摩訶薩善現
汝復觀何義言即无忘失法若可得若不可
得增語非菩薩摩訶薩即恒住捨性若可得
若不可得增語非菩薩摩訶薩耶世尊若无
忘失法可得不可得若恒住捨性可得不可
得尚畢竟不可得性非有故況有无忘失法
可得不可得增語及恒住捨性可得不可得
增語此增語既非有如何可言即无忘失法
若可得若不可得增語是菩薩摩訶薩即恒
住捨性若可得若不可得增語是菩薩摩訶
薩復次善現汝觀何義言即一切智增語非
菩薩摩訶薩即道相智一切相智增語非菩
薩摩訶薩耶具壽善現答言世尊若一切智
若道相智一切相智尚畢竟不可得性非有
故況有一切智增語及道相智一切相智增
語此增語既非有如何可言即一切智增語
是菩薩摩訶薩即道相智一切相智增語是
菩薩摩訶薩善現汝復觀何義言即一切智
若常若无常增語非菩薩摩訶薩即道相智
一切相智若常若无常增語非菩薩摩訶薩
耶世尊若一切智常无常若道相智一切相
智常无常常尚畢竟不可得性非有故況有一
切智常无常增語及道相智一切相智常无
常增語此增語既非有如何可言即一切智

BD14614號　大般若波羅蜜多經卷三四　(21-11)

一切相智若常若无常增語非菩薩摩訶薩
耶世尊若一切智常无常若道相智一切相
智常无常常尚畢竟不可得性非有故况有
切智常无常增語及道相智一切相智常无
常增語此增語既非有如何可言即一切智
若常若无常增語是菩薩摩訶薩即道相智
一切相智若常若无常增語是菩薩摩訶薩
善現汝復觀何義言即一切智若樂若苦增
語非菩薩摩訶薩即道相智一切相智若樂
若苦增語非菩薩摩訶薩耶世尊若一切智
樂苦若道相智一切相智樂苦尚畢竟不可
得性非有故况有一切智樂苦增語及道相
智一切相智樂苦增語此增語既非有如何
可言即一切智若樂若苦增語是菩薩摩訶
薩即道相智一切相智若樂若苦增語是菩
薩摩訶薩善現汝復觀何義言即一切智若
我若无我增語非菩薩摩訶薩即道相智一
切相智若我若无我增語非菩薩摩訶薩耶
世尊若一切智我无我若道相智一切相智
我无我尚畢竟不可得性非有故况有一切
智我无我增語及道相智一切相智我无我
增語此增語既非有如何可言即一切智若
我若无我增語是菩薩摩訶薩即道相智一
切相智若我若无我增語是菩薩摩訶薩善
現汝復觀何義言即一切智若淨若不淨增
語非菩薩摩訶薩即道相智一切相智若淨
若不淨增語非菩薩摩訶薩耶世尊若一切
智淨不淨若道相智一切相智淨不淨尚畢
竟不可得性非有故况有一切智淨不淨增

現汝復觀何義言即一切智若淨若不淨增
語非菩薩摩訶薩即道相智一切相智若淨
若不淨增語非菩薩摩訶薩耶世尊若一切
智淨不淨若道相智一切相智淨不淨尚畢
竟不可得性非有故况有一切智淨不淨增
語及道相智一切相智淨不淨增語此增語
既非有如何可言即一切智若淨若不淨增
語是菩薩摩訶薩即道相智一切相智若淨
若不淨增語是菩薩摩訶薩善現汝復觀何
義言即一切智若空若不空增語非菩薩摩
訶薩即道相智一切相智若空若不空增語
非菩薩摩訶薩耶世尊若一切智空不空若
道相智一切相智空不空尚畢竟不可得性
非有故况有一切智空不空增語及道相智
一切相智空不空增語此增語既非有如何
可言即一切智若空若不空增語是菩薩摩
訶薩即道相智一切相智若空若不空增語
是菩薩摩訶薩善現汝復觀何義即一切
智若有相若无相增語非菩薩摩訶薩即道
相智一切相智若有相若无相增語非菩薩
摩訶薩耶世尊若一切智有相无相若道相
智一切相智有相无相尚畢竟不可得性非
有故况有一切智有相无相增語及道相智
一切相智有相无相增語此增語既非有如
何可言即一切智若有相若无相增語是菩
薩摩訶薩即道相智一切相智若有相若无
相增語是菩薩摩訶薩善現汝復觀何義言
即一切智若有願若无願增語非菩薩摩訶
薩即道相智一切相智若有願若无願增語

何可言即一切智若有相若无相增語是菩
薩摩訶薩即道相智一切相智若有相若无
相增語是菩薩摩訶薩善現汝復觀何義言
即一切智若有願若无願增語非菩薩摩訶
薩即道相智一切相智若有願若无願增語
非菩薩摩訶薩耶世尊若一切智有願无願
若道相智一切相智有願无願尚畢竟不可
得性非有故无有一切智有願无願增語及
道相智一切相智有願无願增語此增語既
非有如何可言即一切智若有願若无願增
語是菩薩摩訶薩即道相智一切相智若有
願若无願增語是菩薩摩訶薩善現汝復觀
何義言即一切智若寂靜若不寂靜增語非
菩薩摩訶薩即道相智一切相智若寂靜若
不寂靜增語非菩薩摩訶薩耶世尊若一切
智寂靜不寂靜若道相智一切相智寂靜不
寂靜尚畢竟不可得性非有故況有一切智
寂靜不寂靜增語及道相智一切相智寂靜
不寂靜增語此增語既非有如何可言即一
切智若寂靜若不寂靜增語是菩薩摩訶薩
即道相智一切相智若寂靜若不寂靜增語
是菩薩摩訶薩善現汝復觀何義言即一切
智若遠離若不遠離增語非菩薩摩訶薩即
道相智一切相智若遠離若不遠離增語非
菩薩摩訶薩耶世尊若一切智遠離不遠離
若道相智一切相智遠離不遠離尚畢竟不
可得性非有故況有一切智遠離不遠離增
語及道相智一切相智遠離不遠離增語此
增語既非有如何可言即一切智若遠離若
不遠離增語是菩薩摩訶薩即道相智一切

菩薩摩訶薩耶世尊若一切智遠離不遠離
若道相智一切相智遠離不遠離尚畢竟不
可得性非有故況有一切智遠離不遠離增
語及道相智一切相智遠離不遠離增語此
增語既非有如何可言即一切智若遠離若
不遠離增語是菩薩摩訶薩即道相智一切
相智若遠離若不遠離增語是菩薩摩訶薩
善現汝復觀何義言即一切智若有為若无
為增語非菩薩摩訶薩即道相智一切相智
若有為若无為增語非菩薩摩訶薩耶世尊
若一切智有為无為若道相智一切相智有
為无為尚畢竟不可得性非有故況有一切
智有為无為增語及道相智一切相智有為
无為增語此增語既非有如何可言即一切
智若有為若无為增語是菩薩摩訶薩即道
相智一切相智若有為若无為增語是菩薩
摩訶薩善現汝復觀何義言即一切智若有
漏若无漏增語非菩薩摩訶薩即道相智一
切相智若有漏若无漏增語非菩薩摩訶薩
耶世尊若一切智有漏无漏若道相智一切
相智有漏无漏尚畢竟不可得性非有故況
有一切智有漏无漏增語及道相智一切相
智有漏无漏增語此增語既非有如何可言
即一切智若有漏若无漏增語是菩薩摩訶
薩即道相智一切相智若有漏若无漏增語
是菩薩摩訶薩善現汝復觀何義言即一切
智若生若滅增語非菩薩摩訶薩即道相智
一切相智若生若滅增語非菩薩摩訶薩耶
世尊若一切智生滅若道相智一切相智生
滅尚畢竟不可得性非有故況有一切智生

是菩薩摩訶薩善現汝復觀何義言即一切
智若生若滅增語非菩薩摩訶薩即道相智
一切相智若生若滅增語非菩薩摩訶薩耶
世尊若一切智生滅若道相智一切相智生
滅尚畢竟不可得性非有故況有一切智生
滅增語及道相智一切相智生滅增語此增
語既非有如何可言即一切智若生若滅增
語是菩薩摩訶薩即道相智一切相智若生
若滅增語是菩薩摩訶薩善現汝復觀何義
言即一切智若善若非善增語非菩薩摩訶
薩即道相智一切相智若善若非善增語非
菩薩摩訶薩耶世尊若一切智善非善若道
相智一切相智善非善尚畢竟不可得性非
有故況有一切智善非善增語及道相智一
切相智善非善增語此增語既非有如何可
言即一切智若善若非善增語是菩薩摩訶
薩即道相智一切相智若善若非善增語是
菩薩摩訶薩善現汝復觀何義言即一切智
若有罪若无罪增語非菩薩摩訶薩即道相
智一切相智若有罪若无罪增語非菩薩摩
訶薩耶世尊若一切智有罪无罪若道相智
一切相智有罪无罪尚畢竟不可得性非有
故況有一切智有罪无罪增語及道相智一
切相智有罪无罪增語此增語既非有如何
可言即一切智若有罪若无罪增語是菩薩
摩訶薩即道相智一切相智若有罪若无罪
增語是菩薩摩訶薩善現汝復觀何道言
一切智若有煩惱若无煩惱增語非菩薩摩
訶薩即道相智一切相智若有煩惱若无煩

BD14614號　大般若波羅蜜多經卷三四　（21–16）

切相智有罪无罪增語此增語既非有如
可言即一切智若有罪若无罪增語是菩薩
摩訶薩即道相智一切相智若有罪若无罪
增語是菩薩摩訶薩善現汝復觀何道言
一切智若有煩惱若无煩惱增語非菩薩摩
訶薩即道相智一切相智若有煩惱若无煩
惱增語非菩薩摩訶薩耶世尊若一切智有
煩惱无煩惱若道相智一切相智有煩惱无
煩惱尚畢竟不可得性非有故況有一切智
有煩惱无煩惱增語及道相智一切相智有
煩惱无煩惱增語此增語既非有如何可言
即一切智若有煩惱若无煩惱增語是菩薩
摩訶薩即道相智一切相智若有煩惱若无
煩惱增語是菩薩摩訶薩善現汝復觀何義
言即一切智若世間若出世間增語非菩薩
摩訶薩即道相智一切相智若世間若出世
間增語非菩薩摩訶薩耶世尊若一切智世
間出世間若道相智一切相智世間出世間
尚畢竟不可得性非有故況有一切智世間
出世間增語及道相智一切相智世間出世
間增語此增語既非有如何可言即一切智
若世間若出世間增語是菩薩摩訶薩即道
相智一切相智若世間若出世間增語是菩
薩摩訶薩善現汝復觀何義言即一切智若
雜染若清淨增語非菩薩摩訶薩即道相智
一切相智若雜染若清淨增語非菩薩摩訶
薩耶世尊若一切智雜染清淨若道相智一
切相智雜染清淨尚畢竟不可得性非有故
況有一切智雜染清淨增語及道相智一切

BD14614號　大般若波羅蜜多經卷三四　（21–17）

雜染若清淨增語非菩薩摩訶薩即道相智
一切相智若雜染若清淨增語非菩薩摩訶
薩耶世尊若一切智雜染清淨若道相智一
切相智雜染清淨尚畢竟不可得性非有故
況有一切智雜染清淨增語及道相智一切
相智雜染清淨增語此增語既非有如何可
言即一切智若雜染若清淨增語是菩薩摩
訶薩即道相智一切相智若雜染若清淨增
語是菩薩摩訶薩善現汝復觀何義言即一
切智若屬生死若屬涅槃增語非菩薩摩訶
薩即道相智一切相智若屬生死若屬涅槃
增語非菩薩摩訶薩耶世尊若一切智屬生
死屬涅槃若道相智一切相智屬生死屬涅
槃尚畢竟不可得性非有故況有一切智屬
生死屬涅槃增語及道相智一切相智屬生
死屬涅槃增語此增語既非有如何可言即
一切智若屬生死若屬涅槃增語是菩薩摩
訶薩即道相智一切相智若屬生死若屬涅
槃增語是菩薩摩訶薩善現汝復觀何義言
即一切智若在內若在外若在兩間增語非
菩薩摩訶薩即道相智一切相智若在內若
在外若在兩間增語非菩薩摩訶薩耶世尊
若一切智在內在外在兩間若道相智一切
相智在內在外在兩間尚畢竟不可得性非
有故況有一切智在內在外在兩間增語及
道相智一切相智在內在外在兩間增語此
增語既非有如何可言即一切智若在內若
在外若在兩間增語是菩薩摩訶薩即道相

BD14614號　大般若波羅蜜多經卷三四　(21–18)

相智在內在外在兩間尚畢竟不可得性非
有故況有一切智在內在外在兩間增語及
道相智一切相智在內在外在兩間增語此
增語既非有如何可言即一切智若在內若
在外若在兩間增語是菩薩摩訶薩即道相
智一切相智若在內若在外若在兩間增語
是菩薩摩訶薩善現汝復觀何義言即一切
智若可得若不可得增語非菩薩摩訶薩即
道相智一切相智若可得若不可得增語非
菩薩摩訶薩耶世尊若一切智可得不可得
若道相智一切相智可得不可得尚畢竟不
可得性非有故況有一切智可得不可得增
語及道相智一切相智可得不可得增語此
增語既非有如何可言即一切智若可得若
不可得增語是菩薩摩訶薩即道相智一切
相智若可得若不可得增語是菩薩摩訶薩
復次善現汝觀何義言即預流果增語非菩
薩摩訶薩即一來不還阿羅漢果增語非菩
薩摩訶薩耶具壽善現答言世尊若預流果
若一來不還阿羅漢果尚畢竟不可得性非
有故況有預流果增語及一來不還阿羅漢
果增語此增語既非有如何可言即預流果
增語是菩薩摩訶薩即一來不還阿羅漢果
增語是菩薩摩訶薩善現汝復觀何義言即
預流果若常若無常增語非菩薩摩訶薩即
一來不還阿羅漢果若常若無常增語非菩
薩摩訶薩耶世尊若預流果常無常若一來
不還阿羅漢果常無常尚畢竟不可得性非
有故況有預流果常無常增語及一來不還

BD14614號　大般若波羅蜜多經卷三四　(21–19)

一來不還阿羅漢果若常若无常增語非菩
薩摩訶薩耶世尊若預流果常无常若一來
不還阿羅漢果常无常尚畢竟不可得性非
有故况有預流果常无常增語及一來不還
阿羅漢果常无常增語此增語既非有如何
可言即預流果若常若无常增語是菩薩摩
訶薩即一來不還阿羅漢果若常若无常增
語是菩薩摩訶薩善現汝復觀何義言即預
流果若樂若苦增語非菩薩摩訶薩即一來
不還阿羅漢果若樂若苦增語非菩薩摩訶
薩耶世尊若預流果樂苦若一來不還阿羅
漢果樂苦尚畢竟不可得性非有故况有預
流果樂苦增語及一來不還阿羅漢果樂苦
增語此增語既非有如何可言即預流果若
樂若苦增語是菩薩摩訶薩即一來不還阿
羅漢果若樂若苦增語是菩薩摩訶薩善現
汝復觀何義言即預流果若我若无我增語
非菩薩摩訶薩即一來不還阿羅漢果若我
若无我增語非菩薩摩訶薩耶世尊若預流
果我无我若一來不還阿羅漢果我无我尚
畢竟不可得性非有故况有預流果我无我
增語及一來不還阿羅漢果我无我增語此
增語既非有如何可言即預流果若我若无
我增語是菩薩摩訶薩即一來不還阿羅漢
果若我若无我增語是菩薩摩訶薩

大般若波羅蜜多經卷第卅四

BD14614號　大般若波羅蜜多經卷三四　　（21–20）

增語此增語既非有如何可言即預流果若
樂若苦增語是菩薩摩訶薩即一來不還阿
羅漢果若樂若苦增語是菩薩摩訶薩善現
汝復觀何義言即預流果若我若无我增語
非菩薩摩訶薩即一來不還阿羅漢果若我
若无我增語非菩薩摩訶薩耶世尊若預流
果我无我若一來不還阿羅漢果我无我尚
畢竟不可得性非有故况有預流果我无我
增語及一來不還阿羅漢果我无我增語此
增語既非有如何可言即預流果若我若无
我增語是菩薩摩訶薩即一來不還阿羅漢
果若我若无我增語是菩薩摩訶薩

大般若波羅蜜多經卷第卅四

BD14614號　大般若波羅蜜多經卷三四　　（21–21）

知想我此身亦當復尒与此无異故曰新死
相二者青瘀相或見死人一日至于七日身
體青膖瘀黑相我所愛身亦當復尒与此无
異故曰青瘀相三者膿血相或見死人身已
爛壞血塗流溢甚為可惡不可瞻視我所愛
身亦當復尒故曰膿血相四者絳汁相或見
死人身體縱横黄水流出狀似絳汁我所愛
身亦當復尒故曰絳汁相五者食消相或見
死人為烏鳥所食虫狼所噉為蠅所蛆其肉
欲盡或半身在我所愛身亦當復尒故曰食
不消相六者筋纏束薪相或見死人皮宍已
盡正有筋骨相連譬似束薪由是得成而不
解散我所愛身亦當復尒故曰筋纏束薪相
七者骨節分離相或見死人筋已爛壞骨節
縱横不在一處我所愛身亦當須尒故曰骨
節分離相八者燒焦可惡相或見死人為家
火所燒野火所焚燋縮在地極為可惡不可
瞻視我所愛身亦當復尒故燒焦可惡相九

BD14615號　觀佛三昧海經卷二　（16–1）

解散我所愛身亦當復尒故曰筋纏束薪相
七者骨節分離相或見死人筋已爛壞骨節
縱横不在一處我所愛身亦當須尒故曰骨
節分離相八者燒焦可惡相或見死人為家
火所燒野火所焚燋縮在地極為可惡不可
瞻視我所愛身亦當復尒故燒焦可惡相九
者枯骨相或見久昔千骨若五十歲至百歲
二百歲三百歲時骨還變白日暴徹中火從
骨上爛爛而起火燒之後風吹入地還歸于
土是名略說九相是為菩薩始在樹下初開
不淨觀門時魔三女自見背上復負老母髮
白面皺脣口繚戾顏色津黑似怯死人胸前
復抱一死小兒於六竅中流出諸膿膿中生
虫正似蚘虫諸女見此悍然驚譯却行而去
佪頭視齊齊生六龍龍吐水火耳出諸風體
堅如鐵自見女形醜狀鄙穢乃當如是於其
鄙處有諸小虫虫有四頭二上二下唼食女
身口出五毒毒有五脉上至心下乃至咽喉
從六根中生諸脉根九十有九直下流注至
諸虫頂共相灌注徹諸虫心諸女人等從无
數世造諸耶行惡業因緣獲得如是不淨醜
身復有虫如手臂釧團藂相持而有衆口口
生五毒唼食女根諸女人等先世之時耶婬
行故獲醜惡身以為莊嚴諸女見已心極酸
苦如箭入心却行之時閙亂而去如羸驅步
切衆見時鄣鄣火起其鬚黄黑如刺棘狀以

BD14615號　觀佛三昧海經卷二　（16–2）

身復有虫如手臂釧圍遶相持而有衆口
生五毒嘍食女根諸女人等先世之時耶婬
行故獲醜惡身以為莊嚴諸女見已心極酸
苦如箭入心却行之時匍匐而去如羸驢步
初舉足時節節火起其鬓黄黑如判棘狀以
自纏身呼嗟嘆息至魔王前魔王心怒奮劔
竪色即欲直前魔子諫曰父王无辜自招劇
苑菩薩行淨難動如地云何可壞作是語時
菩薩復以白毫光擬令魔眷屬身心安樂譬
如比丘入第三禪餓鬼見白毛毛端皆有百
千万億諸大菩薩是諸菩薩〻入勝意慈心
三昧各以右手持左指頭指端生乳灑滅猛
火猛火滅已即得清涼自然飽滿身心踊悅發
菩提心因是心故捨餓鬼苦是諸鬼等自見
其身如似白玉似瑠璃山似頗梨山似黄金
山似馬腦山身諸毛孔似真珠貫眼目明淨
似明月珠身諸烟爓如雜寶雲所執刀杖
似七寶臺七寶臺內重鋪綩綖安置丹枕左
右自然有化梵王見化菩薩坐於化臺各各
異說諸罪人報汝等前世坐作惡業故獲如
此可惡之形說是語時是諸鬼神有發无上
菩提心者有種聲聞辟支佛者有於来世當
生人天勝樂處者是時魔王忽然還宮白毛
隨從直至六天於其中間无數天子天女見
白毛孔通中皆空團圓可愛如梵王幢於其

BD14615號　觀佛三昧海經卷二　（16–3）

菩提心者有種聲聞辟支佛者有於来世當
生人天勝樂處者是時魔王忽然還宮白毛
隨從直至六天於其中間无數天子天女見
白毛孔通中皆空團圓可愛如梵王幢於其
空間有百千万恒沙微塵諸寶蓮花一一蓮花
无量无邊諸妙白色以為其臺〻上有化
菩薩放於白豪花其花金色過去七佛在其
花上是諸化佛自說名字与脩多羅等无差
別復有諸天宿善根者見化菩薩一毛孔中
生一菩薩〻〻頂上皆有化佛如前不異時
諸化佛眉間出花百寶莊嚴諸天世間无色
比有化光臺〻上化佛如前不異諸化菩薩
身毛孔中化出一切十方衆生所希見事化
人足下有化光臺生諸天宮勝過六欲魔王
宮殿〻〻勝大梵嚴身之宮諸梵頂相從化菩
薩足納間生如是白毛上至无色界遍照一
切无量无邊諸天世間皆如白寶頗梨明鏡
諸天見此勝瑞相已不樂天樂發菩提心魔
王以万四千天女視波旬身狀如死狗〻似
焦木但瞻菩薩白豪相光心意悅樂无以為
譬怒恚波旬前所為事規欲壞他反自敗績
作是語時百千无數天子天女復發无上菩
提道意
佛告大王如是種種諸勝相事但從菩薩眉
間白毛而足生此不勞其餘身分功德佛滅

BD14615號　觀佛三昧海經卷二　（16–4）

作是語時百千无數天子天女復發无上菩
提道意
佛告大王如是種種諸勝相事但從菩薩眉
間白毛而足生此不勞其餘身分功德佛滅
度後諸四部衆若能暫時捨離散亂繫心正
觀菩薩降魔白豪相者滅无數劫黑業惡障
二除十惡諸煩惱障能於現世見佛形像了
了分明如是種種觀相境界不可具說如我
滅後欲觀如來降伏魔時白毛相者當作此
觀如是觀者名為正觀若異觀者名為耶觀
云何名為如來成佛時大人相覺人相不動
人相解脫人相光明人相滿智慧人相具足
諸波羅蜜相首楞嚴等諸三昧海相菩薩摩
訶薩從勝意慧三昧起入滅意定從滅意定
起還入首楞嚴從首楞嚴起入慧炬三昧從
慧炬三昧起入諸法相三昧從諸法相三昧
起入光明相三昧從光明相三昧起入師子
音聲相三昧從師子音聲三昧起入師子奮
迅三昧從師子奮迅三昧起入海意三昧從
海意三昧起入普智三昧從普智三昧起入
陁羅尼印相三昧從陁羅尼印相三昧起入
普現色身三昧從普現色身三昧起入法界
姓三昧從法界姓三昧起入師子吼力王三
昧從師子吼力王三昧起入滅諸魔相三昧
從滅諸魔相三昧起入空慧三昧從空慧三
昧起入解空相三昧從解空相三昧起入大

普現色身三昧從普現色身三昧起入法界
姓三昧從法界姓三昧起入師子吼力王三
昧從師子吼力王三昧起入滅諸魔相三昧
從滅諸魔相三昧起入空慧三昧從空慧三
昧起入解空相三昧從解空相三昧起入大
空智三昧從大空智三昧起入遍一切色
身三昧從遍一切色身三昧起入齊心相
三昧從齊心相三昧起入菩薩摩訶薩金剛
相三昧從金剛相三昧起入金剛頂三昧從
金剛頂三昧起入一切三昧海從一切三昧
海起入一切陁羅尼海三昧從一切陁羅尼
海三昧起入一切佛境界海三昧從一切佛
境界海三昧起入一切諸佛解脫解脫知見
海三昧從解脫知見海三昧起然後方入无
量微塵數諸三昧海門從諸三昧海門起入
寂意滅意三昧從寂意滅意三昧起入金剛
譬大解脫三昧相門
尒時道場地化似金剛滿八十里其色正白
不可具見此相現時菩薩眉間白豪相光端
嚴正直高然東向長一丈五尺有十楞現弥
迦女人同類五女无數万億天龍鬼神弥勒
賢劫諸菩薩等跋陁波羅等无量无邊阿僧
祇微塵數諸大菩薩〻〻見此相〻現時佛
菩提樹白毛力故根下自然化生寶花鮮廣
正等四十由旬其花金色金剛為臺佛眉間光
照七化臺其光直下至金剛際入金剛際白

賢劫諸菩薩等跋陁波羅等无量无邊阿僧
祇微塵數諸大菩薩亦見此相此相現時佛
菩提樹白毛力故根下自然化生寶花嚴廣
正等四十由旬其花金色金剛為臺佛眉間光
照此化臺其光直下至金剛際於金剛際自
然化生二金剛坐互相棠單聲振三千大千
世界令此大地六種振動其金剛坐上衝蓮
花根亦是金剛三種金剛共相棠單直還下
遍至金剛際往旋十反白豪光明圍遶十迊
令金剛坐鏗然不動佛坐此坐消除三障成
菩提道佛心境界說不可盡若廣說者一切
衆生至十地菩薩亦不能知亦非所解是故
於此白豪相中隱而不說如是白毛光明力
故令菩提樹金剛為莖根亦金剛楷七寶城
楷上生光各各有七圍遶佛身化成寶蕂樹
葉金色花寶色花上有光百千寶色諸天寶
光不得為譬葉白寶色夜摩天上微妙白寶
不得為比其葉光明化摩尼網弥覆樹上於
其網間若霓蜿下垂化成寶鈴鈴四角頭有
大寶臺其臺高顯遍於上方无量世界遍是
界已復更化成諸大寶臺一一寶臺不可具
說高顯微妙譬如和合百千万億諸須弥山
於其臺上有大寶蓋純金剛成雜色間錯微
妙光明光明下垂化成幡帳於幡帳中雨寶
蓋雲寶蓋雲中雨幢幡雲幢幡雲中雨妓樂

說高顯微妙譬如和合百千万億諸須弥山
於其臺上有大寶蓋純金剛成雜色間錯微
妙光明光明下垂化成幡帳於幡帳中雨寶
蓋雲寶蓋雲中雨幢幡雲幢幡雲中雨妓樂
雲妓樂雲中雨寶光雲寶光雲中雨諸香雲
諸香雲中雨師子坐雲師子坐雲中雨花鬘
雲花鬘雲中雨花鬘雲花鬘雲中雨妙音雲
妙音雲中雨偈頌雲偈頌雲中雨諸弥寶供
養具如是等種種供養具皆從菩提樹白豪
相光明中出時白毛光下垂照地令道場邊
金剛地上化作七池池生七水水有七色七
色分明色有十光上照樹王其池四岸衆寶
合成一岸百寶所共合成一寶流出百億光
明池底純是金剛摩尼以為底沙水生諸花
純黃金葉葉上千光化成光輪池有七渠水
自踊出池口生花葉葉相次於蓮花鬘流出
諸水如瑠璃珠映徹分明於渠兩邊列生諸
花八万四千衆寶嚴餝此渠中水更相灌注
當水出時光亦隨轉映菩提樹此樹光中一
一葉上生寶蓮花其花遍布一切世界於其
花上化白寶臺遍至十方无量世界其白豪
光從佛眉間出寶蓮花團圓正等滿一由旬
如是相次過於上方无量无邊不可算數不
可算數微塵世界花花相次一一花上見一
佛坐身黃金色方身丈六結加趺坐坐蓮花

光從佛眉間出寶蓮花團圓正等滿一由旬
如是相次過於上方无量无邊不可筭數不
可筭數微塵世界花花相次一一花上見一
佛坐身黃金色方身丈六結加趺坐坐蓮花
臺其金剛坐及菩提樹如上所說等无有異
乃至十方亦復如是於白豪中復出寶花勝
前寶花百億万倍花上有佛如釋迦文等无
有異一花鬚頭復有一佛身亦丈六入深禪
定心不傾動如是光明照於東方无量无數
百千世界令諸世界皆作金色彼衆生見化
佛毛孔開現光明復出无量百千寶光一一
光中復有无量百億化佛時諸天龍鬼神夜
又觀此光明遶佛千迊照十方國見十方國
高下大小了了分明如執明鏡自見面像是
諸大衆波旬眷屬八千億衆諸鬼神天龍夜
又等各見白豪端直丈五十方光見映蔽衆
目如万億日不可具見但於光中見无量无
數百億千万化釋迦文眉間白毛正長丈五
一一毛中出无量光一一光中无量化佛化
佛眉間亦復如是是白豪光輪郭之中流出
衆光上至佛頷顯發頷廣平正之相頷上諸
毛毛皆上靡其毛根下梵摩尼色適衆生心
毛端流光如融紫金光相上靡入於鬚際婉
轉垂下至百輪邊然後布散上入鬚間圓遶
蚕文數百千迊從枕骨生如金蓮花葉日照

毛毛皆上靡其毛根下梵摩尼色適衆生心
毛端流光如融紫金光相上靡入於鬚際婉
轉垂下至百輪邊然後布散上入鬚間圓遶
蚕文數百千迊從枕骨生如金蓮花葉日照
開敷蓮花葉間及蓮花鬚如帝釋畫了了分
明衆色異現於其色間无量化佛一佛七人
菩薩諸天以為侍者手執寶花白中白者花
有五色分明隨從化佛不失其所此名如来
初成佛時白豪相光因白豪光初生項光生
王宮時此光如日見不了了圓光一尋別自
當說
時諸八部觀白豪光所見不同有見白毛猶
如諸佛有見白豪如諸菩薩有見白豪如
已父母一切世間可尊敬事悉於毛端了了
得見見已歡喜有發无上菩提心者有發聲
聞緣覺心者如是諸鬼見白毛者自然慈心
无諸惡意
佛告父王如来白毛自從初生乃至成佛於
其中間微細小事可得覩見既成佛已白豪
光明衆相具足諸備多羅中佛已廣說白豪
相光究竟之處十地菩薩尒乃得見先說小
者應諸世間此事易見
佛告父王及勑阿難諦聽諦聽善思念之傳
語後世諸弟子等皆令得智若我滅後諸比
丘等若聞是事此白豪相菩薩本昔脩何行

者應諸世間此事易見
佛告父王及勅阿難諦聽諦聽善思念之傳
語後世諸弟子等皆令得智若我滅後諸比
丘等若問是事此白毫相菩薩本昔脩何行
得汝當荅言佛白毫相從无數劫捨心不慳
不見前相不憶財物心無執著而行布施以
心法攝身威儀護持禁戒如愛雙目然其心
内豁然虛淨不見犯起及捨墮法心安如地
无有動搖設有一人以百千刀屠割其身設
復有人以諸棘刺鞭撻其身菩薩初无一念
瞋恚設復有人頭有千舌舌出千言種種異
罵辱菩薩顏色不變如淨蓮花心无所著身
心不懈无疲惓意如救頭燃如身毛孔生那
利劍求覓良醫晝夜精進心无染汙如瑠璃
珠表裏俱淨攝身斂意閉目叉手端坐正受
其心如海湛然不動如金剛山不可沮壞雖
作是意不隨禪生然心滅智无所適莫莫无
覺觀非不觀法心智猛利攝諸方便不見有
法若大若小有細微相如是衆多名波羅蜜
二從三十七助菩提法復從十力四无所畏大
慈大悲三念處諸妙功德得此白毫若我滅
後佛諸弟子捨離諸惡去憒閙相樂少語法
不務多事晝夜六時能於一時於一時中分
為少分少分之中能須臾閒念佛白毫令心
了了无謬亂想分明正住注意不息念白毫

慈大悲三念處諸妙功德得此白毫若我滅
後佛諸弟子捨離諸惡去憒閙相樂少語法
不務多事晝夜六時能於一時於一時中分
為少分少分之中能須臾閒念佛白毫令心
了了无謬亂想分明正住注意不息念白毫
者若見相好若不得見如是等人除却九十
六億那由他恒河沙微塵數劫生死之罪
設復有人但聞白毛心不驚疑歡喜信受此
人亦却八十億劫生死之罪若諸比丘比丘
尼優婆塞優婆夷犯四根本罪不如等罪及
五逆罪除謗方等如是衆人若欲懺悔晝夜
六時身心不懈譬如人在深草中行四面火
起猛風吹来欲燒其身此人作念若火燒我
未死之閒支節解散我當云何得滅此火若
不設計命必不濟誰有智者多諸方便能救
我命設命全濟彼人所求无所悋惜作是思
惟已如太山崩五體投地嚎泣雨淚合掌向
佛讚嘆如来種種德行作是讚已誦懺悔法
繫念在前念佛眉閒白毫相光一日至七日
前四種罪可得輕微三七日時罪相漸滅七
七日後然後羯磨事在他經若比丘犯不如
罪觀白毫毛闇黑不現應當入塔觀像眉閒
一日至三日合掌啼泣一心諦觀然後入僧
說前罪事此名滅罪前五種罪念白豪光經
八百日然後復有別羯磨法

罪觀白豪毛闇黑不現應當入塔觀像眉間
一日至三日合掌啼泣一心諦觀然後入僧
說前罪事此名滅罪前五種罪念白豪光經
八百日然後復有別羯磨法
佛告父王如来有无量相好一一相中八万
四千諸小相好如是相好不及白豪少分功
德是故今日爲於未来世諸惡衆生說白豪
相大慧光明消惡觀法若有耶見極重惡人
聞觀法具足相貎生瞋恨心无有是處縱使
生瞋白豪相光亦復覆護暫聞是語除三劫
罪後身生處生諸佛前如是種種百千億種
諸觀光明微妙境界不可悉說念白豪時白
然當生如此觀者名爲正觀若異觀者名爲
耶觀
云何觀頷廣正頷廣平正相二輪光明光明
輪郭千輻轂輞成摩尼珠形如毗紐羯磨天
畫於畫畫中流出上妙金色之光来入白豪
七迊上入頷上諸毛孔中乃至鬟際諸色相
婉轉下垂至于耳輪上散入鬟遶鬟七迊從
枕骨出遶前蓮花相團圓七迊七畫分明畫
七色色生七花花有一佛有七菩薩以爲侍
者供敬圍遶右旋而轉如是頷廣平正三相
鬟際相頭諸毛孔相腦中相腦中亦有十四
光現諸脉中中外俱徹明顯可愛踊出白光
紅紫間錯其色微細從枕骨出亦遶前者三
迊一一畫間有一佛坐有二菩薩以爲侍者

BD14615 號　觀佛三昧海經卷二　（16–13）

七色色生七花花有一佛有七菩薩以爲侍
者供敬圍遶右旋而轉如是頷廣平正三相
鬟際相頭諸毛孔相腦中相腦中亦有十四
光現諸脉中中外俱徹明顯可愛踊出白光
紅紫間錯其色微細從枕骨出亦遶前者三
迊一一畫間有一佛坐有二菩薩以爲侍者
益更明顯勝前數倍云何觀如来眉相左右
二眉形如月初遶生諸毛希稠得所随月形
轉其色豔紫毛端紺青瑠璃妙光色无与比
眉光兩靡散入諸鬟既入鬟已上至鬟杪其
光蚕起蜂翠孔雀色无以類猶如衆墨比瑠
璃光亦復下垂從枕骨出右旋婉轉遶光四
迊一一畫中出一化佛有二菩薩及二比丘
翼侍左右皆悉住立蓮花鬚上明顯可愛勝
前數倍眉下三畫及眼匡中旋生四光青黄
赤白上向豔出入眉骨中出眉毛端亦如前
法從枕骨出遶光四迊四色分明黄色化佛
身黄金色白色化佛身白銀色青色化佛身金
精色赤色化佛身車渠色如是右旋益更明
顯勝前數倍
云何觀如来眼睫相如来眼睫上下各生有
五百毛柔軟可愛如優曇花鬚於其毛端流
出一光如頗梨色入前衆相光明色中遶頭
一迊從枕骨生圓遶前光純生微妙諸青蓮
花花臺上有青色蓋有梵天王手執是蓋此
相現時佛眼青白白者過於白寶百億万倍

BD14615 號　觀佛三昧海經卷二　（16–14）

五百毛柔軟可愛如優曇花鬚於其毛端流
出一光如頗梨色入前衆相光明色中遶頭
一帀從枕骨生圓遶前光純生微妙諸青蓮
花花臺上有青色蓋有梵天王手執是蓋此
相現時佛眼青白白者過於白寶百億万倍
青者勝青蓮花及紺瑠璃百億万倍上下俱
眴如牛王眼眼雙瞖頭旋出二光如青蓮花
極爲微細遶髮一帀從枕骨出暎息諸花令
花開敷光明益顯如是勝相无量功德名如
來眼若有欲觀如來眼者當作此觀作此觀
者滅損諸惡閇目端坐正觀佛眼一日至七
日於未來世常得見佛眼不盲冥亦不住於
邊地耶見无佛法處慧眼常開不生愚癡
佛告父王是故智者爲除盲冥當觀佛眼佛
有五眼此觀法中先說肉眼明淨光明觀眼
心利傍生境界不可具說諦觀佛眼於少時
間及觀像眼未來世中經五生處眼常明淨
眼根无病除却生死之罪佛告阿難勅諸四
衆勤觀佛眼慎勿休癈觀佛眼者必獲无量
微妙功德髮際額廣及髮蚤文眼匡眼眉眼
睫眼晝如是等衆相光明若能暫見除六十
劫生死之罪未來生處必見弥勒賢劫千佛
威光所獲心如蓮花而无所著終不墮於三
塗八難若坐不見當入塔觀入塔觀時亦當
作此諸光明想至心合掌胡跪諦觀一日至
三日心不亂命終之後生兜率天面見弥

BD14615號　觀佛三昧海經卷二　（16–15）

微妙功德髮際額廣及髮蚤文眼匡眼眉眼
睫眼晝如是等衆相光明若能暫見除六十
劫生死之罪未來生處必見弥勒賢劫千佛
威光所獲心如蓮花而无所著終不墮於三
塗八難若坐不見當入塔觀入塔觀時亦當
作此諸光明想至心合掌胡跪諦觀一日至
三日心不亂命終之後生兜率天面見弥
勒色身端嚴應感化導既得見已身心歡喜
入正法位佛告父王如是觀者名爲正觀若
異觀者名爲耶觀

佛說觀佛三昧海經卷第二

BD14615號　觀佛三昧海經卷二　（16–16）

大般若波羅蜜多經卷第二百八十二

初分難信解品第卅四之一百一　三藏法師玄奘奉　詔譯

善現一切智智清淨故鼻界清淨鼻界清淨故預流果清淨何以故若一切智智清淨若鼻界清淨若預流果清淨無二無二分無別無斷故一切智智清淨故香界鼻識界及鼻觸鼻觸為緣所生諸受清淨香界乃至鼻觸為緣所生諸受清淨故預流果清淨何以故若一切智智清淨若香界乃至鼻觸為緣所生諸受清淨若預流果清淨無二無二分無別無斷故善現一切智智清淨故舌界清淨舌界清淨故預流果清淨何以故若一切智智清淨若舌界清淨若預流果清淨無二無二分無別無斷故一切智智清淨故味界舌識界及舌觸舌觸為緣所生諸受清淨味界乃至舌觸為緣所生諸受清淨故預流果清淨何以故若一切智智清淨若味界乃至舌觸為緣所生諸受清淨若預流果清淨無二

BD14616號　大般若波羅蜜多經卷二八二　（8–1）

舌界清淨故預流果清淨何以故若一切智智清淨若舌界清淨若預流果清淨無二無二分無別無斷故一切智智清淨故味界舌識界及舌觸舌觸為緣所生諸受清淨味界乃至舌觸為緣所生諸受清淨故預流果清淨何以故若一切智智清淨若味界乃至舌觸為緣所生諸受清淨若預流果清淨無二無二分無別無斷故善現一切智智清淨故身界清淨身界清淨故預流果清淨何以故若一切智智清淨若身界清淨若預流果清淨無二無二分無別無斷故一切智智清淨故觸界身識界及身觸身觸為緣所生諸受清淨觸界乃至身觸為緣所生諸受清淨故預流果清淨何以故若一切智智清淨若觸界乃至身觸為緣所生諸受清淨若預流果清淨無二無二分無別無斷故善現一切智智清淨故意界清淨意界清淨故預流果清淨何以故若一切智智清淨若意界清淨若預流果清淨無二無二分無別無斷故一切智智清淨故法界意識界及意觸意觸為緣所生諸受清淨法界乃至意觸為緣所生諸受清淨故預流果清淨何以故若一切智智清淨若法界乃至意觸為緣所生諸受清淨若預流果清淨無二無二分無別無斷故善現一切智智清淨故地界清淨地界清淨故預流果清淨何以故若一切智智清淨若地界清淨若預流果清淨無二無二分無別無

BD14616號　大般若波羅蜜多經卷二八二　（8–2）

淨若法界乃至意觸為緣所生諸受清淨
若預流果清淨無二無二分無別無斷故善
現一切智智清淨故地界清淨地界清淨故
預流果清淨何以故若一切智智清淨若地
界清淨若預流果清淨無二無二分無別無
斷故一切智智清淨故水火風空識界清淨
水火風空識界清淨故預流果清淨何以故
若一切智智清淨若水火風空識界清淨若
預流果清淨無二無二分無別無斷故善現
一切智智清淨故無明清淨無明清淨故預
流果清淨何以故若一切智智清淨若無明
清淨若預流果清淨無二無二分無別無斷
故一切智智清淨故行識名色六處觸受愛
取有生老死愁歎苦憂惱清淨行乃至老死
愁歎苦憂惱清淨故預流果清淨何以故若
一切智智清淨若行乃至老死愁歎苦憂惱
清淨若預流果清淨無二無二分無別無斷
故
善現一切智智清淨故布施波羅蜜多清淨
布施波羅蜜多清淨故預流果清淨何以故
若一切智智清淨若布施波羅蜜多清淨若
預流果清淨無二無二分無別無斷故一切
智智清淨故淨戒乃至般若波羅
蜜多清淨淨戒安忍精進靜慮般若波羅
蜜多清淨故預流果清淨何以故若一切智智清淨若淨
戒乃至般若波羅蜜多清淨若預流果清淨
無二無二分無別無斷故善現一切智智清
淨故內空清淨[illegible]

智智清淨故淨戒安忍精進靜慮般若波羅
蜜多清淨淨戒乃至般若波羅蜜多清淨故
預流果清淨何以故若一切智智清淨若淨
戒乃至般若波羅蜜多清淨若預流果清淨
無二無二分無別無斷故善現一切智智清
淨故內空清淨內空清淨故預流果清淨何
以故若一切智智清淨若內空清淨若預流
果清淨無二無二分無別無斷故一切智智
清淨故外空內外空空空大空勝義空有為
空無為空畢竟空無際空散空無變異空本
性空自相空共相空一切法空不可得空無
性空自性空無性自性空清淨外空乃至無
性自性空清淨故預流果清淨何以故若一
切智智清淨若外空乃至無性自性空清淨
若預流果清淨無二無二分無別無斷故善
現一切智智清淨故真如清淨真如清淨故
預流果清淨何以故若一切智智清淨若真
如清淨若預流果清淨無二無二分無別無
斷故一切智智清淨故法界法性不虛妄性
不變異性平等性離生性法定法住實際虛
空界不思議界清淨法界乃至不思議界清
淨故預流果清淨何以故若一切智智清淨
若法界乃至不思議界清淨若預流果清淨
無二無二分無別無斷故善現一切智智清
淨故苦聖諦清淨苦聖諦清淨故預流果清
淨何以故若一切智智清淨若苦聖諦清淨
若預流果清淨無二無二分無別無斷故一
切智智清淨故集滅道聖諦清淨集滅道聖

若法界乃至不思議界清淨若預流果清淨
無二無二分無別無斷故善現一切智智清
淨故苦聖諦清淨苦聖諦清淨故預流果清
淨何以故若一切智智清淨若苦聖諦清淨
若預流果清淨無二無二分無別無斷故一
切智智清淨故集滅道聖諦清淨集滅道聖
諦清淨故預流果清淨何以故若一切智智
清淨若集滅道聖諦清淨若預流果清淨無
二無二分無別無斷故
善現一切智智清淨故四靜慮清淨四靜慮
清淨故預流果清淨何以故若一切智智清
淨若四靜慮清淨若預流果清淨無二無二
分無別無斷故一切智智清淨故四無量四
無色定清淨四無量四無色定清淨故預流
果清淨何以故若一切智智清淨若四無量
四無色定清淨若預流果清淨無二無二分
無別無斷故善現一切智智清淨故八解脫
清淨八解脫清淨故預流果清淨何以故若
一切智智清淨若八解脫清淨若預流果清
淨無二無二分無別無斷故一切智智清淨
故八勝處九次第定十遍處清淨八勝處九
次第定十遍處清淨故預流果清淨何以故
若一切智智清淨若八勝處九次第定十遍
處清淨若預流果清淨無二無二分無別無
斷故善現一切智智清淨故四念住清淨四
念住清淨故預流果清淨何以故若一切智
智清淨若四念住清淨若預流果清淨無二
無二分無別無斷故一切智智清淨故四正

BD14616 號　大般若波羅蜜多經卷二八二　（8–5）

斷故善現一切智智清淨故四念住清淨四
念住清淨故預流果清淨何以故若一切智
智清淨若四念住清淨若預流果清淨無二
無二分無別無斷故一切智智清淨故四正
斷四神足五根五力七等覺支八聖道支清
淨四正斷乃至八聖道支清淨故預流果清
淨何以故若一切智智清淨若四正斷乃至
八聖道支清淨若預流果清淨無二無二分
無別無斷故善現一切智智清淨故空解脫
門清淨空解脫門清淨故預流果清淨何以
故若一切智智清淨若空解脫門清淨若預
流果清淨無二無二分無別無斷故一切智
智清淨故無相無願解脫門清淨無相無願
解脫門清淨故預流果清淨何以故若一切
智智清淨若無相無願解脫門清淨若預流
果清淨無二無二分無別無斷故善現一切
智智清淨故菩薩十地清淨菩薩十地清淨
故預流果清淨何以故若一切智智清淨若
菩薩十地清淨若預流果清淨無二無二分
無別無斷故
善現一切智智清淨故五眼清淨五眼清淨
故預流果清淨何以故若一切智智清淨若
五眼清淨若預流果清淨無二無二分無別
無斷故一切智智清淨故六神通清淨六神
通清淨故預流果清淨何以故若一切智智
清淨若六神通清淨若預流果清淨無二無
二分無別無斷故善現一切智智清淨故佛

BD14616 號　大般若波羅蜜多經卷二八二　（8–6）

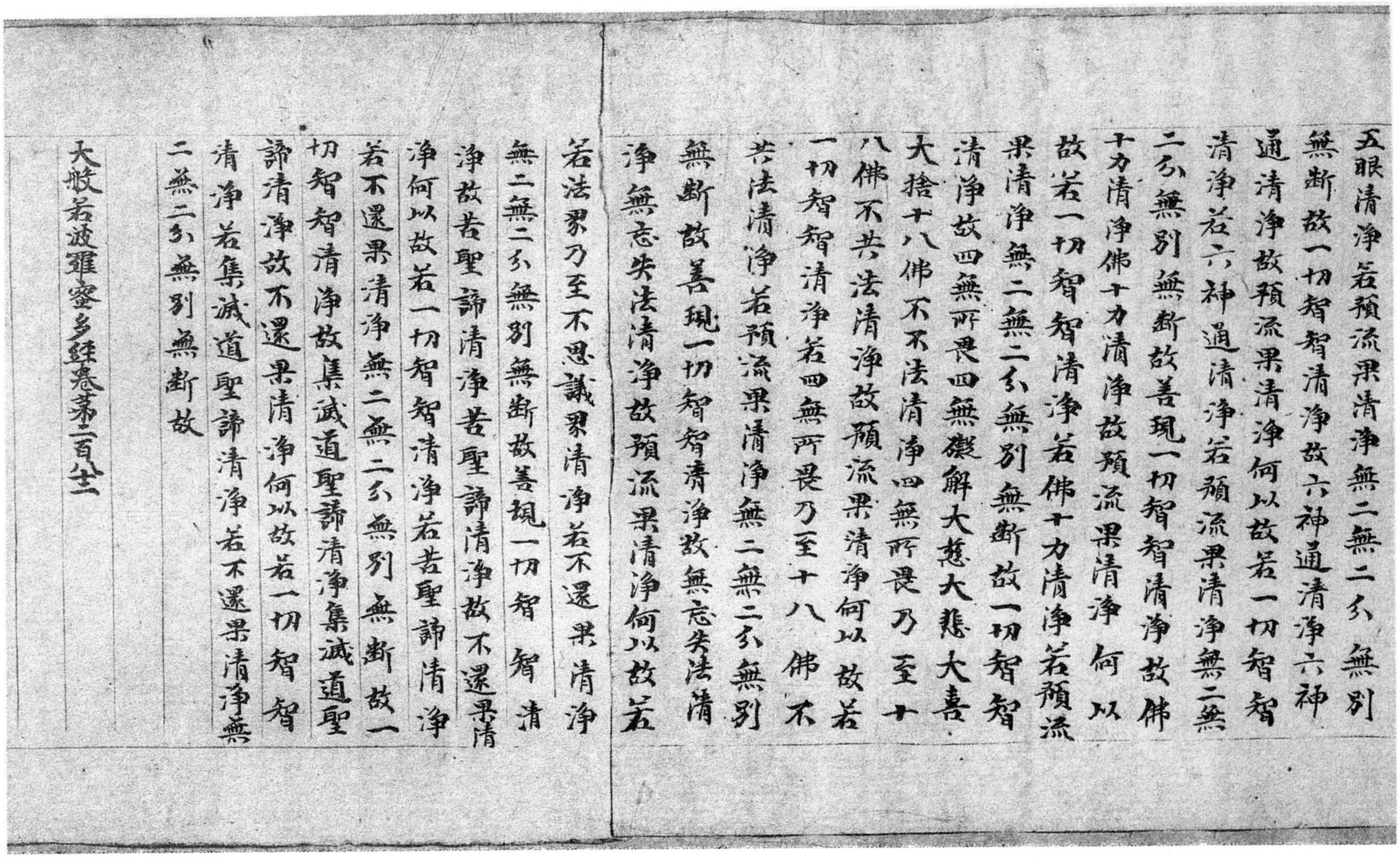

五眼清淨若預流果清淨無二無二分無別
無斷故一切智智清淨故六神通清淨六神
通清淨故預流果清淨何以故若一切智智
清淨若六神通清淨若預流果清淨無二無
二分無別無斷故善現一切智智清淨故佛
十力清淨佛十力清淨故預流果清淨何以
故若一切智智清淨若佛十力清淨若預流
果清淨無二無二分無別無斷故一切智智
清淨故四無所畏四無礙解大慈大悲大喜
大捨十八佛不共法清淨四無所畏乃至十
八佛不共法清淨故預流果清淨何以故若
一切智智清淨若四無所畏乃至十八佛不
共法清淨若預流果清淨無二無二分無別
無斷故善現一切智智清淨故無忘失法清
淨無忘失法清淨故預流果清淨何以故若
若法界乃至不思議界清淨若不還果清淨
無二無二分無別無斷故善現一切智智清
淨故苦聖諦清淨苦聖諦清淨故不還果清
淨何以故若一切智智清淨若苦聖諦清淨
若不還果清淨無二無二分無別無斷故一
切智智清淨故集滅道聖諦清淨集滅道聖
諦清淨故不還果清淨何以故若一切智智
清淨若集滅道聖諦清淨若不還果清淨無
二無二分無別無斷故

大般若波羅蜜多經卷第二百八十二

BD14616號　大般若波羅蜜多經卷二八二　（8–7）

若不還果清淨無二無二分無別無斷故一
切智智清淨故集滅道聖諦清淨集滅道聖
諦清淨故不還果清淨何以故若一切智智
清淨若集滅道聖諦清淨若不還果清淨無
二無二分無別無斷故

大般若波羅蜜多經卷第二百八十二

BD14616號　大般若波羅蜜多經卷二八二　（8–8）

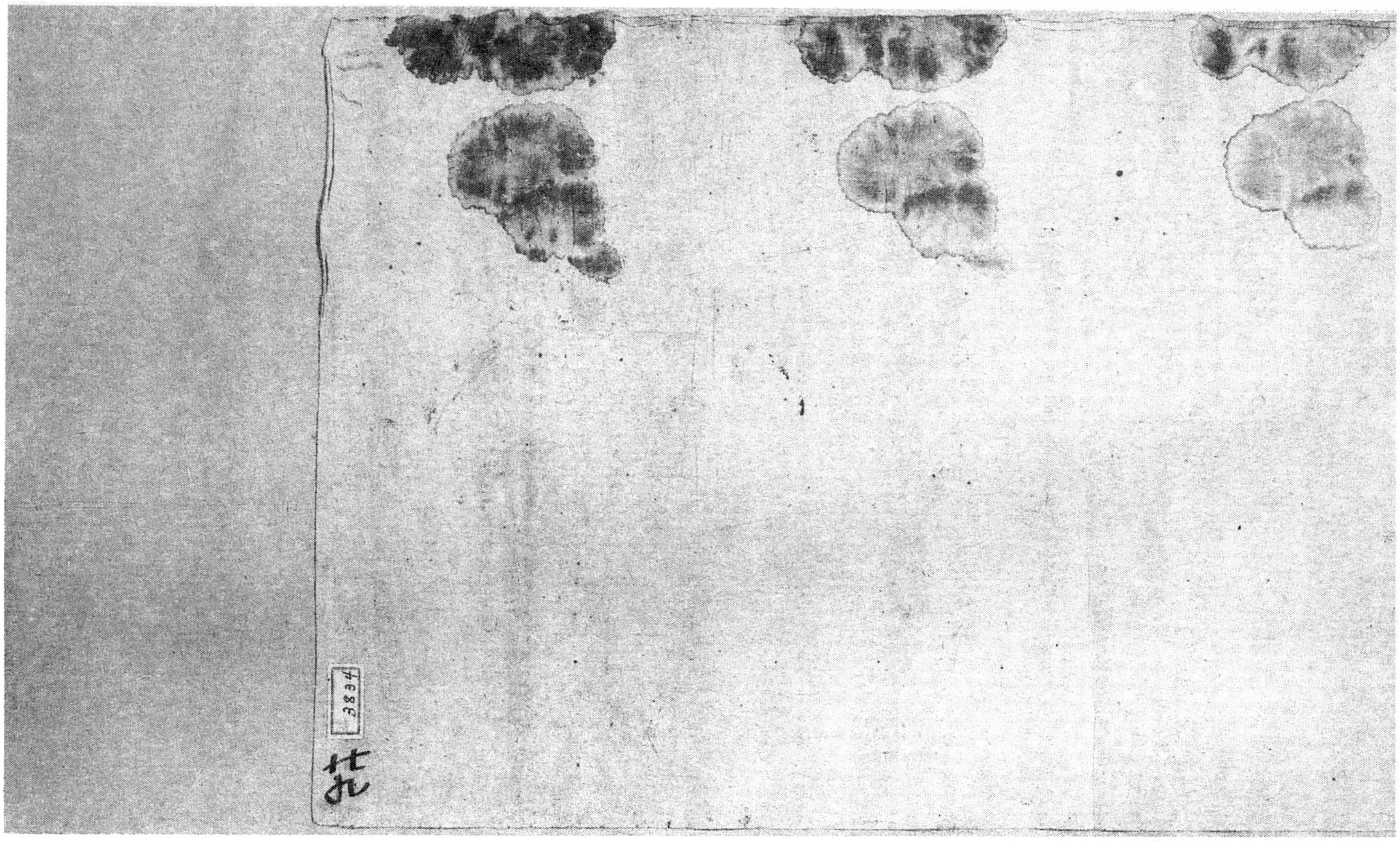

BD14616號背　勘記　　（1–1）

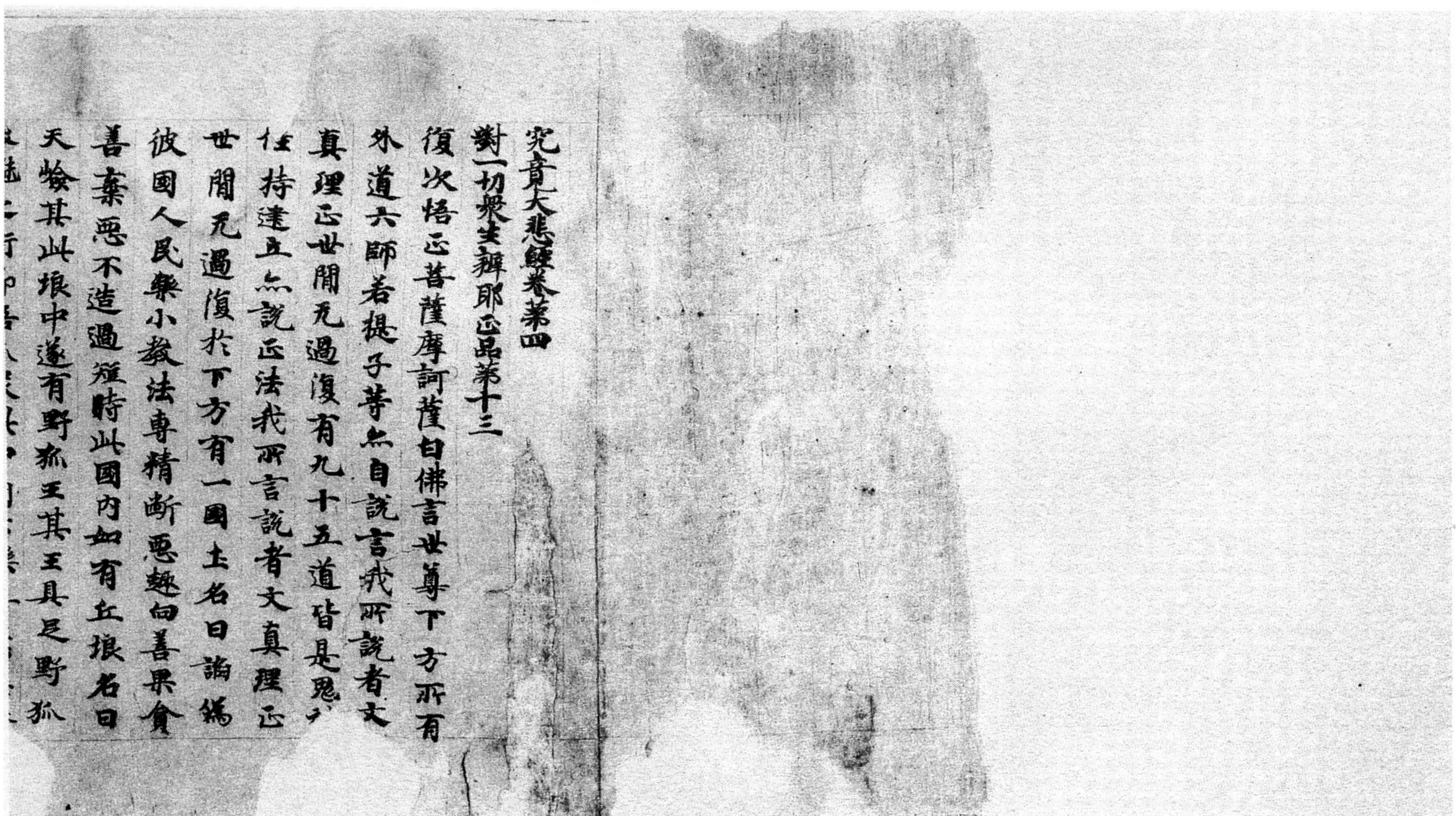

究竟大悲經卷第四
對一切衆生辯耶正品第十三
復次悟正菩薩摩訶薩白佛言世尊下方所有
外道六師若提子等亦自說言我所說者文
真理正世間无過復有九十五道皆是鬼
住持建立亦說正法我所言說者文真理正
世間无過復於下方有一國土名曰論鴒
彼國人民樂小教法專精斷惡趣向善果貪
善棄惡不造過罪時此國內如有丘垠名曰
天嶮其此垠中遂有野狐王其王具足野狐

BD14617號　究竟大悲經卷四　　（17–1）

住夫道且亦說正法我所言說者文真理正
世間无過復於下方有一國土名曰諂偽
彼國人民樂小教法專精斷惡趣向善果貪
善棄惡不造過殃時此國內如有丘埌名曰
天嶮其此埌中遂有野狐王其王具足野狐
我魅之術即語狐衆此中國土樂善棄惡无
國人民一切同然我雖不明亦有聽力我能
闇誦棄惡從善局教經文我有通力復能飛
行盡空我若誦棄惡從善局教經文乘空如
至往彼國王殿前變作人像端坐空中去地
一千尺出大音聲如說經法彼國國王宮人
婇女百千眷屬并及國界臣民士庶信聖情
愸都无照境若見我重畢生希有隨我所言
受用我語勸其捨命饌食血肉脫取衣裳并
諸寶物攝來歸家持將入市貨易好肉評共
食之豈非上計彼時狐衆咨狐王曰我等徒
衆怕怖畏人偷盜賭羊并及野命新害无量
不能得濟王有如是上妙伎能何不速去狐
王聞是遂便起心闇誦棄惡從善局教經文
日三夜遂誦小乘九部局教經文三百餘卷上
下通利遂變形質乘空中如去住在國王殿
前去地一千尺如說經法果如所言彼國國
王宮人婇女百千眷屬并及國界臣民士庶
一時雲集舉目覩見哀嘆哽噎悲泣交盈覩
是信聖情愸自无照境育心暗意如生信順
其狐王見已心大歡喜默念付省狐王語衆
人曰為法棄身經教炳著汝雖聞法曾未有

BD14617號　究竟大悲經卷四　（17–2）

一時雲集舉目覩見哀嘆哽噎悲泣交盈覩
是信聖情愸自无照境育心暗意如生信順
其狐王見已心大歡喜默念付省狐王語衆
人曰為法棄身經教炳著汝雖聞法曾未有
一即於殿前有十三人一時捨命狐語衆人
曰此大好更无能過如此經教勸人捨身
命財汝等施我寶物并及上服我將持去如
此大衆竭已名珎及身上服一切施與其狐
王復語時衆如此捨命竟是上士我以神力
攝持將去安置王山寶堂之內作是語已唯
見風起如此死人并諸寶物悉皆攝將有死
遺一如此往還入國逕由十到其狐王得死
人食訖遂遣狐子變作人像賣持寶物入市
買肉坐屠兒行上論肉價數不覺屠兒行匕
如有猛菂奮振相嚙如諍於骨狐時見菂心
生怯怕不覺忽然變為狐狀其菂即來如便
嚙殺屠兒得此寶物不敢私寄如告市主如
語之曰初見人像賣持寶物共論肉價許言
尊買遂見菂斫忽變為狐菂即尋時如便嚙
殺具以上事敢持來告如是次苐轉上如至
國王國王見已即便言曰此是我家小兒所
翫寶物持以施佛何故今日如在狐手時有正
士名曰靈真即前伏地如咨王曰賜臣万死乃
敢發言王時開思百死不問若其有語但當
說之靈真長跪叉手前著近王如咨言曰已
前空中說經者是為狐魅术術臣當時欲

BD14617號　究竟大悲經卷四　（17–3）

覩寶物持以施佛何故今日如在狐手時有正
士名曰靈真即前伏地如硌王曰賜臣万死乃
敢發言王時開恩百死不問若其有語但當
說之靈真長跪叉手前着近王如硌言曰已
前空中說經者是為狐魅炁術臣當時欲
導具遠王意不敢出言今見此驗送死陳實
王語真曰汝何故當此即知真吾王曰但誦
其文不解中義勸人棄惡從善都无消融是
非得失雙泯彼此一如香臭一體靈心意寂
万相同流以此取驗當時即知若其飛行是
聖一切飛鳥豈是大聖王語真曰錯矣奈何
真語王曰亦可帥集軍衆多将猛苟彼遠丘
垠斷除炁種正見流行王即用真語如命軍
衆剋時定日遠彼丘垠狐變作人来迎於王
猛苟走逼還為狐状苟即齧殺實物悉在王
遂還國散下諸州呼来認物以此證知舉世
无量一切言說口如似正心處耶中謗是行
非情存取受若為可剪唯願世尊分明辯說
令後代衆生離於炁誑
佛告悟正菩薩摩訶薩曰汝所問者為當来
一切衆生闇融混法者辯其耶正真偽得失
交竟之徒汝言外道六師若提子等所有言
說皆亡封執為宗定計神我為體推尋理路
意在斷常九十五道雜類鬼神入人身内任
持违亡如作鬼語所有言說乍輕乍重都无
首尾雖言說善復言道惡祚浮祚沈意在貪
取小乘九部所有教法皆是一向斷悪趣歸

說皆亡封執為宗定計神我為體推尋理路
意在斷常九十五道雜類鬼神入人身内任
持违亡如作鬼語所有言說乍輕乍重都无
首尾雖言說善復言道悪祚浮祚沈意在貪
取小乘九部所有教法皆是一向斷悪趣歸
善果附傍鬼神是故鬼神炁魅片與相似不
正善悪遂便炁通如能誦得何以故一切衆
生諂曲詐偽虛多實少猩悅心佞常懷鬼意
是故大聖識甚知變附傍鬼心如與說法不
勘頊奪附如誑誘漸漸前進引向圓教雖有
別教九部圓教十二如此諂曲詐偽虛多實
少猩悅心佞亦當讀誦不解中義消伏三毒
融是亶非一向无之如此之徒與彼狐魅炁術
等无差異舉世无量信誑者衆信實者少是
故以誑相誑受誑語既受誑已信慎於
誑沒命亶身種種實物常施與誑何以故盲无
慧目不覩真處圓融之理復无真善知識弟
相誨約居近悪友純見不祥設有正士如語
實法遠於信誑及更相讎是以讀誦講說樂
着名聞自无消融不語則　誑
賣佛聖空指注豈非口便似正心處耶中謗
是行非情存取受繞束如此之徒名之為偽
亦名為耶如此耶偽是外耶偽
悟正菩薩摩訶薩前白佛言世尊如来照境
玄見處遠逾知下方之事唯願慈尊說真說
偽說正說耶說内道說外道說理說表令无
量大衆不為衆惑所誑也

悟正菩薩摩訶薩前白佛言世尊如來照境
玄見處遠踰知下方之事唯願慈尊說真說
偽說正說耶說內道說外道說理說表令无
量大衆不為衆惑所誑也
佛告悟正菩薩摩訶薩曰汝問真者所謂觀
善无善善體虛凝觀惡无惡惡體虛凝虛凝
不别性相是一善惡雙泯取受自謝目之為
真
善惡雙起得失交覺善來纓心惡來揷意胃
継善惡名之為偽
善惡雙泯得失永謝香臭一如万相歸玄目
之為正
善惡不泯得失位别香臭兩殊万相烟張名
之為耶
混融寂藏太一理收寂晃內朗理圓无外目之
為內道
心起毒生百念烟張千是万非交集在懷名
之為外道
體融相沒寂照照寂寂照諸根用照寂同大
極太極无極安有可同无同无極絶於言像
設名名之為理
万相不沒六識塵染緣風飃動為外所掌名
之為表為汝問故設名題字如有真偽耶正
內表表理如盧舍那威神加備光音天中諸
菩薩對談无真无偽无耶无正无內无外无
表无理唯是通天无縫清淨法聚
說是法時无量大衆於耶正真偽內外表裏

之為表為汝問故設名題字如有真偽耶正
內表表理如盧舍那威神加備光音天中諸
菩薩對談无真无偽无耶无正无內无外无
表无理唯是通天无縫清淨法聚
說是法時无量大衆於耶正真偽內外表裏
一時惺悟永離惑誑
辯一切衆生聞經起信皆是福基品第十四
復次金剛照菩薩摩訶薩白佛言世尊如來
今時布教一切皆遠不同别教所有言說與
奪處強先奪後與復融與奪其言皆剋皆是
遠情逆意不可勘勝云何如有衆生聞即信
解云何如有衆生聞即生信如不能解云何
如有衆生聞不能信反增訕謗如此三種人何
因緣有信解者有信不解者有不信訕謗
者不解此因願佛說之
佛告金剛照菩薩摩訶薩曰善哉快問是義
同異遠慎教門所由汝等今者問三種人吾
今為汝如實辯之其經文似近理處沖玄於
異寘會體一虛宗圓融万境相即遷體泯用
寂惚熱金剛貪瞋癡等名真佛智聞此生信
復能解了究其玄旨者皆是宿世久遠已曾
聞故如此之人不於一佛二佛三佛四五佛
殖圓法之基已於无量百千万億恒河沙不
可笇數佛所如殖德本聞如是信復能益解
如此之流悉皆大基墜落下生名為上士
復次聞此深經混融之處如便生信不能解
者皆是宿世久遠已曾聞故當聞之時一會聽

殖圓法之基已於无量百千万億恒河沙不
可筭數佛所如殖德本聞如是信復能益解
如此之流悉皆大基墜落下生名為上士
復次聞此深經混融之處如便生信不能解
者皆是宿世久遠已曾聞故當聞之時一會聽
之如不深思其義復无少分消伏僾泯善惡
已是因緣聞便歡喜生信无量如此之人名
為中士
復次聞經不生信者皆是宿世久遠造五逆
行謗一切混融行者以謗因緣如便墮落墮
於三塗受苦无量逕百劫千劫百千億劫受
罪畢已傍報受飛禽走獸之形復位上數受
傍報畢生在人中或為下賤復受畢已生
在種性之中以本謗因緣還復起謗名為下士
金剛照菩薩摩訶薩白佛言世尊如此上基
之人已曾於无量百千万億恒河沙不可筭
數佛所如殖德本常應上生何故下墜唯願
慈尊為衆敷演
佛告金剛照菩薩摩訶薩曰如此聞經生信
復能解者實從无量百千万億恒河沙不可
筭數佛所如殖德本但以餘習未除如來生
此復能久署奉佛之因如來生此故知佛菩
薩處告化物設教於先為此上基中基之士
寘中敷演道教資益令解案教奉持當來三
會龍華初首尋光雲集俱成等覺无量宿基
之士悉皆同号處塵不染常放光明慈善尊
佛

BD14617號　究竟大悲經卷四　（17–8）

薩處告化物設教於先為此上基中基之士
寘中敷演道教資益令解案教奉持當來三
會龍華初首尋光雲集俱成等覺无量宿基
之士悉皆同号處塵不染常放光明慈善尊
佛
金剛照菩薩摩訶薩如白佛言世尊如此宿
世久遠造五逆行訕謗圓教行者不審此人
當來弥勒佛出世之時三會之中亦得聞法
已不未審此理願佛說之
佛告金剛照菩薩摩訶薩曰一切圓教混融
僾泯善惡行者及佛菩薩若在世出世不與
衆生作煩惱因緣唯與一切衆生作解脫因
緣譬如欝金山頂有桅檀樹急風吹動其有
香氣逆風四十里何況順風復有二種人俱
至樹下一便聞香歡喜讚歎无量一便聞香
生於怒毒惡言訕毀於此二人香動一種但
彼前人取捨自異以此取證圓滿行者及佛
菩薩唯有功德香動无有是非諸惡臭氣所
及如是信順之人自作近因果亦不遠如此
訕謗之人得作遠因近不離苦三塗重處一
切備受真佛出世第三會上神光普遍如此
訕謗之人尋光集會得蒙懺悔業習不除人
天往反恒聞深法常被人謗八万劫中乍進
乍退至最後弥勒得佛所上會說法推柔順
忍也
金剛照菩薩摩訶薩白佛言世尊復有一種

BD14617號　究竟大悲經卷四　（17–9）

天往及恒聞深法常被人謗八万劫中乍進
乍退至寂後弥勒得佛所上會說法推柔慎
忍也
金剛照菩薩摩訶薩白佛言世尊復有一種
人見圓滿霞泯是非善惡彼此真實行者亦
不親戚供養謗禀道教亦不謗毀如此之人
弥勒聖尊三會說法得在會不
佛告金剛照菩薩摩訶薩曰如此不謗毀人
雖不親承供養謗禀道教不造過短弥勒佛
第三會上尋光雲集聞法受道永離苦因不
受塵勞
金剛照菩薩摩訶薩白佛言世尊別教之中
真戒行者身四威儀及波羅提木叉畢竟不
犯於甚深法中如不生信亦不究竟如來出
世得在會中
佛告金剛照菩薩摩訶薩曰別教之中所有
行者真戒專精不造過短身四威儀及波羅
提木叉畢竟不犯雖於深法不能生信究竟
消融如來出世第二會上神光名及并名仙
人玉女何以故雖於深法如无片分神器明淨
破封改著入大乘位
說是法時一切大衆聞佛所說照境分明自
知行位深淺在會所由
挍量功德品第十五
復次智度菩薩摩訶薩白佛言世尊一切經
教有輕有重有深有淺如此功德有多有少
以不未審此理願佛說之

知行位深淺在會所由
挍量功德品第十五
復次智度菩薩摩訶薩白佛言世尊一切經
教有輕有重有深有淺如此功德有多有少
以不未審此理願佛說之
佛告智度菩薩摩訶薩曰如此契要和融甚
深法輪若人一聞於耳永與小乘四果永如
不合何况人天餘報善要强務之所能章何
以故若聞此法如能生信縱令餘習未云受
雜類形聞秘密圓教生信領解於小教法實
然不入聞秘密圓教喜踊領納及流杜於生
死泉元於深法中便得自在辟如阿耨大池
初始生時如牛宮許不長則已長則出八大
河洗浴无量佛菩薩聖衆不洗一切愚癡凡
夫以是因緣聞此法輪生大歡喜愛樂受持
如无放捨當知此人與一切衆生作不請之友
大法聚池出生八解脫河如此大法聚池
洗浣一切宿基實著久積行人不洗一切小乘
局教人天四果愚癡凡夫以道因緣聞秘密
圓教喜踊无量如善惡雙融者其功難量小
乘四果天人殊報不以為比何以故功德殊
勝故如此功德乃是无功之功无德之德无
功无德世間功德之所不並假使有人身推
小乘極果阿羅漢自在具足別教功便教恒
盡空遍法界一切衆生斷惡從善趣向四果
得阿羅漢神通不如有人聞此經教一逕於
耳何以故若聞此法一逕於耳生希有者於

小乘趣果阿羅漢自在具足别報功便教恾
虚空遍法界一切衆生斷惡從善趣向四果
得阿羅漢神通不如有人聞此經教一逕於
耳何以故若聞此法一逕於耳生希有者於
善於惡不生分别於諸衆生不起輕心敬之如
佛以是因緣其功難量何以故无功之功功用
絶矣功用絶故功所不能乃功不及故德亦隨
亡无德之德何德能並故如一切功德之所不
及以是因緣名重不名輕名深不名淺其功
德名多不少
於時佛告智度菩薩摩訶薩曰一切衆生身
内天真佛性可度量不
智度菩薩摩訶薩如白佛言世尊一切衆生
身内真實佛性不可度量
佛復告智度菩薩摩訶薩曰一切衆生身
内二種法身可思量不
智度菩薩摩訶薩如白佛言世尊一切衆生
身内二種法身不可思量
佛告智度菩薩摩訶薩曰若人一聞此經於
耳其福无量不可度量亦不可思量何以故
非二乘所知故復非人天昏識所知故縱令
具佛大智不能度量聞經功德何况讀誦受
持素教奉行
佛告智度菩薩摩訶薩曰東西南北四維上
下虚空有限齊不
智度菩薩摩訶薩白佛言世尊東西南北四維
上下虚空无有限齊

佛告智度菩薩摩訶薩曰東西南北四維上
下虚空有限齊不
智度菩薩摩訶薩白佛言世尊東西南北四維
上下虚空无有限齊
佛告智度菩薩摩訶薩曰若人聞此經法如
生愛樂專精奉脩其人功德无有限齊其
心洪廣亦无限齊
智度菩薩摩訶薩前白佛言世尊如此經教
興顯於世何故出家衆僧淨持式行坐禪念
定脩諸功德如於此法如不奉持依教脩行
信順者尠訕謗者衆亦是脩道之人如何於
佛深法之中起於无量分别因分别故如招
苦報唯願慈尊爲衆說之
佛告智度菩薩摩訶薩曰如此經教出興於
世猶如慈心龍王降注甘露雰流普遍无心
簡擇一切普潤不多不少纔量在足卉茂萌
可五穀滋長百草光澤鮮明茂盛不柰枯木
无榮蒙潤轉增腐壞如來道教普治六道
含識有形豈曰道俗二衆如得簡隔但彼
出家在家之人依於如來毫謗教法如便受
持如來毫謗教法持式坐禪念定功德恬著淨
封執鑒然不肯捨離聞此秘密圓教是非震
泯之理不能受持既不能受反生訕謗譬如
枯木雖蒙潤澤轉增腐壞若能改機定執破
封去著震泯彼此神器先淨如幡風汎身儀
介千里若不改執不如凡夫具足煩惚衆生

涅之理不能受持既不能受反生訕謗譬如
枯木雖蒙潤澤轉增腐壞若能改換定執破
封去着實涅彼此神器先淨如傾風汎井餓
尒千里若不改執不如凡夫具足煩惱衆生
佛告智度菩薩摩訶薩曰為汝問故分擗法
相說言有深有淺有大有小有漸有頓理如言
之法體是一更无次第前後都真離於名目說
是法時无量大衆於異悟同涅歸本際
流通品第十六
復次方便菩薩摩訶薩白佛言世尊當何名
此經云何奉持唯願世尊分明說之使諸行
人受佛教法
佛告方便菩薩摩訶薩曰此經名為究竟大
悲哀戀改換經亦名佛菩薩往復論義經亦
名秘密圓教經亦名万物不遷經亦名改換
不改換經亦名究竟菩提无發不發經若欲
受持讀誦如此經者要須實證是非混融得
失万相不遷即毒佛智若能如是名受持
經者如是受持經人百劫千劫百千万億恒
沙不可筭數諸天實理奉施所須天繒寶衣
甘露妙食以充濟之不令之少
尒時會中有大力神王久署妙因愛樂守護
大乘即於佛前如啓言曰我等徒衆百人俱願
佛聽許護持此經許護持此經令不毀壞若有
惡人毀壞此經我等徒衆大者之令作微塵
佛時嘿然不言不導許聽不聽
尒時方便菩薩摩訶薩如告大力神王言佛

BD14617號　究竟大悲經卷四　（17–14）

尒時會中有大力神王久署妙因愛樂守護
大乘即於佛前如啓言曰我等徒衆百人俱願
佛聽許護持此經許護持此經令不毀壞若有
惡人毀壞此經我等徒衆大者之令作微塵
佛時嘿然不言不導許聽不聽
尒時方便菩薩摩訶薩如告大力神王言佛
今嘿然即是聽許
復有天上人中十方世界寶王寶主自然運
集奉寶來施恭給所須稱彼心是令其歡喜
復有无量八部神王虔恭致護持行者不令
衆耶蠱毒鬼神魃魅橫來千煩妨其道業復
有五岳神王實理奉藏神芝上藥灌注受持
經人五陰身田除諸行者傍報惱熱
復有无陰天子實覺導師五百人俱各各抱
理威儀迭相顧眄猶如鳥王從坐如起前至佛
所長跪叉手如白佛言世尊若有人受持讀
誦深思大乘玄絕義者我等徒衆承佛神力終
日竟夜周迎遠遶不現其形真覺勳脩令彼
思義行者豁然意解
方便菩薩摩訶薩前白佛言世尊云何名為
究竟大悲哀戀
佛告方便菩薩摩訶薩曰自性天真淨滿零照
不為物脩成故名究竟大者万莫能容謂之為
大悲者教備倉生名之為悲哀戀者等愛衆生
猶如髓目名之為哀戀故名究竟大悲哀戀
方便菩薩摩訶薩復白佛言世尊云何名為
改換經願大慈尊顯示說之

BD14617號　究竟大悲經卷四　（17–15）

不為物脩成故名究竟大者方莫能容謂之為
大悲者救偹倉生名之為悲哀戀者蒋愛衆生
猶如髓目名之為哀戀故名究竟大悲哀戀
方便菩薩摩訶薩復白佛言世尊云何名為
改換經顯大慈尊顯示說之
佛告方便菩薩摩訶薩曰改者改凡入聖改愚
入慧改闇入明改生死入涅槃名之為改換者轉
故名改換經者從首至尾十六品義類相關文
字屬著名之為經經名衆多類况可知
方便菩薩摩訶薩前白佛言世尊云何流通
此經沾及末代利益无量一切衆生
佛告方便菩薩摩訶薩曰若有行者讀誦受
持廣為人說自利利他彼此受潤故名流通沾
及暇地
尒時盧舍那佛在沖天之上自然晃炎宮中
與无量恒河沙大菩薩衆并及下方欲界天
子八万億衆上至頂天十地菩薩歡喜无量
不散而去各住本國忽然不現

究竟大悲經卷第四

BD14617號　究竟大悲經卷四　（17–16）

此經沾及末代利益无量一切衆生
佛告方便菩薩摩訶薩曰若有行者讀誦受
持廣為人說自利利他彼此受潤故名流通沾
及暇地
尒時盧舍那佛在沖天之上自然晃炎宮中
與无量恒河沙大菩薩衆并及下方欲界天
子八万億衆上至頂天十地菩薩歡喜无量
不散而去各住本國忽然不現

究竟大悲經卷第四

BD14617號　究竟大悲經卷四　（17–17）

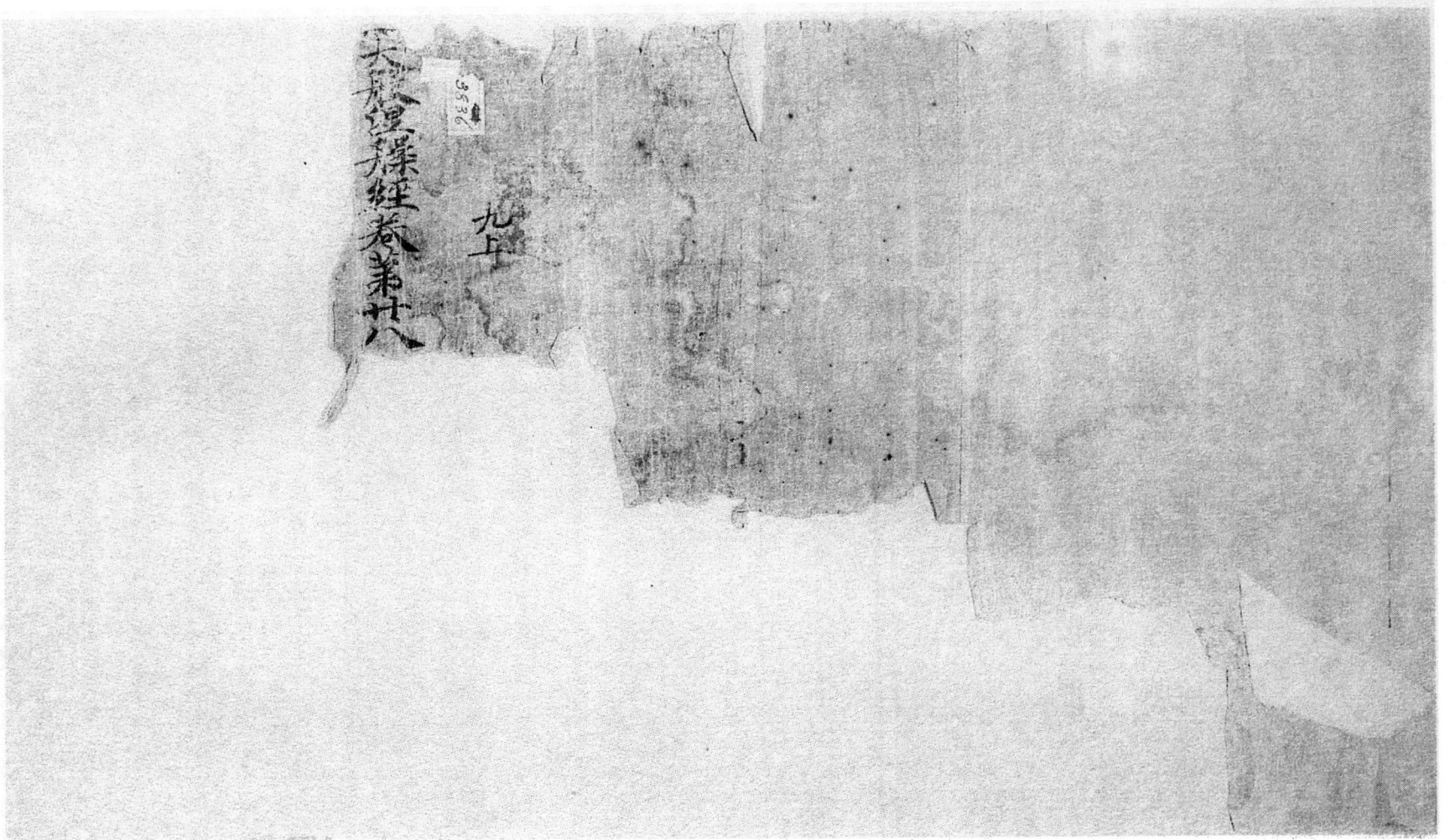

BD14618號背　護首　　　　（1–1）

大般涅槃經師子吼菩薩品之二　廿八
善男子若有善男子善女人欲見
修集十二部經受持讀誦書寫
師子吼菩薩摩訶薩言世尊一切衆
得知如來心相當云何觀而得知耶善男子
一切衆生實不能知如來心相若欲觀察而
得知者有二因緣一者眼見二者聞見若見

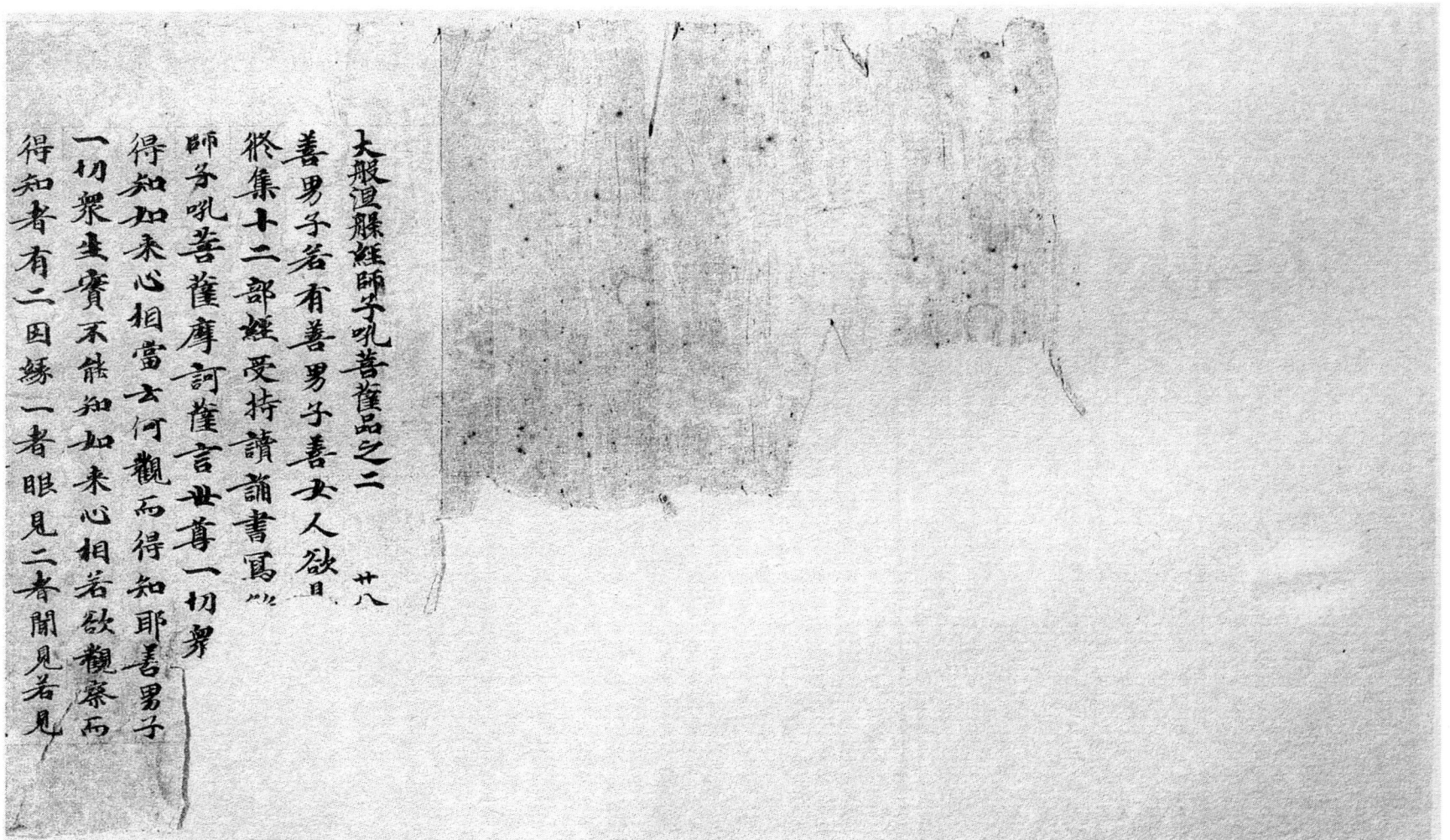

BD14618號　大般涅槃經（北本　異卷）卷二八　　　　（30–1）

修集十二部經受持讀誦書寫
師子吼菩薩摩訶薩言世尊一切衆
得知如來心相當云何觀而得知耶善男子
一切衆生實不能知如來心相若欲觀察而
得知者有二因緣一者眼見二者聞見若見
如來所有身業當知是則為如來耶是名眼
見若觀如來所有口業當知是則為如來耶
是名聞見若見色貌一切衆生无與等者當
知是則為如來耶是名眼見若聞音聲微妙
最勝不同衆生所有音聲當知是則為如來
耶是名聞見若見如來所作神通為為衆生
為為利養若為衆生不為利養當知是則為
如來耶是名眼見若觀如來以他心智觀衆
生時為利養說為衆生說若為衆生不為利
養當知是則為如來耶是名聞見云何如來
而受是身何故受身為誰受身是名眼見若
觀如來云何說法何故說法為誰說法是名
聞見以身惡業加之不瞋當知是則為如來
耶是名眼見以口惡業加之不瞋當知是則
為如來耶是名聞見若見菩薩初生之時於
十方面各行七步摩尼跋陀富那跋陀鬼神
大將執持幡蓋振動无量无邊世界金光晃
曜彌滿虛空難陀龍王及婆難陀以神通力
浴菩薩身諸天形像承迎礼拜阿私陀仙合
掌恭敬盛年捨欲如棄涕唾不為世樂之所
迷惑出家修道樂於閑寂為破耶見六年苦

大將執持幡蓋振動无量无邊世界金光晃
曜彌滿虛空難陀龍王及婆難陀以神通力
浴菩薩身諸天形像承迎礼拜阿私陀仙合
掌恭敬盛年捨欲如棄涕唾不為世樂之所
迷惑出家修道樂於閑寂為破耶見六年苦
行於諸衆生平等无二心常在定初无散亂
相好嚴麗莊飾其身所遊之處丘墟皆平衣
服離身四寸不墮行時直視不顧左右所食
之物物无完過坐起之處草不動亂為調衆
生故往說法心无憍慢是名眼見若聞菩薩
行七步已唱如是言我今此身冣是後邊阿
私陀仙合掌而言大王當知悉達太子定當
得成阿耨多羅三藐三菩提終不在家作轉
輪王何以故相明了故轉輪聖王相不明了
悉達太子身相炳著是故必得阿耨多羅三
藐三菩提見老病死復作是言一切衆生甚
可憐愍常與如是生老病死共相隨逐而不
能觀常行於苦我當斷之從阿羅羅五通仙
人受无想定既成就已復說其過從鬱陀伽
仙受非有想非无想定既成就已說非涅槃
是生死法六年苦行无所剋獲即作是言修
是苦行空无所得若是實者我應得之以虛
妄故我无所得是名耶術非正道也既成道
已梵天勸請唯願如來當為衆生廣開甘露
說无上法佛言梵王一切衆生常為煩惱之
所鄣覆不能受我正法之言梵王復言世尊

妄故我无所得是名耶術非正道也既成道
已梵天勸請唯願如來當為衆生廣開甘露
說无上法佛言梵王一切衆生常為煩惱之
所鄣覆不能受我正法之言梵王復言世尊
一切衆生凡有三種所謂利根中根鈍根利
根能受唯願為說佛言梵王諦聽諦聽我今
當為一切衆生開甘露門即於波羅㮈國轉
正法輪宣說中道一切衆生不破諸結非不
能破非破非不破故名中道不度衆生非不
能度是名中道非一切成亦非不成是名中
道凡有所說不自言師不言弟子是名中道
說不為利非不得果是名中道正語實語時
語真語言不虛發微妙第一如是等法是名
聞見善男子如來心相實不可見若有善男
子善女人欲見如來應當依是二種因緣
尒時師子吼菩薩摩訶薩白佛言世尊如先
所說菴羅菓喻四種人等有人行細心不正
實有人心細行不正實有人心細行亦正實
有人心不細行不正實是初二種云何可知
如佛所說雖依是二不可得知佛言善哉善
哉善男子菴羅菓喻二種人等實難可知以
難知故我經中說當與共住住若不知當與
久處久處不知當以智慧智慧不知當深觀
察以觀察故則知持戒及以破戒善男子具
是四事共住久處智慧觀察然後得知持戒
破戒善男子戒有二種持者亦二一究竟戒

難知故我經中說當與共住住若不知當與
久處久處不知當以智慧智慧不知當深觀
察以觀察故則知持戒及以破戒善男子具
是四事共住久處智慧觀察然後得知持戒
破戒善男子戒有二種持者亦二一究竟戒
二不究竟有人以因緣故受持禁戒智者當
觀是人持戒為為利養為究竟持善男子如
來戒者无有因緣是故得名究竟戒也以是
義故菩薩雖為諸惡衆生之所傷害不生恚
閡是故如來得名成就畢竟持戒究竟持戒
善男子我昔一時與舍利弗及五百弟子俱
共止住摩伽陁國瞻婆大城時有獵師追逐
一鴿是鴿惶怖至舍利弗影猶故戰慄如芭
蕉樹至我影中身心安隱恐怖得除是故當
知如來世尊畢竟持戒乃至身影猶有是力
善男子不究竟戒尚不能得聲聞緣覺何況
能得阿耨多羅三藐三菩提復有二種一為
利養二為正法為利養故受持禁戒當知是
戒不見佛性及以如來雖聞佛性及如來名
猶不得名為聞見也若為正法受持禁戒當
知是戒能見佛性及以如來是名眼見亦名
聞見復有二種一者根深難拔二者根淺易
動若能脩集空无相願是名根深難拔若不
脩集是三三昧雖復脩集為二十五有是名
根淺易動復有二種一為自身二為衆生為
衆生者能見佛性及以如來持戒之人復有

聞見復有二種一者根淺難拔二者根淺易
動若能脩集空无相願是名根深難拔若不
脩集是三三昧雖復脩集為二十五有是名
根淺易動復有二種一為自身二為衆生為
衆生者能見佛性及以如來持戒之人復有
二種一者性自能持二者須他教勅若受戒
已逕无量世初不漏失或值惡國遇惡知識
惡時惡世聞邪惡法耶見同止尒時雖无受
戒之法脩持如本无所毀犯是名性自能持
若遇師僧白四羯磨然後得戒雖得戒已要
憑和上諸師同學善友誨喻乃知進止聽法
說法備諸威儀是名須他教勅善男子性能
持者眼見佛性及以如來亦名聞見戒復有
二一聲聞戒二菩薩戒從初發心乃至得成
阿耨多羅三藐三菩提是名菩薩戒若觀白
骨乃至證得阿羅漢果是名聲聞戒若有受
持聲聞戒者當知是人不見佛性及以如來
若有受持菩薩戒者當知是人得阿耨多羅
三藐三菩提能見佛性如來涅槃師子吼菩
薩言世尊何因緣故受持禁戒佛言善男子
為心不悔故何故不悔為受樂故何故受樂
為遠離故何故遠離為安隱故何故安隱為
禪定故何故禪定為實知見故何故實知見
為見生死諸過患故何故見於生死過患為
心不貪著故何故為心不貪著為得解脫故
何故為得解脫為得无上大涅槃故何故為

為遠離故何故遠離為安隱故何故安隱為
禪定故何故禪定為實知見故何故實知見
為見生死諸過患故何故見於生死過患為
心不貪著故何故為心不貪著為得解脫故
何故為得解脫為得无上大涅槃故何故為
得大般涅槃為得常樂我淨法故何故為得
常樂我淨為得不生不滅故何故為得不生
不滅為見佛性故是故菩薩性自能持究竟
淨戒善男子持戒比丘雖不發願求不悔心
不悔之心自然而得何以故法性尒故雖不
求樂遠離安隱真實知見見生死過心不貪
著解脫涅槃常樂我淨不生不滅見於佛性
而自然得何以故法性尒故師子吼菩薩言
世尊若因持戒得不悔果因於解脫得涅槃
果者戒則无因涅槃无果戒若无因則名為
常涅槃有因則是无常若尒者涅槃則為本
无今有若本无今有是為无常猶如然燈涅
槃若尒云何得名我樂淨耶佛言善男子善
哉善哉汝以曾於无量佛所種諸善根能問
如來如是深義善男子不失本念乃如是耶
我憶往昔過无量劫波羅捺城有佛出世号
曰善行尒時彼佛三億歲中演說如是大涅
槃經我時與汝俱在彼會我以是事諮問彼
佛尒時如來為衆生故三昧正受未答此義
善哉大士乃能憶念如是本事諦聽諦聽當
為汝說戒亦有因謂聽正法聽正法者是亦

槃經我時與汝俱在彼會我以是事諮問彼
佛尒時如來為衆生故三昧正受未荅此義
善哉大士乃能憶念如是本事諦聽諦聽當
為汝說戒亦有因謂聽正法聽正法者是亦
有因謂近善友近善友者是亦有因所謂信
心信心者是亦有因因有二種一者聽法二
思惟義善男子有信心者因於聽法聽法者
因於信心如是二法亦因亦因因亦果亦果
果善男子辟如尼乾立柜舉瓶互為因果不
得相離善男子如无明緣行行緣无明是无
明行亦因亦因因亦果亦果果乃至生緣老
死老死緣生是生老死亦因亦因因亦果亦
果果善男子生能生法不能自生不自生故
由生生生生生不自生復賴生故生是故二
生亦因亦因因亦果亦果果善男子信心聽
法亦復如是善男子是果非因謂大涅槃何
故名果是上果故沙門果故婆羅門果故斷
生死故破煩惱故是故名果為諸煩惱之所
呵責是故涅槃名果煩惱者名為過過善男
子涅槃无因而體是果何以故无生滅故无
所作故非有為故是无為故常不變故无處
所故无始終故善男子若涅槃有因則不得
稱為涅槃也槃者言因般涅言无无有因故
故稱般涅槃師子吼菩薩言世尊如佛所說
涅槃无因是義不然何以故若言无者則合
六義一者畢竟无故故名為无如一切法无

BD14618號　大般涅槃經（北本　異卷）卷二八　（30–8）

所故无始終故善男子若涅槃有因則不得
稱為涅槃也槃者言因般涅言无无有因故
故稱般涅槃師子吼菩薩言世尊如佛所說
涅槃无因是義不然何以故若言无者則合
六義一者畢竟无故故名為无如一切法无
我无我所二者有時无故故名為无如世人
言河池无水无有日月三者少故故名為无
如世人言食中少鹹名為无鹹如甜漿少甜
名為无甜四者无受故故名為无如旃陁羅
不能受持婆羅門法是故名為无婆羅門五
者受惡法故故名為无如世間人言受惡法
者不名沙門及婆羅門是故名為无有沙門
及婆羅門六者不對故故名為无辟如无白
名之為黑无有明故名之无明世尊涅槃亦
尒有時无因故名涅槃佛言善男子汝今所
說如是六義何故不引畢竟无者以喻涅槃
乃取有時无耶善男子涅槃之體畢竟无因
猶如无我及无我所善男子世法涅槃終不
相對是故六事不得為喻善男子一切諸法
悉无有我而此涅槃真實有我以是義故涅槃
无因而體是果是因非果名為佛性非因生故
是因非果非沙門果故故名非果何故名因以了
因故善男子因有二種一者生因二者了因能生
法者是名生因燈能了物故名了因煩惱諸結是
名生因衆生父母是名了因如穀子等是名生因地
水糞等是名了因復有生因謂六波羅蜜阿耨多

BD14618號　大般涅槃經（北本　異卷）卷二八　（30–9）

因故善男子因有二種一者生因二者了因能生
法者是名生因燈能了物故名了因煩惱諸結是
名生因衆生父母是名了因如穀子等是名生因地
水糞等是名了因復有生因謂六波羅蜜阿耨多
羅三藐三菩提復有了因謂佛性阿耨多羅三藐
三菩提復有了因謂六波羅蜜佛性復有生因
謂首楞嚴三昧阿耨多羅三藐三菩提復有
了因謂八正道阿耨多羅三藐三菩提復有
生因所謂信心六波羅蜜師子吼菩薩言世
尊如佛所說見於如來及以佛性是義云何
世尊如來之身无有相貌非長非短非白非
黑无有方所不在三界非有爲相非眼識識
云何可見佛性亦尒佛言善男子佛身二種
一者常二者无常无常者爲欲度脫一切衆
生方便示現是名眼見常者如來世尊解脫
之身亦名眼見亦名聞見佛性亦二種一者
可見二不可見可見者十住菩薩諸佛世尊
不可見者一切衆生眼見者謂十住菩薩諸
佛如來眼見衆生所有佛性聞見者一切衆
生十住菩薩聞有佛性如來之身復有二種
一者是色二者非色色者如來解脫非色者
如來永斷諸色相故佛性二種一者是色二
者非色色者阿耨多羅三藐三菩提非色者
凡夫乃至十住菩薩十住菩薩見不了了故
名非色善男子佛性者復有二種一者是色

BD14618號　大般涅槃經（北本　異卷）卷二八　　（30–10）

者非色色者阿耨多羅三藐三菩提非色者
凡夫乃至十住菩薩十住菩薩見不了了故
名非色善男子佛性者復有二種一者是色
二者非色色者謂佛菩薩非色者一切衆生
色者名爲眼見非色者名爲聞見佛性者非
内非外雖非内外然非失壞故名衆生悉有
佛性師子吼菩薩言世尊如佛所說一切衆
生悉有佛性如乳中有酪金剛力士諸佛佛
性如清醍醐云何如來說言佛性非内非外
佛言善男子我亦不說乳中有酪酪從乳生
故言有酪世尊一切生法各有時節善男子
乳時无酪亦无生蘇熟蘇醍醐一切衆生亦
謂是乳是故我言乳中无酪如其有者何故
不得二種名字如人二能言金鐵師酪時无
乳生蘇熟蘇及以醍醐衆生亦謂是酪非乳
非生熟蘇及以醍醐乃至醍醐亦復如是善
男子因有二種一者正因二者緣因正因者
如乳生酪緣因者如煖酵等從乳生故故言
乳中而有酪性師子吼菩薩言世尊若乳无
酪性角中亦无何故不從角中生耶善男子
角亦生酪何以故我亦說言緣因有二種一
酵二煖角性煖故亦能生酪師子吼言世尊
若角能生酪求酪之人何故求乳而不取角
佛言善男子是故我說正因緣因師子吼菩
薩言若使乳中本无酪性今方有者乳中本

BD14618號　大般涅槃經（北本　異卷）卷二八　　（30–11）

若角能生酪求酪之人何故求乳而不取角
佛言善男子是故我說正因緣因師子吼菩
薩言若使乳中本无酪性今方有者乳中本
无菴摩羅樹何故不生二俱无故善男子乳
亦能生菴摩羅樹若以乳灌一夜之中增長
五尺以是義故我說二因善男子若一切法
一因生者可得難言乳中何故不能出生菴
摩羅樹善男子猶如四大為一切色而作因
緣然色各異差別不同以是義故乳中不生
菴摩羅樹世尊如佛所說有二種因正因緣
因衆生佛性為是何因善男子衆生佛性亦
二種因一者正因二者緣因正因者謂諸衆
生緣因者謂六波羅蜜師子吼言世尊我今
定知乳有酪性何以故我見世間求酪之人
唯取於乳終不取水是故當知乳有酪性善
男子如汝所問是義不然何以故譬如有人
欲見面像即便取刀師子吼言世尊以是義
故乳有酪性若刀无面像何故取刀佛言善
男子若此刀中定有面像何故顛倒竪則見
長橫則見闊若是自面何故見長若是他面
何得稱言是己面像若因己面見他面者何
故不見驢馬面像師子吼言世尊眼光到彼
故見面長佛言善男子而此眼光實不到彼
何以故近遠一時俱得見故不見中間所有
物故善男子光若到彼而得見者一切衆生
悉見於火何故不燒如人遠見白物不應生

BD14618號　大般涅槃經（北本　異卷）卷二八

(30-12)

故見面長佛言善男子而此眼光實不到彼
何以故近遠一時俱得見故不見中間所有
物故善男子光若到彼而得見者一切衆生
悉見於火何故不燒如人遠見白物不應生
疑鵠耶幡耶人耶樹耶若光到者云何得見
水精中物淵中魚石若不到見何故得見水
精中物而不得見壁外之色是故若言眼光
到彼而見長者是義不然善男子如汝所言
乳有酪者何故賣乳之人但取乳價不責酪
直賣草馬者但取母價不責駒直善男子世
間之人无子息故是故娉婦婦若懷妊不得
言女若言是女有兒性故故應娉者是義不
然何以故若有兒性亦應有孫若有孫者則
是兄弟何以故一腹生故是故我言女无兒
性若其乳中有酪性者何故一時不見五味
若樹子中有足拘陁五丈質者何故一時不
見牙莖枝葉華菓形色之異善男子乳色時
異味異果異乃至醍醐亦復如是云何可說
乳有酪性善男子譬如有人明當服蘇今已
患臭若言乳中定有酪性亦復如是善男子
譬如有人有筆紙墨和合成字而是紙中本
无有字以本无故假緣而成若本有者何須
衆緣譬如青黃合成綠色當知是二本无綠
性若本有者何須合成善男子譬如衆生因
食得命而此食中實无有命若本有命未食

BD14618號　大般涅槃經（北本　異卷）卷二八

(30-13)

譬如有人有筆紙墨和合成字而是紙中本
无有字以本无故假緣而成若本有者何須
衆緣譬如青黄合成緑色當知是二本无緑
性若本有者何須合成善男子譬如衆生因
食得命而此食中實无有命若本有命未食
之時食應是命善男子一切諸法本无有性
以是義故我說是偈
本无今有 本有今无 三世有法 无有是處
善男子一切諸法因緣故生因緣故滅善男
子若諸衆生内有佛性者一切衆生應有佛
身如我今也衆生佛性不破不壞不牽不捉
不繫不縛如衆生中所有虚空一切衆生悉
有虚空无罣閡故各不自見有此虚空若使
衆生无虚空者則无去來行住坐卧不生不
長以是義故我經中說一切衆生有虚空界
虚空界者是名虚空衆生佛性亦復如是十
住菩薩少能見之如金剛珠善男子衆生佛
性諸佛境界非是聲聞緣覺所知一切衆生
不見佛性是故常爲煩惱繫縛流轉生死見
佛性故諸結煩惱所不能繫解脫生死得大
涅槃師子吼菩薩言世尊一切衆生有佛性
性如乳中酪性若乳无酪性云何佛說有二
種因一者正因二者緣因緣因者一醪二煖
虚空无性故无緣因佛言善男子若使乳中
定有性者何須緣因師子吼菩薩言世尊以
有性故故須緣因何以故欲明見故緣因者

BD14618號　大般涅槃經（北本　異卷）卷二八　（30–14）

種因一者正因二者緣因緣因者一醪二煖
虚空无性故无緣因佛言善男子若使乳中
定有性者何須緣因師子吼菩薩言世尊以
有性故故須緣因何以故欲明見故緣因者
即是了因世尊譬如闇中先有諸物爲欲見
故以燈照了若本无者燈何所照如土中有
瓶故須人功水輪繩杖等而爲了因如尼拘
陁子須地水糞而作了因乳中醪煖亦復如
是須住了因是故雖先有性要假了因然後
得見以是義故定知乳中先有酪性善男子
若使乳中定有酪性者即是了因若是了因
復何須了善男子若是了因性是了者常應
自了若自不了何能了他若言了因有二種
性一者自了二者了他是義不然何以故了
因一法云何有二若有二者乳亦應二若使
乳中无二相者云何了因而獨有二師子吼
言世尊如世人言我共八人了因亦爾自了
了他佛言善男子了因若爾則非了因何以
故數者能數自色他色故得言八而此色性
自无了相无了相故要須智性乃數自他是
故了因不能自了亦不了他善男子一切衆
生有佛性性者何故修集无量功德若言修
集是了因者已同酪壞若言因中定有果者
戒定智慧則无增長我見世人本无禁戒禪
定智慧從師受已漸漸增益若言師教是了

BD14618號　大般涅槃經（北本　異卷）卷二八　（30–15）

生有佛性性者何故修集无量功德若言修
集是了因者已同酪壞若言因中定有果者
戒定智慧則无增長我見世人本无禁戒禪
定智慧從師受已漸漸增益若言師教是了
因者當師教時受者未有戒定智慧若是了
者應了未有云何乃了戒定智慧令得增長
師子吼菩薩言世尊若了因无者云何得名
有乳有酪善男子世間荅難凡有三種一者
轉荅如先所說何故名戒以不悔故乃至為
得大涅槃故二者默然荅如有梵志來問我
言我是常耶我時默然三者疑荅如此經中
若了因有二乳中何故不得有二善男子我
今轉荅如世人言有乳酪者以定得故是故
得名有乳有酪佛性亦尒有衆生有佛性以
當見故師子吼言世尊如佛所說是義不然
何以故過去已滅未來未到云何名有若言
當有名為有者是義不然如世間人見无兒
息便言无兒一切衆生无佛性者云何說言
一切衆生悉有佛性佛言善男子過去名有
譬如種橘牙生子滅牙亦甘甜乃至生菓味
亦如是熟已乃酢善男子而是酢味子牙乃
至生菓悉无隨本熟時形色相貌則生酢味
而是酢味本无今有雖本无今有非不因本
如是本子雖復過去故得名有以是義故過
去名有云何復名未來為有譬如有人種殖
胡麻有人問言何故種此荅言有油實未有

至生菓悉无隨本熟時形色相貌則生酢味
而是酢味本无今有雖本无今有非不因本
如是本子雖復過去故得名有以是義故過
去名有云何復名未來為有譬如有人種殖
胡麻有人問言何故種此荅言有油實未有
油胡麻熟已收子熬之擣押然後乃得出油
當知是人非虛妄也以是義故名未來有云
何復名過去有耶善男子譬如有人私屏罵
王逕歷年歲王乃聞之聞已即問何故見罵
荅言大王我不罵也何以故罵者已滅王言
罵者我身二俱存在云何言滅以是因緣喪
失身命善男子是二實无而果不滅是名過
去有云何復名未來有耶譬如有人往陶師
所問有瓶不荅言有瓶而是陶師實未有瓶
以有泥故故言有瓶當知是人非妄語也乳
中有酪衆生佛性亦復如是欲見佛性應當
觀察時節形色是故我說一切衆生悉有佛
性實不虛妄師子吼言一切衆生无佛性者
云何而得阿耨多羅三藐三菩提以正因故
故令衆生得阿耨多羅三藐三菩提何等正
因所謂佛性世尊若尼拘陁子无尼拘陁樹
者何故名為尼拘陁子而不名為佉陁羅子
世尊如瞿曇姓不得稱為阿坻耶姓阿坻耶
姓亦復不得稱瞿曇姓尼拘陁子亦復如是
不得稱為佉陁羅子佉陁羅子不得稱為尼
拘陁子猶如世尊不得捨離瞿曇種姓衆生

者何故名為尼拘陀子而不名為佉陀羅子
世尊如瞿曇姓不得稱為阿坻耶姓阿坻耶
姓亦復不得稱瞿曇姓尼拘陀子亦復如是
不得稱為佉陀羅子佉陀羅子不得稱為尼
拘陀子猶如世尊不得捨離瞿曇種姓眾生
佛性亦復如是以是義故當知眾生悉有佛
性佛言善男子若言子中有尼拘陀者是義
不然如其有者何故不見善男子如世間物
有因緣故不可得見云何因緣謂遠不可見
如空中鳥跡近不可見如人眼睫壞故不見
如根敗者亂想故不見如心不專一細故不
見如小微塵鄣故不見如雲表星多故不見
如稻聚中麻相似故不見如豆在豆聚尼拘
陀樹不同如是八種因緣如其有者何故不
見若言細鄣故不見者是義不然何以故樹
相麁故若言性細云何增長若言鄣故不可
見者常應不見本无麁相今則見麁當知是
麁本无其性本无見性今則可見當知是見
亦本无性子亦如是本无有樹今則有之當
有何咎師子吼言如佛所說有二種因一者
正因二者了因尼拘陀子以地水糞作了因
故令細得麁佛言善男子若本有者何須了
因若本无性了何所了若尼拘陀子中本无
麁相以了因故乃生麁者何故不生佉陀羅
樹二俱无故善男子若細不見麁應可見
譬如一塵則不可見多塵和合則應可見如

BD14618號　大般涅槃經（北本　異卷）卷二八　（30–18）

故令細得麁佛言善男子若本有者何須了
因若本无性了何所了若尼拘陀子中本无
麁相以了因故乃生麁者何故不生佉陀羅
樹二俱无故善男子若細不見麁應可見
譬如一塵則不可見多塵和合則應可見如
是子中麁應可見何以故是中已有芽莖華
菓一一菓中有无量子一一子中有无量樹
是故名麁有是麁故故應可見善男子若尼
拘陀子有尼拘陀性而生樹者眼見是子為
火所燒如是燒性亦應本有若本有者樹不
應生若一切法本有生滅何故先生後滅不
一時耶以是義故當知无性師子吼菩薩言
世尊若尼拘陀子本无樹性而生樹者是子
何故不出於油二俱无故善男子如是子中
亦能出油雖无本性因緣故有師子吼言何
故不名胡麻油耶善男子非胡麻故善男子
如火緣生火水緣生水雖俱從緣不能相有
尼拘陀子及胡麻油亦復如是雖俱從緣各
不相生尼拘陀子性能治冷胡麻油者性能
治風善男子譬如苷蔗因緣故生石蜜黑蜜
雖俱一緣色相各異石蜜治熱黑蜜治冷師
子吼菩薩言世尊如其乳中无有酪性麻无
油性尼拘陀子无有樹性泥无瓶性一切眾
生无佛性者如佛先說一切眾生悉有佛性
是故應得阿耨多羅三藐三菩提者是義不
然何以故人天无性以无性故人可作天天

BD14618號　大般涅槃經（北本　異卷）卷二八　（30–19）

子吼菩薩言世尊如其乳中无有酪性麻无
油性尼拘陁子无有樹性泥无瓶性一切衆
生无佛性者如佛先說一切衆生悉有佛性
是故應得阿耨多羅三藐三菩提者是義不
然何以故人天无性以无性故人可作天天
可作人以業因緣不以性故菩薩摩訶薩以
業緣故得阿耨多羅三藐三菩提若諸衆生
有佛性者何因緣故一闡提等斷諸善根墮
于地獄若菩提心是佛性者一闡提等不應
能斷若可斷者云何得言佛性是常若非常
者不名佛性若諸衆生有佛性者何故名為
初發心耶云何而言是毗跋致阿毗跋致毗
跋致者當知是人无有佛性世尊菩薩摩訶
薩一心趣向阿耨多羅三藐三菩提大慈大
悲見生老死煩惱過患觀大涅槃无生老死
煩惱諸過信於三寶及業果報受持禁戒如
是等法名為佛性若離是法有佛性者何須
是法而作因緣世尊如乳不假緣必當成酪
生穌不尒要待因緣所謂人功水瓶攢繩衆
生亦尒有佛性者應離因緣得阿耨多羅三
藐三菩提若定有者行人何故見三惡苦生
老病死而生退心亦不須修六波羅蜜即應
得成阿耨多羅三藐三菩提如乳非緣而得
成酪然非不因六波羅蜜而得成於阿耨多
羅三藐三菩提以是義故當知衆生悉无佛
性如佛先說僧寶是常如其常者則非无常

BD14618號　大般涅槃經（北本　異卷）卷二八　（30–20）

老病死而生退心亦不須修六波羅蜜即應
得成阿耨多羅三藐三菩提如乳非緣而得
成酪然非不因六波羅蜜而得成於阿耨多
羅三藐三菩提以是義故當知衆生悉无佛
性如佛先說僧寶是常如其常者則非无常
非无常者云何而得阿耨多羅三藐三菩提
僧若常者云何復言一切衆生悉有佛性世
尊若使衆生從本已來无菩提心亦无阿耨
多羅三藐三菩提心後方有者衆生佛性亦
應如是本无後有以是義故一切衆生應无
佛性佛言善哉善哉善男子汝已久知佛性
之義為衆生故作如是問一切衆生實有佛
性汝言衆生若有佛性不應言有初發心者
善男子心非佛性何以故心是无常佛性常
故汝言何故有退心者實无退心心若有退
終不能得阿耨多羅三藐三菩提以遲得故
名之為退此菩提心實非佛性何以故一闡
提等斷於善根墮地獄故若菩提心是佛性
者一闡提輩則不得名一闡提也菩提之心
亦不得名為无常也是故定知菩提之心實
非佛性善男子汝言衆生若有佛性不應假
緣如乳成酪者是義不然何以故若言五緣
成於生穌當知佛性亦復如是譬如衆石有
金有銀有銅有鐵俱稟四大一名一實而其
所出各各不同要假因緣衆生福德爐冶人
功然後出生是故當知本无金性衆生佛性

BD14618號　大般涅槃經（北本　異卷）卷二八　（30–21）

成於生蘇當知佛性亦復如是譬如衆石有
金有銀有銅有鐵俱稟四大一名一實而其
所出各各不同要假因緣衆生福德爐冶人
功然後出生是故當知本无金性衆生佛性
不名為佛以諸功德因緣和合得見佛性然
後得佛汝言衆生悉有佛性何故不見者是
義不然何以故以諸因緣未和合故善男子
以是義故我說二因正因緣因正因者名為
佛性緣因者發菩提心以二因緣得阿耨
多羅三藐三菩提如石出金善男子汝言僧
常一切衆生无佛性者善男子僧名和合和
合有二一者世和合二者第一義和合世和
合者名聲聞僧義和合者名菩薩僧世僧无
常佛性是常如佛性常義僧亦尒復次有僧
謂法和合法和合者謂十二部經十二部經
常是故我說法僧是常善男子僧名和合和
合者名十二因緣十二因緣中亦有佛性十
二因緣常佛性亦尒是故我說僧有佛性又
復僧者謂諸佛和合是故我說僧有佛性善
男子汝言衆生若有佛性云何有退有不退
者諦聽諦聽我當為汝分別解說善男子菩
薩摩訶薩有十三法則便退轉何等十三一
者心不信二者不作心三者疑心四者恡惜
身財五者於涅槃中生大怖畏云何乃令衆
生永滅六者心不堪忍七者心不調柔八者
愁惱九者不樂十者放逸十一者自輕己身

BD14618號　大般涅槃經（北本　異卷）卷二八　　（30–22）

者心不信二者不作心三者疑心四者恡惜
身財五者於涅槃中生大怖畏云何乃令衆
生永滅六者心不堪忍七者心不調柔八者
愁惱九者不樂十者放逸十一者自輕己身
十二者自見煩惱无能壞者十三者不樂進
趣菩提之法善男子是名十三法令諸菩薩
退菩提心復有六法壞菩提心何等為六一
者恡法二者於諸衆生起不善心三者親近
惡友四者不勤精進五者自大憍慢六者營
務世業如是六法則能破壞菩提之心善男
子有人得聞諸佛世尊是人天師於衆生中
最上无比勝於聲聞辟支佛等法眼明了見
法无閡能度衆生於大苦海聞已即復發大
誓願如其世間有如是人我亦當得以是因
緣發阿耨多羅三藐三菩提心或復為他之
所教誨發菩提心或聞菩薩阿僧祇劫脩行
苦行然後乃得阿耨多羅三藐三菩提聞已
思惟我今不堪如是苦行云何能得是故有
退善男子復有五法退菩提心何等為五一
者樂在外道出家二者不脩大慈之心三者
好求法師過罪四者常樂處在生死五者不
喜受持讀誦書寫解說十二部經是名五法
退菩提心復有二法退菩提心何等為二一
者貪樂五欲二者不能恭敬尊重三寶以如
是等衆因緣故退菩提心云何復名不退之
心有人聞佛能度衆生生老病死不從師諮

BD14618號　大般涅槃經（北本　異卷）卷二八　　（30–23）

喜受持讀誦書寫解說十二部經是名五法
退菩提心復有二法退菩提心何等為二一
者貪樂五欲二者不能恭敬尊重三寶以如
是等衆因緣故退菩提心云何復名不退之
心有人聞佛能度衆生生老病死不從師諮
自然脩集得阿耨多羅三藐三菩提若菩提
道是可得者我當脩集必令得之以是因緣
發菩提心所作功德若多若少悉以迴向阿
耨多羅三藐三菩提作是誓願我常得親
近諸佛及佛弟子常聞深法五情完具若遇
苦難不失是心復願諸佛及諸弟子常於我
所生歡喜心具五善根若諸衆生斫伐我身
斬截手足頭目支節當於是人生大慈心深
自欣慶如是諸人為我增長菩提因緣若无
是者我當何緣而得成就阿耨多羅三藐三
菩提復發是願莫令我得无根二根女人之
身不繫屬人不遭惡主不屬惡王不生惡國
若得好身種姓真正多饒財寶不生憍慢令
我常聞十二部經受持讀誦書寫解說若為
衆生有所演說願令受者敬信无疑常於我
所不生惡心寧當少聞多解義味不願多聞
於義不了願作心師不師於心身口意業不
與惡交能施一切衆生安樂身戒心慧不動
如山為欲受持无上正法於身命財不生慳
恡不淨之物不為福業正命自活心无耶諂
受恩常念小恩大報善知世中所有事藝善

BD14618號　大般涅槃經（北本　異卷）卷二八　（30–24）

於義不了願作心師不師於心身口意業不
與惡交能施一切衆生安樂身戒心慧不動
如山為欲受持无上正法於身命財不生慳
恡不淨之物不為福業正命自活心无耶諂
受恩常念小恩大報善知世中所有事藝善
解衆生方俗之言讀誦書寫十二部經不生
懈怠懶墮之心若諸衆生不樂聽聞方便引
接令彼樂聞言常柔濡口不宣惡不和合衆
能令和合有憂怖者令離憂怖飢饉之世令
得豊足疫病之世作大醫王病藥所須財寶
自在令疾病者悉得除愈刀兵之劫有大力
勢斷其殘害令无遺餘能斷衆生種種怖畏
所謂死畏閇繫打擲水火王賊貧窮破戒惡
名惡道如是等畏悉當斷之父母師長深生
恭敬怨憎之中生大慈心常脩六念空三昧
門十二因緣生滅等觀出息入息天行梵行
及以聖行金剛三昧首楞嚴定无三寶處令
我自得寂靜之心若其身心受大苦時莫失
无上菩提之心莫以聲聞辟支佛心而生知
足无三寶處常在外道法中出家為破耶見
不習其道得法自在得心自在於有為法了
了見過令我怖畏二乘道果如惜命者怖畏
捨身為衆生故樂處三惡如諸衆生樂忉利
天為一一人於无量劫受地獄苦心不生悔
見他得利不生妬心常生歡喜如自得樂若
值三寶當以衣服飲食臥具房舍醫藥燈明

BD14618號　大般涅槃經（北本　異卷）卷二八　（30–25）

捨身爲衆生故樂處三惡如諸衆生樂忉利
天爲一一人於无量劫受地獄苦心不生悔
見他得利不生妬心常生歡喜如自得樂若
值三寶當以衣服飲食卧具房舍醫藥燈明
華香妓樂幡蓋七寶供養若受佛戒堅固護
持終不生於毀犯之想若聞菩薩難行苦行
其心歡喜不生悔恨自識往世宿命之事終
不造作貪瞋癡業不爲果報而集因緣於現
在樂不生貪著善男子若有能發如是願者
是名菩薩終不退失菩提之心亦名施主能
見如來明了佛性能調衆生度脫生死善能
護持无上正法能得具足六波羅蜜善男子
以是義故不退之心不名佛性善男子汝不
可以有退心故言諸衆生无有佛性譬如
二人俱聞他方有七寶山山有清泉其味甘
美有能到者永斷貧窮服其水者增壽万歲
唯路懸遠險阻多難時彼二人俱欲共往一
人莊嚴種種行具一則空往无所賫持相與
前進路值一人多賫寶貨七珍具足二人便
前問言仁者彼土實有七寶山耶其人荅言
實有不虛我已獲寶飲服其水唯患路險多
有盜賊沙鹵蕀刺之於水草往者千万達者
甚少聞是事已一人即悔尋作是言路既懸
遠艱難非一往者无量達者无數而我云何
當能到彼我今產業粗自供足若涉斯路或
失身命身命不全長壽安在一人復言有人

BD14618號　大般涅槃經（北本　異卷）卷二八　（30–26）

甚少聞是事已一人即悔尋作是言路既懸
遠艱難非一往者无量達者无數而我云何
當能到彼我今產業粗自供足若涉斯路或
失身命身命不全長壽安在一人復言有人
能過我亦當過若得果達則得如願採取珍
寶飲服甘水如其不達以死爲期是時二人
一則悔還一則前進到彼山所多獲財寶如
願服水多賫所有還其所止奉養父母賑給
宗親時悔還者見其事已心復生熱彼去已
還我何爲住即便莊嚴涉路而去七寶山者
喻大涅槃甘味之水喻於佛性其二人者喻
二菩薩初發道心者險惡道者喻於生死所
逢人者喻佛世尊有盜賊者喻於四魔沙鹵
蕀刺喻諸煩惱无水草者喻不修集菩提之
道一人還者喻退轉菩薩其直往者喻不退
菩薩善男子衆生佛性常住不變猶彼險道
不可說言人悔還故令道无常佛性亦尒善
男子菩提道中終无退者善男子如向悔者
見其先伴獲寶而還勢力自在供養父母給
之宗親多受安樂見是事已心中生熱即復
莊嚴復道還去不惜身命堪忍衆難遂便到
彼七寶山中退轉菩薩亦復如是善男子一
切衆生定當得成阿耨多羅三藐三菩提以
是義故我經中說一切衆生乃至五逆犯四
重禁及一闡提悉有佛性師子吼言世尊云
何菩薩有退不退善男子若有菩薩修集如

BD14618號　大般涅槃經（北本　異卷）卷二八　（30–27）

德十寶山中退轉菩薩亦復如是善男子一
切衆生定當得成阿耨多羅三藐三菩提以
是義故我經中說一切衆生乃至五逆犯四
重禁及一闡提悉有佛性師子吼言世尊云
何菩薩有退不退善男子若有菩薩修集如
來三十二相業因緣者得名不退得名菩薩
摩訶薩也名不動轉名為憐愍一切衆生名
勝一切聲聞緣覺名阿毗跋致善男子若菩
薩摩訶薩持戒不動施心不移安住實語如
須彌山以是業緣得足下平如奩底相若菩
薩摩訶薩於父母所和上師長乃至畜生以
如法財供養供給以是業緣得足下千輻
輪相若菩薩摩訶薩不煞不盜於父母師長
常生歡喜以是業緣得成三相一者手指纖
長二者足跟長三者其身方直如是三相同
一業緣若菩薩摩訶薩修四攝法攝取衆生
以是業緣得網縵指如白鵝王若菩薩摩訶
薩父母師長若病苦時自手洗拭捉持按摩
以是業緣得手足濡若菩薩摩訶薩持戒聞
法惠施无猒以是業緣得節踝傭滿身毛上
靡若菩薩摩訶薩專心聽法演說正教以是
業緣得鹿王腨若菩薩摩訶薩於諸衆生不
生害心飲食知之常樂惠施瞻病給藥以是
業緣其身圓滿如尼拘陁樹立手過膝頂有
肉髻无見頂相若菩薩摩訶薩見怖畏者為
作救護見裸跣者施與衣服以是業緣得陰

BD14618號　大般涅槃經（北本　異卷）卷二八　（30–28）

生害心飲食知之常樂惠施瞻病給藥以是
業緣其身圓滿如尼拘陁樹立手過膝頂有
肉髻无見頂相若菩薩摩訶薩見怖畏者為
作救護見裸跣者施與衣服以是業緣得陰
藏相若菩薩摩訶薩親近智者遠離愚人善
喜問答掃治行路以是業緣得皮膚細濡身
毛右旋若菩薩摩訶薩常以衣服飲食卧具
醫藥香華燈明施人以是業緣得身金色常
光明曜若菩薩摩訶薩行施之時所珎之物
能捨不悋不觀福田及非福田以是業緣得
七處滿相若菩薩摩訶薩布施之時心不生
疑以是業緣得柔濡聲若菩薩摩訶薩如法
求財以用布施以是業緣得缺骨充滿師子
上身臂肘傭纖若菩薩摩訶薩遠離兩舌惡
口恚心以是業緣得四十齒白淨齊密若菩
薩摩訶薩於諸衆生修大慈悲以是業緣得
二牙相若菩薩摩訶薩常作是願有來求者
隨意給與以是業緣得師子頰若菩薩摩訶
薩隨諸衆生所須之食悉皆與之以是業緣
得味中上味若菩薩摩訶薩自修十善兼以
化人以是業緣得廣長舌若菩薩摩訶薩不
訟彼短不謗正法以是業緣得梵音聲若菩
薩摩訶薩見諸怨憎生於喜心以是業緣得
目睫紺色若菩薩摩訶薩不隱他德稱揚其
善以是業緣得白毫相善男子若菩薩摩訶
薩修集如是三十二相業因緣時則得不退

BD14618號　大般涅槃經（北本　異卷）卷二八　（30–29）

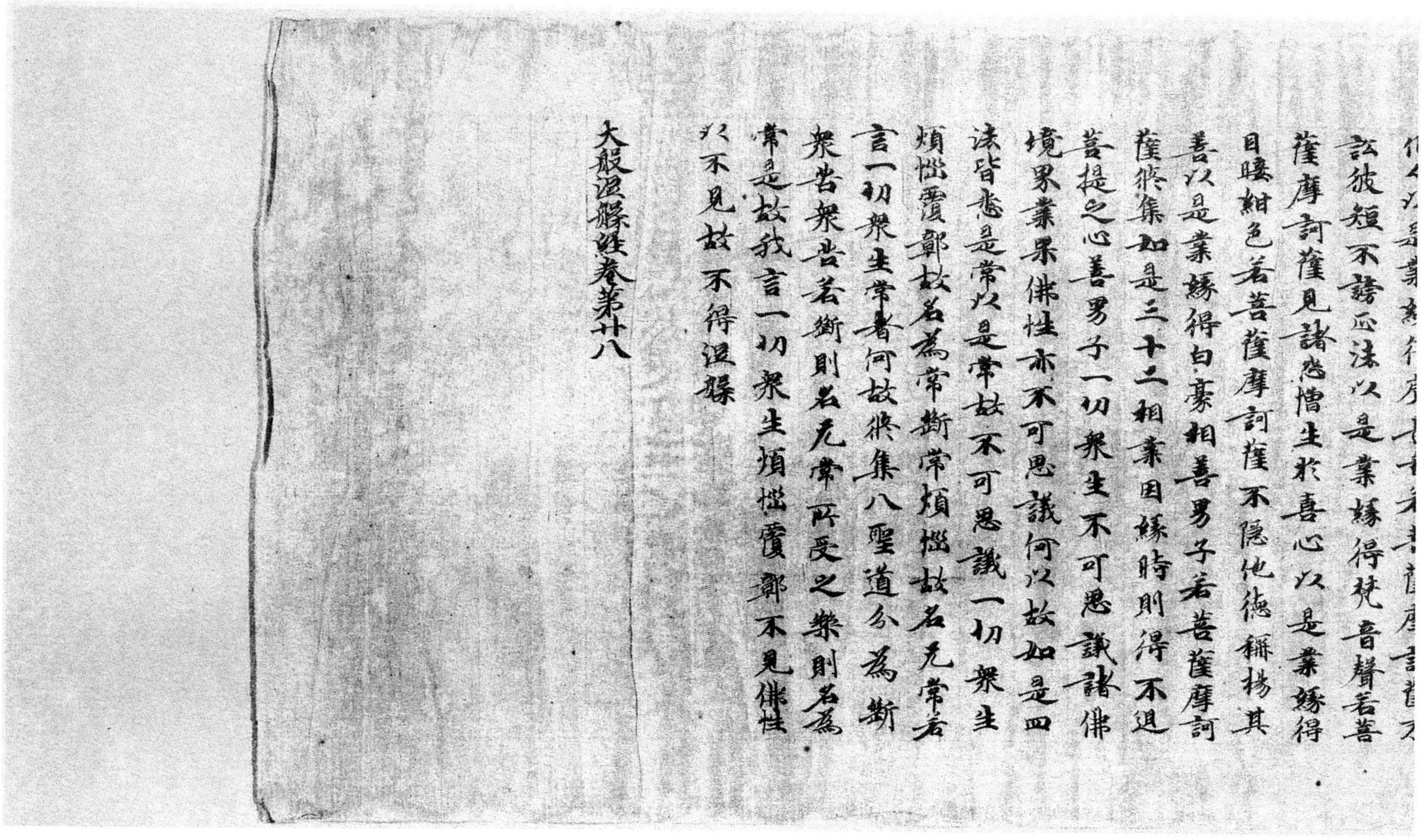
訟彼短不謗正法以是業緣得梵音聲若善
薩摩訶薩見諸怨憎生於喜心以是業緣得
目睫紺色若善薩摩訶薩不隱他德稱揚其
善以是業緣得白豪相善男子若善薩摩訶
薩修集如是三十二相業因緣時則得不退
菩提之心善男子一切衆生不可思議諸佛
境界業果佛性亦不可思議何以故如是四
法皆悉是常以是常故不可思議一切衆生
煩惱覆鄣故名為常斷常煩惱故名无常若
言一切衆生常者何故修集八聖道分為斷
衆苦衆苦若斷則名无常所受之樂則名為
常是故我言一切衆生煩惱覆鄣不見佛性
以不見故不得涅槃

大般涅槃經卷第廿八

BD14618 號　大般涅槃經（北本　異卷）卷二八　　（30–30）

家女女名玉耶端正殊妙
礼承事姑妐夫壻輕慢長者夫
不順不依法礼設加杖捶不欲行此
呵其過轉增當如之何長者曰唯佛大

BD14619 號　玉耶經　　（8–1）

[illegible]
家女名玉耶端正殊妙
礼承事姑妐夫壻給孤長者夫
婦不順不依法礼設加杖捶不欲行此罪
設呵其過轉增當如之何長者曰唯佛大
善能化物剛強伏無敢不從請佛來化妻
大善明早嚴服往詣佛所頭面著地前白
佛言我家爲子娶婦甚大憍慢不以礼節承
事我子唯願世尊明日自屈將諸弟子到舍
中飯并爲玉耶說法令心開解改過行善佛
告長者善哉善哉給孤長者聞佛受請歡喜
礼佛攝足而去歸舍齋戒供辦中飯明日佛
與千二百五十弟子到長者家長者歡喜迎
佛作礼佛坐已定大小皆出礼佛却住玉耶
逃藏不肯礼佛佛即變化令長者家屋宅牆
壁皆如瑠璃水精之色內外相見佛有三十
二相八十種好身紫金色光明暉暉玉耶惶
怖心驚毛竪即出礼佛頭面懺悔却在右面
佛告玉耶女至不當自恃端正輕慢夫壻何
謂端正除却邪態八十四始定意一心是爲
端正不以顏色面目端嚴爲端正也女人身
中有十惡事何等爲十一者女人初生墮地
父母不喜二者養育視無滋味三者女人心
常畏人四者父母恒憂嫁娶五者與父母生
相離別六者常畏夫壻視其顏色歡悅輒喜

BD14619 號　玉耶經

（8–2）

端正不以顏色面目端嚴爲端正也女人身
中有十惡事何等爲十一者女人初生墮地
父母不喜二者養育視無滋味三者女人心
常畏人四者父母恒憂嫁娶五者與父母生
相離別六者常畏夫壻視其顏色歡悅輒喜
瞋恚則懼七者懷任產生甚難八者女人小
爲父母所撿錄九者中爲夫壻所制十者年
老爲兒孫所呵從生至終不得自在是爲十
事女人不自覺知玉耶長跪叉手白佛言品
受賤身不閑礼義唯願世尊具說教訓婦之
法礼
佛告玉耶婦事姑妐夫壻有五善三惡何等
爲五善一者爲婦當晚卧早起攝梳髮綵整
頓衣服洗拭面目勿有垢穢執於作事先啓
所尊心常恭順設有甘美不得先食二者夫
壻呵罵不得瞋恨三者一心守夫壻不得念
邪婬四者常願夫壻長壽出行婦當整頓家
中五者常念夫善不念夫惡是爲五善何等
爲三惡一者不以婦礼承事姑妐夫壻但欲
美食先而噉之未冥早卧日出不起夫欲教
呵瞋目視夫應拒獨罵二者不一心向夫壻
但念他男子三者欲令夫死早得更嫁是爲
三惡玉耶默然無辭荅佛佛告玉耶世間有
七輩婦一婦如母二婦如妹三婦如善知識四
婦如婦五婦如婢六婦如怨家七婦如奪
[illegible]

BD14619 號　玉耶經

（8–3）

但念他男子三者欲令夫死早得更嫁是爲
三惡玉耶默然無辭荅佛佛告玉耶世間有
七輩婦一婦如母二婦如妹三婦如善知識四
婦如婦五婦如婢六婦如怨家七婦如奪
命是爲七輩婦汝豈解乎玉耶白佛不知七
婦盡何所施行願佛爲解之佛告玉耶諦聽
諦聽善思念之吾當爲汝分別解說何等爲
母婦愛夫猶若慈母侍其晨夜不離左右
供養盡心不失時宜夫若行來恐人輕易見
則憐念心不疲猒憐夫如子是爲母婦何等
爲妹婦者承事夫壻盡其敬誠若如兄弟
同氣分形骨肉至親無有二情尊奉敬之如妹
事兄是爲妹婦何等爲善知識婦者侍其夫
壻愛念懇至依依戀戀不能相棄私密之事
常相告示見過依呵念無失善事相敬使益
明慧相愛欲令度世如善知識是爲善知識
婦何等爲婦婦者供養大人竭誠盡敬承事
夫壻謙遜順令夙興夜寐恭恪言令口無逸
言身無逸行有善推讓過則稱己誨訓仁施
勸進爲道心端專一無有分耶精脩婦節終
無闕癈進不犯儀退不失礼唯和爲貴是爲
婦婦何等爲婢婦者常懷畏慎不敢自慢兢
兢趣事無所避憚心常恭恪忠孝盡節言以
柔耎性常和穆口不犯麤耶之言身不入放
逸之行貞良純一質朴直信恒自嚴勑以礼
自將夫壻納幸不以憍慢設不接遇不以爲

婦婦何等爲婢婦者常懷畏慎不敢自慢兢
兢趣事無所避憚心常恭恪忠孝盡節言以
柔耎性常和穆口不犯麤耶之言身不入放
逸之行貞良純一質朴直信恒自嚴勑以礼
自將夫壻納幸不以憍慢設不接遇不以爲
怨或得棰杖分受不恚及見罵辱默而不恨
甘心樂受無有二意勸進所好不妬聲色過
已曲薄不訴求直務脩婦節不擇衣食專精
恭恪唯恐不及敬奉夫壻婢事大家是爲婢
婦何等爲怨家婦者見夫不歡恒懷瞋恚晝
夜思念欲得解離無夫婦心常如寄客猜猜
鬪諍無所畏忌不可作使不念治家養活兒
子或行婬蕩不知羞恥狀如犬畜毀辱親里
譬如怨家是爲怨家婦何等爲奪命婦者晝
夜不寐恚心相向當何方使得相遠離欲與
毒藥恐人覺知或至親里遠近寄之作是瞋
恚常共賊之若持寶物雇人害之或使傍夫
伺而煞之怨枉夫命是爲奪命婦是爲七輩
婦玉耶默然
佛告玉耶五善婦者常有顯名言行有法衆
人愛敬宗親九族并蒙其榮天龍鬼神皆來
擁護使不枉橫萬分之後得生天上七寶宮
殿在所自然侍從左右壽命延長恣意所欲
伏樂難言天上壽盡下生世間當爲富貴侯
王子孫端正聰慧人所奉尊其惡婦者常得
惡名今現在身不得安寧數爲惡鬼衆邪所

子或行婬蕩不知羞恥狀如犬畜毀辱親里
譬如怨家是為怨家婦何等為奪命婦者晝
夜不寐恚心相向當何方便得相遠離欲與
毒藥恐人覺知或至親里遠近寄之作是瞋
恚常共賊之若持寶物雇人害之或使傍夫
伺而殺之怨枉夫命是為奪命婦是為七輩
婦玉耶默然
佛告玉耶五善婦者常有顯名言行有法衆
人愛敬宗親九族并蒙其榮天龍鬼神皆來
擁護使不枉橫萬分之後得生天上七寶宮
殿在所自然侍從左右壽命延長恣意所欲
快樂難言天上壽盡下生世間當為富貴侯
王子孫端正聰慧人所奉尊其惡婦者常得
惡名令現在身不得安寧數為惡鬼衆毒所
病臥起不安惡夢驚怖所願不得多逢災橫
万分之後魂神受形當入地獄餓鬼畜生展轉
三塗累劫不竟
佛告玉耶是七輩婦汝欲行何玉耶流涕前
白佛言我心愚癡無知所作自今以後改往
脩來當如婢婦奉事夫壻盡我壽命不敢憍
慠佛告玉耶善哉善哉人誰無過能改者善
莫大焉玉耶即前請受十戒為優婆夷佛告
玉耶持一戒者不得煞生二者不得偷盜取
他人物三者不得婬他男子四者不得飲
酒五者不得妄語六者不得惡罵七者不得
綺語八者不得嫉妬九者不得瞋恚十者當

BD14619號　玉耶經　　（8–6）

他人物三者不得婬他男子四者不得飲
酒五者不得妄語六者不得惡罵七者不得
綺語八者不得嫉妬九者不得瞋恚十者當
信作善得福作惡得罪信佛信法信比丘僧
是為十戒優婆夷法終身奉行不敢違犯佛
說經已諸弟子皆悲作礼給孤長者姑妐大
小及其玉耶盡行澡水供養佛百味飲食佛
告玉耶當信布施得其福德後世當復生長
者家玉耶言諾佛飯畢竟達嚫呪願五十善
神擁護汝身佛告玉耶勤念經戒玉耶言我
蒙佛恩得聞經法皆前為佛作礼而退

玉耶經

BD14619號　玉耶經　　（8–7）

BD14619 號　玉耶經　（8–8）

BD14620 號背　護首　（1–1）

摩訶般若波羅蜜道行經嘆品第七　　卷第四
佛言彌勒菩薩摩訶薩作阿耨多羅三耶三
菩阿惟三佛時亦當於是處說般若波羅蜜
須菩提白佛言云何彌勒菩薩摩訶薩於是
處說般若波羅蜜佛語須菩提彌勒菩薩摩
訶薩於是成阿惟三佛時不受色說般若波
羅蜜不空色說般若波羅蜜不受痛痒思想
生死識說般若波羅蜜亦不空識說般若波
羅蜜亦不脫色說般若波羅蜜亦不縛色說
般若波羅蜜亦不脫痛痒思想生死識說般
若波羅蜜亦不縛識說般若波羅蜜須菩提
白佛言般若波羅蜜甚清淨天中天佛言色
亦清淨須菩提言故般若波羅蜜清淨佛言
痛痒思想生死識亦清淨須菩提言故般若
波羅蜜清淨佛言如是空之清淨須菩提言
故般若波羅蜜清淨佛言色清淨无瑕穢般
若波羅蜜亦如是痛痒思想生死識清淨无
瑕穢般若波羅蜜亦如是佛言如空无瑕穢
故般若波羅蜜亦清淨須菩提白佛言其受
學誦般若波羅蜜者終不橫死若千百天若
千千天常隨侍之若善男子善女人為法師
者月八日十四日十五日說法時得功德不
可復計佛言如是如是須菩提得其功德不

BD14620 號　道行般若經卷四　　（20-1）

瑕穢般若波羅蜜亦如是佛言如空无瑕穢
故般若波羅蜜亦清淨須菩提白佛言其受
學誦般若波羅蜜者終不橫死若千百天若
千千天常隨侍之若善男子善女人為法師
者月八日十四日十五日說法時得功德不
可復計佛言如是如是須菩提得其功德不
可復計若守般若波羅蜜者其功德出是上
去何以故須菩提般若波羅蜜者即是珎寶
故於法无有作者亦无有得法者亦无有持
者何以故法甚深故亦不可見亦不可得亦
无有得者須菩提亦不見般若波羅蜜何以
故須菩提亦不可名亦无有見得般若波羅
蜜者所索不可得亦不見般若波羅蜜甚深
如是亦无有生處般若波羅蜜无所行亦无
所不行般若波羅蜜亦无有持法者亦无有
守法者如空无所取无所收无所見亦不无
觀亦不无見三千大千刹土諸天上飛在上
俱皆觀使舉聲大嘆曰於閻浮利地上再見
法輪轉佛謂須菩提无兩法輪為轉亦不想
有一法輪轉不轉是者即般若波羅蜜須菩
提言如是天中天極安隱摩訶波羅蜜是於
菩薩摩訶薩无所罣㝵法阿耨多羅三耶三
菩阿惟三佛是是无有法成阿惟三佛者何
所法輪惟三佛見法為轉无所還法為轉亦
无法有恐者无有法而憂者何以故若有兩
法為不可得何所法憂亦无法轉者故諸法
如空无所轉亦无法有還者乃至諸法亦為
无所有佛語須菩提空者无所轉亦无轉還

BD14620 號　道行般若經卷四　　（20-2）

无法有恐者无有法而憂者何以故若有兩
法為不可得何所法憂亦无法轉者故諸法
如空无所轉亦无法有還者乃至諸法亦為
无所有佛語須菩提空者无所轉亦无轉還
亦无想亦无願亦无生死亦无所從生亦不
有轉亦不轉還作是說者是為說法无所說
者亦无所得亦无有證作是說法亦不般泥
洹作是說法亦无有盡
須菩提白佛言无極波羅蜜如空无有極天
中天一 等波羅蜜者於諸法悉平等天中天
二 悅惚波羅蜜者為本空天中天三 无上波
羅蜜於諸法无所著天中天四 无人波羅蜜
无有身天中天五 无所去波羅蜜无所至天
中天六 无所有波羅蜜无所持天中天七 无
有盡波羅蜜无有極天中天八 无所從生波
羅蜜无所滅天中天九 无作波羅蜜无有造
者天中天十 不知波羅蜜无所得天中天十一
无所至波羅蜜无所到天中天十二 无垢波羅
蜜用淨故天中天十三 无著波羅蜜无所得天
中天十四 夢波羅蜜无有我天中天十五 清淨波
羅蜜无瑕穢天中天十六 不可見波羅蜜无有
處天中天十七 空波羅蜜不動搖天中天十八 无
念波羅蜜悉平等天中天十九 不動搖波羅蜜
法不移天中天廿 无欲波羅蜜本无故天中
天廿一 无所從生波羅蜜无所向天中天廿二 穿
波羅蜜无有想天中天廿三 无恚波羅蜜无有
恨天中天廿四 波羅蜜本无故天中天廿五 不觀

法不移天中天廿 无欲波羅蜜本无故天中
天廿一 无所從生波羅蜜无所向天中天廿二 穿
波羅蜜无有想天中天廿三 无恚波羅蜜无有
恨天中天廿四 波羅蜜本无故天中天廿五 不觀
波羅蜜法无所從起天中天廿六 不至遍波羅
蜜无所止天中天廿七 不腐波羅蜜无有敗天
中天廿八 无不入波羅蜜諸羅漢辟支佛所不
及天中天廿九 不亂波羅蜜无有誤天中天卅 不
可量波羅蜜无有小法天中天卅一 无形波羅
蜜於諸法无所罣㝵天中天卅二 不可得波羅
蜜无所生天中天卅三 无常波羅蜜不有壞天
中天卅四 无苦波羅蜜於諸法不相徦天中天卅五
无我波羅蜜於諸法无所求天中天卅六 空波
羅蜜於諸法不可得天中天卅七 无有想波羅
蜜於諸法无所出天中天卅八 力波羅蜜於諸
法為有勝天中天卅九 不可計佛法波羅蜜於
諸法出計去天中天卌 自然波羅蜜般若波
羅蜜是天中天卌一 於諸法亦无自然故

摩訶般若波羅蜜持品第八

釋提桓因作是念其聞般若波羅蜜者皆過
去佛時人何況學持諷誦學持諷誦已如教
住者是人前世供養若干佛已今復聞深般
若波羅蜜學持諷誦如教住其人從過去佛
時問事已是善男子善女人爲更見過去三
耶三佛從聞深般若波羅蜜以不疑不恐不
難不畏舍利弗白佛言菩薩摩訶薩信受深
般若波羅蜜者當視之如阿惟越致何以故

時問事已是善男子善女人爲更見過去三
耶三佛從聞深般若波羅蜜以不疑不恐不
難不畏舍利弗白佛言菩薩摩訶薩信受深
般若波羅蜜者當視之如阿惟越致何以故
天中天般若波羅蜜甚深本用精進信般若
波羅蜜故設有輕般若波羅蜜其人前世時
亦輕般若波羅蜜已所以者何用不信樂深
般若波羅蜜爲不問佛及弟子之所致以是
故當知之
釋提桓因語尊者舍利弗般若波羅蜜者爲
甚深難及其有說深般若波羅蜜若不信者
其人爲未行菩薩道及持作難自歸般若波
羅蜜者爲自歸薩芸若慧已舍利弗語釋提
桓因如是如是拘翼歸薩芸若若慧者以爲
自歸般若波羅蜜何以故從是中出怛薩阿
竭阿羅呵三耶三佛薩芸若薩芸若慧者是
般若波羅蜜之所照明於般若波羅蜜中住
者無不解慧
釋提桓因白佛言菩薩摩訶薩薩芸若何行
般若波羅蜜云何於般若波羅蜜中住云何
解般若波羅蜜中慧佛言善哉善哉拘翼乃
作是問今敎汝者皆佛威神之所致若菩薩
摩訶薩行般若波羅蜜者不住色中如色不
住者即爲行於痛痒思想生死識中不住如
是識不是即爲行於色中不究竟如色不究
竟者尒故不於色中住痛痒思想生死識不
究竟如識不究竟者尒故不於識中住舍利

任者即爲行於痛痒思想生死識中不住如
是識不是即爲行於色中不究竟如色不究
竟者尒故不於色中住痛痒思想生死識不
究竟如識不究竟者尒故不於識中住舍利
弗白佛言般若波羅蜜者甚深者天中天般
若波羅蜜者難得見邊幅天中天佛語舍利
弗色亦甚深不住如色甚深不住如是色甚
深不住者是即爲解痛痒思想生死識甚深
不住如識甚深不住如是識甚深不住者色
亦甚深不隨如是色甚深者不隨如是色甚
深不住如色甚深不住如色甚深不住是爲
色甚深不隨痛痒思想生死識甚深不隨如
是識甚深不隨如是識甚深不隨是識甚深
不住是爲識甚深不隨舍利弗白佛言般若
波羅蜜甚深天中天當於阿惟越致菩薩前
說之聞是慧法不疑亦不癡之釋提桓因問
舍利弗菩薩摩訶薩未受決者於前說之將
有何等異舍利弗言是菩薩求佛已來大久
遠爲已受決若未受決聞之便於中受決亦
復不久若見一佛若見兩佛便受決作阿耨
多羅三耶三菩菩薩摩訶薩未受決者聞是
恐畏即捨還去佛語舍利弗如是如是菩薩
摩訶薩求佛道以來大久遠若受決未受決
者聞深般若波羅蜜舍利弗白佛言我亦樂
喜聞是語天中天譬人令得安隱佛語舍利
弗若樂者於我前說之舍利弗言譬若是菩
薩摩訶薩天中天自見於夢中坐佛坐知令

摩訶薩求佛道以來大久遠若受决未受决
者聞深般若波羅蜜舍利弗白佛言我亦樂
喜聞是語天中天樂人令得安隱佛語舍利
弗若樂者於我前說之舍利弗言譬若是菩
薩摩訶薩天中天自見於夢中坐佛坐知令
近阿耨多羅三耶三菩成至阿惟三佛如是
天中天菩薩摩訶薩得聞深般若波羅蜜者
是菩薩摩訶薩學已來大久遠今受决不復
久其功德欲成滿菩薩摩訶薩當作是知其
得深般若波羅蜜者其功德欲成滿佛言善
哉善哉舍利弗乃樂作是說皆佛威神之所
致舍利弗白佛言譬如男子行万里天中天
若數万里者到大空澤中是人遥相見牧牛
者若牧羊者若見界若見畫舍若見聚樹作
是想念如見郡如見縣如見聚落若欲見聞
作是想稍稍前行旦欲近之不復畏盜賊菩
薩摩訶薩得深般若波羅蜜者亦如是天中
天今受决不復久亦不畏當墮阿羅漢辟支
佛道地何以故上頭有想以聞見得深般若
波羅蜜譬若男子欲見大海天中天便行之
大海若見樹有樹想若見有山想當知大海
尚遠稍稍前行不見樹亦无樹想不見山亦
无山想心亦念知大海旦至亦不久於中道
无復有樹亦无樹想无復山亦无山想是男
子尚未見大海是應旦欲為至是菩薩摩訶
薩當作是知天中天若聞得深般若波羅蜜
雖不見佛從受决者是為今作佛不久若聞

BD14620 號　道行般若經卷四　（20–7）

无復有樹亦无樹想无復山亦无山想是男
子尚未見大海是應旦欲為至是菩薩摩訶
薩當作是知天中天若聞得深般若波羅蜜
雖不見佛從受决者是為今作佛不久若聞
得深般若波羅蜜者譬若如春時樹天中天
其葉稍稍欲生知是不久當有華實何以故
是樹本之瑞想知不久當有葉若華實閻浮
利人者皆大歡喜曾見是樹想知不久葉
華實當成熟如是天中天菩薩摩訶薩得見
深般若波羅蜜者其功德欲成滿今於般若
波羅蜜中自致成就是菩薩摩訶薩當知之
過去世時學般若波羅蜜其功德欲成滿之
所致以是故復得聞深般若波羅蜜天上諸
天无不代喜者想見過去菩薩摩訶薩受决
時知是菩薩摩訶薩今復受决不久作阿耨
多羅三耶三菩譬如如婦人有軀天中天稍
稍腹大身重不如本故所作不便飲食欲少
行步不能稍稍有痛語言濡遲卧起不安其
痛欲轉當知是婦人今產不久菩薩摩訶薩
亦如是天中天其功德欲成滿若得聞見深
般若波羅蜜其念行者當知是菩薩摩訶薩
今受决不久得作阿耨多羅三耶三菩佛言
善哉善哉舍利弗若所說者悉佛威神之所
致須菩提白佛言難及也天中天怛薩阿竭
阿羅呵三耶三佛悉豫了了署菩薩摩訶薩
佛語須菩提菩薩摩訶薩晝夜念世間悉使
得安隱傷念天中天下上以是故自致阿耨

BD14620 號　道行般若經卷四　（20–8）

致須菩提白佛言難及也天中天怛薩阿竭
阿羅呵三耶三佛悉豫了了署菩薩摩訶薩
佛語須菩提菩薩摩訶薩晝夜念世間悉使
得安隱傷念天中天下上以是故自致阿耨
多羅三耶三菩成作佛時悉為說法
須菩提白佛言如是菩薩摩訶薩天中天行
般若波羅蜜者當云何行得成就佛語須菩
提菩薩摩訶薩行般若波羅蜜者不觀色過
為行般若波羅蜜不觀痛痒思想生死識過
為行般若波羅蜜不觀色无過為行般若波
羅蜜不觀痛痒思想生死識无過為行般若
波羅蜜不見是法為行般若波羅蜜亦不見
非法為行般若波羅蜜須菩提白佛言天中
天所說不可訶佛語須菩提色亦不可痛痒
思想生死識亦不可計不知色者是為行般
若波羅蜜不知痛痒思想生死識者是為行
般若波羅蜜須菩提白佛言誰當信是者天
中天是為菩薩摩訶薩行佛謂須菩提何所
為行正使菩薩摩訶薩行者為得字耳是菩
薩摩訶薩行般若波羅蜜者於力无所近於
四事无所畏亦无所近於佛法亦无所近於
薩芸若亦无所近何以故力者不可計四事
无所畏亦不可計佛法亦不可計薩芸若亦
不可計色亦不可計痛痒思想生死識亦不
可計諸法亦不可計心亦不可計正使菩薩
摩訶薩作是行者為无所行是為行般若波
羅蜜正使作是行者得字耳

BD14620 號　道行般若經卷四　（20–9）

无所畏亦不可計佛法亦不可計薩芸若亦
不可計色亦不可計痛痒思想生死識亦不
可計諸法亦不可計心亦不可計正使菩薩
摩訶薩作是行者為无所行是為行般若波
羅蜜正使作是行者得字耳
須菩提白佛言般若波羅蜜者甚深珎寶中
王天中天般若波羅蜜者大將中王天中天
般若波羅蜜與空共鬪无能勝者天中天従
是中不得斷佛言如是如是須菩提欲疾書
是經者至一歲乃至竟何以故是善男子於
珎寶中多有起因緣至使中斷須菩提言於
般若波羅蜜中弊魔常使斷佛語須菩提
正使弊魔欲斷是經者會不能得勝菩薩摩
訶薩舍利弗問佛言持誰威神恩弊魔不能
中道斷之佛告舍利弗皆佛威神及十方阿
僧祇刹土現在諸佛復假威神之恩諸佛悉
共念之悉共授之悉共護之菩薩摩訶薩已
為得護佛所授者舍利弗弊魔不能中得道
斷之何以故十方阿僧祇刹土現在諸佛皆
共護般若波羅蜜若有念說誦者若有學受
書者皆是諸佛威神之所致舍利弗白佛言
菩薩摩訶薩若有念誦者若持學書者以為
諸佛威神之所擁護佛語舍利弗皆是諸佛
威神恩是菩薩摩訶薩學般若波羅蜜者當
知之為護佛所護舍利弗言若有學持誦般
若波羅蜜者佛以眼悉視之佛語舍利弗怛
薩阿竭以佛眼視學持誦般若波羅蜜者寂

BD14620 號　道行般若經卷四　（20–10）

威神恩是菩薩摩訶薩學般若波羅蜜者當
知之爲護佛所護舍利弗言若有學持誦般
若波羅蜜者佛以眼悉視之佛語舍利弗怛
薩阿竭以佛眼視學持誦般若波羅蜜者冣
後若書持經卷者當知是輩悉爲怛薩阿竭
眼所見已佛語舍利弗菩薩至德之人學受
持是經者是菩薩摩訶薩今近佛坐爲阿耨
多羅三耶三菩冣後若有書持是經者是輩
人極尊得大功德如是舍利弗怛薩阿竭去
後是般若波羅蜜當在南天竺其有學已從
南天竺當轉至西天竺其有學已當從西天
竺轉至到北天竺其有學者當學之佛語舍
利弗却後經法旦欲斷絶時我悉知持般若
波羅蜜者若冣後有書者佛悉豫見其人稱
譽說之
舍利弗問佛冣後世時是般若波羅蜜當到
北天竺那佛言當到北天竺其在彼者當聞
般若波羅蜜復行問之當知是菩薩摩訶薩
作行已来大久遠以故復受般若波羅蜜舍
利弗言北天竺當有幾所菩薩摩訶薩學般
若波羅蜜者佛語舍利弗北天竺亦甚多菩
薩摩訶薩少有學般若波羅蜜者若有說者
聞之不恐不難不畏是人前世時問怛薩阿
竭阿羅呵三耶三佛以是菩薩至德之人持
淨戒完具欲爲一切人作本多所度脫是輩
人索佛道者我知是善男子善女人今近薩
芸若作是學者在所生處常學是法俗行阿

BD14620號　道行般若經卷四　（20–11）

聞之不恐不難不畏是人前世時問怛薩阿
竭阿羅呵三耶三佛以是菩薩至德之人持
淨戒完具欲爲一切人作本多所度脫是輩
人索佛道者我知是善男子善女人今近薩
芸若作是學者在所生處常學是法俗行阿
耨多羅三耶三菩是善男子善女人爲極尊
貴魔終无那何不能動還令捨阿耨多羅三
耶三菩是善男子善女人聞是波羅蜜者以
得極尊歡樂摩訶衍功德還近阿耨多羅三
耶三菩是善男子善女人雖不見我後世得
深般若波羅蜜者爲已面見佛說是語无異
是爲菩薩行當所施行其有若千百人若千
千人索阿耨多羅三耶三菩者當共教之當
共歡樂之當爲說法皆令歡喜學佛道佛語
舍利弗我勸助是善男子善女人至得學菩
薩道有作是教者心心展轉相明是善男子
善女人有代勸助者是輩欲行菩薩道者若
千百人若千千人索阿耨多羅三耶三菩者
當共教之當共歡樂之當令歡喜學佛道是
輩善男子善女人心中踊躍歡喜者願生他
方佛剎以生異方者便面見佛說法復聞波
羅蜜皆悉了了知之復於彼剎教若千千人
皆行佛道舍利弗白佛言難及也天中天以
過去當来今現在法无所不了悉知當来菩
薩摩訶薩行令是輩不懈精進學入六波羅
蜜中佛言是善男子善女人有行是法者所
求者必得若所不求會復自得是善男子善

BD14620號　道行般若經卷四　（20–12）

皆行佛道舍利弗曰佛言難及也天中天以
過去當来今現在法无所不了悉知當来菩
薩摩訶薩行令是輩不懈精進學入六波羅
蜜中佛言是善男子善女人有行是法者所
求者必得若所不求會復自得是善男子善
女人本願之所致不離是法雖不有所索者
自得六波羅蜜
舍利弗問佛從是波羅蜜中可出經名耶佛
語舍利弗是善男子善女人深入般若波羅
蜜者於是中自解出一一深法以為經名何
以故舍利弗其有如阿耨多羅三耶三菩教
者便能教一切人勸助之為說法皆令勸喜
學佛道是善男子善女人自復學是法用是
故所生處轉得六波羅蜜
摩訶般若波羅蜜覺品第九
須菩提聞佛言善男子善女人於學中當有
效驗天中天當何以學其難佛語須菩提心
不樂善者當覺知魔為菩薩摩訶薩心本妄
起者覺知魔為菩薩摩訶薩書是經時若有
雷電畏怖當覺知魔為菩薩摩訶薩書是經
時展轉調戲當覺知魔為菩薩摩訶薩書是
經時展轉相形當覺知魔為菩薩摩訶薩書
是經時左右顧視當覺知魔為菩薩摩訶薩
書經是時心耶念不一當覺知魔為菩薩摩
訶薩心不在經上數從坐起當覺知魔為菩
薩摩訶薩自念我未受决在般若波羅蜜中
心亂便起去當覺知魔為菩薩摩訶薩自念

是經時左右顧視當覺知魔為菩薩摩訶薩
書經是時心耶念不一當覺知魔為菩薩摩
訶薩心不在經上數從坐起當覺知魔為菩
薩摩訶薩自念我未受决在般若波羅蜜中
心亂便起去當覺知魔為菩薩摩訶薩自念
我自不在般若波羅蜜中心不喜樂當覺知
魔為菩薩摩訶薩自念我鄉里郡國縣邑不
聞般若波羅蜜及所生處了不聞是其意欲
悔便即捨去其人却後當復更劫數乃有所
得甫當於若千劫中喜學餘經不住薩芸若
無捨深般若波羅蜜去若學餘經者為以捨
本取其末有學般若波羅蜜者亦知俗法復
知道法譬若苟子從大家得食不肯食之反
從作務者索食如是須菩提當来有菩薩無
深般若波羅蜜反索枝般若波羅蜜為隨果
經術便隨聲聞辟支佛道地譬若男子得象
觀其脚於須菩提意云何是男子為黠不須
菩提言為不黠佛言是菩薩有德之人為二
輩中有無深般若波羅蜜去反脩學餘經得
阿羅漢辟支佛道於須菩提意云何是菩薩
為黠不須菩提言為不黠佛言如是當覺知
魔為佛語須菩提譬若男子欲見大海者常
未見大海若見大波池水便言是水將无是
大海於須菩提意云何是男子為黠不須菩
提言為不黠佛言如是菩薩有德之人無般
若波羅蜜去反學餘經隨聲聞辟支佛道地
於須菩提意云何是菩薩摩訶薩為黠不須

未見大海若見大波池水便言是水將无是
大海於須菩提意云何是男子為黠不須菩
提言為不黠佛言如是菩薩有德之人棄般
若波羅蜜去反學餘經墮聲聞辟支佛道地
於須菩提意云何是菩薩摩訶薩為黠不須
菩提言為不黠佛言是菩薩摩訶薩當學知
魔為辟若絕工之師能作殿舍意欲撜作如
日月宮殿令高无不見者於須菩提意乃能
作不須菩提言日月宮殿甚高終不能作佛
言於須菩提意云何是男子為黠不須菩提
言為不黠佛言如是須菩提當来行菩薩道
者得聞深般若波羅蜜不可意便棄捨去反
明聲聞辟支佛法於中求薩芸若於須菩提
意云何是菩薩為黠不須菩提言為不黠佛
言是菩薩摩訶薩當覺知魔為辟若男子欲
見遮迦越羅見未見遮迦越羅反見小王想
其形容被服諦熟觀之便呼言是為遮迦越
羅於須菩提意云何是男子為黠不須菩提
言為不黠佛言如是須菩提甫當来有菩薩
得聞深般若波羅蜜反不可意便棄去入聲
聞法中欲求薩芸若於須菩提意云何是菩
薩為黠不須菩提言為不黠佛言是菩薩摩
訶薩當覺知魔為辟若男子大飢得百味之
食不肯食之更食六十味之食於須菩提意
云何是男子為黠不須菩提言為不黠佛言
如是須菩提甫當来有菩薩摩訶薩得聞深
般若波羅蜜而不可意便棄捨去入聲聞法

BD14620 號　道行般若經卷四　（20–15）

食不肯食之更食六十味之食於須菩提意
云何是男子為黠不須菩提言為不黠佛言
如是須菩提甫當来有菩薩摩訶薩得聞深
般若波羅蜜而不可意便棄捨去入聲聞法
中求薩芸若欲得作佛於須菩提意云何是
菩薩摩訶薩為黠不須菩提言為不黠佛言
是菩薩摩訶薩當覺知魔為辟如男子得无
價摩尼珠持水精比之欲令合同於須菩提
意云何是男子為黠不須菩提言為不黠佛
言如是甫當来有行菩薩道者得聞深般若
波羅蜜反持比聲聞法於聲聞法中欲得薩
芸若作佛於須菩提意云何是菩薩摩訶薩
為黠不須菩提言為不黠佛言是菩薩摩訶
薩當覺知魔為
復次須菩提書般若波羅蜜時若有財利起
聞是言便棄捨去是菩薩摩訶薩為自
作留難須菩提聞佛如是得書成般若波
羅蜜不佛言不能得書成之是善男子當覺
知魔為佛語須菩提若善男子多少書是經
者其言我書般若波羅蜜於是中想聞其決
欲有所得當覺知魔為其作想求者為隨魔
界
復次須菩提書般若波羅蜜時意念鄉里若
念異方若念異國若念王者若念有賊若念
兵若念鬬意念父母兄弟姊妹親屬復有餘
念魔復益其念亂菩薩摩訶薩意為作留難

BD14620 號　道行般若經卷四　（20–16）

復次須菩提書般若波羅蜜時意念鄉里若
念異方若念異國若念王者若念有賊若念
丘若念鬪意念父母兄弟姊妹親屬復有餘
念魔復益其念乱菩薩摩訶薩意爲作留難
難當覺知魔爲復次須菩提若有財利起震
越衣服飲食床卧具病瘦醫藥悉具足來聞菩
薩可令意乱不得學誦書成般若波羅蜜當
覺知魔爲復次須菩提有佛深法魔從次行
乱之令菩薩摩訶薩不復樂欲得漚和拘
舍羅便不可意鬪般若波羅蜜佛言我廣說
菩薩摩訶薩事其欲學漚和拘舍羅者當從
般若波羅蜜索之其不可般若波羅蜜便棄
捨去爲反於聲聞道中索漚和拘舍羅於須
菩提意云何是菩薩爲黠不須菩提言
爲不黠佛言如是菩薩摩訶薩當覺知
魔爲
復次須菩提若受經之人欲聞般若波羅蜜
法師身得不安如是菩薩摩訶薩當覺知魔
爲復次須菩提法師適安欲與般若波羅蜜
其受經者欲復轉去兩不和合亦不得書成
般若波羅蜜如是菩薩摩訶薩當知覺魔爲
復次須菩提學經之人來欲受般若波羅蜜
其心歡悅法師欲至他方如是兩不和合不
得學書成般若波羅蜜如是菩薩摩訶薩當
覺知魔爲復次須菩提法師意欲有所若得
若衣服財利受經之人亦无與心兩不和合
不得學成般若波羅蜜如是菩薩摩訶薩當

BD14620號　道行般若經卷四　（20–17）

其心歡悅法師欲至他方如是兩不和合不
得學書成般若波羅蜜如是菩薩摩訶薩當
覺知魔爲復次須菩提法師意欲有所若得
若衣服財利受經之人亦无與心兩不和合
不得學成般若波羅蜜如是菩薩摩訶薩當
覺知魔爲復次須菩提受經之人无所愛惜在
所索者不逆其意法師所有經忍而不肯現
亦不愪解其受經者便不歡樂兩不和合不
得學書成般若波羅蜜如是菩薩摩訶薩當
覺知魔爲復次須菩提法師適欲有所說其
受經之人不欲聞知如是兩不和合亦不得聞
般若波羅蜜如是菩薩摩訶薩當知魔爲
復次須菩提法師若身疲極卧欲不起不樂
有所說受經之人欲得聞般若波羅蜜如是
兩不和合不得聞般若波羅蜜如是菩薩摩
訶薩當覺知魔爲復次須菩提若欲書般若
波羅蜜若欲說時於衆中儻有來者及說誹
謗用是爲學多負懃苦言泥犁禽狩薜荔甚
大懃苦語人言當早斷生死根如是者菩薩
摩訶薩當覺知魔爲復次須菩提若欲書般
若波羅蜜若欲說時其有來人坐於衆中稱
譽天上快樂王所欲悉可自恣其作禪者可
得在色天中天念空者可得在得无色之天
是皆无常懃苦之法不如於是索須陁洹道
斯陁含阿那含阿羅漢道便不復與生死從
事如是須菩提菩薩摩訶薩當覺知魔爲復

BD14620號　道行般若經卷四　（20–18）

譽天上快樂王所欲悉可自恣其作禪者可
得在色天中天念空者可得在得无色之天
是皆无常懃苦之法不如於是索須陁洹道
斯陁含阿那含阿羅漢道便不復與生死從
事如是須菩提菩薩摩訶薩當覺知魔爲復
次須菩提法師念我是尊貴有來恭敬自歸
者我與般若波羅蜜若有不恭敬自歸者我
不與之受經之人自歸作礼恭敬不避處難
法師意悔不欲與弟子經聞異國中豐貴語
受經人言善男子知不能與我俱至彼聞不
諦自念之莫得後悔弟子聞其所言甚大愁
毒即自念言我悉見經已不肯與我當奈之
何如是兩不和合不得學書成般若波羅蜜
如是須菩提菩薩摩訶薩當覺知魔爲復
次須菩提法師欲到極劇之處語受經人言
善男子能知不其處无穀有虎狼多賊五空
澤我樂往至彼聞諦自思議能隨我忍是懃
苦不復以深好語與共語弟子悉當猒已心
不復樂稍稍賜還如是須菩提乃作是㝵不
得學般若波羅蜜如是菩薩摩訶薩當覺知
魔爲復次須菩提法師健行乞匃多有方略
殊不肯與弟子經及欲艱墮捨去便語受經
人言善男子知不我當有所至則有所問言
如是兩不和合不得學書成般若波羅蜜如
是菩薩摩訶薩當覺知魔爲復次須菩提弊
魔常索其方便不欲令有學誦受般若波羅
蜜者須菩提問佛弊魔何因常索其方便不

BD14620號　道行般若經卷四　（20–19）

人言善男子知不我當有所至則有所問言
如是兩不和合不得學書成般若波羅蜜如
是菩薩摩訶薩當覺知魔爲復次須菩提弊
魔常索其方便不欲令有學誦受般若波羅
蜜者須菩提問佛弊魔何因常索其方便不
欲令有學誦受般若波羅蜜者佛語須菩提
弊魔王行誹謗是非波羅蜜言我有一深
經快不可言是故爲波羅蜜如是須菩提弊
魔王行誹謗之令新學菩薩輩心爲狐疑便
不復學誦書是經菩薩摩訶薩當覺知魔
爲復次須菩提魔事一起時令深學菩薩爲
本際作證便墮聲聞中得須陁洹道如是菩薩
菩薩摩訶薩當覺知魔爲

道行經卷第四

BD14620號　道行般若經卷四　（20–20）

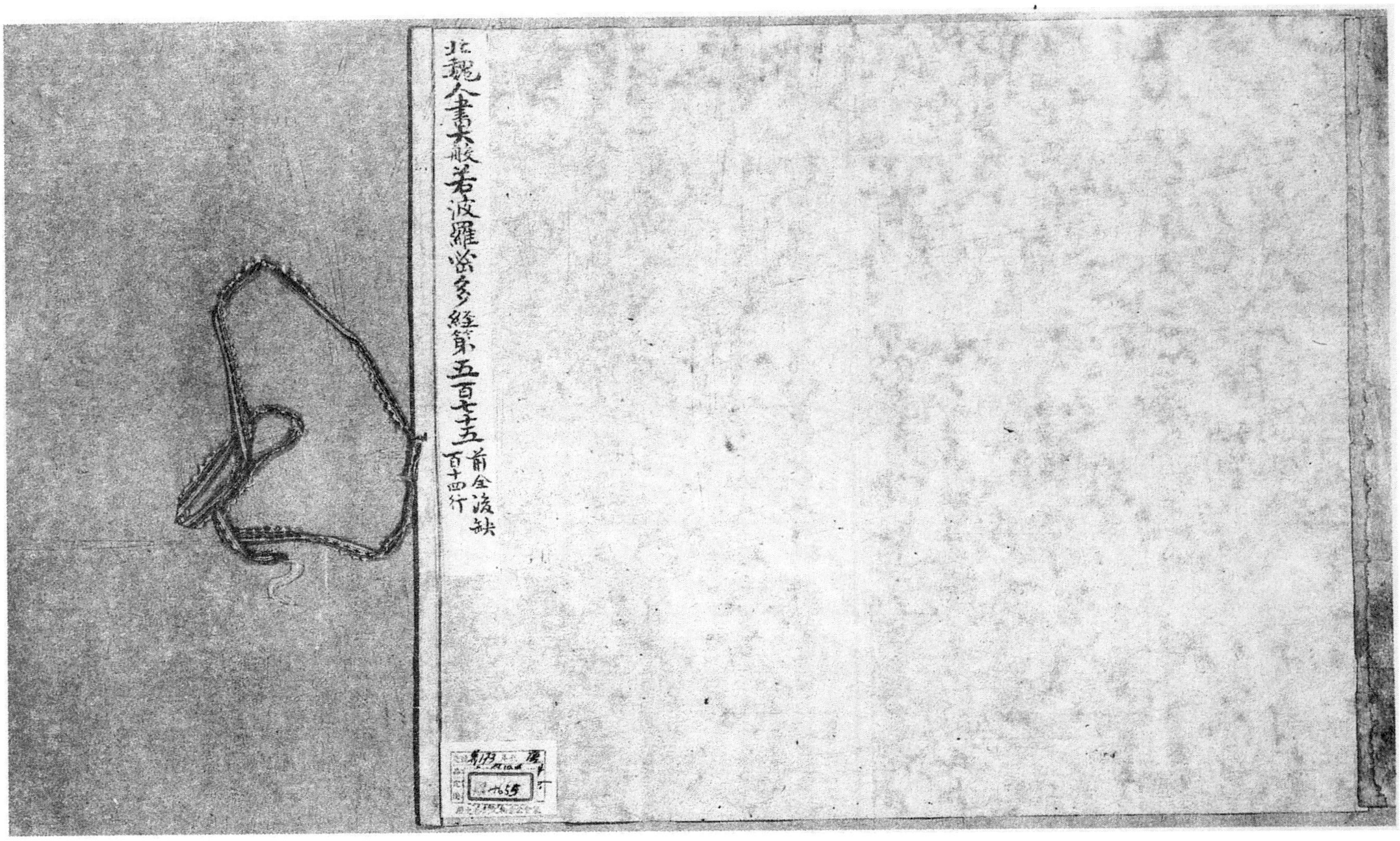

北魏人書大般若波羅蜜多經第五百七十五
前全後缺
百十四行

BD14621 號背　護首

（1–1）

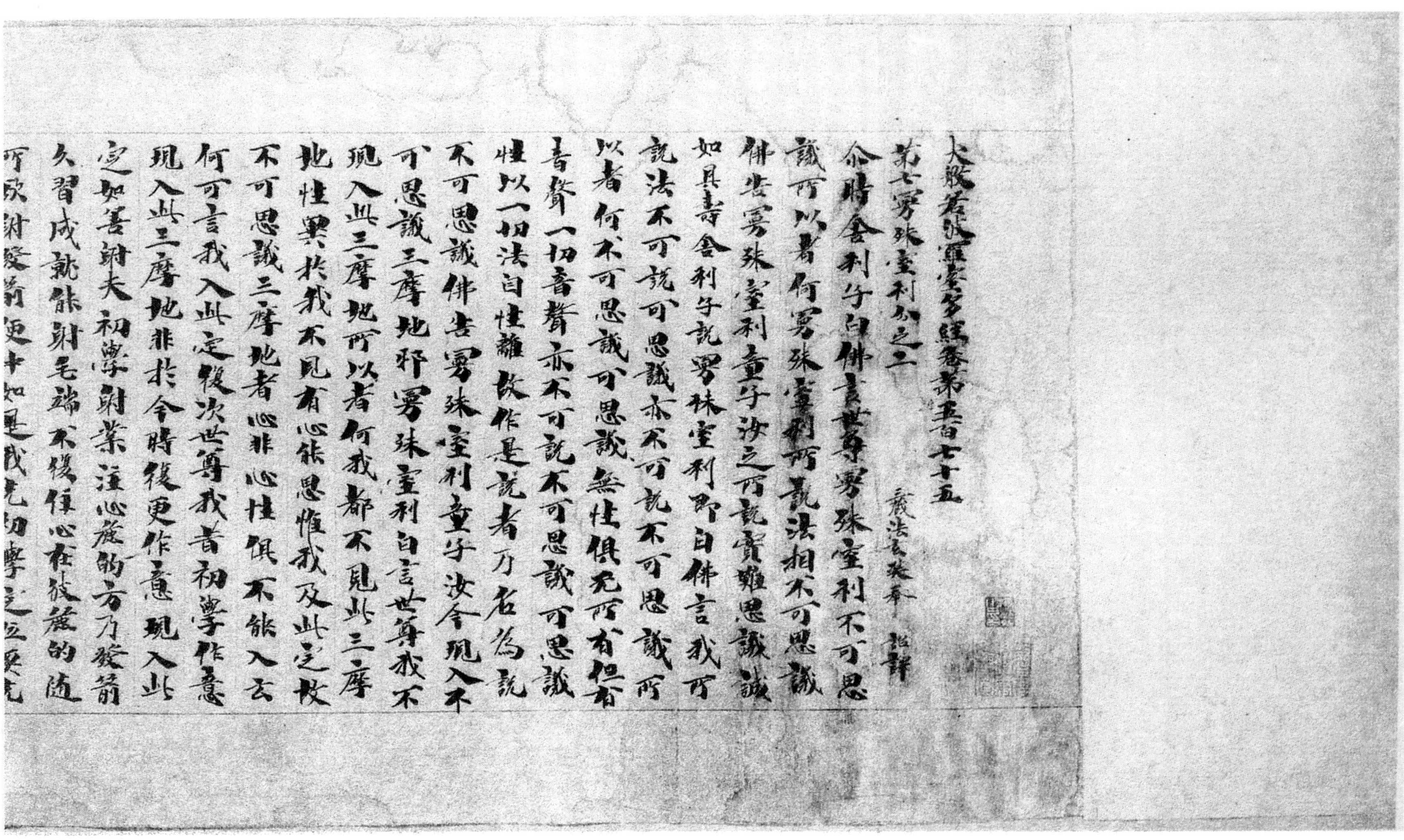
大般若波羅蜜多經卷第五百七十五
第七曼殊室利分之二　　三藏法師玄奘奉　詔譯
爾時舍利子白佛言世尊曼殊室利不可思
議所以者何曼殊室利所說法相不可思議
佛告曼殊室利童子汝之所說實難思議
如具壽舍利子說曼殊室利即白佛言我所
說法不可說可思議亦不可說不可思議所
以者何不可思議可思議無性俱无所有但有
音聲一切音聲亦不可說不可思議可思議
性以一切法自性離故作是說者乃名為說
不可思議佛告曼殊室利童子汝今現入不
可思議三摩地耶曼殊室利白言世尊我不
現入此三摩地所以者何我都不見此三摩
地性異於我不見有心能思惟我及此定故
不可思議三摩地者心非心性俱不能入云
何可言我入此定復次世尊我昔初學作意
現入此三摩地非於今時復更作意現入此
定如善射夫初學射業注心麁的方乃發箭
久習成就能射毛端不復住心在彼麁的隨
所欲射發箭便中如是我先初學之位要先

BD14621 號　大般若波羅蜜多經卷五七五

（6–1）

現入此三摩地所以者何我都不見此三摩
地性異於我不見有心能思惟我及此定故
不可思議三摩地者心非心性俱不能入云
何可言我入此定復次世尊我昔初學作意
現入此三摩地非於今時復更作意現入此
定如善射夫初學射業注心麁的方乃發箭
久習成就能射毛端不復住心在於麁的隨
所欲射發箭便中如是我先初學定位要先
繫念在不思議然後乃能現入此定久習成
就於此定中不復繫心任運能住所以者何
我於諸定已得善巧任運入出不復作意時
舍利子便白佛言觀此曼殊室利童子未可
依信所以者何於此定中猶不恒住然无餘
定微妙寂靜同此定者曼殊室利便白具壽
舍利子言大德寧知更无餘定寂靜同此舍
利子言豈更有定寂靜同此曼殊室利報言
大德若此可得可言餘定寂靜同此然不可
得舍利子言曼殊室利豈今此定亦不可得
大德此定實不可得所以者何謂一切定可
思議者有相可得不思議者無相可得此定
既曰不可思議是故定應實不可得又舍利
子不思議定一切有情無不得者所以者何
一切心性皆離心性離心性者皆即名為不
思議定故有情類无不得者佛讚曼殊室利
童子善哉善哉曼殊室利汝於過去無量佛
所多植善根久發大願所脩梵行皆依无得
從言皆說甚深義處曼殊室利汝豈不以住
深般若波羅蜜多能一切時說甚深義曼殊

BD14621 號　大般若波羅蜜多經卷五七五

(6–2)

一切心性皆離心性離心性者皆即名為不
思議定故有情類无不得者佛讚曼殊室利
童子善哉善哉曼殊室利汝於過去無量佛
所多植善根久發大願所脩梵行皆依无得
從言皆說甚深義處曼殊室利汝豈不以住
深般若波羅蜜多能一切時說甚深義曼殊
室利即白佛言若我由住甚深般若波羅蜜
多能如是說便住我想及住有想能如是說
若住我想及住有想能如是說則深般若波
羅蜜多亦有所住若深般若波羅蜜多有
所住者則深般若波羅蜜多亦以我想及有
想為所住處然深般若波羅蜜多遠離二想
住無所住如諸佛住微妙寂靜無起無作无
動無轉以為所住甚深般若波羅蜜多不住
有法不住無法故此所住不可思議甚深般
若波羅蜜多於一切法皆不現行甚深般若
波羅蜜多當知即是不思議界不思議界即
是法界法界即是不現行界不現行界當
知即是不思議界不思議界當知即是甚深般
若波羅蜜多甚深般若波羅蜜多我界法界
無二無別無二无別即是法界法界即是不
現行界不現行界當知即是甚深般若波羅
蜜多甚深般若波羅蜜多當知即是不思議
界不思議界當知即是不現行界不現行界
當知即是無所有界無所有界當知即是无
生滅界無生滅界當知即是不思議界不界
識界與如來界我界法界無二無別是故世
尊若能如是脩行般若波羅蜜多於大菩提

BD14621 號　大般若波羅蜜多經卷五七五

(6–3)

界不思議界當知即是不現行界不現行界
當知即是無所有界無所有界當知即是无
生滅界無生滅界當知即是不思議界不思
議界與如來界我界法界無二無別是故世
尊若能如是脩行般若波羅蜜多於大菩提
更不求證何以故甚深般若波羅蜜多即菩
提故世尊若有實知我界即知無著若知無
著即知無法若知無法即是佛智佛智即是
不思議智當知佛智無法可知名不知法所
以者何此智自性都無所有無所有法云何
能於真法界轉此智自性說無所有即無所
著若無所著即體非智若體非智即無境界
若無境界即無所依若無所依即無所住若
無所住即無生滅若無生滅即不可得若不
可得即無所趣既無所趣此智不能作諸功
德亦復不能作非功德所以者何此無思慮
我作功德作非功德無思慮知不可思議不
可思議即是佛智是故此智於一切法無取
不取亦非前際中際後際非先已生非先未
生無出無沒非常非斷更無餘智類此智者
由是此智不可思議同於虛空不可比類无
此無彼非好非醜既無餘智類此可得是故
此智無等不等由此故名無等等智又無餘
智對此可得是故此智無對不對由此故名
无對對智佛告曼殊室利童子如是妙智不
不動邪曼殊室利白言世尊如是妙智性不
可動如鍛金師燒練金璞既得精熟秤量无

BD14621 號　大般若波羅蜜多經卷五七五　（6–4）

智對此可得是故此智無對不對由此故名
无對對智佛告曼殊室利童子如是妙智不
不動邪曼殊室利白言世尊如是妙智性不
可動如鍛金師燒練金璞既得精熟秤量无
動此智亦尒久脩成熟無作無證无生无盡
無起无沒安固不動佛告曼殊室利童子雖
能信解如是妙智曼殊室利白言世尊若能
不行般若隨法共生死法亦能不行於薩迦
邪行亦滅行於般涅槃行無動行不斷貪欲
瞋恚愚癡亦非不斷所以者何如是三毒自
性遠離非盡不盡於生死法不起不隨於諸
聖道不離不脩彼於此智能深信解佛讚曼
殊室利童子善哉善哉善說此事
尒時具壽大迦葉波前白佛言當來之世誰
能於此法毗柰耶甚深義趣信解脩學佛告
具壽大迦葉波今此會中苾芻等衆當來之
世於此所說法毗柰耶甚深義趣能生信解
聽受脩覽亦能為他演說流布如大長者大
無價珠若撰纏心愁憂不樂後時還得踊躍
歡喜今此會中苾芻等衆亦復如是聞深般
若波羅蜜多信解脩學後不聞說如是法門
若撰纏心愁憂不樂咸作是念我等何時當
更得聞如是深法後時若得聞此法門踊躍
歡喜後作是念我今得聞如是經典即為見
佛親近供養如圓生樹肥初出時三十三天
踊躍觀喜此樹不久花當開敷香氣氛氳我
等遊處苾芻等衆亦復如是聞深般若波羅

BD14621 號　大般若波羅蜜多經卷五七五　（6–5）

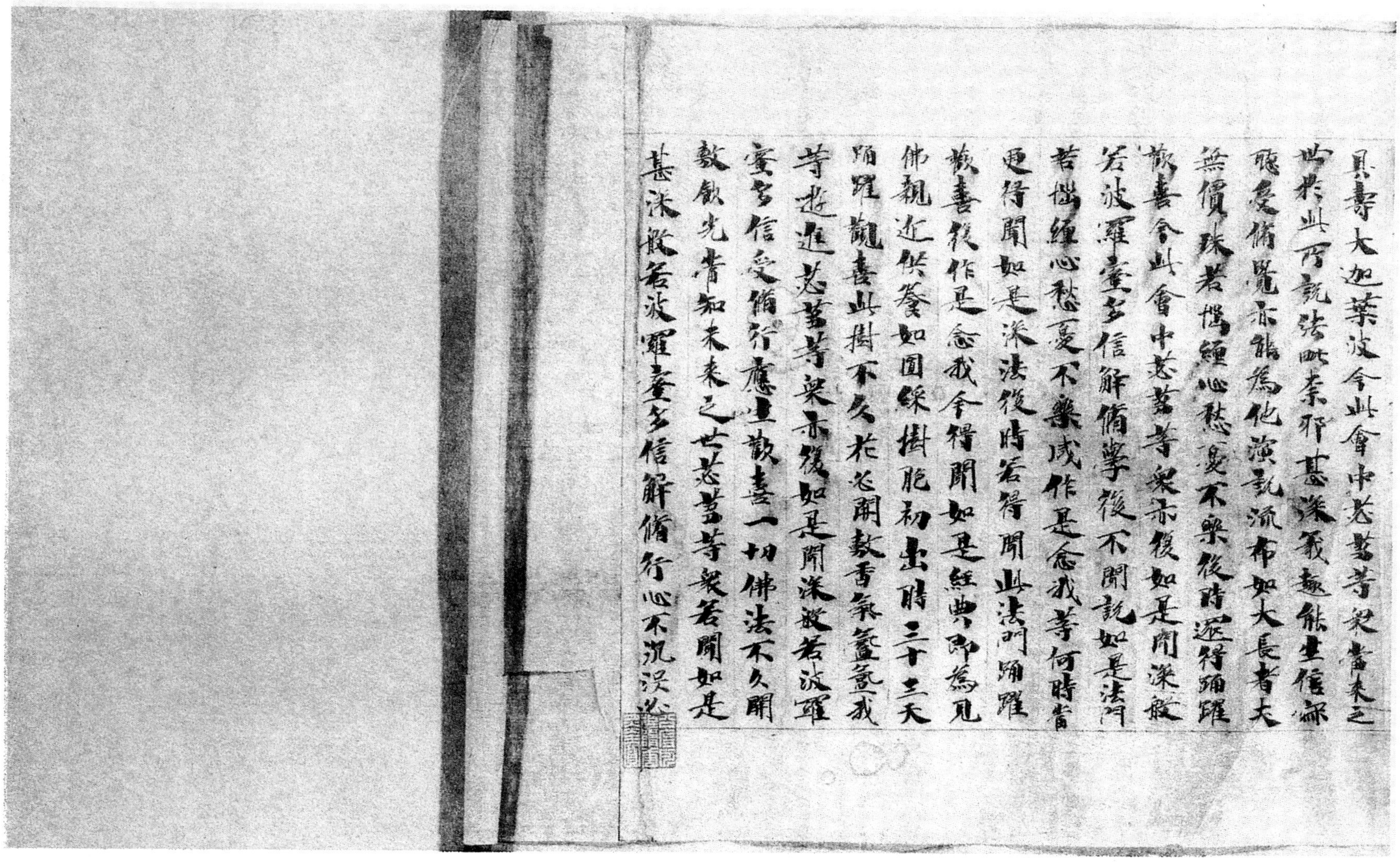
具壽大迦葉波今此會中菩薩等衆當來之
世於此所說法甚深義趣能生信解
聽受脩習亦能爲他演說流布如大長者大
無價珠若惱纏心愁憂不樂後時還得踊躍
歡喜今此會中菩薩等衆亦復如是聞深般
若波羅蜜多信解脩學後不聞說如是法門
苦惱纏心愁憂不樂咸作是念我等何時當
更得聞如是深法後時若得聞此法門踊躍
歡喜復作是念我今得聞如是經典即爲見
佛親近供養如圓生樹胞初出時三十三天
踊躍觀喜此樹不久花必開敷香氣氛氳我
等此遊菩薩等衆亦復如是聞深般若波羅
蜜多信受脩行應生歡喜一切佛法不久開
敷欽先當知未來之世菩薩等衆若聞如是
甚深般若波羅蜜多信解脩行心不沉沒必

BD14621 號　大般若波羅蜜多經卷五七五　（6–6）

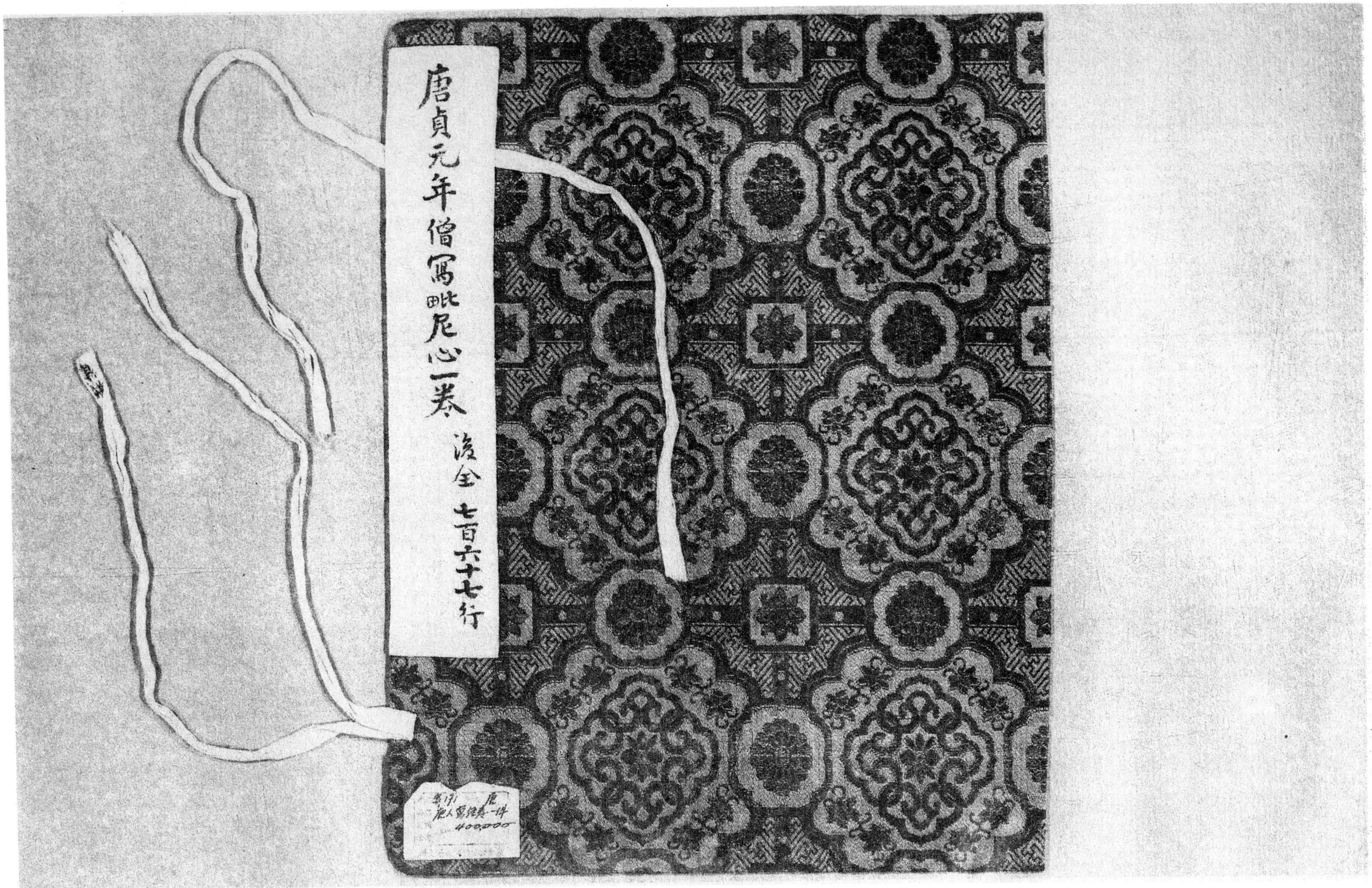

BD14622號　包布

(2–1)

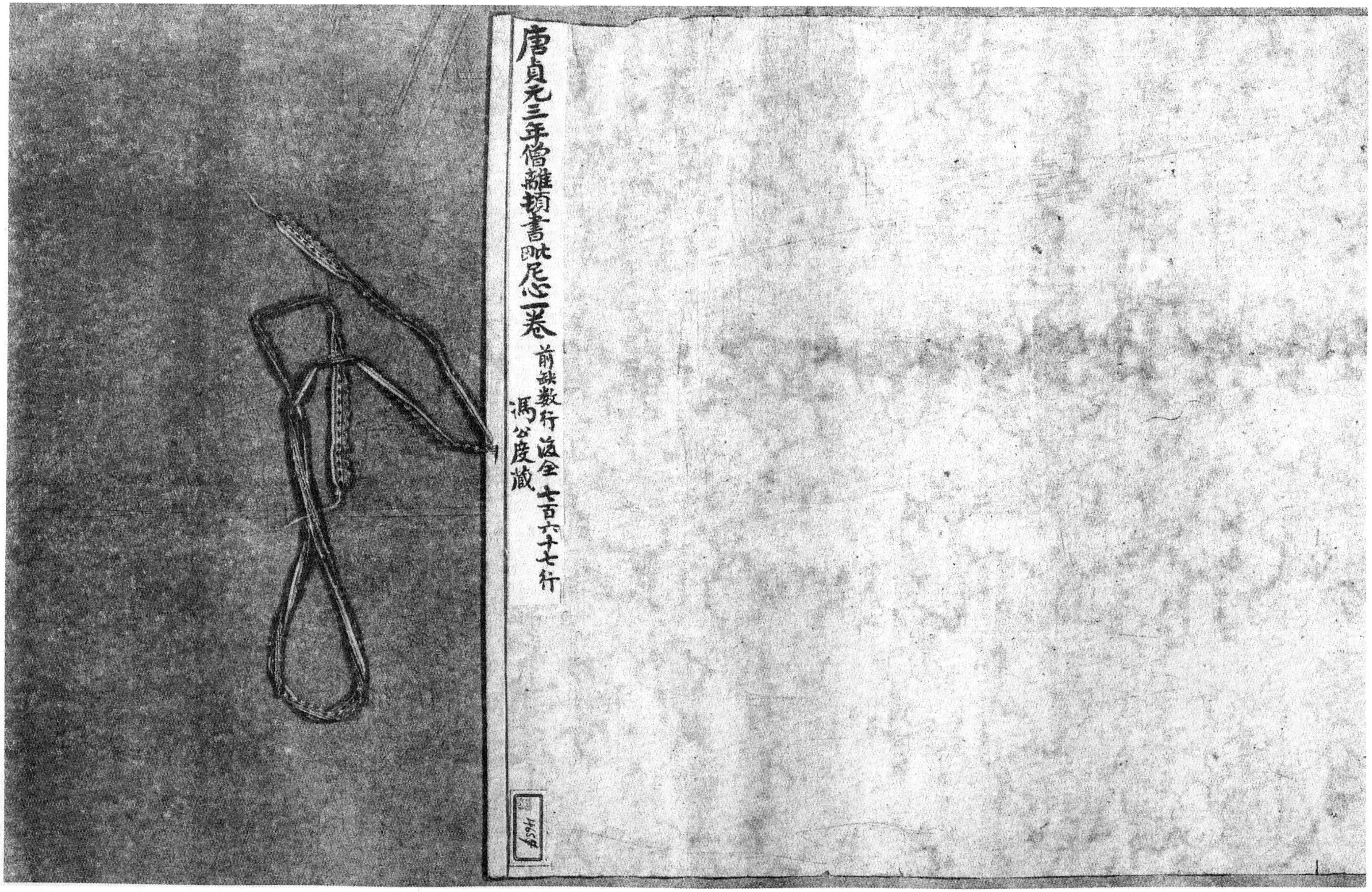

BD14622號　護首　　（2–2）

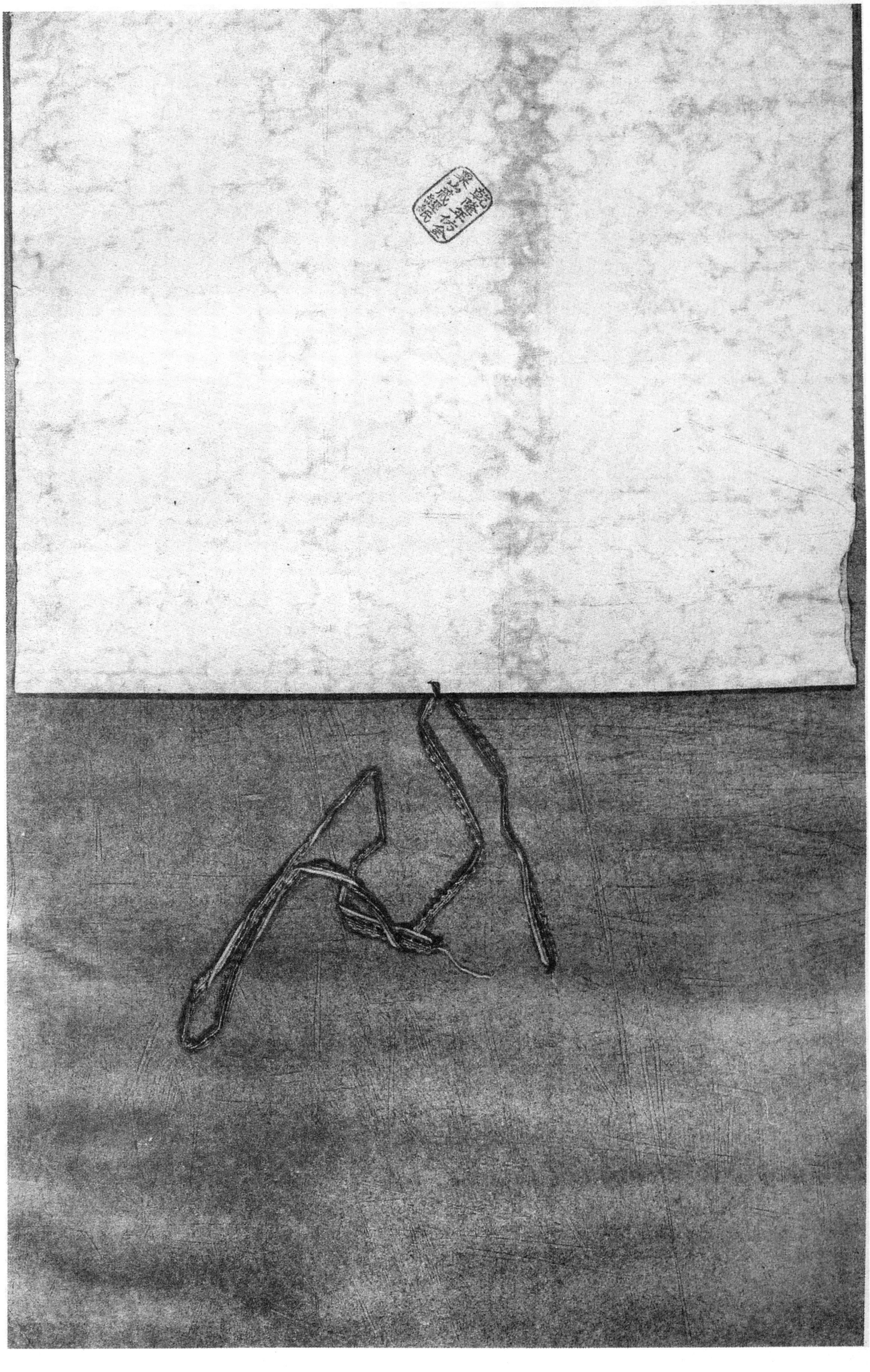

（37–1）

大藏中神解不周關於圓通又皆是聖智觀末代凡夫根鈍
不能具受大毗尼藏各自簡略取捨不同隨衆出所樂分爲五
部 周幽王時世漢明帝時經像來至一百年許始有比丘支竺微解漢語翻經本
至秦主姚興深信佛法以弘始八年於長安草堂請天竺沙門羅什法師更譯胡
本法師善解方音明曉
佛法於是廣流布矣
五部律 一 律主名薩婆多 誦出此律
以秦弘始八年有罽賓國三藏法師名弗若多羅 誦出十誦
律本來到長安共羅什法師翻出此律譯一分未竟而弗若
多羅身亡有廬山遠法師與曇摩留支續翻出未譯者復
復有三藏律師名毗摩羅叉亦是羅什先所求尋師自來到
壽春在石澗寺重披律本復出三卷律序置之於後此土有
律十誦爲初也
二者四分律 律主名曇无德此方々
法正此人有菩薩根性傳持此律此間有晉國沙門法領
令往向西土從于填國賫四分律本還到秦國々主姚興以弘始十

復有三藏律師名卑摩羅叉是罽賓什師所自來到
壽春石澗寺重樓律本復出三卷律序置之於後此土有
律十誦爲初也　　二者四分律　律主名曇无德此方〃
法正此人有菩薩根性傳持此律此間有晉國沙門法領
令往向西土從于填國貴四分律本還到秦國〃主姚興以弘始十
二年秦后將軍司隸校尉姚爽於長安寺中集今德沙門三百
餘人請罽賓國三藏大乘律師佛陀耶舍譯出四分律并長
阿含經涼州比丘竺佛念譯胡音秦國道含等筆受此
土律興四分第二　　三者五分律　律主名彌沙塞有罽
賓國三藏律師名弗大什謹賫執五分胡本來到楊州以晉
景平元年十月中晉侍中瑯瑯王司馬陳共比丘竺道生惠
嚴等請令出之弗大什謹執胡本文元差錯律教東流五分
三第也　　四者僧祇律　律主名婆麁富那此土有法顯
比丘輕身重法自往胡國求覓經書到摩竭國於巴連弗邑
阿育王塔南天王寺寫得胡本將還此國以晉義熙十二年
十一月到楊州於鬪場寺共三藏禪師佛大跋陀翻出之并共
□沮槃比丘寶雲譯胡爲漢十四年都訖律教流布僧祇第四
五者迦葉惟律 亦名迦葉毗律此土未感未來漢地　　律藏有四名
一名爲戒 若就教釋防非之法字之爲戒此法能禁制身口也若就行解心惡之心名之爲戒此心能制身口不爲不合諸過起名之戒也
二名爲律 若就教釋詮量輕重以之爲律 若就行釋調伏對鑽以之爲律　三名波羅提木叉 此是胡音漢名彼〃解脫若就教釋此是解縛之義法依而出家若也羈畢在〃處〃身心无爲故云彼〃解脫也 若就行釋絕縛之心念〃之中能分〃離煩惱故云彼〃解脫也
四名毗尼 亦是西音此方云滅 若就教釋此法能除息諍論故名爲滅 若就行釋斷除生死苦盡无爲寂泊爲滅
此四之中前二就因爲名外防爲戒內順爲律後二就果爲
名解脫者煩惱盡處是有餘涅槃果也滅者身智俱亡是
无餘涅槃果也又大乘之中戒之与律是因通果是有爲出
要行解脫与滅是果通因是无爲出要離行此四皆名藏
者若就教釋文有苞含名之爲藏若就行釋出…

此四之中前二就因爲名外防爲戒內順爲律後二就果爲
名解脫者煩惱盡處是有餘涅槃果也滅者身智俱亡是
无餘涅槃果也又大乘之中戒之與律是因通果是有爲出
要行解脫與滅是果通因是无爲出要離行此四皆名藏
者若就教釋文旨包富名之爲藏若就行釋出生衆善利
益无窮故名爲藏

次明受戒法　五種受戒

一上法受戒 位在无學以上若人不得阿羅漢即名受具足如來成道正覺證 理究竟不從師悟故名自然得戒若弟子皆自誓受請爲弘證
得法衆勝故名上法受戒 此中含於二自然及自誓

二善來受戒 位在須陁洹果以上此人染宿善 而來值佛出世聞說四諦道成
初果報求衰出家聖命善來比丘 是即發具足故名具足受戒

三師法受戒 此是女人不得須陁洹果求 衰出家如來爲說八敬之法
遣阿難傳受於彼令具尊奉大僧以爲師 戴承頂受即發具足故名爲師法戒受

四三語受戒 位在內凡以上此人值佛 出世但聞而不見有一
羅漢授與三歸便發 具足故名三語受戒

五羯磨受戒 位通外凡以下此人善根微薄道心難 發要假十僧作法成就方得具足故名
羯磨受戒要須具六因緣乃得具足受戒一受戒人身无十三難二年滿廿三三衣 鉢具四師僧衆滿如法清淨五在結界內不別衆勢分相及六一白三羯磨前後方
便文辭 具足

摩夷經中有十種受戒比丘有五種一上法二
善來三三語四勅聽五羯磨尼亦有五種一上法二善來三
師語四勅聽五羯磨合爲十種
十誦律明十種受戒法一自然得戒謂佛無師自悟　二自誓得
戒謂大迦葉　三見帝得戒謂拘隣等五比丘聞說四諦即發
具足　四善來得戒謂耶舍等及如來一代善來所度者是
何以故佛是法王自與受戒此等最後身比終不墮地无常故
五者三語得戒謂未制羯磨已前諸羅漢所度乃爲受三歸
即得具足之戒　六問答得戒亦名論義謂須陁耶沙弥年始
七歲佛問其義一一答佛稱可聖心勅諸比丘與受具戒從問
答爲名故稱問答得戒　因勅比丘故亦名勅聽得戒　七者
八敬得戒亦名八重亦名八尊師法亦名八不可過法謂大愛道
及五百釋女求佛出家佛遣阿難授其八敬聽之出家從八敬
爲名故稱八敬得戒　五分律云受道從阿難受八法已歡喜

荅爲名故稱問荅得戒因勅比丘故名勅聽得戒　七者
八敬得戒亦名八重亦名八尊師法亦名八不可過法謂大愛道
及五百釋女求佛出家佛遣阿難使其八敬聽之出家從八敬
爲名故稱八敬得戒　五分律云愛道從阿難受八法已歡喜
頂受又語阿難爲我白佛於八法中更乞願願聽比丘尼隨次大
小礼比丘云何百歲尼礼新受戒比丘佛告阿難若我聽比丘尼
隨次大小礼比丘者无有是處阿難聞已還報愛道愛道又言頂受
尊教歡喜奉行即名出家受具足戒復白阿難是五百釋女
今當云何更爲我白佛佛言即聽大愛道作和上在比丘十衆
中白四羯磨受戒聽一時羯磨三人不得至四即得此則愛道
一人得名八敬受戒五百釋女即羯磨受戒十誦亦如是若依如
四分五百釋女亦皆八敬得戒　八遣使得戒謂半迦尸尼顏容端
正若出伽藍即有壞行留難聖者開聽差一比丘尼爲使往
大僧中代其乞戒故名遣使受戒　九羯磨受戒謂十僧作法
十邊地持律五人受大戒以邊地佛法創行僧徒希尠集之
至難故聖開聽五人受戒又四分云得阿羅漢者即名出家受
具足戒此人得最勝法名爲上法受戒　故摩夷論云時有
年不滿廿而受戒生疑問佛佛言聽教數胎中月及閏月猶滿不
佛言此人得阿羅漢不言荅得佛言此人名爲上受具戒
又尼衆中女人曾出適年十二聽受大戒通此合有十二種受戒
此十二種中自然得戒唯佛一人自誓得戒唯大迦葉一人見帝
得戒局在拘隣等五人善來得戒通及僧尼佛在時有佛
滅後更无善來受法三語得戒局在大僧未立羯磨已前
聽立羯磨已後不聽問荅得戒局在須陁耶沙弥若今末中
有須陁耶沙弥比丘顙亦聽受八敬得戒唯局尼衆愛道一人不
通餘者遣使得戒唯在尼衆半迦尸尼若今末代有如是比

此十二種中自然得戒唯佛一人自誓得戒唯大迦葉一人見諦
得戒局在拘隣等五人善來得戒通及僧尼佛在時有佛
滅後更无善來受法三語得戒局在大僧未立羯磨已前
聽立羯磨已後不聽問荅得戒局在須陁耶沙弥若今末中
有須陁耶沙弥比丘須以聽受八敬得戒唯局尼衆愛道一人不
通餘者遣使得戒唯在尼衆半迦尸尼若今末代有如是比
丘尼以聽小小類容不得也所以邊地五人得戒今邊方有佛法
初行處皆悉聞聽曾緣十二局在尼衆上法受戒通僧尼
二衆今若有得阿羅漢者之即得名上法受戒唯有羯磨一
法教通凡聖彼及僧尼設羅現未須知作法成以不成故依
諸部廣明　問羯磨受戒具足幾緣得名如法　荅依僧祇
律具六因緣得成如法　何者爲六　一者受戒人要須年滿廿三
衣鉢具　二者受戒人身无十三遮難　三者要須結界成就
四者界內僧盡集无其別衆　五者羯磨祥文无有增減
六者十僧滿足如法清淨備此六緣得名如法六中少一受戒不
成　問云何名年滿廿荅僧祇云要年廿歲滿廿歲滿廿兩若
年滿廿不滿廿兩不得戒但使兩滿得受戒若冬時生夏安居竟
受戒是名不滿廿若春時生安居竟受戒是名滿廿前安居
時生還前安居竟受戒後安居時生後安居竟受戒是名滿
廿四分家十二月爲一歲滿廿人取本生月皆名滿廿得具足戒
僧祇家逐廿兩滿得具足戒如臘月生者至滿廿始經十八兩故
名不滿如是等要滿廿夏然後方得受戒然受戒事重是出家
根本若法不成即非比丘与白衣无別受人信施及以礼拜皆名
爲盜得罪无量若人定知年少受戒者雖逕百年猶名沙弥
不應受比丘大丘礼敬及受信施當更受戒　問此人受戒已來
備逕布薩羯磨何故更得受戒荅此人作受大戒意聽羯

根本若法不成即非比丘同白衣元別受人信施及以礼拜皆名
為盜得罪元量若人定知年少受戒者雖逕百年猶名沙弥
不應受比大丘礼敬及受信施當更受戒　問此人受戒已来
脩逕布薩羯磨何故更得受戒　答此人作受大戒意聽羯
磨布薩非盜心故四分聽更受戒僧祇云若人不知年歲當
問父母親里若復不知當看生年板若無是者當觀其顏
狀手足成就以不若如是不知當問何王何歲國土豊儉旱澇等
非謂一切如是時有難知者如是一一尋究若實不知滿廿雖手足
成就亦不得戒也　問四分律云年不滿廿聽胎中閏月等
此復云何　答有人初受戒時意為謂年滿廿受戒竟方知不
滿懷疑問佛佛言聽數胎中月數閏月若數一切十四日說戒
以滿年數者無犯此是大聖開令得戒依此間國法五年再
閏十誦云洴沙王六年閏五分五年一閏未知依何者為定
問無衣鉢得受戒以不四分云元衣鉢不得受戒　又問借衣
鉢得受戒不五分借衣者應教衣主捨得受戒也　毗尼母
婆娑論云元衣鉢得戒不　答言得若尔何須衣鉢　答言
一為威儀故二為生前人善故三為標異相故須衣鉢具也
第二身無遮難者何故須問也　答十三難為二鄣所牽
聖道隔絕鄣不發戒名之為難是故須問　又問十三難者
名義云何　答一邊罪難此人曾受大戒犯波羅夷為僧滅
擯自後又復更求出家驅在衆外名邊鄣不發戒故稱也
二汙尼淨行難從出家已来不犯婬者名為淨行若白衣時
汙此人不名為難　三賊心受戒難此人能元師自剃鬚髮著
加沙不受戒而共他布薩羯磨偷竊佛法故名賊心若下三
衆盜聽說戒羯磨詐同僧事亦犯也　四破內外道難此人
先是外道来出家受戒後不捨戒還入外道耶見心重自

二汙尼淨行難從出家已来不犯婬者名爲淨行若白衣時
汙此人不名爲難 三賊心受戒難此人能无師自剃鬚髮著
加沙不受戒而共他布薩羯磨偷竊佛法故名賊心若下三
衆盜聽說戒羯磨詐同僧事皆犯也 四破內外道難此人
先是外道来出家受戒後不捨戒還入外道邪見心重曰
然失戒若更欲於佛法求出家受戒者名難也 五黃門難
此人性多煩惱鄣重不發大戒故名爲難也 六煞父難七煞母
難白衣煞父或煞母違恩處深鄣不發戒 八煞阿羅漢難白衣
時煞比丘臨終時顏色不變 九破僧難妄說邪法惑亂群情
同界之內別行僧事圻壞佛法和合故名爲難 十惡心
出佛身血難此人方便欲煞佛而不能斷命損聖躬違理
處深得重逆罪今時末世燒壞精舍形像舍利若見瑞相
皆得逆罪不得受戒故名爲難 十一非人難若鬼若天變作人
形欲受大戒者名爲非人難也 十二畜生難若龍若狐化爲人
形不得與受戒 十三二根難此人一身具有男女二根於僧尼二
衆皆無置處故名爲難此十三難人中初四及五逆業鄣攝
黃門一人煩惱鄣攝後三人報鄣攝三鄣所覊一形之中不可
改易若未出家莫度若已出家當滅擯廣解如論中說所也
問曰不問十三難爲得戒不 答四分之自制已後不得戒
又問本爲防難故問今實无者何須問也 答難爲難故問
若實有難問以不問俱不得戒若實無難問便得戒不問
不得戒 第三明結界成以不成後結界法中當說 第四界內
僧盡集不來者與欲衆僧和合无其別衆也 第五羯磨
文者若作白四羯磨而白五白三白二白一皆不成也 第六僧數
滿者要清淨大比丘十人若過十人名爲衆滿減則不成
問犯重人及十三難人作和上爲得戒不 答四分本此不足僧數
不得戒也 自餘遮人犯重但使遮人多則得戒少則不得戒

文者若作白四羯磨而白五白三白二白一皆不成也 ●第六僧數
滿者要清淨大比丘十人若過十人名為衆滿減則不成
●問犯重人及十三難人作和上為得戒否 答四分太此不足僧數
不得戒也。 自餘遮人犯重但使遮人多則不得戒
四分云時有從不持戒和上受戒後生疑問佛〻問汝知和上
不持戒不 答言不知佛言不得名受具戒復有從不持
戒和上受持戒佛言汝知和上不持戒不 答言知汝知不應
從如是人受具不答言不知佛言此得名受具戒又復有生疑
問佛〻言汝知和上破戒不答言知汝知不應從破戒人邊受
戒不答言知佛言汝知從破戒人邊受戒不得戒不答言不
知佛言得名受具戒 ●第四人三句俱知者佛言不名受具
足戒 ●問无和上得受戒具不佛言不得十誦云優波離問无和上得受具戒不
佛言得名受具戒羯磨人及衆僧有罪 四分云時有和上无
歲梗人具戒不知戒不佛言成受戒衆僧有罪 又僧祇
云以和上足十人數不名受具戒又不自稱字不稱和上字不
乞戒皆不名受具戒 四分云時有不与沙弥戒便与受具
戒不知成受不佛言得具足戒衆僧有犯 毗尼母論云時
有從破戒師受戒生疑問佛〻言汝先知汝和上從師邊受得
戒不答言不知佛言得名受戒 ●問大僧得与尼受六法及
十戒不 答大僧唯得与尼作三種羯磨一受戒大二摩那埵
三出罪自餘法事諸律无文設令作者羯磨不成僧尼俱得
罪 問何故大尼取比丘為師式叉沙弥尼不取也答女无獨志
是故聖制受大戒要取大僧作師式叉摩尼及沙弥尼初始
出家年幼志弱但依大尼為師諮承學戒不須大僧也
●問六受法時更須請和上不 答不須何以然式叉摩那但於
十戒中增學其六未是易位故不須請也 ●又四部律皆言

是故聖制受大戒要取大僧作師式叉摩尼及沙弥尼初始
出家年幼志弱但依大尼為師諮承學戒不須大僧也
問六受法時更須請和上不　答不須何以故式叉摩那但於
十戒中增學其六未是易位故不須請也　又四部律皆言
眼見耳不聞處若對面作羯磨者不成受六法得罪　問有人
言大比丘尼得礼沙弥是如法不　答此人不解律相妄作是說
何以故四分律房舍揵度中仏自為諸比丘制於敬法小沙弥應
礼大沙弥尼何况大比丘尼而不礼也　何者不應礼十三難人三舉
人滅擯人非法語人如是等人不應礼〻者彼此俱得罪耳又受
戒之中有作戒有无作戒初對師前作心受戒運動身口造成
此法故名作戒得戒以後懷之在心不伏營為故名无作戒也
此无作戒是出世法作心受之便得作心捨之便失善業不
必能感果无有捨義不同戒法有捨義也

五篇戒法（上明受戒今明持戒〻受得法理須護持隨篇制意慎如不犯有輕重階差為五貴則相屬目之為篇）

一波羅夷戒（蓋是西音此云无餘若犯此戒永弃清衆故曰无餘布薩羯磨二種法事不得在數永無其分故曰无餘）

二僧伽婆尸沙戒（此云僧殘若犯此戒行則毀缺不應在布薩之數猶於羯磨衆中斥類其分故曰僧殘）

三波逸提戒（此方云墮若犯此戒墮落地獄燒煮覆鄣故曰墮也）　四波羅提舍尼戒（此方云向彼悔若犯此戒事合可呵容聽茂憙對手懺除故云向彼悔）

五式叉迦羅尼戒（此方云應當學威儀律行懃習方成故曰應當學）

此五篇之中讓三種行初一篇讓根本行第二篇讓衆法行
下三篇讓威儀行又此五篇防三種鄣初兩篇防鄣道罪僧
初篇正鄣道僧殘正鄣衆也波逸提一篇防事鄣罪況論三有
出離无由也後兩篇防喫過罪生人不善化益无於也提舍尼
勸犯已而悔下應學勸專精莫犯義通諸篇頭法門耳又
對防五品之罪故立五篇佛言有罪心念懺悔此則第五篇所
防也有罪從他懺悔此則第四篇所防也有罪小重亦從他懺悔
此則第三篇所防也有重罪從僧懺悔此則第二篇所防也有

出離无由也後兩篇防喉過罪生人不善化益无於也提舍尼
勸犯已而悔下應學勸專精莫犯義通諸篇顯法門耳又
對防五品之罪故立五篇佛言有罪心念懺悔此則第五篇所
防也有罪從他懺悔此則第四篇所防也有罪小重亦從他懺悔
此則第三篇所防也有重罪從僧懺悔此則第二篇所防也有
大重罪不可懺悔此則初篇所防也初篇防死罪第二篇防次死罪第三篇防合
得鞭罪第四篇防合得杖罪第五篇防嘖失罪此五篇戒並
是身口心善為幹支離五品故名五支諸戒初篇名根本業清
淨戒第二名前後眷屬餘清淨戒第三篇名非諸惡覺々清
淨戒第四篇護持正念々清淨戒第五篇名迴向阿耨多羅
三藐三菩提戒

沙彌十戒 沙彌者此云息慈息惡行慈故曰沙彌息於十惡故受十戒因慈念衆生故有不煞等也此之十戒乃是衆戒之根本先護持之

一不煞 若云煞人不得受大戒若煞畜生等至心懺悔得滅

二不盜 若偷若劫若狸奪若燒若損壞他物但直五錢已上不得受大戒也若贓五錢若非人畜生懺物悔得滅

三不婬 若人男女若非人男女若畜生男女若從身分不得受大戒也若摩單等至心懺悔得滅

四不妄語 若詐稱得聖不得受大戒也若以重事謗清淨人及誑惑欺妄其罪難懺悔餘小妄語聽懺已進大戒

五不飲酒 酒性能發人煩惱致之心性亂人道心多開衆過之門若酒入腸護戒心餘自制不能得故宜深防不服狂藥

六不著花鬘香油塗身 莊飾華艷愛翫其身內懷深著情或亂道

七不歌儛倡伎及往觀聽 習近嬉戲放縱身口外恣蕩逸道心浮散

八不上高廣床上坐也 傲慢自處元謙下心情存敗物去道遠矣

九不非時食 濟命養道宜須應法貪嗜不節致患妨道

十不捉持生像金銀寶物 供身之具從素為佳珍貴妙服多生貪奪故教不捉

此十戒之中前四性重後六遮重性重者
內自起惡遮重者外能生惡又前四戒是業清淨戒中四戒
是行清淨戒後二戒是緣清淨戒所以者何煞盜二戒不自作
不教他作則身口俱淨不婬純身業淨不妄語則純口業淨不
煞離瞋心不盜離外貪不婬離內貪不妄語離癡邪見邊惑
之心拔三毒根則意業淨也淨戒根本出身口意業故云前
四戒是業清淨戒耳依業發起行々興先須護過令諸惡不
起故不飲酒也惡既不起次應脩飭威儀而威儀精潔離

煞雜瞋心不盜離外貪不婬離內貪不妄語離癡邪見過惑
之心枝三毒根則意業淨也淨戒根本出身口意業故云所
四戒是業清淨戒身依業欲起行々興先須讓過令諸惡不
起故不飲酒也惡既不起次應脩飾威儀而威儀精潔雜
於世染故次不著花鬘香油塗身也威儀既舉次應運動
身口頌美法音窺求善友諂受未聞而叉噗嗤非法皷動群
情專習伎術聽採妖異棄正逐耶特乖道式故次不歌儛倡
伎及往觀聽也既聽習有方次直宜安心於法端懃係念祈
伏我慢忍受卑辱離寬奢恣故次不高廣床上坐也故云
中四戒是行清淨戒身然道非孤起行託緣興飲食濟命衣
服讓形內外資發方得行道故次不非時食不服寶飾以雜
貪著資緣之過也故云後二戒是緣清淨戒

持戒得十利　一者攝取於僧（若下坐持戒則為如法之衆攝在數中）
二者令僧歡喜（若中坐持戒有所施為悅可衆心也）三者令僧安樂（若上坐持戒則光飾衆儀又能蔭益徒衆）
四者未信者令信（戒得內脩外則發人信敬堪為師範弟之以濟世是以未出家者信樂出家從其受戒）
五者已信令增廣（既度弟子復能教授誡令其護持增進心行）
六者難調慎者令調慎（徒衆之中若有惡性麁獷違教犯禁不慎威儀者復能如法治罰摧伏令改也）
七者慙愧者得安樂（徒衆之中若有道心失意犯罪常懷慙愧往脩乘威乞滅過復能救拔作歸依處）
八者斷現在有漏（已生惡既除身心清淨現應布薩行元缺漏也）九者斷未來有漏（未生惡永不令起）
十者令正法久住（持戒之軌人自行清淨復能令他持戒纏維理要匡衆益時化化相乘道而更舉）

此十利之中前三依衆求解脫中六行成自他兼益後一則能
興隆三寶唯持戒之人得此十句利也又有一釋此十利之中三段
之義前三句明於衆法中得利也中六句明於行法中得利也
後一句明於教法中得利也衆法有三者第一明外凡假名僧
為律教所攝得在僧例故曰一者攝取於僧也第二明內凡和

興隆三寶唯持戒之人得此十句利也又有一釋此十利…中三時
之義前三句明於眾法中得利也中六句明於行法中得利也
後一句明於教法中得利也初眾法有三者第一明外凡假名僧
為律教所攝得在僧例故曰一者攝取於僧也第二明內凡和
合僧同心奉律和慎為本故曰二者令僧歡喜也第三明聖
位真實僧依律而行不相違悖故曰三者令僧安樂也今明外凡
比丘若能持戒見聞清淨得入此三種僧中同其布薩羯磨攝
此眾法利次明行法有六句者初二句明下戒勢謂信行法行
僧內凡學人利也次二句明中戒勢謂見道脩道聖僧學人
利也後二句明上戒勢謂盡智無生智無學聖果功德利第
十一句教法之利明他戒勢謂說法化人興益於世縫真軌永使不
絶故曰十者令正法得久住也原如來制戒之意本非直正惡
而已乃遠開涅槃之正路為令比丘如法脩行尅獲道證同佛
所得無上常住之齋永休息法也故云為諸比丘集十句義諸佛
之戒法矣

師徒法第二

和上應具十德一持戒二多聞阿毗曇三多
聞毗尼四學戒五學定六學慧七自出罪使人出罪八自
看病九弟子有梵行難能自送使人送難十滿十臘（出僧祇律）
依止阿闍梨應具十德 一具持二百五十戒 二多聞 三能教授
弟子阿毗曇 四能教授弟子毗尼 五能教弟子捨惡見住善
見 六知波羅提木叉戒 七知說波羅提木叉戒 八知作布薩
九知布薩羯磨 十年滿十臘（和上十德亦同出四分律增一中）
德 一知增上威儀（是淨身口戒亦名律儀戒） 二知增上淨行（是淨心戒亦名定共戒也） 三知增
上波羅提木叉戒（是淨慧戒亦名道共戒稍出世行倍過世法故云增上也） 四知白羯磨（文辭成就言章辯
利也） 五滿五夏（五年學戒自行已立堪為人作羯磨威儀受戒師） 尊師應具五德 一善
知有難法 二善知無難法 三善作知白法 四善知作羯磨
…脩此五德能舉…

德　一知增上威儀（是淨身口戒名律儀戒）二知增上淨行（名定共戒也）三知增
上波羅提木叉戒（是淨惠戒名道共戒稱出世行倍過世法故云增上也）四知白羯磨（文辭成就言章辯
利也）五滿五夏（五年學戒自行已立堪秀人作羯磨威儀受戒師）尊師應具五德　一善
知有難法　二善知无難法　三善作知白法　四善知作羯磨
法　五有行清淨（治此五德能攀眾注表證義成）師攝弟子應具五法　一若
弟子有病應自瞻視若使人看　二若弟子不樂住處應
置安身處　三若弟子有疑事能如法開解其意　四若弟
子有惡見生能教捨惡見住善見　五有德勝令弟子敬重
（此丙依蔭同活師也）弟子依師應具五法　一愛念（若衣若食盡心奉養）二恭敬（身力
承事不敢違慢）三慚（荷戴師恩法重難報）四愧（畏難尊嚴不敢作過）五樂近住（諮受教誡日覲其宜）
有五種阿闍梨（初脫白）一出家阿闍梨（初脫白十戒師）二羯磨阿闍梨
（受戒大師）三教授阿闍梨（教威儀師）四受經阿闍梨（受比丘法律）五依止阿闍梨
（驗和上處從清教誡）有五法不應无依止而住　一不能愍循威儀戒
二不能增淨行　三不能增波羅提木叉戒　四若有惡見
不能捨而住善見　五不滿五夏（出四分律）有五法失依止　一死（師亡）
二去（師宿行若弟子決意出界外）三休道（若師捨戒）四不与依止（師捨教誡）五還在和上首
下住（若和上攝受者阿闍梨則不應復令請教誡也）弟子應以二事將護於師　一以衣食
供養　二以法將護（師問弟子明當方便軟語諫諭開勸學戒定惠也）師應二事攝弟子
一以衣食　二以法攝（日夜教誡出家礼节）有威儀不應礼有十　一大便
二小便　三露身　四剃髮　五說法　六嚼楊枝　七洗口　八食時
九飲食　十食菓　復有十時不應礼　一在塔像前　二作事
三油塗　四讀誦　五不著衣　六經行上下閣　七授經　八共諍
九洗鉢　十著眼藥（出僧祇律）二日三時請教誡　一清旦　二日中
三向暮（三時閒諮於師亦如是三時懺悔亦如是師應三時教誡亦如是不者得罪出僧祇律）有五種教誡弟子法
一呵嘖（弟子行有失合當言切勸）二折伏（單拙於師加以訓治）三驅出（違犯僧制輕則罰重則出眾也）四讚嘆
（行順佛教理合嗟美）五歡喜（行合師教應懷悅豫）又有五種教誡弟子法　一有犯

九浣鉢 十著眼藥（出僧祇律） 二日三時請教誡 一清旦 二日中
三向暮（三時問詣於師亦如是三時懺悔亦如是 師應三時教誡亦如是不者得罪出僧祇律） 有五種教誡弟子法
一呵嘖（弟子行有失 合苦言切勤） 二折伏（單惱於師 加以訓治） 三呵黜（遠犯僧制輕則 罰重則出衆也） 四讚嘆
（行順仏教 理合嗟美） 五歡喜（行合師教 應懷悦豫） 又有五種教誡弟子法 一有犯
行者制 二无犯行者聽 三若制若聽法有缺減者如法舉之
四數數遠犯者折伏與念 五真實功德者稱讚歡喜 有三品
呵嘖 一微過微犯軟語呵嘖 二中過中犯中語呵責
三上過上犯上語呵嘖 佛言欲多弟子務當義誨呵嘖弟子
自護煩惱 呵嘖弟子先具三法 一現在前 二出過 三語言我
今嘖汝有五句嘖呵法 一汝所爲非（行違於理） 二非威儀（進止失度） 三非
沙門（亦循聖道） 四非淨行（行順善心） 五非隨順行（非順教弟子也） 此五所不應爲
有五品呵嘖弟子法 一汝去（罪合出寺） 二汝莫入我房（罪合出房） 三汝莫爲
我作使（不受供給） 四汝莫至我所（不受請教誡也） 五不與汝語（不教從法）
弟子有五事合呵嘖 一无慙（作罪不羞於人） 二无愧（不畏罪求改悔） 三不受教
（不須約勅） 四作非威儀（數作唉嬈之事） 五不恭敬師僧（形數唐突瞋自起應心懷輕傷鄙无畏忌故呵嘖也）
呵嘖弟子有五事失法 一盡形壽呵嘖 二竟安居呵嘖
三呵嘖病者不看視 四不現前呵嘖 五不出過呵嘖不應
尔 弟子被呵嘖應行五事 一應捨作事 二應捨己請教
誡 三應日作三時求懺悔 四不應於餘人邊住 五不應
不懺悔而去 有四種師 一无法无衣食（聽不須問而去） 无二法有衣
食（須問而去） 三有法无衣食（雖苦而住） 四有法有衣食（是爲樂住） 前二種師
无法應懺悔已而去 後二種師有法盡形壽不得離（出僧祇律）
師有五種失法弟子應懺悔而去 一者應語和上言我如法
和上不知 二者我不如法亦不知 三者我犯戒捨不教呵嘖
四者若犯不亦知 五者若犯而懺悔亦不知（既无出家訓成之益 是以請乞在外諮覓脩學）
弟子欲出行師應以三法斟量 一所爲事好 二所去處好

BD14622號　毗尼心

師有五種失法弟子應懺悔而去 一者應語和上言我如法（被律）
和上不知 二者我不如法亦不知 三者我犯戒捨不教呵嘖
四者若犯不亦不知 五者若犯而懺悔亦不知（既无出家訓戒之益是以請乞在外諮覲脩學）
弟子欲出行師應以三法斟量 一所為事好 二所去處好
三同伴好聽去 若一事不好應呵之 有五法不應將作伴伴行
一喜太在前行 二喜太在後行 三喜抄斷人語次 四不別善惡
語善語不讚稱美惡言 五者如法得利不以時為彼受返
此五句應將作伴 有五法不應與作親厚 一者喜鬪諍 二者
若多作業 三者若與眾坐勝比丘共諍 四若喜遊行不心
五心不欲為人說法言亦人善惡 有七法應與作親厚
一難與能與（不惜財寶） 二難作能作（不惜力也） 三難忍能忍（不惜心意不相懟恨） 四密事相語
五互相覆藏（遞相護惜不須揚過） 六遭苦不捨（病患相料理急難相救解） 七貧賤不
輕（不逐勢見利忘義）（元隱元諱不逐[illegible]） 有十德應善教誡比丘尼 一戒律具足（善能威儀） 二多
聞（善誦毗經論也） 三誦二部戒利（誦熟律文） 四決斷无疑（深達旨趣） 五善能說法（言辭辯了）
六大姓出家（風理可觀） 七顏貌端正（舉動方富） 八堪任為尼說法（善識機宜） 九
不犯重禁（內无深心） 十滿廿臈（耗高德重） 尼脩八敬法 一者應礼大比丘（身業恭敬）
意業不欺陽也 四者二歲學戒已大僧中受具足戒（受戒之法戒由大僧） 五者若
犯僧殘應二部僧中半月行摩那埵出罪（本意堅持既犯此戒罪由僧滅治罪之法出在大僧）
六者半月半月大僧中請教授（出家人法奉戒為先請為師範開示行則） 七者不得
元大僧處夏安居（戒安居也）（脩道多難事須依護一日命世[illegible]諮求決疑採訪有地[illegible]遠去大僧）
八者安居竟大僧中說三事自恣（居也）（人多迷己而謗失不自覺知）
此八敬者前三明致敬之儀中二明所遵之法後三明請誨
之方初則敬人為師法則依人取法後則如說而行

入眾僧法第三

入眾有五法（夫行不獨善依眾而立故宜審知眾法而敬慎之又自行既成堪能稱眾） 一應以慈心（當先生心要樂眾法然後入眾不容苟且遠惱令眾不善）
二應自卑下如拭（敬善達軍摒臣究之戒也謹敬慎過） 三應善知坐起若見上坐不應安坐若見下

之方術則敬人為師法則依人取法後則如說而行

衆僧法第三 敬善達軍御匠究之義也 入衆有五法 夫行不獨善依衆而立故宜審知衆法而敬慎之又自行既成堪能攝衆

一應以慈心 當先生心愛樂衆法然後入衆不容苟且遠惱令衆不善 二應自卑下如拭

塵巾 謹敬慎過不輕慢衆 三應善知坐起若見上坐不應安坐若見下

坐不應起立 人應衆故 四彼至僧中為雜說論世俗事若自說法

若請人說法 衆依故法 五若見僧中有不可事心不安忍應作

嘿然 不狂發起鬪諍事故 五種非法嘿然 一若如法羯磨而心不同

嘿然 共作法事而所見不同不可得旋言而情忍之和合衆法不成 二若得同意伴共嘿然任之 得人助已不應

嘿忍非法 三若見小罪而嘿然任之 事可謂孫而容忍穢衆 四為作別住而嘿然

僧仁三舉名為別住不容共秡同一法事 五在戒塲上而嘿然 欲作羯磨應嘿集恐貺別衆也

五種如法嘿然 一見他非法而嘿然 非法羯磨理應呵心以下合時起成亂衆心不同彼於已无過

二不得伴而嘿然 獨是衆非言則无用 三犯重而嘿然 恐起大事恐成亂衆 四同住嘿然 如法

和合不容生異 五在同住地嘿然 人既盡集无宜乖乱 欲治斷他事當先觀察五法

第一觀察前事是實不 第二次觀察後有利益不

第三次觀察今是時宜不 第四次觀察不令僧生塵垢不

五次觀察得善伴不 觀此五法已應好心善念匡衆立制治罰惡人斷理衆法 諍斷衆事人應具五

德 一持戒清淨 畏罪輕愧終不曲理 二多聞 廣解文義識練難及 三廣誦二部戒利 善識律相

四能問能答能如法教呵及作滅償令得歡喜 秤宜得所 五善能滅

鬪諍事 善多方便令前事消恬 具此五德堪任共勢理僧事斷統之德

律師為他伴事應具五德 一善知犯相 二善知不犯相 三善

知輕相 四善知重相 五善知決斷无疑住毗尼而不動 具此五德乃可為他判事

舉罪人應內具五德 一知時不以非時 事合衆宜舉則應機 二真實不以虛

妄 有見聞疑不枉前人 三利益不以損減 為令前人改過從善 四柔濡不以麁獷 法言勸諫已无惡口

五慈心不以瞋恚 意為念彼非快惱害 若不思量此五法者不得輕尔道說

他過或亂衆或害彼或自惱須深慎之 寺主維那知事人應

具五德 一不妄 不偏於親 二不恚 不縱於怨 三不怖 不畏於強 四不癡 不欺於弱 五知分来

舉罪人應具五德 一知時不以非時（舉則應機） 二真實不以虛
妄（有見聞疑 不枉前人） 三利益不以損減（為令前人 改過從善） 四柔濡不以麁獷（法言勸諫 已无惡口）
五慈心不以瞋恚（意為念彼 非使侶害） 若不思量此五法者不得輕尔道說
他過或亂衆或害彼或自惱須深慎之 寺主維那知事人應
具五德 一不愛（不偏 於親） 二不恚（不敢 於怨） 三不怖（不畏 於強） 四不癡（不欺 於弱） 五知分未
分（善能分 別處也） 僧事既重成益處廣若能好心經營不辭勞苦唯
五法而施行不求恩賞不為自供不假他徇己不倚自高應常
生卑愧懃力供養他能如是者生天如箭射 有四種僧 一者
四人僧（除自恣受大戒出罪 餘一切如法事得作也） 二者五人僧（除受大戒及出罪 一切如法事得作） 三者十人僧（除出 罪餘
一切如法 事得作） 四者廿人僧（一切如法 事得作） 三種羯磨 一者單白羯磨（事易 表知）
二者白二羯磨（事中 容義） 三者白四羯磨（事難重 要諮決） 五種非法別衆羯磨（非法羯磨）
不成故言非法衆內僧 不盡集故言別衆 二者非法和合衆（羯磨不成 僧盡同集） 三者法別衆（羯磨雖成 僧不盡集）
四者似法別衆（似作 羯磨） 五者似法和合衆又一句作呵不心羯磨非法
應作如法和合衆羯磨 有三法若作羯磨不成 一不作舉
二不作憶念 三不作自言欲 作羯磨先具三法 一作舉（出其 過也）
二者作憶念（汝可不自知 有是事耶） 三与罪（汝合得 治罪） 有七種羯磨 一呵嘖羯
磨（此人鬪亂衆僧內不議衆 故作此羯磨作治罰也） 二儐出羯磨（此人壞亂越擯不外議行汎不白衣来 信全信故作此羯磨驅雜衆落）
三依止羯磨（此人毀辱衆僧中內不自議故作 此羯磨制令學律諮受教誨） 四遮不至白衣家羯磨（此人
毀辱檀越不外議人至信白衣已信令增長故作 羯磨制約其人聽自往別還德人將和悔謝） 五不見罪舉羯磨（此人不信有 惡業報此
名无因見作此羯磨棄 衆外不与同僧事） 六不懺悔舉羯磨（此人不信受欲煩惱 即見作此羯磨棄在衆外不与同事）（此人不信業能感果此名異因見 作此羯磨棄在衆外不与同事）
七惡見不捨舉羯磨 前四羯磨治
其元行後之三舉治其元信云元行者元內議行元外議行
就內議中呵嘖羯磨治不議衆依止羯磨治不議行就外議
行就外議中儐出羯磨檀越未信議使生信遮不至羯磨檀
越已信議使增長故有四羯磨也次云三舉者不信集諦業
辟部道用能幸報故不見不懺二舉也煩惱緣助故不捨一舉

行說外壤中償出羯磨檀越未信讓使生信遮不全羯磨檀越已信讓使增長故有四羯磨也次云三舉者不信集諍業辭鄣道用能牽報故不見不懺二舉也煩惱緣助故不捨一舉也既不斷集還招苦果既不亡滅在元希既不求滅於道路乖舉學中元用作法舉置此七羯磨治人之法若不受呵當以惡罵羯磨治之一往駈出 有四種汙他家 一依利養汙他家(持彼家食与彼家噉) 二依家汙家(持彼家衣物与於彼家也) 三依親友汙家(依貴勢檀越為一人不為一人) 四依僧伽藍汙家(持眾僧物菓菜等隨情逆意与一家不与一家也) 比丘犯此四事者汙他檀越淨信之心合与作擯出羯磨駈離聚落 破僧方便行五法 一盡形著糞掃衣 二盡形乞食 三盡形露坐 四盡形不食蘇塩 五盡形不食魚及宍 此五是上人所行中下不堪初聞信受後必有退前三句相似語後二句妄語 破僧用十八法有九對 一法非法(如經順理名為法違經背理名非法) 二律非律(義合毗尼名為律乖戒毗尼名非律) 三犯非犯(七眾緣具名犯緣差名非犯) 四若輕若重(犯威儀罪是輕犯戒則罪重也) 五有餘无餘(僧殘已下是有餘波羅夷名无餘) 六麁惡非麁惡(方便偷蘭是麁惡餘輕遮性非麁惡) 七常所行非常所行(開則常行遮則非行) 八制非制(如法羯磨約限是制非法別眾失度非制) 九說非說(廣略十六種布薩成就說戒是說遠則非說) 此十八法中前二對明教法五對明行法後二對明眾法若是法而言非法若非法而言是法如是等及用若破若是法而言是法若非法而言非法如是等順用名和合僧法乃名至說非說亦如是僧〃和忍為難若異見忍(異)則乖和合之義 三種僧 一法輪僧(依法進行轉有情異能權見諦煩惱者也) 二羯磨僧(依教作法以成僧事) 三種僧 一真實僧(聖人) 二和合僧(賢人) 三假名僧(凡人) 四諍 一言諍(諍理是非) 二覓諍(互相覓罪) 三犯諍(一諍犯不定二互相犯單交) 四事諍(淨羯磨事如法非法) 此四諍之中初一教法次二行法後一眾法彼此競為鬪明黨相助為諍徹斷事官為各說其理為訟 言諍有四法 一所說文義相應 二所說文異義同 四所(三所說文同義異)說文義俱異(諫曰何須共諍) 覓諍根中六諍所起 一佷戾難共語

彼此競為鬪明黨相助為諍徹斷事官為各說其理為
訟 言諍有四法 一所說文義相應 二所說文異義同 三所說文同義異 四所
說文義俱異 須共諍諫曰何 ●覓諍根中六諍所起 一佷戾難共語
二惡性戲鬪 三諂曲 四邪命 五无慙无愧 六多貪嫉 因此六
事起覓諍出中阿含 諍緣根本有六 一瞋恚 二惱害 三行偽
四慳嫉 五見取 六耶邊二見 此覓諍根出摩夷中 犯諍根中六犯所起處
一有身犯非口心 二有口犯非身心 三有身口犯非心 四有身心
犯非口 五有口心犯非身 六有身口心犯 又摩夷云有心犯非
身口如錢寶戒身口不受但自理然念作己有想即犯
七滅 一現前毗尼 現用此法對於前人評和諍事因以得息此一毗尼通滅四諍也 二憶念毗尼 此人清淨橫為他謗從僧乞羯磨記識不犯淨事得息此滅於覓諍也 三不癡毗尼 此人顛狂時犯戒非是故心癡犯差來齊不有犯從僧乞羯磨以息覓諍 四自
言治毗尼 他人評犯不定要取犯者自說所犯輕重相分准法治罪滅於犯諍 五罪處所毗尼 亦名覓罪相此人評罪前言不覆淺語衆僧為羯磨治對其人徵出於所犯根本以滅諍覓 六多人語毗尼 世多覓罪相此人共諍佛法道理言衆究深非淺識能了當廣集知法大德驗究經律捉如法多作者以為正義滅於言諍 七如草覆地毗尼 此一住處衆僧共諍互相犯罪不可整理尒時達衆之人應作單白羯磨植息鬪訟各乞歡喜和合布薩以滅犯諍也
此七滅之中前一體別用通餘六躰通
用別〻中初二滅於无罪之諍憶念无根不癡有根也中二滅有罪
之諍自言首過罪處所評犯也後二滅无罪有罪之諍多語讓
法草覆讓衆也 又四諍之中各有難易〻者但用現前毗尼滅
之難者兼用餘毗尼也言諍以二滅〻現前毗尼多人語其一諍小
乘淺理易解故但用現前毗尼滅之其二諍大乘深理難解故
須多人語毗尼滅之覓諍以三滅〻憶念不癡罪處所一者能覓
不覓之人有過所覓之人无罪故須憶念尼也二者能覓二俱
有罪故須不癡毗尼也三者能覓之人无過所覓之人有罪故須
罪處所故須罪處所毗尼也犯諍以二滅〻自言治草覆地其一犯
於行故須自言治其一犯於衆故須草覆地事諍以一切滅〻因言
諍中起滅諍事而不忍可返共諍之即還用若現前若多人語

有罪故須不癡毗尼也三者能覓之人元過所覓之人有罪故須
罪處所故須罪處所毗尼也犯諍以二滅，自言治草覆地其一犯
於行故須自言治其一犯於衆故須草覆地事諍以一切滅，因言
諍中起滅諍事而不忍可返共諍之即還用若現前若多人語
滅之也若因覓諍中起滅諍事而不忍可返共諍之即還用若
憶念若不癡若罪處所滅之也若因滅犯諍事而起諍者即
還用若自言若草覆滅之也除此三諍上作事已若說諍餘羯
磨法是非之事者恚言諍所攝此七毗尼之法能滅四諍故名
爲滅也 五種略說戒 一說序已餘者應言僧常聞 二說四
事已餘者應言僧常聞 三說十三已餘者應言僧常聞
四說二不定已餘者應言僧常聞 五說卅已餘者應言僧常聞
又有五種乃至說九十已餘者應言僧常聞 又有五種乃至說四提舍尼已餘者應言僧常
聞合爲十五種略說戒 有八難事聽略說戒 一王難 二賊難 三火難 四水
難 五病難 六人難 七非人難 八毒虫難 自恣時亦 三種人
作布薩 若僧 若衆多人 若一人 有四種布薩 一三語布薩
二清淨布薩 三說波羅提木叉布薩 四自恣布薩 戒法清淨
海八種奇特法 一漸次學戒皆歸佛法 如衆流投海 此歎受戒 二住於戒中乃至
於死終不犯戒 如海不失潮法 此歎持戒也 三滅本名皆稱沙門釋子 如五河同歸名爲一海 此歎聖
回四入元餘涅槃界元增元減 如海元增減 此嘆聖果也 五同一解脫味 如海同一醎味 六
梵行清淨不破戒 如海不宿死屍 此明衆惡永棄 七能生道品聖行功德 如海出珎奇異寶嘆自
德勝 八有四向四果賢聖僧寶 如海容受大身衆生 嘆行人利他之德也 五種与欲
一言与欲 二爲我故說欲 三現身相 四口語 五現身相口語
有五種失欲 一受欲比丘死 二休道 三至外道衆中 四往別部僧
中 五至戒場上 与欲清淨亦如是 与自恣亦如是 三種安居
一前安居 四月十六日是 二後安居 從四月十六日至五月十六日明相未出也 下增一中云有三種安居前
安居中安居後安居 三種受日 一受七日 二受過七日法 四分律聽請

一言[illegible]欲 二[illegible]與欲 三現身相 四口語 五現身相口語

有五種失欲 一受欲比丘死 二休道 三至外道衆中 四往別部僧中 五至戒場上 与欲清淨亦如是 与自恣亦如是 三種安居

一前安居（四月十六日是） 二後安居（從四月十六日至五月十六日明相未出也） 下增一中云有三種安居 前安居 中安居 後安居 二種受日 一受七日 二受過七日法（四分律聽十五日若遠事不訖聽請一月日此十誦律請卌九夜僧祇律聽請事訖當還） 安居初應作四事 一解界 二結界 三分房卧具 四結安居 安居竟應作五事 一解界 二還結界 三分房卧具 四自恣 五受功德衣 有五種人不得安居衣 一被舉人 二休道 三死 四破安居 五不囑授（出僧祇律） 三種自恣 一和合自恣 二各三語自恣 有三種人作自恣 若僧 若衆多人 若一人 迦提月開五事利 一得畜長財過十日不說淨 二得離三衣宿 三得別衆食 四得展轉食（皆前請受後請） 五食前食後不囑得入村（先已有食處中前聽不囑詣檀越他家） 受功德衣開五事亦如是 迦提月者作衣月也 從七月十六日訖八月半聽作餘時

破戒有五過失 一自害 二為智者所呵 三有惡名流布 四臨終時生悔恨 五墮惡道

行道懺悔滅惡法第四

七犯聚者 一犯波羅夷罪（如斷人頭不可還活犯此戒者永斷聖種一形之中不可清淨） 二僧殘罪（如殘病人郎於布薩行摩那埵罪可得滅） 三偷蘭遮罪（此方名麁惡此罪有四品一五逆偷蘭賊宿二波羅夷遮邊方便偷蘭當於八僧中大衆悔罪三僧殘遮邊方便偷蘭當於四人僧小衆悔四獨頭偷蘭對三人悔） 四波逸提罪（此方名墮者捨墮已悔餘波逸提對一人清淨僧三說懺） 五提舍尼罪（對一清淨僧一說懺悔也） 六突吉羅罪（此方名惡作今但取身作越威儀事故心作者對手一說也） 七惡說罪（与突吉羅一等但取口說越威儀事故心作者對手一說也） 此突吉羅及惡說罪若失意犯者聽責心悔但自心念口言尅心愧責誓不復作罪即得滅 下坐向上坐懺有五法 一偏露右肩 二脫草蕟 三礼足 四右膝著地 五合掌說所犯事 犯事大德一心念我比丘某甲故犯某罪不憶數今向大德發露懺悔不敢覆藏 懺悔則安樂 不懺悔不安樂 憶念犯發露 知而不覆藏 大德憶我清淨戒身具足清

[illegible]

懺有五法 一偏露右肩 二脫草蓰 三礼足 四右膝著地 五合
掌說所犯事犯事大德一心念我比丘某甲故犯某罪不憶
數今向大德發露懺悔不敢覆藏懺悔則安樂不懺悔不安
樂憶念犯發露知而不覆藏大德憶我清淨戒身具足清
淨布薩 如是三說 上坐應語言自責汝心生猒離 若言尒也 上坐懺向下
坐有四法 一偏露右肩 二脫草蓰 三右膝著地 四合掌說所
犯長老一心念懺文如上 下坐應語言大德應改悔生猒離
若言尒也 有三種人犯 一若僧犯 二若衆多人犯 三若一人犯
有三種懺悔 若僧 若衆多人 若一人爲他作懺悔主 應具
五法 一善知犯 二善知懺悔法 三善知懺悔清淨 四善知作白 五善
知作羯磨 具此五德乃受他懺悔能除人罪 四重 一婬犯 人若
男女若鬼神男女若畜生男女大小便道及口
中他犯已竟重已犯他竟重如毛頭入成重罪也 二犯盜 若劫若偷若公官强奪若燒若
埋若壞色若自作若教人作但
使損他五錢物離 三犯殺人 人者從初入胎中乃至命未盡斷若自殺
若教人殺隨他何方便令彼死死則犯 四犯妄稱
本處得罪重也
得過人法 實是凡夫詐言得聖或言我得禪定我有天眼
他心智從四念處法以上乃至七道品四果三明六通等向他說犯重也
尼八重 初四重如上說 五犯摩觸罪 要是男若童子有欲意已去不問親踈不簡道俗彼皆此
露身相觸樂䐔以下膝已上已往觸他竟犯他來觸已又
犯要有欲心受觸
樂觸著便犯 六犯八事罪 八者一共有欲心男捉手手二捉衣三共入屏處四共屏處立
共屏處語六共行七共身相倚八共期此八事〻中犯无次
苐隨犯七事不懺悔
若滿八事便犯重 七犯覆藏他重罪 若見大戒尼犯波羅夷應向一大尼發露若
故隱覆与惡同情過夜至明旦便竟
破僧未說 八犯隨舉罪 若有惡比丘爲大僧作三舉羯磨治罰其人未懺悔僧未爲其解
羯磨此比丘尼隨順供給靈惡戒見信法尼僧諫諫苟執不
不犯也
捨尼僧爲作羯磨 六重試叉摩那尼學六法 一不婬 若犯婬不得進
三諫不捨便犯 大戒若与染汙
心男子身相觸 二不盜 若偷五錢物已上不得進大戒 三不殺 若方便斷人命不得進
缺戒應更与戒 若取四錢已下缺戒應更与戒也 大戒若故殺畜生虫蟻
蚤蝨缺戒 四不妄語 若詐聖誑他不得進大戒若 五不飲酒 若无重病貪味而飲
應更与戒 泛妄語缺戒應更与戒也 一滴入喉缺戒應教
懺更与戒 六不非時食 若過中啖齋缺戒 比丘比丘尼護持禁戒寧莫
与戒 應教懺悔更与戒
死犯如其犯者不如本不出家也自毀壞道法汙辱師僧穢亂
三寶欺負四恩不消信施益罪多也若无心在道苟欲爲惡
者乃可捨戒不可傍佛法而遠犯也若欲捨戒者當向大戒
比丘跽跪合掌言大德一心念我比丘某甲今捨大戒還作白衣

比丘比丘尼護持禁戒寧莫

懺更与戒 六不非時食 若過中破齋戒 應教懺悔更与戒

死犯如其犯者不如本不出家也自毀壞道法汙辱師僧穢亂

三寶欺負四恩不消信施益罪多也若无心在道苟欲為惡

者乃可捨戒不可污佛法而遠犯也若欲捨戒者當向大戒

比丘胡跪合掌言大德一心念我比丘某甲今捨大戒還作白衣

顛大德憶我是白衣 如是三說 若欲留十戒者當言作還沙彌顛大

德憶我是沙彌也若欲留五戒者當言還作優婆塞昔從僧

受得如法戒今應如法還僧顛僧即證知若布薩羯磨簡棄於

外不得仍在衆內共法事也以此而推不容對餘人捨若尼還對

比丘尼捨 五逆 一煞父 二煞母 三煞阿羅漢 四破和合僧

五惡心出佛身血 十惡業 一煞 二盜 三婬 四妄語 五綺語

六兩舌 七惡口 八貪 九瞋 十耶見 前三身業犯中四口業犯後

三意業也 十三難 一犯邊罪 此人曾受大戒犯波羅夷若為僧作滅擯若白衣在衆外放曰邊罪也

二汙淨行尼 若是尼汙淨行比丘所言淨行者從出家受大戒已來不曾犯婬名為淨行人也若白衣時犯此淨行人名為難 三賊心受

戒 此人元師盜剃頭披袈裟不受戒而共他布薩若作羯磨詐同事之犯 四破內外道

此人先是外道來入佛法受大戒已不捨戒披袈裟還作外道耶見心重自然失戒後更欲於仏法中受大戒者不復發戒也 五黃門 有五種黃门一生黃门二形𢀹黃

门三犍黃门四變黃门五半月黃門此五種黃门人性多煩惱關於持戒煩惱障重不發大戒名為難 六煞父 白衣時煞所生父違恩逆理為難 七煞母 煞母白衣

時得煞道人死時顏色不變遠恩處深不得受大戒 八煞阿羅漢 九破和合僧 以五耶之法亂羣情化誘內凡學人別作布薩

羯磨令如法之衆不得和合斷其會聖之行知而故作名為難 十惡心出佛身血 此人欲煞仏而仏不可煞但得重逆罪而今末世或有惡心燒破仏畫精

舍形像舍利若見瑞相即是出仏身血之得逆罪 十一非人 若鬼若神若天若魔變作人形欲受大戒實非人名為難 十二畜生 若龍若虵若鹿若狐

變畜作人形不得 十三二根 此人有男根又有女根於僧尼二衆皆妨無安置處 此十三難前五煩惱郭重

中五業重障 受大戒

後三報郭重一形之中不可改易若未受戒不得受若已受

戒不得戒不進向礼應滅擯斜料三部出摩夷中之有論文前四

及五逆此九業障攝黃門一種煩惱障攝後三報障攝文意不同

任情取捨 懺僧殘隨所犯有四番羯磨 一與覆藏羯磨 隨覆來日多少

行懺悔法此治覆罪之過尼有律无覆藏 二與本日治羯磨 此人行覆藏時重犯更從僧乞磨耶嫌也不還從初日為治行也 三與摩

戒不得戒不應向礼應减償科料三部出摩夷中之有論文前四
及五逆此九業障攝黄門一種煩惱障攝後三報障攝文意不同
任情取捨　懺僧殘隨所犯有四番羯磨　一與覆藏羯磨 隨覆來日多少
行懺悔法此治覆罪之過居有伴元覆藏　二與本日治羯磨 此人行覆藏時重犯更從僧乞應那埵也不還從初日看治行也　三與摩
那埵羯磨 若元覆藏真与此治覆比丘夜居半月也　四與出罪羯磨 比丘廿清淨僧中出此罪居於二部廿人中洗浴得藏棫
八事不白失宿　一往餘寺不白 行懺中間若有因緣須往餘寺　二出界不
白 若有因緣須出此寺外者應白青外道上徐行僧不若白失宿　三若比丘來不白 應白彼寺僧若不白失一宿若有客僧來者即應白不白失宿　四寺內徐行者不白 僧伽藍大院內有客比丘急走過者不得白不犯若安徐
行應迎取向白不白失宿　五病不遣使白 若自有病應請一比丘白僧知病不得自白衆不者失宿　六二三人同室宿
比丘應獨在小房尼得有於律也　七在元比丘處住 僧伽藍中應有大戒在寺宿若獨在元比丘處經夜失一宿若行摩那埵應常在四人僧中宿若
此處數不滿失一宿　八若時集非時集不作白 時集者布薩時非時集者餘作羯磨時此衆聚應白若不白失宿若行摩
那埵應白若不白失宿　奪卅五事　初奪五事　一不得授人大戒　二不得
受人依止　三不得畜沙弥　四不得受僧差教誡比丘尼　五設
差不應往　第二奪五事　一不得作說戒人　二不得僧中問
荅毗尼　三不得僧中作羯磨　四僧評斷僧不得在數　五不得
爲僧作使命人　第三奪五事　一不應早入聚落　二不應逼
暮還　三應親近比丘不應親近外道　四應順從善比丘教　五不
應作異語　第四奪五事　一不應更犯此罪餘之不應作
二若犯相似若從此生　三若復犯重於此　四不應嫌羯磨　五
不應嫌作羯磨人　第五奪五事　一不得受善比丘敷坐具
二不得受洗足　三不得受洗足物　四不得受拭革蓰中　五不得
受他揩摩身　第六奪五事　一不得受善比丘礼拜　二合掌
三問訊　四迎逆　五不得受善比丘持衣鉢　第七奪五事
一不得舉善比丘罪　二不得与他作憶念作自言　三不得證他事
四不得遮他布薩自恣　五不得共善比丘鬥諍　此卅五事中初
十奪其師德次十奪其隨意所行次十奪其供事後五不聽知
他事應順行此法若違犯一事罪則不滅不得与出罪羯磨

三問許 四迎逆 五不得受善比丘持衣鉢 ·第七尊五事
一不得舉善比丘罪 二不得与他作憶念作自言 三不得證他事
四不得遮他布薩自恣 五不得共善比丘諍 此世五事中初
十尊其師德次十尊其隨意所行次十尊其供事後五不聽知
他事應順行此法若違犯一事罪則不滅不得与出罪羯磨
·十種自性偷蘭遮罪 一食人肉 二畜人皮 三剃陰上毛捺下毛
四用藥灌大便道 五畜白人髮欽婆羅 六裸形行 七畜石鉢
八瞋恚破衣 九瞋恚破房 十瞋恚破塔 皆犯偷蘭遮輕者對
一人懺悔 法如彼逆提也 罪重於突吉羅故為第五聚也其
中亦有重者 若生散人肉及惡心破僧房仏塔等此則二三人前
三說懺耳 若初篇第二篇偷蘭者僧作羯磨懺也 此義出摩
夷中僧祇律云瞋心破六種犯偷蘭遮 破鉢三衣破塔破僧坊
破界 ·有三種人犯陸者 若僧 若眾人多 若一人 應在三種人
前捨隨 若僧 若眾多人 若一人 ·有四種妄語 一波夷妄語
二僧殘妄語 三波逸提妄語 四阿毗波羅妄語 五種慳 一財物
慳 二法慳 三家慳 四住處慳 五稱讚慳 ·五蓋覆心 一慳貪
二瞋恚 三睡眠 四調悔 五疑（貪瞋二蓋能覆戒品 睡調二蓋覆定品 疑之一蓋能覆慧品）
十使煩惱 一身見 二邊見 三邪見 四見取 五戒取 六疑 七[illegible]
八瞋 九慢 十无明也 此十煩惱驅馳行心流轉不住會觀四諦空
无我理滅初五見得无相行次斷疑使得須陀洹餘之四使欲界
煩惱判為九品 斷六品盡得斯陀含 斷下三品盡得阿那含経
云斷三結得須陀洹者 一我見 二戒取 三疑 此三重又總也
五下分結 一調戲 二憍慢 三无明 四色染 五无色染也 此是上
二界煩惱阿那含人斷之都盡阿羅漢果 ·三塗四趣 一地獄 二畜
生 三餓鬼（是謂三塗 從悪業感）（四阿脩羅雜善業所感也） ·六道衆生 一地獄道 二畜生道 三餓鬼
道 四阿脩羅道 五人道 六天道 ·三界皆苦 一欲界（從地獄以上訖六天） 二色界
從初禪梵天 [illegible] 四空天訖

云斷三結得須陀洹者 一我見 二戒取 三疑 此三重又總也
五下分結 一調戲 二憍慢 三无明 四色染 五无色染也 此是上
二界煩惱阿那含人斷之 斷盡阿羅漢果 三塗四趣 一地獄 二畜
生 三餓鬼(是謂三塗 往惡業處) 四阿脩羅(雜惡業所感也) 六道衆生 一地獄道 二畜生道 三餓鬼
道 四阿脩羅道 五人道 六天道 三界皆苦 一欲界(從地獄以上訖六天) 二色界
(從初禪梵天訖四禪十八天) 三无色界(四空天訖非非想)
脩行道脩善法第五　菩薩常作六念 一念佛(十方无所畏 頂禮事供養)
二念法(諦誠諸相顯 讀誦思義也) 三念僧(良田无所著 頭親近敬奉) 四念戒(防非禁諸惡 致護持不犯) 五念施(能捨除慳悋故)
(雖著濁他) 六念天(清淨非世法 元上仏果安隱住處 第一義天 我今願求必得上果) 出律增一中也 沙門六念
一念知日月(知今月大小 今者干日過 无常迅速 布薩時到) 二念知夏數(我是么年么月么日么時受大戒 今已若干夏 老老元業若入衆)
(知上下坐) 三念迴請(我若先受前請 今欲更受後請 當迴前請食施比丘某甲 於我不計我得自恣食彼么甲 於我不計者彼前請施主也) 四念受
持三衣有長財當說淨 五念不別衆食(四人已上皆受別請 當食時界內有比丘) 六念
有病當急治 无病依衆行道 • 病人有五法 一不食不應食
者 二害服藥 三如實語瞻病者 四應行便行應住便住 五
身有苦痛能忍身少能作便作 又第五向能靜坐思惟 第一念
悔先罪病是苦報由惡所招 今復不懴定隨惡道 前身積罪餘
報未盡 今生以來自少及長 爲惡日多作善時少 五篇諸戒 二
思量若曾違犯 今當懴悔 若發此心 神生淨處 第二當觀
无常身如坏器 假合所成 朽易壞 不可久保 命尚不在 財何足惜(速)
於諸衣物莫以輕懷 應捨不須囑授 死後任僧 不須留慘也
第三當念佛三昧 善調氣息 定心守境 正向西方 觀清淨佛
土 如在目前 念念之中 如注流水 直到彼岸也 • 又病人應以三
法自量宜 一者重病若得隨意飲食隨病醫藥隨意好看
病人於此三事若得(若不得) 此病會死 不能使病得差 无常報盡不
可救也 尒時病人應作死計 莫食非法及破齋也 二者輕病
若得隨意飲食隨病湯藥隨意看病人 若不得病亦不死 但

病人於此三下若得此病會死不能使病得差无常報盡不
可救也尒時病人應作死計莫食非法反破齋也　二者輕病
若得隨意飲食隨病湯藥隨意看病人若不得病亦不死但
小得息病自得差尒時病人不得回病便飲飲噉破齋服酒也
三者中病若得隨意飲食病則差若不得病必死尒時病人
應自思量隨病所宜而噉之也若不能自節限者看病人應
裁制也針灸服藥裁量亦如是求病人供給進否亦如是然病
人多惱瞋應自調伏也他好心看我已自難消何況復加惡言
罵惱於彼々看我无利我能心退不復看我便死也是故應慙
愧於他得護無其意勸讚之也　看病人有五德　一者知病人
可食不可食可食能與　二者不惡賤病人小大便唾吐　三者
有慈心不為衣食　四者能經理湯藥乃至差若至死　五者
能為病人說法令病人歡喜已身於善法增長佛言汝彊健時
不看他病汝今得患誰當看汝吉諸比丘出家不看病為无利
益若能供養病人勝供養仏見苦死常慈悲心重即是第一福
道獲无量功德　●嚼楊枝有五事利益　一口氣不臭　二別味　三
熱陰消　四引食　五眼明　掃地有五法得大功德　一不逆風順風
二不應背尊長　三滅跡　四除糞　五還復箕帚置本處　●經行有
五種利益　一堪遠行　二能思惟　三少病　四消食　五得定久住
●散亂心眠有五種過失　一見惡夢　二諸天不護　三心不思法　四不
係意在明　五失不淨　有四種非法眠　一阿脩羅眠仰卧　二覆地
眠　三餓鬼眠　四左脇眠　●有四種如法眠　一師子眠右脇著地兩腳
相累　二合口舌拄上齗　三右手枕頭左手順身上　四不捨心念慧思
惟明相　●向火有五過失　一令人无顏色　二令人无力　三令人眼闇
四令人閙集　五多說俗事　●不忍辱人有五過失　一兇惡不忍
二後生悔恨　三多人不愛　四惡名流布　五死墮惡道應當忍辱

眠 三餘光眠 四左脇眠 ●有四種女法眠 一脚手眠 五右脇着地兩脚

相累 二合口舌跓上齗 三右手枝頭左手順身上 四不捨心念惠思

惟明相 ●向火有五過失 一令人无顏色 二令人无力 三令人眼闇

四令人閙集 五多說俗事 ●不忍辱人有五過失 一兇惡不忍

二後生悔恨 三多人不愛 四惡名流布 五死墮惡道應當忍辱

●循身四威儀 一行威儀 攝身威儀向前直進 二住威儀 平立斂手隨便正看 三坐威儀 跏趺怡勝

直身正目 四臥威儀 右脇着地累脚屈身係相在明念當早起 ●循口四威儀 一當作法語實

語 二常作正語直語 三常作和合語滅諍語 四常作柔濡

語悅心樂聞語 ●循十二頭陀之行 頭名少欲陀名知足斗藪煩

惱離於滯著故曰頭陀何等十二 一持糞掃衣 此人不受利養衣物 二持三衣

此人不畜長財物 三持隨衣 此人謹身供身不畜盈長物 四常乞食 此人受請不食僧食 五一摶食 事事一斛不再益

儀 六一坐食 壞威儀已不再噉也 七不作餘食法食 朝衍中飯不再正食 八樹下坐 觀樹是諸法因緣生我身亦不是生

法 九塚間坐 觀屍不淨白骨无常 十露坐 觀諸法空无所有也 十一隨處坐 隨諸法流動无有定性不在故无我之是逆靜

名阿蘭若處 十二常坐不臥 觀睡眠息墮死墮惡道若不端身正意行无由成也 此十二者持衣有三

食法有四種坐處有五也行人於衣食處心无滯着而藉緣

發道循進彌懃此苦行也經論異名且存一說 ●循五門禪 一貪欲多者循

不淨觀 二瞋恚多者循慈悲觀 三愚癡多者循十二緣觀

四著我多者循十八界空觀 五思覺多者循出入息觀也 ●循六門禪 一數 冷病多數出息熱病多數入息

繫心在鼻柱當门安祥徐數一從至十十息成就為一念若越亂增減皆不當 二隨 心隨息出入前息根本乃至无大十心海門 三心 繫心停住守鼻柱當門勿令馳散 四觀

觀息長短息遍身見氣從毛孔出如珠貫穗 五還 轉緣心戲以心觀心心若異緣皆是動亂繫之令還淨也 六淨 證心一境无復動亂得入淨心三昧相顯現

●八種惡覺 一欲覺 二恚覺 三害覺 四不死覺 五親理覺 六國土覺 七輕侮覺 八族姓覺多思惟此八事者應作數息法眠之也 八種觸 輕觸重觸癢觸

痛觸澀觸滑觸冷觸煖觸此八觸來應者或能發定或能羗患當對治除之 三種調心法 一剎 精進過多心則調動宜當繫心莫使馳散 二

發 守淨既久心轉沉沒宜應驅策方便生心 三捨 調停得中宜應正念入定三昧 ●循四念處 一觀身不淨 從頭至足世六

物皆是不淨膿囊見 二觀受是苦 世間受樂會歸散壞遷變於心皆是苦受也 三觀心无常 六識念念生滅

識如死地死猶也覺識如死前心非後心如水流燈炎故知人命无常也 四觀法无我 想心行假諸法无實行心皆是虛妄无有實實所緣之法皆空

●循四正懃 一惡法未生方便令不生 二惡法已生方便令除斷 三善法未生方便令生 四善法已生方便令增長惡從心生還由心滅善由心生還由心長當懃觀察此四種法

●循四无量心 一循慈心 念一切衆生欲与其樂施与衆生悉觀平等皆与上樂是名循慈 二循悲心 念一切

衆生欲拔其 三循喜心 念一切衆生若循善者我悉讚喜 四循舍心 於一切衆生中皆

物皆是不淨……

穢如死兜死猶也 二觀受是苦 世間受樂會歸毀壞 遍於心皆是苦受也 三觀心无常 六識念念生滅故

見穢如死前心非後心如水流燈炎故知人命无常也 四觀法无我 想心取假諸法无實 行心皆妄如幻所作 皆是虛妄无有堅實所緣之法皆空

脩四正懃 一惡法未生方便令不生 二惡法已生方便令除斷 三善法未生方便令生 四善法已生方便令增長 惡從心生還由心滅 善由心生還由心長 當懃觀察此四種法

脩四无量心 一脩慈心 念一切衆生欲与其樂 思惟无作量 衣食等物施与衆生 怨親平等皆与上樂 是名脩慈 二脩悲心 念一切衆生若脩善者我悲美善 衆生欲拔其苦 此名脩悲心 三脩喜心 念一切衆生若造惡者勸令斷惡 遇惡揚善也 四脩捨心 於一切衆生中皆悉平等不見怨親

脩六妙行 一識不与色雜 明者青黃赤白紫 心不涂著眼妙行也 二耳不著聲 但取言之法不受著音聲 三鼻不涂香 四舌不貪味 五身不著細滑等觸 六意不思惟惡法

沙門五淨行 一發心離俗懷佩道故 二者毀其形好應法服故 三者永割親愛无適莫故 四者委弃軀命尊崇道故 五者志求大乘欲度人故 是故出福田經中

依如僧祇律應為說十數為破十種外道 又欲知賊住故 一者一切衆生皆依飲食 二者名色 三者痛痒相 四者四諦 五者五陰 六者六入 七者七覺意 八者八正道 九者九衆生居 十者十一切入

並道資緣法第六

欲得殄滅樂當學沙門法 衣食繼身命 精麤隨衆等

四依法 一依糞掃衣 此上品人但檢棄之物以為衣 不受信施 少欲得供身脩道也 中品人不堪 聽依僧次受用利物 下品人聽受利施及貴重利嚫衣也

二依乞食 此上品人除捨諸身以食乞 食不受請 供不擇貧富 得支身濟命脩道 中品人聽受隨次及送供 下品人受僧常住食及別請供養也

三依樹下坐 此上品人不受房舍臥具 但依樹下 僅得蔽難 偏形脩道 中品人居小房石室 起不爭頭座 趣容膝 下品人聽受僧大房及私房

四依腐爛藥 此上品人有病時為陳棄郭服 此陳弃藥此大小便汁能差衆病 不湯人但取愈患得存身脩道 中品人依僧次受蘇油蜜 下品人受施

比丘依託此四法得資身活命寧處脩道 衣為外資 食為內資 臥具能遮外患 湯藥能除內患 外託衣及處 內假食与藥 藉此四緣方便得脩道 能生无漏 故名四聖種也 比丘當准己力分依上中下品而行之 不可越分而脩 若上人行下法則退 若中人行上法則過 若下人行中法則不及

三衣六物 一安陀會 五條袈裟一長一短 小便洗鉢掃地作事時著 五條 二鬱多羅僧 七條袈裟二長一短 二重割截成 是入衆衣 小食時行道法事時衆集時著 七條 三僧伽梨 是入王宮聚落衣 降天魔伏外道化惡人時著 大衣或爾不肯也 乞食應供入大會時著大衣 十三條十五條為下品衣 十七條十九條為中品衣 廿一條廿三條廿五條為上品 二長一短 重三若故帛隨意多重 竪三肘橫五肘 四鉢多羅 應量器若鐵若 五尼師壇 坐具廣三……

BD14622號　毗尼心

（37–30）

可越分而循若上人行下法則退若中人行上法則過若下人
行中法則不及　三衣六物　一安陀會　五條袈裟一長一短一重是棧中衣小便洗鉢掃地作事時著五條
二鬱多羅僧　七條袈裟二長一短二重割截成是入衆衣小食時行道法事時衆集時著七條安鉤紐量法如下說之　三僧伽梨　是入王宮聚落
衣降天魔伏外道化惡人時著大衣或有不肖也乞食應供入大會時大衣生物敬信九條十一條
十三條爲下品衣十五條十七條十九條爲中品衣廿一條廿三條廿五條爲上品二長一短重三若故
帛隨意多重竪三肘橫五肘
割截成用布緣安四角安鉤紐三種色
尺已還長三尺以上　五六針筒　四鉢多羅　應量器若瓦若鐵作
尺已還用布緣染壞色　尼受五衣者三衣及覆肩僧祇支　五尼師檀　坐具廣三尺以上長四
染作袈裟色　一施衣二劫貝衣三欽婆羅衣四芻摩衣五叉摩衣六衣舍夷
衣七麻衣八翅夷羅衣九拘遮羅衣十差羅波居衣　三種賤法　有十種衣應
一牛嚼衣　二鼠嚙衣　三火燒衣　四月水衣　五初產衣　六神廟衣　七塚間衣
有十種糞掃衣　八願衣　九王衣　十往還衣此名十衣
一刀賤　剔壞衣財　二衣賤　故弊賤帛　三色賤　青黑木蘭雜染壞色名不均色也
八寸長尺六　二點淨　手中裸非衣者悉作三點壞純色也　二種淨　一說淨　堪任作衣者廣
背合說淨　作法捨不須用
付賞視借　二展轉淨施　聞隨意用　二種淨施　一真實淨施　所得衣財對手捨與五衆出家人
取用也　未得畜八不淨　一畜店肆二田宅三人民四奴婢五畜生六珍寶七貯聚生穀
八生熟食其餘衆僧得畜　離五邪命自活　一仰口食　仰觀星宿陰陽曆運頹世君利　二下口食　耕田種作根土代木以爲生業
三夾口食　工師呪說醫療摶兩頭諂賣僧舌鑽求寺利也　四方口食　坐守一處八指寺利用此活命名爲方口　五四維口食　治生方博傳說
寺利不正營生斯名邪命　四種藥　一時藥二非時藥三七日藥四盡形藥　三種時食　一蒲闍尼食　二佉闍
尼食　根莖枝葉　三奢耶尼食　乳酪　五種正食　一飯　二麨　三乾飯　四魚　五
肉　若中前嚼此等者中時不得更食若必食應作餘食法受不得犯也　三種不淨實不應食　一見殺　二聞殺
三疑爲己作　五辛　一蒜　二蔥　三韭　四薤　五興渠　燒香請佛猶遙不感況復見嗅能動而非鄣
道耶若生若熟若雜和皆不得噉若噉若食讓戒神去　飲酒有十失　一無顏色　二無力　三眼闇
四喜現瞋相　五失財物　六生病事　七益鬪諍　八惡名流布　九智
惠轉少　十死墮惡道煩惱桂利終日次之猶尚難制況復加之以酒
資助煩惱發動必然也先多貪得酒欲心必發也先多瞋得酒忿
心必發也先多癡也得酒必增迷顛倒瞋恣放散無明睡眠轉重
凡飲食者若能資道服之若增煩惱省之也　食粥有五種利
益　一除飢　二解渴　三消食　四大小便通利　五除風　粥者初出釜中草畫不成字得噉若成字是糜若
正食　敬犯　讓八邁　一自恣足　二少欲足　三知足　四難足　五節曲足　六不
便足　七停住足　八自己足　八種漿　一梨漿　二閻浮菓漿　三酸棗
漿　四甘蔗漿　五蔵菓漿　六舍樓伽漿　七婆樓師漿　八蒲桃漿非時得飲

凡飲食者若能資道服之若增煩惱省之也　食粥有五種利
益　一除飢　二解渴　三消食　四大小便通利　五除風（粥若初出釜中畫不成字得噉若成字是麤若）
（敕犯正食）讓八適　一自恣足　二少欲足　三穢汙足　四雜足　五諂曲足　六不
便足　七停住足　八自己足　　八種漿　一梨漿　二閻浮菓漿　三酸棗
漿　四甘蔗漿　五蕤草漿　六舍樓伽漿　七□□漿　八蒲桃漿　非時得飲
五種藥　一蘇　二油　三生蘇　四蜜　五石蜜　作法得七日服　五種脂
一熊脂　二魚脂　三驢脂　四猪脂　五摩竭魚脂（作法如由得七日服）　四種淨地
一僧伽藍時處分作淨地　二為僧作寺未施僧　三若半離部若都
无垣牆　四白二羯磨結作淨地　二種淨　一僧結淨（大僧不得在淨地宿）　二檀越
淨（裁割由檀越衆僧不得隨意迴轉）　五種淨法　一火淨　二刀淨　三創淨　四鳥啄破淨
五不中種淨（此中刀淨創淨鳥啄應去子食火淨不中種淨得盡食）　又五種淨　一皮剥淨　二被皮淨
三腐淨　四破淨　五□□淨（若不火淨得噉）　五根生種　一根生種　二莖生種
三節生種　四覆羅種　五子子種（若不大淨不得得除皮核）　五種受食法　一手與
手受　二手與物受　三物與手受　四物與物受　五遥擲物與得隨
手中受　夫受食者割貪求之心應仰手令他手中若自捉器令
他捉器中不應横手□取及以箸抹皆不得成受若不落手中遺
落外者悉不得噉若欲受彼而錯受此律言作總雜意得成受
若人觸食若動食器則失受也應離更受不得便自手觸之凡未
受之食輙自手觸犯惡突吉羅罪夫食甚繁穢應生厭離
此人喜嗜味貪多覺攪向己既不成受犯不與取於食節不□過
初乞食時應誦此偈　令諸乞者悉得飽滿其施食者得无量
福我若得食為療毒身脩集善法利益施主若得食在手當先
迴以供養應說此偈以一食施一切供養諸佛及衆賢聖然後乃食
若欲噉食應作厭離食想遍觀此食皆是不淨飯如白虫羹
如下汁餅似人皮骼似膿腦隨取相似破貪美心既不著即於食生
厭但以服藥而已矣　食竟收鉢應說此偈　飯食已訖當願衆

迴以供養應說此偈ミ一食施一切供養諸佛及衆賢聖然後乃食
若欲噉食應作猒離食想遍觀此食皆是不淨飯如白虫羹
如下汁餅似人皮骼似髏腦隨取相似破貪美心既不著即於食生
猒但如服藥而已矣　食竟收鉢應說此偈　飯食已訖當願衆
生德行充盈成十種力

信施種越法第七　四恩　一父母恩（能生已身得有今日）　二師僧恩（生我法身以法施我）
三國王恩（放我課役水土草木常以施我）　四種越恩（供給衣食濟我身命）　出家行道常報四恩
四筆種越　一天筆（天雨甘露養此眾人）　二龍筆（牛虎藏乳猪羊奉獻果施果等）　三鬼神筆（山神施藥海神施珠）
四人筆（剎利婆羅門毗舍首陁四姓施主供給所須）　此等來施如法得受　四事供養　一飲食
二衣服　三卧具　四醫藥　八種布施法　一比丘僧得施（唯屬比丘現前數人分）
二比丘尼僧得施（唯屬尼衆現前數人分）　三二部僧得施（莫論人多少分物作二分半屬比丘僧半屬尼）　四者
四者四方僧得施（來者皆得應作羯磨分亦不得共尼同作羯磨　亡不得羯磨錢寶若施極提僧不須作法）　五界內僧
得施（爲往處僧入界內皆得但捨物時爲之　若施常住來者共用不得將去）　六同羯磨僧得施（共一處作法事者得此物）　七種
名字僧施（若得言施上坐施法師呪願看病人等此不簡親疎並得隨福）　八一人僧得施（從上坐行之隨取者與之）　隨種
越施依此八法分若元律分別上坐應問八種施中爲作何施若
不依此八法則不得施僧之福若不依此八法而受則輕損信施
遠犯處多應差五德者分之好惡相參令不見者鄣諍餘人不
得亂言利養難消負留不在此莫生嫌恨改人志行也　若得衣
政可剖分不勞賣取錢至不已獲得錢者慎莫手受應語言我
不應受此不淨財若我須衣合時得清淨衣當受使令淨人知之
語言檀主知是當是此人還與比丘者當以彼人物故決淨人貰後得
淨衣當用知之　應如法求如法與應如法施如法受如法受
出家人應離世八風　一利（若得利養心便貪著利不恥吹破道心）　二衰（若失利養心便憂惱怨恨情塞識道心）　三毀（若被辱辱心便退沒可畏不受道心敗壞）　四譽（若得讚嘆心生高舉窺求名聞道心動亂）　五稱（若他戴佇心便我大輕人重己道心明變也）　六譏（若失洪敬心便不捷退已嫌人道心改變）　七苦（若遠情生惱心便不忍怯恨陸弱消滅善心）　八樂（若順情生適心便服著迷惑失墮道心淨敬）

淨衣棠用知之　應如法求如法與應如法施如法受如法受
出家人應離世八風　一利若得利養心便貪利不耻吹破道心　二衰若失利養心便憂惱恐愁根情竟滅道心　三毀
若被序辱心便退沒可毀不受道心敗壞　四譽若得讚嘆心生高舉竊求名聞道心動亂　五稱若他戴仰心便我大輕人重己道心明蕩也　六譏若失供敬
心便不擁退已嫌人道心改變　七苦若逢情生惱心便不忍結根纏髮消滅善心　八樂若順情生適心便耽著迷我失壞道心淨敬
白衣家有九法未作禮越不避作若至其家不應坐何等九
一見比丘不喜起立　二不喜作禮　三不喜請比丘坐　四不喜比丘坐
五沒有所說而不受　六若有衣服飲食所須之具輕慢比丘
而不與　七若多有而少與　八若有精細而與麤惡　九或不恭
敬心與觀相禮越於此九法中但有一事不須數往其家
白衣家有九法未作禮越應令作若至其家應坐何等九
一見比丘喜起立　二喜作禮　三喜請比丘坐　四喜比丘坐　五設有
所說而信受　六若有衣服飲食所須之具敬重故而與　七若有
少而與多　八若有麤惡與精細　九恭敬心與觀望白衣家內外
心備此九法者應請取作禮越比丘無惱禮越得福道俗相假
善法日生　禮越有五事不應與作覆鉢羯磨　一不孝順父
二不孝順母　三不敬沙門　四不敬婆羅門　五不恭事比丘　此是
惡人先無信心不受治罰於法無益故不為也　白衣有十法衆
僧應與作覆鉢　一罵謗比丘　二為比丘作損減　三為比丘作無利
益　四方便令無住處　五鬪亂比丘　六於比丘前說佛惡　七說法惡
八說僧惡　九以無根不淨法謗比丘　十若犯比丘尼　此十事中隨犯
一事合為作覆鉢羯磨一切僧尼不得至其家此人本有信心
令忽為惡宜加以折伏令其改故作此法　比丘有十事應與作遮
不至白衣家羯磨　一罵詈謗白衣　二方便為白衣作損減
三方便為作無利益　四為作無住處　五鬪亂白衣　六在白衣
前毀佛　七在白衣前毀法　八在白衣前毀僧　九罵白衣作下業
十調誑白衣　比丘若犯一事應作羯磨治罰不聽復至白衣家

令忽爲惡宜加以折伏令其改故作此法　比丘有十事應与作遮
不至白衣家羯磨　一罵謗白衣　二方便爲白衣作損減
三方便爲作无利益　四爲作无住處　五鬪乱白衣　六在白衣
前毀佛　七在白衣前毀法　八在白衣前毀僧　九罵白衣作下業
十調謔白衣　比丘若犯一事應作羯磨治罰不聽復至白衣家
仰令懺悔謝乞歡喜　有八法者應差作僧使往白衣舍　一能聽
二能說　三自解　四能令他解　五能受語　六能憶持　七无謬失
八別好惡語義　比丘有五事爲白衣所不喜見　一喜親白衣
二喜瞋白衣　三喜強至白衣家　四喜与白衣竊語　五喜乞求
白衣生不欲見　常喜往反白衣家有十過失　一不啗比丘便入
村　二在有欲意男女中坐　三獨坐　四在屛覆處　五无有知男
女与女人過五六語　六者數見男女　七既相附近　八轉親厚
九已親厚生欲意　十已有欲意或至死若次死苦　比丘有五事生
人疑　一數往婬女家　二數往婦人家　三數往大童女家　四數往黃門
家　五數往比丘尼寺　比丘入王宮至婦女閤有十過失　一夫人見比
丘唉令王生疑　二夫人有身令王生疑　三太子欲反王疑比丘
四內有密語以聞於外王疑比丘　五宮內失寶王疑比丘　六王以賤
人在高位外不喜者疑比丘　七王以高位者在下職外不喜者疑
比丘　八王非時集四部兵其不喜者疑比丘　九集兵中路而還其
不喜者疑比丘　十王出好象馬端正女人見則心生愛著非比丘
法比丘不於有力而親近大官不勉斯過

護持法藏第八　三藏教法　一脩多羅藏 此云本說 是一切經教　二毗尼藏
此云能滅 是一切戒律　三阿毗曇藏 此云无比法 是一切論文　三學行法　一增戒學 善脩戒也　二增
定學 脩心正念慈 習禅定　三增慧學 求解思義 脩道觀法　三種持　一持經 依經而行　二持
律 依律而行　三持摩夷 依論而行　三種知法人　一知法 善解經義　二知律 善識律相　三知
摩夷 善解論義　三種如法　一是法 所爲合經　二是毗尼 事必如律　三是佛所教

護持法藏第八　●三藏教法　一脩多羅藏（此云本說 是一切經教）二毗尼藏（此云能滅 是一切戒律）三阿毗曇藏（此云无比法 是一切論文）●三學行法　一增戒學（善脩戒也）二增定學（脩心正念懃習禪定）三增慧學（求解思義 脩道觀法）三種持　一持經（依經而行）二持律（依律而行）三持摩夷（依論而行）三種知法人　一知法（善解經義）二知律（善識律相）三知摩夷（善解論義）●三種如法　一是法（所為合經）二是毗尼（事必如律）三是佛所教（合受教事）四種廣說　一者有人言我從佛邊聞如是法　二者有人言我從衆僧邊聞如是法　三者有人言我從衆多知法人邊聞如是法　四者有人言我從一知法人邊聞如是法　佛言若聞其所說不應便生嫌心不應呵當審定文句勘驗三藏若与經相應律相應毗曇相應當善受持心教他人若義不入前三法相應者即應捨之　此以三藏教驗其所說若欲驗三藏知耶正者當以理法印之以三法印驗小乘教　一者一切法无常　二者一切法苦　三者一切无法无我若經律論明此三句義者是佛正法也

次以四法印驗通教大乘一切法无常　二一切法苦　三一切法无我　四涅槃法寂滅　初二句世常中一句真常後一句金剛以後常果也若經律論明此四句義者是仏正法也　●次以五法印驗通宗大乘　一一切法无常　二一切法苦　三一切法空　四一切法无我　五一切法寂滅　初二句有為緣集法界不同敗壞也中二句无為緣集法界常住後一句自體緣集法界本來常亦不增不減非常非无常也　若經律論明此五句義者是佛大乘真宗正法也　又四勘法印　一法體勘　二因緣勘　三作勘　四成辦勘也

持律人有五功德　一戒品堅牢　二善勝諸惡　三於衆中決斷无畏　四若有疑悔能開解　五善持毗尼令正法久住

毗尼心一卷

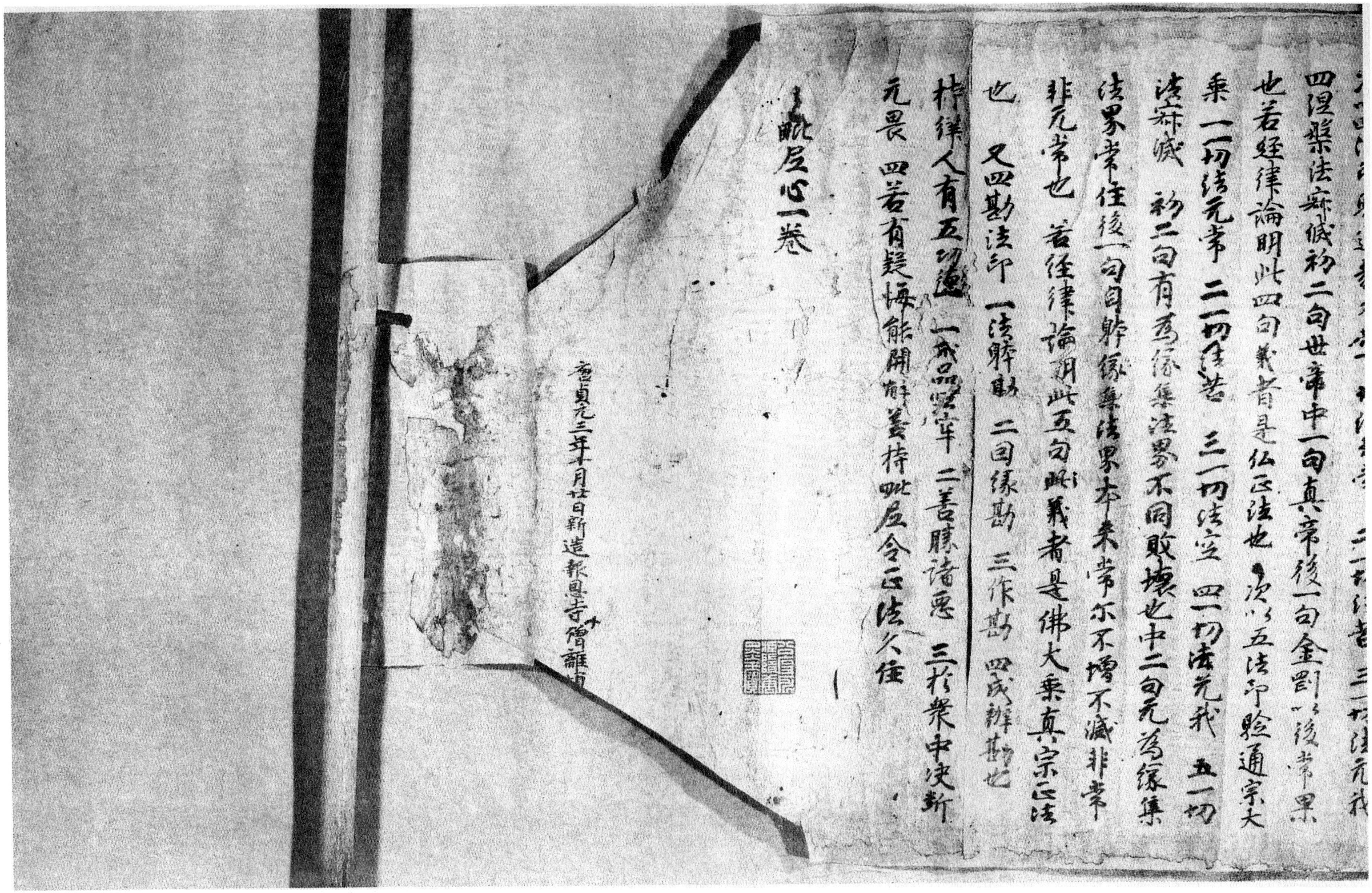

BD14622 號　毗尼心

（37–37）

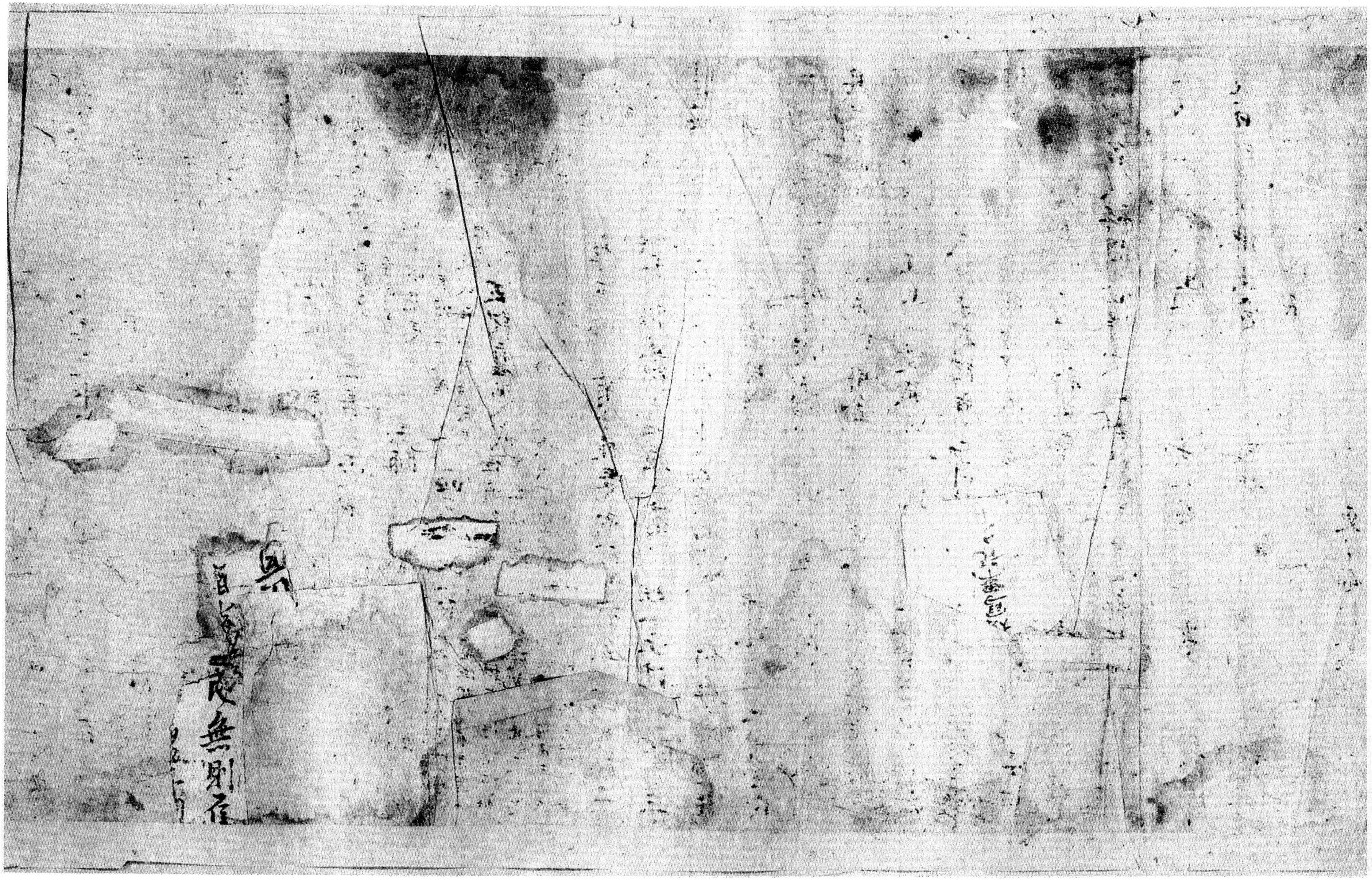

BD14622號背　雜寫　　（1–1）

著 録 凡 例

本目録採用條目式著録法。諸條目意義如下：

1.1　著録編號。用漢語拼音首字“BD”表示，意為“北京圖書館藏敦煌遺書”，簡稱“北敦號”。文獻寫在背面者，標註為“背”。一件遺書上抄有多個文獻者，用數字 1、2、3 等標示小號。一號中包括幾件遺書，且遺書形態各自獨立者，用字母 A、B、C 等區別。

1.2　著録分類號。本條記目録暫不分類，該項空缺。

1.3　著録文獻的名稱、卷本、卷次。

1.4　著録千字文編號。

1.5　著録縮微膠卷號。

2.1　著録遺書的總體數據。包括長度、寬度、紙數、正面抄寫總行數與每行字數、背面抄寫總行數與每行字數。如該遺書首尾有殘破，則對殘破部分單獨度量，用加號加在總長度上。凡屬這種情況，長度用括弧標註。

2.2　著録每紙數據。包括每紙長度及抄寫行數或界欄數。

2.3　著録遺書的外觀。包括：（1）裝幀形式。（2）首尾存況。（3）護首、軸、軸頭、天竿、縹帶，經名是書寫還是貼簽，有無經名號，扉頁、扉畫。（4）卷面殘破情況及其位置。（5）尾部情況。（6）有無附加物（蟲繭、油污、線繩及其他）。（7）有無裱補及其年代。（8）界欄。（9）修整。（10）其他需要交待的問題。

2.4　著録一件遺書抄寫多個文獻的情況。

3.1　著録文獻首部文字與對照本核對的結果。

3.2　著録文獻尾部文字與對照本核對的結果。

3.3　著録録文。

3.4　著録對文獻的説明。

4.1　著録文獻首題。

4.2　著録文獻尾題。

5　著録本文獻與對照本的不同之處。

6.1　著録本遺書首部可與另一遺書綴接的編號。

6.2　著録本遺書尾部可與另一遺書綴接的編號。

7.1　著録題記、題名、勘記等。

7.2　著録印章。

7.3　著録雜寫。

7.4　著録護首及扉頁的內容。

8　著録年代。

9.1　著録字體。如有武周新字、合體字、避諱字等，予以説明。

9.2　著録卷面二次加工的情况。包括句讀、點標、科分、間隔號、行間加行、行間加字、硃筆、墨塗、倒乙、刪除、兑廢等。

10　著録敦煌遺書發現後，近現代人所加內容，裝裱、題記、印章等。

11　備註。著録揭裱互見、圖版本出處及其他需要説明的問題。

上述諸條，有則著録，無則空缺。

為避文繁，上述著録中出現的各種參考、對照文獻，暫且不列版本説明。全目結束時，將統一編制本條記目録出現的各種參考書目。

本條記目録為農曆年份標註其公曆紀年時，未進行歲頭年末之換算，請讀者使用時注意自行换算。

條　記　目　錄

BD14569—14622

1.1　BD14569 號
1.3　摩訶僧祇律卷二八
1.4　新 0769
2.1　1253.3×26.5 厘米；24 紙；620 行，行 17 字。
2.2　01：53.5，26；　02：56.2，28；　03：56.3，28；
03：56.3，28；　05：56.4，28；　06：56.3，28；
07：56.3，28；　08：15.9，08；　09：56.3，28；
10：56.4，28；　11：54.7，27；　12：54.1，27；
13：56.2，28；　14：56.5，28；　15：56.3，28；
16：56.2，28；　17：56.3，28；　18：56.3，28；
19：56.2，28；　20：56.2，28；　21：56.2，28；
22：56.2，28；　23：56.2，28；　24：05.8，01。
2.3　卷軸裝。首尾均全。卷面多有殘破及蟲蛀殘洞。背有古代及近代裱補。有烏絲欄。
3.1　首全→大正 1425，22/0452A05。
3.2　尾全→大正 1425，22/0460A29。
4.1　摩訶僧祇律雜跋渠之六，卷廿八（首）。
4.2　摩訶僧祇律卷第廿八（尾）。
8　8～12 世紀。日本平安時期寫經。
9.1　楷書。
10　卷首背有硃書“三丈四尺九”。粘有標簽 2 張，上寫“121”及“474 征”。另有近代墨筆標記，不錄。

1.1　BD14570 號
1.3　金光明最勝王經卷六
1.4　新 0770
2.1　716.7×25.5 厘米；16 紙；412 行，行 17 字。
2.2　01：18.5，11；　02：47.1，28；　03：47.2，28；
04：47.4，28；　05：47.4，28；　06：47.3，28；
07：47.5，28；　08：47.3，28；　09：47.4，28；
10：47.4，28；　11：47.4，28；　12：47.4，28；
13：47.5，28；　14：47.3，28；　15：47.3，28；
16：35.3，09。
2.3　卷軸裝。首斷尾全。打紙；研光上蠟。第 8、9 紙接縫上方開裂，卷後部多水漬，有破裂。尾有原軸，兩端鑲亞腰形軸頭，下軸頭已斷。背有現代裱補。有烏絲欄。
3.1　首殘→大正 0665，16/0427C05。
3.2　尾全→大正 0665，16/0432C10。
4.2　金光明最勝王經卷第六（尾）。
5　與《大正藏》本對照，尾附音義 2 行。
8　8 世紀。唐寫本。
9.1　楷書。
10　近代用宣紙接出護首，上寫“唐人書《金光明最勝王經》卷第六，首殘尾全”。下粘一紙簽，上寫“394”。

1.1　BD14571 號
1.3　妙法蓮華經卷五
1.4　新 0771
2.1　（10.5+259+2.5）×26.2 厘米；6 紙；156 行，行 17 字。
2.2　01：10.5+19，16；　02：41.5，24；　03：41.5，24；
04：41.5，24；　05：41.5，24；　06：32.5+2.5，20。
2.3　卷軸裝。首尾均殘。經黄打紙；研光上蠟。有烏絲欄。近代托裱為手卷。
3.1　首 5 行上下殘→大正 0262，09/0037C14～20。
3.2　尾行中殘→大正 0262，09/0040A02～03。
8　7～8 世紀。唐寫本。
9.1　楷書。有武周新字“正”、“國”、“初”、“臣”、“地”、“天”、“日”、“聖”、“授”，除“人”字不用武周新字外，其餘武周新字使用周遍。
10　近代接出護首。縹帶一端寫有“名智”，有一紙簽，上寫“寶 11”。護首貼有紙簽，上寫“墨寶字畫，肆肆”。有陽文硃印，0.5×1.1 厘米，印文為“檢查”。護首左下角寫有“991 號”。

首紙下方，有陽文硃印，1×2.2 厘米，印文為“曾在不因人熱之室”。

卷尾下方有陽文硃印，1.3×1.7 厘米，印文為“寶梁閣”。

1.1　BD14572 號
1.3　實行王正論
1.4　新 0772
2.1　620.5×25.5 厘米；14 紙；334 行，行 20 字。
2.2　01：44.5，24；　02：46.0，25；　03：46.0，25；
04：46.0，25；　05：46.0，25；　06：46.0，25；
07：46.0，25；　08：46.0，25；　09：46.0，25；
10：46.0，25；　11：46.0，25；　12：44.0，24；
13：44.0，23；　14：28.0，13。
2.3　卷軸裝。首斷尾全。通卷近代托裱。有烏絲欄。
3.1　首殘→大正 1656，32/0497C25。
3.2　尾全→大正 1656，32/0505B01。
4.1　實行王正論菩提資糧品第三（首）。
4.2　實行王正論一卷（尾）。
7.1　尾題後有題記 12 行：

"皇后藤原氏光明子奉為/

尊考贈正一位太政太臣府君，尊妣贈/從一位橘氏太夫人，敬寫一切經論及/律。莊嚴既了，伏願憑斯勝因，奉資/冥助。永庇菩提之樹，長遊般若之津。/又願上奉聖朝，恒延福壽；下及/寮采，共盡忠節。又光明子自發誓/言，弘濟沉淪，勤除煩障，妙窮諸法，/早契菩提。乃至傳燈無窮，流布天下，/聞名持卷，獲福消災，一切迷方，會/歸覺路。/天平十二年（740）五月一日記。/"

8　740 年。日本天平寫本。
9.1　楷書。
10　近代接出綠地格花織錦護首，有天竿、縹帶、骨別子，縹帶繫有紙簽。護首金紙題簽："唐人書《實行王正論》一卷，日本卷子。"下有兩個紙簽，不錄。

卷尾有題跋："光緒九年（1883）十月八日翁同龢觀。"後有陰文硃印，1.8×1.8 厘米，印文為"翁同龢印"。

1.1　BD14573 號
1.3　大寶積經鈔（擬）
1.4　新 0773
2.1　278.9×30.7 厘米；7 紙；正面 290 行，行 37～43 字；背面 22 行，行約 19 字。
2.2　01：27.7，33；　02：41.8，33；　03：41.9，51；
04：42.1，48；　05：42.1，47；　06：41.8，46；
07：41.5，17。
2.3　卷軸裝。首斷尾全。卷末空白未抄。
2.4　本遺書包括 2 個文獻：（一）《大寶積經鈔》（擬），290 行，抄寫在正面，今編為 BD14573 號。（二）《惡觀》，22 行，抄寫在背面，今編為 BD14573 號背。
3.4　説明：

本文獻為《大寶積經鈔》（擬），共抄寫 290 行，情況如下：

第 1 行至 82 行→大正 310，11/595A11～597A27（卷一〇六）。

第 82 行至 213 行→11/604A22～607C27（卷一〇八）。

第 213 行至 290 行→11/627A12～629A22（卷一一一）。

8　8～9 世紀。吐蕃統治時期寫本。
9.1　楷書。
9.2　有塗抹。
10　卷首上方有陽文硃印，3.2×1.5 厘米，印文為"歙許芚父遊隴所得"。

1.1　BD14573 號背
1.3　惡觀
1.4　新 0773
2.4　本遺書由 2 個文獻組成，本文獻為第 2 個，22 行，抄寫在背面。餘參見 BD14573 號之第 2 項。
3.3　錄文：

惡觀一卷，内説云：/

六部經説最多顛倒者，於内有五種不能救得衆生。一明一切佛/不救，二明一切法不救，三明一切僧不救，四明一切衆生不救，/五明一切解行不救。第一明一切佛不能救者，一切空見、有見/顛倒衆生，得值無量無邊諸佛，於諸佛菩薩所行六/波羅蜜，由學佛法不當根故，墮無窮無盡阿鼻地獄，/故名一切佛不能救。第二明一切法不能救者，於内有二/種：一如《涅槃經》説，善星比丘已能誦持得十二部經，不勉（免）/謗佛，現身入阿鼻地獄，故名一切法不能救。/二如《大集經》説，大乘、小乘各誦得八萬法聚，由/一念心，嫌他真學十二頭［陀］比丘，即滅爾許善根，墮/阿鼻地獄，故名一切法不能救。第三明一切僧不/能救者，如《佛藏經》説，已能得度六百四萬億人師/及弟子，俱不勉（免）入阿鼻地獄，故名一切僧不能救。/第四明一切衆生不能救者，如《十輪經》説，已能得/度四天下人，皆悉廻心，向於涅槃。由非是佛弟子，/佛判屬無漸無愧僧，故名一切衆生不能救。/第五明一切解行不能救者，亦如《十輪經》説，大布施、大/持戒、大忍辱、大精近、大禪定、大不自是非他、大懺悔，/大度衆生，非一轉輪聖功德之所能及。佛判我［非］彼師，/彼非我弟子。亦同上無漸［無］愧僧攝，故名一切解行不/能救。/

（錄文完）

4.1　惡觀一卷（首）。
8　9～10 世紀。歸義軍時期寫本。
9.1　楷書。
9.2　有塗抹。
10　卷背貼有紙簽，上有蘇州碼子，不錄。

1.1　BD14574 號
1.3　大乘入楞伽經卷三
1.4　新 0774

2.1　965.2×26.2 厘米；20 紙；514 行，行 17 字。
2.2　01：49.3，25；　02：49.0，27；　03：48.9，26；
04：49.0，27；　05：48.8，27；　06：49.1，27；
07：49.0，27；　08：49.0，27；　09：49.5，27；
10：49.2，27；　11：49.3，27；　12：50.1，26；
13：48.8，26；　14：48.8，26；　15：48.8，26；
16：48.8，26；　17：48.6，25；　18：48.8，25；
19：48.5，26；　20：33.9，14。
2.3　卷軸裝。首尾均全。卷首殘破，多水漬。有燕尾。有烏絲欄。
3.1　首全→大正 0672，16/0600B17。
3.2　尾全→大正 0672，16/0607B15。
4.1　大乘入楞伽經集一切法品第二之三，三（首）。
4.2　大乘入楞伽經卷第三（尾）。
7.1　卷端背面上貼有 1 紙條，寫有“經集”等字。
8　8 世紀。唐寫本。
9.1　楷書。
10　卷端背粘有白色紙簽，能見到的有“拾玖”字樣，紙條上又粘有標簽，標簽上寫“徵 206”。

1.1　BD14575 號
1.3　金光明最勝王經卷二
1.4　新 0775
2.1　87.5×25.5 厘米；3 紙；45 行，行 17 字。
2.2　01：41.5，25；　02：05.0，03；　03：41.0，17。
2.3　卷軸裝。首殘尾全。有燕尾。通卷紙背有近代裱補。有烏絲欄。
3.1　首殘→大正 0665，16/0413A22。
3.2　尾全→大正 0665，16/0413C06。
4.2　金光明最勝王經卷第二（尾）。
7.1　卷尾有題記 2 行：“清信弟子燉煌郡四界諸菌官尹辛通發弘/誓願，接續《金光明經》一部，永充供養。/”
8　9～10 世紀。歸義軍時期寫本。
9.1　楷書。

1.1　BD14576 號
1.3　金剛般若波羅蜜經
1.4　新 0776
2.1　509.9×26.5 厘米；12 紙；294 行，行 17 字。
2.2　01：42.0，25；　02：42.0，25；　03：42.5，25；
04：42.6，25；　05：42.6，25；　06：42.6，25；
07：42.8，25；　08：42.7，25；　09：42.7，25；
10：42.7，25；　11：42.7，25；　12：42.0，19。
2.3　卷軸裝。首脱尾全。前 3 紙有等距離殘洞，上下邊有破損。有烏絲欄。已修整。
3.1　首殘→大正 0235，08/0749A11。
3.2　尾全→大正 0235，08/0752C03。
4.2　金剛般若波羅蜜經（尾）。
5　與《大正藏》本對照，本號經文無冥司偈，參見《大正藏》，8/751C16～19。
7.1　尾題後有題記 2 行：“弟子押衙楊英德為常患風疾，/敬寫《金剛般若波羅蜜經》一卷，願患消散。/”
8　9～10 世紀。歸義軍時期寫本。
9.1　楷書。

1.1　BD14577 號
1.3　大般涅槃經（北本　異卷）卷一九
1.4　新 0777
2.1　348.2×25.6 厘米；9 紙；177 行，行 17 字。
2.2　01：26.2，14；　02：52.2，29；　03：50.6，28；
04：51.3，27；　05：21.2，12；　06：15.0，08；
07：52.5，29；　08：52.8，29；　09：26.4，01。
2.3　卷軸裝。首斷尾全。有燕尾。有烏絲欄。
3.1　首殘→大正 0374，12/0475C22。
3.2　尾全→大正 0374，12/0480C27。
4.2　大般涅槃經卷第十九（尾）。
5　與《大正藏》本對照，分卷不同。此卷經文相當於卷第十九大部與卷第二十起始部分。與歷代大藏經分卷均不相同，屬於異卷。
8　6 世紀。南北朝寫本。
9.1　楷書。

1.1　BD14578 號
1.3　妙法蓮華經卷一
1.4　新 0778
2.1　(330.8+20)×25.5 厘米；7 紙；192 行，行 17 字。
2.2　01：49.7，27；　02：50.7，28；　03：51.0，28；
04：51.0，28；　05：50.7，28；　06：50.7，28；
07：27+20，27。
2.3　卷軸裝。首脱尾殘。卷首殘破，有等距離殘爛，第 2、3 紙接縫處開裂，尾紙有破裂及殘洞。背有古代裱補。有烏絲欄。已修整。
3.1　首殘→大正 0262，09/0007A06。
3.2　尾 8 行下殘→大正 0262，09/0010B10～21。
4.2　妙法蓮華經卷［一］（尾）。
8　5～6 世紀。南北朝寫本。
9.1　楷書。

1.1　BD14579 號
1.3　大般涅槃經（北本）卷三〇
1.4　新 0779
2.1　(7+308+2)×24.5 厘米；6 紙；192 行，行 17 字。
2.2　01：7+45.5，32；　02：53.0，32；　03：53.0，32；
04：53.0，32；　05：53.0，32；　06：50.5+2，32。

2.3　卷軸裝。首殘尾脱。通卷上下邊有殘損。有烏絲欄。有劃界欄針孔。已修整。
3.1　首4行上下殘→大正0374，12/0543C17～20。
3.2　尾殘→大正0374，12/0546A10。
8　5～6世紀。南北朝寫本。
9.1　楷書。
9.2　有刮改。
10　上邊有“二行”、“下下”等註記。

1.1　BD14580號
1.3　僧伽吒經卷一
1.4　新0780
2.1　(8.5+656)×26厘米；15紙；395行，行17字。
2.2　01：8.5+38，26；　02：46.0，28；　03：46.0，28；
04：46.0，28；　05：46.0，28；　06：46.5，28；
07：46.0，28；　08：46.0，28；　09：46.0，28；
10：46.0，28；　11：46.0，28；　12：46.0，28；
13：46.0，28；　14：46.5，28；　15：19.0，05。
2.3　卷軸裝。首殘尾全。經黄打紙。卷首上下邊有殘缺，有殘洞。有烏絲欄。
3.1　首4行下殘→大正0423，13/0959B17～22。
3.2　尾全→大正0423，13/0964B13。
4.1　僧伽吒經卷第一（首）。
4.2　僧伽吒經卷第一（尾）。
8　7～8世紀。唐寫本。
9.1　楷書。
10　首題下有陽文硃印，1.2×1.6厘米，印文為“寶梁閣”。
尾題後陽文硃印，2×4.2厘米，印文為“曾在不因人熱之室”。
卷尾背有圓形陽文硃印，直徑1.2厘米，印文為“寶梁”。
卷首背貼有紙簽，上寫“墨寶字畫”。並有陽文硃印“檢查”。上粘有紙簽，寫有“徵43”。卷尾粘有白紙條，上有“742”字樣。

1.1　BD14581號
1.3　大般若波羅蜜多經卷五五二
1.4　新0781
2.1　845×27厘米；18紙；487行，行17字。
2.2　01：46.0，26；　02：47.0，28；　03：47.0，29；
04：47.0，27；　05：47.0，28；　06：47.0，28；
07：47.0，28；　08：47.0，28；　09：47.0，28；
10：47.0，28；　11：47.0，28；　12：47.0，28；
13：47.0，28；　14：47.0，28；　15：47.0，28；
16：47.0，28；　17：47.0，28；　18：47.0，13。
2.3　卷軸裝。首尾均全。首紙上下邊殘損。背有近代裱補。有烏絲欄。
3.1　首全→大正0220，07/0841C10。
3.2　尾全→大正0220，07/0847B06。
4.1　大般若波羅蜜多經卷第五百五十六，/第四分善友品第廿二之二，三藏法師玄奘奉詔譯/（首）。
4.2　大般若波羅蜜多經卷第五百五十二（尾）。
7.4　首紙背面有經名“大般［若］波羅蜜多經卷第五百五十六”。上有經名號。相當於護首。
8　8～9世紀。吐蕃統治時期寫本。
9.1　楷書。
10　卷背有紙簽，上寫“購4098”。又寫有蘇州碼子等幾組數字，不錄。

1.1　BD14582號1
1.3　佛頂尊勝陀羅尼經（佛陀波利本）序
1.4　新0782
2.1　102.8×25.9厘米；3紙；55行，行17字。
2.2　01：12.2，護首；　02：45.6，27；　03：45.0，28。
2.3　卷軸裝。首全尾斷。經黄紙。有護首，有竹質天竿，有褐色縹帶殘根。接縫處有開裂。有烏絲欄。
2.4　本遺書包括2個文獻：（一）《佛頂尊勝陀羅尼經序》，45行，今編為BD14582號1。（二）《佛頂尊勝陀羅尼經》，10行，今編為BD14582號2。
3.1　首全→大正0967，19/0349B02。
3.2　尾殘→大正0967，19/0349C19。
4.1　佛頂尊勝陀羅尼經序（首）。
7.4　護首有經名“佛頂尊勝陀羅尼經”。上有經名號。
8　7～8世紀。唐寫本。
9.1　楷書。
9.2　有行間校加字。
10　背面有紙簽，上寫有“購4658”。

1.1　BD14582號2
1.3　佛頂尊勝陀羅尼經（佛陀波利本）
1.4　新0782
2.4　本遺書由2個文獻組成，本文獻為第2個，10行。餘參見BD14582號1之第2項。
3.1　首全→大正0967，19/0349C23。
3.2　尾殘→大正0967，19/0350A06。
4.1　佛頂尊勝陀羅尼經，罽賓國沙門佛陀波利奉詔譯（首）。
8　7～8世紀。唐寫本。
9.1　楷書。

1.1　BD14583號
1.3　楞伽阿跋多羅寶經卷四
1.4　新0783
2.1　56.3×26厘米；2紙；31行，行17字。
2.2　01：34.6，19；　02：21.7，12。
2.3　卷軸裝。首尾均斷。經黄打紙。有烏絲欄。

3.1　首殘→大正0670，16/0508B09。
3.2　尾殘→大正0670，16/0508C11。
8　7～8世紀。唐寫本。
9.1　楷書。
10　背面有紙簽，上寫有“購5104”。

1.1　BD14584號
1.3　大般若波羅蜜多經卷三七四
1.4　新0784
2.1　（3+801.5）×26.3厘米；18紙；469行，行17字。
2.2　01：03.0，01；　02：46.5，28；　03：47.0，28；
03：47.0，28；　05：47.0，28；　06：47.0，28；
07：47.0，28；　08：47.0，28；　09：47.0，28；
10：47.0，28；　11：47.0，28；　12：47.0，28；
13：47.0，28；　14：49.5，28；　15：47.0，28；
16：47.0，28；　17：47.0，28；　18：47.5，20。
2.3　卷軸裝。首殘尾全。打紙；研光上蠟。卷上下邊有破裂，接縫處有開裂。有烏絲欄。
3.1　首行中上殘→大正0220，06/0928A15。
3.2　尾全→大正0220，06/0933B15。
4.2　大般若波羅蜜多經卷第三百七十四（尾）。
7.1　尾題後有題記2行：“安國興寫，/海晏勘。”
8　9～10世紀。歸義軍時期寫本。
9.1　楷書。
10　卷首有陽文硃印，1.3×1.7厘米，印文為“寶梁閣”。
卷尾有陽文硃印，1.5×4厘米，印文為“曾在不因人熱之室”。
卷尾背有圓形陽文硃印，直徑1.2厘米，印文為“寶梁”。
卷尾背有紙簽，上寫“墨寶字畫”，有紅印“檢查”。簽上又有一簽，上寫“徵42”。

1.1　BD14585號
1.3　文殊師利所說摩訶般若波羅蜜經（一卷本）
1.4　新0785
2.1　（8.5+1007）×25.5厘米；21紙；556行，行17字。
2.2　01：8.5+39.5，26；　02：50.0，28；　03：51.0，28；
04：51.0，28；　05：51.0，28；　06：51.0，28；
07：51.0，28；　08：51.0，28；　09：51.0，28；
10：51.0，28；　11：51.0，28；　12：51.0，28；
13：51.0，28；　14：51.0，28；　15：51.0，28；
16：51.0，28；　17：49.0，27；　18：51.0，28；
19：51.0，28；　20：51.0，27；　21：06.5，拖尾。
2.3　卷軸裝。首尾均全。經黄打紙；研光上蠟。卷首右下殘缺。上下邊有殘裂，接縫處有開裂。有護首，已殘。背有古代裱補。有烏絲欄。
3.1　首4行下殘→大正0232，08/0726A25～B02。
3.2　尾全→大正0232，08/0732C09。
4.1　文殊師利所說摩訶般若波羅蜜□…□（首）。
4.2　文殊師利所說摩訶般若波羅蜜經一卷（尾）。
5　與《大正藏》本對照，本件經文不分卷。與日本宮内寮本及宋元明三藏相同。
7.2　卷尾和卷背接縫處有陽文硃印，3.2×4.3厘米，印文為“瓜沙州大王印”。
7.3　卷背邊有回鶻文。
8　7～8世紀。唐寫本。
9.1　楷書。
9.2　有硃筆斷句。有硃、墨筆行間校加字。有行間加行。
10　紙簽上寫有“購4223”。

1.1　BD14586號
1.3　大般涅槃經（北本）卷三一
1.4　新0786
2.1　77×26.5厘米；3紙；43行，行18字。
2.2　01：02.0，01；　02：50.0，28；　03：25.0，14。
2.3　卷軸裝。首尾均斷。經黄打紙。有烏絲欄。
3.1　首殘→大正0374，12/0549B29。
3.2　尾殘→大正0374，12/0550A14。
8　7～8世紀。唐寫本。
9.1　楷書。
10　近代裝裱為手卷，接出護首及拖尾。護首有題簽“寫經四十三行，致佳”。

1.1　BD14587號
1.3　大般若波羅蜜多經（兑廢稿）卷五四九
1.4　新0787
2.1　182.5×26厘米；4紙；100行，行17字。
2.2　01：47.5，28；　02：47.5，28；　03：47.5，28；
04：40.0，16。
2.3　卷軸裝。首脱尾全。打紙；研光上蠟。首紙有破裂。背有古代裱補。有烏絲欄。
3.1　首殘→大正0220，07/0828C27。
3.2　尾全→大正0220，07/0830A08。
3.4　説明：
本遺書實為卷五百四十九卷。尾紙為後接。
4.2　大般若波羅蜜多經卷第一百八十三（尾）。
7.1　尾題後有題記1行：“安顒寫，第1校海晏勘，第二校，第三校。”卷首背有勘記“兑經不入部袟”。
8　8～9世紀。吐蕃統治時期寫本。
9.1　楷書。
9.2　有刮改。
10　卷首下方有陽文硃印，1.3×1.6厘米，印文為“寶梁閣”。
尾題後有陽文硃印，1.5×4厘米，印文為“曾狂不因人熱之室”。
卷尾背有圓形陽文硃印，直徑1.6厘米，印文為“寶梁”。

卷尾背貼一紙簽，上寫“墨寶字畫”，有紅色“檢查”印章，又墨筆書寫“肆貳”。另貼一紙條，上寫“747”。卷尾邊緣鋼筆寫“997 號”。

1.1　BD14588 號
1.3　妙法蓮華經卷三
1.4　新 0788
2.1　（163.1 +8.5）×25.3 厘米；4 紙；95 行，行 17 字。
2.2　01：49.5，28；　02：49.7，28；　03：49.8，28；
04：14.1 +8.5，11。
2.3　卷軸裝。首脫尾殘。經黄打紙；砑光上蠟。前 3 紙有殘洞。有烏絲欄。已修整。
3.1　首殘→大正 0262，09/0022A23。
3.2　尾 3 行下殘→大正 0262，09/0023B28 ~ C02。
8　7 ~ 8 世紀。唐寫本。
9.1　楷書。有武周新字“人”、“地”、“國”、“日”、“天”、“臣”、“聖”、“月”，使用周遍。
10　近代托裱為手卷，接出護首及拖尾。卷首下端有陽文硃印，1.5 ×1.7 厘米，印文為：“寶梁閣”。

卷尾下端有陽文硃印，1.5 ×3.2 厘米，印文為：“曾在不因人熱之室”。

背面貼有紙簽，上寫“墨寶字畫”，有紅色“檢查”印。又寫有“肆陸”。下邊鋼筆字“993 號”。

1.1　BD14589 號
1.3　妙法蓮華經卷一
1.4　新 0789
2.1　684.3 ×26.5 厘米；15 紙；370 行，行 17 字。
2.2　01：07.3，04；　02：51.5，28；　03：51.5，28；
04：51.5，28；　05：44.5，24；　06：51.5，28；
07：51.5，28；　08：51.5，28；　09：51.5，28；
10：51.5，28；　11：51.5，28；　12：51.5，28；
13：51.5，28；　14：51.5，28；　15：14.5，06。
2.3　卷軸裝。首斷尾全。經黄打紙；砑光上蠟。有烏絲欄。
3.1　首殘→大正 0262，09/0003C11。
3.2　尾全→大正 0262，09/0010B21。
4.2　妙法蓮華經卷第一（尾）。
8　7 ~ 8 世紀。唐寫本。
9.1　楷書。
10　卷首近代接出一紙；為雙層紙；上寫“《妙法蓮花經》品第一”，位置在原卷首題處。

卷首背下端貼有紙簽，上有“購 5162”。上端有鉛筆寫“28 萬元”，數字為蘇州碼子。又有“全的，宋”等字。

1.1　BD14590 號
1.3　大般若波羅蜜多經卷三〇三
1.4　新 0790
2.1　892 ×26 厘米；19 紙；507 行，行 17 字。
2.2　01：44.0，26；　02：48.0，28；　03：48.5，28；
04：48.5，28；　05：48.5，28；　06：48.5，28；
07：48.5，28；　08：48.5，28；　09：48.5，28；
10：48.5，28；　11：48.5，28；　12：48.5，28；
13：48.5，28；　14：48.5，28；　15：48.5，28；
16：48.5，28；　17：48.5，28；　18：48.5，28；
19：24.0，05。
2.3　卷軸裝。首尾均全。打紙。卷面有油污、破裂。尾有原軸，兩端鑲亞腰形軸頭。背有近代修補。有烏絲欄。
3.1　首全→大正 0220，06/0541A25。
3.2　尾全→大正 0220，06/0547B20。
4.1　大般若波羅蜜多經卷第三百三，/初分魔事品第卌之一，三藏法師玄奘奉詔譯（首）。
4.2　大般若波羅蜜多經卷第三百三（尾）。
8　8 世紀。唐寫本。
9.1　楷書。
9.2　有刮改。
10　背有陽文硃印，1.2 ×3.4 厘米，印文不清。紙簽上寫有“購 3915”。

1.1　BD14591 號
1.3　妙法蓮華經卷一
1.4　新 0791
2.1　（898 +2.5）×28 厘米；19 紙；512 行，行 17 ~ 18 字。
2.2　01：50.5，26；　02：50.5，29；　03：50.5，29；
04：50.5，29；　05：50.5，29；　06：50.5，29；
07：50.5，29；　08：50.5，29；　09：50.5，29；
10：50.5，29；　11：50.5，29；　12：50.5，29；
13：50.5，29；　14：50.5，29；　15：50.5，29；
16：46.0，26；　17：47.5，27；　18：47.0，27；
19：02.5，01。
2.3　卷軸裝。首全尾殘。第 18 紙上下邊有破裂。背有古代裱補。有烏絲欄。
3.1　首全→大正 0262，09/0001C14。
3.2　尾行上殘→大正 0262，09/0010B19 ~ 20。
4.1　妙法蓮華經序［品第一］（首）。
7.1　首題前有勘記“妙法蓮華經序品第一”。
8　7 ~ 8 世紀。唐寫本。
9.1　楷書。
10　卷首背下端貼有紙簽：“購 4647”。上端寫有“十八節”。

1.1　BD14592 號
1.3　妙法蓮華經卷四
1.4　新 0792
2.1　120.2 ×25.7 厘米；3 紙；67 行，行 17 字。
2.2　01：50.1，28；　02：50.3，28；　03：19.8，11。

2.3　卷軸裝。首脫尾斷。經黄打紙。有烏絲欄。
3.1　首殘→大正0262，09/0033B25。
3.2　尾殘→大正0262，09/0034B22。
8　7~8世紀。唐寫本。
9.1　楷書。
10　卷首上端及卷尾下端有陰文硃印，1.2×1.2厘米，印文為“陳亞叔印”。卷首背下鉛筆寫“心田”。

1.1　BD14593號
1.3　妙法蓮華經卷三
1.4　新0793
2.1　（7+504）×27厘米；12紙；307行，行17字。
2.2　01：7+19，28；　02：46.0，28；　03：46.0，28；
04：46.0，28；　05：46.0，28；　06：46.0，28；
07：46.0，28；　08：46.0，28；　09：46.0，28；
10：46.0，28；　11：46.0，27；　12：25.0，拖尾。
2.3　卷軸裝。首殘尾全。經黄打紙。前2紙上邊有等距離殘缺，漸為殘洞。尾有原軸，兩端塗黑漆，頂端點硃漆。有烏絲欄。
3.1　首4行上殘→大正0262，09/0022C01~04。
3.2　尾全→大正0262，09/0027B09。
4.2　妙法蓮華經卷第三（尾）。
8　7~8世紀。唐寫本。
9.1　楷書。
10　卷首背貼有紙簽：“購4057”。

1.1　BD14594號
1.3　金剛般若波羅蜜經
1.4　新0794
2.1　398.6×25.2厘米；9紙；233行，行17字。
2.2　01：46.3，28；　02：46.1，28；　03：46.1，28；
03：46.1，28；　05：46.1，28；　06：46.1，27；
07：46.1，28；　08：45.7，28；　09：31.0，10。
2.3　卷軸裝。首脫尾全。經黄紙。卷面有水漬，首紙下有殘洞，上有殘缺；上下邊有殘破。尾紙脫開。有燕尾。背有古代及近代裱補。有烏絲欄。後配木軸。
3.1　首殘→大正0235，08/0749C18。
3.2　尾全→大正0235，08/0752C03。
4.2　金剛般若波羅蜜經（尾）。
5　與《大正藏》本對照，本號經文無冥司偈，參見《大正藏》，8/751C16~19。
7.1　尾題後有題記2行：“貞觀三年（629）二月十一日佛弟子王華敬寫/《波羅蜜經》受持讀誦/。”
8　629年。唐寫本。
9.1　楷書。
10　卷背有“歷史藝術文物業公會製”紙簽，上寫“貨號520，品名唐人寫經卷，定價70，000”。下貼一簽，上寫“購4116”。

1.1　BD14595號
1.3　大般若波羅蜜多經卷六二
1.4　新0795
2.1　46.3×25厘米；1紙；28行，行17字。
2.3　卷軸裝。首尾均脫。卷面有破損。有烏絲欄。
3.1　首殘→大正0220，05/0349A03。
3.2　尾殘→大正0220，05/0349B02。
8　8~9世紀。吐蕃統治時期寫本。
9.1　楷書。
10　紙簽上寫有“購4625”。卷背上有藍鋼筆寫“張”。

1.1　BD14596號
1.3　金剛般若波羅蜜經
1.4　新0796
2.1　（6+120+2）×26厘米；4紙；75行，行17字。
2.2　01：6+12，10；　02：47.0，28；　03：47.0，28；
03：14+2，.09。
2.3　卷軸裝。首尾均殘。打紙；研光上蠟。下邊有殘損和破裂。已修整。有烏絲欄。
3.1　首3行上下殘→大正0235，08/0751B14~17。
3.2　尾行中上殘→大正0235，08/0752B14~15
5　與《大正藏》本對照，本號經文無冥司偈，參見《大正藏》，8/751C16~19。
8　7~8世紀。唐寫本。
9.1　楷書。
10　紙簽上寫有“購4624”。

1.1　BD14597號
1.3　大般若波羅蜜多經卷三九五
1.4　新0797
2.1　（40+140.2）×25.5厘米；4紙；106行，行17字。
2.2　01：38.0，22；　02：2+45.6，28；　03：47.2，28；
04：47.4，28。
2.3　卷軸裝。首殘尾脫。打紙；研光上蠟。已修整。有烏絲欄。
3.1　首16行上下殘→大正0220，06/1042B09~24。
3.2　尾殘→大正0220，06/1043B08。
7.1　第2紙背有勘記“三百九十五”。
8　8~9世紀。吐蕃統治時期寫本。
9.1　楷書。
10　卷尾背紙簽上寫有“購4623”。卷背上有藍鋼筆寫“張”。

1.1　BD14598號
1.3　無量壽宗要經
1.4　新0798
2.1　214.5×31厘米；5紙；138行，行30餘字。
2.2　01：43.0，28；　02：43.0，30；　03：43.0，30；
04：43.0，30；　05：42.5，20。

2.3　卷軸裝。首尾均全。首紙有破裂，第1、2紙接縫處中部開裂。有烏絲欄。
3.1　首全→大正0936，19/0082A03。
3.2　尾全→大正0936，19/0084C29。
4.1　大乘無量壽經（首）。
4.2　佛說無量壽宗要經（尾）。
7.1　尾題後有題記“張要要寫”。卷首背下方有寺院題記“永安”。
8　8~9世紀。吐蕃統治時期寫本。
9.1　行楷。
10　卷首尾背下各有一陽文硃印，1.1×1.1厘米，印文為“西鱸山藏”。
　　卷首上方貼一紙簽，上寫“購4620”。中部有一紅色的“沖”字。

1.1　BD14599號
1.3　妙法蓮華經卷五
1.4　新0799
2.1　149×26.3厘米；3紙；正面69行，行17字；背面58行。
2.2　01：49.5，28；　02：50.0，28；　03：49.5，13。
2.3　卷軸裝。首脫尾全。經黄打紙。有烏絲欄。
2.4　本遺書包括2個文獻：（一）《妙法蓮華經》卷五，69行，抄寫在正面，今編為BD14599號。（二）《經籍占卜》（藏文擬），58行，抄寫在背面，今編為BD14599號背。
3.1　首殘→大正0262，09/0045B10。
3.2　尾全→大正0262，09/0046B14。
4.2　妙法蓮華經卷第五（尾）。
6.1　首→BD14600號。
7.1　尾有勘記：“gtsug－lag－gi－mo－rdzogs－so（經籍占卜終）。”
8　8~9世紀。吐蕃統治時期寫本。
9.1　楷書。
10　卷首背貼有紙簽：“購4621”。

1.1　BD14599號背
1.3　經籍占卜（藏文　擬）
1.4　新0799
2.4　本遺書由2個文獻組成，本文獻為第2個，58行。餘參見BD14599號之第2項。
3.4　說明：
　　本文獻為藏文，依據正面勘記暫擬此名。
6.2　尾→BD14600號背。
8　8~9世紀。吐蕃統治時期寫本。
9.1　楷書。

1.1　BD14600號
1.3　妙法蓮華經卷五
1.4　新0800
2.1　29.7×26.1厘米；1紙；17行，行20字；背面18行。
2.3　卷軸裝。首斷尾脫。有烏絲欄。背面有藏文18行。
2.4　本遺書包括2個文獻：（一）《妙法蓮華經》卷五，17行，抄寫在正面，今編為BD14600號。（二）《經籍占卜》（藏文擬），18行，抄寫在背面，今編為BD14600號背。
3.1　首殘→大正0262，09/0045A05。
3.2　尾殘→大正0262，09/0045B09。
6.2　尾→BD14599號。
8　7~8世紀。唐寫本。
9.1　楷書。
10　卷首背面下端有陽文硃印，直徑1.1厘米，印文為“顧鼇”。紙簽上寫有“購4622”。

1.1　BD14600號背
1.3　經籍占卜（藏文　擬）
1.4　新0800
2.4　本遺書由2個文獻組成，本文獻為第2個，18行。餘參見BD14600號之第2項。
3.4　說明：
　　本文獻為藏文，依據正面勘記暫擬此名。
6.1　首→BD14599號背。
8　8~9世紀。吐蕃統治時期寫本。
9.1　楷書。

1.1　BD14601號
1.3　妙法蓮華經卷五
1.4　新0801
2.1　177.2×25.7厘米；3紙；105行，行17字。
2.2　01：74.5，44；　02：76.5，45；　03：26.2，16。
2.3　卷軸裝。首尾均斷。卷面有水漬，卷首有横向破裂。背有近代裱補。有烏絲欄。
3.1　首殘→大正0262，09/0038B02。
3.2　尾殘→大正0262，09/0039C17。
8　7世紀。唐寫本。
9.1　楷書。
10　卷首背下方有“百〇五行”小字1行。卷尾背有“經尾”兩字，並有紙簽寫“4715”。

1.1　BD14602號
1.3　妙法蓮華經卷七
1.4　新0802
2.1　50.2×24.6厘米；1紙；28行，行17字。
2.3　卷軸裝。首尾均脫。經黄打紙。背有現代裱補。有烏絲欄。
3.1　首殘→大正0262，09/0056A16。
3.2　尾殘→大正0262，09/0056B18。
8　7~8世紀。唐寫本。

9.1　楷書。

10　卷首背粘有一白紙條，上寫“1393”；下方粘有一小標簽，上寫“購 4716”。

1.1　BD14603 號

1.3　大通方廣懺悔滅罪莊嚴成佛經卷下

1.4　新 0803

2.1　163.5×23.6 厘米；4 紙；93 行，行 17 字。

2.2　01：15.5，09；　02：49.2，28；　03：49.4，28；
　　04：49.4，28。

2.3　卷軸裝。首殘尾脫。卷面多水漬，卷首中部有横向破裂。背有古代裱補。有烏絲欄。

3.1　首殘→大正 2871，85/1350A10。

3.2　尾殘→大正 2871，85/1351A13。

8　8 世紀。唐寫本。

9.1　楷書。

10　背面有“五尺”兩字。

1.1　BD14604 號

1.3　大佛頂如來密因修證了義諸菩薩萬行首楞嚴經卷三

1.4　新 0804

2.1　(1.5+135.8)×28.3 厘米；3 紙；67 行，行 17 字。

2.2　01：1.5+45.1，28；　02：47.1，28；　03：43.6，11。

2.3　卷軸裝。首脱尾全。背有古代及近代裱補。有烏絲欄。

3.1　首行中殘→大正 0945，19/0118C09。

3.2　尾全→大正 0945，19/0119B21。

4.2　大佛頂萬行首楞嚴經卷第三（尾）。

8　8～9 世紀。吐蕃統治時期寫本。

9.1　楷書。

10　首紙背端下面貼一標簽：“購 4718”。首紙背寫有“敦煌經”。有鉛筆寫“1390”。

1.1　BD14605 號

1.3　妙法蓮華經卷二

1.4　新 0805

2.1　741.2×25.5 厘米；14 紙；372 行，行 17 字。

2.2　01：39.5，24；　02：46.0，28；　03：46.0，28；
　　04：46.0，28；　05：45.7，28；　06：46.0，28；
　　07：46.0，28；　08：46.0，28；　09：46.0，28；
　　10：46.0，28；　11：46.0，28；　12：46.0，28；
　　13：46.0，28；　14：27.5，12。

2.3　卷軸裝。首斷尾全。經黄打紙。卷面多水漬，第 5、6 紙接縫處下部開裂。有燕尾。有烏絲欄。

3.1　首殘→大正 0262，09/0016B07。

3.2　尾全→大正 0262，09/0019A12。

4.2　妙法蓮華經卷第二（尾）。

7.1　尾題後有題記：“佛弟子賈埴為七代父母、所生父母、家内大小，/發願寫《法華經》一部，今得成就，供養受/持。願造經以後所為發願，悉得離苦解/脫，一時成佛。/”

8　7～8 世紀。唐寫本。

9.1　楷書。

10　卷首背貼有紙簽：“購 3824”。

1.1　BD14606 號

1.3　大般涅槃經（北本）卷一二

1.4　新 0806

2.1　920.6×25.7 厘米；20 紙；519 行，行 17 字。

2.2　01：13.5，護首；　02：47.3，26；　03：47.8，28；
　　04：47.8，28；　05：47.9，28；　06：47.7，28；
　　07：47.7，28；　08：47.7，28；　09：47.7，28；
　　10：47.8，28；　11：48.1，28；　12：48.2，28；
　　13：48.2，28；　14：48.1，28；　15：48.2，28；
　　16：48.0，28；　17：48.1，28；　18：48.0，28；
　　19：48.1，28；　20：44.7，17。

2.3　卷軸裝。首殘尾全。有護首，已殘。卷面有水漬，第 2 紙前部殘破。尾有原軸，兩端塗黑漆。有烏絲欄。已修整。

3.1　首全→大正 0374，12/0433C22。

3.2　尾全→大正 0374，12/0440A13。

4.1　大般涅槃經卷第十二（首）。

4.2　大般涅槃經卷第十二（尾）。

5　與《大正藏》本對照，此卷經文無品次。

7.1　殘護首上有勘記“□…□尾同好□，出”。

8　7～8 世紀。唐寫本。

9.1　楷書。

9.2　有行間校加字及倒乙。

1.1　BD14607 號

1.3　大般若波羅蜜多經卷二九二

1.4　新 0807

2.1　(6.5+784)×26.2 厘米；17 紙；463 行，行 17 字。

2.2　01：6.5+38，26；　02：48.5，28；　03：48.5，28；
　　04：48.5，28；　05：48.5，28；　06：48.5，28；
　　07：48.5，28；　08：48.5，28；　09：48.5，28；
　　10：48.5，28；　11：48.5，28；　12：48.5，28；
　　13：48.5，28；　14：48.5，28；　15：48.5，28；
　　16：48.5，28；　17：48.5，17。

2.3　卷軸裝。首尾均全。卷首右下殘缺。有烏絲欄。

3.1　首 4 行下殘→大正 0220，06/0482C18～24。

3.2　尾全→大正 0220，06/0487C24。

4.1　大般若□…□，/初分著不著相品□…□/（首）。

4.2　大般若波羅蜜多經卷第二百九十二（尾）。

7.1　尾題後有題名：“索懷濟”。卷尾背上有勘記“二”（本文獻袟内卷次），下有“卅”字（本文獻袟號）。

8　8～9 世紀。吐蕃統治時期寫本。

9. 1　楷書。
9. 2　有校改。
10　卷首背上方粘有紙簽"購 3826"。卷首背有花押，旁有蘇州碼子"625"。

1. 1　BD14608 號
1. 3　佛名經（十六卷本）卷一一
1. 4　新 0808
2. 1　（5. 5 +916. 7）×26 厘米；20 紙；557 行，行 17 字。
2. 2　01：5. 5 +40. 5，28；　02：46. 0，28；　03：46. 0，28；
04：46. 0，28；　05：46. 2，28；　06：46. 2，28；
07：46. 2，28；　08：46. 2，28；　09：46. 2，28；
10：46. 2，28；　11：46. 2，28；　12：46. 0，28；
13：46. 0，28；　14：46. 2，28；　15：46. 2，28；
16：46. 2，28；　17：46. 2，28；　18：46. 3，28；
19：46. 2，28；　20：45. 5，25。
2. 3　卷軸裝。首殘尾全。卷面多水漬，卷尾殘破。有燕尾。背有現代裱補，裱補紙壓住卷背文字。有烏絲欄。
3. 1　首 3 行下殘→《七寺古逸經典研究叢書》，03/0540A07～07。
3. 2　尾全→《七寺古逸經典研究叢書》，03/0584A06。
4. 2　佛名經卷第十一（尾）。
7. 3　卷首紙背有經文雜寫 2 行，其中 1 行被現在裱補紙遮裱，似為"金光明最勝王經卷第二（?），品□"。1 行可以識別，作"如是我聞，一時佛依（於）［祇］樹及故讀圄（給孤獨園）以（與）大比丘衆"。
8　8 世紀。唐寫本。
9. 1　楷書。
10　卷首背貼有紙簽："購 3827"。

1. 1　BD14609 號
1. 3　大般若波羅蜜多經卷四四七
1. 4　新 0809
2. 1　（3. 5 +720. 5）×26 厘米；16 紙；430 行，行 17 字。
2. 2　01：3. 5 +31，21；　02：46. 0，28；　03：46. 0，28；
04：46. 0，28；　05：46. 0，28；　06：46. 0，28；
07：46. 0，28；　08：46. 0，28；　09：46. 0，28；
10：46. 0，28；　11：46. 0，28；　12：46. 0，28；
13：46. 0，28；　14：46. 0，28；　15：46. 0，28；
16：45. 5，17。
2. 3　卷軸裝。首殘尾全。打紙，研光上蠟。卷面有破裂，卷中有殘洞，第 1、2 紙接縫處脱開。有燕尾。背有古代裱補。有烏絲欄。已修整。
3. 1　首 2 行下殘→大正 0220，07/0253B29～C02。
3. 2　尾全→大正 0220，07/0258B28。
4. 2　大般若波羅蜜多經卷第四百卌七（尾）。
7. 1　尾題有題名"呂日興"。卷首背有題記"呂日興寫"和勘記"卌五"（本文獻所屬袟次），"第七"（袟内卷次）等。
7. 3　卷面有雜寫，文字難以辨認。
8　8～9 世紀。吐蕃統治時期寫本。
9. 1　楷書。
10　卷首背下方貼有紙簽："購 3828"。

1. 1　BD14610 號
1. 3　金光明最勝王經卷五
1. 4　新 0810
2. 1　（2. 2 +85. 9）×25. 8 厘米；3 紙；52 行，行 17 字。
2. 2　01：02. 2，01；　02：47. 3，28；　03：38. 6，23。
2. 3　卷軸裝。首殘尾斷。首紙上下邊殘破。有烏絲欄。
3. 1　首行下殘→大正 0665，16/0423B25。
3. 2　尾殘→大正 0665，16/0424A18。
8　9～10 世紀。歸義軍時期寫本。
9. 1　楷書。
10　卷首背粘一紙簽，上寫"購 3829"。

1. 1　BD14611 號
1. 3　思益梵天所問經卷三
1. 4　新 0811
2. 1　（6. 5 +28）×27 厘米；1 紙；20 行，行 17 字。
2. 3　卷軸裝。首殘尾脱。下邊殘損。中間有破裂。已修整。有烏絲欄。
3. 1　首 4 行上中殘→大正 0586，15/0054C02～05。
3. 2　尾殘→大正 0586，15/0054C24。
8　8～9 世紀。吐蕃統治時期寫本。
9. 1　楷書。
9. 2　有行間校加字。

1. 1　BD14612 號
1. 3　金剛般若波羅蜜經
1. 4　新 0812
2. 1　486. 1×27. 1 厘米；12 紙；294 行，行 17 字。
2. 2　01：47. 0，28；　02：47. 3，29；　03：47. 3，29；
04：47. 4，29；　05：47. 3，29；　06：47. 3，29；
07：47. 3，29；　08：48. 0，26；　09：47. 1，26；
10：50. 1，35；　12：10. 0，05。
2. 3　卷軸裝。首尾均全。首紙上邊有殘破。背有古代裱補。有烏絲欄。尾 2 紙係歸義軍時期後補，為折疊欄。
3. 1　首全→大正 0235，08/0748C17。
3. 2　尾全→大正 0235，08/0752C03。
4. 1　金剛般若波羅蜜經（首）。
4. 2　金剛般若波羅蜜經（尾）。
5　與《大正藏》本對照，本號經文無冥司偈，參見《大正藏》，8/751C16～19。
7. 1　尾題後有補經題記："二月二十日了"。

8　8世紀。唐寫本。
9.1　楷書。
10　卷首背下方粘有紙簽，上有“購3830”等字。

1.1　BD14613號
1.3　大般涅槃經（北本）卷一
1.4　新0813
2.1　941.2×25.8厘米；20紙；521行，行17字。
2.2　01：23.7，護首；　02：48.0，27；　03：50.4，29；
04：50.1，29；　05：50.0，29；　06：50.4，29；
07：50.5，29；　08：50.2，29；　09：50.3，29；
10：50.2，29；　11：50.3，29；　12：46.5，29；
13：50.1，29；　14：50.3，29；　15：50.4，29；
16：50.3，29；　17：50.2，29；　18：50.2，29；
19：50.1，29；　20：19.0，01。
2.3　卷軸裝。首尾均全。卷面多水漬。有護首，有竹質天竿。有烏絲欄。中間1紙係後補，有上下界欄，無竪欄。
3.1　首全→大正0374，12/0365C01。
3.2　尾全→大正0374，12/0371C08。
4.1　大般涅槃經壽命品第一（首）。
4.2　大般涅槃經卷第一（尾）。
8　8～9世紀。吐蕃統治時期寫本。
9.1　楷書。
9.2　有行間校加字及刮改。
10　卷首背紙簽上寫有“購3831”。

1.1　BD14614號
1.3　大般若波羅蜜多經卷三四
1.4　新0814
2.1　（7+757）×26厘米；18紙；471行，行17字。
2.2　01：07.0，護首；　02：42.0，26；　03：45.0，28；
04：45.0，28；　05：43.5，28；　06：43.5，28；
07：43.5，28；　08：43.5，28；　09：43.5，28；
10：43.5，28；　11：43.5，28；　12：43.5，28；
13：43.5，28；　14：45.5，28；　15：45.5，28；
16：44.5，28；　17：44.5，25；　18：10.0，拖尾。
2.3　卷軸裝。首殘尾全。打紙，砑光上蠟。有護首，已殘。第2紙上邊有破裂。有燕尾。尾有原軸，兩端塗硃漆。背有現代裱補。有烏絲欄。
3.1　首全→大正0220，05/0187A25。
3.2　尾全→大正0220，05/0192C05。
4.1　大般若波羅蜜多經卷第卅四，/初分教誡教授品第七之廿四，三藏法師玄奘奉詔譯/（首）。
4.2　大般若波羅蜜多經卷第卅四（尾）。
8　8～9世紀。吐蕃統治時期寫本。
9.1　楷書。
9.2　有刮改。
10　卷背紙簽上寫有“購3832”。

1.1　BD14615號
1.3　觀佛三昧海經卷二
1.4　新0815
2.1　584×26厘米；12紙；313行，行17字。
2.2　01：50.0，28；　02：50.0，28；　03：50.5，28；
04：50.5，28；　05：50.5，28；　06：50.5，28；
07：50.5，28；　08：50.5，28；　09：50.5，28；
10：50.5，28；　11：50.5，28；　12：29.5，05。
2.3　卷軸裝。首脱尾全。卷首有殘洞，上下邊有破裂。有燕尾。有烏絲欄。有劃界欄針孔。
3.1　首殘→大正0643，15/0652B25。
3.2　尾全→大正0643，15/0656B07。
4.2　佛說觀佛三昧海經卷第二（尾）。
5　與《大正藏》本對照，文字略不同。有漏抄，相當於大正15/653B3～4、15/654A13；而大正15/654A25～28之文字有差異。
8　6世紀。南北朝寫本。
9.1　楷書。
10　首背紙簽上寫有“購3833”。

1.1　BD14616號
1.3　大般若波羅蜜多經卷二八二
1.4　新0816
2.1　281×27.5厘米；6紙；148行，行17字。
2.2　01：47.0，26；　02：47.0，28；　03：47.0，28；
04：47.0，28；　05：47.0，28；　06：46.0，10。
2.3　卷軸裝。首尾均全。卷首上有等距離紅色污斑，下邊有等距離殘缺。有烏絲欄。
3.1　首全→大正0220，06/0430A17。
3.2　尾全→大正0220，06/0436A17。
4.1　大般若波羅蜜多經卷第二百八十二，/初分難信解品第卅四之一百一，三藏法師玄奘奉詔譯/（首）。
4.2　大般若波羅蜜多經卷第二百八十二（尾）。
5　與《大正藏》本對照，本卷五、六紙間缺少一段經文，相當於大正220，6/431C15起，至6/436A7為止。
7.1　卷首背上方有硃筆寫“二”（本文獻袟内卷次）字，下有墨筆寫“廿九”（本文獻所屬袟次）。
8　8～9世紀。吐蕃統治時期寫本。
9.1　楷書。
10　卷首背上方粘有紙簽，寫有：“購3834”。

1.1　BD14617號
1.3　究竟大悲經卷四
1.4　新0817
2.1　599.5×26厘米；14紙；335行，行17字。

2.2　01：12.0，護首；　02：45.0，26；　03：47.5，28；
04：47.5，28；　05：47.5，28；　06：47.5，28；
07：47.5，28；　08：47.5，28；　09：47.5，28；
10：47.5，28；　11：47.5，28；　12：47.5，28；
13：47.5，28；　14：20.0，01。
2.3　卷軸裝。首尾均全。經黄打紙，砑光上蠟。有護首，已殘。上下邊有等距離殘缺。有燕尾。有烏絲欄。已修整。
3.1　首全→大正2880，85/1376C03。
3.2　尾全→大正2880，85/1380B14。
4.1　究竟大悲經卷第四（首）。
4.2　究竟大悲經卷第四（尾）。
5　與《大正藏》本對照，有缺文。參見大正85/1377C7。
8　7~8世紀。唐寫本。
9.1　楷書。
10　首背紙簽上寫有“購3835”。

1.1　BD14618號
1.3　大般涅槃經（北本　異卷）卷二八
1.4　新0818
2.1　（28.7+1093）×26.5厘米；27紙；615行，行17字。
2.2　01：20.3，護首；　02：8.4+31.6，22；　03：42.5，24；
04：42.4，24；　05：42.6，24；　06：42.5，24；
07：42.4，24；　08：42.4，24；　09：42.3，24；
10：42.4，24；　11：42.5，24；　12：42.4，24；
13：42.6，24；　14：42.4，24；　15：42.4，24；
16：42.3，24；　17：42.5，24；　18：42.4，24；
19：42.6，24；　20：42.5，24；　21：42.6，24；
22：42.5，24；　23：42.6，24；　24：42.5，24；
25：42.5，24；　26：42.4，24；　27：42.2，17。
2.3　卷軸裝。首尾均全。卷首右下略有殘缺。打紙，砑光上蠟。有護首，已殘破。背有近代裱補。有烏絲欄。
3.1　首4行下殘→大正0374，12/0528A08~11。
3.2　尾全→大正0374，12/0535B20。
4.1　大般涅槃經師子吼菩薩品之二，廿八（首）。
4.2　大般涅槃經卷第廿八（尾）。
5　與《大正藏》本對照，分卷不同。此卷經文相當於《大正藏》本卷二七尾部與卷二八全部。與歷代大藏經分卷均不相同，屬於異卷。
7.1　護首有勘記“九上”。
7.4　護首有經名“大般涅槃經卷第廿八”。有經名號。
8　7~8世紀。唐寫本。
9.1　楷書。
10　卷端背貼有紙簽，上寫“購3836”。

1.1　BD14619號
1.3　玉耶經
1.4　新0819
2.1　（13.5+195）×25.3厘米；5紙；109行，行17字。
2.2　01：13.5+29，24；　02：50.0，28；　03：50.0，28；
04：50.0，28；　05：16.0，01。
2.3　卷軸裝。首殘尾全。經黄打紙。卷面多黴斑，首紙下邊有破裂，卷下有蟲繭。有燕尾。背有近代裱補。有烏絲欄。
3.1　首8行上下殘→大正0143，02/0865C19~0866A01。
3.2　尾全→大正0143，02/0867A17。
4.2　玉耶經（尾）。
8　7~8世紀。唐寫本。
9.1　楷書。
10　近代接出護首及拖尾。護首粘貼紙簽上寫有“墨寶字畫，肆柒”。有紅色印章“檢查”。縹帶上寫“玉耶”，並有紙簽，寫有“寶13”。卷背寫有“徵46”。

卷首有2枚陽文硃印：（1）1.3×1.3厘米，印文為“忍槎考藏”。（2）1.3×2.1厘米，印文為“寶梁閣”。

卷尾下方有陽文硃印，2×4.2厘米，印文為“曾在不因人熱之室”。

1.1　BD14620號
1.3　道行般若經卷四
1.4　新0820
2.1　750×27厘米；16紙；435行，行17字。
2.2　01：45.0，26；　02：47.0，28；　03：47.0，28；
04：47.0，28；　05：47.0，28；　06：47.0，28；
07：47.0，28；　08：47.0，28；　09：47.5，28；
10：47.5，28；　11：48.0，28；　12：48.0，28；
13：48.0，28；　14：48.0，28；　15：48.0，28；
16：47.5，17。
2.3　卷軸裝。首尾均全。打紙，砑光上蠟。有烏絲欄。
3.1　首全→大正0224，08/0443B22。
3.2　尾全→大正0224，08/0448B29。
4.1　摩訶般若波羅蜜道行經嘆品第七，卷第四（首）。
4.2　道行經卷第四（尾）。
8　7~8世紀。唐寫本。
9.1　楷書。
10　近代接出護首，有天竿、縹帶。護首名簽：“唐人道行經，書法頗近裴休，十六節，首尾均全”。下端貼有紙簽“購3944”。

1.1　BD14621號
1.3　大般若波羅蜜多經卷五七五
1.4　新0821
2.1　186×27厘米；4紙；110行，行17字。
2.2　01：46.0，26；　02：46.5，28；　03：47.0，28；
04：46.5，28；
2.3　卷軸裝。首全尾脱。文有漫患。有烏絲欄。
3.1　首全→大正0220，07/0969B02。
3.2　尾殘→大正0220，07/0970B28。

4.1　大般若波羅蜜多經卷第五百七十五，/第七曼殊室利分之二，三藏法師玄奘奉詔譯/（首）。
8　8～9世紀。吐蕃統治時期寫本。
9.1　楷書。
10　近代用乾隆年仿金粟山藏經紙接出護首，上有題簽："北魏人書《大般若波羅蜜多經》第五百七十五，前全後缺，百十四行"。下貼歷史藝術文物業公會製紙簽，上寫"寄173"等。其上又貼紙簽，上寫"購4655"。卷尾接出拖尾，配楠木軸。

卷首尾有陰文硃印，1.8×1.8厘米，印文為"公度所藏隋唐墨寶"。卷首有陰文硃印，0.9×0.9厘米，印文為"馮恕之印"。

1.1　BD14622號
1.3　毗尼心
1.4　新0822
2.1　1307.1×27.2厘米；33紙；746行，行23～25字。
2.2　01：11.0，06；　02：40.1，23；　03：39.5，23；
04：40.5，23；　05：40.2，23；　06：40.9，23；
07：41.5，24；　08：41.0，24；　09：42.0，24；
10：41.6，24；　11：40.1，23；　12：40.1，23；
13：40.2，23；　14：41.5，24；　15：41.4，24；
16：41.8，24；　17：41.2，24；　18：41.7，24；
19：41.4，24；　20：41.5，24；　21：41.5，24；
22：42.0，24；　23：41.6，24；　24：41.6，24；
25：41.8，24；　26：41.6，24；　27：41.5，24；
28：41.8，24；　29：42.1，24；　30：42.2，24；
31：42.2，24；　32：42.0，24；　33：16.0，04。
2.3　卷軸裝。首斷尾全。背有古代及近代裱補。有烏絲欄。通卷近代上下溜邊。
3.1　首殘→大正2792，85/0659A27。
3.2　尾全→大正2792，85/0672B09。
4.2　毗尼心一卷（尾）。
5　與《大正藏》本對照，尾題之前缺12行，相當於大正2792，85/672B9～20。
7.1　尾題後有題記："唐貞元三年（787）十月廿日新造報恩寺僧離煩寫畢記，十一月□…□。"其中"十一月□…□"為硃書。又，題記"煩寫畢記，十一月□…□"以下各字被剪下，裱補在第3紙背面。
7.3　第3紙有兩塊裱補紙上有字，其一有"□…□無則□…□"等，另一有"山（？）可"等字。
8　787年。歸義軍時期寫本。
9.1　楷書。
9.2　有硃筆點標。有硃、墨筆行間校加字及校改。有倒乙及行間加行，加行寫到下邊。
10　近代接出護首及拖尾，後配卷尾木軸。護首有題簽："唐貞元三年僧離頓書《毗尼心》一卷。前缺數行，後全。七百六十七行。馮公度藏。"護首貼一紙簽，上寫有"購4657"。另有團花織錦包布，上有布簽："唐貞元年僧寫《毗尼心》一卷。後全。七百六十七行。"上貼歷史藝術文物業公會製紙簽，寫有："貨號：寄171；年代：唐；品名：唐人寫經卷一件；定價：400，000。"

扉頁有陽文硃印，1.8×2厘米，印文為"乾隆年仿金粟山藏經紙"及陰文硃印，1×1厘米，印文為"馮恕之印"。

尾題後有陰文硃印，1.8×1.8厘米，印文為"公度所藏隋唐墨寶"。

新舊編號對照表

新字頭號與北敦號對照表

新字頭號	北敦號
新 0769	BD14569 號
新 0770	BD14570 號
新 0771	BD14571 號
新 0772	BD14572 號
新 0773	BD14573 號
新 0773	BD14573 號背
新 0774	BD14574 號
新 0775	BD14575 號
新 0776	BD14576 號
新 0777	BD14577 號
新 0778	BD14578 號
新 0779	BD14579 號
新 0780	BD14580 號
新 0781	BD14581 號
新 0782	BD14582 號 1
新 0782	BD14582 號 2
新 0783	BD14583 號
新 0784	BD14584 號
新 0785	BD14585 號
新 0786	BD14586 號

新字頭號	北敦號
新 0787	BD14587 號
新 0788	BD14588 號
新 0789	BD14589 號
新 0790	BD14590 號
新 0791	BD14591 號
新 0792	BD14592 號
新 0793	BD14593 號
新 0794	BD14594 號
新 0795	BD14595 號
新 0796	BD14596 號
新 0797	BD14597 號
新 0798	BD14598 號
新 0799	BD14599 號
新 0799	BD14599 號背
新 0800	BD14600 號
新 0800	BD14600 號背
新 0801	BD14601 號
新 0802	BD14602 號
新 0803	BD14603 號

新字頭號	北敦號
新 0804	BD14604 號
新 0805	BD14605 號
新 0806	BD14606 號
新 0807	BD14607 號
新 0808	BD14608 號
新 0809	BD14609 號
新 0810	BD14610 號
新 0811	BD14611 號
新 0812	BD14612 號
新 0813	BD14613 號
新 0814	BD14614 號
新 0815	BD14615 號
新 0816	BD14616 號
新 0817	BD14617 號
新 0818	BD14618 號
新 0819	BD14619 號
新 0820	BD14620 號
新 0821	BD14621 號
新 0822	BD14622 號